HSK 6급 고수들의 합격전략
4주 단기완성

PREFACE 머리말

불과 몇 년 전만 해도 HSK 6급은 실제로 고급 중국어를 구사하거나, 중국에서 장기간 생활하여 원어민 수준의 중국어가 가능한 일부 학생들이 응시하던 시험이었습니다. 하지만 이제는 중국어를 어느 정도 배운 학습자들이라면 당연히 취득해야 하는 급수로 여겨지게 되었습니다. 중·고등학교를 비롯하여 대학 입학 및 학점 취득, 기업의 채용/인사고과 등에서 고급 중국어를 구사할 수 있는 인재의 필요성이 나날이 커졌기 때문입니다.

6급을 목표로 하는 학생들이 많아지면서 어떻게 하면 개인의 중국어 실력을 향상시키면서도 빠르게 급수를 취득하도록 도울 수 있을지 고민하게 되었습니다. 6급 시험에 도전하는 학생들의 중국어 실력은 매우 다양했고, 그 중 대다수 학생들이 문법을 공식으로 외우고, 단어 암기에만 주력할 뿐 중국어의 기초가 되는 문장 성분과 문장 구조를 이해하지 못하고 있다는 것을 발견했습니다. 빠르게 급수를 취득하는 것도 중요하지만, 기본기가 잡히지 않은 채 수업을 듣는 학생들에게 성적 향상을 기대할 수 없었습니다. 때문에 중국어의 기초가 되는 '문장 성분 및 문장 구조에 대한 이해'에서 시작하여 실제 시험에 자주 출제되는 문제 유형을 수집, 분석하여 학생들을 가르치기 시작했습니다. 이로 인해 HSK 6급 취득이 불가능해 보였던 학생들도 실제로 단기간에 급수를 취득했으며, 고득점을 목표로 한 학생들은 점수가 꾸준히 향상되는 것을 보게 되었습니다.

고급 중국어일수록 단순한 공식을 암기하는 것으로는 그 수준에 도달하기가 불가능합니다. 시험에 출제되는 영역별 문제 유형을 미리 숙지하고, 중국어 문장에 대한 언어 감각을 익히기까지 일련의 반복되고 꾸준한 훈련이 필요합니다. 지난 십여 년 간 강의에 녹여냈던 이 훈련 과정을 교실에서 가르치는 학생들 뿐만 아니라 HSK 6급을 발판 삼아 무한한 꿈을 향해 나아가는 수많은 학습자들과 함께 공유하고 싶었습니다. 선생은 단순한 지식 전달자이기 보다는 학생들이 먹을 음식을 맛있게 요리해 주는 요리사이자 조력자이기 때문에, 저희 집필진은 지난 강의를 통해 연구 분석한 자료를 토대로 학습자들이 기초부터 고급 중국어까지 쉽게 학습할 수 있게 하는 데에 가장 큰 주안점을 두고 본 교재를 집필하였습니다.

본 교재는 HSK 6급의 출제 의도를 꿰뚫고 최신 출제 경향을 반영하였으며 수년간 시험에 반복적으로 출제된 문제들을 유형별로 분류하여 80개 합격 공략으로 제시하였고, 그 안에 고득점을 목표로 하는 학습자들을 위해 특별히 난이도가 높거나 자주 실수하는 문제들을 선별하여 고득점 항목을 제시하였습니다. 학습자들은 본 교재를 통해 기본기에 충실한 학습과 전략적으로 HSK를 준비할 수 있는 학습 비결을 얻게 될 것입니다. 또한 매 챕터마다 이해하기 쉬운 해설과 흐름으로 구성되어 있어 혼자서 시험을 준비하는 학생들은 선생님의 도움 없이도 쉽게 이해하며 공부할 수 있을 것입니다. 본 교재를 통해 HSK 6급을 목표로 하는 학생들이 원하는 점수를 얻어 원하는 미래를 설계할 수 있길 바랍니다.

저자 **김은정, 김보름, 이선민, 정소연**

HSK 소개

❶ HSK란?

HSK(汉语水平考试HànyǔShuǐpíngKǎoshì)는 제1언어가 중국어가 아닌 사람의 중국어 능력을 평가하기 위해 만들어진 중국 정부 유일의 국제 중국어 능력 표준화 고시로 생활·학습·업무 등 실생활에서의 중국어 운용 능력을 중점적으로 평가하며 현재 세계 112개 국가, 860개 지역에서 시행되고 있습니다.

❷ 시험 진행 방식

지필 시험(Paper-Based Test)	기존 방식의 시험지와 OMR답안지로 진행하는 시험
IBT 시험(Computer-Based Test)	컴퓨터로 진행하는 시험

❸ HSK의 용도 및 등급별 수준

HSK는 국내외 대학(원) 및 특목고 입학·졸업 시 평가 기준, 중국 정부 장학생 선발 시 평가 기준, 각 급 업체 및 기관의 채용·승진 시 평가 기준이 되는 시험입니다. HSK는 1급~6급으로 구성된 시험이며, 등급별 수준은 하단의 표와 같습니다.

급수	어휘량	수준
HSK 6급	5,000 단어	중국어 정보를 듣거나 읽는데 있어 쉽게 이해할 수 있고, 중국어로 구두상이나 서면상으로 자신의 견해를 유창하고 적절하게 전달 가능
HSK 5급	2,500 단어	중국어 신문과 잡지를 읽을 수 있고 중국어 영화나 TV프로그램을 감상할 수 있으며, 중국어로 비교적 완전한 연설 가능
HSK 4급	1,200 단어	여러 분야의 화제에 대해 중국어로 토론을 할 수 있으며, 비교적 유창하게 중국인과 대화 및 교류가 가능
HSK 3급	600 단어	중국어로 일상생활, 학습, 업무 등 각 분야의 상황에서 기본적인 회화가 가능하고, 중국여행 시 대부분의 상황에서 중국어로 대응 가능
HSK 2급	300 단어	중국어로 간단하게 일상생활에서 일어나는 화제에 대해 이야기를 하는 것이 가능
HSK 1급	150 단어	간단한 중국어 단어와 문장을 이해하고 사용할 수 있으며, 기초적인 일상 회화를 구사하는 것이 가능

❹ 시험 접수 방법 & 준비물

인터넷 접수	HSK한국사무국 홈페이지(http://www.hsk.or.kr)를 통해 접수
우편 접수	구비 서류를 준비하여 HSK한국사무국에 등기우편으로 발송 • 구비 서류 : 응시원서(홈페이지 다운로드), 사진 2장(1장은 응시원서에 부착), 응시비입금영수증
방문 접수	서울공자아카데미에 방문하여 접수 • 구비 서류 : 응시원서(홈페이지 다운로드), 사진 3장, 응시료

▶ 시험 당일 준비물

• 수험표 : 인터넷/우편접수 시 홈페이지에서 출력, 방문 접수 시 접수처에서 배부

• 유효신분증 & 필기구 : '주민등록증, 운전면허증, 기간 만료 전의 여권, 주민등록증발급신청확인서, 청소년증, 청소년증발급신청확인서' 등의 신분증 & '2B연필 및 지우개' 등의 필기구

❺ HSK 6급 시험의 구성

시험 내용		문항수		시험 시간	점수
듣기	제1부분	15	50문항	약 35분	100점
	제2부분	15			
	제3부분	20			
듣기 영역에 대한 답안 작성시간				5분	
독해	제1부분	10	50문항	50분	100점
	제2부분	10			
	제3부분	10			
	제4부분	20			
쓰기		1 문항		45분	100점
합계		101문항		약 135분	300점

❻ 합격 점수 및 성적 조회

• 각 영역별 만점은 100점으로 총점 180점 이상이면 합격

• 성적 조회는 시험일로부터 1개월 후, 중국고시센터 홈페이지(http://www.chinesetest.cn)에서 조회 가능 [수험표 상의 수험번호(准考证号) 총 18자리, 성명(수험표와 동일한 영문 또는 한자 성명), 홈페이지 상의 인증번호(验证号)를 입력하면 조회 가능]

• 성적표는 시험일로부터 45일 후 접수 시 선택한 방법(우편 또는 방문)으로 수령

• HSK 성적은 시험일로부터 2년간 유효

〈6급 성적표 예시〉

앞서 말했듯이 HSK 6급은 '듣기, 독해, 쓰기'의 세 가지 영역으로 구성되어 있으며, 각 영역은 '듣기 – 제1부분, 제2부분, 제3부분 / 독해 – 제1부분, 제2부분, 제3부분, 제4부분 / 쓰기'로 세분화되어 있습니다. 지금부터는 각 영역별 문제 수, 문제 유형 및 출제 내용 등을 구체적으로 살펴보도록 합시다.

듣기

듣기 제1부분 : 짧은 글 듣고 일치하는 내용 고르기 (총 15문항 / 1번~15번)

짧은 글을 듣고 보기 4개 중 일치하는 하나를 고르는 형식으로 한 지문을 듣고 한 문제를 풉니다.

> **듣기 제1부분 문제 예시**
>
> **[문제]**
>
> 1. A 哺乳动物寿命较短
>   B 哺乳动物体温恒定
>   C 哺乳动物繁殖力最强
>   D 哺乳动物都栖息于平原
>
> **[녹음 지문]**
>
> 哺乳动物是动物世界中躯体结构、功能行为最为复杂的最高级动物类群。多数哺乳动物是身体被毛、运动快速、体温恒定的脊椎动物。

듣기 제2부분 : 인터뷰 듣고 관련 문제 풀기 (총 15문항 / 16번~30번)

긴 인터뷰를 듣고 마지막에 제시되는 5개의 질문에 알맞은 답을 고르는 형식으로 한 지문당 5개의 문제를 풉니다.

> **듣기 제2부분 문제 예시**
>
> **[문제]**
>
> 16. A 体能下降
>   B 为自己骄傲
>   C 精力更充沛
>   D 有很大的上升空间
>
> 17. A 安慰
>   B 引导
>   C 激励
>   D 引以为戒

18. A 以年轻人为主
    B 不宜经常参加
    C 并非奋斗的重点
    D 跟其他比赛差不多

20. A 是篮球新人
    B 现在是教练
    C 从未让父母看比赛
    D 不止一次参加奥运会

19. A 家人的关爱
    B 一种成就感
    C 有值得信赖的朋友
    D 一个充满希望的明天

[녹음 지문 & 질문]

第16到20题是根据下面一段采访：

女：此次奥运会你将以卫冕冠军的身份出战，和2004、2008年相比，现在的你有什么不同？

男：1我为自己感到骄傲。我在国家队用了12年时间证明：自己依然是男子单打组中教练首选的运动员之一。伦敦是5我第三次代表男单参加的奥运会，我要做的是后人难以超越的纪录。

女：在羽毛球界也有选手参加三届奥运会的先例，但是能够始终保持高水平的几乎没有。

男：对，没错。羽毛球的每一场消耗的体能和精力和很多项目完全不一样，特别是男子单打非常辛苦。我在过去12年的职业生涯中，已尽可能把我最好的竞技状态都表现了出来。2只要我还打下去，对很多年轻人来说就是鼓励。一个运动员一辈子没有几次能代表祖国参加奥运会，我会格外珍惜。3奥运会很神圣，但不是人生的终点。

女：29岁的你对幸福的理解是什么？

男：不在于你住多大的房子，或者是拥有了什么。也许通过你的努力拥有了这些以后，会有一种成就感。但那种成就感并不一定就是幸福感。幸福是早上下楼给家人买早点，是一家人一起聊天儿。幸福也是回家的时候，一抬头就能从窗口看到爸妈在厨房里忙活。4我觉得幸福是家人的爱，比如他们的鼓励和支持。

16. 男的怎么评价自己？
17. 男的认为自己对年轻人有什么作用？
18. 男的对奥运会有什么看法？
19. 男的对幸福的理解怎么样？
20. 关于男的可以知道什么？

듣기 제3부분 : 긴 글을 듣고 관련 문제 풀기 (총 20문항 / 31번~50번)

긴 글을 듣고 마지막에 제시되는 3~4개의 질문에 알맞은 답을 고르는 형식으로 한 지문당 3~4개의 문제를 풉니다.

듣기 제3부분 문제 예시

[문제]

31. A 大脑分为两部分
    B 大脑的认知功能
    C 大脑的感知功能
    D 大脑左右半球的分工

33. A 人体的奥秘
    B 大脑的结构
    C 左半球的功能
    D 右半球的语言功能

32. A 充满感情的话
    B 来不及说的话
    C 话中暗含的意思
    D 有讽刺意味的话

[녹음 지문 & 질문]

第31到33题是根据下面一段话：

人类的大脑分为左右两个半球，我们习惯于称它们为左脑和右脑。1但是这两侧半球的功能是不一样的，大脑左半球主要负责语言，而右半球支配着非语言声音、视觉和空间技能。认知功能和感知功能位于大脑的某一半球上被称为侧化。3那么，右半球在语言中是否也起着一定作用呢？

答案是肯定的，但右半球在语言中所起的作用不同于左半球。人类在用语言交谈时，会伴随着相应的表情、肢体语言、眼神，甚至是音腔、音调，2它们传递着语言交流中暗含的信息。比如，言外之意、字面意思与实际表达的意思不同等。这些3语言中暗含的信息都是由右半球处理的，如果右半球受损就无法理解这些没说出来的信息。比如，用讽刺的语气来夸某人长得漂亮，右半球受损的人就理解不出讽刺的意思。

31. 什么是大脑的侧化？
32. 这段话中"言外之意"是什么意思？
33. 这段话主要谈的是什么？

독해

독해 제1부분 : 틀린 문장 고르기 (총 10문항 / 51번~60번)

문제의 보기 4개 중에서 틀린 문장 1개를 고르는 유형입니다.

독해 제1부분 문제 예시

51. A 在投掷项目中，两人得分相等，所以并列冠军。

B 财富不是你一生的朋友，朋友却是你一生的财富。

C 尽管我们之间有时也会小矛盾，但相处的还算融洽。

D 越来越多的市民加入了无偿献血的行列，奉献自己的爱心。

독해 제2부분 : 빈칸에 알맞은 어휘 넣기 (총 10문항 / 61번~70번)

지문의 빈칸에 알맞은 어휘를 고르는 문제로 3~5개의 빈칸이 제시됩니다.

독해 제2부분 문제 예시

61. 普吉岛以其迷人的热带_____和丰富的旅游资源，被称为"安达曼海上的一_____明珠"。这儿最大的诱惑之一就是温暖湿润的气候，一年_____气温为28℃，温差很小。

A 风光颗　平均　　　　　B 作风　筐　平时

C 风气　罐　平行　　　　D 风格　条　平衡

독해 제3부분 : 빈칸에 알맞은 문장 넣기 (총 10문항 / 71번~80번)

지문의 5군데 빈칸에 5개의 보기(A~E)를 모두 채워 넣는 문제입니다.

독해 제3부분 문제 예시

71-75.

一对好朋友在旅行中吵了一架，其中一个人打了同伴一个耳光。被打的人愣了半天，最后却没有说话，只是在沙子上写下：（71）_____。

他们到了一条大河边，过河时被打耳光的差点淹死。幸好被朋友救起。被救后，他拿起一把小刀在石头上刻下：今天好朋友救了我一命。朋友问："为什么我打了你之后，你写在沙子上，（72）__________？"那人笑了笑，回答："（73）__________，要写在易忘的地方，风会抹去它；但如果被帮助，我们要把它刻在心灵深处，那里，任何风都不能抹灭它。"

生活中，人们常常会陷入一个怪圈：因为是朋友，就将他的付出和给予视为理所当然，少了感激；因为是朋友，（74）____________，多了苛责。其实，朋友间难免会产生矛盾，但这种伤害往往是无心的，如果因为这种无心的伤害而失去朋友，那将不仅是遗憾，而且是悲哀。忘记朋友的伤害，（75）____________。珍惜身边的朋友吧。

A 铭记朋友的关爱吧
B 今天我的好朋友打了我一巴掌
C 就把他的错误看成不可原谅
D 当被一个朋友伤害时
E 而现在要刻在石头上呢

독해 제4부분 : 긴 글을 읽고 관련 문제 풀기 (총 20문항 / 81번~100번)

한 편의 긴 글을 읽고 관련된 4개의 문제를 푸는 유형입니다.

듣기 제4부분 문제 예시

81-84.

所谓的"一见钟情"是男女之间第一次见面就产生了相互吸引、相互爱慕的感情。每个人都希望拥有这种一见钟情的爱情，我们将心中设想一个完美恋人的标准，然后期待与之相遇，产生电光火石般的感觉。那么，人到底为什么会一见钟情呢？实际上到目前为止，心理学界也没有完全揭开"一见钟情"的奥秘。

从认知心理学的角度来看，如果对方的眼睛、鼻子、嘴巴等器官和自己的相似，我们就会对对方产生亲近感，这种亲近感是发展爱情的基础。还有一种说法认为，有人会对和自己免疫类型完全不同的人产生好感，他们能从对方身上感受到一种"传达物质"，这种物质也能促进爱情的发展。的确，人类想寻找自身所不具备的免疫类型，这从生物学的角度也能解释。有趣的是，前一种说法认为，人会对与自己相似的异性一见钟情；而后一种说法认为，人会对与自己不同的异性一见钟情。

最近又出现了一种新的说法，认为人的大脑具有一种在瞬间找到结论的"适应性无意识"功能。它是人类所具有的一种瞬间判断能力。也就是说，任何人都能在一瞬间看清事物的本质或者找出问题的答案。有些人一生只有一次一见钟情的经历，就能和一见钟情的对象厮守终生。这让我们相信，他们就是在一瞬间找到了这辈子最适合自己的人。因而，一见钟情所产生的爱情并不是暂时的感情，也许这才是爱情的本质。

81. 根据第一段，下列哪项正确？
　　A 每个人都能一见钟情　　　　　B 日久生情更可靠
　　C 还没有找到一见钟情的原因　　D 一见钟情不限于男女之间

82. 关于"认知心理学观点"，下列哪项正确？
　　A 一见钟情不能可靠　　　　　　B 一见钟情是偶然的现象
　　C 真正的爱情不是暂时的感情　　D 相似的人容易产生好感

83. 根据上文，"适应性无意识" 是：
　　A 根本没有科学依据　　　　　　B 是年轻人所特有的
　　C 不能找出问题的答案　　　　　D 是种瞬间判断能力

84. 上文主要谈的是：
　　A 真正的爱情　　　　　　　　　B 爱情的本质
　　C 一见钟情产生的原因　　　　　D 心理学的新发现

쓰기

약 1,000자 분량의 글을 10분 동안 읽고 400자 내외의 글로 요약하는 문제로 요약한 글이 지문의 내용과 동일해야 합니다. 400자 내외의 글로 요약한 뒤에는 반드시 글의 제목을 달아야 합니다.

쓰기 문제 예시

　　高考前，当我准备报考电影系时，父亲十分反感，他认为电影界竞争激烈，想要成功很难。当时我一意孤行，父亲和我之间的关系从此恶化，但是，等我几年后从电影学院毕业，我终于明白了父亲的苦心所在。在电影界，一个没有任何背景的人要想混出名堂来，谈何容易。我经过了6年多的漫长而无望的等待。⋯⋯⋯⋯⋯⋯（생략）⋯⋯⋯⋯⋯⋯

"단어를 많이 안다고" 6급을 딸 수 있는 게 아닙니다.

"일상 회화가 유창하다고" 6급을 딸 수 있는 게 아닙니다.

"문법 공식을 달달 외운다고" 6급을 딸 수 있는 게 아닙니다.

"오랫동안 시험을 준비한다고" 6급을 딸 수 있는 게 아닙니다.

"시험 자료를 많이 모았다고" 6급을 딸 수 있는 게 아닙니다.

HSK에서 가장 높은 레벨인 6급을 따기 위해서는

첫째, 먼저 문제 유형을 파악해야 합니다. 각 부분마다 출제 의도와 평가하는 언어 능력이 다르므로 문제 유형에 익숙해 있어야 당황하지 않고 문제를 풀 수 있습니다.

둘째, 일상 회화에서 사용하는 표현이 아니라 고급 중국어에서 사용하는 고급 어휘와 표현을 알아야 합니다. 6급에서 출제되는 글의 종류는 설명문과 논설문, 이야기 글(옛날 이야기 포함)이기 때문에 회화수업에서 배우지 않은 어휘들이 대거 등장합니다. 따라서 빈출 어휘를 전략적으로 외우는 것이 중요합니다.

셋째, 중국어 어법의 핵심인 문장 성분을 분석할 줄 알고, 어순에 대한 감각이 있어야 합니다. 문장의 핵심 성분인 주어, 술어, 목적어만 분석해도 정답률을 80% 이상 높일 수 있습니다.

넷째, HSK 6급 전문 강사로 활발히 활동하고 있는 저자들의 강의 노하우가 담긴 출제 빈도가 높은 문제와 핵심 이론을 집중적으로 공략해야 합니다. 6급은 일상 회화의 수준을 넘어서는 지문이 대다수이고, 짧은 시간에 주어진 문제를 풀어야 하기 때문에, 전략적인 접근과 훈련 없이는 원어민도 만점을 받기 불가능한 시험입니다.

따라서 6급을 취득하기 위해서는 전략적으로, 단기간에, 집중해서 준비해야 합격과 고득점이란 두 마리 토끼를 모두 잡을 수 있습니다. 공부를 시작하기에 앞서 너무 많은 부담을 갖기 보다는 본 교재에 수록된 HSK 6급 합격 공략법 80개를 공략 1부터 80까지 차근차근 꾸준히 학습해 봅시다. 본 교재는 HSK 6급 합격 공략법 80개를 4주에 걸쳐 마스터할 수 있는 학습 플랜에 따라 공부할 수 있도록 구성되어 있습니다. 따라서 이 책의 학습을 마친 4주 뒤에는 자신감과 중국어 실력 모두 향상된 스스로를 발견하게 될 것입니다.

여러분 모두의 합격을 기원합니다.

「HSK 6급 고수들의 합격전략」은 HSK 전문 강사들이 다년간에 걸쳐 축적한 HSK 6급 합격 공략법 80개를 단기간에 효과적으로 학습할 수 있도록 구성한 교재입니다. 또한 합격 공략법을 '영역별 유형 분석 및 풀이 전략 파악 → 유형별 기본기 다지기 → 유형별 합격 공략 비법을 익히며 실전 문제 풀어보기 → 유형별 실전 테스트 풀기 → 영역별 미니모의고사 풀기 → 실전모의고사로 마무리'의 효과적인 흐름을 따라가며 마스터할 수 있도록 하였기 때문에 합격에 필요한 기본기를 다지는 것부터 시작해 실전 모의고사까지 풀어볼 수 있어 교재 한 권만으로도 '기본 개념 탑재 + 실전 대비'가 가능합니다. 아래의 도표를 보시면 각 영역별 합격 공략 비법을 한눈에 파악할 수 있습니다.

듣기
합격 공략 23개

제1부분
합격 공략 9개
제2부분
합격 공략 7개
제3부분
합격 공략 7개

독해
합격 공략 50개

제1부분
합격 공략 20개
제2부분
합격 공략 11개
제3부분
합격 공략 10개
제4부분
합격 공략 9개

고득점 고수들의
6급 합격 공략
80개
마스터

쓰기
합격 공략 7개
+ 10일 완성! 쓰기 훈련

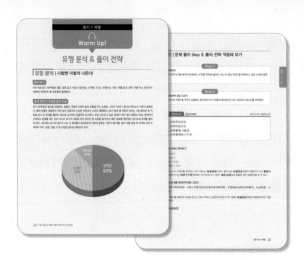

1 영역별 유형 분석 & 풀이 전략 파악

듣기·독해·쓰기 영역별 세부출제 유형 및 각 유형별 출제 확률을 분석한 후 HSK 전문 강사의 노하우가 담겨 있는 '문제 접근법+정답률을 높이는 방법'을 학습한 다음 체계적인 풀이 STEP을 따른 '문제 풀이 전략'까지 학습하도록 구성하여 문제 풀이 시간을 단축하고 정답을 정확히 고를 수 있도록 하였습니다.

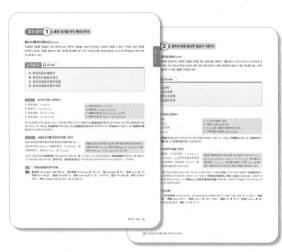

2 HSK 6급 합격 공략법 80개 마스터

듣기·독해·쓰기 전 영역에서 가장 많이 출제되는 문제를 80개로 분류한 뒤 이에 맞는 합격 공략법 80개를 '①공략법 및 주요문법·어휘 학습 → ②공략법에 따라 실전문제 직접 풀어보기'의 체계적 흐름에 따라 마스터할 수 있도록 하였으며, 이와 함께 220점 이상의 고득점까지 얻을 수 있는 고득점 공략도 수록하였습니다

3 유형별 실전테스트 & 영역별 미니모의고사

각 문제 유형별 합격 공략 비법을 학습한 후엔 실제 문제 형식을 그대로 옮겨 놓은 '실전테스트'를 풀어 봄으로써 배운 내용을 확인하고 점검할 수 있도록 하였습니다. 또한 듣기 제1부분, 듣기 제2부분 등 각 영역을 학습한 뒤엔 '영역별 미니모의고사'를 풀어보며 전체적인 실전 감각까지 기를 수 있도록 하였습니다.

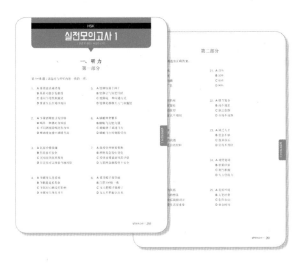

4 최종 실전모의고사 2회분 수록

교재의 내용을 모두 학습한 뒤엔 실제 시험과 동일한 방식의 '실전모의고사'를 풀어봄으로써 자신의 실력을 스스로 테스트하고 실전 감각까지 키울 수 있도록 하였습니다. 또한 시험용 OMR 답안지를 수록하여 직접 정답을 기재하며 문제를 풀어보게 함으로써 문제 풀이 시간 조절까지 하며 연습할 수 있도록 하였습니다.

5 분권으로 쉽게 보는 해설편 제공

교재의 실전문제 및 미니모의고사, 실전모의고사 2회분의 해설 • 해석 • 어휘를 수록한 해설편을 학습자들의 편의를 위해 분권으로 분리하여 제공하며, 옆에서 직접 강의하는 듯한 저자의 상세한 해설 및 본 교재에서 다 담지 못한 시험 대비 주요 팁 등을 수록해 학습자들의 궁금증을 말끔히 해소할 수 있도록 하였습니다.

6 10일 완성! 쓰기 훈련 & 6급 단어장 제공

난이도 높은 어휘로 구성된 1,000자 분량의 쓰기 지문을 바로 요약하는 것이 부담스러운 학습자들을 위해 짧은 지문에서 시작하여 독해력과 작문력을 키울 수 있도록 한 '10일 완성 쓰기 훈련' 및 6급 필수 어휘 2,500개를 언제 어디서나 들고 다니며 암기할 수 있도록 한 휴대용 6급 단어장을 제공합니다.

목차

듣기

독해

CONTENTS

4주 완성 학습 플랜

▶ 학습 플랜 활용법

1) 하단의 학습 플랜은 6급 합격 공략법 80개를 4주에 걸쳐 학습하도록 설계된 것입니다.

2) 학습 플래너에서 각 날짜별로 배정된 학습 내용을 그날그날 학습하도록 합니다.

3) 그날그날 학습을 완료한 뒤엔 '학습 완료'에 체크(V) 표시를 합니다.

4) 본 학습 플래너는 자신의 학습 속도 및 학습 분량에 맞게 조절해서 사용 가능합니다.

   (ex) 이틀치를 하루에 학습할 경우 '2주 완성 학습 플랜'으로 활용 가능

5) 실전모의고사를 풀 때엔 OMR 카드에 답안을 기입하며 실전처럼 풀도록 합니다.

- 학습 시작 날짜: _____월 _____일
- 학습 종료 날짜: _____월 _____일
- 하루 평균 학습 시간: _____시간
- 시험 예정일: _____월 _____일

	DAY 01 _____월 _____일	DAY 02 _____월 _____일	DAY 03 _____월 _____일
1 주차	[듣기 제1부분] 합격 공략 01~03 + 실전테스트	[듣기 제1부분] 합격 공략 04~06 + 실전테스트	[듣기 제1부분] 합격 공략 07~09 + 실전테스트 + 미니모의고사
	학습 완료 ( )	학습 완료 ( )	학습 완료 ( )

DAY 04 _____월 _____일	DAY 05 _____월 _____일	DAY 06 _____월 _____일	DAY 07 _____월 _____일
[듣기 제2부분] 합격 공략 10~13 + 실전테스트	[듣기 제2부분] 합격 공략 14~16 + 실전테스트 + 미니모의고사	[듣기 제3부분] 합격 공략 17~20 + 실전테스트	[듣기 제3부분] 합격 공략 21~23 + 실전테스트 + 미니모의고사
학습 완료 ( )	학습 완료 ( )	학습 완료 ( )	학습 완료 ( )

	DAY 08 _____월 _____일	DAY 09 _____월 _____일	DAY 10 _____월 _____일
2 주차	[독해 제1부분] 합격 공략 24~28 + 실전테스트	[독해 제1부분] 합격 공략 29~32 + 실전테스트	[독해 제1부분] 합격 공략 33~36 + 실전테스트
	학습 완료 ( )	학습 완료 ( )	학습 완료 ( )

DAY 11	DAY 12	DAY 13	DAY 14
_____월 _____일	_____월 _____일	_____월 _____일	_____월 _____일
[독해 제1부분] 합격 공략 37~39 + 실전테스트	[독해 제1부분] 합격 공략 40~43 + 실전테스트 + 미니모의고사	[독해 제2부분] 합격 공략 44~47 + 실전테스트	[독해 제2부분] 합격 공략 48~51 + 실전테스트
학습 완료 ( )	학습 완료 ( )	학습 완료 ( )	학습 완료 ( )

3 주차	DAY 15	DAY 16	DAY 17
	_____월 _____일	_____월 _____일	_____월 _____일
	[독해 제2부분] 합격 공략 52~54 + 실전테스트 + 미니모의고사	[독해 제3부분] 합격 공략 55~57 + 실전테스트	[독해 제3부분] 합격 공략 58~61 + 실전테스트
	학습 완료 ( )	학습 완료 ( )	학습 완료 ( )

DAY 18	DAY 19	DAY 20	DAY 21
_____월 _____일	_____월 _____일	_____월 _____일	_____월 _____일
[독해 제3부분] 합격 공략 62~64 + 실전테스트 + 미니모의고사	[독해 제4부분] 합격 공략 65~67 + 실전테스트	[독해 제4부분] 합격 공략 68~70 + 실전테스트	[독해 제4부분] 합격 공략 71~73 + 실전테스트 + 미니모의고사
학습 완료 ( )	학습 완료 ( )	학습 완료 ( )	학습 완료 ( )

4 주차	DAY 22	DAY 23	DAY 24
	_____월 _____일	_____월 _____일	_____월 _____일
	[쓰기] 합격 공략 74~75	[쓰기] 합격 공략 76 + 실전테스트	[쓰기] 합격 공략 77~78
	학습 완료 ( )	학습 완료 ( )	학습 완료 ( )

DAY 25	DAY 26	DAY 27	DAY 28
_____월 _____일	_____월 _____일	_____월 _____일	_____월 _____일
[쓰기] 합격 공략 79~80	[쓰기] 실전테스트 + 미니모의고사	실전모의고사 1	실전모의고사 2
학습 완료 ( )	학습 완료 ( )	학습 완료 ( )	학습 완료 ( )

듣기
제1부분

일치하는 내용 고르기

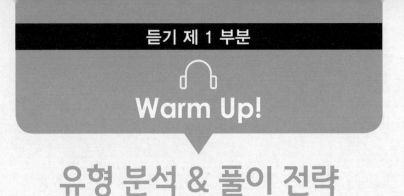

Warm Up!

유형 분석 & 풀이 전략

유형 분석 | 시험엔 이렇게 나온다!

출제 방식

HSK 6급 듣기 제1부분은 짧은 글을 듣고 지문과 일치하는 보기를 고르는 유형이다. 지문 1개를 듣고 문제 1개를 푸는 형식으로 1번부터 15번까지 총 15문항이 출제된다.

출제 경향 & 유형별 출제 비율

듣기 제1부분은 정보를 전달하는 설명문, 인생의 지혜와 삶의 교훈을 주는 논설문, 그리고 이야기 형식의 에피소드 지문이 출제된다. 출제 비중은 설명문이 가장 많고 다음으로 논설문, 에피소드 순으로 출제된다. 듣기 영역 중 지문의 길이는 가장 짧지만 한 지문을 듣고 한 문제를 풀어야 하므로 순간적인 집중력이 요구된다. 또한 난이도가 높은 문제가 적지 않기 때문에 100% 완벽하게 이해하고 문제를 푸는 것이 아니라 보기의 내용을 먼저 파악한 후 녹음을 들으면서 해당 정보를 확인하는 방식으로 문제를 풀어야 한다. 최근에는 보기의 길이가 다소 긴 문제들이 많아졌으며 지문의 종류도 기존의 동/식물, 중국 전통 문화 및 지리에 관한 주제에서 우주, 항공, 관광, IT 등 다양한 분야로 확장되고 있다.

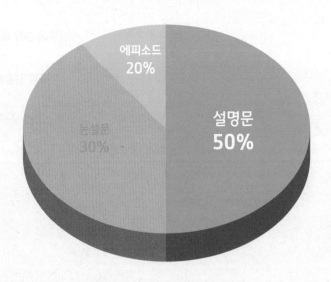

에피소드
20%

논설문
30%

설명문
50%

풀이 전략 | 문제 풀이 Step & 풀이 전략 적용해 보기

Step 1

보기의 키워드 파악하기
지문을 듣기 전에 먼저 보기를 빠르게 분석한다. 보기를 주어와 술어로 나눈 뒤 핵심 키워드를 파악하고, 글의 소재와 종류를 예상한다.

Step 2

녹음과 보기를 대조하여 정답 고르기
녹음을 들을 때 보기의 키워드를 위주로 집중해서 들으면서 보기 내용과 일치하는지 또는 일치하지 않는지를 파악한다.

풀이 전략 **적용해 보기** 🎧 01.mp3 해석 및 어휘 | 해설편 p.002

1. A 哺乳动物寿命较短
   B 哺乳动物体温恒定
   C 哺乳动物繁殖力最强
   D 哺乳动物都栖息于平原

STEP 1 **보기의 키워드 파악하기**

A **哺乳动物** | 寿命较短
B **哺乳动物** | 体温恒定
C **哺乳动物** | 繁殖力最强
D **哺乳动物** | 都栖息于平原

보기를 주어와 술어로 나누고 키워드를 파악한다. A의 키워드는 **寿命较短**(수명이 짧다), B는 **体温恒定**(체온이 일정하다), C는 **繁殖力最强**(번식력이 가장 강하다), D는 **栖息于平原**(평야에서 서식하다)이다. 지문이 **哺乳动物**(포유 동물)에 관한 설명문임을 알 수 있다.

STEP 2 **녹음과 보기를 대조하여 정답 고르기**

哺乳动物是动物世界中躯体结构、功能行为最为复杂的最高级动物类群。多数哺乳动物是身体被毛、运动快速、**体温恒定**的脊椎动物。

미리 분석한 보기의 키워드를 바탕으로 녹음을 듣는다. 다른 키워드는 등장하지 않았고 B의 내용이 **体温恒定**(체온이 일정하다)으로 언급되었으므로 정답은 B이다.

정답 B **哺乳动物体温恒定**

01 설명문
보기를 주어와 술어로 나누기

기본기 다지기 │ 기본 개념 잡기 & 공략 미리보기

듣기에서 가장 비중이 높은 지문은 설명문이다. 설명문은 정보 전달을 목적으로 하기 때문에 전문적인 내용의 어휘로 구성된다. 하지만 듣기 제1부분은 지문의 길이가 짧아 정보의 양이 많지 않으므로 보기의 키워드를 중심으로 지문과 대조하면 어렵지 않게 정답을 찾을 수 있다.

│ 기본 개념 잡기 1 │ 주요 출제 분야

1. 중국 관련 – 중국의 지리, 전통, 건축, 문화 등에 관한 글이 출제된다.
2. 전문 분야 – 동식물, 경제, 예술, 항공, 우주 등 다양한 분야의 글이 출제된다.
3. 일상생활 – 일상생활에서 자주 접하는 건강 및 의학 분야를 포함한 다양한 주제의 글이 출제된다.

│ 기본 개념 잡기 2 │ 설명문 문제의 특징

설명문은 어휘의 난이도가 높지만 정보 전달을 목적으로 하기 때문에 보기와 정보를 1:1로 대조하여 일치 여부를 판단하면 쉽게 정답을 고를 수 있다. 아래의 예시를 살펴보자.

> (녹음) "深阅读"往往能够激发起读者的感, 悟和思考。
> '정독'은 종종 독자의 깨달음과 사고를 불러일킬 수 있다.
>
> (보기) A 让人积累知识   지식을 쌓게 한다
>   B 被年轻人忽视   젊은 사람에게 소홀히 여겨진다
>   C 能激发读者思考   독자로 하여금 사고하게 할 수 있다
>   D 受到经济因素的影响   경제적 요인의 영향을 받는다

녹음에 보기 C의 내용이 '能够激发, 读者, 思考'로 그대로 등장했다. 설명문의 정답은 보기와 녹음의 어휘가 그대로 일치하는 경우가 많다.

│ 공략 미리보기 │

합격 공략 01	틀린 보기를 먼저 제외시키라!
합격 공략 02	접속사 뒤에 중요한 정보가 나온다!
합격 공략 03	[220점 이상 고득점] 주어와 술어가 일치하는지 파악하라!

합격 공략 ① 틀린 보기를 먼저 제외시키라!

틀린 보기를 먼저 제외시키기 ★★★

설명문은 정보를 전달하는 것이 목적이므로 구체적인 정보들이 빠르게 언급된다. 따라서 지문을 다 듣고 기억해서 일치 여부를 판단하기 보다는 지문을 들으면서 일치 여부를 체크해야 한다. 듣기 전에 보기를 주어와 술어로 나누어 분석해 놓으면 쉽게 지문과 대조할 수 있다.

실전문제 🎧 02.mp3

> A 秦皇岛港水域狭窄
> B 秦皇岛以旅游业为主
> C 秦皇岛港是天然不冻港
> D 秦皇岛港海岸线不曲折

STEP 1 보기의 키워드 파악하기

A 秦皇岛港 | 水域狭窄
B 秦皇岛 | 以旅游业为主
C 秦皇岛港 | 是天然不冻港
D 秦皇岛港 | 海岸线不曲折

A 친황다오 항구는 수역이 좁다
B 친황다오는 관광업을 위주로 한다
C 친황다오 항구는 천연의 얼지 않는 항구이다
D 친황다오 항구는 해안선이 구불구불하지 않다

보기의 문장을 주어와 술어로 나누고 키워드를 파악한다. 주어가 공통적으로 **秦皇岛港**(친황다오 항구)이므로 이에 관한 설명문임을 예상할 수 있다. A의 키워드는 **水域狭窄**(수역이 좁다), B는 **以旅游业为主**(관광업 위주이다), C는 **不冻港**(얼지 않는다), D는 **海岸线不曲折**(해안선이 굴곡지지 않다)이다.

STEP 2 녹음과 보기를 대조하여 정답 고르기

秦皇岛港是中国主要对外贸易综合性国际港口之一。
秦皇岛外海水域开阔，波浪比较大，海岸线曲折。泥沙淤积很少，而且终年不冻，是天然良港。

친황다오 항구는 중국의 주요 대외 무역 종합 국제 항구 중 하나이다. 친황다오 외해 수역은 넓고 파도가 크며 해안선이 구불구불하다. 진흙 퇴적이 적고 일년 내내 얼지 않는 천연의 항구이다.

녹음과 대조해 보면 **水域开阔**(수역이 넓다)라고 했으므로 A를 소거시킨다. B는 언급되지 않았고, **海岸线曲折**(해안선이 구불구불하다)라고 했으므로 D를 소거시킨다. **终年不冻, 是天然良港**(일년 내내 얼지 않는 천연 항구이다)이라고 했으므로 C가 일치한다.

정답 C 秦皇岛港是天然不冻港

어휘 **秦皇岛** Qínhuángdǎo 지명 친황다오 **对外贸易** duìwàimàoyì 명 대외 무역 **港口** gǎngkǒu 명 항구 **水域** shuǐyù 명 수역 **开阔** kāikuò 형 넓다 **波浪** bōlàng 명 파도 **曲折** qūzhé 형 굴곡이 있다, 구부러지다 **泥沙** níshā 명 진흙 **淤积** yūjī 통 퇴적하다 **终年** zhōngnián 명 일년 내내 **冻** dòng 통 얼다

합격 공략 ② 접속사 뒤에 중요한 정보가 나온다!

인과/전환 관계를 나타내는 접속사 ★★★

설명문에서는 특정 정보를 강조하거나 중요한 내용을 언급할 때는 접속사를 사용한다. 예를 들어 但是/可是/不过/然而과 같은 전환 관계 접속사, 또는 所以/因此/因而/从而과 같은 인과 관계 접속사 뒤에는 핵심적인 정보가 나올 가능성이 높다. 따라서 이러한 접속사가 들리면 그 다음 내용에 주의해야 한다.

실전문제 🎧 03.mp3

A 恐惧症无法治疗
B 人的记忆可以去掉
C 井绳不可能让人害怕
D 清除记忆会延长生命

STEP 1 보기의 키워드 파악하기

A 恐惧症 | 无法治疗
B 人的记忆 | 可以去掉
C 井绳 | 不可能让人害怕
D 清除记忆 | 延长生命

A 공포증은 치료할 수 없다
B 사람의 기억은 없앨 수 있다
C 두레박 줄은 사람을 두려워하게 할 수 없다
D 기억을 깨끗이 없애면 생명이 연장된다

보기에 记忆(기억), 恐惧症(공포증) 등이 있으므로 이에 관한 글임을 예상할 수 있다. A의 키워드는 恐惧症(공포증), B는 去掉记忆(기억을 없애다), C는 井绳(밧줄), D는 延长生命(생명이 연장되다)이다.

STEP 2 녹음과 대조하여 정답 고르기

俗话说："一朝被蛇咬，十年怕井绳。"井绳会让人体验到被蛇咬时害怕的情绪。但是科学家通过实验发现了一种可清除记忆的基因，这给患有"恐惧症"的人带来了福音，甚至也可能改变人类的生命。

옛말에 '뱀에게 물리면 두레박 줄만 봐도 놀란다'는 말이 있다. 두레박 줄은 뱀에게 물렸을 때의 두려움을 느끼게 한다. 하지만 과학자들은 실험을 통해 기억을 지우는 유전자를 발견했다. 이것은 '공포증'을 앓고 있는 사람에게 희소식이며 심지어 인류의 생명을 변화시킬 수 있다.

접속사 但是(그러나) 뒤에 정답과 관련된 정보가 자주 나오므로 주의해서 듣는다. 녹음에 但是(그러나) 이하의 내용에서 可清楚记忆(기억을 없앨 수 있다)라고 하였으므로 B가 일치하는 내용이다. A의 키워드는 给患有恐惧症的人带来了福音(공포증을 앓는 사람에게 희소식을 가져왔다)이라고 했으므로 소거하고, C는 井绳会让人体验到害怕的情绪(두레박 줄이 사람에게 두려움을 느끼게 한다)라고 했으므로 역시 소거한다. D는 언급되지 않았다.

정답 B 人的记忆可以去掉

어휘 **一朝被蛇咬，十年怕井绳** yìzhāobèishéyǎo, shíniánpàjǐngshéng 뱀에게 물려 본 사람은 두레박 줄을 보고도 놀란다 **体验** tǐyàn 통 체험하다 **情绪** qíngxù 명 정서 **清除** qīngchú 통 깨끗이 없애다 **基因** jīyīn 유전자 **患有** huànyǒu 통 앓다 **恐惧症** kǒngjùzhèng 명 공포증 **福音** fúyīn 명 희소식

합격 공략 ③ [220점 이상 고득점] 주어와 술어가 일치하는지 파악하라!

주어와 술어가 모두 일치하는지 파악하라! – 보기가 복잡하게 제시될 경우

설명문의 보기는 일반적으로 '주제가 어떠하다'라는 형식이다. 그런데 보기의 주어가 모두 다르게 제시되면 녹음과 대조하기가 더 어렵다. 이때는 먼저 주어 부분과 술어 부분으로 보기를 분석한 뒤, 주어를 키워드로 삼아 남은 술어가 일치하는지 파악해야 한다. 보기의 어휘가 지문에 언급된다고 해서 성급히 답을 고르지 말고 주어와 술어가 모두 일치하는지 대조해야 한다.

실전문제 🎧 04.mp3

```
A 黄光的光波最长
B 人们对黄色最敏感
C 光波越长穿透力越大
D 绿光穿透力优于红光
```

STEP 1   보기의 키워드 파악하기

A 黄光的光波ㅣ最长
B 人们ㅣ对黄色最敏感
C 光波ㅣ越长 穿透力ㅣ越大
D 绿光穿透力ㅣ优于红光

> A 노란색 광파가 가장 길다
> B 사람은 노란색에 가장 민감하다
> C 광파가 길수록 투과력이 크다
> D 녹색의 투과력이 빨간색보다 좋다

보기를 주어와 술어로 나눈다. A의 키워드는 **黄光的光波**(노란색 광파), B는 **对黄色敏感**(노란색에 민감하다). C는 **光波**(광파)와 **穿透力**(투과력). D는 **绿光**(녹색)과 **红光**(빨간색)이다. 보기를 통해 지문이 **黄光的光波**(노란색 광파)에 관한 설명문임을 알 수 있다. 보기의 주어가 모두 다르므로 주어와 술어에 모두 유의해서 들어야 한다.

STEP 2   녹음과 대조하여 정답 고르기

为什么交通灯用红光表示"停止"？红光的光波比黄光和绿光更长，光波越长，它穿透周围介质的能力就越大。因此，在光度相同的条件下，红色传得最远，人们对红色的感觉也比较敏感。

> 왜 신호등은 빨간불로 정지를 표시할까? 빨간빛의 광파가 노란빛과 녹색빛보다 더 길다. 광파가 길수록 주위 매개체를 통과하는 능력이 강하다. 이 때문에 밝기가 같은 조건에서 빨간색이 가장 멀리 전달되고 사람들의 빨간색에 대한 감각도 민감한 것이다.

红光的光波更长(빨간색 광파가 더 길다)이라고 했으므로 A를 소거한다. 또한 사람들이 **对红色敏感**(빨간색에 민감하다)이라고 했으므로 B도 틀린 내용이다. D는 **红色传得最远**(빨간색이 가장 멀리 전달된다)이라고 했으므로 틀린 내용이다. C는 **光波越长, 穿透越大**(광파가 길수록 투과도 커진다)라고 했으므로 일치한다.

정답 C 光波越长穿透力越大

어휘 交通灯 jiāotōngdēng 명 신호등   停止 tíngzhǐ 통 정지하다   光波 guāngbō 명 광파   穿透 chuāntòu 통 관통하다, 투과하다
介质 jièzhì 명 매개체   光度 guāngdù 명 광도

녹음을 듣고 알맞은 정답을 고르세요. 🎧 05.mp3

1 A 海南以工业为主
  B 海南经济基础薄弱
  C 海南农业发展潜力大
  D 海南旅游业发展良好

2 A 只能吃6克盐
  B 不能吃太多的盐
  C 很多人盐吃得太少
  D 成年人应该多吃盐

3 A 铜镜历史悠久
  B 贵族才能使用
  C 铜镜图文华丽
  D 铜镜盛于春秋时期

4 A 家长应该尊重孩子
  B 不要强迫孩子学习
  C 让孩子自己定计划
  D 父母要成为孩子的榜样

5 A 化石不能预测未来
  B 化石可以让动物复活
  C 化石体现了当时生态
  D 只有植物能形成化石

듣기 제 1 부분

02 논설문
핵심 주장 파악하기

기본기 다지기 **기본 개념 잡기 & 공략 미리보기**

논설문은 인생의 다양한 영역에 대해 개인의 견해와 주장을 전달하는 글이다. 듣기에서는 주로 인간관계, 직장 생활, 학업, 교육 등에서 삶의 태도와 방향을 제시하는 지문이 출제된다. 논설문은 설명문처럼 구체적인 정보를 보기와 대조하는 것보다는 글의 요지와 핵심 주장을 파악하는 것이 중요하다.

┃기본 개념 잡기 1┃ 출제 분야

1. 삶의 가치관 – 성공과 실패, 긍정적인 삶의 태도 등
2. 일상 생활 – 인간관계, 직장 생활, 학업, 교육 등

┃기본 개념 잡기 2┃ 논설문 문제의 특징

논설문 문제는 아래와 같이 1. 핵심 주장을 묻는 유형, 2. 유사한 표현을 묻는 유형으로 나누어 생각해 볼 수 있다. 각 문제의 예시를 살펴보도록 하자.

1. 핵심 주장을 묻는 유형

(녹음) 如果你想成为一个善于谈话的人，首先要学会做一个善于倾听的人。
만일 말을 잘하는 사람이 되고 싶으면 경청할 줄 아는 사람이 돼야 한다.

(보기) B 要善于倾听
경청을 잘해야 한다

논설문 지문은 전달하고자 하는 핵심 주장이 정답인 경우가 많으므로 핵심 주장을 나타내는 보기를 고르도록 한다.

2. 유사한 표현을 묻는 유형

(녹음) 不同的心态与思维方式，会导致不同的结果与命运。
서로 다른 마음의 상태와 사고 방식은 다른 결과와 운명을 만들어 낸다.

(보기) C 心态影响成败
마음의 상태가 성패에 영향을 준다

지문의 표현과 유사한 표현으로 정답이 제시되므로 의미를 파악하며 들어야 한다.

┃공략 미리보기┃

합격 공략 04	핵심 주장을 파악하라!
합격 공략 05	유사한 표현을 찾으라!
합격 공략 06	[220점 이상 고득점] 설명문을 가장한 논설문에 주의하라!

합격 공략 ④ 핵심 주장을 파악하라!

논설문의 주장 찾기 ★★★

논설문 문제는 글의 핵심 주장과 관련된 내용이 정답일 경우가 많다. 따라서 설명문과 같이 지문과 보기를 1:1로 대조하기보다 전체 글이 말하고자 하는 요지와 주장을 파악하는 것이 중요하다. 당위를 나타내는 어휘 要/应该/必须(해야 한다), 重要的是/关键是/首要(중요한 것) 등이 언급되는지 집중해서 듣는다.

실전문제 🎧 06.mp3

> A 要珍惜时间
> B 要积累知识
> C 不要急于求成
> D 要趁年轻去旅行

STEP 1 보기의 키워드 파악하기

A 要珍惜时间
B 要积累知识
C 不要急于求成
D 要趁年轻去旅行

A 시간을 아껴야 한다
B 지식을 쌓아야 한다
C 급하게 일을 이루려고 하지 말아야 한다
D 젊을 때 여행을 가야 한다

A의 키워드는 时间(시간), B는 知识(지식), C는 求成(목적을 달성하다), D는 年轻(젊다)과 旅行(여행 가다)이다. 보기에 '~을 해야 한다'라는 뜻의 要가 반복되므로 논설문임을 알 수 있다.

STEP 2 녹음과 대조하여 정답 고르기

"读万卷书不如行万里路。"前者给予你书本上的知识，后者要你去踏出舒适区，走向世界。无论你是一位白领还是学生，旅行都应该是年轻人的首要任务。因为你所体会的经历在书本和学校里是永远学不到的。

'만 권의 책을 읽는 것은 만 리 길을 가는 것만 못하다.' 전자는 당신에게 책 속의 지식을 주지만, 후자는 당신이 편안한 곳을 나서서 세계로 향하게 한다. 당신이 직장인이든 학생이든 여행은 젊은이들의 최우선 임무여야 한다. 왜냐하면 당신이 겪는 경험은 책과 교실에서 영원히 배울 수 없는 것이기 때문이다.

지문에서 보기 D의 키워드가 应该(해야 한다) 뒤에 언급되어 **旅行都应该是年轻人的首要任务**(여행은 젊은이들의 최우선 임무이어야 한다)라고 하였으므로 일치한다. 다른 보기의 키워드는 언급되지 않았다.

정답 D 要趁年轻去旅行

어휘 不如 bùrú 图 ~만 못하다　给予 jǐyǔ 图 주다　踏 tà 图 나서다　舒适区 shūshìqū 편안한 지역　无论 wúlùn 웹 ~에도 불구하고　白领 báilǐng 명 화이트칼라, 직장인　首要任务 shǒuyàorènwù 최우선 임무, 급선무　体会 tǐhuì 图 체험하다　经历 jīnglì 명 경험　书本 shūběn 명 책

합격 공략 **5** 유사한 표현을 찾으라!

지문과 보기의 유사 표현 찾기 ★★★

논설문 문제에서는 지문과 보기에 사용된 어휘가 동일한 경우도 있지만 비슷한 표현을 사용하는 경우가 훨씬 많다. 따라서 보기의 어휘가 지문에 그대로 언급되지 않더라도 유사한 표현을 포착할 줄 알아야 한다. 6급에서는 어휘 차원이 아닌 문장 차원에서 유사한 표현이 등장한다는 것을 기억하자.

실전문제 🎧 07.mp3

A 要善于掩饰
B 要善于赞美别人
C 不要夸大自己的不幸
D 不要在意他人评价

STEP 1 보기의 키워드 파악하기

A 要善于掩饰
B 要善于赞美别人
C 不要夸大自己的不幸
D 不要在意他人评价

A 숨기길 잘해야 한다
B 다른 사람 칭찬을 잘해야 한다
C 자신의 불행을 확대하지 말아야 한다
D 타인의 평가에 신경 쓰지 말아야 한다

A의 키워드는 **掩饰**(덮어 숨기다), B는 **赞美别人**(다른 사람을 칭찬하다), C는 **夸大不幸**(불행을 확대하다), D는 **他人评价**(타인의 평가)이다. 보기에 '~을 해야 한다'라는 뜻의 **要**가 반복되므로 논설문임을 알 수 있다.

STEP 2 녹음과 대조하여 정답 고르기

别人的人生并不像你想象的那么好，而你也没有自己想象的那么不幸。看起来幸福的人，心里也许有难言的苦；时常挂着笑的人，心里也许有无声的泪；炫耀生活的人，可能没有表面那么风光。

다른 사람의 인생은 당신이 상상하는 것처럼 그렇게 좋지도 않고 당신은 자신이 상상하는 것처럼 그렇게 불행하지도 않다. 행복해 보이는 사람도 마음에는 말하기 힘든 어려움이 있을 것이고, 항상 웃고 있는 사람도 마음에는 소리 없는 눈물이 있을 것이며, 빛나는 삶을 자랑하는 사람도 겉으로 보여지는 것처럼 영예롭지 않을 것이다.

논설문은 전체 글의 요지를 파악해야 하기 때문에 정답이 그대로 언급되지 않을 수 있다. 지문에서 **你也没有自己想象的那么不幸**(당신은 당신이 상상하는 것처럼 그렇게 불행하지 않다)이라고 했으므로 C의 **不要夸大自己的不幸**(자신의 불행을 확대하지 말라)과 유사한 표현임을 알 수 있다. 따라서 정답은 C이다.

정답 C 不要夸大自己的不幸

어휘 **也许** yěxǔ 图 어쩌면   **难言之苦** nányánzhīkǔ 말하기 힘든 어려움   **时常** shícháng 图 늘, 항상   **挂** guà 图 걸다   **无声** wúshēng 图 소리가 없다   **泪** lèi 명 눈물   **炫耀** xuànyào 图 밝게 비추다, 자랑하다   **表面** biǎomiàn 명 표면   **风光** fēngguang 형 영예롭다, 영광스럽다   **掩饰** yǎnshì 图 덮어 숨기다   **善于** shànyú 图 ~를 잘하다   **赞美** zànměi 图 칭송하다   **夸大** kuādà 图 확대하다   **不幸** búxìng 형 불행하다   **在意** zàiyì 图 마음에 두다

설명문을 가장한 논설문에 주의하라!

일부 지문은 설명문으로 시작하지만 교훈으로 글을 맺기도 한다. 일치하는 어휘가 있다고 성급히 정답을 고르지 말고 보기가 교훈적인 내용인지 아니면 세부 정보인지를 파악하고 문제를 풀어야 한다. 교훈을 제시할 때는 주로 人生也如此(인생도 이와 같다), 人也一样(사람도 같다)과 같은 제시어가 사용된다.

실전문제 🎧 08.mp3

A 不要以貌取人
B 有得必有失
C 白花缺乏芬芳
D 白花象征纯洁

STEP 1   **보기의 키워드 파악하기**

A 不要以貌取人	A 외모로 사람을 평가하면 안 된다
B 有得必有失	B 얻는게 있으면 잃는 것도 있다
C 白花缺乏芬芳	C 백화는 향기가 부족하다
D 白花象征纯洁	D 백화는 순결을 상징한다

A의 키워드는 **以貌取人**(외모로 사람을 평가하다), B는 **有得必有失**(얻는 것이 있으면 잃는 것도 있다), C는 **芬芳**(향기), D는 **纯洁**(순결하다)이다. A와 B는 인생의 교훈과 관련된 내용이기 때문에 논설문임을 예상할 수 있다.

STEP 2   **녹음과 대조하여 정답 고르기**

植物学家指出："为了吸引蜂蝶传播花粉，白花放散浓厚的芳香，与此相反，愈是颜色艳丽的花愈是缺乏芬芳。"人也一样，愈朴素无华的人，愈有内在美德、精神；而那些只重外表的人却常常是金玉其外。	식물학자는 '벌과 나비를 유인해 꽃가루를 퍼뜨리기 위해서 흰 꽃은 짙은 향기를 발산하는데, 이와 반대로 색이 화려한 꽃일수록 향기가 부족하다'고 밝혔다. 사람도 마찬가지이다. 검소하고 소박한 사람일수록 내면에 미덕과 정신이 있지만, 외모만 중시하는 사람은 항상 빛 좋은 개살구이다.

지문의 앞부분은 백화와 일반 유색 꽃을 비교하는 설명문이다. 그러나 중간 부분에서 **人也一样**(사람도 마찬가지다)이라고 하며 교훈을 제시하고 있다. **愈朴素无华的人，愈有内在美德、精神**(소박한 사람일수록 내면에 미덕과 정신이 있다)이라고 했으므로 사람을 외모로 평가해서는 안 된다는 내용의 A와 일치한다.

정답 A **不要以貌取人**

어휘 **植物学家** zhíwùxuéjiā 몡 식물학자 **蜂蝶** fēngdié 몡 벌과 나비 **传授** chuánbō 동 퍼뜨리다, 전파하다 **花粉** huāfěn 몡 꽃가루 **白花** báihuā 몡 흰 꽃 **放散** fàngsàn 동 발산하다 **芳香** fāngxiāng 몡 향기 **愈……愈……** yù……yù…… ~할수록 ~하다 **艳丽** yànlì 톙 곱고 화려하다 **芬芳** fēnfāng 톙 향기롭다 **朴素无华** pǔsùwúhuá 톙 소박하고 꾸밈없다 **金玉其外** jīnyùqíwài 셍 빛 좋은 개살구이다 **以貌取人** yǐmàoqǔrén 셍 외모로 사람을 평가하다 **纯洁** chúnjié 톙 순결하다

실전 테스트 정답 및 해설_해설편 p.004

녹음을 듣고 알맞은 정답을 고르세요. 🎧 09.mp3

1 A 要学会知难而退
   B 努力本身就有意义
   C 行动之前做好计划
   D 乐观的人才能成功

2 A 要专心做一件事
   B 一定要做好准备
   C 这个世界不太公平
   D 不要做多余的事

3 A 后退就是怯弱无能
   B 要前进一定要后退
   C 后退有时是为了前进
   D 攻击就是最好的防守

4 A 不要追求完美
   B 努力能弥补笨拙
   C 人生由自己决定
   D 困难是无法避免的

5 A 要消除误会
   B 工作给人动力
   C 做事要有原则
   D 要平静对待压力

03 에피소드
인물과 행동에 주의하기

기본기 다지기 | 기본 개념 잡기 & 공략 미리보기

듣기 제1부분 에피소드 지문은 두 사람 사이에서 일어난 짧은 사건이 주요 내용이다. 인물 간의 대화가 자주 등장하며 이 대화와 사건을 통해 전달하고자 하는 유머 또는 교훈 문제가 자주 출제된다.

| 기본 개념 잡기 1 | 출제 분야

1. 유머 이야기 – 인물 간에 발생한 유머 이야기가 출제된다.
2. 우화 – 의인화한 동물이 등장하는 이야기 글로 인생의 교훈을 전달한다.
3. 교훈 이야기 – 사건을 통해 얻을 수 있는 인생의 교훈에 관한 글이 출제된다.

| 기본 개념 잡기 2 | 에피소드 문제의 특징

에피소드 글의 정답은 인물 간의 대화에서 힌트를 얻을 수 있는 경우가 많다.

(녹음) 儿子在妈妈的床上发现了几根白头发，急切地问："妈妈，您头上为什么长出了白头发？" 妈妈说："孩子不听话，妈妈的头上就会长出白发。" 儿子说："我明白为什么姥姥的头发全白了。"

아들이 엄마의 침대 위에서 흰머리 몇 가닥을 발견하고 재빨리 물었다. "엄마, 머리에 왜 흰머리가 자랐어요?" 엄마가 말했다. "아이가 말을 듣지 않으면 엄마 머리에 흰머리가 자란단다." 아들이 말했다. "왜 외할머니 머리가 모두 희게 됐는지 알겠어요."

(보기) C 妈妈长白头发了
　　　 엄마는 흰머리가 자랐다

녹음에서 아들의 "妈妈，您头上为什么长出了白头发？(엄마, 머리에 왜 흰머리가 자랐어요?)"라는 말과 엄마의 "孩子不听话，妈妈的头上就会长出白发。(아이가 말을 듣지 않으면 엄마 머리에 흰머리가 자란단다)"라는 등장인물 간의 대화에서 정답의 힌트를 얻을 수 있다.

| 공략 미리보기 |

합격 공략 07	인물의 행동에 주목하라!
합격 공략 08	대화에 집중하라!
합격 공략 09	[220점 이상 고득점] 반전에 주목하라!

합격 공략 ⑦ 인물의 행동에 주목하라!

인물의 행동에 주목하기 ★★★

글의 종류가 에피소드일 때 보기가 주어(신분이나 이름)와 술어(행동)로 이루어져 있는 경우가 많다. 따라서 인물과 행동에 주의하여 지문을 들어야 한다.

실전문제 🎧 10.mp3

A 领导信任小明
B 小明不喜欢原公司
C 领导让小明感动
D 小明想摆脱领导

STEP 1 보기의 키워드 파악하기

A 领导 | 信任小明
B 小明 | 不喜欢原公司
C 领导 | 让小明感动
D 小明 | 想摆脱领导

A 상사는 샤오밍을 신임한다
B 샤오밍은 원래 다니던 회사를 싫어한다
C 상사는 샤오밍을 감동시켰다
D 샤오밍은 상사에게서 벗어나고 싶어한다

보기의 주어가 **领导**(상사)와 **小明**(샤오밍)이므로 에피소드 글임을 알 수 있다. 따라서 이 둘의 행동에 유의하여 녹음을 들어야 한다.

STEP 2 녹음과 대조하여 정답 고르기

小明打算辞职，他兴奋地告诉同事："不用再受这个领导的气了，我马上去交辞职信。"不一会儿，小明满脸失望地回来了。同事问："怎们了？领导没同意吗？"小明沮丧地说："领导也要跳槽，他说跟我是同一家公司。"

샤오밍은 사직할 계획으로 흥분해서 동료에게 말했다. "이제 더 이상 상사가 화내는 것을 참지 않아도 돼. 난 곧 사직서를 제출할 거야." 잠시 후 샤오밍이 실망한 기색으로 돌아왔다. 동료가 물었다. "무슨 일이야? 상사가 동의하지 않아?" 샤오밍이 낙심하여 말했다. "상사도 이직한다는데 나랑 같은 회사래."

녹음에서 **小明**은 **打算辞职**(사직할 예정이다)이라고 했고 그래서 **不用再受这个领导的气了**(더 이상 상사가 화내는 것을 참지 않아도 돼)라고 말했으므로 현재 회사의 상사가 싫어서 이직한다는 것을 알 수 있다. 따라서 보기 D **小明想摆脱领导**(사장에게서 벗어나고 싶어한다)가 일치하는 내용이다.

정답 D 小明想摆脱领导

어휘 辞职 cízhí 통 사직하다   兴奋 xīngfèn 형 흥분하다   辞职信 cízhíxìn 명 사직서   领导 lǐngdǎo 명 리더, 보스   满脸失望 mǎnliǎnshīwàng 얼굴에 실망한 기색이 가득하다   沮丧 jǔsàng 형 낙담하다   跳槽 tiàocáo 통 이직하다   信任 xìnrèn 통 신뢰하다   摆脱 bǎituō 통 벗어나다

합격 공략 8 대화에 집중하라!

대화에 집중하기 ★★★

에피소드 지문에는 등장인물 간의 대화가 종종 포함되는데 이 대화 속에 정답이 언급될 가능성이 크므로 주의해서 들어야 한다. 특히 대화의 마지막 부분에 핵심 내용이 언급된다.

실전문제 🎧 11.mp3

A 鸽子十分骄傲
B 鸽子让乌鸦改变自身
C 人们不喜欢鸽子的歌声
D 鸽子和乌鸦相处得好

STEP 1 보기 파악하기

A 鸽子 | 十分骄傲
B 鸽子 | 让乌鸦改变自身
C 人们 | 不喜欢鸽子的歌声
D 鸽子和乌鸦 | 相处得好

A 비둘기는 매우 교만하다
B 비둘기는 까마귀로 하여금 자신을 바꾸게 했다
C 사람들은 비둘기의 노래 소리를 싫어한다
D 비둘기와 까마귀는 사이좋게 지낸다

보기의 주어가 **鸽子**(비둘기)와 **乌鸦**(까마귀)이므로 에피소드 글임을 알 수 있다. 따라서 이 둘의 행동에 유의하여 녹음을 들어야 한다. A의 키워드는 **骄傲**(교만하다), B는 **让乌鸦改变自身**(까마귀에게 자신을 바꾸게 하다), C는 **不喜欢鸽子的歌声**(비둘기의 노래 소리를 싫어하다), D는 **相处得好**(사이좋게 지내다)이다.

STEP 2 녹음을 들으며 보기의 키워드와 대조하기

一只乌鸦在飞行的途中碰到回家的鸽子。鸽子问："你要飞到哪儿？"乌鸦说："其实我不想走，但大家嫌我的叫声不好，所以我想离开。"鸽子告诉乌鸦："别白费力气了！如果你不改变自己的声音，飞到哪儿都不会受欢迎的。"

까마귀 한 마리가 날아가는 도중에 집에 가는 비둘기를 만났다. 비둘기가 물었다. "너 어디로 날아가는 거야?" 까마귀가 말했다. "사실 나는 가기 싫은데, 모두들 내 울음소리를 싫어해서 떠나려는 거야." 비둘기가 까마귀에게 말했다. "괜히 힘 쓰지 마! 만약 네가 목소리를 바꾸지 않으면 어디를 가든 환영 받지 못할거야."

지문은 까마귀와 비둘기의 대화이다. 후반부에 비둘기가 까마귀에게 **如果你不改变自己的声音，飞到哪儿都不会受欢迎的**(만일 네가 목소리를 바꾸지 않으면 어디를 가든 환영 받지 못할 거야)라고 했으므로 보기 B의 내용이 일치한다.

정답 B 鸽子让乌鸦改变自身

어휘 乌鸦 wūyā 몡 까마귀   碰 pèng 통 (우연히) 만나다   鸽子 gēzi 몡 비둘기   嫌 xián 통 싫어하다, 의심하다   费力 fèilì 통 힘을 쓰다

합격 공략 **9** [220점 이상 고득점] 반전에 주목하라!

반전에 주목하라!

에피소드는 길이가 짧아도 사건 전개에 따라 전반부와 후반부로 나누어진다. 주로 후반부에서 반전을 주는 경우가 많으므로 변화를 잘 파악해야 한다. 반전을 나타내는 주요 어휘로 以为(~인 줄 알다), 误解为(~로 오해하다), 看错(잘못 보다), 认错(잘못 생각하다), 当时(당시에) 등이 있으므로, 이러한 어휘가 등장하면 이야기 전개에 변화가 있는지 주의하도록 한다.

실전문제 🎧 12.mp3

> A 老师看错了
> B 小强近视严重
> C 黑板上挂着大衣
> D 小强看不清黑板

STEP 1 **보기 파악하기**

A 老师 | 看错了
B 小强 | 近视严重
C 黑板上 | 挂着大衣
D 小强 | 看不清黑板

A 선생님은 잘못 봤다
B 샤오챵은 근시가 심각하다
C 칠판에 외투가 걸려있다
D 샤오챵은 칠판이 잘 안 보인다

주어가 **小强**(샤오챵)과 **老师**(선생님)이므로 에피소드임을 알 수 있다. A의 키워드는 **看错**(잘못 보다). B는 **近视严重**(근시가 심하다). C는 **挂着大衣**(외투가 걸려있다). D는 **看不清黑板**(칠판이 잘 안 보이다)이다.

STEP 2 **녹음을 들으며 보기의 키워드와 대조하기**

小强的数学老师近视有700多度。一次上课，他在黑板上板书后转过身来突然指着小强大喊："你站着干什么？还不赶紧坐下！"小强当时正坐在最后一排的座位上，而他身后的墙上挂着的是他的大衣。

샤오챵의 수학 선생님은 근시 700도이다. 한번은 수업 중에 선생님께서 칠판에 판서하신 뒤 몸을 돌려 갑자기 샤오챵을 가리키며 크게 외치셨다. "너 일어서서 뭐 하는 거야? 빨리 안 앉을래!" 샤오챵은 그때 제일 뒷자리에 앉아 있었는데, 그의 뒤쪽 벽에 걸려있던 것은 그의 외투였다.

이야기는 수학 선생님의 행동과 대화로 전개되다가 상황 설명으로 마무리 된다. 후반부의 **当时**(당시) 뒷부분에 주의한다. 선생님은 샤오챵이 서 있는 줄 알았으나 그는 앉아 있었고 벽에 걸려있는 외투를 샤오챵으로 오해한 것이다. 따라서 정답은 A **老师看错了**(선생님이 잘못 봤다)이다.

정답 A **老师看错了**

어휘 近视 jìnshì 명 근시 黑板 hēibǎn 명 칠판 板书 bǎnshū 동 판서하다. 칠판에 필기하다 转 zhuǎn 동 돌리다. 회전하다 大喊 dàhǎn 동 큰소리로 외치다 赶紧 gǎnjǐn 부 서둘러 座位 zuòwèi 명 좌석 挂 guà 동 걸다

녹음을 듣고 알맞은 정답을 고르세요. 🎧 13.mp3

1   A 小刚显得不太胖
    B 小刚吃得太油腻了
    C 医生觉得小刚不用减肥
    D 医生让小刚拒绝出去吃饭

2   A 小张不想借钱给他
    B 小张不能保密
    C 朋友很富裕
    D 朋友撒谎了

3   A 电脑零件少了
    B 电脑零件多了
    C 电脑还可以用
    D 小王把电脑弄坏了

4   A 那个人被嘲笑
    B 那个人尊敬孔子
    C 孔子谦虚好学
    D 孔子批评那个人

5   A 不要浪费时间
    B 粮食短缺严重
    C 付出越多收获越大
    D 价值不一定决定价格

미니모의고사

| 정답 및 해설 | 해설편 p.008

녹음을 듣고 알맞은 정답을 고르세요. 🎧 14.mp3

1 A 抱怨时头脑不清醒
   B 要懂得适当地抱怨
   C 年轻人容易抓住机会
   D 静下心就能抓住机会

6 A 白噪音有助于睡眠
   B 常听白噪音有危害
   C 白噪音提高记忆力
   D 所有噪音都会导致失眠

2 A 小刘暗恋小明
   B 小刘没有看情书
   C 电子情书保密性强
   D 大家都看到了情书

7 A 做事不要太冲动
   B 不要轻易怀疑别人
   C 小孩偷了他的剪刀
   D 小孩把剪刀藏在仓库里

3 A 海鞘会吃掉自己的大脑
   B 海鞘的智能较低
   C 小海鞘长得像花茎
   D 海鞘颜色单调

8 A 海螺沟生物无法生存
   B 海螺沟长近3000米
   C 海螺沟周围都是沙漠
   D 海螺沟有温泉

4 A 抗衰老要多笑
   B 面部表情能催生皱纹
   C 皱眉头给人不好印象
   D 表情生动延缓皮肤老化

9 A 合同期限越长越好
   B 最好看清全部条款
   C 有合同就没有纠纷
   D 租房不一定要签合同

5 A 蒙古族长调已失传
   B 蒙古地区有很多活化石
   C 蒙古族长调地域特征明显
   D 蒙古族致力于新民歌的创作

10 A 悬念只用于小说
   B 悬念让人很消极
   C 悬念是艺术手法
   D 影视作品悬念多

듣기
제2부분

인터뷰 듣고
관련 문제 풀기

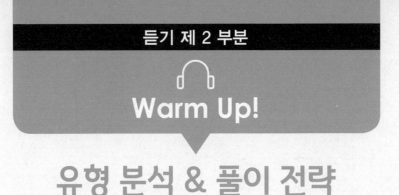

Warm Up!

유형 분석 & 풀이 전략

유형 분석 | 시험엔 이렇게 나온다!

출제 방식

HSK 6급 듣기 제2부분은 전문가의 인터뷰를 듣고 관련된 문제를 푸는 유형이다. 한 지문에 5개 문제가 출제되며 16번부터 30번까지 총 3개의 지문 안에 15문항이 출제된다.

출제 경향 & 유형별 출제 비율

인터뷰는 작가나 미술가 등 예술 분야 전문가 인터뷰가 가장 많이 출제되며, 그 다음으로 수집가나 교육가 등 특정 분야 전문가 인터뷰, 그 밖에 대중문화 및 스포츠 전문가의 인터뷰가 출제된다. 최근에는 기업가 인터뷰도 적지 않게 출제되고 있다. 인터뷰는 질문자가 약 4~5개 정도의 질문을 하면 전문가가 이에 대해 답하는 형식이다. 하나의 긴 지문을 듣고 5문항을 풀어야 하기 때문에 문제의 보기를 미리 파악하고 녹음을 들으면서 문제를 풀어야 한다. 제2부분은 긴 인터뷰를 전략적으로 파악할 수 있는 접근법이 필요하다. 따라서 보기를 통한 접근법과 지문을 통한 접근법으로 문제 푸는 방법을 익히도록 한다.

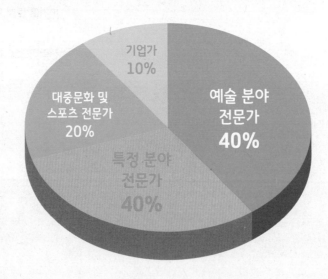

풀이 전략 | 문제 풀이 Step & 풀이 전략 적용해 보기

Step 1

보기의 키워드 파악하기

녹음을 듣기 전에 보기를 미리 파악하여 인터뷰 분야를 예상하고 보기의 키워드를 확인한다.

Step 2

인터뷰를 들으며 보기에 메모하기

녹음을 들을 때 사회자의 질문과 전문가의 대답을 연결시켜 듣는다. 일반적으로 인터뷰의 흐름에 따라 문제가 순서대로 풀리므로 녹음을 들으면서 보기에 메모한다.

Step 3

질문에 알맞은 정답 고르기

녹음이 끝나면 각 문제의 질문이 나오는데 미리 보기에 메모한 내용을 바탕으로 정답을 고른다.

풀이 전략 적용해 보기 🎧 15.mp3

해석 및 어휘 | 해설편 p.013

16. A 体能下降
    B 为自己骄傲
    C 精力更充沛
    D 有很大的上升空间

17. A 安慰
    B 引导
    C 激励
    D 引以为戒

18. A 以年轻人为主
    B 不宜经常参加
    C 并非奋斗的终点
    D 跟其他比赛差不多

19. A 家人的关爱
    B 一种成就感
    C 有值得信赖的朋友
    D 一个充满希望的明天

20. A 是篮球新人
    B 现在是教练
    C 从未让父母看比赛
    D 不止一次参加奥运会

16. **体能**(체력)과 **精力**(원기)가 있으므로 이에 관련된 내용임을 알 수 있다.

17. **安慰**(위로), **引导**(인도), **激励**(격려), **引以为戒**(거울로 삼다)를 보고 다른 사람에게 영향을 준 내용임을 알 수 있다.

18. 보기가 술어형이고 공통점이 없는 세부 내용이므로 키워드를 중심으로 지문과 대조한다.

19. 보기가 명사형이고 모두 긍정적인 의미의 어휘이다.

20. 보기가 술어형이고 **篮球**(농구), **教练**(코치), **奥运会**(올림픽)가 있어 스포츠 전문가의 정보임을 알 수 있다.

STEP 2   인터뷰를 들으며 보기에 메모하기

女：此次奥运会你将以卫冕冠军的身份出战，和2004、2008年相比，现在的你有什么不同？

男：16我为自己感到骄傲。我在国家队用了12年时间证明：自己依然是男子单打组中教练首选的运动员之一。伦敦是20我第三次代表男单参加的奥运会，我要做的是后人难以超越的纪录。

女：在羽毛球界也有选手参加三届奥运会的先例，但是能够始终保持高水平的几乎没有。

男：对，没错。羽毛球的每一场消耗的体能和精力和很多项目完全不一样，特别是男子单打非常辛苦。我在过去12年的职业生涯中，已尽可能把我最好的竞技状态都表现了出来。17只要我还打下去，对很多年轻人来说就是鼓励。一个运动员一辈子没有几次能代表祖国参加奥运会，我会格外珍惜。18奥运会很神圣，但不是人生的终点。

女：29岁的你对幸福的理解是什么？

男：不在于你住多大的房子，或者是拥有了什么。也许通过你的努力拥有了这些以后，会有一种成就感。但那种成就感并不一定就是幸福感。幸福是早上下楼给家人买早点，是一家人一起聊天儿。幸福也是回家的时候，一抬头就能从窗口看到爸妈在厨房里忙活。19我觉得幸福是家人的爱，比如他们的鼓励和支持。

(첫 번째 인터뷰 대화)
과거와 현재의 상황을 비교하는 인터뷰하는 내용으로 16, 20번 보기와 관련된 내용이 언급되었다.

(두 번째 인터뷰 대화)
인터뷰 대상자는 올림픽에서 줄곧 좋은 성적을 유지해 왔음을 알 수 있다. 17, 18번 보기의 키워드가 언급되었다.

(세 번째 인터뷰 대화)
행복에 관한 관점을 묻는 내용으로 19번 보기와 관련된 내용이 언급되었다.

STEP 3   질문에 알맞은 정답 고르기

16. **男的怎么评价自己？** → 첫 번째 대화에서 **为自己感到骄傲**(스스로를 자랑스럽게 생각한다)라고 했으므로 정답은 B이다.

17. **男的认为自己对年轻人有什么作用？** → 두 번째 대화에서 **对很多年轻人来说就是激励**(많은 젊은 사람들에게 격려가 된다)라고 했으므로 정답은 C이다. **鼓励**와 **激励**는 같은 의미이다.

18. **男的对奥运会有什么看法？** → 두 번째 대화에서 올림픽은 **不是人生的终点**(인생의 종착지는 아니다)라고 했으므로 정답은 C이다. 전환을 나타내는 접속사 **但是**(그러나) 뒤에는 중요한 정보가 등장한다.

19. **男的对幸福的理解怎么样？** → 세 번째 대화에서 **我觉得幸福是家人的爱**(행복은 가족의 사랑이라고 생각한다)라고 했으므로 정답은 A이다.

20. **关于男的可以知道什么？** → 남자는 올림픽을 세 번째 출전한다고 했으므로 정답은 D이다.

정답 16. B **为自己骄傲**

17. C **激励**

18. C **并非奋斗的重点**

19. A **家人的关爱**

20. D **不止一次参加奥运会**

01

보기 공략법
보기를 통해 미리 정보 얻기

기본기 다지기 기본 개념 잡기 & 공략 미리보기

듣기 제2부분 인터뷰 지문은 다양한 분야에 관한 전문적인 내용이 등장하고, 지문의 길이가 길며 문항수도 많기 때문에 지문을 끝까지 듣고 나서 문제를 풀면 정보를 놓치기가 쉽다. 따라서 보기에서 최대한의 정보와 힌트를 얻은 후 녹음을 들으면서 문제를 풀어야 한다.

ㅣ 기본 개념 잡기 1 ㅣ 주요 출제 분야

자주 출제되는 특정 분야의 어휘를 익혀두면 인터뷰 내용을 빠르게 파악할 수 있다.

1. 예술 분야 – 작가, 미술가, 무용가, 음악가, 전통 예술가

文学 문학	作家 zuòjiā 작가 灵感 línggǎn 영감 题材 tícái 제재 小说 xiǎoshuō 소설 情节 qíngjié 줄거리 通俗易懂 tōngsúyìdǒng 통속적이고 이해하기 쉽다 畅销书 chàngxiāoshū 베스트셀러 诗人 shīrén 시인 原稿 yuángǎo 원고 业余作家 yèyúzuòjiā 아마추어 작가 笔迹 bǐjì 필적 出版 chūbǎn 출판하다 描写 miáoxiě 묘사하다
美术 미술	画家 huàjiā 화가 绘画 huìhuà 회화 雕塑 diāosù 조각, 조소품 油画 yóuhuà 유화 展览 zhǎnlǎn 전람하다 展示 zhǎnshì 전시하다 巡回 xúnhuí 순회하다
舞蹈/音乐 무용/음악	舞蹈 wǔdǎo 무도 独舞 dúwǔ 독무 舞台 wǔtái 무대 表演 biǎoyǎn 공연하다 古典音乐 gǔdiǎnyīnyuè 클래식 음악 民歌 míngē 민가

2. 특정 분야 – 수집가, 박물관 큐레이터, 교육가, 여행가

文化遗传 문화 유산	收藏家 shōucángjiā 수집가 博物院院长 bówùyuàn yuànzhǎng 박물관 관장 鉴定 jiàndìng 감정하다 流传 liúchuán 전해지다 继承 jìchéng 계승하다 文物 wénwù 문물 遗址 yízhǐ 유적 世界文化遗产 shìjiè wénhuà yíchǎn 세계 문화 유산
教育 교육	家长 jiāzhǎng 학부모 咨询师 zīxúnshī 상담가, 컨설턴트 教育 jiàoyù 교육 独立性 dúlìxìng 독립심 领导气质 lǐngdǎo qìzhì 리더십 溺爱 nì'ài 지나치게 귀여워하다 规矩 guīju 규율 严厉 yánlì 호되다 批评 pīpíng 비판하다 指责 zhǐzé 질책하다
旅游 여행	旅行家 lǔxíngjiā 여행가 环游世界 huányóushìjiè 세계 일주를 하다 雄伟 xióngwěi 웅장하다 壮观 zhuàngguān 장관 驴友 lúyǒu 배낭여행족 珠穆朗玛峰 Zhūmùlǎngmǎfēng 에베레스트 亚洲 Yàzhōu 아시아 欧洲 Ōuzhōu 유럽 非洲 Fēizhōu 아프리카

3. 대중문화, 스포츠 분야 – 배우, 감독, 공연, 운동 선수, 코치

大众文化 대중문화	演员 yǎnyuán 배우　主角 zhǔjué 주인공　表演 biǎoyǎn 공연하다　台词 táicí 대사 剧本 jùběn 시나리오　角色 juésè 역할　上映 shàngyìng 상영하다　导演 dǎoyǎn 감독 制片人 zhìpiànrén 제작자　塑造形象 sùzào xíngxiàng 이미지를 만들다　拍戏 pāixì 영화를 찍다
运动 스포츠	教练 jiàoliàn 코치, 감독　破纪录 pòjìlù 기록을 깨다　冠军 guànjūn 챔피언 退役 tuìyì 은퇴하다　夺冠 duóguàn 우승을 쟁취하다　卫冕冠军 wèimiǎn guànjūn 타이틀을 방어하다 田径 tiánjìng 육상　体操 tǐcāo 체조　创下纪录 chuàngxià jìlù 기록을 깨다

4. 기업 분야 – 성공한 기업가, 마케팅 전문가, 벤처 기업가, IT 전문가

企业家 기업가	营销 yíngxiāo 마케팅하다　促销 cùxiāo 판촉하다　品牌 pǐnpái 브랜드　资金 zījīn 자금 消费者 xiāofèizhě 소비자　风险 fēngxiǎn 리스크　创业 chuàngyè 창업하다　创新 chuàngxīn 혁신 客户需求 kèhùxūqiú 고객의 니즈(수요)　市场反应 shìchǎngfǎnyìng 시장 반응 广告宣传 guǎnggàoxuānchuán 광고 홍보　电子商务 diànzǐshāngwù 전자 상거래 招商 zhāoshāng 투자를 유치하다　投资 tóuzī 투자하다　融资 róngzī 융자

┃ 기본 개념 잡기 2 ┃ 보기를 통해 질문 예상하기

1. 명사형 보기 : 세부 사항을 묻는 질문에 자주 등장하며 녹음에서 들리는 어휘가 정답인 경우가 많다.

　(예시)　A 公司形象　B 产品功能　C 推广方式　D 品牌的价值

2. 술어형 보기 : 전문가의 행동이나 취향, 가치관, 소감을 묻는 질문에 자주 등장한다.

　(예시)　A 很开朗　B 获得冠军　C 更注重体力　D 没有射击天赋

3. 문장형 보기 : 상대적으로 비중이 적으며 해당 전문 분야에 관한 질문에 자주 등장한다.

　(예시)　A 收入不高　B 待遇较好　C 发展比较慢　D 判断力不够

┃ 공략 미리보기 ┃

합격 공략 10	인터뷰 분야를 먼저 파악하라!
합격 공략 11	명사형 보기는 그대로 들리는 것을 찾으라!
합격 공략 12	보기의 공통점을 찾으라!
합격 공략 13	[220점 이상 고득점] 순서대로 풀리지 않는 문제에 주의하라!

합격 공략 **10** 인터뷰 분야를 먼저 파악하라!

보기에서 인터뷰 분야 찾기! ★★☆

보기의 어휘를 통해 인터뷰 내용과 전문 분야를 파악할 수 있다. 녹음을 듣기 전에 미리 내용을 예상해 두면 지문의 내용을 훨씬 효과적으로 이해할 수 있다.

실전문제 🎧 16.mp3

1. A 台词很多
   B 题材很新颖
   C 反映社会问题
   D 主角是小孩和老爷爷

2. A 制片人要求
   B 票房成绩更好
   C 顺应市场变化
   D 寻求新的挑战

STEP 1 보기의 키워드 파악하기

1. A 台词很多
   B 题材很新颖
   C 反映社会问题
   D 主角是小孩和老爷爷

   A 대사가 아주 많다
   B 소재가 아주 참신하다
   C 사회 문제를 반영한다
   D 주인공은 아이와 할아버지이다

台词(대사), **题材**(소재), **主角**(주연) 등의 어휘로 보아 영화와 관련된 분야임을 알 수 있다.

2. A 制片人要求
   B 票房成绩更好
   C 顺应市场变化
   D 寻求新的挑战

   A 제작자가 요구한다
   B 박스오피스 성적이 더 좋다
   C 시장의 변화에 순응한다
   D 새로운 도전을 모색한다

키워드 **制片人**(제작자), **票房**(박스 오피스 성적), **顺应**(순응하다), **新的挑战**(새로운 도전)을 파악한다.

STEP 2 인터뷰를 들으며 보기와 대조하기

女：大家好，今天我们请来了世界影坛泰斗的著名导演李安一起来聊聊他的电影《少年派的奇幻漂流》。您以前很多题材都是和社会有关，可是这次您为什么不去做您已经很熟悉的事情。为什么要去做一个只有一个少年和一只孟加拉虎，基本上连对白也没有的电影？这部电影的同名小说曾被评价为"绝不可能拍成电影。

男：没有做过的才有意思，拍电影呢，1越新鲜的越好，越没有做过越刺激。这跟我的心态有很大关系。我做电影，职业入行20年，就是脑子喜欢编东西，很喜欢幻想，做梦。2我会担心，拍东西又没有意思没有挑战，我的那个斗志就没有了。

여: 여러분, 안녕하세요. 오늘은 세계 영화 거장이신 유명 감독 리안 선생님을 모시고 영화 「라이프 온 파이」에 관해 이야기를 나눠 보겠습니다. 선생님께서는 예전의 많은 소재가 사회와 관련이 있었는데 이번에는 왜 익숙한 것을 하지 않으셨는지요? 왜 소년 한 명과 벵갈 호랑이 한 마리만 등장해서 기본적으로 대화도 없는 영화를 하신 건가요? 이 영화의 동명 소설은 일찍이 '영화로 찍기 절대 불가능하다'고 평가되어지기도 했는데요.

남: 해 보지 않은 것이 재미있잖아요. 영화 촬영은 1신선할수록 좋고 안 해 본 것일수록 자극적이에요. 이것은 저의 마음과도 매우 큰 관계가 있어요. 제가 영화를 하고 이 업계에 들어온 지 20년인데 머리 속에서는 어떤 것들을 짜맞추는 걸 좋아하고 환상과 꿈꾸는 것을 좋아해요. 2는 무언가를 찍는 것이 재미없고 도전이 없어서 저의 투지도 없어질까 염려됩니다.

여자는 영화를 간략히 소개하고 남자에게 새로운 영화를 찍게 된 동기를 묻고 있다.

STEP 3 질문에 알맞은 정답 고르기

1. **那部电影有什么特点?** 그 영화는 어떤 특징이 있는가?

남자는 영화가 **越新鲜的越好**(신선할수록 좋다)라고 했으므로 알맞은 정답은 B이다. 여자의 말에서 영화는 **连对白也没有**(대화조차 없다)라고 했으므로 A는 정답이 아니다. 또한 사회 문제와는 거리가 머므로 C도 정답이 아니다. 영화의 주인공은 **少年**(소년)과 **孟加拉虎**(벵갈 호랑이)이므로 D도 정답이 아니다.

2. **男的为什么想尝试拍新题材？**남자는 왜 새로운 소재의 영화를 시도하고 싶어하는가?

　　남자는 **我会担心.拍东西又没有意思没有挑战.我的斗志就没有了**(촬영이 재미없고 도전이 없다면 자신의 투지가 없어질 것이 걱정된다)라고 했으므로 정답은 D이다. 보기 A의 **制片人**(제작자), B의 **票房**(박스오피스), C의 **市场的变化**(시장의 변화)에 관한 언급은 없다.

정답　1. B **题材很新颖**　　2. D **寻求新的挑战**

어휘　**影坛** yǐngtán 명 영화계　**泰斗** tàidǒu 명 거장　**导演** dǎoyǎn 명 감독　**题材** tícái 명 소재, 제재　**对白** duìbái 명 대화　**孟加拉虎** mèngjiālāhǔ 벵갈 호랑이　**刺激** cìjī 통 자극하다　**职业** zhíyè 명 직업　**入行** rùháng 통 업계에 들어가다　**幻想** huànxiǎng 명 통 환상(하다)　**斗志** dòuzhì 명 투지

합격 공략 (11) 명사형 보기는 그대로 들리는 것을 찾으라!

명사형 보기는 그대로 언급되는 것이 정답이다 ★★★

명사형 보기는 녹음에 그대로 언급된 것이 정답일 가능성이 높기 때문에 마지막의 질문을 듣지 않아도 정답을 예상할 수 있는 경우가 많다. 따라서 먼저 보기 어휘의 발음을 떠올리고 직관적으로 들리는 보기에 체크해 둔다. 그리고 마지막의 질문을 들으며 정답을 정확히 확인하도록 한다.

실전문제 🎧 17.mp3

A 规范化	B 快餐化
C 个性化	D 碎片化

STEP 1　**보기의 키워드 파악하기**

A 规范化 guīfànhuà　　B 快餐化 kuàicānhuà
C 个性化 gèxìnghuà　　D 碎片化 suìpiànhuà

A 규범화	B 패스트푸드화
C 개성화	D 파편화

보기가 모두 명사형이므로 녹음에서 그대로 들리는 어휘를 고른다.

STEP 2　**인터뷰를 들으며 보기와 대조하기**

男 : 随着大家对书籍的设计要求越来越高, 图书版面的形式和概念也在不断地发生变化, 您觉得当今国际图书设计的趋势是什么样的？

女 : 我个人认为, 图书的版面设计应该个性化(gèxìnghuà)、个体化, 而不是以一种统一的形式展现在读者面前。对于新媒体的挑战而言, 包括网络媒体和视觉媒体, 对我们来说, 要做好的图书就必须重视材质的选择。现在国际图书业出现了一种趋势, 就是在一本图书中使用不同质量的纸张进行组合, 这些不同质量的纸张必须彼此之间相互配合, 才能产生良好的效果。

남: 사람들이 서적의 디자인에 관한 요구가 점점 높아지면서 도서 지면의 형식과 개념도 끊임없이 변하고 있습니다. 선생님께서 느끼시기에 오늘날 도서 디자인의 추세는 어떠한가요?
여: 제 개인적으로는 도서의 지면 디자인은 개성화, 개별화되어야 하고, 통일된 형식으로 독자 앞에 보여지지 말아야 한다고 생각합니다. 인터넷 미디어와 시각적 미디어를 포함해서 새로운 미디어의 도전에 대해 우리는 좋은 도서를 만들려면 재질의 선택을 반드시 중시해야 합니다. 현재 국제 도서 업계에는 도서에 다양한 품질의 종이를 조합하는 추세가 나타났습니다. 이러한 다양한 품질의 종이는 서로 조화를 이루어야 좋은 효과를 만들어 낼 수 있습니다.

남자는 현재 도서 디자인 추세에 대해 질문하였고 여자는 자신의 견해를 말하고 있다. 녹음에서 **个性化**(개성화)가 들렸으므로 보기 C에 메모한다.

STEP 3   질문에 알맞은 정답 고르기

当今国际图书设计的趋势是什么样的？ 오늘날 국제 도서의 추세는 어떠한가?

문제의 질문이 사회자의 질문과 동일하다. 녹음에서 여자는 남자가 던진 질문인 '국제 도서의 추세'에 대하여 현재 국제 도서 디자인의 추세가 **个性化**(개성화), **个体化**(개별화)되고 있다고 답하였고, 여기에 보기의 키워드가 그대로 언급되었다. 따라서 정답은 C이다.

정답 C 个性化

어휘 **书籍** shūjí 명 서적, 책   **版面** bǎnmiàn 명 (서적 등의) 지면, 레이아웃   **概念** gàiniàn 명 개념   **趋势** qūshì 명 추세   **设计** shèjì 명 디자인   **个性化** gèxìnghuà 명 개성화   **个体化** gètǐhuà 명 개별화   **同意** tóngyì 동 동의하다   **展现** zhǎnxiàn 동 드러내다   **媒体** méitǐ 명 대중 매체, 미디어   **材质** cáizhì 명 재질   **组合** zǔhé 동 조합하다   **彼此** bǐcǐ 대 피차, 상호   **配合** pèihé 동 호응하다, 협력하다   **规范化** guīfànhuà 명 규범화   **快餐化** kuàicānhuà 패스트푸드화 (일을 급하게 간소화하는 경향)   **碎片化** suìpiànhuà 파편화 (세분화시켜 간편화하는 경향)

합격 공략 **12** 보기의 공통점을 찾으라!

보기의 공통점을 찾으면 질문을 예상할 수 있다 ★★★

가령, 보기가 모두 부정적인 내용일 경우에는 녹음에서 어려움이나 문제점을 언급할 때 정답을 찾을 수 있고, 반대로 모두 긍정적인 내용이면 효과 또는 성과를 언급하는 부분에서 정답을 찾을 수 있다. 만일 보기에 정도부사 更이 있으면 두 가지 대상을 비교하는 부분에서 정답의 힌트를 얻을 수 있다. 이와 같이 보기의 공통점을 찾아 전략적으로 문제를 풀도록 한다.

보기	질문 예상하기
A 缺乏自信 자신이 없다 B 资金不够 자금이 부족하다 C 发展速度较慢 발전 속도가 느리다 D 没有优秀人才 우수한 인재가 없다	보기가 부정적인 내용이므로 전문가의 실패, 역경에 관한 내용에 유의한다. • 사회자의 질문 : 他面对什么样的困难？
A 更优秀 더 우수하다 B 更注重创新 더 창의성을 중시한다 C 精力更充沛 원기가 더 왕성하다 D 周围环境更好 주변 환경이 더 좋다	보기에 更(더욱)이 있으므로 차이점이나 특징에 관한 내용에 집중한다. • 사회자의 질문 : A和B有什么不同？

실전문제 🎧 18.mp3

1. A 资金不足
    B 人才短缺
    C 技术落后
    D 行业垄断

2. A 精力更充沛
    B 更坚韧
    C 更坚守原则
    D 经验更丰富

1. A 资金不足
    B 人才短缺
    C 技术落后
    D 行业垄断

| A 자금이 부족하다 |
| B 인재가 부족하다 |
| C 기술이 낙후되다 |
| D 업종이 독점한다 |

보기가 **不足**(부족하다), **落后**(낙후되다) 등의 부정적인 어휘이므로 어려움에 관한 부분을 집중해서 듣는다.

2. A 精力更充沛
    B 更坚韧
    C 更坚守原则
    D 经验更丰富

| A 정신과 힘이 더 넘친다 |
| B 더 강인하다 |
| C 더 원칙을 고수한다 |
| D 경험이 더 풍부하다 |

정도부사 **更**(더욱)이 있으므로 차이점 및 비교하는 내용을 집중해서 듣는다.

(첫번째 인터뷰 대화)

男 : 在创业过程中，您遇到了很多困难，其中，最难的情形是怎么样的?

女 : 互联网企业在发展的过程中遇到的最大的问题呢，可能是在资金方面，我们曾经在融资的过程中遇到了一些困难。当我必须要把发展非常快的业务做减缩的时候，是最痛苦的。

남: 창업 과정에서 많은 어려움을 겪으셨을 텐데요. 그 중 가장 힘들었던 상황은 어떠했나요?

여: 인터넷 기업이 발전하는 과정에서 겪는 가장 큰 문제는 아마도 자금 분야일 거예요. 저희는 융자 과정에서 어려움이 있었어요. 급속도로 발전하고 있는 업무를 축소시켜야 했을 때 가장 고통스러웠죠.

인터뷰는 창업 과정의 어려움에 관한 내용으로 **资金**(자금)을 듣고 1번 보기 A에 메모한다.

(두 번째 인터뷰 대화)

男 : 你是为数不多的女性创业者。你认为男性创业者和女性创业者有什么区别?

女 : 男性和女性思考方式和处事方式大不相同，男性相对来说会在处理事情上比较大胆，而女性思考问题可能会比较理性，比较细腻，更加坚韧一些。

남: 당신은 소수의 여성 창업가신데. 남성 창업자와 여성 창업자는 어떤 차이점이 있을까요?

여: 남성과 여성의 사고 방식과 일 처리 방식은 많이 달라요. 남성은 상대적으로 일 처리가 비교적 대담하지만, 여성은 문제를 생각할 때 비교적 이성적이고 섬세하고 더 강인한 면이 있죠.

사회자는 남성 창업자와 여성 창업자의 차이점에 관해 물었고 여자는 이에 관해 답하고 있다. 녹음에서 **更加坚韧**(더 강인하다)이 들렸으므로 2번 보기 B에 메모한다.

1. **女的在创业过程中遇到了什么困难?** 여자는 창업 과정에서 어떤 어려움을 만났는가?

   질문이 사회자의 질문과 일치한다. 여자는 창업 과정의 어려움으로 **资金**(자금)과 **在融资过程中遇到了困难**(융자 과정에서 어려움이 있다)이라고 했으므로 정답은 A이다.

2. **女的认为女性创业者有什么优势?** 여자는 여성 창업자가 어떤 장점이 있다고 생각하는가?

   여자는 남성에 비해 여성 창업자가 **更加坚韧**(더욱 강인하다)이라고 했으므로 정답은 B이다.

정답 1. A 资金不足   2. B 更坚韧

어휘 创业 chuàngyè 동 창업하다　**遇到** yùdào 동 만나다　**困难** kùnnan 명 어려움　**情形** qíngxing 명 정황　**互联网** hùliánwǎng 명 인터넷　**发展** fāzhǎn 동 발전하다　**资金** zījīn 명 자금　**融资** róngzī 명 융자　**减缩** jiǎnsuō 동 축소하다　**为数不多** wéishùbùduō 그 수가 많지 않다　**区别** qūbié 명 차이　**思考** sīkǎo 동 사고하다　**大不相同** dàbùxiāngtóng 성 크게 다르다　**细腻** xìnì 형 섬세하다　**坚韧** jiānrèn 형 강인하다　**落后** luòhòu 형 낙후되다　**短缺** duǎnquē 동 모자라다　**垄断** lǒngduàn 동 독점하다　**精力** jīnglì 명 정신과 체력　**充沛** chōngpèi 형 왕성하다　**坚守** jiānshǒu 동 결연히 지키다

합격 공략 **13** [220점 이상 고득점] 순서대로 풀리지 않는 문제에 주의하라!

순서대로 풀리지 않는 문제에 주의하라! - 개인 신변에 관한 문제 ★★★

인터뷰 문제는 대부분 들리는 순서대로 풀린다. 보통 사회자의 질문 순서에 따라 문제가 나열되어 있기 때문이다. 하지만 전문가 개인의 신변에 관한 문제는 주로 마지막에 배치되는데 정답은 인터뷰 초반이나 중간에 등장한다. 따라서 보기를 분석할 때 개인 적인 내용의 보기라면 순서에 관계없이 전문가에 관한 정보가 언급될 때 미리 메모해 둬야 한다.

〈인터뷰 지문의 문제 구성〉

① 1~4번째 문제 : 전문 분야에 관한 내용을 묻는 문제로 인터뷰의 흐름에 따라 문제가 배치된다.

② 5번째 문제 : 개인 신변에 관한 문제로 주로 마지막에 배치되며 정답은 지문의 초반에 제시되기도 한다. 전문가의 대답뿐만 아 니라 사회자의 질문에서도 중요한 정보가 언급될 수 있다.

(질문)　关于男的、可以知道什么？
　　　　남자에 관해서 무엇을 알 수 있는가?

(보기)　A 喜欢养宠物 애완동물 기르는 것을 좋아한다
　　　　B 多读书看报 책과 신문을 많이 본다
　　　　C 赴美国留学 미국에서 유학을 했다
　　　　D 曾梦想成为演员 일찍이 배우를 꿈꿨다

실전문제 🎧 19.mp3

1.　A 娱乐方式　　　　　2.　A 学历很高
　　B 表达方式　　　　　　　B 赴美留学
　　C 休闲方式　　　　　　　C 拜过老师
　　D 赚钱方式　　　　　　　D 自学成才

STEP 1　보기의 키워드 파악하기

1.　A 娱乐方式　　　　　　　A 오락 방식
　　B 表达方式　　　　　　　B 표현 방식
　　C 休闲方式　　　　　　　C 여가 방식
　　D 赚钱方式　　　　　　　D 돈을 버는 방식

보기는 모두 명사형으로 녹음에 그대로 들리는 어휘에 주의한다.

2. A 学历很高
   B 赴美留学
   C 拜过老师
   D 自学成才

学历(학력), **留学**(유학하다), **自学成才**(독학으로 인재가 되다) 등 개인적인 내용들이다.

인터뷰를 들으며 보기와 대조하기

(첫번째 인터뷰 대화)

女：今天我们请来了著名漫画家蔡志忠先生。全球每天最少有5部机器在同时印刷他的作品。听说，2您很小就迷上了漫画以后自学成才。您可以给大家讲一讲您的成功历程吗？

男：我学画漫画完全是兴趣爱好所驱使。我自己没有多高的文化，2也从来没有拜过老师，我相信只要自己喜欢做，就一定能学好。人要有出息，必须靠自己。当然无师自通不是无条件的，要达到较高的境界，必须如醉如痴地去追求。

여: 오늘은 유명 만화가 차이즈중 선생님을 모셨습니다. 전세계에서 매일 최소 5대의 기계가 동시에 선생님의 작품을 찍어내는데요. 듣기로는 2선생님께서는 어릴 적에 만화에 빠지신 후 독학으로 성공하셨다고 하는데 청중들께 성공 과정에 대해 설명해 주시겠습니까?

남: 제가 만화를 배운 건 순전히 흥미와 취미 때문이었습니다. 저는 배운 것도 별로 없고 2선생님께 배워 본 적도 없습니다. 저는 제가 좋아하면 반드시 제대로 배울 수 있다고 믿어요. 사람이 장래성이 있으려면 자신을 믿어야 합니다. 당연히 스승 없이 스스로 터득하는 것에 조건이 없는 건 아니에요. 높은 경지에 오르려면 반드시 푹 빠져서 미친듯이 추구해야 합니다.

인터뷰의 시작 부분에서 사회자의 소개와 전문가의 답변에서 전문가에 관한 정보가 언급되었다. 2번 보기 A와 C는 틀린 내용이고, D가 일치하는 내용이므로 메모해 둔다.

(두 번째 인터뷰 대화)

女：你画漫画的目的是什么？

男：在我眼里，1漫画是一种有意思的表达方式。内心有所感悟时，就用画面传达给读者。为了达到漫画最高标准，我是全力以赴的。

여: 선생님이 만화를 그리시는 목적은 무엇인가요？

남: 제 눈에는 1만화는 일종의 재미있는 표현 방식이에요. 마음속에 깨달음이 있을 때 화면으로 독자에게 전달하는 거에요. 만화의 높은 기준에 도달하기 위해서 저는 최선을 다합니다.

사회자는 전문가에게 만화를 그리는 목적에 대해 질문했고 남자의 말에 **表达方式**(표현 방식)가 언급되었으므로 1번 보기 B에 메모한다.

질문에 알맞은 정답 고르기

1. **男的把画漫画看作什么?** 남자는 만화 그리는 것을 어떻게 생각하는가？

   남자가 만화는 **一种有意思的表达方式**(재미있는 표현 방식)라고 했으므로 정답은 B이다.

2. **关于男的，可以知道什么?** 남자에 관해서 무엇을 알 수 있는가？

   전문가 개인에 관한 질문으로 인터뷰 초반에 언급되었다. 정답은 D이다.

정답 1. B 表达方式　　　　2. D 自学成才

어휘 **漫画家** mànhuàjiā 몡 만화가　**机器** jīqì 몡 기계　**印刷** yìnshuā 동 인쇄하다　**迷上** míshàng 동 빠지다, 반하다　**自学成才** zìxuéchéngcái 독학으로 재능을 갖추다　**历程** lìchéng 몡 과정　**驱使** qūshǐ 동 추진하다　**出息** chūxi 몡 장래성　**无师自通** wúshīzìtōng 셩 스승없이 스스로 터득하다　**境界** jìngjiè 몡 경지　**如醉如痴** rúzuìrúchī 셩 홀린 듯하다　**追求** zhuīqiú 동 추구하다　**表达** biǎodá 동 표현하다　**感悟** gǎnwù 몡 깨달음　**传达** chuándá 동 전달하다　**标准** biāozhǔn 몡 기준　**全力以赴** quánlìyǐfù 셩 최선을 다하다　**收益** shōuyì 몡 수익, 수입　**娱乐** yúlè 몡 오락

녹음을 듣고 알맞은 정답을 고르세요. 🎧 20.mp3

1　A　带来了灵感
　　B　是客观存在的
　　C　不应感到恐惧
　　D　让人不断进步

2　A　生活的体验
　　B　成功的基础
　　C　家庭的熏陶
　　D　生存的方式

3　A　作品赢得好评
　　B　按设想从容写作
　　C　满足市场需求
　　D　提高个人知名度

4　A　是他最喜爱的书
　　B　是他获过奖的书
　　C　是他正在写的书
　　D　是关于美国当代历史的

5　A　关注故事情节
　　B　很在意别人的评价
　　C　曾在政府机构工作
　　D　强调小说的娱乐性

02 지문 공략법
전략적으로 지문 듣기

기본기 다지기 기본 개념 잡기 & 공략 미리보기

인터뷰 문제는 보기를 미리 파악함과 동시에 인터뷰의 전형적인 구성을 미리 알고 들으면 어느 부분에 어떤 질문이 등장할지 예상할 수 있어 더욱 효과적으로 필요한 정보를 들을 수 있다.

| 기본 개념 잡기 | 인터뷰의 구성

1. 소개하기 – 전문가에 관한 소개와 인터뷰 주제 언급

(녹음) 凌先生，您好！听说，您很小就迷上了电影以后自学成才。您最近拍的这部电影……

　　링 선생님 안녕하세요! 어릴 적 영화에 빠진 뒤 독학으로 성공하셨다고 들었는데 최근 찍으신 이 영화는……

→ 전문가 개인에 관한 문제, 인터뷰 주제에 관한 문제 풀기

2. 질문하기 – 전문 분야를 선택한 동기나 분야의 특징 및 장점, 실패와 역경 등에 관한 인터뷰

(녹음) 你们公司在吸引顾客方面有什么优势吗？

　　선생님의 회사는 고객을 유치하는 면에서 어떤 장점을 가지고 있나요?

→ 전문 분야에 관한 문제, 성공 과정에 관한 문제 풀기

3. 의견 정리 및 향후 계획 – 전문가의 발언 정리, 앞으로의 계획과 전망에 대해 질문

(녹음) 我们也需要以喜剧的精神来面对生活。那么，您下一步有什么打算？

　　우리도 희극 정신으로 삶을 마주할 필요가 있겠어요. 그럼 다음 계획은 어떻게 되시나요?

→ 향후 계획 및 전망에 관한 문제 풀기

| 공략 미리보기 |

합격 공략 14	사회자 질문의 의문사에 주목하라!
합격 공략 15	전문가 대답의 처음과 마지막에 주목하라!
합격 공략 16	[220점 이상 고득점] 但是가 나오면 내용의 반전이 있다!

합격 공략 **14** 사회자 질문의 의문사에 주목하라!

사회자가 무엇을 질문하는지 파악하기! ★★☆

인터뷰에서 사회자가 던진 질문과 문제의 질문이 일치하는 경우가 많으므로 녹음을 들을 때 인터뷰의 질문을 정확하게 이해하고 전문가의 답변을 들어야 한다. 인터뷰에서 사회자가 전문가에게 하는 질문은 주로 다음과 같다.

〈인터뷰 질문 유형〉

동기	동기, 원인, 영향 등이 나열된 보기에 해당하는 질문 •您为什么要从事写作？왜 집필하는 일을 하게 되셨습니까？ •您为什么想尝试拍摄新题材？왜 새로운 소재를 촬영하고자 하셨습니까？ •您最初为什么以爱情为诗歌主题？왜 처음에 사랑을 시의 주제로 삼으셨습니까？
세부사항	구체적인 정보가 나열된 보기에 해당하는 질문 •您面临的最大挑战是什么？당면한 가장 큰 도전은 무엇입니까？ •您的生活发生了什么样的变化？귀하의 생활에 어떤 변화가 생겼습니까？ •您最喜欢哪一种少数民族舞蹈？어느 소수민족 춤을 가장 좋아하십니까？
태도	관점 또는 감정/태도 어휘가 나열된 보기에 해당하는 질문 •您有什么想法？어떤 생각을 가지고 계십니까？ •您怎么看待这个说法？이 견해에 대해 어떻게 생각하십니까？ •您如何看待翻译和创作的关系？번역과 창작의 관계에 대해 어떻게 생각하십니까？

실전문제 🎧 21.mp3

1. A 创造力
   B 自控力
   C 责任意识
   D 沟通能力

2. A 培养孩子的资信
   B 鼓励孩子独立思考
   C 引导孩子自己感受
   D 给孩子贡献的机会

STEP 1　보기의 키워드 파악하기

1. A 创造力　　　B 责任意识
   C 自控力　　　D 沟通能力

A 창조력	B 책임 의식
C 자제력	D 소통 능력

보기의 어휘는 명사형이며 특정 자질에 관한 것임을 알 수 있다.

2. A 培养孩子的自信
   B 鼓励孩子独立思考
   C 引导孩子自己感受
   D 给孩子贡献的机会

A 아이의 자신감을 길러준다
B 아이가 독립적으로 사고하도록 격려한다
C 아이 스스로가 느낄 수 있게 인도한다
D 아이에게 공헌할 수 있는 기회를 준다

보기는 술어형이고 孩子(아이), 培养(길러주다) 등이 있으므로 교육 방법에 관한 내용임을 알 수 있다.

STEP 2　인터뷰를 들으며 보기와 대조하기

(첫번째 인터뷰 대화)

女：领袖气质是一种什么气质？

男：领袖气质首要的就是要有良好的沟通能力。培养沟通能力应该从两个方面努力：一是提高理解别人的能力；二是提高表达能力。

여: 리더십은 어떤 기질인가요？

남: 리더십에서 가장 중요한 것은 우수한 소통 능력입니다. 소통 능력을 기르는 것은 2가지 면에서 노력해야 합니다. 첫째는 다른 사람을 이해하는 능력이고 둘째는 표현 능력을 높이는 것입니다.

사회자가 리더십은 어떤 자질(什么气质)인지 물었고 전문가의 말에 沟通能力(소통 능력)가 들렸으므로 1번의 보기 D에 메모한다.

(두 번째 인터뷰 대화)

女：家长应该在生活中怎样培养孩子的领袖气质呢？
男：父母只能适当引导孩子自己去感受。父母可以给
　　孩子提供选择的范围，让孩子自己承担做决定的
　　结果，一点一滴养成他负责任的态度。

> 여: 부모는 생활 중에서 어떻게 아이의 리더십을 길러 줄 수 있을까요?
> 남: 부모는 단지 아이가 스스로 느낄 수 있게 인도해 줘야 합니다. 부
> 모는 아이에게 선택의 범위를 주고 아이 스스로가 결정한 것에 책
> 임을 지게 하여 조금씩 책임을 지는 태도를 길러줘야 합니다.

사회자가 리더십을 어떻게 길러 줘야 하는지(怎样培养) 물었고 남자는 引导孩子自己去感受(아이가 스스로 느낄 수 있게 인도하다)라
고 했으므로 2번 보기 B에 메모한다.

STEP 3　질문에 알맞은 정답 고르기

1. 领袖气质中最重要的品质是什么？ 리더십 중에서 가장 중요한 기질은 무엇인가?

　남자는 리더십의 가장 중요한 덕목으로 沟通能力(소통 능력)를 언급하였으므로 정답은 D이다.

2. 家长应该怎样培养孩子的领袖气质？ 부모는 아이의 리더십을 어떻게 길러야 하는가?

　사회자의 질문과 문제의 질문이 일치한다. 정답은 C이다.

정답　1. D 沟通能力　　　2. C 引导孩子自己感受

어휘　领袖气质 lǐngxiùqìzhì [명] 리더십, 카리스마　首要 shǒuyào [형] 가장 중요하다　沟通能力 gōutōngnénglì [명] 소통 능력　表
达能力 biǎodánénglì [명] 표현 능력　引导 yǐndǎo [동] 인도하다　感受 gǎnshòu [동] 느끼다　范围 fànwéi [명] 범위　承担
chéngdān [동] 감당하다, 책임지다　一点一滴 yìdiǎnyìdī [성] 약간, 조금씩　负责 fùzé [동] 책임지다　自控力 zìkònglì [명] 자제력
责任意识 zérènyìshí [명] 책임 의식　贡献 gòngxiàn [명][동] 공헌(하다)

합격 공략 **15** 전문가 대답의 처음과 마지막에 주목하라!

전문가의 대답에서 정답 찾기 ★★☆

전문가는 대답의 초반에서 핵심 내용을 말하는 경우가 있고 후반에서 말하는 경우가 있다. 주로 觉得/想(~라고 생각한다), 应
该(마땅히 ~해야 한다), 重要(중요하다) 등의 어휘와 함께 제시되므로 이와 같은 어휘가 들리는지 주의한다.

〈전문가의 대답 유형〉

두괄식	가장 많이 사용하는 응답 형식 我觉得创作要靠生活的体验。现实生活比小说要精彩复杂得多、对人性多些了解,……
미괄식	비유나 사례를 들고 후반에 자신의 견해를 제시 其实技术与艺术的关系，始终是从与主的逻辑关系，所以讨论二者的关系，并不是一个层次的概 念。技术只是起着刺激作用。 如果仅仅从这方面来说，我还是觉得艺术更重要。
강조	접속사나 강조 어휘를 사용하여 핵심 내용 전달 作为一个艺术家，我对商业没有任何意见、因为艺术家也要生存。但是艺术家不应该看重挣钱，该 花更多的精力来专注艺术、专注学术。

실전문제 🎧 22.mp3

1. A 开拓视野
   B 注入活力
   C 是一种鞭策
   D 带来很大的压力

2. A 笔法很细腻
   B 反映现实生活
   C 是一种新的突破
   D 超越了地区的局限

STEP 1 보기의 키워드 파악하기

1. A 开拓视野　　　　B 注入活力
   C 是一种鞭策　　　D 带来很大的压力

A 시야를 넓혔다	B 활력을 주었다
C 일종의 채찍이다	D 많은 스트레스를 가져왔다

보기는 술어형이고 무엇으로 인한 영향, 결과를 나타낸다.

2. A 笔法很细腻
   B 反映现实生活
   C 是一种新的突破
   D 超越了地区的局限

A 문체가 섬세하다
B 현실 생활을 반영한다
C 하나의 새로운 돌파구이다
D 지역의 한계를 뛰어넘었다

보기는 특징에 관한 내용으로 키워드 **笔法**(문체), **突破**(돌파구), **超越局限**(한계를 뛰어넘다)을 확인한다.

STEP 2 인터뷰를 들으며 보기와 대조하기

(첫번째 인터뷰 대화)

女：您觉得获了这个奖，对您以后的文学创作有什么影响吗？

男：1这应该是一种巨大的鞭策，我想尽快从热闹当中解脱出来，坚守自己的岗位做应该做的事情。

여: 선생님께서 이 상을 받으신 것이 선생님의 앞으로의 문학 창작에 어떤 영향을 미칠까요?

남: 1이것은 거대한 채찍입니다. 최대한 빨리 들뜬 분위기에서 벗어나 제 자리에서 해야 할 일을 할 것입니다.

사회자는 수상이 앞으로 문학 창작에 미칠 **影响**(영향)에 대해 물었고, 전문가는 이에 대답하고 있다. 남자의 대답 초반에 **鞭策**(채찍)가 들렸으므로 1번 보기 C에 메모한다.

(두 번째 인터뷰 대화)

女：那您觉得这次能够获奖，是您作品当中的什么地方吸引了评委会？

男：我的文学表现了中国独特的文化和民族风情。同时，我的小说也描写了广泛意义上的人，我一直是站在人的角度上立足于写人。2我想这样的作品就超越了地区和族群的局限。

여: 그러면 이번에 수상하신 것은 선생님 작품 중 어떤 부분이 심사위원을 매료시켰을까요?

남: 저의 문학은 중국의 독특한 문화와 민족 정서를 보여줍니다. 동시에 저의 소설은 넓은 의미에서의 사람을 묘사했는데, 항상 사람의 입장에서 사람을 쓰려고 했습니다. 2저는 이러한 작품이 지역과 계층의 한계를 뛰어넘는다고 생각합니다.

사회자는 작품의 어떤 점이 심사위원을 매료시켰는지 물었고 전문가는 대답의 초반에는 작품의 전반적 특징에 대해 설명하고 후반부에 견해를 말하고 있다. **超越了地区和族群的局限**(지역과 계층의 한계를 뛰어넘었다)을 듣고 2번 보기 D에 메모한다.

STEP 3 질문에 알맞은 정답 고르기

1. **获奖对男的未来创作有什么影响？** 수상이 남자의 미래의 창작에 어떤 영향을 미치는가?

사회자의 질문과 문제의 질문이 일치한다. 정답은 B이다.

2. 男的是怎么评价自己的作品的？ 남자는 자신의 작품을 어떻게 평가하는가?

남자가 자신의 작품을 어떻게 평가하는지 물었으므로 정답은 D이다.

정답 1. B 注入活力　　　2. D 超越了地区的局限

어휘 获奖 huòjiǎng 동 수상하다　付出 fùchū 동 지불하다　回报 huíbào 동 보답하다　巨大 jùdà 형 거대하다　鞭策 biāncè 동 채찍질하다　尽快 jǐnkuài 부 되도록 빨리　解脱 jiětuō 동 벗어나다　吸引 xīyǐn 동 끌어당기다　评委会 píngwěihuì 명 심사위원회　风情 fēngqíng 명 풍토와 인정　描写 miáoxiě 동 묘사하다　广泛 guǎngfàn 형 광범위하다　角度 jiǎodù 명 각도　立足于 lìzúyú 동 ~에 입각하다　超越 chāoyuè 동 초월하다　族群 zúqún 명 집단, 계층　局限 júxiàn 명 국한, 제한　开阔视野 kāikuòshìyě 시야를 넓히다　笔法 bǐfǎ 명 기교, 필치　细腻 xìnì 형 섬세하다　突破 tūpò 동 돌파하다, 초월하다

합격 공략 16 [220점 이상 고득점] 但是가 나오면 내용의 반전이 있다!

但是가 나오면 내용의 반전이 있다!

전환을 나타내는 접속사 但是(그러나) 뒤에는 중요한 정보가 등장한다. 그런데 보기에는 但是 앞에 등장하는 정보와 뒤에 등장하는 정보가 모두 제시되기 때문에 성급하게 답을 고르지 말아야 한다. 지문을 끝까지 듣고 역접 접속사 뒤의 정보에 주목하자.

실전문제 🎧 23.mp3

> A 适当批评孩子
> B 经常说 "你真棒"
> C 具体到实际行为
> D 与别的孩子做比较

STEP 1 보기의 키워드 파악하기

A 适当批评孩子
B 经常说 "你真棒"
C 具体到实际行为
D 与别的孩子做比较

A 적절하게 아이를 훈계한다
B "정말 대단해"라고 자주 말한다
C 실제 행동을 구체적으로 말한다
D 다른 아이와 비교한다

批评(훈계하다), 孩子(아이) 등이 있으므로 교육에 관한 내용임을 알 수 있다.

STEP 2 인터뷰를 들으며 보기와 대조하기

女：当赏识教育刚刚传入中国的时候，人们对它的追捧可谓是热火朝天。您认为家长应该怎样表扬孩子呢？

男：不少家长经常对孩子说 "你真棒！"。但是，这样做不但没有效果，有的还会适得其反。表扬不只是说你真棒，应该具体到他做的好的什么行为上。

여: 칭찬 교육이 막 중국에 들어왔을 때 사람들의 반응이 대단했는데요. 선생님께서는 부모가 어떻게 아이를 칭찬해야 한다고 생각하시나요?
남: 많은 부모들이 자주 아이에게 "정말 대단하다"라고 말합니다. 하지만 이것은 효과가 없을 뿐만 아니라 반대의 결과를 가져오죠. 칭찬은 대단하다고 말하는 것만이 아니라 구체적으로 아이가 한 좋은 행동을 말해야 합니다.

사회자는 일반적인 칭찬 방법을 설명한 후 但是(그러나) 뒤에 这样做不但没有效果(이는 효과가 없을 뿐만 아니라)라고 말했으므로 B는 함정 보기이다. 남자가 具体到他做的好的什么行为上(아이가 한 좋은 특정 행위를 구체적으로)이라고 했으므로 C에 메모한다.

STEP 3 질문에 알맞은 정답 고르기

男的认为家长应该如何赞美孩子？ 남자는 부모가 어떻게 아이를 칭찬해야 한다고 생각하는가?

부모의 올바른 칭찬 방법에 대한 남자의 견해를 물었으므로 정답은 C이다.

정답 C 具体到实际行为

어휘 **家长** jiāzhǎng 몡 학부모　**适得其反** shìdéqífǎn 솅 결과가 바라는 것과 정반대가 되다　**表扬** biǎoyáng 동 칭찬하다　**适当** shìdàng 혱 적당하다

🔖 **실전 테스트**　정답 및 해설_해설편 p.017

녹음을 듣고 알맞은 정답을 고르세요. 🎧 24.mp3

1　A 艺术的真实性
　　B 东西文化的融合
　　C 中国服装的演变
　　D 中华民族服装的魅力

2　A 民族精神
　　B 中华艺术中的美
　　C 经典的服装样式
　　D 中国传统艺术的精华

3　A 做问卷调查
　　B 收集市场信息
　　C 确定设计方案
　　D 规划设计风格

4　A 家庭
　　B 生活
　　C 大自然
　　D 文学作品

5　A 做过模特
　　B 擅长音乐创作
　　C 是服装设计师
　　D 创造了国际品牌

녹음을 듣고 알맞은 정답을 고르세요. 🎧 25.mp3

1　A　文凭不高
　　B　素质很高
　　C　成绩一般
　　D　没有留学经验

2　A　工作稳定
　　B　福利完善
　　C　资源丰富
　　D　有发展前景

3　A　很有前途
　　B　待遇很好
　　C　有发展空间
　　D　当作是过渡

4　A　哪所大学毕业
　　B　成绩是否优秀
　　C　是否有责任感
　　D　是否有双学位

5　A　积极上进
　　B　工作认真负责
　　C　能吃苦耐劳
　　D　有团队合作精神

6　A　与音乐无关
　　B　经常用作建筑设计
　　C　不能用于储存粮食
　　D　是中国文化的一部分

7　A　材料别具一格
　　B　成本十分昂贵
　　C　外观富有美感
　　D　配套设施齐全

8　A　耐高温
　　B　不褪色
　　C　防潮湿
　　D　不生锈

9　A　制作方法
　　B　材料选取
　　C　消费群体
　　D　基础设备

10　A　敢于冒险
　　B　用陶瓷制作乐器
　　C　注重海外市场
　　D　是个建筑师

듣기
제3부분

긴 글을 듣고
관련 문제 풀기

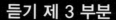

Warm Up!

유형 분석 & 풀이 전략

유형 분석 | 시험엔 이렇게 나온다!

출제 방식

HSK 6급 듣기 제3부분은 비교적 긴 지문을 듣고 관련 문제를 푸는 유형이다. 한 지문에 3∼4개의 문제가 출제되며 31번부터 50번까지 총 6개의 지문과 20문항이 출제된다.

출제 경향 & 유형별 출제 비율

듣기 제3부분은 다양한 분야에 관한 지식과 정보를 전달하는 설명문과 삶의 태도와 당위성을 강조하는 논설문, 이야기 형식의 에피소드가 출제된다. 설명문과 논설문은 출제 비중이 높으며 사회, 문화, 교육, IT, 과학, 자연 등 다양한 분야의 글이 출제된다. 에피소드는 우화, 고사 등 이야기를 서술하고 그 이야기를 통해 얻을 수 있는 교훈으로 구성된다. 일반적으로 설명문의 출제 비중이 절대적으로 높고 그 다음으로 논설문이 많이 출제되며, 에피소드도 매 시험마다 빠지지 않고 출제된다. 듣기 1, 2부분과 마찬가지로 구체적인 내용을 모두 숙지하기 보다는 보기 분석을 통해 필요한 정보를 위주로 듣는 훈련이 필요하다.

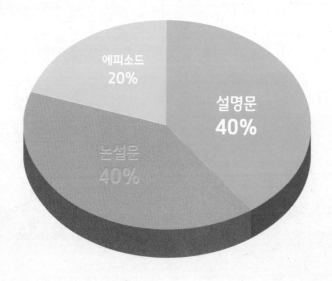

풀이 전략 | 문제 풀이 Step & 풀이 전략 적용해 보기

Step 1

보기를 보고 글의 종류와 소재, 질문 유형 파악하기
보기를 보고 글의 종류와 소재를 파악한다. 한 지문에 2~3개의 세부 내용 문제와 1개의 주제 문제로 구성되므로 질문 유형을 예상한다.

Step 2

녹음을 들으며 관련 정보 메모하기
보기의 키워드를 중심으로 녹음을 들으면서 보기에 메모한다.

Step 3

질문에 알맞은 정답 고르기
메모한 내용을 바탕으로 질문에 알맞은 답을 고른다. 일반적으로 가장 마지막에 주제를 묻는 질문이 등장한다.

풀이 전략 적용해 보기 🎧 26.mp3

해석 및 어휘 | 해설편 p.025

31. A 大脑分为两部分
    B 大脑的认知功能
    C 大脑的感知功能
    D 大脑左右半球的分工

32. A 充满感情的话
    B 来不及说的话
    C 话中暗含的意思
    D 有讽刺意味的话

33. A 人体的奥秘
    B 大脑的结构
    C 左半球的功能
    D 右半球的语言功能

31. 보기에 공통적으로 **大脑**(대뇌)가 있으므로 이에 관한 설명문임을 알 수 있다.

32. 보기를 통해 **话**(말)와 **意思**(의미)에 관한 세부 사항 문제임을 알 수 있다. 키워드를 확인한다.

33. 보기가 모두 특정 정보에 관한 명사형이므로 제목 또는 주제를 묻는 문제임을 알 수 있다.

STEP 2   녹음을 들으며 관련 정보 메모하기

    人类的大脑分为左右两个半球，我们习惯于称它们为左脑和右脑。31但是这两侧半球的功能是不一样的，大脑左半球主要负责语言，而右半球支配着非语言声音，视觉和空间技能。认知功能和感知功能位于大脑的某一半球上被称为侧化。33那么、右半球在语言中是否也起着一定作用呢？

    答案是肯定的，但右半球在语言中所起的作用不同于左半球。人类在用语言交谈时，会伴随着相应的表情，肢体语言、眼神，甚至是音腔、音调，32它们传递着语言交流中暗含的信息。比如，言外之意，字面意思与实际表达的意思不同等。这些语言中暗含的信息都是由右半球处理的，如果右半球受损就无法理解这些没说出来的信息。比如，用讽刺的语气来夸某人长得漂亮，右半球受损的人就理解不出讽刺的意思。

(첫 번째 단락)
글의 주제와 관련된 내용과 구체적인 정보가 등장하였다. 这两侧半球的功能是不一样的(이 두 반구의 기능은 다르다)라고 했으므로 31번 보기 D에 메모한다.

(두 번째 단락)
녹음에서 它们传递着语言交流中暗含的信息。比如、言外之意,字面意思与实际表达的意思不同等(그것은 언어 속에 함축되어 있는 정보를 전달한다. 예를 들어 언어 밖의 의미, 문자적 의미와 실제로 표현하는 의미는 다르다)를 듣고 32번 보기 C에 메모한다. 또한 语言中暗含的信息都是由右半球处理的(언어 속의 숨겨진 정보는 우반구가 처리한다)를 듣고 33번 보기 D에 메모한다.

STEP 3   질문에 알맞은 정답 고르기

31. 什么是大脑的侧化？

대뇌의 편측화가 무엇인지 물었고 녹음에서 두 반구의 기능이 다른 것을 편측화라고 한다고 했으므로 정답은 D이다.

32. 这段话中"言外之意"是什么意思？

특정 어휘의 의미를 묻고 있다. 녹음에서 **暗含的意思**(숨겨진 의미)의 예로 해당 어휘를 언급했으므로 정답은 C이다.

33. 这段话主要谈的是什么？

이 글의 중심 내용을 묻고 있다. 서론 부분에서 **右半球在语言中是否也起着一定作用呢**？(그러면 우뇌도 언어에서 일정한 기능을 담당하는 것일까)라고 질문을 던진 뒤 두번째 단락에서 이에 대한 설명을 하고 있으므로 정답은 D이다.

정답   31. D **大脑左右半球的分工**

     32. C **话中暗含的意思**

     33. D **右半球的语言功能**

듣기 제 3 부분

01 설명문과 논설문
주제와 세부 내용 파악하기

기본기 다지기 | 기본 개념 잡기 & 공략 미리보기

듣기 제3부분은 제1부분에서 학습했던 내용들과 유사한 점이 많다. 동식물, 의학, 우주 항공, 환경 분야의 설명문과 교육, 건강, 취업 등 일상 생활과 관련된 논설문이 출제된다. 설명문과 논설문은 비슷한 구조를 가지며 문제 유형이 비슷하므로 본 챕터에서 함께 살펴보도록 한다.

| 기본 개념 잡기 1 | 설명문과 논설문의 구성

	설명문	논설문	문제 유형
서론	설명하는 대상 소개	주장하는 내용 소개	글의 주제 및 제목을 묻는 문제 풀기
본론	대상에 관한 구체적인 정보	주장을 뒷받침하는 구체적인 근거	세부 내용 문제 풀기
결론	부가 정보 및 요약	주장 재언급 및 정리	글의 주제 및 제목을 묻는 문제 풀기

| 기본 개념 잡기 2 | 주요 질문 유형

1. 세부 사항을 묻는 문제
- 关于哺乳动物，下列哪项正确？ 포유 동물에 관해서 다음 중 옳은 것은?
- 做梦的根本原因是什么？ 꿈을 꾸는 근본적인 원인은 무엇인가?

2. 주제 또는 제목을 묻는 문제
- 这段话主要想告诉我们什么？ 이 글이 우리에게 주로 이야기하고자 하는 것은 무엇인가?
- 下列哪项最适合做这段话的标题？ 다음 중 이 글의 제목으로 가장 적절한 것은?

| 공략 미리보기 |

합격 공략 17	주제 문제는 서론에서 풀라!
합격 공략 18	의문문 다음 내용에 주목하라!
합격 공략 19	전문가의 의견에 주목하라!
합격 공략 20	[220점 이상 고득점] 옳지 않은 것을 고르는 문제에 주의하라!

주제는 서론에 등장한다 ★★★

실용문에서는 글의 핵심이 되는 주제를 서론에서 언급하는데 주제를 묻는 문제는 보통 마지막 문제에 등장한다. 따라서 결론 부분에서 주제가 재언급되지 않을 경우 서론에서 주제를 파악해 두지 않으면 문제를 풀지 못할 수 있으므로 유의해야 한다.

실전문제 🎧 27.mp3

A 海水的成分
B 海洋生物的繁殖
C 海洋生物离不开阳光
D 海洋是原始生命的摇篮

STEP 1 보기를 보고 글의 종류와 소재, 질문 유형 파악하기

A 海水的成分	A 해수의 성분
B 海洋生物的繁殖	B 해양 생물의 번식
C 海洋生物离不开阳光	C 해양 생물은 태양 없이 살 수 없다
D 海洋是原始生命的摇篮	D 해양은 원시 생명의 요람이다

보기에 공통적으로 **海洋**(해양)이 있으므로 이에 관한 설명문임을 알 수 있다.

STEP 2 녹음을 들으며 관련 정보 메모하기

生命的起源离不开海洋。海洋的物理和化学性质使它成为孕育生命的原始摇篮。原始海洋盐分较低，有机物质却异常丰富。当时高空中也没有臭氧层阻挡，不能吸收太阳辐射的紫外线，所以紫外线能直射到地球表面，成为合成有机物质的能源。

생명의 기원은 해양과 떨어질 수 없다. 해양의 물리, 화학 성질이 해양을 생명을 낳아 기르는 원시 요람이 되게 했다. 원시 해양은 염분이 낮은 편이지만 유기 물질은 오히려 매우 풍부했다. 당시 하늘에는 오존층이 가리고 있지 않아서 태양 복사의 자외선을 흡수할 수 없었기 때문에 자외선이 직접 지구 표면에 닿아 유기 물질을 합성하는 에너지가 되었다.

녹음에서 **生命的原始摇篮**(생명의 원시 요람)이 언급되었으므로 보기 D에 메모한다.

STEP 3 질문에 알맞은 정답 고르기

这段话主要告诉我们什么？ 이 글이 우리에게 주로 말하고자 하는 것은?

녹음의 초반에 주제가 언급되었으므로 정답은 D이다.

정답 D 海洋是原始生命的摇篮

어휘 **起源** qǐyuán 몡 기원 **孕育** yùnyù 동 낳아 기르다 **摇篮** yáolán 몡 요람 **异常** yìcháng 뮈 몹시 **臭氧层** chòuyǎngcéng 몡 오존층 **阻挡** zǔdǎng 동 저지하다 **紫外线** zǐwàixiàn 몡 자외선 **繁殖** fánzhí 동 번식하다

합격 공략 **18** 의문문 다음 내용에 주목하라!

의문문 다음에 정답이 나온다! ★★★

일반적으로 의문문은 주요 정보를 환기시켜 중심 내용을 강조하는 역할을 한다. 따라서 녹음에 의문문이 나오면 바로 이어지는 내용을 주의 깊게 들어야 한다.

실전문제 🎧 28.mp3

A 网络求职弊端多
B 要注意简历用语
C 简历应该有针对性
D 要做适合自己的工作

STEP 1 보기를 보고 글의 종류와 소재, 질문 유형 파악하기

A 网络求职弊端多
B 要注意简历用语
C 简历应该有针对性
D 要做适合自己的工作

A 인터넷 구직은 폐단이 많다
B 이력서에서 사용하는 어휘에 주의해야 한다
C 이력서는 목적성을 가져야 한다
D 자신에게 맞는 일을 해야 한다

网络求职(인터넷 구직)과 **简历**(이력서)를 통해 구직에 관한 글이며 세부 사항 문제임을 알 수 있다.

STEP 2 녹음을 들으며 관련 정보 메모하기

　网络求职已成为当今求职者找工作的一种重要途径。许多大学生、技工都喜欢用这种方式找工作，尤其是白领阶层，他们找工作，无一例外地要在网上投简历。那么，如何才能在网络时代让自己的求职更高效、更快速、更成功呢？不管是递交书面简历还是电子简历，针对性都应该是简历投递的第一要素。

　인터넷 구직은 이미 오늘날 구직자가 직업을 찾는 중요한 루트가 되었다. 많은 대학생들과 기술자들은 모두 이러한 방식으로 직업을 찾는 것을 좋아하며, 특히 화이트 칼라는 일을 찾을 때 예외 없이 인터넷으로 이력서를 낸다. 그러면 어떻게 해야 인터넷 시대에 더욱 효과적이고 빠르면서 성공적으로 구직할 수 있을까? 서면 이력서든지 전자 이력서든지 목적성은 이력서에서 가장 중요한 요소이다.

녹음에 의문문이 등장했고 이어지는 내용에 **针对性**(목적성)이 언급되었으므로 보기 C에 메모한다.

STEP 3 질문에 알맞은 정답 고르기

根据这段话，下列哪项正确？ 이 글에 따라 다음 중 옳은 것은?

녹음에서 **针对性都应该是简历投递的第一要素**(목적성은 이력서에서 제일 첫 번째 요소이다)라고 하였으므로 옳은 내용은 C이다.

정답 C 简历应该有针对性

어휘 **网络求职** wǎngluòqiúzhí 몡 인터넷 구직　**途径** tújìng 몡 방법, 경로　**技工** jìgōng 몡 기술자　**白领阶层** báilǐngjiēcéng 몡 화이트 칼라　**无一例外** wúyílìwài 솅 하나도 예외가 없다　**递交** dìjiāo 동 직접 내다　**针对性** zhēnduìxìng 몡 목적성　**弊端** bìduān 몡 폐단

전문가의 의견에서 정답이 나온다! ★★☆

정보의 객관성과 주장의 논리성을 뒷받침하기 위해 전문가의 의견, 연구 결과 등을 제시하는 경우가 많다. 녹음에서 专家建议 (전문가는 건의하길), 研究显示(연구가 보여주길) 등이 언급되면 주의해서 듣는다.

실전문제 🎧 29.mp3

A 植物能消除噪音
B 噪音抑制植物生长
C 植物生长需要音乐
D 音乐能延长植物寿命

STEP 1 보기를 보고 글의 종류와 소재, 질문 유형 파악하기

A 植物能消除噪音
B 噪音抑制植物生长
C 植物生长需要音乐
D 音乐能延长植物寿命

A 식물은 소음을 없앨 수 있다
B 소음은 식물의 성장을 억제한다
C 식물의 성장은 음악을 필요로 한다
D 음악은 식물의 수명을 연장시킨다

植物(식물), 噪音(소음), 音乐(음악) 등의 어휘를 통해 이들의 관계에 대한 글임을 알 수 있다.

STEP 2 녹음을 들으며 관련 정보 메모하기

几乎所有的植物都能听懂音乐，而且还能在轻松的曲调中茁壮成长。有的国家用听音乐的方法培育出了3公斤重的萝卜，小伞那么大的蘑菇。科学家曾对一些植物进行对比观察，发现噪音促进果蔬的衰老进程。85-95dB的噪音对果蔬的生理活动影响较为显著。

거의 모든 식물은 음악을 알아들을 수 있다. 또 가벼운 멜로디에서 튼튼하게 자란다. 어떤 나라에서는 음악을 들려주는 방법으로 3kg짜리 무와 우산 크기만한 버섯을 길러냈다. 과학자는 일부 식물에 대해 대조 관찰을 진행했고 소음이 과일과 채소가 쇠약해지는 과정을 촉진시킨다는 것을 발견했다. 85~95dB의 소음은 과일과 채소의 생리 활동에 현저한 영향을 주었다.

녹음에서 과학자의 발견을 소개하며 **发现噪音促进果蔬的衰老进程**(소음이 과일과 채소가 쇠약해지는 과정을 촉진시킨다는 것을 발견했다)이라고 했으므로 보기 B에 메모한다.

STEP 3 질문에 알맞은 정답 고르기

科学家观察植物后得出什么结论？ 과학자들은 식물을 관찰한 후 어떤 결론을 얻었는가?

과학자의 발견을 묻고 있으므로 정답은 B이다.

정답 B 噪音抑制植物生长

어휘 曲调 qǔdiào 뗑 곡조, 멜로디 **茁壮** zhuózhuàng 혱 건장하다, 튼튼하다 **萝卜** luóbo 뗑 무 **蘑菇** mógu 뗑 버섯 **果蔬** guǒshū 뗑 과일과 채소 **衰老** shuāilǎo 쇠약하다 **显著** xiǎnzhù 혱 두드러지다 **摇滚乐** yáogǔnyuè 뗑 로큰롤 **枯萎** kūwěi 똥 시들다 **消除** xiāochú 똥 없애다 **抑制** yìzhì 똥 억제하다

합격 공략 20 [220점 이상 고득점] 옳지 않은 것을 고르는 문제에 주의하라!

옳지 않은 것을 고르는 문제에 주의하라!

옳은 것을 고르는 문제는 녹음에 들리는 정보만으로 간단하게 정답을 예상할 수 있지만 옳지 않은 내용을 고르는 문제는 마지막 질문을 들어야만 풀 수 있으므로 더 까다롭다. 따라서 녹음에 들리는 보기가 여러 가지라면 들리는 것을 모두 표시한 뒤 마지막 질문을 확인하고 정답을 골라야 한다.

실전문제 30.mp3

A 摇钱树
B 活化石
C 沙漠水袋
D 植物界的熊猫

STEP 1　보기를 보고 글의 종류와 소재, 질문 유형 파악하기

A 摇钱树
B 活化石
C 沙漠水袋
D 植物界的熊猫

A 돈이 떨어지는 나무
B 살아있는 화석
C 사막의 물 주머니
D 식물계의 팬더

보기의 어휘는 모두 명사형이며 특정 사물과 동식물을 나타낸다. 키워드를 확인한다.

STEP 2　녹음을 들으며 관련 정보 메모하기

　　银杏树是世界上最珍贵的树种之一，具有观赏、经济、药用等价值，素有"活化石、摇钱树、植物界的熊猫"之称。银杏树生长较慢，寿命极长，自然条件下从栽种结银杏果要二十多年，四十年后才能大量结果。

　　은행은 세계에서 가장 진귀한 나무 중 하나로 관상, 경제, 약용 등의 가치가 있고, '살아있는 화석, 돈 떨어지는 나무, 식물계의 팬더'라고 불린다. 은행나무는 성장이 느리고 수명이 길다. 자연 조건에서 묘종에서부터 열매를 맺기까지 20년이 걸리고 40년 후에야 많은 열매를 맺는다.

키워드 **摇钱树**(돈이 떨어지는 나무), **活化石**(살아있는 화석), **植物界的熊猫**(식물계의 팬더)가 언급되었으므로 보기 A, B, D에 메모한다.

STEP 3　질문에 알맞은 정답 고르기

下列哪项不是银杏的别称？ 다음 중 은행의 별칭이 아닌 것은?

질문이 은행의 별칭이 아닌 것을 고르라는 것이므로 녹음에 언급되지 않은 C가 정답이다.

정답　C 沙漠水袋

어휘　**银杏** yínxìng 명 은행　**观赏** guānshǎng 통 관상하다, 감상하다　**药用** yàoyòng 명 약용　**素有** sùyǒu 통 원래부터 있다　**活化石** huóhuàshí 명 살아 있는 화석　**摇钱树** yáoqiánshù 명 돈이 떨어지는 나무　**生长** shēngzhǎng 통 생장하다, 성장하다　**栽种** zāizhòng 통 심다　**结果** jiēguǒ 통 열매를 맺다

녹음을 듣고 알맞은 정답을 고르세요. 🎧 31.mp3

1 A 口感变好
   B 延长保质期
   C 增加维生素
   D 防止食物变质

2 A 加快血液循环
   B 降低器官温度
   C 减少器官摩擦
   D 帮助营养的吸收

3 A 获得脂肪的渠道
   B 人体需要脂肪
   C 分解脂肪的方法
   D 脂肪的负面影响

4 A 不适合生物生存
   B 气候条件非常恶劣
   C 一块儿绿地也没有
   D 是世界上最大的沙漠

5 A 寻觅食物
   B 躲避天敌
   C 寻找配偶
   D 忙于搬家

6 A 破坏了洞穴
   B 把老鼠搬到实验室
   C 给老鼠足够的食物
   D 夺走了老鼠储存的草根

7 A 老鼠怕炎热气候
   B 绿草容易枯萎
   C 沙漠里污染严重
   D 老鼠忧虑将来的生活

02 에피소드
스토리와 교훈 파악하기

기본기 다지기 ▶ 기본 개념 잡기 & 공략 미리보기

듣기 제3부분의 에피소드는 이야기를 서술하고 주제를 언급하는 형식으로 구성된다. 출제되는 글은 현대 이야기와 옛날 이야기가 출제된다. 그리고 듣기 제3부분은 듣기 제1부분과 마찬가지로 인물과 행동을 중심으로 내용을 파악해야 한다.

| 기본 개념 잡기 1 | 에피소드 글의 구성

	에피소드	문제 유형
도입	등장 인물과 이야기의 배경 소개	세부 내용 문제 풀기 (인물 관계 파악)
전개	구체적인 사건 설명 및 인물 간의 대화	세부 내용 문제 풀기 (행동 및 계획 파악)
마무리	이야기의 주제와 교훈 언급	교훈과 주제 문제 풀기

| 기본 개념 잡기 2 | 주요 질문 유형

1. 세부 사항을 묻는 문제
- 猎人让儿子做什么？사냥꾼은 아들에게 무엇을 시켰나?
- 一开始，妈妈觉得那只小狗怎么样？처음에 엄마는 그 강아지가 어떠하다고 느꼈는가?

2. 사건의 결과 또는 교훈을 묻는 문제
- 最后这只小狗怎么样了？마지막에 그 강아지는 어떻게 되었나?
- 这段话主要想告诉我们什么？이 글이 우리에게 주로 알려 주고자 하는 것은?

| 공략 미리보기 |

합격 공략 21	대화에 정답이 있다!
합격 공략 22	에피소드의 주제는 마지막에 나온다!
합격 공략 23	[220점 이상 고득점] 순서대로 풀리지 않는 문제에 주의하라!

합격 공략 21 ▶ 대화에 정답이 있다!

인물간의 대화에 주목하라! ★★★

에피소드는 인물 간의 대화가 자주 등장한다. 이야기를 서술하는 내용보다는 인물 간의 대화가 더 이해하기 쉬우므로 내용을 이해하지 못한다면 대화 부분에 집중하자.

1. A 大雁逃走了
   B 不用箭就能射下大雁
   C 他无法射下大雁
   D 把猎物放走了

2. A 别人告诉他
   B 他预测天气变化
   C 大雁的叫声及速度
   D 以前他射过那只大雁

STEP 1　보기를 보고 글의 종류와 소재, 질문 유형 파악하기

1. A 大雁逃走了
   B 不用箭就能射下大雁
   C 他无法射下大雁
   D 把猎物放走了

   A 기러기가 도망갔다
   B 화살을 사용하지 않고 기러기를 쏠 수 있다
   C 기러기를 쏠 수 없다
   D 사냥감을 놓아 주었다

大雁(기러기), 射(쏘다), 猎物(사냥감), 箭(활) 등을 보아 사냥에 관한 에피소드임을 알 수 있다.

2. A 别人告诉他
   B 他预测天气变化
   C 大雁的叫声及速度
   D 以前他射过那只大雁

   A 다른 사람이 그에게 알려줬다
   B 그가 날씨 변화를 예측했다
   C 기러기의 울음 소리와 속도
   D 전에 그 기러기를 쏜 적이 있다

보기의 키워드 别人(다른 사람), 他(그), 大雁(기러기)을 중심으로 녹음을 듣는다.

STEP 2　녹음을 들으며 관련 정보 메모하기

从前，有一位有名的神箭手。有一天，他陪皇帝在御花园里喝酒，他们抬头看见一只大雁从远处慢慢飞来，边飞边鸣，他指着大雁对皇帝说："皇上，1我不用箭就能让这只大雁掉下来。"皇帝不信，他说："请让我试一下。"只见他并没取箭，左手拿弓，右手拿弦，只听到嗖的一声响后，那只大雁往上一冲，可拍了这两下翅膀，就从空中掉落下来了。皇帝看了大吃一惊，连连称赞他本事大。他说："不是我的本事大，是因为我知道这是一只受过箭伤的鸟。"皇帝不解地问："你是怎么知道的？"他说："2我发现它飞得慢，叫声很悲惨。飞得慢是因为它受过箭伤，伤口还没有愈合。叫得悲惨，是因为它失去了同伴。它一听到弦响，心里很害怕就拼命往高处飞。它一使劲儿，伤口又裂开了，就掉了下来。"

　　예전에 유명한 명사수가 있었다. 어느 날 그는 황제를 모시고 화원에서 술을 마셨다. 그들은 고개를 들어 기러기 한 마리가 먼 곳에서 천천히 날아오며 울고 있는 것을 보았다. 그는 기러기를 가리키며 황제에게 말했다. "황제 폐하, 1제가 화살을 사용하지 않고 이 기러기를 떨어뜨려 보겠습니다." 황제가 믿지 않자 그가 말했다. "한번 시도해보겠습니다." 얼핏 보니 그는 화살을 들지 않고 왼쪽 손으로 활을 들고 오른 손으로 활시위를 잡아 펑 소리만 냈는데, 그 기러기가 위로 올라가다 양 날개가 서로 부딪혀서 공중에서 떨어졌다. 황제가 보고 깜짝 놀라 그의 능력을 칭찬했다. 그가 말했다. "제 능력이 뛰어나서가 아니라 그 기러기가 다친 것을 알았기 때문입니다." 황제는 이해가 되지 않아 물었다. "어떻게 안 것인가?" 그가 말했다. "2기러기가 느리게 날고 울음 소리가 구슬펐기 때문입니다. 늦게 난 것은 기러기가 활에 상처를 입었고 아직 그 상처가 아물지 않았기 때문이고, 슬프게 운 것은 동료들을 잃었기 때문입니다. 기러기는 활시위 소리를 듣자 너무 두려워 사력을 다해 위로 날라간 것입니다. 기러기가 힘을 줬기 때문에 상처가 벌어져 떨어진 것입니다."

명사수와 황제의 첫 대화에서 我不用箭就能让这只大雁掉下来(제가 화살을 사용하지 않고 이 기러기를 떨어뜨려 보겠습니다)가 언급됐으므로 1번 보기 B에 메모한다. 또 我发现它飞得慢，叫声很悲惨(기러기가 느리게 날고 우는 소리가 구슬펐기 때문입니다)이라고 했으므로 2번 보기 C에 메모한다.

질문에 알맞은 정답 고르기

1. **皇帝不信什么?** 황제는 무엇을 믿지 못했는가?

  녹음에서 명사수가 화살을 쓰지 않고 기러기를 떨어뜨리겠다는 말에 **皇帝不信**(황제가 믿지 못했다)이라고 했으므로 정답은 B이다.

2. **他怎么知道大雁受伤了?** 그는 기러기가 다친 것을 어떻게 알았는가?

  명사수는 기러기가 천천히 날고 슬피 우는 것을 보고 다친 것을 알았다고 했으므로 정답은 C이다.

정답 1. B 不用箭就能射下大雁　　　2. C 大雁的叫声及速度

어휘 神箭手 shénjiànshǒu 명 명궁, 신궁　御花园 yùhuāyuán 명 왕의 화원　大雁 dàyàn 명 기러기　鸣 míng 동 울다　箭 jiàn 명 화살　弓 gōng 명 활　弦 xián 명 활시위　嘣 bēng 의성 펑　翅膀 chìbǎng 명 날개　掉落 diàoluò 동 떨어지다　大吃一惊 dàchīyìjīng 성 깜짝 놀라다　称赞 chēngzàn 동 칭찬하다　悲惨 bēicǎn 형 슬프다　伤口 shāngkǒu 명 상처　愈合 yùhé 동 (상처가) 아물다　同伴 tóngbàn 명 동료, 짝　拼命 pīnmìng 동 목숨을 걸다, 죽을 힘을 다하다　裂开 lièkāi 동 찢어지다, 터지다

합격 공략 22 에피소드의 주제는 마지막에 나온다!

에피소드의 주제는 후반부에 나온다! ★★☆

설명문은 서론에 주제가 등장하지만 에피소드는 결말에 등장한다. 따라서 보기를 통해 지문이 에피소드임을 파악했다면 주제 문제는 후반에 풀어야 한다. 이야기 글의 주제는 주로 교훈적 내용이다.

실전문제 🎧 33.mp3

1. A 把瓶子推倒
   B 把瓶子破碎了
   C 别的鸟帮它喝水
   D 往瓶子里放石头

2. A 要靠自己的头脑做事
   B 努力增强自信
   C 向别人寻求帮助
   D 别太在意失败

보기를 보고 글의 종류와 소재, 질문 유형 파악하기

1. A 把瓶子推倒
   B 把瓶子破碎了
   C 别的鸟帮它喝水
   D 往瓶子里放石头

   A 병을 밀어 넘어뜨리다
   B 병을 깨뜨렸다
   C 다른 새가 그가 물을 마시는 것을 도와줬다
   D 병 안에 돌을 넣었다

瓶子(병), 鸟(새), 石头(돌) 등을 보아 에피소드임을 알 수 있다. 인물과 행동에 주의해서 듣는다.

2. A 要靠自己的头脑做事
   B 努力增强自信
   C 向别人寻求帮助
   D 别太在意失败

   A 자신의 머리로 일을 해야 한다
   B 노력은 자신감을 높인다
   C 다른 사람에게 도움을 구해라
   D 실패에 너무 신경 쓰지 말라

보기에 要(~해야 한다)와 别(하지 말라)가 있으므로 교훈이 등장하는 후반부를 주의해서 듣는다.

STEP 2 **녹음을 들으며 관련 정보 메모하기**

有一只乌鸦口渴了，到处找水喝。它飞啊飞啊，突然发现草地上有个水瓶子里面装着水，然后它下去准备喝水。可是因为瓶子又细又长，水太少而喝不到水。它左思右想突然想到了一个好办法，1它从小溪边找来很多小石子放进瓶子里，水慢慢地升上来了，乌鸦终于喝到了水。2这个故事告诉我们，遇到问题要运用自己的大脑来想办法。

까마귀 한 마리가 목이 말라서 마실 물을 여기저기 찾아 다녔다. 까마귀는 날아다니다가 갑자기 초원에서 물이 담겨 있는 병을 발견하고 물을 마시러 내려갔다. 그러나 병은 너무 가늘고 길었고 물이 너무 적어서 마실 수가 없었다. 그는 이리저리 생각하다 좋은 방법을 생각해 냈다. 1시냇가에서 많은 작은 돌맹이를 찾아 병 안에 넣었다. 물이 천천히 올라왔고 까마귀는 마침내 물을 마시게 됐다. 2이 이야기가 우리에게 알려주는 것은 문제에 부딪혔을 때 자신의 머리로 방법을 찾아야 한다는 것이다.

까마귀의 행동에서 **它从小溪边找来很多小石子放进瓶子里**(시냇가에서 많은 돌맹이를 찾아 병 안에 넣었다)라고 했으므로 1번 보기 D에 메모한다. 이어 마지막 부분에 **遇到问题要运用自己的大脑来想办法**(문제에 봉착했을 때 자신의 머리로 방법을 찾아내야 한다)라고 했으므로 2번 보기 A에 메모한다.

STEP 3 **질문에 알맞은 정답 고르기**

1. **乌鸦用什么办法喝到了水？** 까마귀는 어떤 방법으로 물을 마셨는가?

　까마귀는 물이 담겨 있는 병의 물을 마시려고 돌맹이를 넣었으므로 정답은 D이다.

2. **这个故事告诉我们什么？** 이 이야기가 우리에게 알려주는 것은 무엇인가?

　후반부에 **这个故事告诉我们**(이 이야기가 우리에게 알려 주다) 이후에 교훈이 제시되었으므로 정답은 A이다.

정답　1. D 往瓶子里放石头　2. A 要靠自己的头脑做事

어휘　乌鸦 wūyā 몡 까마귀　口渴 kǒukě 휑 목마르다　瓶子 píngzi 몡 병　装 zhuāng 통 담다　左思右想 zuǒsīyòuxiǎng 정 이리저리 생각하다　溪边 xībiān 몡 시내　运用 yùnyòng 통 활용하다　推倒 tuīdǎo 통 밀어 넘어뜨리다　破碎 pòsuì 통 산산조각 내다　在意 zàiyì 마음에 두다　增强 zēngqiáng 통 강화하다

합격 공략 **23**　[220점 이상 고득점] 순서대로 풀리지 않는 문제에 주의하라!

순서대로 풀리지 않는 문제에 주의하라! ★★☆ - 옳은 것을 고르는 문제

에피소드 지문 역시 대부분 녹음의 흐름에 따라 문제가 풀리지만 순서에 관계없이 풀리는 문제도 있다. 특히 옳은 내용을 고르는 문제가 그러한데 이러한 문제는 주로 뒷부분에 배치되고 '주어+술어'의 문장형으로 제시되는 경우가 많다. 따라서 보기의 키워드를 파악하고 녹음에 언급되는 부분에 주의해서 듣도록 한다.

실전문제　🎧 34.mp3

1.　A 听而不闻　　　　　　2.　A 小钟很骄傲
　　B 大吃一惊　　　　　　　　B 小钟放弃了
　　C 不肯相信　　　　　　　　C 小钟看不起旧钟
　　D 受到鼓舞　　　　　　　　D 旧钟一分一秒地走

STEP 1 보기를 보고 글의 종류와 소재, 질문 유형 파악하기

1. A 听而不闻
   B 大吃一惊
   C 不肯相信
   D 受到鼓舞

A 못 들은 체하다
B 크게 놀라다
C 믿고 싶지 않다
D 격려를 받다

보기의 어휘는 술어형으로 행동 또는 반응을 나타내는 내용이다.

2. A 小钟很骄傲
   B 小钟放弃了
   C 小钟看不起旧钟
   D 旧钟一分一秒地走

A 어린 시계는 거만하다
B 어린 시계는 포기했다
C 어린 시계는 오래된 시계를 무시한다
D 오래된 시계는 1분 1초씩 간다

보기는 **小钟**(어린 시계)과 **旧钟**(오래된 시계)이 주어이며 이들의 세부 정보가 일치하는지 파악한다.

STEP 2 녹음을 들으며 관련 정보 메모하기

一只新组装好的小钟放了两只旧钟当中。2两只旧钟"滴答"、"滴答"一分一秒地走着。其中一只旧钟对小钟说："来吧，你也该工作了。可是我有点担心，你走完三千二百万次以后，恐怕便吃不消了。""天哪！三千两百万次。"1小钟吃惊不已，"要我做这么大的事？办不到，办不到！"另一只旧钟慈祥地说："别听它胡说。不用害怕，你只要每秒滴答摆一下就行。"小钟说："天下哪有这样简单的事情？你在哄我吧？"旧钟对小钟眨了眨眼睛说："不信你就试试吧。"小钟很轻松地每秒钟滴答摆一下，不知不觉中，一年过去了，它摆了三千两百万次。

새로 잘 조립된 어린 시계가 두 개의 오래된 시계 가운데에 놓였다. 2두 개의 오래된 시계는 "똑딱, 똑딱"하며 1분 1초씩 갔다. 그 중 한 오래된 시계가 어린 시계에게 말했다. "자, 너도 일해야지. 그런데 난 좀 걱정된다. 네가 3200만 번을 간 뒤에 견디지 못할까 봐." "세상에! 3200만 번이라고요." 1어린 시계는 놀라움을 금치 못했다. "저한테 이렇게 큰 일을 하라고요? 못 해요, 못 해!" 다른 오래된 시계가 자상하게 말하길, "그의 헛소리는 들을 필요 없어. 무서워하지 마렴. 너는 매 초마다 똑딱 하기만 하면 된단다." 어린 시계는 말했다. "세상에 이렇게 간단한 일이 어디 있어요? 지금 속이는 거죠?" 오래된 시계는 어린 시계에게 눈을 깜빡이며 말하길, "믿지 못하겠으면 네가 그냥 해 봐라." 어린 시계는 가볍게 매 초마다 똑딱 했는데 자신도 모르게 1년이 지나갔고 3200만 번을 움직였다.

녹음의 시작 부분에서 **两只旧钟"滴答"、"滴答"一分一秒地走着**(두 개의 오래된 시계는 "똑딱, 똑딱"하며 1분 1초씩 갔다)라고 했으므로 일치하는 보기가 있는 2번 D에 메모한다. 어린 시계가 오래된 시계의 말에 반응하는 부분에서 **小钟吃惊不已**(어린 시계는 놀라움을 금치 못했다)라고 했으므로 1번 B에 메모한다.

STEP 3 질문에 알맞은 정답 고르기

1. 听了第一只钟的话，小钟有什么反应？ 첫 번째 시계의 말을 듣고 어린 시계는 어떤 반응이었나?

   첫 번째 시계의 말을 듣고 어린 시계가 **吃惊不已**(놀라움을 금치 못했다)라고 했으므로 정답은 B이다.

2. 根据这段话，下列哪项正确？ 이 글에 따라 다음 중 옳은 것은?

   지문 초반에 오래된 시계가 **一分一秒地走着**(1분 1초씩 간다)라고 했으므로 정답은 D이다.

정답 1. B 大吃一惊   2. D 旧钟一分一秒地走

어휘 **组装** zǔzhuāng 图 조립하다 **滴答** dīdā 의성 똑딱 **吃不消** chībuxiāo 图 참을 수 없다 **不已** bùyǐ 图 ~해 마지않다 **慈祥** cíxiáng 图 자애롭다 **甭** béng 图 ~할 필요 없다 **胡说** húshuō 명 图 허튼소리(를 하다) **眨眼睛** zhǎyǎnjīng 눈을 깜빡 거리다 **摇摆** yáobǎi 图 흔들거리다 **听而不闻** tīng'érbùwén 솅 못 들은 체하다 **鼓舞** gǔwǔ 图 격려하다

녹음을 듣고 알맞은 정답을 고르세요. 🎧 35.mp3

1　A　变得更小了
　　B　有一只瞎了
　　C　两只全瞎了
　　D　幸亏没有受伤

6　A　教孩子杀猪
　　B　妻子不敢杀猪
　　C　不想欺骗孩子
　　D　后悔以前做的事

2　A　被猎人打枪了
　　B　只注视着海边
　　C　不敢在海边觅食
　　D　觉得海边没什么危险

7　A　要适当表扬孩子
　　B　做事要讲求诚信
　　C　父母要多关心孩
　　D　要学会原谅孩子的过错

3　A　坏事一定会变好
　　B　要坚强面对挫折
　　C　别只顾眼前的利益
　　D　有时事情和想象的不同

4　A　逛集市
　　B　去找曾参
　　C　去邻居家
　　D　带儿子去玩儿

5　A　猪太小了
　　B　珍惜那只猪
　　C　她只是哄孩子
　　D　等过孩子的生日时

녹음을 듣고 알맞은 정답을 고르세요. 🎧 36.mp3

1 A 容易被记忆
   B 有非凡的创意
   C 引发消费需求
   D 制造消费欲望

2 A 不可思议的
   B 缺乏想象力的
   C 非常容易做的
   D 无法让人满足的

3 A 突出卖点
   B 定位准确
   C 证明价值
   D 引起好奇心

4 A 为人正直
   B 懂得感恩
   C 对李浚恭敬
   D 要设计害李浚

5 A 没有证据
   B 懂得宽容别人
   C 受到县官的威胁
   D 认为县官是清白的

6 A 将官印烧了
   B 是李浚放的
   C 火势很凶猛
   D 县官扑灭了火

7 A 李浚被杀死了
   B 李浚取回官印了
   C 县官受到惩罚了
   D 县官承认自己的错误

8 A 符合女性的审美观念
   B 又时尚又有魅力
   C 身材显得更好看
   D 看起来很健康

9 A 身体中心向后倾斜
   B 腰部神经受到压迫
   C 肌肉处于松弛状态
   D 脚掌承受的压力大

10 A 先使脚适应鞋跟
   B 穿高跟鞋走长路
   C 尽量选细高跟鞋
   D 每天坚持穿高跟鞋

독해
제1부분

틀린 문장 고르기

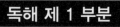

독해 제 1 부분

Warm Up!

유형 분석 & 풀이 전략

유형 분석 | 시험엔 이렇게 나온다!

출제 방식

HSK 6급 독해 제1부분은 제시된 보기 중에서 틀린 문장 한 개를 고르는 유형이다. 51번부터 60번까지 총 10문항이 출제된다.

출제 경향 & 유형별 출제 비율

독해 제1부분은 문장의 기본 구조를 정확하게 이해하고 있는지를 평가하는 영역이다. '주어+술어+목적어'의 기본 구조가 온전히 갖춰졌는지를 묻는 문제와 문장 성분간의 호응을 묻는 문제가 가장 많이 출제되기 때문에 주어, 술어, 목적어를 중심으로 문장을 분석하는 능력을 갖추어야 한다. 그 밖에 부사어의 오류, 접속사의 오류를 묻는 문제가 매회 출제되며, 把자문, 被자문, 비교문 등의 특수 구문 오류 문제는 2~3회의 한 번 정도 출제된다. 예전에는 특수 구문이나 상세한 문법을 묻는 문제가 많이 출제되었지만 최근에는 주어, 술어, 목적어를 중심으로 문장의 논리성을 묻는 문제의 출제 비중이 높아졌기 때문에 문법 지식의 암기보다는 문장의 논리성을 파악하는데 중점을 두고 공부해야 한다.

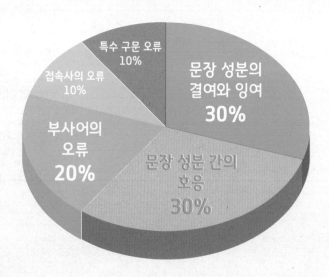

풀이 전략 | 문제 풀이 Step & 풀이 전략 적용해 보기

Step 1

수식어를 제외한 주어, 술어, 목적어 파악하기

주어, 술어, 목적어의 관계가 올바른지를 주로 묻기 때문에 수식어(관형어, 부사어, 보어)를 제외한 주어, 술어, 목적어를 먼저 파악해야 한다.

Step 2

오류 찾기

문장 성분의 결여와 잉여, 어순 오류, 의미적 호응 및 문맥의 논리성 오류가 있는 문장을 찾는다. 문장 성분을 중심으로 오류를 파악하여 틀린 문장 하나를 고른다.

풀이 전략 · 적용해 보기

해석 및 어휘 | 해설편 p.038

51. A 在投掷项目中，两人得分相等，所以并列冠军。
    B 财富不是你一生的朋友，朋友却是你一生的财富。
    C 尽管我们之间有时也会小矛盾，但相处的还算融洽。
    D 越来越多的市民加入了无偿献血的行列，奉献自己的爱心。

STEP 1 수식어를 제외한 주어, 술어, 목적어 파악하기

A 在投掷项目中，　两人　得分相等，　所以　并列　冠军。
　　부사어　　　主어　술어(주+술)　접속사　부사어　술어

B 财富　不　是　你一生的　朋友，　朋友　却　是　你一生的　财富。
　주어　부사어　술어　관형어　목적어　주어　부사어　술어　관형어　목적어

C 尽管　我们之间　有时也会　小矛盾，　但　相处　得　还算融洽。
　접속사　주어　　부사어　　목적어　접속사　술어　得　보어

D 越来越多的　市民　加入了　无偿献血的　行列，奉献　自己的　爱心。
　관형어　　주어　술어1　관형어　목적어1　술어2　관형어　목적어2

STEP 2 오류 찾기

C의 앞절에는 주어(**我们之间**)와 목적어(**小矛盾**)는 있지만, 술어가 결여되어 있다. 조동사(**会**)는 문장에서 단독으로 술어가 될 수 없고 반드시 동사가 있어야 하므로 C가 틀린 문장이다.

정답 C 尽管我们之间有时也会**有**小矛盾，但相处得还算融洽。
우리 사이에 작은 갈등이 있기는 하지만 그런대로 잘 지낸다고 할 수 있다.

01

문장 성분의 결여와 잉여
주어, 술어, 목적어 파악하기

기본기 다지기 〉 기본 개념 잡기 & 공략 미리보기

| 기본 개념 잡기 1 | 문장 성분의 결여

문장의 가장 기본적인 성분에는 주어, 술어, 목적어가 있으며, 이 핵심 성분이 결여되면 문장의 오류가 발생한다.

1. 주어가 결여된 문장

在他的帮助下,	使	我	获得了	很好的	成绩。(×)
개사구	술어1	목적어1/주어	술어2	관형어	목적어2

이 문장은 앞에 개사구가 있고 뒷절은 겸어동사로 시작하여 전체 문장의 주어가 없는 문장이다. 따라서 他的帮助를 동사 使의 주어로 만들어주거나 使를 제거하여 我를 주어로 만들어야 한다.

(○) 他的帮助使我获得了很好的成绩。/ 在他的帮助下, 我获得了很好的成绩。

그의 도움이 나로 하여금 좋은 성적을 얻게 만들었다. / 그의 도움 아래서 나는 좋은 성적을 얻었다.

2. 술어가 결여된 문장

我的爱	无法	终点。(×)
주어	无法	목적어

无法는 동사이지만 문장에서 단독으로 술어가 될 수 없기 때문에 이 문장은 술어가 필요하다.

(○) 我的爱无法到达终点。 나의 사랑은 종점에 도달할 수 없다.

3. 목적어가 결여된 문장

电动车	就	是	以电力为能源。(×)
주어	부사어	술어	수식 성분(부+술+목)

동사 是가 'A是B'의 구조를 이룰 때 A와 B는 동등한 개념이여야 한다. 以电力为能源은 주어 电动车와 동등한 개념이 아니므로 주어와 어울리는 목적어를 만들어줘야 한다.

(○) 电动车就是以电力为能源的车辆。 전동차는 전력을 에너지로 하는 차량이다.

| 기본 개념 잡기 2 | 문장 성분의 잉여

문장 성분이 불필요하게 더 있는 경우를 말하는데, 의미 또는 동사가 중복된 경우가 가장 대표적이다.

1. 뜻이 같은 어휘가 중복된 경우

在我们班里,	中国学生的	比例	高于	日本学生	之上。(×)
부사어	관형어	주어	술어	목적어	的+명사

高于는 '~보다 높다'이므로 之上과 의미가 중복된다. 술어는 반드시 필요하므로 之上을 제거한다.

(○) 在我们班里, 中国学生的比例高于日本学生。 우리 반은 중국 학생의 비율이 일본 학생보다 높다.

2. 문법적 의미가 같은 어휘가 중복된 경우

忽然	一阵狂风	刮来,	吹灭了	所有的蜡烛,	房间里	十分	漆黑漆黑的。(×)
부사어	주어	술어1	술어2	목적어2	주어	부사어	술어

형용사 중첩은 강조의 의미를 나타내기 때문에 정도부사와 함께 사용하지 않는다.

(○) 忽然一阵狂风刮来，吹灭了所有的蜡烛，房间里漆黑漆黑的。

　　갑자기 광풍이 불어와 모든 촛불을 껐고 방안은 칠흑같이 어두워졌다.

| 공략 미리보기 |

합격 공략 24	주어가 있는지 확인하라!
합격 공략 25	술어가 있는지 확인하라!
합격 공략 26	목적어가 있는지 확인하라!
합격 공략 27	의미 중복을 확인하라!
합격 공략 28	[220점 이상 고득점] 맥락상 불필요한 부분을 찾으라!

합격 공략 24 주어가 있는지 확인하라!

주어의 결여 ★★★

주어의 결여는 보통 개사구와 겸어문을 함께 사용하여 주어가 없음을 눈치채지 못하게 하는 형식으로 출제된다. 문장의 주어를 개사구 안에 넣어 놓거나 겸어문의 목적어로 만들어 놓아 전체 문장의 주어를 찾지 못하게 하는 형태이다.

〈시험에 자주 출제되는 '주어가 결여된 오류 패턴'〉

① 在……之下/中、使/让……。(→오류)

(×) 在教学过程中，让教师处理好传授知识与培养能力的关系。(주어 결여)

(○) 在教学过程中，教师处理好传授知识与培养能力的关系。

　　가르치는 과정에서 교사는 지식을 전달하는 것과 실력을 기르는 것의 관계를 잘 다루어야 한다.

② 通过/经过/利用……，使/让……。(→오류)

(×) 通过一定的方式，使企业将产品的信息传送到给目标顾客。(주어 결여)

(○) 通过一定的方式，企业将产品的信息传送到给目标顾客。

　　일정한 방식을 통해 기업은 상품 정보를 타깃 고객에게 전달한다.

실전문제 📖

A　虚伪的人常对人当面恭维。

B　你来得正好，我有个事情正想问问你。

C　通过社团活动，让大学生可以培养自信心。

D　这个世界上，没有比人更高的山，没有比心更宽的海。

수식어를 제외한 주어, 술어, 목적어 파악하기

A 虚伪的 人 常对人当面 恭维。
　　관형어　주어　　부사어　　　술어

B 你 来 得 正好。我 有 个 事情 正想 问问 你。
　주어 술어 得 보어　주어 술어1 관형어 목적어1 부사어 술어2 목적어2

C 通过社团活动， 让 　 大学生 可以 培养 自信心。
　　부사어　　　 술어1 　목1/주　부사어 술어2 목적어2

D 这个世界上 没有 比人更高的 山， 没有 比心更宽的 海。
　　주어　　 술어1 　관형어 　목적어1 술어2 　관형어 　목적어2

A 거짓된 사람은 항상 사람 앞에서 아첨한다.
B 너 마침 잘 왔다. 너에게 물어보고 싶은 일이 있어.
C 동아리 활동을 통해서 대학생들로 하여금 자신감을 기를 수 있다.
D 이 세상에는 사람보다 높은 산은 없고 마음보다 깊은 바다는 없다.

오류 찾기

보기 C는 주어가 있는 것처럼 보이지만 개사구와 겸어문을 함께 사용하여 주어가 결여된 문장이다. 동사 让의 주어를 만들어 주거나 让을 삭제하여 大学生을 주어로 만들어야 한다.

정답 C 通过社团活动，大学生可以培养自信心。/ 社团活动让大学生可以培养自信心。
　　　동아리 활동을 통해서 대학생들은 자신감을 기를 수 있다. / 동아리 활동은 대학생들로 하여금 자신감을 기르게 한다.

어휘 虚伪 xūwěi 형 거짓의　恭维 gōngwei 동 아첨하다　正 zhèng 부 마침, 꼭　社团活动 shètuán huódòng 명 동아리 활동
培养 péiyǎng 동 배양하다, 양성하다　宽 kuān 형 넓다

합격 공략 25 술어가 있는지 확인하라!

술어의 결여 ★★☆

문장에서 술어는 필수 성분이다. 보통 술어가 결여된 문장은 단독으로 술어로 쓰이지 않는 동사가 술어인 채 가장해 있거나 동사처럼 보이는 형용사가 목적어를 가진 형태로 출제된다. 또한 관형어 등의 수식어가 길어서 문장의 술어가 없음을 눈치채지 못하게 하는 형태도 있다.

〈시험에 자주 출제되는 '술어가 결여된 오류 패턴'〉

① 陆续/容易 + 명사 : 동사로 오인되는 어휘 + 목적어 (→오류)

(×) 据天气预报，10日到15日北京以南地区将会陆续暴雨。(술어 결여)

(○) 据天气预报，10日到15日北京以南地区将会有暴雨。

　　일기예보에 따르면 10일에서 15일까지 베이징 남부 지역에 폭우가 내린다고 한다.

→ 陆续(끊임없이)와 容易(쉽다)는 주로 부사어로 쓰인다.

② 懂得/值得/无法/学会 + 명사 : 단독으로 술어가 될 수 없는 동사 + 목적어 (→오류)

(×) 我们要学会自己的情绪。(술어 결여)

(○) 我们要学会控制自己的情绪。

　　우리는 자신의 감정을 통제하는 것을 배워야 한다.

실전문제 🔍

> A 天冷了，你应该多穿点衣服。
> B 心怀感恩的人更容易人生的幸福。
> C 人们生活的地球是一个天然的磁体。
> D 他是一位有着30多年教龄的老教师。

STEP 1 수식어를 제외한 주어, 술어, 목적어 파악하기

A 天 冷了, 你 应该多 穿 点 衣服。
　주어 술어　주어　부사어　술어 관형어 목적어

B 心怀感恩的 人 更容易 人生的 幸福。
　관형어　　주어　부사어　관형어　목적어

C 人们生活的 地球 是 一个天然的 磁体。
　관형어　　主주어 술어　관형어　　목적어

D 他 是 一位有着30多年教龄的老 教师。
　주어 술어　　　관형어　　　　목적어

A 날씨가 추워졌어. 너는 옷을 더 많이 입어야 해.
B 감사하는 사람은 더 쉽게 인생의 행복을
C 사람이 생활하는 지구는 천연의 자성체이다.
D 그는 30년이 넘는 교육 경력이 있는 노교사이다.

STEP 2 오류 찾기

B에서 **容易**는 형용사이기 때문에 목적어(**幸福**)를 가질 수 없다. 그런데 목적어가 있으므로 동사 술어가 결여된 문장이다. **幸福**의 술어를 만들어 줘야 한다. 따라서 B가 틀린 문장이다.

정답 B 心怀感恩的人更容易得到人生的幸福。
　　 은혜에 감사할 줄 아는 사람은 더 쉽게 인생의 행복을 얻는다.

어휘 **穿** chuān 통 입다　**心怀** xīnhuái 통 마음에 품다　**感恩** gǎn'ēn 통 은혜에 감사하다　**容易** róngyì 형 쉽다　**幸福** xìngfú 명 형 행복(하다)　**地球** dìqiú 명 지구　**天然** tiānrán 형 천연의　**磁体** cítǐ 명 자성체　**教龄** jiàolíng 명 교직의 근속 연수

합격 공략 **26** 목적어가 있는지 확인하라!

목적어의 결여 ★★☆

일부 동사 중에는 목적어를 반드시 가져야만 하는 동사들(有 / 是 / 成为 / 变成)이 있다. 시험에는 주로 이러한 동사의 목적어가 결여되어 있으면서 관형어만 있는 형태로 출제된다.

〈시험에 자주 출제되는 '목적어가 결여된 오류 패턴'〉

① "的명사"가 없는 형태 (→오류)

　(×) 她这个人除了有点执拗之外，还有不少让人值得佩服。(목적어 결여)

　(○) 她这个人除了有点执拗之外，还有不少让人值得佩服的地方。

　　　그녀는 좀 고집스런 점 외에는 탄복할 부분이 많이 있다.

② "之一"가 없는 형태 (→오류)

(×) 指南针是中国四大发明。(목적어 결여)

(○) 指南针是中国四大发明之一。

    나침반은 중국 4대 발명 중의 하나이다.

실전문제 🔍

A 烟台享有"苹果之乡"。

B 父亲的鼓励，使他的信心大大增加了。

C 那个杀人犯在机场登机时使用假身份证。

D 昨天睡得太晚，所以今早我9点多才醒来。

`STEP 1` **수식어를 제외한 주어, 술어, 목적어 파악하기**

A 烟台   享有   "苹果之乡"。
   주어   술어   명사구

B 父亲的   鼓励   使   他的   信心   大大   增加了。
   관형어   주어   술어1   관형어   목적어1/주어   부사어   술어2

C 那个   杀人犯   在机场登机时   使用   假身份证。
   관형어   주어   부사어   술어   목적어

D 昨天   睡   得   太晚， 所以   今早   我   9点多才   醒来。
   부사어   술어   得   보어   접속사   부사어   주어   부사어   술어

A 옌타이는 '사과의 고향'이라는 가지고 있다.

B 아버지의 격려로 나의 자신감이 크게 늘었다.

C 그 살인범은 공항에서 탑승할 때 위조 신분증을 사용했다.

D 어제 너무 늦게 자서 오늘 9시가 넘어서야 겨우 일어났다.

`STEP 2` **오류 찾기**

보기 A는 겉으로 보기에는 '명사+동사+명사'로 이루어져 '주어+술어+목적어'인 완전한 문장처럼 보인다. 그러나 A의 술어 **享有**는 名誉(명예), 荣誉(영예) 등의 목적어와 호응하는데, 문장에 '**苹果之乡**(사과의 고향)'만 있으므로 '~한 명예'라는 목적어가 결여되었음을 알 수 있다. 따라서 목적어를 만들어야 한다.

`정답` A 烟台享有"苹果之乡"的美誉。
    옌타이는 '사과의 고향'이라는 명성을 가지고 있다.

`어휘` 烟台 Yāntái `지명` 옌타이   享有 xiǎngyǒu `동` 누리다   信心 xìnxīn `명` 자신감   杀人犯 shārénfàn `명` 살인범   登机 dēngjī `동` 비행기에 탑 승하다   假身份证 jiǎshēnfènzhèng 위조 신분증   醒来 xǐnglái `동` 잠이 깨다   美誉 měiyù `명` 명성, 명예

합격 공략 **27** 의미 중복을 확인하라!

의미 중복 ★★★

비슷한 의미인 단어가 2개 이상 등장한 경우로, 각각 문장에서 맡고 있는 역할(문장 성분)이 다르다고 해도 의미가 비슷하면 하나는 불필요한 성분이다. 예를 들어 정도부사와 정도보어가 함께 제시되거나 금지를 나타내는 어휘가 두 번 쓰이는 경우가 있다. 이

때는 의미를 중심으로 판단해야 한다.

〈시험에 자주 출제되는 '의미 중복 오류 패턴'〉

① 防止/避免/切忌 + 不要/不再发生 : 금지 의미의 중복 (→오류)

(×) 为了避免今后不再发生这种安全事故，我们必须尽快完善安全制度。(의미 중복)

(○) 为了避免今后发生这种安全事故，我们必须尽快完善安全制度。

앞으로 이러한 안전사고가 발생하는 것을 피하기 위해 우리는 반드시 빨리 안전제도를 완비해야 한다.

② 동사 중첩 + 一下 or 정도부사 + 형용사 중첩 : 정도 의미의 중복 (→오류)

(×) 两个人在一起，遇到事至少可以商量商量一下，总比一个人好。(의미 중복)

(○) 两个人在一起，遇到事至少可以商量商量，总比一个人好。

두 사람이 함께 하면 일에 부딪혔을 때 상의할 수 있으므로 한 사람보다 좋다.

실전문제

A 蜂鸟是地球上最小的一种鸟。
B 已经到了而立之年，但她连一次也没谈过恋爱。
C 经验多固然是好事，但如果只靠经验做事，也是不行的。
D 喝完牛奶后不应该立即吃橘子，因为橘子会影响牛奶的消化与吸收不良。

STEP 1 수식어를 제외한 주어, 술어, 목적어 파악하기

A 蜂鸟 是 地球上最小的一种 鸟。
　주어 　술어 　관형어 　목적어

B 已经 到了 而立之年, 但 她 连一次也没 谈过 恋爱。
　부사어 술어 목적어 접속사 주어 부사어 술어 목적어

C 经验多 固然 是 好事, 但如果 只靠经验做事, 也 是 不行的。
　주어 부사어 술어 목적어 접속사 　주어 부사어 술어 목적어

D 喝完牛奶后 不应该立即 吃 橘子, 因为 橘子 会 影响 牛奶的 消化与吸收 不良。
　주어 　부사어 술어 목적어 접속사 주어 부사어 술어 관형어 목적어 술어

A 벌새는 지구상에서 가장 작은 새이다.
B 이미 30세가 되었는데 그녀는 한 번도 연애한 적이 없다.
C 경험이 많은 것은 물론 좋은 일이지만 경험만 의지해서 일을 하면 안 된다.
D 우유를 마신 후 귤을 먹으면 안 된다. 왜냐하면 귤이 우유의 소화와 흡수 불량에 영향을 주기 때문이다.

STEP 2 오류 찾기

D의 동사 影响은 '~에 (안 좋은) 영향을 끼치다'라는 의미를 가지고 있다. 따라서 吸收(흡수하다) 뒤의 不良(좋지 않다)과 의미가 중복되므로 不良을 삭제해야 한다.

정답 D 喝完牛奶后不应该立即吃橘子，因为橘子会影响牛奶的消化与吸收。
우유를 마신 후 귤을 먹으면 안 된다. 왜냐하면 우유의 소화와 흡수에 영향을 주기 때문이다.

어휘 蜂鸟 fēngniǎo 몡 벌새　而立之年 érlìzhīnián 이립의 나이(30세)　经验 jīngyàn 몡 경험　谈恋爱 tánliàn'ài 통 연애하다
固然 gùrán 접 물론 ~지만　靠 kào 통 기대다　立即 lìjí 믠 즉시　橘子 júzi 몡 귤　消化 xiāohuà 통 소화하다　吸收
xīshōu 통 흡수하다　不良 bùliáng 혱 좋지 않다

맥락상 불필요한 부분을 찾으라!

문장에서 어휘보다는 구나 절이 불필요한 성분으로 등장할 경우에는 오류를 판단하기 더욱 어렵다. 문장이 길수록 주어, 술어, 목적어를 파악한 후 수식 성분을 분석하여 오류를 판단해야 한다.

실전문제

A 运动之前应该做热身运动，以免受伤。
B 他无论做什么事，只要开始了就一定不会半途而废。
C 不到万不得已，我不会采取那样的手段来处理这个问题。
D 10年的经历，使他开阔了视野，培养了敏锐的观察力和准确的判断力显得非常重要。

STEP 1　수식어를 제외한 주어, 술어, 목적어 파악하기

A 运动之前　应该　做　热身运动，以免　受伤。
　주어　　　부사어　술어　목적어　접속사　술어

B 他　无论　做　什么　事，只要　开始了　就一定不会　半途而废。
　주어　접속사　술어　관형어　목적어　부사어　술어　　부사어　　　술어

C 不　到　万不得已，我　不会　采取　那样的　手段　来　处理　这个　问题。
　부사어　술어　보어　주어　부사어　술어1　관형어　목적어1　来　술어2　관형어　목적어2

D 10年的　经历，使　他　开阔了　视野，培养了　敏锐的　观察力　和　准确的　判断力　显得非常重要。
　관형어　주어　술어1　목1/주　술어2　목적어2　술어3　관형어　목적어3　접속사　관형어　목적어3　술어+보어

A 운동하기 전에는 부상을 피하기 위해 반드시 준비 운동을 해야 한다.
B 그는 무슨 일을 하든지 시작만 하면 절대 중도 포기하지 않는다.
C 어쩔 수 없는 상황이 아니면 나는 그런 수단을 써서 이 문제를 해결하지 않겠다.
D 10년의 경력은 그의 시야를 넓히고 예리한 관찰력과 정확한 판단력을 기르게 했다. 매우 중요하게 보인다.

STEP 2　오류 찾기

D는 겸어문이며, 뒷절의 주어 他의 술어1과 목적어2(**开阔视野**), 술어2와 목적어2(**培养观察力和判断力**)가 갖추어져 있기 때문에 **显得非常重要**(매우 중요하게 보이다)는 불필요한 성분임을 알 수 있다.

정답　D 10**年的经历，使他开阔了视野，培养了敏锐的观察力和准确的判断力。**
　　　10년의 경력은 그의 시야를 넓히고 예리한 관찰력과 정확한 판단력을 기르게 했다.

어휘　**热身运动** rèshēnyùndòng 몡 준비운동　**以免** yǐmiǎn 젭 ~하지 않도록　**无论** wúlùn 젭 막론하고　**半途而废** bàntú'érfèi 셩 중도 포기하다　**万不得已** wànbùdéyǐ 셩 부득이하다, 정말 방법이 없다　**采取** cǎiqǔ 통 (방법 등을) 취하다　**开阔** kāikuò 통 넓히다　**视野** shìyě 몡 시야　**培养** péiyǎng 통 배양하다, 양성하다　**敏锐** mǐnruì 혱 예리하다

다음 중 틀린 문장을 고르세요.

1. A 我从来不认为他是个有主见的人。
   B 东西方在饮食习惯上存在较大的差异。
   C 他用两个晚上打草稿，然后把信寄给编辑。
   D 在李教授的指导下，使我提高了语法水平。

2. A 只要有希望，快乐就一定会在我们身旁。
   B 幸福是需要分享的，而痛苦是需要分担的。
   C 戒指是一种装饰品，它戴在每根手指上分别代表着不同的意义。
   D 为了防止今后不再发生类似的事件，有关部门及时完善了管理措施。

3. A 保持好的心情，关键是要有一个好的心态。
   B 任何每个障碍，都有可能成为一个超越自我的奇迹。
   C 如果一个人热爱自己的工作，那么就会在工作的过程中享受快乐。
   D 我们要认识和掌握事物的客观规律，尽量避免犯错误或少犯错误。

4. A 他这个人除了有点固执之外，还有不少值得表扬。
   B 为防止在野外活动中迷路，你必须掌握定位和测向方法。
   C 很抱歉，您访问的页面不存在，请检查您输入的网址是否正确。
   D 重新认识农业，开拓农业新的领域，已成为当今世界农业发展的新趋势。

5. A 对于新闻工作者而言，语言能力更是起着举足轻重的作用。
   B 我们要在这个活动中建立与加强技术管理制度等一系列的工作。
   C 如果作者的想想脱离了人物的思想实际，那么会让人觉得不真实。
   D 这条路高峰期堵车就非常厉害，对今天来说，本来20分钟的车程却走了两个小时。

02 문장 성분 간의 호응
주어, 술어, 목적어의 관계 확인하기

기본기 다지기 | 기본 개념 잡기 & 공략 미리보기

| 기본 개념 잡기 | 문장 성분 간의 호응 오류

문장의 기본 성분 주어, 술어, 목적어는 밀접한 의미 관계 가진다. 예를 들어 특정 동사는 특정 목적어와 결합하는 습관이 있기 때문에 품사가 어울린다고 해도 의미가 호응하지 않으면 틀린 문장이 된다.

1. 주어와 술어 간의 호응 오류

诸葛亮	拥有	10多种	发明,	有的	遗传	至今。(×)
주어	술어	관형어	목적어	주어	술어	보어

뒷절의 동사 遗传은 유전적으로 전해지는 것을 의미하기 때문에 주어 发明(발명품)과 의미가 어울리지 않는다. 따라서 술어를 遗传이 아니라 流传으로 바꿔야 한다.

(○) 诸葛亮拥有10多种发明, 有的流传至今。 제갈량은 10여 개의 발명을 가지고 있고 어떤 것은 지금까지 전해진다.

2. 술어와 목적어 간의 호응 오류

噪音会	对人体	生产	什么样的	影响?(×)
주어	부사어	술어	관형어	목적어

동사 生产은 물건이나 제품을 생산한다는 뜻이기 때문에 목적어 影响(영향)과 어울리지 않는다. 따라서 生产이 아니라 产生을 사용해야 한다.

(○) 噪音会对人体产生什么样的影响? 소음은 인체에 어떤 영향을 줄까?

3. 주어와 목적어 간의 호응 오류

最后一天的	活动	是	我们最愉快、最有意义的	一天。(×)
관형어	주어	술어	관형어	목적어

동사 是는 A是B(A는 B이다)의 구조를 이루는데 이 문장은 주어와 목적어가 서로 호응하지 않는다. 따라서 주어와 목적어를 동일한 개념으로 바꿔야 한다.

(○) 最后一天是我们最愉快, 最有意义的一天。 마지막 날은 가장 즐겁고 의미 있는 날이었다.

| 공략 미리보기 |

합격 공략 29	주어와 술어의 호응을 확인하라!
합격 공략 30	술어와 목적어의 호응을 확인하라!
합격 공략 31	주어와 목적어의 호응을 확인하라!
합격 공략 32	[220점 이상 고득점] 맥락의 호응을 확인하라!

합격 공략 **29** 주어와 술어의 호응을 확인하라!

주어와 술어가 호응하지 않는 경우 ★★★

주어와 술어 간의 호응 오류는 의미 관계를 파악해야 하는데, 예를 들면 형용사 술어와만 결합하는 명사 주어가 동사 술어와 결합된 경우 등이 있다. 먼저 문장의 기본 성분인 주어, 술어, 목적어를 파악했다면 이들 간의 의미 관계가 올바른지 살펴야 한다.

실전문제 📖

A 我在妈妈的支持下，顺利通过考试。
B 他画的狗非常可爱，狗的神态能看到调皮、活泼。
C 最近，原材料的价格一涨再涨，有的甚至涨了一倍。
D 生姜不仅是炒菜的原料，还能对预防癌症有一定的作用。

STEP 1　수식어를 제외한 주어, 술어, 목적어 파악하기

A 我　　在妈妈的支持下，顺利　通过　考试。
　주어　　　부사어　　　　　　술어　목적어

B 他画的　狗　非常　可爱，狗的　神态　能　看到　调皮·活泼。
　관형어　주어　부사어　술어　관형어　주어　부사어　술어　형용사

C 最近，原材料的　价格　一涨再涨，有的　甚至　涨了　一倍。
　부사어　관형어　　주어　　술어　　주어　부사어　술어　목적어

D 生姜　不仅　是　炒菜的　原料，还能对预防癌症　有　一定的　作用。
　주어　부사어　술어　관형어　목적어　　부사어　　술어　관형어　목적어

A 나는 엄마의 지지 아래에 순조롭게 시험에 통과했다.
B 그가 그린 강아지는 매우 귀엽다. 강아지의 표정이 장난스럽고 활발하게 볼 수 있다.
C 최근 원자재 가격이 계속 상승했고, 어떤 것은 심지어 2배로 올랐다.
D 생강은 요리의 원료일 뿐 아니라 암을 예방하는데 일정한 역할을 할 수 있다.

STEP 2　오류 찾기

B의 뒷절의 술어 **看到**(봤다)는 행동을 나타내므로 주어인 **神态**(표정)와 의미가 연결되지 않는다. 따라서 **看到**를 제거하여 형용사 **调皮**(장난스럽다)와 **活泼**(활발하다)를 술어로 삼아 주어와 술어의 의미가 어울리게 만들어야 한다.

정답 B 他画的狗非常可爱，狗的神态很调皮、很活泼。
　　　그가 그린 강아지는 아주 볼만한데, 개의 표정이 아주 장난스럽고 생기가 있다.

어휘 顺利 shùnlì 혱 순조롭다　可观 kěguān 혱 볼만하다, 가관이다　神态 shéntài 몡 표정　调皮 tiáopí 혱 장난스럽다　活泼 huópō 혱 활발하다　原材料 yuáncáiliào 몡 원자재　一涨再涨 yìzhǎngzàizhǎng 거듭 인상하다　生姜 shēngjiāng 몡 생강　炒菜 chǎocài 됭 요리하다　原料 yuánliào 몡 원료　预防 yùfáng 됭 예방하다　癌症 áizhèng 몡 암

술어와 목적어의 호응 ★★★

술어와 목적어의 호응 오류는 겉으로는 어울리는 것처럼 보이지만 용법이 미묘하게 달라 서로 호응하지 않는 형태로 출제된다. 따라서 술어와 목적어의 올바른 호응 관계를 익혀두는 것이 필요하다.

〈술어와 목적어의 올바른 호응의 예〉

培养 + 习惯/人才 습관/인재를 기르다	养活 + 家人 가족을 부양하다	扩大 + 面积 면적을 확대하다	加快 + 速度 속도를 빠르게 하다
制作 + 电影 영화를 제작하다	制造 + 商品 상품을 제조하다	增加 + 数量 수량이 증가하다	提高 + 水平 수준이 높아지다
达到 + 目的/目标 목적/목표를 달성하다	到达 + 目的地 목적지에 도착하다	生产 + 制品 제품을 생산하다	产生 + 担忧/影响 걱정/영향을 만들다
掌握 + 技术 기술에 정통하다	把握 + 机会 기회를 잡다	导致 + 疾病/灾难 질병/재난을 야기하다	获得 + 成果 성과를 얻다

실전문제

> A 绿洲是指沙漠中具有水草的绿地。
> B 地方戏对京剧的形成产生过影响。
> C 我们知道人生有起点和终点、却无法预知沿途的经历。
> D 为了养活一家人的生活、他每天都要跳进这里去捞硬币。

STEP 1 수식어를 제외한 주어, 술어, 목적어 파악하기

A 绿洲 是指 沙漠中具有水草的 绿地。
　主어 　술어 　관형어 　목적어

B 地方戏 对京剧的形成 产生过 影响。
　주어 　부사어 　술어 　목적어

C 我们 知道 人生有起点和终点。 却无法 预知 沿途的 经历。
　주어 　술어 　목적어 　부사어 　술어 　관형어 　목적어

D 为了养活一家人的生活, 他 每天都要 跳进 这里 去 捞 硬币。
　부사어 　주어 　부사어 　술어1 　목적어1 　술어2 　술어3 　목적어3

A 오아시스는 사막에서 물과 풀이 있는 녹지를 가리킨다.
B 지방극은 경극의 형성에 영향을 미쳤다.
C 우리는 인생에는 출발점과 종착점이 있다는 것을 알지만 길에서의 경험을 미리 알 수는 없다.
D 가족의 삶을 부양하기 위해 그는 매일 여기에 뛰어들어 동전을 줍는다.

STEP 2 오류 찾기

D의 앞절에서 동사 **养活**는 '(가족을) 부양한다'는 뜻이기 때문에 목적어 **生活**(생활)와 의미가 어울리지 않는다. 따라서 D가 틀린 문장이다.

정답 D 为了养活一家人、他每天都要跳进这里去捞硬币。
　　　　가족을 부양하기 위해 그는 매일 여기에 뛰어들어 동전을 줍는다.

어휘 绿洲 lǜzhōu 명 오아시스　沙漠 shāmò 명 사막　绿地 lǜdì 명 녹지　地方戏 dìfāngxì 명 지방극　京剧 jīngjù 명 경극　起点 qǐdiǎn 명 출발점　终点 zhōngdiǎn 명 종착점　无法 wúfǎ 동 ~할 수 없다　预知 yùzhī 동 미리 알다　沿途 yántú 명 길가　经历 jīnglì 명 경험　养活 yǎnghuo 동 부양하다　跳进 tiàojìn 동 뛰어들다　捞 lāo 동 건지다　硬币 yìngbì 명 동전

합격 공략 **31** 주어와 목적어의 호응을 확인하라!

주어와 목적어의 호응 ★★★

주어와 목적어의 호응 관계는 술어를 중심으로 형성된다. 예를 들어 'A是B'는 주어와 목적어가 동급이거나 유사한 개념이어야 하고 'A有B'는 A와 B가 소유 관계 또는 존재의 의미를 나타내야 한다. 'A属于B'는 A가 B의 한 종류이거나 일부분이어야 한다.

📖 실전문제

> A 大白鲨对人类无害。
> B 夏季的云南是人们避暑纳凉的好时期。
> C 好的翻译能用自然的语言说明准确的意思。
> D 心中只有自己的人，永远听不见别人的心声。

STEP 1　수식어를 제외한 주어, 술어, 목적어 파악하기

A　大白鲨　　对人类　无害。
　　주어　　　부사어　술어

B　夏季的　　云南　是　人们避暑纳凉的好　　时期。
　　관형어　　주어　술어　　　관형어　　　　목적어

C　好的　翻译　能用自然的语言　说明　准确的　意思。
　　관형어　주어　　부사어　　　　술어　관형어　목적어

D　心中只有自己的　人　永远　听不见　别人的　心声。
　　　관형어　　　　주어　부사어　술어　관형어　목적어

A 백상아리는 사람에게 해를 끼치지 않는다.
B 여름철 윈난은 사람들이 더위를 피하고 바람을 쐬기에 좋은 시기이다.
C 좋은 번역은 자연스러운 언어로 정확한 의미를 설명할 수 있다.
D 마음 속에 자기만 있는 사람은 영원히 다른 사람의 마음의 소리를 들을 수 없다.

STEP 2　오류 찾기

B의 동사 **是**는 주어와 목적어가 동일한 개념이어야 한다. 그런데 **云南**(윈난)과 **时期**(시기)는 동일한 개념에 속하지 않으므로 틀린 문장이다.

정답　B 夏季的云南是人们避暑纳凉的好地方。
　　　　여름철 윈난은 사람들이 더위를 피하고 바람을 쐬기에 좋은 장소이다.

어휘　大白鲨 dàbáishā 명 백상아리　无害 wúhài 동 해롭지 않다　夏季 xiàjì 명 여름　避暑 bìshǔ 동 더위를 피하다　纳凉 nàliáng 동 시원한 바람을 쐬다　翻译 fānyì 동 번역하다, 통역하다　准确 zhǔnquè 형 정확하다　永远 yǒngyuǎn 부 영원히　心声 xīnshēng 명 마음의 소리

맥락의 호응을 확인하라!

독해 제1부분의 보기 문장은 많은 경우 2개 이상의 절로 이루어진 복문으로 출제되기 때문에 어휘의 호응뿐만 아니라 앞절과 뒷절의 의미가 호응하는지도 파악해야 한다. 한국어로 괜찮은 해석이 된다고 해도 실제 중국어에서는 틀린 문장일 경우가 많으므로 앞절과 뒷절의 동사를 중심으로 의미를 파악하도록 한다.

〈앞절과 뒷절의 올바른 호응의 예〉

① 能否 + 决定/取决于 ~할 수 있는지는 ~에 달려 있다

　能否 + 还拿不准/未知数/难以置信 ~할 수 있는지 알 수 없다

　韩国能否进入前10名，完全取决于短道速滑代表队的表现。 한국의 10위 진입 여부는 쇼트트랙 대표 팀에 달려 있다.

　事情能否成功，现在还是一个未知数。 일의 성공 여부는 현재 아직 미지수이다.

② 특정 행동/일 + 可以/能够 ~이 ~을 할 수 있게 한다

　高校与企业对接，可以扩大大学生就业。 대학과 기업의 협력은 대학생의 취업을 확대하게 한다.

실전문제 🔍

> A 父亲是个不善表达感情的人。
> B 人们过年喜欢用短信表达祝福。
> C 能否保持积极的态度，可以让运动员获得成功。
> D 读者可以有个解释权，最大限度地排除其他人的影响。

STEP 1　수식어를 제외한 주어, 술어, 목적어 파악하기

A 父亲　是　　个不善表达感情的　人。
　주어　술어　　　관형어　　　　목적어

B 人们　过年　喜欢　用短信表达祝福。
　주어　부사어　술어　　목적어

C 能否保持积极的　态度，可以　让　运动员　获得　成功。
　　관형어　　　　주어　부사어　술어1　목1/주　술어2　목적어2

D 读者　可以　有　个　解释权，最大限度地　排除　其他人的　影响。
　주어　부사어　술어　관형어　목적어　　부사어　　술어　　관형어　　목적어

> A 아버지는 감정 표현을 잘 할 줄 모르는 사람이다.
> B 사람들은 한 해를 보낼 때 메시지로 축복하는 것을 좋아한다.
> C 긍정적인 태도를 유지할 수 있는지가 운동선수를 성공하게 만들 수 있다.
> D 독자는 해석권이 있어 최대한 다른 사람의 영향을 배제할 수 있다.

STEP 2　오류 찾기

C의 앞절의 能否(~을 수 있는지 없는지)는 뒷절에서 '~을 결정한다' 등의 내용이 이어져야 한다. 문맥상 '긍정적인 태도를 유지하는 것이 운동선수를 성공하게 할 수 있다'가 적합하므로 앞절의 能否를 삭제해야 한다. 따라서 C가 틀린 문장이다.

정답　C 保持积极的态度，可以让运动员获得成功。 긍정적인 태도를 유지하는 것이 운동선수를 성공하도록 한다.

어휘　不善 búshàn 통 잘하지 못하다　能否 néngfǒu 문 ~할 수 있는지 없는지　保持 bǎochí 통 유지하다　解释权 jiěshìquán 명 해석권　最大限度 zuìdàxiàndù 문 최대 한도로　排除 páichú 통 제거하다

다음 중 틀린 문장을 고르세요.

1. A 这7种绿植是天然空气净化器的作用。

   B 在古代，边境居民的财产经常遭到外族的掠夺。

   C 图书馆使用录音电话办理续借，就算午夜想续借也没关系。

   D 水是由氢和氧组成的化合物，电解后正极得到氧气，负极得到氢气。

2. A 经过5年的治疗，她的病已经恢复了健康。

   B 无毒蛇是至今为止世界上最大的蛇类群体。

   C 现在中国老年人口以每年3.34%的速度递增。

   D 我和他一见如故，就像一家人一样，我们一起痛，一起急 。

3. A 军委下达命令，驱逐侵犯国家边界的舰艇。

   B 第五代移动通信网络能扩大网络运行的速度。

   C 有些团体为市民和游客举办了丰富多彩的活动。

   D 东道主江苏男篮获得了冠军，四川队和广西队分别获得亚军和季军。

4. A 中国在1999年就已跨入老龄化国家行列。

   B 只有双方签字盖章才能生效，否则无法有法律效力。

   C 他拄着拐杖，挎着一筐草鸡蛋，进城看他女儿去了。

   D 尽管我在电视台实习了一年的经验，然而不是说我就会进媒体这个行业。

5. A 鲨鱼被一些人认为是海洋中最凶猛的动物。

   B 有一种爱，一生一世不求回报，那就是母爱。

   C 有没有坚定的意志，是一个人能够取得成功的关键。

   D 无处不在的网络病毒可能已经悄悄进入你的电脑系统中了。

03 부사어의 오류
부사어의 어순 확인하기

기본기 다지기 · 기본 개념 잡기 & 공략 미리보기

부사어에는 대표적으로 부사와 개사구가 있으며 일반적으로 술어 앞에 위치한다. 시험에 자주 출제되는 오류 유형으로는 부사의 위치 오류, 개사구의 위치 오류, 개사의 오용 등이 있다.

| 기본 개념 잡기 1 | 부사어의 오류

1. 부사의 위치 오류

越来越　人们　认识到　科技的发展使人类会陷入了不可摆脱的危机之中。(×)
부사어　　주어　　술어　　　　　　　　　　　　목적어

부사는 일반적으로 술어 앞에 위치하므로 越来越를 认识 앞에 놓아야 한다. 단, 일부 부사 其实과 确实는 문장 전체를 수식할 수 있으므로 주어 앞에 위치할 수 있다.

(○) 人们越来越认识到科技的发展使人类会陷入了不可摆脱的危机之中。

　　사람들은 과학의 발전이 인류를 헤어나올 수 없는 위기에 빠지게 한다는 것을 점차 인식하게 되었다.

2. 개사구의 위치 오류

互联网　已经　带来了　很大的　影响　给我们的生活。(×)
주어　　부사어　술어　　관형어　목적어　개사구

개사구는 술어 앞에 위치해야 하므로 개사구 给我们的生活를 술어 带来 앞에 놓아야 한다.

(○) 互联网已经给我们的生活带来了很大的影响。

　　인터넷은 우리 생활에 이미 커다란 영향을 가져왔다.

3. 개사의 오용

经过技术手段，我们　可以　降低　整个食品供应链的　交易成本。(×)
개사구　　　　주어　부사어　술어　　관형어　　　목적어

개사 经过 뒤에는 시간이 소요되는 과정이 와야 하는데, 技术手段은 방법을 나타내므로 적합하지 않다.

(○) 通过技术手段，我们可以降低整个食品供应链的交易成本。

　　기술적 수단을 통해 우리는 전체 식품 공급 라인의 거래 비용을 낮출 수 있다.

| 기본 개념 잡기 2 | **부사어의 어순**

문장에 부사어가 여러 개 있을 경우 부사어의 어순은 다음과 같다.

: 시간명사 + 부사 + 조동사 + ……地(사람묘사) + 개사구 + ……地(동작묘사)

주어	부사어						술어
	시간 명사	부사	조동사	……地 (사람묘사)	개사구	……地 (동작묘사)	
你们 당신들은	现在 지금	就 바로	要 ~해야 한다	认真地 진지하게	跟我 나에게	一个一个地 하나씩	解释 설명하다

참고 : 개사구는 술어 앞에 위치하지만 보어로 쓰일 때는 동사 뒤에 위치한다. '在, 于, 给, 向, 往'등의 개사는 동사 뒤에 보어로서 하나의 단어처럼 쓰이므로 기억해 두도록 하자.

住在 ~에 살다	位于 ~에 위치하다	送给 ~에게 보내다	走向 ~로 가다
放在 ~에 놓다	建于 ~에 세우다	借给 ~에게 빌려주다	流向 ~로 흘러가다
躺在 ~에 눕다	善于 ~에 능통하다	捐给 ~에게 기부하다	奔向 ~에게 달려가다
健在 ~에 세우다	毕业于 ~를 졸업하다	扔给 ~에게 던지다	飞往 ~로 비행하다
生活在 ~에 생활하다	取决于 ~에 달리다	卖给 ~에게 팔다	开往 ~를 향해 출발하다
发生在 ~에 발생하다	高于 ~보다 높다	寄给 ~에게 부치다	

| 공략 미리보기 |

합격 공략 33	부사의 위치를 확인하라!
합격 공략 34	개사구의 위치를 확인하라!
합격 공략 35	비슷한 개사를 구분하라!
합격 공략 36	[220점 이상 고득점] 개사가 쓰였는지 확인하라!

합격 공략 (33) 부사의 위치를 확인하라!

부사의 위치 오류 ★★☆

부사의 위치 오류 문제는 부사를 술어 앞이 아닌 주어 앞이나 술어 뒤에 놓는 유형으로 출제된다. 특히 부사는 어휘의 해석에만 의존할 경우 이러한 위치 오류를 파악하기 어려우므로 주어, 술어, 목적어 기본 성분을 먼저 파악한 뒤 부사의 어순이 올바른지 확인해야 한다.

〈시험에 자주 출제되는 就/却/才/都의 위치 오류〉

• 부사 就/却/才/都는 주로 뒷절에 쓰이며 주어 뒤 술어 앞에 위치해야 한다.

(×) 过去养几个孩子很轻松，却现在养一个孩子说压力大。

(○) 过去养几个孩子很轻松，现在养一个孩子却说压力大。

　　과거에는 몇 명의 아이를 기르는 것이 쉬웠는데 지금은 아이 하나를 기르는 데도 스트레스가 크다고 한다.

실전문제 🔍

> A 中国湖泊很多，面积在1平方公里以上的有2800多个。
> B 过去少数民族地区几乎没有工业，只有小规模的手工业。
> C 我对我的朋友非常满意，就是因为他有注意微小事物的眼光。
> D 随着日益社会发展，人们生活水平不断提高，科技水平也不断进步。

STEP 1 수식어를 제외한 주어, 술어, 목적어 분석하기

A 中国   湖泊很多，面积在1平方公里以上的   有   2800多个。
주어   술어   주어   술어   목적어

B 过去   少数民族地区   几乎   没有   工业，只   有   小规模的   手工业。
부사   주어   부사어   술어   목적어 부사어 술어   관형어   목적어

C 我   对我的朋友非常   满意，就是   因为   他   有   注意微小事物的   眼光。
주어   부사어   술어   부사어   접속사 주어 술어   관형어   목적어

D 随着   日益   社会   发展，人们生活水平   不断   提高，科技水平   也不断   进步。
접속사   부사   주어   술어   주어   부사어   술어   주어   부사어   술어
       부사어

> A 중국은 호수가 많다. 면적이 1제곱 킬로미터 이상인 것이 2800여 개가 있다.
> B 과거에 소수 민족 지역에는 공업이 거의 없었고, 단지 소규모의 수공업만 있었다.
> C 나는 내 친구에게 매우 만족한다. 왜냐하면 그는 작은 사물에 주목하는 관찰력을 가졌기 때문이다.
> D 나날이 사회가 발전함에 따라 사람들의 생활 수준이 점점 높아지고 과학 기술 수준도 끊임없이 발전한다.

STEP 2 오류 찾아 정답 고르기

D에서 日益(나날이)는 부사이므로 주어(社会) 뒤, 술어(发展) 앞에 놓아야 한다. 따라서 D가 틀린 문장이다.

정답   D 随着社会日益发展，人们生活水平不断提高，科技水平也不断进步。
       사회가 나날이 발전함에 따라 사람들의 생활 수준이 점점 높아지고 과학 기술 수준도 끊임없이 진보한다.

어휘   湖泊 húpō 몡 호수   面积 miànjī 몡 면적   平方公里 píngfānggōnglǐ 몡 킬로미터   民族 mínzú 몡 민족   几乎 jīhū 뮈 거의
      手工业 shǒugōngyè 몡 수공업   微小 wēixiǎo 혱 아주 작다   眼光 yǎnguāng 몡 안목, 관찰력   随着 suízhe 젭 ~에 따라
      日益 rìyì 뮈 나날이   科技 kējì 몡 과학 기술

합격 공략 **34** 개사구의 위치를 확인하라!

개사구의 위치상 오류 ★★☆

개사구의 위치 오류 문제는 개사구를 술어 앞이나 주어 앞이 아닌 술어 뒤나 목적어 뒤에 놓아 연동문으로 착각하게 하는 형태로 출제된다. 어휘의 해석에만 의존하거나 在(있다, ~에서)와 같이 동사 용법도 있는 개사일 경우 개사구의 위치 오류를 분별하기 어려우므로 문장 구조를 정확하게 분석해야 한다.

〈 시험에 자주 출제되는 개사구의 위치 오류 〉

• 주어 + 술어 + 목적어 + 개사구 (×) → 주어 + 개사구 + 술어 + 목적어 (○)

  (×) 近几年来，有些研究机构进行分类处理对相关资料。

(◯) 近几年来，有些研究机构对相关资料进行分类处理。
　　최근 일부 연구 기관에서 관련 자료에 대해 분류를 했다.

실전문제 📖

> A 善于倾听，才是成熟的人最基本的素质。
> B 这样的饮食习惯造成严重伤害对孩子的身体。
> C 哈尔滨持续一夜的皑皑大雪已于今天上午10点左右停止。
> D "已所不欲，勿施于人"是中国古代大思想家孔子提出的。

STEP 1 수식어를 제외한 주어, 술어, 목적어 분석하기

A 善于倾听，　才　是　成熟的人最基本的　素质。
　　주어　　　부사어　술어　　관형어　　　　목적어

B 这样的　饮食习惯　造成　严重伤害　对孩子的身体。
　관형어　　주어　　술어　　목적어　　　개사구

C 哈尔滨持续一夜的皑皑　大雪　已于今天上午10点左右　停止。
　　　　관형어　　　　主어　　　부사어　　　　　술어

D "已所不欲，勿施于人"　是　中国古代大思想家孔子提出的。
　　　주어　　　　　　술어　　　　　목적어

> A 경청을 잘하는 것이야말로 성숙한 사람의 가장 기본적인 자질이다.
> B 이러한 식습관은 심각한 상해를 초래한다. 아이의 신체에
> C 하얼빈은 하룻밤 동안 새하얀 눈이 지속되고 오늘 오전 10시 정도에 멈췄다.
> D '내가 원하지 않는 것을 남에게 행하지 말라'는 중국 고대 대사상가인 공자가 말한 것이다.

STEP 2 오류 찾아 정답 고르기

B에서 造成(야기하다, 초래하다)이 술어이고 严重伤害(심각한 상해)가 목적어인데, 목적어 뒤에 개사구(对孩子的身体)가 있으므로 잘못된 어순이다. 개사구를 술어 앞에 사용해야 한다.

정답 B 这样的饮食习惯，对孩子的身体造成严重伤害。
　　　　이러한 식습관은 아이의 신체에 심각한 상해를 초래한다.

어휘 善于 shànyú 통 ~를 잘하다　倾听 qīngtīng 통 경청하다　成熟 chéngshú 형 성숙하다　基本 jīběn 형 기본의　素质 sùzhì 명 자질　饮食习惯 yǐnshíxíguàn 명 식습관　造成 zàochéng 통 초래하다　严重 yánzhòng 형 심각하다　伤害 shānghài 통 상하게 하다　持续 chíxù 통 지속하다　皑皑 ái'ái 형 새하얗다　停止 tíngzhǐ 멈추다　已所不欲, 勿施于人 yǐsuǒbúyù, wùshīyúrén 내가 원하지 않는 바를 남에게 행하지 말라　孔子 Kǒngzǐ 인명 공자　提出 tíchū 통 제기하다

합격 공략 **35** 비슷한 개사를 구분하라!

비슷한 의미를 가진 개사 오류 ★★☆

뜻이 유사한 개사라고 해도 함께 결합하는 어휘가 다를 수 있으므로 유사한 뜻의 개사를 오용한 오류 문제가 출제되기도 한다. 따라서 뜻이 비슷한 개사의 용법을 미리 알아두도록 한다.

〈시험에 자주 출제되는 유사한 개사의 용법〉

① 通过 ~을 통해서 + <u>수단, 방법, 도구</u>   vs   经过 ~을 거쳐서 + <u>시간이 소요되는 과정</u>

通过这种方式，他对网络状态进行调整。
이러한 방식을 통해 그는 네트워크 상태를 조정했다.

经过100多年的发展，现代汽车工业已经进入了成熟阶段。
100여 년 간의 발전을 거쳐서 현대 자동차 산업은 성숙 단계에 진입했다.

② 按照 ~에 따라 + <u>규정, 원칙</u>   vs   随着 ~함에 따라 + <u>변화</u>

照有关规定，所有的企业都需单独设置会计机构。
관련 규정에 따라 모든 기업은 단독으로 회계 기구를 설치해야 한다.

随着医学技术的飞速发展，人类平均寿命不断延长。
의학 기술의 급속한 발전에 따라 인간의 평균 수명은 끊임없이 연장되었다.

실전문제 📖

A 不管你的收入是多少，请记得分成5份进行投资。
B 植物的年轮既可以反映植物的生长状况，又可以反映环境条件的变化。
C 随着这个计划，一周仍然需要跑5天，但每天的运动量不用超过20分钟。
D 人的心里承受能力除受生理遗传因素影响外，更多的受社会和价值观念的制约。

STEP 1   수식어를 제외한 주어, 술어, 목적어 분석하기

A 不管 你的 收入 是 多少， 请 记得 分成5份进行投资。
　接속사 관형어 주어 술어 목적어 请 술어 목적어

B 植物的 年轮 既可以 反映 植物的生长状况， 又可以 反映 环境条件的变化。
　관형어 주어 부사어 술어 목적어 부사어 술어 목적어

C 随着这个计划， 一周 仍然需要 跑 5天， 但 每天的运动量 不用 超过 20分钟。
　부사어(개사구) 주어 부사어 술어 보어 접속사 주어 부사어 술어 목적어

D 人的 心里承受能力 除受生理遗传因素影响外， 更多地 受 社会和价值观念的 制约。
　관형어 주어 부사어 부사어 술어 관형어 목적어

A 당신의 수입이 얼마든 상관없이 5부분으로 나누어 투자한다는 것을 기억하세요.
B 식물의 나이테는 식물의 성장 상태를 나타내기도 하고 환경 조건의 변화를 나타내기도 한다.
C 이 계획에 따라 일주일에 여전히 5일은 달리기를 해야 하지만 매일 운동량은 20분을 넘길 필요가 없다.
D 사람의 심리 부담 능력은 생리적 유전 요소의 영향 외에도 더 많은 경우 사회와 가치관의 제약을 받는다.

STEP 2   오류 찾아 정답 고르기

C는 주어, 술어, 목적어에 이상이 없는 문장이다. 그러나 시작 부분의 개사구를 보면 随着(~함에 따라)는 뒤에 상황의 변화가 와야 하는데 这个计划(이 계획)이 있으므로 틀린 문장이다. 여기에서는 어떤 기준과 함께 쓰이는 按照(~에 따라)를 사용해야 한다.

정답 C 按照这个计划，一周仍然需要跑5天，但是每天的运动量不用超过20分钟。
　　　이 계획에 따라 일주일에 여전히 5일은 달리기를 해야 하지만 매일 운동량은 20분을 넘길 필요가 없다.

어휘 投资 tóuzī 몡 투자   植物 zhíwù 몡 식물   年轮 niánlún 몡 나이테   生长 shēngzhǎng 통 생장하다, 성장하다   状况 zhuàngkuàng 몡 상황   反映 fǎnyìng 통 반영하다   承受 chéngshòu 혱 감당하다   生理 shēnglǐ 몡 생리   遗传 yíchuán 몡 유전   观念 guānniàn 몡 관념   制约 zhìyuē 몡 제약

합격 공략 36 [220점 이상 고득점] 개사가 쓰였는지 확인하라!

개사가 쓰였는지 확인하라!

개사가 없는 오류 유형은 개사구에서 개사가 빠진 형태, 즉 〈주어+개사가 이끄는 목적어+술어〉의 형식으로 출제된다. 개사가 이끄는 목적어가 복잡하고 긴 어휘일 때 개사가 없는 오류를 파악하기 어려우므로 반드시 주어, 술어, 목적어 기본 성분을 정확히 분석한 뒤 이와 같은 오류를 찾도록 한다.

실전문제

A 我们应该乐观的心态和积极的态度对待人生。
B 任何人都希望别人给予自己的东西可以"不断增加"，而不是"不断减少"。
C 许多时候，我们无法从眼前的事物和固定的思维模式中脱离出来，所以始终被问题所困扰。
D 中国西北地区有"宁可三日无粮，不可一日无茶"之说，茶与奶成为西北各族人民的生活必需品。

STEP 1 수식어를 제외한 주어, 술어, 목적어 분석하기

A 我们 应该 乐观的心态和积极的态度 对待 人生。
　주어　부사어　명사구　　　　　　술어　목적어

B 任何人 都 希望 别人给予自己的东西可以"不断增加"，而 不 是 "不断减少"。
　주어　부사어 술어　목적어　　　　　　　　　　　접속사 부사어 술어 목적어

C 许多时候，我们 无法从眼前的事物和固定的思维模式中 脱离 出来，所以 始终被问题 所 困扰。
　부사어　주어　부사어　　　　　　　　　　　술어 보어 접속사 부사어 所 술어

D 中国西北地区 有 "宁可三日无粮、不可一日无茶"之说，茶与奶 成为 西北各族人民的生活必需品。
　주어　술어　목적어　　　　　　　　　주어 술어 목적어

A 우리는 낙천적인 마음과 긍정적인 태도 인생을 대해야 한다.
B 누구든지 다른 사람이 자신에게 준 것이 '끊임없이 늘어날' 수 있는 것이고 '끊임없이 줄어드는 것'이 아니기를 바란다.
C 많은 경우 우리는 눈앞의 사물과 고정적인 사고 방식에서 벗어날 수 없다. 그래서 늘 문제로 인해 어려움을 겪는다.
D 중국 서북 지역에는 '3일간 밥을 먹지 않을지언정 하루도 차가 없어서는 안된다는 말이 있다. 차와 우유는 서북 각 민족의 생활 필수품이 되었다.

STEP 2 오류 찾아 정답 고르기

A는 주어와 술어 사이에 명사구 乐观的心态和积极的态度(낙천적인 마음과 긍정적인 태도)가 있다. 주어와 술어 사이에는 부사어만 위치할 수 있으므로 이 명사 성분을 개사구로 바꿔야 한다.

정답 A 我们应该以乐观的心态和积极的态度对待人生。
우리는 낙천적인 마음과 긍정적인 태도로 인생을 대해야 한다.

어휘 心态 xīntài 명 심리 상태　积极 jījí 형 적극적이다, 긍정적이다　给予 jǐyǔ 동 주다　思维模式 sīwéimóshì 명 사고방식　脱离 tuōlí 동 벗어나다　困扰 kùnrǎo 동 귀찮게 하다　宁可 nìngkě 부 차라리 ~할 지언정

다음 중 틀린 문장을 고르세요.

1. A 情商水平对一个人能否取得成功也有重大的影响。

   B 人的活动的目的能否实现取决于意志坚强是否。

   C 市场营销的最高境界就是赢得和占有顾客的心，得人心者得顾客。

   D 如果没有台风，全世界的水荒会更严重，地球上的冷热会更不均衡。

2. A 下面我们有请总经理来给获奖者颁发荣誉证书。

   B 玻璃杯不含有机的化学物质，不用担心化学物质被喝进肚子里。

   C 这几天，世界各个媒体都做了详细报道对这起震惊美国社会的事件。

   D 奋斗令我们的生活充满生机，责任让我们的生命充满意义，常有压力说明你有目标。

3. A 她是北京人，很熟悉对北京的一切。

   B 做生意的过程实际上是与人打交道的过程。

   C 人们往往因为坚持完美而失去一些他们认为可以拥有的东西。

   D 培养博览群书的好习惯，为他以后轻松考取北京大学打下了坚实的基础。

4. A 热量稳定的地区是竹子生长最理想的生态环境。

   B 劳动法规定，用人单位应当保证劳动者每周休息一次至少。

   C 若想投资成功，你必须要具备一双敏锐的，能够发现黄金的"慧眼"。

   D 大气中的气体容易散紫、蓝、青三色光，所以一般情况下天空呈蓝色。

5. A 成功的人看前面的机会，失败的人只看后面的机会。

   B 灰尘在吸收太阳部分光线的同时向四周反射光线，如同无数个点光源。

   C 在日常生活中，发生矛盾与别人，不要总是埋怨别人，应该好好反省自己。

   D 笛子是中国广为流传的吹奏乐器，因为用天然竹材制成，所以也称为"竹笛"。

04 접속사의 오류

연결 관계 확인하기

기본기 다지기 │ 기본 개념 잡기 & 공략 미리보기

| 기본 개념 잡기 1 | 연결 관계의 논리성 오류

접속사는 절과 절을 논리적으로 연결해주는 역할을 한다. 각 절이 나타내는 논리 관계는 인과 관계, 전환 관계, 조건 관계, 병렬 관계 등이 있다. 논리 관계에서 나타나는 주요 오류 유형을 살펴 본다.

1. 인과 관계의 오류

<u>纸币制作成本低，易于保管和携带</u>，<u>因为成为世界各国普遍使用的货币形式</u>。(×)
　　　　원인　　　　　　　　　　　　　　　　　결과

앞절은 원인을 나타내고 뒷절은 결과를 나타낸다. 因为가 아니라 결과를 이끄는 접속사가 와야 하므로 틀린 문장이다.

(○) 纸币制作成本低，易于保管和携带，因此成为世界各国普遍使用的货币形式。

　　　지폐는 제작 비용이 낮고 보관과 휴대가 용이하기 때문에 세계 각국에서 보편적으로 사용하는 화폐 형식이 되었다.

2. 전환 관계의 오류

<u>他不但对兵书理论都很了解</u>，<u>而且缺乏实际锻炼</u>。(×)
　　　A　　　　　　　　　　　A와 상반된 내용

이 문장은 앞절과 뒷절의 내용이 서로 상반된다. 따라서 점층을 나타내는 접속사가 아니라 상반된 의미를 나타내는 접속사로 바꿔야 한다.

(○) 他虽然对兵书理论都很了解，但是缺乏实际锻炼

　　　그는 병서 이론에 대해서는 아주 잘 이해하고 있지만 실전 훈련이 부족하다.

3. 조건 관계의 오류

不管今天特别热，我都去参加那些活动。(×)
　　　평서문 형식

접속사 不管이 있는 절은 의문문 형식이어야 하므로 今天特别热를 의문문 형식으로 바꿔야 한다.

(○) 不管今天热不热，我都去参加那些活动。

　　　날씨가 덥든지 덥지 않든지 나는 그 행사에 참가할 것이다.

4. 병렬 관계의 오류

这些变化中既有正面的，也是负面的。(×)
　　　동사有　　　동사是

병렬 관계에서는 절과 절이 대등하게 연결되어야 한다. 앞절의 동사는 有이고 뒷절은 是이므로 술어를 통일시켜야 한다.

(○) 这些变化中既有正面的，也有负面的。

　　　이러한 변화에는 긍정적인 면도 있고 부정적인 면도 있다.

| 기본 개념 잡기 2 | 접속사 호응 관계의 오류

접속사는 다른 접속사나 부사와 호응 관계를 이루는데 서로 호응되지 않을 경우 오류가 있는 문장이 된다.

1. 접속사 호응 관계의 오류 – 접속사와 접속사

> 这样做不仅可以增强孩子的自信心，而能提高他们对学习的兴趣。(×)

접속사 不仅은 접속사 而且와 호응 관계를 이루는데 뒷절에 而을 사용하였으므로 틀린 문장이다.

(○) 这样做不仅能增强孩子的自信心，而且能提高他们对学习的兴趣。

이렇게 하면 아이들의 자신감을 증진시킬 수 있을뿐 아니라 그들의 학습에 대한 흥미도 높일 수 있다.

2. 접속사 호응 관계의 오류 – 접속사와 부사

> 只要教会他们互相尊重，他们才会相处得很好，成为亲密的伙伴。(×)

접속사 只要는 부사 就와 호응 관계를 이룬다. 뒷절의 才는 只有와 호응하므로 틀린 문장이다.

(○) 只要教会他们互相尊重，他们就会相处得很好，成为亲密的伙伴。

그들에게 서로 존중하는 것을 가르쳐 주기만 하면 그들은 서로 잘 지내고 친밀한 파트너가 될 것이다.

| 공략 미리보기 |

합격 공략 37	연결 관계의 논리성을 확인하라!
합격 공략 38	접속사의 호응 관계를 확인하라!
합격 공략 39	[220점 이상 고득점] 헷갈리는 접속사를 구분하라!

합격 공략 37 연결 관계의 논리성을 확인하라!

연결 관계의 논리성 ★★★

접속사의 논리 오류 문제는 긴 문장에 여러 개의 접속사와 부사를 사용하여 그 중 하나가 논리성이 맞지 않는 유형으로 출제된다. 글의 맥락을 이해하기 위해서 먼저 각 절의 의미 관계를 파악하고 접속사가 알맞게 사용됐는지 확인하도록 한다.

실전문제

> A 她在这部电影中扮演的是一个反面角色。
> B 这是我从未有过的经历，一下子我感到手足无措。
> C 镜子照到的只是你的外貌，而生活照到的却是你的心灵。
> D 倘若看到了别人身上的优点，就应该要虚心学习，那么不能成功。

STEP 1	수식어를 제외한 주어, 술어, 목적어 분석하기

A 她在这部电影中扮演的　是　一个反面　角色。
　　　주어　　　　　　　　　술어　관형어　　목적어

B 这　是　我从未有过的　经历，一下子　我　感到　手足无措。
　주어　술어　관형어　　　목적어　부사어　주어　술어　　목적어

C 镜子照到的　只　是　你的　外貌，而　生活照到的　却　是　你的　心灵。
　주어　　　부사어　술어　관형어　목적어　접속사　주어　부사어　술어　관형어　목적어

D 倘若　看到了　别人身上的　优点，就应该要虚心　学习，那么　不能　成功。
　접속사　술어　　관형어　　　목적어　　부사어　　　술어　접속사　부사어　술어

A 그녀가 이 영화에서 맡은 역할은 악역이다.
B 이것은 내가 한 번도 겪지 못한 경험이라 순간 어찌할 바를 몰랐다.
C 거울에 비치는 것은 단지 너의 외모이지만 생활에 비치는 것은 오히려 너의 마음이다.
D 만약 다른 사람에게서 장점을 본다면 겸손하게 배워야 한다. 그러면 성공할 수 없다.

STEP 2	오류 찾아 정답 고르기

D에서 접속사 倘若(만일)와 就(~하면)는 가정 관계로 서로 호응하지만, 마지막 절의 **那么不能成功**(그러면 성공할 수 없다)이 앞절과 연결되지 않는다. 타인의 장점을 보고 겸손히 배우면 성공할 수 있는 것이지 성공을 못하는 것이 아니므로 D가 틀린 문장이다.

정답	D 倘若看到了别人身上的优点，就应该要虚心学习，否则不能成功。

　　　　만약 다른 사람에게서 장점을 본다면 겸손하게 배워야 그렇지 않으면 성공할 수 없다.

어휘	扮演 bànyǎn 통 ~역을 맡다　反面角色 fǎnmiànjuésè 명 악역　从未 cóngwèi 부 여태껏 ~하지 않다　经历 jīnglì 명 경험

手足无措 shǒuzúwúcuò 성 어찌할 바를 모르다　镜子 jìngzi 명 거울　照 zhào 통 (거울 등에) 비추다　外貌 wàimào 명 외모
心灵 xīnlíng 명 심령, 영혼　倘若 tǎngruò 접 만일 ~한다면　优点 yōudiǎn 명 장점　虚心 xūxīn 형 겸손하다

합격 공략 38 접속사의 호응 관계를 확인하라!

접속사의 호응 관계 ★★☆

접속사는 논리 관계에 따라 다른 접속사 또는 부사와 호응 관계를 이루기 때문에 호응 관계가 맞지 않으면 틀린 문장이 된다. 시험에 자주 출제되는 접속사의 호응 관계를 미리 숙지해 두도록 하자.

〈시험에 자주 출제되는 접속사의 호응 관계〉

① 即使/哪怕/就算……，也…… 설령 ~일지라도 ~하다

即使他离开，也会有人出手相助。

설령 그가 떠나더라도 누군가가 손을 내밀어 도와줄 것이다.

② 只有……，才…… ~해야만 비로소 ~한다

只有坚持下去，才能取得成功。

끝까지 견지해야만 성공을 얻을 수 있다.

③ 只要……，就…… 단지 ~하기만 하면, ~한다

只要有机会，你就可以发挥自己的潜力。

단지 기회만 있으면 당신은 자신의 잠재력을 발휘할 수 있다.

④ 既然……，那么/就…… 기왕 ~했으니, 그러면~

既然你已经决定要走，那么我也只能尊重你的选择。

당신은 가기로 결정을 했으니 나는 당신의 선택을 존중할 뿐이다.

⑤ 与其……, 不如……　～할 바에는 ～하는 것이 낫다
　与其说是别人让你痛苦，不如说自己的修养不够。
　다른 사람이 당신을 고통스럽게 한다고 하기 보다는 자신의 수양이 부족하다고 말하는 것이 낫다.

⑥ 如果/假如/假设/若/倘若……, 那么/就 ……　만약～한다면, 그러면/곧 ～하다
　若确定了目标，就一定要坚持下去。
　만일 목표를 확실히 정했다면 끝까지 고수해야 한다.

⑦ 不管/无论/不论……, 都/也……　～에 관계없이/막론하고 모두 ～하다
　无论明天天气怎么样，我都去爬山。
　내일 날씨가 어떻든지 나는 등산간다.

⑧ 不但 /不仅/不光 ……, 而且/还/也 ……　～뿐만 아니라 ～하다
　我妈妈不但会说英语，而且会说汉语。
　엄마는 영어를 할 수 있을 뿐 아니라 중국어도 한다.

⑨ 不但+不/没有……, 反而/反倒……　～하지 못했을 뿐만 아니라 오히려 ～하다
　吃药后，他的病不但没好，反而更严重了。
　약을 먹은 후 그의 병은 낫지 않았을 뿐만 아니라 오히려 더 심해졌다.

⑩ 之所以……, 是因为……　～인 까닭은 ～이기 때문이다
　他们之所以分手，主要是因为性格不和。
　그들이 헤어진 까닭은 주로 성격이 맞지 않아서이다.

실전문제 📖

> A 不要为自己的错误找借口。
> B 就算这些需求都得到满足，他们就会觉得缺什么。
> C 流行音乐因其通俗性而有被排除在现在的音乐史之外的倾向。
> D 在强者越强，弱者越弱的商场竞争中，人人要争第一。

STEP 1　수식어를 제외한 주어, 술어, 목적어 분석하기

A 不要　为自己的错误　找　借口。
　부사어　　부사어　　술어　목적어

B 就算　这些　需求　都　得到　满足. 他们　就会　觉得　缺什么。
　접속사　관형어　주어　부사어　술어　목적어　주어　부사어　술어　목적어

C 流行音乐　因　其通俗性　而　有　被排除在现在的音乐史之外的　倾向。
　주어　　접속사　명사　접속사 술어　　　관형어　　　　　목적어

D 在强者越强、弱者越弱的商场竞争中. 人人　要　争　第一。
　　　　　부사어　　　　　　주어　부사어 술어 목적어

A 자신의 잘못을 위해 핑계를 찾지 말아라.
B 설령 이러한 요구가 모두 만족되더라도 그러면 그들은 무엇인가 부족하다고 느끼게 될 것이다.
C 대중음악은 통속적인 특징으로 인해 현대 음악사에서 배제되는 경향이 있다.
D 강자가 강할수록 약자는 더욱 약해지는 시장 경쟁 속에서 사람들은 모두 1등이 되려고 한다.

B에서 **就算**(설령)은 부사 **也**와 호응하기 때문에 뒷절의 **就**를 **也**로 바꿔야 한다.

정답 B 就算这些需求都得到满足，他们**也**会觉得缺什么。
　　　설령 이러한 요구가 모두 만족되더라도 그들은 그래도 무엇인가 부족하다고 느끼게 될 것이다.

어휘 **错误** cuòwù 명 잘못　**借口** jièkǒu 명 핑계, 변명　**就算** jiùsuàn 접 설령 ~일지라도　**需求** xūqiú 명 수요, 필요　**缺** quē 통 결핍되다　**流行音乐** liúxíngyīnyuè 명 대중음악　**通俗性** tōngsúxìng 명 통속성, 대중성　**排除** páichú 통 제거하다, 배제하다　**倾向** qīngxiàng 명 경향, 추세　**强者** qiángzhě 명 강자　**弱者** ruòzhě 명 약자　**商场** shāngchǎng 명 백화점, 쇼핑센터　**争** zhēng 통 겨루다, 싸우다

합격 공략 39 ▶ [220점 이상 고득점] 헷갈리는 접속사를 구분하라!

헷갈리는 접속사를 구분하라!

용법이 다르지만 의미가 비슷해서 헷갈리는 접속사들이 있다. 얼핏 보기에는 옳은 문장처럼 보이기 때문에 용법을 정확하게 숙지하지 않으면 오류를 놓치기 쉬우므로 헷갈리는 접속사의 용법을 파악하자.

〈시험에 자주 출제되는 헷갈리는 접속사〉

① 不管 ~에 관계없이 vs 即使 설령 ~하더라도

不管生活多么艰难，我们都要靠自己的努力，使自己变得坚强。
생활이 얼마나 고되든 상관없이 우리는 자신의 노력으로 자신을 더 강하게 변화시켜야 한다.

即使孩子做得不尽如人意，父母也要鼓励支持他。
설령 아이가 일을 제대로 하지 못했더라도 부모는 격려하고 지지해야 한다.

② 不是……，而是…… ~가 아니라 ~이다 vs 不是……，就是…… ~가 아니면 ~이다

他的成绩不理想，不是他笨，而是他的努力不够。
그의 성적이 좋지 않은 것은 그가 멍청해서가 아니라 노력이 부족해서이다.

我猜他不是在睡觉，就是在玩电脑。
내가 추측컨대 그는 자고 있거나 컴퓨터를 하고 있을 것이다.

실전문제

　A 旅行最重要的不是去哪里，就是和谁一起。
　B 有时候，作恶看似伤害的是别人，实则伤害的是自己。
　C 如果一个老师教的人才非常多，就称之为"桃李满天下"。
　D 企业管理水平低下和核心竞争力不足，是阻碍一些企业壮大的两大顽疾。

A 旅行最重要的　不是　去哪里，　就是　和谁一起。
　　주어　　　　부사어 술어　목적어　부사어 술어　목적어

B 有时候，作恶　看似　伤害的是别人，　实则　伤害的　是　自己。
　부사어　주어　술어　　목적어　　　부사어　주어　술어 목적어

C 如果　一个老师教的　人才　非常　多，就　称之为　"桃李满天下"。
　　接속사　　관형어　　　주어　부사어　술어　부사어　술어　　　목적어

D 企业管理水平低下和核心竞争力不足，是　阻碍一些企业壮大的　两大顽疾。
　　　　　　주어　　　　　　　　　　　술어　　　관형어　　　　목적어

A 여행에서 가장 중요한 것은 어디를 가느냐가 아니면 누구와 가느냐이다.
B 때때로 나쁜 짓을 하면 다치는 것은 다른 사람인 것 같지만 실제로 다치는 것은 자기 자신이다.
C 만일 한 선생님이 가르친 인재가 아주 많으면 그것을 일컬어 '桃李满天下(문하생이 천하에 가득하다)'라고 한다.
D 기업 관리 수준의 저하와 핵심 경쟁력의 부족은 기업의 성장을 막는 두 가지 큰 고질병이다.

STEP 2　오류 찾아 정답 고르기

A는 논리적으로 '여행에서 가장 중요한 것은 어디를 가느냐가 아니라 누구와 가느냐'라는 뜻이 되어야 하는데 뒷절에 **就是**가 있기 때문에 의미가 부자연스럽다. 따라서 **不是**A, **而是**B(A가 아니라 B이다)로 바꾸어야 한다.

정답　A 旅行最重要的**不是**去哪里，**而是**和谁一起。
　　　　여행에서 가장 중요한 것은 어디를 가느냐가 아니라 누구와 가느냐이다.

어휘　**作恶** zuò'è 통 나쁜 짓을 하다　**看似** kànsì 부 보기에 마치　**伤害** shānghài 통 상하게 하다　**实则** shízé 접 실은, 사실　**称之为** chēngzhīwéi 통 ~라고 부르다　**桃李满天下** táolǐmǎntiānxià 성 문하생이 천하에 가득하다, 제자가 상당히 많다　**企业** qǐyè 명 기업　**低下** dīxià 통 떨어지다　**核心** héxīn 명 핵심　**阻碍** zǔ'ài 통 가로막다　**壮大** zhuàngdà 형 강건하다　**顽疾** wánjí 명 고질병

실전 테스트 정답 및 해설_해설편 p.046

다음 중 틀린 문장을 고르세요.

1. A 说话即便是一种艺术，也是一种处世之道。
   B 书籍是人类智慧的结晶，多读一本书，便多一分智慧的光亮。
   C 任何东西接近眼睛，首先要碰到睫毛，这会立即引起闭眼反射。
   D 菊花是中国栽培历史最为悠久的一种花卉，已有数千年的历史。

2. A 筒车是一种把水流作为动力，引水灌田的工具。
   B 长期以来，很多人认为哭泣是脆弱胆小的表现。
   C 夜间，星星的多少和当时的天气状况有很密切的关系。
   D 不管在你前进的路上有很多艰难的险阻，你都应该坚持下去。

3. A 笑对人们的身体有好处，是人心情愉快的一种表现。
   B 一个人的价值不在于他拥有多少，也在于他付出多少。
   C 在有些地方，人们会把用空酒瓶制作的东西当作礼物送人。
   D 如果你能心平气和与对方讲道理，也许事情就会有个好结果。

4. A 花开花谢带不走朋友之间的友谊。
   B 当你做出了选择，同时也就放弃了其他可以选择的方向。
   C 帮助别人也要讲究方法和艺术，那么结果只会与初衷适得其反。
   D 中国人与客人一起品茶的时候，通常情况下客人的茶杯会倒七分满。

5. A 这样做不但不会解决矛盾，而且会使矛盾更加恶化。
   B 小王今年高考以全省第一名的好成绩考上了清华大学。
   C 只要耐心地等待，在恰当的时机再做努力就能一蹴而就。
   D 当我们难过时，适当的哭泣能使我们缓解精神上的压力。

05 특수 구문 오류

把자문, 被자문, 비교문에 주의하기

기본기 다지기 기본 개념 잡기 & 공략 미리보기

특수 구문은 중국어 기본 문장과 다른 의미와 형식적 특징을 가지고 있다. 따라서 이러한 특수 구문의 용법에 주의해야 한다.

| 기본 개념 잡기 | 특수 구문의 오류

1. 把자문의 오류 : 把자문의 오류 문장은 주로 把를 사용하지 않은 형태로 출제된다.

> 我的奶奶　常常　放　钱　在枕头上。(×)
> 　주어　　　부사어　술어　목적어　　개사구

이 문장은 목적어 뒤에 개사구가 사용되었다. 在枕头上은 술어 放 뒤에 보어로 쓰일 수 있고, 문장이 '돈을 베개에 둔다'라는 처치의 뜻을 나타내므로 钱(돈)을 술어 앞에 두어 把자문으로 바꿔야 한다.

(○) 我的奶奶常常把钱放在枕头上。

　　우리 할머니는 항상 돈을 베개에 두신다.

※ **把자문의 어순 :** 주어 + 把명사(처치의 대상) + 술어 + 처치한 결과

> 我　已经　把那本书　交　给了那位同学。
> 주어　부사어　把명사　술어　보어(처치한 결과)

나는 그 책을 그 친구에게 건네주었다.

2. 被자문의 오류 : 被자문은 겸어문 또는 把자문과 헷갈리는 형식으로 출제된다.

> 暴风　突然　来袭, 路边的　大树　都　使　风　吹倒了。(×)
> 주어　부사어　술어　관형어　주어　부사어 술어1 목1/주　술어

이 문장에서 주어인 大树는 쓰러짐을 당한 행위의 대상이고, 风이 행위를 한 주체이기 때문에 使가 아닌 被를 사용해야 한다.

(○) 暴风突然来袭, 路边的大树都被风吹倒了。

　　폭풍우가 갑자기 몰아쳐서 길가의 커다란 나무들이 바람에 의해 쓰러졌다.

※ **被자문의 어순 :** 주어 + 被명사(행위의 주체자) + 술어

> 我　被老师　批评了　一顿。
> 주어　被명사　술어　　보어

나는 선생님께 한바탕 꾸중을 들었다.

3. 비교문의 오류 : 비교문은 주로 정도부사의 오류와 어순 오류의 형식으로 출제된다.

① 정도부사의 오류

> 海水结冰的　温度　比一般的淡水　很　低。(×)
> 　관형어　　　주어　　　부사어　　　부사어　술어

비교문에서는 정도부사를 사용하지 않는다. 정도의 차이를 나타낼 때는 更이나 还를 사용해야 한다.

(○) 海水结冰的温度比一般的淡水还低。

해수의 결빙 온도는 일반 담수보다 더 낮다.

② 어순 오류

该公司的　净利润率　比去年　5%　高。(×)
관형어　　　주어　　　부사어　？　술어

비교문에서는 구체적인 차이를 나타내는 보어는 술어 뒤에 놓아야 한다.

(○) 该公司的净利润率比去年高5%。

이 회사의 순 이윤율은 작년보다 5% 높다.

※ 비교문의 어순 (1) : 비교대상A + 比비교대상B + 更/还 + 술어

这座山　比那座山　更　高。
비교대상A　比비교대상B　更　술어

이 산은 저 산보다 더 높다.

※ 비교문의 어순 (2) : 비교대상A + 比비교대상B + 술어 + 一些/一点儿/수량사

这座山　比那座山　高　一些。
비교대상A　比비교대상B　술어　보어

이 산은 저 산보다 좀 높다.

| 공략 미리보기 |

합격 공략 40	把가 쓰였는지 확인하라!
합격 공략 41	被와 让을 헷갈리지 말라!
합격 공략 42	비교문에는 '很, 真, 非常'을 사용하지 않는다!
합격 공략 43	[220점 이상 고득점] 把와 被를 헷갈리지 말라!

합격 공략 40 把가 쓰였는지 확인하라!

把를 사용해야 하는데 사용하지 않은 경우

把자문은 어떠한 대상을 어떠한 동작으로 처치한 결과를 나타내는 특수 구문으로 기본 문장의 어순과 다른 특징을 가지고 있다. 주로 把자를 사용해야 하는데 사용하지 않은 오류 형태가 주로 출제된다.

〈시험에 자주 출제되는 把자문의 오류 패턴〉

• 주어 + 술어 + 목적어 + 개사구 (×) → 주어 + 把목적어 + 술어 + 개사구 (○) ★★☆

(×) 他摆放这组冲洗好的照片在办公桌上。

(○) 他把这组冲洗好的招片摆放在办公桌上

그는 이 인화한 사진들을 사무 책상 위에 놓았다.

> A 他放帽子在地上，在树下睡了一觉。
> B 凡是有益于他人，有益于社会的人都是好人。
> C 我亲眼看见的事情也不一定是确实的，何况是听别人说的呢？
> D 人的智力并不全由遗传因素所决定，但与遗传有一定的关系。

STEP 1　수식어를 제외한 주어, 술어, 목적어 분석하기

A 他　放　帽子　　在地上.　在树下　睡了　一觉。
　주어 술어 목적어　　보어　　부사어　술어　목적어

B 凡是　有益于他人、有益于社会的　人　都　是　好人。
　부사어　　　관형어　　　주어 부사어 술어 목적어

C 我亲眼看见的　事情　也不一定　是　确实的.　何况　是　听别人说的　呢？
　관형어　　　주어　부사어　술어　목적어　접속사 술어　목적어　呢

D 人的　智力　并不全由遗传因素　所　决定.　但与遗传　有　一定的　关系。
　관형어 주어　　부사어　　　조사　술어　부사어　술어 관형어　목적어

> A 그는 그의 모자를 땅 위에 두고 나무 밑에서 한숨 잤다.
> B 무릇 타인에게 유익한 사람, 사회에 유익한 사람은 모두 좋은 사람이다.
> C 내가 직접 눈으로 본 일도 꼭 확실한 것이 아닌데 하물며 다른 사람이 말한 것을 들은 것은 어떻겠는가?
> D 사람의 지능은 모두 유전 요소가 결정하는 것은 결코 아니지만 유전과 어느 정도의 관계는 있다.

STEP 2　오류 찾아 정답 고르기

A의 앞절은 얼핏 보면 술어가 2개인 연동문처럼 보이지만 동사 在는 연동문에 사용되지 않는다. 在地上(땅에)은 개사구 보어이므로 목적어 뒤가 아닌 술어 뒤에 놓아야 한다. 따라서 목적어 帽子(모자)를 개사 把를 사용해서 술어 앞에 놓아야 하므로 정답은 A이다.

정답　A 他把帽子放在地上，在树下睡了一觉。
　　　그는 그의 모자를 땅 위에 두고 나무 밑에서 한숨 잤다.

어휘　凡是 fánshì 男 무릇　有益于 yǒuyìyú 동 ~에 유익하다　亲眼 qīnyǎn 男 직접 눈으로　何况 hékuàng 접 하물며, 말할 필요
가 없다　智力 zhìlì 명 지능　遗传因素 yíchuányīnsù 명 유전 요소

합격 공략 **41** 被와 让을 헷갈리지 말라!

被를 사용해야 하는데 让을 사용한 경우

被자문은 '주어+被A+술어+목적어'의 구조로 'A에 의해 ~하게 되다'라는 피동의 뜻을 나타내고, 让자문은 '주어+让A+술어+목
적어'의 구조로 'A에게 무엇을 하게 만들다'는 사동의 뜻을 나타낸다. 이 둘은 형식이 비슷하기 때문에 의미 관계, 즉 행동을 하게
만드는 주체와 영향을 받는 대상을 정확하게 파악해야 개사 被와 동사 让이 올바르게 쓰였는지 알 수 있다.

〈被자문과 让/使/叫 겸어문의 의미 비교〉

① 被자문: 주어(행동을 당하는 사람) + 被 + 목적어(행동을 가하는 사람) + 술어(행동)

　　我　　　　　被老人的话　　深深地感动了。 나는 노인의 말에 깊게 감동 받았다.
　행동을 당하는 사람　被+행동을 가하는 사람　　행동

② 让/使/叫 겸어문: 주어(행동을 시키는 주체) + 让/使/叫 + 목적어(행동을 하는 주체) + 술어(행동)

　　老人的话　　让　　我　　深深地感动了。 노인의 말은 나를 깊이 감동시켰다.
　행동을 시키는 주체　让　행동을 하는 주체　　행동

실전문제 📖

A 端午节是为了纪念伟大诗人屈原而设立的。
B 我对外语教学一知半解，主要是让学生背生词、课文。
C 过了几分钟，我的东西让司机发现了，但是我的心情已经不好了。
D 它们有令人惊异的记忆力，无论飞了多远，每年都能返回自己的故居。

STEP 1　주어, 술어, 목적어 파악하기

A 端午节　是　　为了纪念伟大诗人屈原而　　设立的。
　주어　술어　　　　관형어　　　　　　　　목적어

B 我　对外语教学　一知半解，主要　是　让学生背生词,课文。
　주어　부사어　　술어　　부사어　술어　　목적어

C 过了　几分钟,　我的　东西　让　司机　发现了,　但是　我的　心情　已经不　好了。
　술어　보어　　관형어　주어　술어1　목1/주　술어2　접속사　관형어　주어　부사어　술어

D 它们　有　令人惊异的　记忆力,　无论　飞了　多远,　每年都能　返回　自己的　故居。
　주어　술어　관형어　　목적어　접속사　술어　목적어　부사어　　술어　관형어　목적어

> A 단오절은 위대한 시인 굴원을 기념하기 위해 만든 것이다.
> B 나는 외국어 교육에 대해 아는 게 별로 없다. 주로 학생들에게 새로운 단어와 본문을 외우게 한다.
> C 몇 분 지나서 내 물건은 기사로 하여금 발견하게 했다. 하지만 내 기분은 이미 안 좋아졌다.
> D 그들은 놀라운 기억력을 가지고 있어 얼마나 멀리 날건 관계없이 매년 자신이 살았던 곳으로 돌아올 수 있다.

STEP 2　오류 찾기

C에서 我的东西(나의 물건)가 주어이고 司机(기사)가 목적어인데, 의미상 '물건이 사람에게 무엇을 하게 만들다'는 성립되지 않으므로 让이 아니라 被를 사용해야 한다. 따라서 틀린 문장은 C이다.

정답　C 过了几分钟，我的东西被司机发现了，但是我的心情已经不好了。
　　몇 분 지나서 내 물건은 기사에 의해 발견됐다. 하지만 내 기분은 이미 안 좋아졌다.

어휘　端午节 Duānwǔjié 📖 단오절　纪念 jìniàn 📖 기념하다　伟大 wěidà 📖 위대하다　诗人 shīrén 📖 시인　屈原 QūYuán 📖 굴원　设立 shèlì 📖 설립하다, 세우다　一知半解 yìzhībànjiě 📖 아는 게 별로 없다　背 bèi 📖 암기하다　生词 shēngcí 📖 새 단어　课文 kèwén 📖 (교과서의) 본문　令 lìng 📖 ~을 하게 하다　惊异 jīngyì 📖 놀랍고 이상하다　返回 fǎnhuí 📖 되돌아가다　故居 gùjū 📖 예전에 살았던 집

합격 공략 42 · 비교문에는 '很, 真, 非常'을 사용하지 않는다!

비교문의 오류

비교문에서 술어는 '很 / 真 / 非常 / 十分 / 相当 / 特別'와 같은 정도부사의 수식을 받지 않고 차이를 나타내는 '更 / 还'와 같은 정도부사를 사용한다. 따라서 비교문이 있으면 정도부사가 알맞게 쓰였는지 확인하도록 한다.

실전문제

> A 这比什么厉害的批评真强。
> B 我坐在沙发上，隔着玻璃窗欣赏风景。
> C 很多人最初是为了梦想而忙，后来却忙得忘了梦想。
> D 迎面吹来的寒风使我不禁打了个寒战，我赶紧扣上大衣扣子。

STEP 1 수식어를 제외한 주어, 술어, 목적어 분석하기

A 这　比什么厉害的批评　真　强。
　주어　　　부사어　　　부사어　술어

B 我　坐　在沙发上，隔着玻璃窗　欣赏　风景。
　주어　술어　보어　　　부사어　　술어　목적어

C 很多　人　最初　是　为了梦想而　忙，后来却　忙　得　忘了梦想。
　관형어　주어　부사어　술어　관형어　목적어　부사어　술어　得　보어

D 迎面吹来的　寒风　使　我　不禁　打了　个　寒战，我　赶紧　扣上　大衣扣子。
　관형어　　　주어　술어1　목1/주　부사어　술어2　관형어　목적어2　주어　부사어　술어　목적어

> A 이것은 어떤 심한 비평보다 진짜 강하다.
> B 나는 소파에 앉아 유리창으로 풍경을 감상한다.
> C 많은 사람들이 처음에는 꿈을 위해 바쁘지만 후에는 꿈을 잊을 정도로 바쁘다.
> D 정면으로 불어오는 찬 바람이 나를 저절로 몸서리치게 만들어서 나는 재빠르게 코트 단추를 채웠다.

STEP 2 오류 찾아 정답 고르기

A 비교문에서는 '很, 真, 非常' 등의 정도부사를 사용하지 않고 '更, 还'를 사용했으므로 A가 틀린 문장이다.

정답 A 这比什么厉害的批评还强。
　　　　　이것은 어떤 심한 비평보다 강하다.

어휘 批评 pīpíng 통 비판하다　隔着 gézhe 통 사이를 두다　玻璃窗 bōlíchuāng 명 유리창　欣赏 xīnshǎng 통 감상하다　最初 zuìchū 명 최초, 맨 처음　迎面 yíngmiàn 통 얼굴을 향하다　吹 chuī 통 불다　寒风 hánfēng 명 찬바람　不禁 bùjīn 부 자기도 모르게, 참지 못하고　打了寒战 dǎ le hánzhàn 몸서리치다　赶紧 gǎnjǐn 부 재빨리　扣上 kòushàng 통 (단추 등을) 채우다　大衣 dàyī 명 외투, 코트　扣子 kòuzi 명 단추

합격 공략 **43** [220점 이상 고득점] 把와 被를 헷갈리지 말라!

把와 被를 헷갈리지 말라!

把자문과 被자문 역시 문장 구조가 유사하기 때문에 헷갈리기 쉽다. 주어가 행동을 하는 주체인지 행동을 받는 대상인지에 따라 전자는 把자문을, 후자는 被자문을 사용해야 한다. 의미적으로 처치를 가하는 의미를 나타내는 문장을 능동문이라고 하고, 행동을 받는 것을 나타내는 문장을 피동문이라고 한다. 구체적으로 把자문과 被자문을 비교해 보자.

〈把자문과 被자문의 비교〉

① 把자문 : 주어(행동을 하는 사람) + 把명사(처치의 대상) + 술어(행동) + 처치의 결과

老师　　把我　　选　　为第一组的组长。　선생님은 나를 1조의 조장으로 선택했다.
행동을 하는 사람　처치의 대상　행동　　처치의 결과

→ 주어가 행동을 한 주체이기 때문에 把를 사용한다.

② 被자문 : 주어(행동을 받는 대상) + 被명사(행동을 하는 사람) + 술어(행동)

李白　　　　被后人　　称为"诗仙"。　이백은 후대 사람에게 '시선'이라고 불린다.
행동을 받는 대상　행동을 하는 사람　　행동

→ 주어가 행동을 받는 대상이고 后人(후대 사람)이 행동을 한 주체이기 때문에 被를 사용한다.

실전문제 📖🔍

A 屈原如果不被放逐，就不会写出《离骚》那样伟大的作品。
B 据报道，万里长城把联合国教科文组织列入全球濒危遗址名单。
C 围棋作为精神层面的艺术，必然有虚幻、模糊、抽象的内容，体现了中国人的审美观。
D 团队力量讲究的是组成团队的每一个单元都尽心尽力，而不是等团队创造出成绩后自己去捡便宜。

STEP 1　수식어를 제외한 주어, 술어, 목적어 분석하기

A 屈原　如果　不被　放逐，就不会　写出　《离骚》那样伟大的　作品。
　主어　接续사　부사어　술어　부사어　술어　　관형어　　　목적어

B 据报道，万里长城　把联合国教科文组织　列入　全球濒危遗址名单。
　부사어　　主어　　把+명사　　　술어　　　목적어

C 围棋　作为　精神层面的　技术　必然　有　虚幻、模糊、抽象的　内容，体现了　中国人的　审美观。
　主어　술어　관형어　목적어　부사어　술어　　관형어　　　목적어　술어　관형어　목적어

D 团队力量讲求的　是　组成团队的每一个单元都尽心尽力，而　不　是　等团队创造出成绩后自己去捡便宜。
　主어　　　　술어　　　　목적어　　　　　접속사　부사어　술어　　목적어

A 굴원이 만약 쫓겨나지 않았다면 「이소」와 같은 위대한 작품을 쓰지 못했을 것이다.
B 보도에 따르면, 만리장성은 유네스코를 세계 위기에 처한 유적지 명단에 이름을 올렸다.
C 바둑은 정신적 영역의 기술로서 비현실적이면서도 모호하고 추상적인 내용을 가지며 중국의 심미관을 구현했다.
D 협동심이 추구하는 것은 단체를 구성하는 모든 구성 단위가 최선을 다하는 것이지 단체가 성적을 거둔 후에 힘들이지 않고 이익을 얻어가는 것이 아니다.

B에서 세계 위기에 처한 유적지 명단에 이름을 오르게 한 주체는 만리장성이 아니라 유네스코이므로 被를 사용해야 한다.

정답 B 据报道，万里长城被联合国教科文组织列入全球濒危遗址名单。
보도에 따르면, 만리장성은 유네스코에 의해 세계 멸종 위기 유적지 명단에 이름을 올렸다.

어휘 放逐 fàngzhú 圖 쫓아내다　联合国教科文组织 Liánhéguó Jiàokēwénzǔzhī 圆 유네스코　濒危 bīnwēi 圖 위기에 처하다
遗址 yízhǐ 圆 유적　围棋 wéiqí 圆 바둑　作为 zuòwéi 丌 ~로서　精神层面 jīngshéncéngmiàn 圆 정신적 측면　虚幻
xūhuàn 圐 비현실적인　模糊 móhu 圐 모호하다　抽象 chōuxiàng 圐 추상적이다　审美 shěnměi 圆 심미　团队力量
tuánduìlìliang 圆 협동심　讲求 jiǎngqiú 圖 중시하다　尽心尽力 jìnxīnjìnlì 囵 힘과 성의를 다하다　捡便宜 jiǎnpiányi 圖 힘
들이지 않고 이익을 얻다

실전 테스트　정답 및 해설_해설편 p.049

다음 중 틀린 문장을 고르세요.

1.　A　"大熊猫"是中国的国宝，是国家一级重点保护动物。
　　B　把教育引向贵族化、奢侈化，这完全脱离了中国目前的实际。
　　C　许多家长都放生活的中心在孩子身上，这样也给孩子很大的压力。
　　D　癌症是我国人口死亡的首位原因，目前全国每年新发癌症患者达160万人。

2.　A　他说的话被我苦笑不得，同时也令我感动不已。
　　B　不论是什么年纪，女人最需要的是让她觉得安全。
　　C　排行榜上，可口可乐荣登榜首，麦当劳排名第二，诺基亚排名第三。
　　D　有人说："早上吃的应该像皇帝，中午吃的应该像平民，晚上吃的应该像乞丐。

3.　A　我们可以"代沟"视为自然现象而袖手旁观吗？
　　B　只要你对某一件事有兴趣，长久地坚持下去就会成功。
　　C　成功是每一个人都有的梦想，可成功不是从天上掉下来的。
　　D　鱼类之所以能够在水中生活，是因为它们拥有独特的呼吸系统。

4. A 北京胡同历经了数百年的风雨沧桑。

    B 实际上，世上没有绝望的处境，只有对处境绝望的人。

    C 一杯清水会因滴入一滴污水而变得污浊，一杯污水却不会因一滴清水的存在而变清澈。

    D 在这种不幸的情况下，父亲仍然坚强地生活下去，他比以前相当体贴我们，关心我们。

5. A 这世界有人忙得发愁，也有人闲得发愁。

    B 政府提出的各项政策的实施、把公司的情况有所好转。

    C 医学研究结果显示，女性的平均寿命通常要比男性长5至10年。

    D 员工的培训在公司管理中占有很重要的位置，是任何一个公司都明白的道理。

다음 중 틀린 문장을 고르세요.

1 A 每天我都要告诉两个孩子我多么爱他们。
   B 我们要尽一切力量使我国农业走上机械化、集体化。
   C 能够了解社会各阶层的人物，对一个小说家来说是极好的机会。
   D 草原上的天气变化莫测，刚刚还是晴空万里，转眼间便乌云密布了。

2 A 既然知道做错了，也应当赶快纠正。
   B 如果对方触摸鼻子，这意味着对方在掩饰自己的谎话。
   C 钱不应当是生命的目的，所以她从不为钱多钱少担心。
   D 所谓寒潮，是指北方的冷空气大规模地向南，造成急剧降温的天气过程。

3 A 成绩好不一定就说明将来成就大。
   B 永定土楼凝聚了世界各地慕名而来的游客。
   C 如果你自己也成了妈妈，你就能体会当母亲的劳累了。
   D 打开电脑，浏览网站，每天人们都在享受信息时代的好处。

4 A 能否提高品牌知名度，让我们能在激烈的竞争中立于不败之地。
   B 老舍茶馆为游客提供了一个展示中国茶文化和民族艺术的场所。
   C 你不知道你应该走哪条路，可能任何一条路都会令你抵达目的地。
   D 一个人有错误不加改正，即使是很小的错误，也可能会酿成大害。

5 A 不要把眼光盯着别人，不要与人比，要学会不贪婪，知足常乐。
   B 人的智力是否高于其他动物的智力呢？
   C 怎样与同事才能建立良好的关系？
   D 虽然大多数垃圾食品味道鲜美，它们却少有或根本没有营养价值。

6 A 所谓发烧就是人体温度超过正常范围。
   B 愚者错失机会，智者善抓住机会，成功者创造机会。
   C 如果我们只是盯着别人的缺点，人才就会从我们手中溜走。
   D 在遇到困难的时候，他们得到了力量从大家的信赖和关怀中。

7 A 南方的一些花卉，在北方盆栽不易成活或开花。

   B 考察的结果是，这里的自然环境非常适合大熊猫的成长。

   C 你永远无法真正了解一个人，除非你能从对方的角度看待事物。

   D 冬季的北方比南方特别寒冷干燥，很多病菌的繁殖在一定程度上受到抑制。

8 A 许多京剧表演艺术也曾到世界各地访问演出，并受到了各国人民的喜爱。

   B 如果一个国家养育了无数心地善良且幸福快乐的人，那么这个国家就是最富有的。

   C 虽然人类可以用消耗可再生资源的办法补充一些不可再生资源，但这在数量上毕竟是有限的。

   D 许多国外企业争先恐后地进入中国市场，我们企业必须做到最好，才有可能活下去，那么就会在激烈的竞争中被淘汰。

9 A 当您处于某种强烈的情绪状态的情况，不要急着做决定，因为此时做的决定很可能会让你在冷静时后悔。

   B 西方人的热狗，虽然吃来吃去就是香肠加蔬菜，但它们很会在调酱上下功夫，这多少为西方小吃的名声不佳扳回一局。

   C 大黄鱼有很高的药用价值，其耳石有清热祛淤、通淋利尿的作用，鳔有润肺建脾，补气止血等作用，胆有清热解毒的功能。

   D 为了帮助员工尽快成为国际性的管理人才和专业人才，我们集团会定期选送优秀员工出国培训或到相关知名企业工作学习。

10 A 总之，对别人的赞扬如果恰到好处，不光能是对方感到愉快，而且也能够让自己的生活充满欢乐。

   B 过失、屈辱和失落，对我们来说没办法百分之百地避免，但是我们应该避免这些事情破坏和改变人生。

   C 当下年轻一代的音乐类型偏好发生了明显的变化：很多年轻人只听流行歌曲，而其他形式的歌曲一律定为不"酷"的。

   D 除了松、竹、梅这"岁寒三友"之外，中国还有很多植物，如菊花、兰花和莲花等也成为中国人所追求的人格操守的象征。

독해
제2부분

빈칸에 알맞은 어휘 넣기

阅读

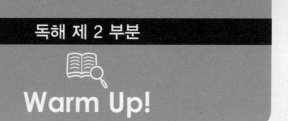

독해 제 2 부분

Warm Up!

유형 분석 & 풀이 전략

유형 분석 | 시험엔 이렇게 나온다!

출제 방식

HSK 6급 독해 제2부분은 짧은 단문의 3~5개의 빈칸에 적절한 어휘를 채우는 유형으로 61번부터 70번까지 총 10문항이 출제된다.

출제 경향 & 유형별 출제 비율

독해 제2부분에서는 단문을 해석하는데 집중하기 보다는 먼저 문장 성분 간의 호응 관계를 파악하는 것이 중요하다. 술어와 목적어의 호응, 관형어와 명사의 호응, 접속사의 호응 등 문장 성분 관계를 파악해야 풀 수 있는 문제의 비중이 가장 높고, 같은 품사이면서 뜻이 비슷한 단어를 구분하는 유의어 문제도 비중 있게 출제된다. 그 밖에 성어, 단음절 동사, 양사 등의 어휘의 의미를 묻는 문제와 지문 전체의 맥락을 파악해야 하는 문제도 출제된다. 호응 관계와 유의어를 구분하는 문제는 매번 중요하게 다뤄지고 있으며 성어나 단음절 동사의 의미를 묻는 문제도 꾸준히 출제되고 있다.

풀이 전략 | 문제 풀이 Step & 풀이 전략 적용해 보기

Step 1

빈칸의 위치와 보기 파악하기
빈칸의 위치와 보기를 통해 빈칸에 들어갈 어휘를 추측할 수 있다. 빈칸이 있는 문장을 주어, 술어, 목적어로 나누고 빈칸의 문장 성분과 품사를 확인한다.

Step 2

정답 고르기
빈칸 앞뒤의 어휘와 의미가 어울리는 짝꿍 어휘를 찾는다.

풀이 전략 · 적용해 보기

해석 및 어휘 | 해설편 p.058

61. 普吉岛以其迷人的热带_____和丰富的旅游资源，被称为 "安达曼海上的一_____明珠"。这儿最大的诱惑之一就是温暖湿润的气候，一年_____气温为28℃，温差很小。

A 风光　颗　平均
B 作风　筐　平时
C 风气　罐　平行
D 风格　条　平衡

STEP 1   빈칸의 위치와 보기 파악하기

빈칸1 빈칸은 앞에서 구조조사 **的**의 수식을 받고 있으며, 뒤에서는 접속사 **和**로 연결되어 **资源**(자원)과 나열되어 있으므로 명사 자리임을 예상할 수 있다.

빈칸2 빈칸 앞에 수사 **一**(일)가 있고, 뒤에 명사 **明珠**(명주)가 있으므로 양사 자리임을 알 수 있다.

빈칸3 보기가 모두 명사이므로 빈칸은 명사 자리임을 알 수 있다.

STEP 2   정답 고르기

빈칸1 빈칸 문장의 주어가 관광지인 **普吉岛**(푸켓)이고 **迷人的热带**(사람을 유혹하는 열대)가 수식하고 있으므로 이와 의미가 어울리는 명사를 찾아야 한다. 보기 어휘 중 **风光**(풍경)이 관광지에 어울리는 어휘이다. **作风**(기풍)은 생활이나 예술가에 사용하고 **风气**(풍조)는 사회나 집단의 분위기를 뜻하며 **风格**(풍격)는 사람의 성격이나 태도, 또는 예술 작품에 사용한다.

빈칸2 명사 **明珠**(빛이 고운 아름다운 구슬)와 어울리는 양사는 알갱이를 세는 **颗**(알)이다.

빈칸3 빈칸의 앞뒤 어휘의 의미가 '일년의 ~기온'이므로 의미가 적합한 어휘는 **平均**(평균)이다.

정답 A 风光　颗　平均

01 호응 관계
짝꿍 어휘 찾기

기본기 다지기 │ 기본 개념 잡기 & 공략 미리보기

문장 성분은 유기적으로 연결되어 호응 관계를 이루기 때문에 이웃하는 성분의 품사와 의미를 통해 빈칸에 들어갈 어휘를 유추할 수 있다.

│ 기본 개념 잡기 │ 어휘 간의 호응 관계

1. 술어와 목적어

我们一定要(克服)困难。(达到/克服)

우리는 반드시 어려움을 (극복해야) 한다. (도달하다/극복하다)

목적어 困难(어려움)과 의미적으로 호응하는 것은 克服(극복하다)이다. 达到(도달하다)는 의미가 전혀 어울리지 않는다.

2. 접속사의 호응 관계

(与其)在家休息，倒不如去公园散步。(宁肯/与其)

집에서 쉬는 것 (보다는) 차라리 공원에서 산책을 하는 게 낫다. (설령 ~할지라도/~하기 보다는)

倒不如는 접속사 与其와 '与其A，倒不如B(A보다는 차라리 B가 낫다)'의 호응 관계를 이룬다. 宁肯(차라리)은 '宁肯A, 也不B(차라리 A할지언정 B하지 않다)'의 호응 관계를 이룬다.

3. 관형어와 명사

我买了一块很好吃的(蛋糕)。(桌子/蛋糕)

나는 아주 맛있는 (케이크)를 샀다. (책상/케이크)

빈칸 앞이 관형어 好吃的(맛있는)이므로 빈칸은 명사 자리이며, 의미가 어울리는 것은 蛋糕(케이크)이다.

4. 나열된 어휘 간의 호응

那个东西的大小和(形状)都让人很满意。(形状/观点)

그 물건의 크기와 (모양)은 만족스럽다. (모양/관점)

빈칸 앞에 병렬 관계를 나타내는 접속사 和(~와/과)가 있으므로 빈칸은 大小(크기)와 비슷한 뜻이나 품사인 어휘가 와야 한다. 크기와 모양은 비슷한 개념이므로 形状(모양)이 들어가야 한다.

│ 공략 미리보기 │

합격 공략 44	술어와 목적어를 짝지으라!
합격 공략 45	접속사의 짝을 찾으라!
합격 공략 46	형용사와 명사를 짝지으라!
합격 공략 47	[220점 이상 고득점] 앞절과 뒷절의 호응 구조를 파악하라!

합격 공략 **44** 술어와 목적어를 짝지으라!

술어와 목적어의 호응 ★★★

술어와 목적어의 호응 관계를 묻는 문제는 출제 비중이 가장 높다. 명사 앞의 빈칸은 술어 자리이므로 의미가 어울리는 동사 술어를 보기에서 고르고, 동사 뒤의 빈칸은 목적어 자리이므로 의미가 어울리는 명사(또는 대사)를 보기에서 고른다. 특히 목적어를 수식하는 관형어가 긴 문장에서는 술어와 목적어를 정확하게 파악하는 것이 중요하다.

실전문제 🔍

中国古代铁索桥都长时间保持世界领先水平，在桥梁发展史上曾_____重要地位。

A 具备   B 建立
C 占领   D 占有

STEP 1   빈칸의 위치와 보기 파악하기

빈칸 앞에 부사(**曾**)가 있고 보기가 모두 동사이므로 빈칸은 술어 자리임을 알 수 있다.

STEP 2   정답 고르기

빈칸 뒤의 명사 성분 **重要地位**(중요한 위치)와 호응 하는 동사는 '어떤 지위를 차지하다'라는 뜻을 가진 **占有**이다.

- 보기 A **具备**(갖추다, 구비하다)는 일반적으로 **条件**(조건), **资格**(자격) 등의 목적어와 어울린다.
- 보기 B **建立**(세우다, 맺다)는 일반적으로 **关系**(관계)와 어울린다.
- 보기 C **占领**(점령하다)은 일반적으로 **领土**(영토)와 호응한다.

중국 고대 현수교는 오랜 시간 동안 세계 선두 수준을 유지했으며 교량 발전 역사상 중요한 지위를 차지했다.

A 갖추다   B 세우다
C 점령하다   D 차지하다

정답   D   中国古代铁索桥都长时间保持世界领先水平，在桥梁发展史上曾占有重要地位。

어휘   **铁索桥** tiěsuǒqiáo 명 현수교   **保持** bǎochí 동 유지하다   **领先** lǐngxiān 동 선두에 서다   **桥梁** qiáoliáng 명 교량   **占有** zhànyǒu 동 점유하다, (어떤 지위를) 차지하다   **具备** jùbèi 동 갖추다   **建立** jiànlì 동 세우다   **占领** zhànlǐng 동 점령하다

┃빈출 "술어 + 목적어" 호응 관계 ┃

克服 + 困难 어려움을 극복하다	缓解 + 压力/疲劳 스트레스를 완화하다
积累 + 经验 경험을 쌓다	享受 + 生活/幸福 삶 / 행복을 누리다
征求 + 意见 의견을 구하다	符合 + 要求 요구에 부합하다
建立 + 关系 관계를 세우다	实现 + 梦想/理想 꿈 / 이상을 실현하다
起到 + 作用 작용을 일으키다	促进 + 发展 발전을 촉진시키다
处于 + 状态 상태에 처하다	得到 + 肯定 인정을 받다
创造 + 奇迹/神话 기적/신화를 창조하다	控制 + 情绪 감정을 통제하다
欣赏 + 风景/人 풍경을 감상하다/사람이 마음에 들다	引起 + 关注/注意 관심 / 주의를 불러일으키다

합격 공략 45 접속사의 짝을 찾으라!

접속사의 호응 관계 ★★★

빈칸이 문장의 맨 앞이나 절이 시작되는 부분에 있고, 다른 절에 접속사나 부사가 있으면 접속사 간의 호응 관계로 정답을 찾을 수 있다. 자주 쓰이는 접속사의 호응 관계를 미리 숙지해 놓는 것이 필요하다.

실전문제

_____结婚并不一定会叫人幸福，但总算给她自己安排了一个最可靠的储藏室。

A 与其　　　　　　　　　　　　　B 既然
C 尽管　　　　　　　　　　　　　D 无论

STEP 1　빈칸의 위치와 보기 파악하기

빈칸이 문장의 맨 앞에 있고, 보기의 제시어들이 모두 접속사이므로 빈칸은 접속사 자리이다.

STEP 2　정답 고르기

뒷절의 **但**(그러나)과 호응하는 접속사를 찾아야 하는데, 의미가 어울리는 것은 **尽管**(비록 ~라 하더라도)이다. 문맥상 앞절은 결혼에 대한 안 좋은 점을 제시하고 뒷절은 **但**으로 시작하여 좋은 점을 제시하고 있으므로 **尽管**……, **但是**……(비록 ~라 하더라도, 그러나 ~이다)의 형식이 적합하다.

- 보기 A **与其**(~하느니)는 **不如**(~이 낫다)와 호응 관계를 이룬다.
- 보기 B **既然**(기왕 ~하게 된 이상)은 **就**(관계) 또는 **那么**(그러면)와 호응 관계를 이룬다.
- 보기 D **无论**(~을 막론하고)은 **都**(영토) 또는 **还**(또한)와 호응 관계를 이룬다.

비록 결혼이 꼭 사람을 행복하게 하는 것은 아니지만 그녀에게 가장 믿을만한 창고를 마련해 준 것이라 할 수 있다.

A ~하느니　　　　　　　　　　　　　B 기왕 ~하게 된 이상
C 비록 ~라 하더라도　　　　　　　　　D ~을 막론하고

정답 C 尽管结婚并不一定会叫人幸福，但总算给她自己安排了一个最可靠的储藏室。

어휘 尽管 jǐnguǎn 접 ~에도 불구하고　不一定 bùyídìng 부 꼭 ~한 것은 아니다　总算 zǒngsuàn 부 대체로 ~한 편이다　安排 ānpái 동 안배하다　可靠 kěkào 형 믿을 만하다　储藏室 chǔcángshì 명 저장실　与其 yǔqí 접 ~하느니, ~할 바에는　既然 jìrán 접 기왕 ~하게 된 이상　无论 wúlùn 접 ~을 막론하고

| 빈출 접속사의 호응 관계 |

접속사의 호응 관계	예시
之所以……，是因为…… ~한 것은 ~때문이다	我之所以选择和你在一起，是因为你让我开心。 내가 너와 함께 하기로 한 것은 네가 나를 기쁘게 하기 때문이다.
如果……，那么/就…… 만약 ~한다면, 그러면~	如果确定了目标，就一定要坚持下去。 만약 목표를 확실히 정했으면 계속 견지해야 한다.
即使……，也…… 설령 ~일지라도	即使明天下雨，我也要按时到校。 설령 내일 비가 오더라도 나는 제시간에 학교에 갈 것이다.
不管(=无论/不论)……，都/也…… ~와는 관계없이 모두 ~하다	无论明天天气怎么样，我都去爬山。 내일 날씨가 어떻든 나는 등산을 갈 것이다.

不但(=不仅/不光)……，而且(=还/也)…… ~할 뿐만 아니라 ~하다	他不但是伟大的文学家，而且是伟大的革命家。 그는 위대한 문학가일 뿐만 아니라 위대한 혁명가이다.
不但+不/没有……，反而(=反倒)…… ~하지 않을 뿐만 아니라 오히려 ~하다	吃药后，他的病不但没好，反而更严重了。 약을 먹은 후 그의 병은 좋아지지 않았을 뿐만 아니라 오히려 더 심해졌다.
与其……，倒(=还)不如…… ~하느니 차라리 ~하는 게 낫다	与其在家睡觉，不如跟我一起去看电影吧。 집에서 잘 바에는 나하고 영화 보러 가는 게 낫다.
宁可(=宁愿)……，也…… ~할지언정 ~하겠다	我宁可自己累死，也不给别人麻烦。 나는 피곤해 죽을지언정 다른 사람을 귀찮게 할 수 없다.
既然……，那么/就…… 기왕 ~하게 된 이상, ~하다	既然你喜欢他，就去告诉他吧。 네가 그를 좋아하게 된 이상 그에게 알려라.
只有……，才…… ~해야만 비로소 ~하다	只有坚持下去，才能取得成功。 계속 견지해야만 성공할 수 있다.
只要……，就…… ~하기만 하면, ~하다	只要明天天气好，我们就去郊游吧。 내일 날씨가 좋으면 우리 소풍가자.

합격 공략 46 형용사와 명사를 짝지으라!

형용사와 명사의 호응 ★★★

빈칸이 구조조사 的와 명사 앞에 있으면 빈칸은 관형어 자리이므로 보기에서 명사와 의미가 어울리는 어휘를 선택해야 한다. 주로 형용사가 명사를 수식하게 되는데 형용사 유의어 간의 차이점, 호응 관계 등을 파악해야 정확한 정답을 고를 수 있다.

실전문제

春秋战国时期，诸侯国为争夺霸权，展开了_____的竞争，经过角逐，出现了"春秋五霸"和"战国七雄"。

A 猛烈   B 激烈

C 剧烈   D 强烈

STEP 1 빈칸의 위치와 보기 파악하기

빈칸 뒤에 구조조사 **的**와 명사가 있고, 보기의 어휘가 모두 형용사이므로 빈칸은 명사 **竞争**을 수식하는 관형어 자리이다.

STEP 2 정답 고르기

명사 **竞争**(경쟁)과 호응하는 형용사는 **激烈**(치열하다)이다.
- 보기 A **猛烈**(맹렬하다)는 **风**(바람), **火**(불) 등과 어울린다.
- 보기 C **剧烈**(격렬하다)는 **运动**(운동)과 어울린다.
- 보기 D **强烈**(강렬하다)은 **阳光**(태양빛)과 호응한다.

춘추전국 시기에 제후국들은 패권을 쟁탈하기 위해 치열한 경쟁을 펼쳤다. 치열한 경쟁을 통해 '춘추오패'와 '전국칠웅'이 나타났다.

A 맹렬하다   B 치열하다

C 격렬하다   D 강렬하다

정답 B 春秋战国时期，诸侯国为争夺霸权，展开了激烈的竞争，经过角逐，出现了"春秋五霸"和"战国七雄"。

어휘 春秋战国 Chūnqiūzhànguó 명 춘추전국　诸侯国 zhūhóuguó 명 제후국　争夺 zhēngduó 동 쟁탈하다　霸权 bàquán 명 패권　展开 zhǎnkāi 동 펼치다, 전개하다　角逐 juézhú 동 경쟁하다　春秋五霸 Chūnqiūwǔbà 명 춘추오패(춘추시대의 다섯 명의 패자)　战国七雄 Zhànguóqīxióng 명 전국칠웅(전국 시대 일곱 제후국)　猛烈 měngliè 형 맹렬하다　激烈 jīliè 형 치열하다　剧烈 jùliè 형 격렬하다　强烈 qiángliè 형 강렬하다

합격 공략 **47** [220점 이상 고득점] 앞절과 뒷절의 호응 구조를 파악하라!

앞절과 뒷절의 호응 구조(상반구조)를 파악하라!

어휘와 어휘 간의 호응 관계가 의미가 어울리는 짝꿍 결합이라면, 절과 절의 호응 관계는 형식이 비슷하고 의미는 서로 상반된 구조를 이룬다. 따라서 절과 절의 형식이 유사하다면 빈칸에 들어갈 어휘를 간단하게 추측할 수 있다.

실전문제 📖

一块冰在沙漠里被阳光融化得只剩小小一块。冰说："沙漠是冰的地狱，北极才是冰的
_____。"沙对冰说："冰在沙漠里才_____，冰在北极是最不值钱的。"

A 故乡　昂贵		B 场合　珍惜	
C 天堂　珍贵		D 现场　可惜	

STEP 1 빈칸의 위치와 보기 파악하기

빈칸1 빈칸의 절과 앞절의 형식(A是B的C)이 대조를 이루므로 빈칸은 명사 자리임을 알 수 있다.

빈칸2 빈칸은 앞에 부사가 있으므로 술어 자리이고 역시 뒷절과 대조를 이룬다.

STEP 2 정답 고르기

빈칸1 빈칸 앞절의 주어는 沙漠(사막)이고 뒷절의 주어는 北极(북극)로 상반된 내용이다. 따라서 빈칸은 地狱(지옥)와 반대되는 天堂(천당)이 적합하다.

빈칸2 빈칸은 뒷절과 대조적인 구조이므로 不值钱(가치가 없다) 과 반대의 뜻인 珍贵(진귀하다)가 적합하다.

> 얼음 한 조각이 사막에서 햇빛에 의해 아주 작은 조각만 남게 되었다. 얼음이 말했다. "사막은 얼음의 지옥이고 북극은 얼음의 천당이야." 모래가 얼음에게 말했다. "얼음은 사막에서만 진귀하고 얼음은 북극에서는 가장 값어치가 없는 것이야."
>
> A 고향　비싸다　　　　　　　　　　　B 장소　아끼다
> C 천당　진귀하다　　　　　　　　　　D 현장　아쉽다

정답 C 一块冰在沙漠里被阳光融化得只剩小小一块。冰说："沙漠是冰的地狱，北极才是冰的天堂。"沙对冰说："冰在沙漠里才珍贵，冰在北极是最不值钱的。"

어휘 冰 bīng 명 얼음　沙漠 shāmò 명 사막　融化 rónghuà 동 녹다　剩 shèng 동 남다　地狱 dìyù 명 지옥　天堂 tiāntáng 명 천당　沙 shā 명 모래　珍贵 zhēnguì 형 진귀하다　值钱 zhíqián 형 값지다　故乡 gùxiāng 명 고향　场合 chǎnghé 명 특정한 장소 및 상황　现场 xiànchǎng 명 현장　昂贵 ángguì 형 비싸다　珍惜 zhēnxī 동 아끼다　可惜 kěxī 형 아쉽다

빈칸에 알맞은 어휘를 고르세요.

1. 很多人不愿意放弃自己的东西，虽然这些东西曾给你带来过快乐，但是你越想把它
　　_____得紧，它就越是从你的指缝中溜走。_____一颗平常心、_____的心，善待自己的
　　同时很好地善待别人，你会快乐。

　　A 抓　拥有　宽容　　　　　　　　B 转　拥护　自由
　　C 捡　拥抱　自主　　　　　　　　D 盯　包容　安宁

2. 在_____上同事之间关系不好的一个重要原因是"彼此都太看重利益的得失"。对于新人来
　　说，别_____计较得失，不妨把眼前利益看淡些，注重_____和谐的气氛，着眼于_____更
　　多机会。

　　A 现场　格外　经营　吸取　　　　B 职务　过度　塑造　争夺
　　C 业务　十分　争论　录取　　　　D 职场　过于　营造　争取

3. 在中国，设置人大机构就是为了真正_____促进"一府两院"的工作之目的，_____行
　　政、司法机关滥用权力，促进依法行政公正司法。因此，_____从法律上讲，还是从实
　　质上讲，各级人大都对"一府两院"进行_____。

　　A 实现　阻碍　假设　监视　　　　B 实施　防御　何况　督促
　　C 达到　防止　无论　监督　　　　D 树立　阻止　固然　注视

4. 九寨沟是一个_____秀丽的景区。九寨沟的水是世界最_____的，无论是平静的湖
　　泊，还是飞泻的瀑布，都那么美妙迷人，让人_____。水构成了九寨沟最富有美丽的景
　　色，也是九寨沟的_____。

　　A 气息　清新　络绎不绝　精神　　B 风景　清澈　流连忘返　灵魂
　　C 风气　清洁　目不转睛　核心　　D 印象　透明　雪上加霜　基础

5. 古天文学说认为，东西南北由四种_____的动物代表，其中_____东方的神兽是
　　"龙"。历代帝王都以"龙子"自称，因为他们最有权力。家中最东面的房子也要给最
　　有_____的长辈住。因此"我来做东"就是"我来做主人请客"的意思。

　　A 神妙　涉世　声势　　　　　　　B 虚假　悬挂　声誉
　　C 神圣　管辖　权威　　　　　　　D 凶恶　铸造　权限

02 동사, 형용사, 명사 유의어
유의어의 차이점 구분하기

기본기 다지기 · 기본 개념 잡기 & 공략 미리보기

독해 제2부분에서는 보기가 유의어 형태로 제시되는 경우가 많다. 따라서 자주 출제되는 유의어와 차이점을 미리 파악해야 한다. 유의어는 동사, 형용사, 명사 유의어가 있으며 한 글자가 동일한 유의어들이 일반적이다.

┃ 기본 개념 잡기 ┃ 유의어의 차이점 구분하기

1. 동사 유의어

物质燃烧(具备)三个基本条件。(具备/具有)

물질의 연소에는 세가지 기본 조건이 (있다).

具备와 具有는 공통적으로 具가 있고 한 글자가 다르다. 备는 '구비하여 갖추다'라는 뜻이고 有는 '소유하다'라는 뜻이다. 条件(조건)은 소유하는 것이 아니라 갖추는 것이므로 具备가 적합하다.

2. 형용사 유의어

家庭(和睦)是最重要的。(和睦/和谐)

가정이 (화목한 것)이 가장 중요하다. (화목하다/화합하다)

睦는 '화목하다'라는 뜻이며 谐는 '조화를 이루다'는 뜻이므로 家庭(가정)과 어울리는 것은 和睦이다.

3. 명사 유의어

他从小就练习各种表演(技能)，在底工方面很扎实。(功能/技能)

그는 어릴 때부터 다양한 연기 (기술)을 연습해서 기본기가 아주 견고하다. (기능/기술)

功能은 기계적 기능을 의미하고 技能은 사람이 가진 솜씨, 기술 등을 의미하므로 技能을 넣어야 한다.

┃ 공략 미리보기 ┃

합격 공략 48	동사 유의어를 구분하라!
합격 공략 49	형용사 유의어를 구분하라!
합격 공략 50	명사 유의어를 구분하라!
합격 공략 51	[220점 이상 고득점] 유의어 간의 품사를 파악하라!

합격 공략 48 동사 유의어를 구분하라!

동사 유의어 ★★★

유의어는 보통 한 글자는 동일한데 다른 한 글자가 다른 경우가 많다. 따라서 다른 한 글자로 차이점을 파악하고 호응하는 어휘와의 결합을 익혀두는 것이 필요하다.

실전문제 📖🔍

世界互联网大会上，这家上市企业＿＿＿＿全世界的关注和重视。

A 吸引

B 引起

C 吸收

D 引导

STEP 1 빈칸의 위치와 보기 파악하기

빈칸의 절에는 술어가 없고 보기에 제시된 어휘가 모두 동사이므로 빈칸은 동사 자리이다.

STEP 2 정답 고르기

보기는 공통적으로 **吸**(끌어당기다)와 **引**(이끌다)이 있는 유의어들이다. 목적어 **关注和重视**(관심과 중시)과 어울리는 동사로는 **引起**가 '(관심을) 불러일으키다'라는 뜻이므로 정답은 B이다.

• 보기 A **吸引**(끌어당기다)은 **人**(사람), **目光**(눈길) 등과 호응한다.

• 보기 C **吸收**(흡수하다)는 **水分**(수분)과 호응한다.

• 보기 D **引导**(인도하다)는 **人**(사람)과 호응한다.

세계 인터넷 회의에서 이 상장기업은 전세계의 관심과 중시를 <u>불러일으켰다</u>.

A 끌어당기다

B 불러일으키다

C 흡수하다

D 인도하다

정답 B 世界互联网大会上，这家上市企业<u>引起</u>全世界的关注和重视。

어휘 **互联网** hùliánwǎng 몡 인터넷 **上市企业** shàngshìqǐyè 몡 상장기업 **关注** guānzhù 몡 관심, 주의 **吸引** xīyǐn 동 끌어당기다 **引起** yǐnqǐ 동 야기하다, (주의를) 끌다 **吸收** xīshōu 동 흡수하다 **引导** yǐndǎo 동 인도하다

| 빈출 동사 유의어 |

동사 유의어	예시	
具有 (추상적인것을) 가지다 具备 (물품, 조건을) 갖추다	具有**特色** 특색을 가지다 具备**条件** 조건을 갖추다	具有**功能** 기능을 가지다 具备**资格** 자격을 갖추다
拥有 (토지, 재산을) 보유하다 富有 풍부하다, 강하다	拥有**金钱** 돈을 가지다 富有**特色** 특색이 풍부하다	拥有**健康** 건강을 가지다 富有**创造性** 창조성이 풍부하다
改善 개선하다 改正 개정하다, 정정하다	改善**环境** 환경을 개선하다 改正**缺点** 단점을 고치다	改善**生活** 생활을 개선하다 改正**错误** 잘못을 고치다
养成 기르다 培养 배양하다	养成**习惯** 습관을 기르다 培养**人才** 인재를 기르다	培养**植物** 식물을 기르다
保护 보호하다 保存 보존하다	保护**环境** 환경을 보호하다 保存**文物** 문물을 보존하다	保护**动物** 동물을 보호하다
保留 보류하다 保养 보양하다	保留**原状** 원상태를 보존하다 保养**皮肤** 피부를 보양하다	

减少 감소하다 减轻 경감하다, 줄이다	数量减少 수량이 감소하다 减轻压力 스트레스를 줄이다	人口减少 인구가 감소하다 减轻痛苦 고통을 줄이다
传递 전달하다 传达 전달하다	传递信息 정보를 전달하다 传达命令 명령을 전달하다	传递消息 메시지를 전달하다 传达指示 지시를 전달하다
创造 창조하다 塑造 빚어 만들다	创造奇迹 기적을 창조하다 塑造形象 이미지를 만들다	创造神话 신화를 창조하다
给予 주다 赋予 부여하다	给予支持 지지하다 赋予意义 의미를 부여하다	给予帮助 도움을 주다 赋予希望 희망을 주다
制造 제조하다 制作 제작하다	制造汽车 자동차를 제조하다 制作电影 영화를 제작하다	制造机器 기계를 제조하다 制作纪念品 기념품을 제작하다
衡量 평가하다 测量 측정하다	衡量价值 가치를 평가하다 测量降水 강수량을 측정하다	

합격 공략 49 형용사 유의어를 구분하라!

형용사 유의어 ★★★

형용사 유의어는 동사 유의어와 마찬가지로 한 글자는 동일한데 다른 한 글자가 다른 경우가 많으므로 이 다른 글자로 뜻을 구분할 수 있다. 특히 형용사 중에는 우리나라에서 쓰는 한자와 동일한 어휘가 있어 의미가 혼동될 수 있으므로 주의해야 한다.

실전문제

_____的温度、_____的空气、一定的水分都是种子萌发所必须的环境条件。

A 适时　充分　　　　　　　　　　B 适合　充实
C 适量　充沛　　　　　　　　　　D 适宜　充足

STEP 1　빈칸의 위치와 보기 파악하기

빈칸1 빈칸 뒤에 구조조사 的와 명사가 있으므로 빈칸은 관형어 자리이다.

빈칸2 빈칸 뒤에 구조조사 的와 명사가 있으므로 빈칸은 관형어 자리이고 보기가 모두 형용사이다.

STEP 2　정답 고르기

빈칸1 보기에 모두 공통적으로 适(적합하다)가 있으므로 다른 한 글자로 차이점을 구분한다. **适时**는 시간, **适量**은 양에 쓰이며 **适合**는 동사로 주로 목적어와 같이 쓰인다. 온도, 환경에 어울리는 것은 **适宜**이다.

빈칸2 보기에 모두 공통적으로 **充**이 있고 충분하다는 뜻을 나타낸다. **空气**(공기)와 어울리는 단어는 **充足**(충분하다)인데, 공기, 수분 등에 쓰인다. **充分**은 시간/휴식, **充沛**는 정력, **充实**는 내용에 쓰인다.

적합한 온도와 충분한 공기와 일정한 수분은 모두 씨앗이 싹을 트는데 필요한 환경 조건이다.

A 시기가 적절하다　　충분하다　　　　　　　　　B 어울리다　　풍부하다
C 적당량이다　　　　왕성하다　　　　　　　　　D 적합하다　　충분하다

정답　D 适宜的温度、充足的空气、一定的水分都是种子萌发所必须的环境条件。

어휘　**萌发** méngfā 통 싹이 트다　**必须** bìxū 부 반드시　**适时** shìshí 형 시기가 적절하다　**适宜** shìyí 형 적합하다　**适量** shìliàng 형 적당량이다　**适合** shìhé 통 적합하다　**充分** chōngfèn 형 충분하다(추상적인 것)　**充足** chōngzú 형 충분하다　**充沛** chōngpèi 넘쳐 흐르다　**充实** chōngshí 형 충분하다, 풍부하다

| 빈출 형용사 유의어 |

형용사 유의어	예시	
充分 충분하다 充足 충분하다	理由充分 이유가 충분하다 睡眠充足 수면이 충분하다	时间充分 시간이 충분하다 阳光充足 햇빛이 충분하다
充沛 넘치다 充实 충실하다	精力充沛 정력이 넘치다 生活充实 생활에 충실하다	
和谐 조화롭다 和蔼 상냥하다	人与自然和谐 사람과 자연이 조화를 이루다 和蔼的老师 상냥한 선생님	
清澈 맑고 투명하다 清洁 청결하다	河水清澈 강물이 깨끗하다 路面清洁 길이 청결하다	
巨大 거대하다 广大 크고 넓다	巨大的压力 엄청난 스트레스 广大的观众 많은 관중	巨大的影响 엄청난 영향
激烈 치열하다 猛烈 맹렬하다	激烈的竞争 치열한 경쟁 猛烈的火势 맹렬한 불길	
强烈 강렬하다 剧烈 격렬하다	强烈的阳光 강렬한 햇빛 剧烈的疼痛 심한 통증	
美妙 아름답다 巧妙 절묘하다	美妙的歌声 아름다운 노랫소리 构思巧妙 생각이 기발하다	
坚强 굳고 강하다 坚定 확고하다	性格坚强 성격이 강하다 意志坚定 의지가 확고하다	
精密 정밀하다 精致 정교하다	精密的计算 정밀한 계산 精致的工艺 정교한 공예	
严重 심각하다 严厉 매섭다, 엄하다	病情严重 병세가 심각하다 语调严厉 말투가 엄하다	后果严重 결과가 심각하다
美观 아름답다 可观 광장하다	外形美观 외형이 아름답다 收入可观 수입이 광장하다	
昂贵 비싸다 珍贵 진귀하다	价格昂贵 가격이 비싸다 珍贵的文物 진귀한 문물	

명사 유의어 ★★☆

명사 유의어도 글자의 조합이 유사하여 헷갈리기 쉬운 문제가 출제될 뿐만 아니라, 글자 자체의 유사성이 없다고 해도 해석상 의미가 유사한 문제가 출제되곤 한다. 명사와 어울리는 동사/형용사를 파악해 둘 뿐만 아니라 명사 자체의 의미를 정확하게 숙지해 두는 것이 필요하다.

실전문제

中国古代绘画不仅透射出中国传统的思想观念, 还反映了其所在＿＿＿＿＿＿＿的历史特征。
A 时代　　　　　　　　　　　　　　　　B 时期
C 时刻　　　　　　　　　　　　　　　　D 时光

STEP 1 빈칸의 위치와 보기 파악하기

빈칸의 뒤에 구조조사 **的**가 있으므로 관형어 자리임을 알 수 있다.

STEP 2 정답 고르기

보기가 모두 명사이므로 **历史特征**(역사적 특징)과 의미가 어울리는 어휘를 찾아야 한다. 문맥상 '그림이 소재하는 ～의 역사적 특징'이란 뜻이므로 **时代**(시대)가 적합하다.

• 보기 B **时期**(시기)는 특정한 때를 의미한다. 기간의 의미가 아니므로 정답이 아니다.
• 보기 C **时刻**(시각)는 짧은 시간의 순간을 의미한다.
• 보기 D **时光**(시절)은 특별한 의미를 가진 시간을 의미한다.

중국 고대 회화는 중국 전통의 사상 관념을 투영할 뿐 아니라 그 시대의 역사적 특징을 반영했다.
A 시기　　　　　　　　　　　　　　　　B 시각
C 시대　　　　　　　　　　　　　　　　D 시절

정답 A 中国古代绘画不仅透射出中国传统的思想观念, 还反映了其所在时代的历史特征。

어휘 **绘画** huìhuà 명 회화 동 그림을 그리다　**透射** tòushè 명 동 투사(하다)　**思想观念** sīxiǎngguānniàn 명 사상 관념　**反映** fǎnyìng 동 반영하다　**时期** shíqī 명 시기　**时刻** shíkè 명 시각　**时代** shídài 명 시대　**时光** shíguāng 명 시절

ㅣ빈출 명사 유의어ㅣ

명사 유의어	예시	명사 유의어	예시
风气 풍조 风格 스타일	社会风气 사회 풍조 独特的风格 독특한 스타일	结果 결과 后果 (부정적) 결과	比赛的结果 경기 결과 严重的后果 심각한 결과
气氛 분위기 气息 숨결, 정취	浪漫的气氛 로맨틱한 분위기 时代的气息 시대적 정취	时代 시대 当代 당대, 이 시대	青铜器时代 청동기 시대 当代文学 당대 문화
功能 기능 技能 기능, 솜씨	手机功能 핸드폰 기능 超人的技能 뛰어난 기량	梦想 꿈 幻想 환상	实现梦想 꿈을 실현하다 幻想小说 판타지 소설

效果 효과 效益 효익, 이익	运动的效果 운동 효과 公司效益 기업의 이익	意识 의식 意志 의지	职业意识 직업 의식, 프로 정신 意志坚韧 의지가 강하다
情景 광경 情节 스토리	惨烈的情景 참담한 광경 电影情节 영화 스토리	消息 소식 信息 정보	最新消息 최신 소식 个人信息 개인 정보
考验 시험, 시련 考试 시험	严峻的考验 혹독한 시련 期末考试 기말고사	特色 특색 特长 특기	民族特色 민족 특색 发挥特长 특기를 발휘하다

합격 공략 51 [220점 이상 고득점] 유의어 간의 품사를 파악하라!

유의어 간의 품사를 파악하라!

유의어는 대부분 동일한 품사이지만, 일부 유의어는 다른 품사를 가지기도 한다. 특히 하나는 형용사, 하나는 동사인 경우가 많은데, 형용사는 목적어를 가지지 않으므로 동사와 구분된다.

〈품사가 다른 유의어의 예〉

适合 동사 적합하다   vs   合适 형용사 적합하다

满足 동사 만족시키다   vs   满意 형용사 만족스럽다

放松 동사 편하게 하다   vs   轻松 형용사 수월하다

充满 동사 넘치다   vs   充足 형용사 충분하다

害怕 동사 두려워하다   vs   可怕 형용사 무섭다

실전문제

不要_____犯错误，每一次错误都是人生的又一次成长。

A 惊慌   B 慌张

C 可怕   D 害怕

STEP 1   빈칸의 위치와 보기 파악하기

빈칸 앞에 조동사가 있고 뒤에는 명사가 있으므로 동사 술어 자리임을 알 수 있다.

STEP 2   정답 고르기

보기 **惊慌**과 **慌张**은 '당황하다'는 뜻이고 **可怕**와 **害怕**는 '두려워하다'는 뜻인데, 목적어 **犯错误**(잘못을 저지르다)와 어울리는 것은 '두려워하다'이다. 보기 중에서 **可怕**는 형용사이고 동사는 **害怕**이므로 D가 정답이다.

잘못을 저지르는 것을 ~~두려워하지~~ 마라. 모든 잘못은 삶에서 또 한 번 성장하는 것이다.

A 당황하다   B 허둥대다

C 무섭다   D 두려워하다

정답 D 不要**害怕**犯错误，每一次错误都是人生的又一次成长。

어휘 犯错 fàncuò 통 잘못을 저지르다   错误 cuòwù 명 잘못   收入 shōurù 명 수입   惊慌 jīnghuāng 형 당황하다   慌张 huāngzhāng 형 허둥대다

빈칸에 알맞은 어휘를 고르세요.

1. 在中国这样一个人口_____很高的国家，应该_____起多建微型房的概念，特别是在经济发达地区。这样会使房价变得容易承受一些，也_____环保的需求。

   A 高度　建造　适合　　　　　　　B 程度　确立　配合
   C 进度　建立　适应　　　　　　　D 密度　树立　符合

2. 民间习惯把"立冬"这个节气作为冬季的开始，也常用立冬当天的天气_____整个冬天的天气。当然，这个日期不是进入冬天的_____日期。各地的冬季并不都是于立冬日同时开始的，不同的_____进入冬天的时间有所不同。

   A 测量　确实　局部　　　　　　　B 推测　准确　区域
   C 预料　准确　区域　　　　　　　D 衡量　的确　地区

3. 舔嘴唇并不能是嘴唇湿润，反而会因为水分_____而嘴唇更感干燥。我们都体会过越干越舔、越舔越干的恶性_____。其实，_____唇部皮肤的最好办法是涂润唇油，这样就_____防止水分的流失。

   A 分泌　环节　保管　确保　　　　B 蒸发　循环　保养　足以
   C 分辨　趋势　保存　有效　　　　D 引发　结局　保持　难免

4. 睡眠时，要有_____的血液流向心和脑，我们才会得到高质量的睡眠。只有当人处于睡眠_____时，血液才能_____皮肤层，能为皮肤提供营养，加快_____皮肤疲劳的速度。

   A 充满　形状　抵达　解除　　　　B 充沛　趋势　集合　消失
   C 充实　情况　混合　消灭　　　　D 充足　状态　到达　消除

5. 在日常生活中，事物所呈现的对称能给人们以平衡与_____的美感。生物医学近来的研究提供了更为科学的_____支持。研究显示，对称的形体和外表、图像最易被神经网络_____，所以人们_____于选择对称体貌。

   A 和谐　理论　捕捉　倾向　　　　B 尊敬　道理　捕捞　注重
   C 和蔼　逻辑　引用　专注　　　　D 尊严　论据　引发　热衷

03

성어, 단음절 동사, 양사, 부사
어휘의 뜻 파악하기

기본기 다지기 **기본 개념 잡기 & 공략 미리보기**

출제 빈도가 높은 동사, 형용사, 명사를 제외한 그 밖의 어휘로는 성어, 단음절 동사, 양사, 부사 등이 있다. 이러한 어휘들은 의미를 알아야 빈칸을 채울 수 있는 경우가 많다.

l 기본 개념 잡기 1 l 성어

성어는 주로 네 글자로 이루어진 행위나 교훈을 나타내는 어휘로 주로 술어, 관형어, 부사어로 쓰인다.

1. 술어로 쓰이는 경우

我们要(全力以赴)。(全力以赴/半途而废)

우리는 (최선을 다해야) 한다. (최선을 다하다/중도에 포기하다)

빈칸은 동사 술어 자리인데, 무엇을 해야 한다는 뜻이므로 全力以赴(최선을 다하다)가 들어가야 한다.

2. 부사어로 쓰이는 경우

他们(争先恐后)地购买打折商品。(当务之急/争先恐后)

그들은 (앞다투어) 할인 상품을 구매했다. (급선무/앞다투다)

빈칸은 부사어 자리인데 当务之急(급선무)는 명사이므로 적합하지 않다.

l 기본 개념 잡기 2 l 양사와 단음절 동사

1음절로 이루어진 어휘에는 양사와 단음절 동사가 있다. 2음절 단어는 한 글자만 알아도 뜻을 유추할 수 있지만 1음절 단어는 그렇지 않으므로 어휘의 의미를 숙지해야 한다.

1. 양사

他发现了一(颗)耀眼的新星。(份/颗)

그는 반짝이는 새 별 (하나)를 발견했다. (인분/알)

빈칸 앞에 수사가 있으므로 양사 자리이다. 명사 新星(새 별)을 세는 양사는 颗이다.

2. 단음절 동사

他不小心(踩)了顾客的脚, 赶忙向顾客道歉。(踩/摆)

그는 실수로 손님의 발을 (밟아서) 재빨리 손님에게 사과했다. (밟다/놓다)

빈칸은 목적어 脚(발)와 어울려야 한다. 踩는 부수가 足(발), 摆는 부수가 手(손)이므로 踩가 들어가야 한다.

l 공략 미리보기 l

합격 공략 52	성어의 뜻을 파악하라!
합격 공략 53	양사와 단음절 동사의 뜻을 파악하라!
합격 공략 54	[220점 이상 고득점] 부사의 뜻을 파악하라!

합격 공략 (52) 성어의 뜻을 파악하라!

성어 ★★☆

성어는 술어, 관형어, 부사어 자리와 문장의 맨 앞에 쓰일 수 있다. 보기의 어휘가 네 글자 성어일 경우 뜻을 알아야 올바른 정답을 고를 수 있으므로 필수 성어를 미리 학습해 둔다.

실전문제 📖🔍

> 在社交礼仪中，握手的顺序也是_____的。宾主之间，主人应先向客人伸手。
> A 各抒己见　　　　　　　　　　　B 至关重要
> C 不言而喻　　　　　　　　　　　D 精益求精

STEP 1 　빈칸의 위치와 보기 파악하기

빈칸의 앞뒤가 단정적인 견해를 나타내는 '是……的' 구조이므로 빈칸은 술어 자리임을 알 수 있으며 보기는 모두 성어이다.

STEP 2 　정답 고르기

- 보기 A **各抒己见**(제각기 자기 의견을 말하다)에서 **抒**는 '진술하다, 나타내다'의 뜻이다.
- 보기 B **至关重要**(매우 중요하다)에서 **重要**는 '중요하다'는 뜻이다.
- 보기 C **不言而喻**(말하지 않아도 알다)에서 **言**은 '말하다', **喻**는 '깨닫다'라는 뜻이다.
- 보기 D **精益求精**(훌륭하지만 더욱 완벽을 추구하다)에서 **求**는 '추구하다', **精**은 '정교하다'라는 뜻이다.

빈칸이 있는 문장의 주어는 **握手的顺序**(악수하는 순서)이고, 뒷절은 '주객 간에 주인이 먼저 손님에게 손을 내밀어야 한다'는 뜻이므로 B **至关重要**가 적합하다.

> 사교 예절에서 악수의 순서도 <u>매우 중요하다</u>. 손님과 주인 간에 주인이 먼저 손님에게 손을 내밀어야 한다.
> A 각자 자기의 의견을 말하다 　　　　　　　B 매우 중요하다
> C 말하지 않아도 알다 　　　　　　　　　　D 훌륭하지만 더 완벽을 추구하다

정답　B 在社交礼仪中，握手的顺序也是<u>至关重要</u>的。宾主之间，主人应先向客人伸手。

어휘　社交 shèjiāo 몡 사교　礼节 lǐjié 몡 예절　握手 wòshǒu 됭 악수하다　顺序 shùnxù 몡 순서　宾主 bīnzhǔ 몡 손님과 주인　伸手 shēnshǒu 됭 손을 내밀다　各抒己见 gèshūjǐjiàn 솅 각자 자기의 의견을 말하다　至关重要 zhìguānzhòngyào 솅 매우 중요하다　不言而喻 bùyán'éryù 솅 말하지 않아도 알다　精益求精 jīngyìqiújīng 솅 훌륭하지만 더욱 완벽을 추구하다

┃빈출 성어┃

爱不释手	너무나 좋아해서 차마 손에서 떼어놓지 못하다	络绎不绝	(사람/수레/배 등의) 왕래가 빈번해 끊이지 않다
拔苗助长	일을 급하게 이루려고 하다가 도리어 일을 그르치다	名副其实	명실상부하다
半途而废	일을 중도에 그만두다	莫名其妙	영문을 알 수 없다, 어리둥절하게 하다
饱经沧桑	세상만사의 변화를 실컷 경험하다	难能可贵	쉽지 않은 일을 해내어 대견스럽다

不相上下	우열을 가릴 수 없다, 막상막하	迫不及待	일각도 지체할 수 없다
不屑一顾	거들떠볼 가치도 없다	齐心协力	한 마음 한 뜻으로 함께 노력하다
层出不穷	끊임없이 나타나다	恰到好处	꼭 들어맞다, 아주 적절하다
不择手段	수단을 가리지 않다	锲而不舍	인내심을 갖고 일을 계속하다
不言而喻	말하지 않아도 알다	全力以赴	전력투구하다, 최선을 다하다
称心如意	마음에 꼭 들다	任重道远	책임은 무겁고 갈 길은 멀기만 하다
川流不息	(행인/차량 등이) 냇물처럼 끊임없이 오가다	统筹兼顾	여러 방면의 일을 통일적으로 계획하고 두루 돌보다
当务之急	당장 처리해야 하는 일, 급선무	滔滔不绝	끊임없이 계속되다, 말이 끝이 없다
得不偿失	얻는 것보다 잃는 것이 더 많다	日新月异	나날이 새로워지다
得天独厚	특별히 좋은 조건을 갖추다	微不足道	하찮아서 말할 가치도 없다
风土人情	지방의 특색과 풍습, 풍토와 인심	无动于衷	아무런 느낌이 없다, 전혀 무관심하다
各抒己见	각자 자기의 의견을 발표하다	无精打采	의기소침하다, 풀이 죽다
根深蒂固	기초가 튼튼하여 쉽게 흔들리지 않다.	无理取闹	고의로 소란을 피우다, 일부러 말썽을 부리다
供不应求	공급이 수요를 따르지 못하다	无能为力	무능해서 아무 일도 못하다
归根到底	근본으로 돌아가다, 결국, 끝내	无穷无尽	무궁무진하다
画蛇添足	쓸데없는 짓을 하다, 사족을 가하다	无忧无虑	아무런 근심이 없다
恍然大悟	문득 모든 것을 깨치다, 갑자기 모두 알게 되다	物美价廉	상품의 질이 좋고 값도 저렴하다
急功近利	눈앞의 성공과 이익에만 급급하다	小心翼翼	매우 조심스럽다, 조심조심하다
急于求成	목적을 달성하기에 급급하다	想方设法	온갖 방법을 다 생각하다
家喻户晓	집집마다 다 알다	未雨绸缪	사전에 미리 준비하다, 사전에 방비하다
竭尽全力	모든 힘을 다 기울이다	与日俱增	날이 갈수록 많아지다
津津有味	흥미진진하다	一举两得	일거양득
精益求精	훌륭하지만 더 완벽을 추구하다	一如既往	지난 날과 다름없다
举世瞩目	전세계 사람들이 주목하다	一丝不苟	조금도 소홀히 하지 않다
举足轻重	일거수일투족이 전체에 중대한 영향을 끼치다	朝气蓬勃	생기가 넘쳐 흐르다, 생기발랄하다
聚精会神	정신을 집중하다	众所周知	모든 사람이 다 알고 있다

단음절 동사와 양사 ★★★

단음절 동사는 부수로 대략의 의미를 파악할 수 있으므로 외울 때 부수에 유의하여 단어를 외우고 양사는 호응하는 명사와 함께 암기하도록 한다.

실전문제 🔍

> 她_____身跟我说。"你会为了一_____星星而放弃整个夜空吗？"
> A 转　颗　　　　　　　　　　　　B 伸　幅
> C 拧　株　　　　　　　　　　　　D 捡　艘

STEP 1　**빈칸의 위치와 보기 파악하기**

빈칸1 빈칸 뒤에 명사가 있고 보기가 모두 동사이므로 빈칸은 술어 자리임을 알 수 있다.

빈칸2 반칸 앞에 수사가 있고 뒤에 명사가 있으므로 빈칸은 양사 자리임을 알 수 있다.

STEP 2　**정답 고르기**

빈칸1 빈칸은 '몸을 어떻게 하다'라는 뜻이므로 **身**(몸)과 어울리는 동사는 **转**(돌리다)이다. **伸**(뻗다), **拧**(비틀다), **捡**(줍다)은 모두 손과 관련된 동작이다.

빈칸2 빈칸 뒤의 명사 **星星**(별)을 세는 양사는 둥글고 작은 알맹이 모양의 것을 셀 때 쓰는 **颗**(알)이다. **幅**(폭)은 그림을 셀 때 사용하고, **株**(그루)는 나무를 셀 때 사용하며 **艘**(척)는 배를 세는 양사이다.

> 그녀는 몸을 돌려 나에게 말했다. "너는 별 하나를 위해서 모든 밤하늘을 포기할 수 있어?"
> A 돌리다　알　　　　　　　　　　B 내밀다　폭
> C 비틀다　그루　　　　　　　　　D 줍다　척

정답　A　她转身跟我说。"你会为了一颗星星而放弃整个夜空吗？"

어휘　转身 zhuǎnshēn 통 몸을 돌리다　整个 zhěnggè 명 전체　夜空 yèkōng 명 밤하늘　伸 shēn 통 내밀다, 펴다　拧 nǐng 통 비틀다　捡 jiǎn 통 줍다　颗 kē 양 알　幅 fú 양 폭[그림 등을 세는 양사]　株 zhū 양 그루　艘 sōu 양 척[선박을 세는 양사]

ㅣ빈출 단음절 동사ㅣ

부수	단음절 동사
手	摆 놓다　挥 휘두르다　捡 줍다　摸 만지다　扔 버리다, 던지다　抬 들다　推 밀다 摇 흔들다　扶 부축하다
目	瞧 보다　睁 눈을 크게 뜨다　盯 응시하다
水	洒 뿌리다　浇 뿌리다　漏 새다　涂 바르다
口	咬 물다　吓 놀라다　响 울리다　喊 외치다　吹 불다　吐 뱉다
足	踩 밟다　蹲 쪼그리고 앉다　踢 차다　跑 뛰다
欠	歇 쉬다

车	晕 어지럽다　转 돌다　轰 몰다, 내쫓다
攵	救 구하다　收 받다　放 놓다　改 고치다　教 가르치다
风	飘 날리다
门	闯 갑자기 뛰어 들다, 부딪치다　闭 닫다　闹 떠들다

| 빈출 양사 |

양사	예시
颗 둥글고 작은 알맹이를 세는 단위	一颗星星 별 하나　　一颗心 마음
棵 나무, 식물을 세는 단위	一棵树苗 나무 한 그루　一棵草 풀 한 포기
枚 동글납작한 물건을 세는 단위	一枚鸡蛋 계란 한 알　一枚金牌 금메달 한 개
粒 작고 동그란 것을 세는 단위	一粒米 쌀 한 톨
道 명령, 제목 등에 쓰임	一道命令 명령 하나
首 시, 사, 노래를 세는 단위	一首歌 노래 한 곡　　一首诗 시 한 수
份 부분, 몫 등을 세는 단위	一份工作 일 하나
筐 광주리로 세는 단위	一筐鸡蛋 계란 한 바구니
串 꿴 물건을 세는 단위	一串葡萄 포도 한 송이
届 정기적인 회의, 졸업년차 등을 세는 단위(회)	第一届电影节 제1회 영화제
堆 무더기, 더미, 무리를 세는 단위	一堆纸 종이 한 뭉텅이
批 사람, 물건의 많은 묶음을 세는 단위	一批人 사람 한 무리
艘 선박을 세는 단위	一艘客船 여객선 한 척
双 짝이 있는 것을 세는 단위(쌍, 켤레)	一双袜子 양말 한 켤레
幅 포목, 종이, 그림 등을 세는 단위	一幅画 그림 한 폭
副 쌍이나 짝으로 된 물건을 세는 단위, 얼굴 표정에 쓰임	一副眼镜 안경 한 개　　一副表情 표정 하나
头 소, 돼지 등의 가축을 세는 단위	一头牛 소 한 마리
条 가늘고 긴 것을 세는 단위	一条裤子 바지 한 벌　　一条大狗 개 한 마리
阵 잠시 지속되는 일이나 동작을 세는 단위	一阵大风 한 차례 바람
场 문예, 오락, 체육활동을 세는 단위	一场比赛 경기 한 번
面 편평한 물건을 세는 단위	一面镜子 거울 하나
盏 등불을 세는 단위	一盏灯 등불 한 개

부사의 뜻을 파악하라!

부사는 의미가 세분화되어 있고 종류도 다양하기 때문에 한 단어씩 학습하면 시간이 너무 많이 걸린다. 따라서 용법과 의미가 헷갈리기 쉬운 단어를 위주로 시험에 자주 출제되는 부사를 학습하도록 한다.

1. 부정부사(不/没有)와 함께 쓰이는 부사

根本 근본적으로　　　从来 여태까지　　　并 결코

2. 형용사와 함께 쓰이는 부사

相当 상당히　　　十分 매우　　　比较 비교적　　　格外 유난히　　　特别 특별히　　　非常 매우

3. 접속사와 호응 관계를 이루는 부사

虽然……, 却(=倒)…… 비록 ～일지라도　　　不但……, 还…… ～일 뿐만 아니라, ～하다
即使……, 也…… 설령 ～일지라도　　　不管……, 都…… ～에 관계없이 ～하다
如果……, 就(=便)…… 만일 ～한다면 ～하다　　　只有……, 才…… ～해야만 비로소 ～하다
只要……, 就(=便)…… ～하면 ～하다

3. 동의어와 함께 기억해야 하는 부사

不一定 = 未必 반드시 ～하는 것은 아니다　　　恐怕 = 也许 아마도
怪不得 = 难怪 어쩐지　　　的确 = 确实 확실히　　　竟然 = 居然 뜻밖에도
仍然 = 依然 = 依旧 여전히　　　到底 = 究竟 도대체　　　似乎 = 仿佛 마치 ～인 것 같다
逐步 = 逐渐 = 渐渐 점점　　　忽然 = 突然 갑자기

실전 테스트　정답 및 해설_해설편 p.064

빈칸에 알맞은 어휘를 고르세요.

1. 每当春节将近的时候，家家户户都在大门两边_____上崭新的红春联，红底黑字，稳重而鲜艳。表达一家一户对新年的美好_____。一些春联还反映不同的行业、不同家庭的幸福观。因此认真研究春联，无疑是观察民间风情的一个有意义的_____。

   A 粘　榜样　网络　　　　　　B 贴　愿望　途径
   C 眨　幻想　习俗　　　　　　D 折　初衷　关键

2. 有些人涮火锅的时候，_____涮一下就把生肉拿出来，肉片中的_____根本不能完全被杀死。一般来讲，薄肉片应在沸腾的锅中_____一分钟左右，这时吃又美味又健康。

   A 恰巧　风味　奔　　　　　　B 不断　细节　割
   C 反复　片段　捧　　　　　　D 略微　细菌　搁

3. 信用卡给我们的生活带来了无限的方便，很多人刷信用卡时很 _____，可拿到账单时把薪水和支出一对照，又往往会 _____。专家建议，年轻人应该 _____ 地使用信用卡。如果平时有冲动消费的习惯，最好直接用现金付款。

A 爽快　心疼　恰到好处　　　　B 愉快　欣慰　千方百计
C 灵敏　茫然　日新月异　　　　D 灵活　糊涂　深情厚谊

4. "一日之计在于晨"，所以充满活力的早晨需要开始于一 _____ 优质的早餐，早餐是一日三餐中最为重要的一餐，摄入的能量 _____ 人体一天所需能量的35%左右，营养丰富的早餐能让人思维敏捷，_____ 灵活，从而提高学习和工作 _____。

A 吨　居　反馈　效益　　　　B 番　揉　反思　频率
C 顿　占　反应　效率　　　　D 届　追　反映　概率

5. 《清明上河图》描绘了清明节时首都的 _____，全面 _____ 了当时首都长生繁华、欣欣向荣的社会 _____。画家从宁静的郊区一直画到 _____ 的中心街巷，画中人物共计1659人，大的不足3厘米，小的只有豆子那么大，却个个 _____。

A 恍然大悟　检讨　主题　无穷无尽　莫名其妙
B 饱经沧桑　探讨　文化　精打细算　刻不容缓
C 竭尽全力　讲究　场面　不言而喻　兴致勃勃
D 风土人情　展现　面貌　川流不息　栩栩如生

빈칸에 알맞은 보기를 선택하세요.

1 豆类食物中，黑豆的_____价值非常高，黑豆中所含的不饱和脂肪酸，可促进胆固醇的
   代谢、降低血脂，预防心血管_____，且黑豆的纤维素_____高，可促进肠胃蠕动。

   A 内涵　毛病　成分　　　　　　　B 营养　疾病　含量
   C 风味　缺陷　分量　　　　　　　D 要素　弊病　比重

2 温泉是地下水在长期运动过程中_____地壳的热能而形成的，形成温泉必须_____地底
   有热源、岩层中具裂隙让温泉涌出、地层中有_____热水的空间的三个条件。

   A 形成　含有　配备　　　　　　　B 堆积　占据　储备
   C 吸收　具备　储存　　　　　　　D 摄取　包含　储蓄

3 与孩子谈话，不仅能刺激孩子的听觉和视觉的发展，对孩子_____的开发也十分有益。
   研究_____，如果家长与孩子谈话_____高，尤其是在宝宝9个月至三岁时多与孩子交
   谈，那么他们的孩子上学后会有明显的_____。

   A 智慧　出示　程度　趋势　　　　B 智商　展示　周期　姿势
   C 机智　表示　幅度　势力　　　　D 智力　显示　频率　优势

4 创业的关键不在于你是否有_____的想法，而在于你是否愿意为此不计一切代
   价，_____地去做。创业不能停留在理念与幻想上，思想可以有_____个，但行动只能有
   一个。

   A 敏锐　锲而不舍　宽广　　　　　B 灵敏　深情友谊　广泛
   C 出色　全力以赴　无数　　　　　D 杰出　恰到好处　广阔

5 我们会不_____地撒谎，如"我今天不能来，我病了"，"你这样剪发，显得更漂亮"
   等。心理学家认为，撒谎并不都是一种坏_____，出于礼貌或者爱而撒的谎，
   往往能使人际关系更_____，这也是_____的一种技巧。

   A 自主　品德　和睦　挺身而出　　B 自觉　行为　融洽　待人接物
   C 各自　品格　和谐　相辅相成　　D 亲自　行动　圆满　见义勇为

6 这个世界_____会有人与你不和，那些人可能会在背后_____你，甚至把你当做敌人。如果总记着这些，那你就变得和他们一样心胸_____了。对他们感到愤怒只会扰乱你和家人的生活，所以_____他们吧。

A 以免　审判　害羞　提示　　　　　B 不妨　恐吓　无耻　出示
C 难免　诽谤　狭隘　漠视　　　　　D 未必　挑拨　别扭　轻视

7 很多研究人员和教育工作者都一直认为第二语言是一种干扰，会影响儿童的_____发育。不过，研究人员近来发现，这种干扰_____说是障碍，倒不如说让使用者"_____"，因为它会迫使大脑去解决内部_____，从而提高使用者的认知能力。

A 素质　以便　难能可贵　纠纷　　　B 智力　与其　因祸得福　冲突
C 智慧　反倒　急于求成　隔阂　　　D 身材　倘若　任重道远　冲动

8 中国画是中国的国家文化形象和艺术的表率。这不仅因其历史深厚久远，_____重要的是其独特、鲜明的艺术个性，_____它所表现的中华民族独有的审美观。中国画_____地呈现民族文化和民族特色，_____了中国画的独特价值体系。

A 均　并　绝无仅有　造成　　　　　B 皆　而且　屈指可数　建筑
C 可　却　数一数二　构造　　　　　D 更　以及　独一无二　构成

9 人生决定了人与人之间会存在着_____、怀疑与冲突，这些矛盾越深，越阻碍个人能力的充分发挥，也会影响企业的_____。疏通是解决堵塞的根本方法，企业领导者应当不时地鼓励员工把骚扰和_____发泄出来，并对其加以引导和_____，使员工之间消除误会，融洽相处。

A 隔阂　效益　埋怨　调解　　　　　B 间隔　利润　埋葬　补救
C 诬陷　中心　善待　提炼　　　　　D 陷阱　发展　善行　救助

10 为什么天上的星星会一闪一闪的？这不是因为星星_____的亮度出现变化，而是与大气的_____有关。大气隔在我们与星星之间，当星光通过大气层时，会受到大气的密度和厚薄影响。大气不是_____透明的，它的透明度会根据密度的不同而产生变化。所以我们透过它来看星星，就会看到星星_____在闪烁。

A 本身　遮挡　绝对　好像　　　　　B 本能　掩蔽　务必　仿佛
C 根本　掩藏　未必　似乎　　　　　D 基本　抵挡　必然　相似

독해
제3부분

빈칸에
알맞은 문장 넣기

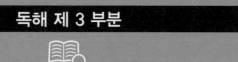

독해 제 3 부분

Warm Up!

유형 분석 & 풀이 전략

유형 분석 | 시험엔 이렇게 나온다!

출제 방식

HSK 6급 독해 제3부분은 빈칸에 알맞은 구나 절, 문장을 채우는 문제 유형으로 총 2개의 지문과 71번부터 80번까지 10문항이 출제된다.

출제 경향 & 유형별 출제 비율

독해 제3부분은 어휘의 수준이 높은 글들이 주로 출제된다. 한 편의 글에서 절과 절, 문장과 문장의 의미를 파악하여 빈칸에 알맞은 문장을 넣어야 하는데 정확한 해석을 하지 못하더라도 당황할 필요가 없다. 문장이 연결되는 주요 실마리를 파악할 수 있으면 수월하게 정답을 찾을 수 있다. 제3부분에서는 주로 접속사와 대사로 연결 관계를 파악하는 문제, 빈칸의 위치로 연결 관계를 파악하는 문제, 그리고 키워드로 연결 관계를 파악하는 문제 등이 출제된다. 글의 종류는 주로 설명문이나 옛날 이야기가 출제되고 해석보다는 문장의 구조를 파악해야 정확한 정답을 고를 수 있다. 최근에는 특정 분야의 지식과 정보를 전달하는 설명문, 그 중에서도 과학 분야가 비중 있게 출제되고 있다.

풀이 전략 | 문제 풀이 Step & 풀이 전략 적용해 보기

Step 1

보기에서 단서 찾기

시간을 단축하기 위해서 보기를 먼저 분석한다. 보기를 '주어+술어+목적어'로 나눈 뒤, 접속사나 대사, 어기조사 등 문장의 위치를 파악할 수 있는 단서를 찾는다.

Step 2

빈칸 주변의 단서 찾아 정답 고르기

빈칸 앞뒤에 접속사가 있는지, 보기의 키워드가 언급되었는지, 빈칸이 문장의 어느 부분(시작/중간/끝)에 위치해 있는지, 어떤 문장부호가 있는지 등을 파악한다. 찾은 단서를 바탕으로 의미가 자연스럽게 연결되는 보기를 고른다.

풀이 전략 적용해 보기

해석 및 어휘 | 해설편 p.074

一对好朋友在旅行中吵了一架，其中一个人打了同伴一个耳光。被打的人愣了半天，最后却没有说话，只是在沙子上写下：(71)_____。

他们到了一条大河边，过河时被打耳光的差点淹死。幸好被朋友救起。被救后，他拿起一把小刀在石头上刻下：今天好朋友救了我一命。朋友问："为什么我打了你之后，你写在沙子上，(72)_____？"那人笑了笑，回答："(73)_____，要写在易忘的地方，风会抹去它；但如果被帮助，我们要把它刻在心灵深处，那里，任何风都不能抹灭它。"

生活中，人们常常会陷入一个怪圈：因为是朋友，就将他的付出和给予视为理所当然，少了感激；因为是朋友，(74)_____，多了苛责。其实，朋友间难免会产生矛盾，但这种伤害往往是无心的，如果因为这种无心的伤害而失去朋友，那将不仅是遗憾，而且是悲哀。忘记朋友的伤害，(75)_____。珍惜身边的朋友吧。

A 铭记朋友的关爱吧

B 今天我的好朋友打了我一巴掌

C 就把他的错误看成不可原谅

D 当被一个朋友伤害时

E 而现在要刻在石头上呢

A **铭记朋友的关爱吧** → 문장 끝에 위치하는 어기조사(**吧**)가 있다.

B **今天我的好朋友打了我一巴掌** → 주-술-목 구조이며 주어가 나(**我**)이다.

C **就把他的错误看成不可原谅** → 주어가 없으므로 앞절이 필요하다.

D **当被一个朋友伤害时** → 앞절에 위치하는 시간을 나타내는 부사어(**当……时**)가 있다.

E **而现在要刻在石头上呢** → 접속사(**而**)가 있으므로 앞절이 필요하다. 어기조사(**呢**)가 있다.

(71) 빈칸 앞은 여행 중 친구에게 뺨을 맞고 모래에 쓴 내용이 나오고 문장 부호 ' : (**冒号**)'가 있다. 문장 부호 ' : ' 뒤에는 구체적으로 제시하는 내용이 와야 한다. 빈칸 앞에 **在沙子上写下**(모래 위에 글을 썼다)라고 했으므로 일기, 회고 형식인 보기 B가 적합하다.

(72) 뺨을 때린 친구의 대화가 빈칸까지 이어지며 빈칸은 의문문으로 끝난다. 따라서 의문문에 사용하는 어기조사(**呢**)가 있는 보기 E가 적합하다. 또한 보기 E의 키워드가 빈칸 앞부분에 **在石头上刻下**(돌 위에 새기다)로 언급되어 있다.

(73) 빈칸은 문장의 시작부분이므로 시간 개사구 **当……时**(~했을 때)가 있는 보기 D가 적합하다. 또한 빈칸 뒤쪽 문장의 문장 부호 ' ; (**分号**)'는 병렬 또는 전환을 나타내는데, **要写在**와 **要刻在**가 대조를 이루므로 **被帮助**(도움을 받다)와 반대되는 내용인 **被伤害**(상처를 받다)가 있는 보기 D가 적합하다.

(74) 빈칸의 앞절에는 접속사 **因为**가 있고 빈칸은 가운데 절에 위치해 있다. 또한 빈칸 앞에 문장 부호 ' ; '가 있어 앞절과 대조를 이룬다. 따라서 **就将……视为……** (~을 ~하게 여기다)와 대조를 이루는 보기 C가 적합하다.

(75) 빈칸의 앞절은 친구의 상처를 잊으라는 명령문이고, 빈칸에서 문장이 끝난다. 앞절이 '동사+**朋友的**+명사'의 구조이므로 이와 유사한 보기 A가 적합하다.

정답   (71) B (72) E (73) D (74) C (75) A

독해 제 3 부분

01 접속사와 대사
접속사와 대사로 연결 관계 파악하기

기본기 다지기 **기본 개념 잡기 & 공략 미리보기**

문장을 연결하는 대표적인 수단은 접속사이다. 지문을 해석하지 않아도 표면적으로 드러나는 단서로 문장의 연결 관계를 파악할 수 있다.

|기본 개념 잡기 1| **접속사의 호응**

접속사는 다른 접속사 또는 부사와 함께 호응 관계를 이루어 문장의 논리적 관계를 나타낸다. 접속사가 보이면 이와 호응하는 접속사 또는 부사를 찾는다.

(지문) 这不是雷雨声, _____。

(보기) A 而是海浪拍打岩石的声音　　　　　B 他们兴致勃勃地爬山山顶

不是는 不是A, 而是B(A가 아니라 B이다)라는 호응 관계를 이루므로 而是로 시작하는 A가 와야 한다.
해석 이것은 천둥과 비 소리가 아니라 파도가 바위에 부딪히는 소리이다.

|기본 개념 잡기 2| **대사**

대사는 대신 가리키는 역할을 한다. 대사가 있으면 그 앞에 가리키는 대상을 배치한다.

(지문) _____, 我们就要记得开启这个功能。

(보기) A 我们的生活离不开手机　　　　　B 大部分的手机具备防盗功能

지문에 这个功能(이 기능)이 있으므로 앞절에는 구체적인 功能(기능)이 있는 B가 와야 한다.
해석 대부분의 핸드폰이 도난 방지 기능을 가지고 있기 때문에 우리는 이 기능을 켜놓도록 해야 한다.

| 공략 미리보기 |

합격 공략 55	접속사의 호응 관계를 찾으라!
합격 공략 56	대사 앞에 가리키는 내용을 배치하라!
합격 공략 57	[220점 이상 고득점] 빈칸 앞뒤에서 동등한 구조를 찾으라!

접속사의 호응 관계 ★★★

독해 제3부분의 빈칸에 알맞은 문장 넣기는 접속사만 찾으면 쉽게 풀 수 있는 문제들이 다수 출제되기 때문에 필수 접속사의 호응 관계를 숙지하는 것이 필요하다.

〈시험에 자주 출제되는 접속사의 호응 관계〉

종류	접속사의 호응
점층 관계	不但(=不仅/不只/不光)……, 而且(=还/也/更/甚至)…… ~뿐만 아니라, 게다가
선택 관계	不是……, 就是…… ~가 아니면 ~이다 不是……, 而是…… ~가 아니라 ~이다 与其……, 不如…… ~보다 차라리 ~가 낫다
조건 관계	只要……, 就是…… ~하면 ~하다 只有……, 才…… ~해야만 비로소 ~하다
전환 관계	虽然(=尽管/固然)……, 但是(=可是/然而/却)…… 비록 ~이지만
가정 관계	如果(=若/假如)……, 那么/就/则…… 만약에 ~라면
인과 관계	因为(=由于)……, 所以(=因此/因而/从而)…… ~하기 때문에, 그래서 ~하다

실전문제 📖

> 　我急于要使公司里的每一个人都认为我非常完美，要是他们指责我的话，我会觉得丢人。因此，只要有一个人对我有埋怨，＿＿＿＿＿＿＿＿＿＿＿。
>
> A 如果我满足了他
> B 我对这种事情非常敏感
> C 我就会想法子迁就他
> D 等我想要补偿这个人的时候
> E 反而会是我的敌人更多

STEP 1 　보기에서 단서 찾기

A 如果**我满足了他** → 접속사(**如果**)로 시작하므로 문장의 시작 부분에 와야 한다.
B **我对**这**种事情非常敏感** → 대사(**这**)가 있다. 앞부분에 가리키는 내용이 와야 한다.
C **我**就**会想法子迁就他** → 부사(**就**)가 있으므로 앞절이 필요하다.
D **等我想要补偿这个人**的时候 → 시간을 나타내는 절(**等**……**时候**)은 부사어로 쓰여 술어 앞이나 주어 앞에 사용된다.
E **反而会是我的敌人更多** → 접속사(**反而**)가 있으므로 앞절이 필요하다.

STEP 2 　빈칸 주변에서 단서 찾아 정답 고르기

빈칸에서 문장이 끝나며 앞절에 접속사 **只要**(~하기만 하면)가 있다. **只要**와 호응하는 어휘는 **就**로, **只要**……, **就**……(~하기만 하면, ~하다)라는 호응 관계를 이룬다. 따라서 정답은 C이다.

　　나는 회사 안의 모든 사람이 내가 매우 완벽하다고 생각하게 만들기에 급급하다. 만약 그들이 나를 질책하면 체면을 잃을 것이기 때문이다. 그래서 나를 원망하는 사람이 하나라도 있으면 <u>그를 맞춰 줄 방법을 찾게 된다</u>.

A 만일 그를 만족시킨다면

B 나는 이 일에 매우 민감하다

C 나는 그를 맞춰줄 방법을 찾을 것이다

D 내가 이 사람에게 보상하고 싶을 때

E 오히려 내 적이 많아질 것이다

정답　C　我就会想法子迁就他

어휘　**急于** jíyú [통] ~에 급급하다　**完美** wánměi [형] 완전무결하다　**指责** zhǐzé [통] 비난하다　**埋怨** mányuàn [통] 불평하다, 원망하다
　　　　敏感 mǐngǎn [형] 민감하다　**法子** fǎzi [명] 방법　**迁就** qiānjiù [통] (마지못해) 끌려가다, 맞춰 주다　**补偿** bǔcháng [통] 보상하다
　　　　反而 fǎn'ér [부] 오히려　**敌人** dírén [명] 적

합격 공략 **56** 대사 앞에 가리키는 내용을 배치하라!

가리키는 내용, + 대사 ★★☆

대사는 대신 가리키는 역할을 하기 때문에 앞에 반드시 가리키는 대상이 와야 한다. 따라서 대사가 있으면 지칭하는 대상을 찾아 앞에 배치한다.

〈앞의 내용을 지칭하는 대사〉

종류	대사
지시 대사	这 이, 이것　该 이, 그, 저(앞에 나온 사람/사물을 가리킴) 那 그, 그것　其 그(의), 그들(의)　之 (문어체에서)그, 이, 그것
인칭 대사	他 그　她 그녀　他们 그들 它 그것　它们 그것들

→ 대사는 일반적으로 글의 서두에 오지 않지만, 1인칭 대사(我, 我们)는 글의 서두에 올 수 있다.

실전문제 📖

　　　　皇帝问他：“听说你们家兄弟三人都是大夫，到底哪一位最杰出呢？”扁鹊回答说：“大哥医术最清湛，其次是二哥，我排在最后。”＿＿＿＿＿＿＿＿＿＿＿＿＿＿＿，于是又问：“那为什么你的名声最响呢？”

A 以为我的医术最高明

B 所以名声无法传播出去

C 对后世的中医学影响巨大

D 皇帝对这个回答感到纳闷

E 名声也因此而传遍了全国

STEP 1 보기에서 단서 찾기

A 以为我的医术最高明 → 동사(以为)로 시작하므로 앞절이 필요하다.
B 所以名声无法传播出去 → 접속사(所以)로 시작하므로 앞절이 필요하다.
C 对后世的中医学影响巨大 → '주+술' 구조로 이루어져 있다.
D 皇帝对这个回答感到纳闷 → 대사(这)가 가리키는 回答(대답)가 앞에 와야 한다.
E 名声也因此而传遍了全国 → 결론에 사용하는 접속사 因此가 있으므로 글의 끝부분에 위치한다.

STEP 2 빈칸 주변에서 단서 찾아 정답 고르기

빈칸 앞에 사람의 말이 끝나고 문장이 새롭게 시작한다. 뒤에는 접속사 于是(그래서)가 있다. 보기 D에 这个回答(이 대답)가 있는데 빈칸의 앞에 扁鹊의 대답이 나오고 빈칸의 뒷부분에서 又问(또 물었다)이라고 했으므로 D가 정답이다.

황제가 물었다 "자네 집안의 3 형제가 모두 의사라고 하던데 도대체 누가 가장 뛰어난가? 편작이 대답했다. "큰 형이 가장 뛰어나고, 그 다음은 둘째 형이고, 제가 제일 마지막입니다." 황제가 이 대답에 답답함을 느끼고 또 물었다. "그럼 왜 자네의 명성이 가장 대단한 것인가?"

A 나의 의술이 가장 뛰어나다고 생각한다
B 그래서 명성이 전해질 수가 없다
C 후세의 의학에 지대한 영향을 끼쳤다
D 황제는 이 대답에 답답함을 느꼈다
E 명성은 이 때문에 전국에 전파되었다

정답 D 皇帝对这个回答感到纳闷

어휘 高明 gāomíng 혱 고명하다, 뛰어나다   后世 hòushì 몡 후세   杰出 jiéchū 혱 걸출하다, 출중하다   扁鹊 Biǎnquè 인명 편작 [중국 전국시대 의학자]   精湛 jīngzhàn 혱 (기예 등이) 뛰어나다. 훌륭하다   纳闷 nàmèn 혱 답답해하다, 궁금해하다   传遍 chuánbiàn 동 두루 퍼지다   传播 chuánbō 동 전파하다

합격 공략 57 [220점 이상 고득점] 빈칸 앞뒤에서 동등한 구조를 찾으라!

빈칸 앞뒤에서 동등한 구조를 찾으라!

문장의 연결 관계는 접속사와 대사 뿐만 아니라 동등한 구조로도 파악할 수 있다. 서로 상반된 내용 또는 비슷한 내용을 같은 구조로 나열하기 때문인데 주로 유사한 문법 구조와 어휘로 나타낸다. 따라서 빈칸 앞뒤의 문장을 살펴 유사한 구조의 보기를 찾으면 연결 관계를 쉽게 파악할 수 있다.

〈동등한 구조의 특징〉

1. 유사한 뜻 또는 상반된 뜻의 술어가 반복된다.
   • 过去人们以为……，现在人们认为……。

   过去人们曾认为鱼的记忆只能维持三秒，但最新研究却发现鱼有五个月的记忆。
   과거 사람들은 물고기의 기억이 단지 3초만 유지된다고 생각했지만 최근 연구 결과는 물고기가 5개월의 기억을 가진다는 것을 발견했다.

   • 是……，也是……。

   这是一场进攻与脱险的游戏，同时也是生与死的较量。
   이것은 공격과 위험에서 벗어나는 게임이며 동시에 생과 사의 겨루기이다.

2. 동등한 구조의 개사구가 반복된다.

• 在……期间(当……时)，……，在……期间(当……时)，……。

在气温较高时，随处都可以闻到花香，且香气较浓；在气温较低时，则只有在花的附近才能闻到花香，香气也比较淡。

기온이 높을 때는 곳곳에서 꽃 향기를 맡을 수 있고 향기도 짙다. 기온이 낮을 때는 단지 꽃의 근처에서만 꽃향기를 맡을 수 있고 향기 또한 비교적 옅다.

실전문제 📖

人们会发现，猫和狗有时在草地上吃草。过去人们以为，这些动物这样做是为了清理肠胃，但是现在动物学家认为，_____，促使体内产生血红蛋白，有利于健康生长。

A 并且张开翅膀
B 这不仅是凉快
C 科学家对这种叶子进行化验
D 它们这样做是为了得到维生素
E 有的动物还会在石头上蹭擦来清除寄生虫

STEP 1 보기에서 단서 찾기

A 并且张开翅膀 → 접속사(并且)로 시작하므로 앞문장이 필요하다.
B 这不仅是凉快 → 대사(这)로 시작하며 대사가 가리키는 내용이 앞에 필요하다.
C 科学家对这种叶子进行化验 → 주-술-목으로 구조이며 대사(这)가 가리키는 내용이 앞에 필요하다.
D 它们这样做是为了得到维生素 → 주-술-목 구조이며 대사(它们)가 가리키는 내용이 앞에 필요하다.
E 有的动物还会在石头上蹭擦来清除寄生虫 → 주-술-목 구조이다.

STEP 2 빈칸 주변에서 단서 찾아 정답 고르기

빈칸의 앞부분에 过去人们认为(과거에 사람들은 ~라고 여겼다)와 现在动物学家认为(현재 동물학자는 ~라고 여긴다)가 대조를 이루고 있다. 동등한 구조이므로 앞절의 是为了(~하기위함이다)가 동일하게 있는 보기 D가 정답이다.

사람들은 고양이와 개가 때때로 잔디밭에서 풀을 먹는 것을 발견하기도 한다. 과거에 사람들은 이 동물들이 이렇게 하는 것은 위장을 깨끗하게 하기 위함이라고 잘못 여겼으나, 현재 동물학자들은 그들이 이렇게 하는 것은 비타민을 얻기 위함이라고 생각한다. 이렇게 하면 체내에서 헤모글로빈을 만들게 되어 건강하게 성장하는데 유리하다.

A 게다가 날개를 펼친다
B 이것은 시원하게 하려는 것 뿐만 아니라
C 과학자는 이 잎에 대해 화학 실험을 진행했다
D 그들이 이렇게 하는 것은 비타민을 얻기 위해서이다
E 어떤 동물은 바위 위에 비벼서 기생충을 깨끗이 제거할 수 있다

정답 D 它们这样做是为了得到维生素

어휘 草地 cǎodì 잔디밭 │ 以为 yǐwéi 통 여기다, 생각하다 │ 清理 qīnglǐ 통 깨끗이 정리하다 │ 肠胃 chángwèi 명 위장, 소화 기관 │ 维生素 wéishēngsù 명 비타민 │ 促使 cùshǐ 통 ~하도록 촉진시키다 │ 血红蛋白 xuèhóngdànbái 명 헤모글로빈 │ 张开 zhāngkāi 통 펼치다 │ 翅膀 chìbǎng 명 날개 │ 凉快 liángkuai 형 서늘하다 │ 化验 huàyàn 명 화학 실험을 하다 │ 蹭擦 cèngcā 통 살짝 비비다 │ 清除 qīngchú 통 깨끗이 없애다 │ 寄生虫 jìshēngchóng 명 기생충

(1-5) 빈칸에 알맞은 문장을 넣으세요.

有年夏天，家里来了一个会制作笛子的木匠，在我家干了半个月的活儿。他教会了我吹笛子,但却舍不得将自己的笛子送给我，他说那是亲人留下的。无奈之下，我到山上砍了根竹子，请他帮我做一支笛子。他苦笑道："不是每根竹子都能做成笛子的。"(1)＿＿＿＿＿＿，我找的那根竹子粗细适宜，厚薄均匀，质感光滑，是我千挑万选才相中的，为什么不能做成笛子呢？

　　他解释说："这是今年的竹子, (2)＿＿＿＿＿＿，也经不起吹奏。"我更加困惑了：今年的竹子怎么了？东西不都是越新鲜越好吗？他看出了我的困惑，接着讲道："你不知道，凡是用来做笛子的竹子都需要经历寒冬。因为竹子在春夏长得太散漫，只有到了冬天，气温骤冷，天天'风刀霜剑严相逼'，它的质地才会改变，做成笛子吹起来才不会走调。(3)＿＿＿＿＿＿，没有经过霜冻雪侵，虽然看起来长得不错，可是用来制作笛子的话，(4)＿＿＿＿＿＿，而且还会出现小裂痕，虫子也很喜欢蛀这样的竹子。"

　　其实，人生就好比是这根用来做笛子的竹子，(5)＿＿＿＿＿＿，才能奏出动人的曲子。

A 而当年生的竹子

B 就算做成了笛子

C 只有历经了风霜雨雪

D 我觉得他是在骗我

E 不但音色会差许多

빈칸의 위치
위치로 연결 관계 파악하기

기본기 다지기 **기본 개념 잡기 & 공략 미리보기**

문장이 2~3개의 절로 이루어진 경우 빈칸의 위치를 파악하는 것만으로도 정답을 고를 수 있다. 빈칸이 문장의 시작 부분에 있는지, 끝에 있는지, 또는 하나의 독립된 자리에 있는지를 파악한다.

I기본 개념 잡기 1 I 빈칸이 문장의 시작 부분에 있는 경우

빈칸이 문장의 시작 부분에 있으면 주어, 개사구(시간/장소/대상), 접속사가 있는 문장을 넣을 수 있다.

(지문) ＿＿＿＿＿＿＿，分子无规则运动的速度减慢。

(보기) A 在低温无风的天气里　　　　B 使人产生方向的感觉

문장이 시작하는 부분에는 在⋯⋯里(~에)와 같이 시간이나 장소를 나타내는 개사구가 올 수 있다.

해석 기온이 낮고 바람이 없는 날씨에 분자의 불규칙 운동 속도가 감소한다.

I기본 개념 잡기 2 I 빈칸이 문장의 끝 부분에 있는 경우

문장의 끝 부분에는 주어가 없이 술어로 시작하는 문장이나 결과 또는 영향을 나타내는 절이 온다.

(지문) 每个人都愿意得到别人的认可、赞扬，＿＿＿＿＿＿。

(보기) A 当被别人否定时　　　　B 不愿意受到排斥

빈칸은 문장의 끝 부분이기 때문에 시간 부사어가 올 수 없고, 주어가 없는 문장이 올 수 있다.

해석 모든 사람은 다른 사람의 인정과 칭찬을 받기 원하고 배척을 받길 원하지 않는다.

I기본 개념 잡기 3 I 빈칸이 독립된 문장인 경우

빈칸이 독립된 위치에 있을 경우에는 문장의 기본 구조(주-술-목)를 완전히 갖춘 문장이 온다.

(지문) 科学家认为：＿＿＿＿＿＿＿。

(보기) A 人是唯一能接受暗示的动物　　　　B 决定你的人生成败

빈칸은 독립된 자리이기 때문에 주-술-목 구조를 완전히 갖춘 문장이 와야 한다.

해석 과학자들은 '인간은 암시를 받을 수 있는 유일한 동물'이라고 생각한다.

합격 공략 58 ▶ 문장 시작 부분에 오는 것을 찾으라!

문장의 시작 부분에 빈칸이 있는 경우 ★★★

문장의 시작 부분에는 주어가 있는 절, 개사구(시간/장소/대상)나 앞절에 사용하는 접속사가 있는 절이 올 수 있다. 문장의 시작 부분에 오는 절의 특징은 아래와 같다.

1. 주어가 있는 절

사람 또는 사물을 나타내는 주어, 특정 명사

2. 개사구(시간, 장소, 대상)가 있는 절

在……时 ~할 때　当……时 ~할 때　为了…… ~을 위해서　关于…… ~에 관해

3. 앞절에 사용하는 접속사가 있는 절

虽然 비록 ~일지라도　不但 ~뿐만 아니라　即使 설령 ~할지라도　一旦 일단 ~하면

실전문제 📖🔍

　　丹顶鹤是动物界真正坚守"一夫一妻制"的动物。＿＿＿＿＿＿＿＿＿＿，就会夫妻恩爱，忠贞不渝，长相厮守，白头偕老。如果有一只因病或意外死亡，留下的一只不会再行婚配。

A　它们一旦选好了配偶
B　有"湿地之神"的美称
C　甚至由于悲痛而死
D　全身几乎都是纯白色
E　它们生活在沼泽或浅水地带

STEP 1　**보기에서 단서 찾기**

A　它们**一旦**选好了配偶 → 주-술-목 구조로 대사(**它们**)가 사용되었다. 부사(**一旦**)는 시작 부분에 사용할 수 있다.
B　**有**"湿地之神"的美称 → 술-목 구조로 문장 시작 부분에 올 수 없다.
C　**甚至**由于悲痛而死 → 접속사(**甚至**)가 있으므로 앞에 다른 내용이 와야 한다.
D　全身几乎都是纯白色 → 주-술-목 구조이다.
E　**它们**生活在沼泽或浅水地带 → 주-술-목 구조로 대사(**它们**)가 사용되었다.

독해 제 3 부문

STEP 2 빈칸 주변에서 단서 찾아 정답 고르기

빈칸이 문장의 시작 부분에 있으므로, 주어가 있는 문장이나 개사구, 접속사가 있는 문장이 와야 한다. 또한 빈칸의 뒷절은 **就会**(~할 것이다)로 시작하는데 就는 **一旦**과 호응하여 **一旦**······**就**······(일단 ~하기만 하면 ~하다)를 나타낸다. 따라서 정답은 A이다.

> 시베리아 흰 두루미는 동물세계에서 진정으로 '일부일처제'를 지키는 동물이다. ~~그들은 배우자를 한번 정하면~~ 서로 사랑하고 충성과 지조를 지키고 오랫동안 서로 의지하며 백년해로 한다. 만약 어느 한쪽이 병이나 불의의 사고로 죽으면 남은 쪽은 다시는 짝을 찾지 않는다.
>
> A 그들이 일단 배우자를 선택하면
> B '습지의 신'이라는 칭호를 가진다
> C 심지어 비통함 때문에 죽는다
> D 온몸이 거의 순 백색이다
> E 그들은 습지나 얕은 물에서 생활한다

정답 A 它们一旦选好了配偶

어휘 丹顶鹤 dāndǐnghè 몡 시베리아 흰 두루미   坚守 jiānshǒu 통 꿋꿋이 지키다   一夫一妻制 yīfūyīqīzhì 몡 일부일처제   配偶 pèi'ǒu 몡 배우자   夫妻恩爱 fūqī'ēn'ài 부부가 서로 아끼다   忠贞不渝 zhōngzhēnbùyú 솅 충성과 지조를 지키다   长相厮守 chángxiāngsīshǒu 오랫동안 서로 의지하며 지내다   白头偕老 báitóuxiélǎo 솅 백년해로하다   婚配 hūnpèi 통 결혼하다

합격 공략 59 문장 끝 부분에 오는 것을 찾으라!

문장의 끝 부분에 빈칸이 있는 경우 ★★★

문장의 끝 부분 또는 가운데 부분에는 후속절에 쓰이는 접속사나 부사, 주어를 포함하지 않는 절, 어기조사로 끝나는 절 등이 온다. 문장 끝 부분에 오는 절의 특징은 아래와 같다.

1. 주어가 생략된 경우가 많으며 후속절 접속사, 부사, 술어로 시작한다

孔明灯的制作方法虽然简单，<u>却</u>能漂浮到千米左右的高度。

공명등의 제작 방법은 간단하지만 오히려 1000미터 정도의 높이까지 떠오를 수 있다.

위 예문의 경우 주어가 없으며 부사(却)로 시작한다.

2. 어기조사(呢/吗/吧)로 끝난다

我就喜欢这个盒子，这颗珍珠还给你<u>吧</u>。

나는 이 상자가 좋으니 이 진주는 당신에게 돌려주겠소.

위 예문의 경우 어기조사(吧)로 끝난다.

실전문제 📖

> 　　北京大观园是一座再现《红楼梦》中"大观园"景观的仿古园林。为了拍摄电视剧《红楼梦》，建筑家和历史专家共同商讨，采用中国古典建筑技术建造了此园林。园中的建筑、山形水系、植物造影等，_____。
>
> A 这里要举办"红楼庙会"　　　　　B 都力图忠实于原著
> C 这是京城中秋活动的传统项目　　D 为了拍摄电视剧《红楼梦》
> E 大观园的艺术价值得到了社会的认可

A 这里要举办"红楼庙会" → 주—술—목 구조이다. 대사(这里)가 가리키는 내용이 앞에 필요하다.
B 都力图忠实于原著 → 술—목 구조이며 부사(都)로 시작되므로 앞절이 필요하다.
C 这是京城中秋活动的传统项目 → 주—술—목 구조이며 대사(这)가 가리키는 내용이 앞에 필요하다.
D 为了拍摄电视剧《红楼梦》 → 개사구이므로 문장의 시작 부분에 위치한다.
E 大观园的艺术价值得到了社会的认可 → 주—술—목 구조이다.

빈칸이 문장의 끝 부분이고 앞의 내용이 명사의 나열로 끝나므로 빈칸은 '어떠하다'라는 서술이 와야 한다. 빈칸 앞의 주어가 복수이므로 **都**(모두)가 있는 보기 B가 적합하다.

북경 대관원은 「홍루몽」속의 '대관원'의 경치를 재현한 정원이다. 드라마 ¡ ,홍루몽 ¡ '을 촬영하기 위해 건축가와 역사 전문가가 공동으로 논의하여 중국 고전 건축 기술을 사용하여 이 정원을 건축했다. 정원 속의 건축, 산과 물의 모양, 식물 조경 등은 모두 원작에 충실하기 위해 노력했다.

A 여기에서 '홍루묘회(시장)'를 연다
B 모두 원작에 충실하기 위해 노력했다
C 이것은 도시 중추절 행사의 전통적인 프로그램이다
D 드라마「홍루몽」을 촬영하기 위해
E 대관원의 예술 가치는 사회의 인정을 얻었다

정답 B 都力图忠实于原著

어휘 **景观** jǐngguān 图 경관 **仿古** fǎnggǔ 통 옛날 기물이나 예술품을 모방하다 **园林** yuánlín 图 원림, 정원 **建筑家** jiànzhùjiā 图 건축가 **共同商讨** gòngtóngshāngtǎo 图 공동으로 논의하다 **采用** cǎiyòng 통 채택하다, 사용하다 **建造** jiànzào 통 건축하다 **山形水系** shānxíngshuǐxì 산과 물의 형태 **造景** zàojǐng 图 조경 **力图** lìtú 통 힘쓰다 **忠实于** zhōngshíyú 통 ~에 충실하다 **原著** yuánzhù 图 원작

합격 공략 60 독립된 자리에 올 수 있는 문장을 찾으라!

독립된 문장 ★★☆

빈칸이 독립된 위치에 있을 경우 주—술—목 기본 구조를 갖춘 완전한 문장이 와야 한다. 대화문일 경우에는 서술 방식(주어)이 달라지기도 한다. 독립된 문장의 특징은 아래와 같다.

1. 빈칸 앞에 마침표가 있고 빈칸이 마침표로 끝나는 경우

但农田里的苗因他而枯萎了。农夫因此成了宋国人议论的笑柄。

그러나 밭에 있던 싹은 그 때문에 다 말랐다. 농부는 이로 인해 송나라 사람들이 수근거리는 웃음거리가 되었다.

위 예문의 경우 주—술—목으로 구성된 완전한 문장이다.

2. 빈칸이 견해, 예시, 결론을 나타낼 경우. 앞절에 认为, 显示/指出, 听说, 例如, 总之/可以说와 같은 어휘가 등장한다.

只是在沙子上写下：今天我的好朋友打了我一巴掌。

단지 모래 위에 적었다. 오늘 나의 친구는 나의 뺨을 때렸다.

위 예문의 경우 주—술—목으로 구성된 완전한 문장이다.

실전문제 📖

硬骨鱼类，大多数都有鳔。除少数鱼的鳔有呼吸作用外，对大多数的鱼类来说，鳔是一个身体比重的调节器官，帮助调节身体的浮沉。此外，鳔还起到保护内脏器官的作用。可以说，_____。

A 而且分外神奇的是

B 所以它只能依靠肌肉的运动

C 鱼鳔掌握着鱼的生死存亡

D 这使得鲨鱼拥有了强健的体魄

E 鱼鳔产生的浮力

STEP 1   보기에서 단서 찾기

A 而且**分外神奇的是** → 접속사(而且)로 시작하므로 문장에서 앞 문장이 필요하다.

B 所以它**只能依靠肌肉的运动** → 접속사(所以)로 시작하므로 앞 문장이 필요하고 대사(它)가 가리키는 내용이 앞에 와야 한다.

C **鱼鳔掌握着鱼的生死存亡** → 주-술-목 구조이다.

D 这**使得鲨鱼拥有了强健的体魄** → 주-술-목 구조이며, 대사(这)가 가리키는 내용이 앞에 와야 한다.

E **鱼鳔产生的浮力** → 관형어로 수식하는 명사구이다.

STEP 2   빈칸 주변에서 단서 찾아 정답 고르기

빈칸 앞에 **可以说**(~라고 할 수 있다)가 있어 정리하는 내용이므로 빈칸은 완전한 문장이 들어가야 한다. 따라서 부레의 기능을 종합적으로 서술하는 보기 C가 적합하다.

경골어류의 대다수가 모두 부레를 가지고 있다. 소수 물고기의 부레가 호흡작용을 하는 것을 제외하고, 대다수의 어류에게 부레는 신체 비중을 조절하는 기관으로 신체가 뜨고 가라앉는 것을 조절하는데 도움을 준다. 그 밖에도 부레는 내장 기관을 보호하는 작용까지 한다. 부레가 물고기의 생사존망을 결정한다고 말할 수 있다.

A 또한 아주 신기한 것은

B 그래서 그것은 근육의 운동만을 의지할 수 있다

C 물고기의 부레는 물고기의 생사존망을 결정한다

D 이것으로 상어는 강한 신체와 정신을 가지게 되었다

E 물고기의 부레가 만드는 부력

정답 C 鱼鳔掌握着鱼的生死存亡

어휘 **硬骨鱼类** yìnggǔyúlèi 몡 경골 어류 **鳔** biào 몡 부레 **呼吸** hūxī 동 호흡하다 **调节** tiáojié 동 조절하다 **器官** qìguān 몡 기관 **浮沉** fúchén 동 물에 떴다 잠겼다 하다 **内脏器官** nèizàngqìguān 몡 내장 기관 **分外** fènwài 부 유난히 **神奇** shénqí 혱 신기하다 **掌握** zhǎngwò 동 장악하다, 결정하다 **生死存亡** shēngsǐcúnwáng 젱 생사존망 **依靠** yīkào 동 의지하다 **肌肉** jīròu 몡 근육 **鲨鱼** shāyú 몡 상어 **强健** qiángjiàn 혱 강건하다 **体魄** tǐpò 몡 신체와 정신, 체력과 기백 **浮力** fúlì 몡 부력

명사구의 위치를 찾으라!

빈칸에 들어갈 보기는 대부분 문장 형식이지만 명사형인 경우도 있다. 긴 관형어의 수식을 받는 명사구는 꼼꼼히 분석하지 않으면 명사임을 파악하지 못할 수 있으므로 보기를 정확히 분석해야 한다. 명사구가 문장에서 들어갈 수 있는 위치는 주로 주어 자리이므로 뒷부분이 술어로 시작하는 빈칸에 넣어보자.

1. 긴 문장에서 명사구의 위치 ① : 겸어 동사(让/使)의 앞

这种多元化的文化特点，使茶马古道成为一条多姿多彩的民族文化走廊。

이러한 다원화된 문화 특징은 차마고도를 다채로운 민족문화의 통로가 되게 했다.

겸어 동사에는 술어가 필요하므로 주어가 될 수 있는명사형 절이 와야 한다.

2. 긴 문장에서 명사구의 위치 ② : 술어형(부사+동사) 절의 앞

于是，具有互补性的茶和马的交易，便应运而生。

그래서 상호 보완성을 지닌 차와 말의 교역이 시대의 요구에 따라 생겨나게 되었다.

문장에 주어가 없으므로 술어 应运而生의 주어가 될 수 있는 명사형 절이 와야 한다.

실전문제 📖

那么，这两名犯罪嫌疑人会怎么选择呢？我们可以看到，＿＿＿＿＿＿，无疑是保持沉默。这样只需要在监狱待一年即可。

A 对他们分别进行询问
B 猜忌对方是必然的心理活动
C 倘若对方供出自己
D 最符合双方共同利益的选择
E 很快就会怀疑对方

STEP 1　보기에서 단서 찾기

A 对他们**分别进行询问** → 개사구(**对他们**)로 시작하며 앞에 주어가 필요하다.
B **猜忌对方是必然的心理活动** → 주-술-목의 구조이다.
C 倘若**对方供出自己** → 접속사(**倘若**)로 시작하며 뒤에 이어지는 내용이 필요하다.
D **最符合双方共同利益**的选择 → '관형어+**的**+명사'의 구조로 명사구이다.
E **很快就会怀疑对方** → 술-목 구조로 앞에 주어가 필요하다.

STEP 2　빈칸 주변에서 단서 찾아 정답 고르기

빈칸의 뒷절이 '부사+술어'로 시작하며, 술어 **是**(이다)에 호응하는 주어가 필요하므로 보기 중 '관형어+**的**+명사'의 구조인 D가 가장 적합하다. 의미적으로도 자연스럽게 연결된다.

그러면 이 두 명의 범죄 용의자들은 어떠한 선택을 하게 될까? 우리는 양측에 공동 이익에 가장 부합하는 선택은 의심의 여지 없이 침묵을 유지하는 것임을 알 수 있다.

A 그들에게 따로 따로 심문을 진행했다
B 상대를 의심하는 것은 필연적인 심리 활동이다
C 만약 상대가 자백을 하면
D 양측의 공동 이익에 가장 부합하는 선택
E 아주 빠르게 상대를 의심하게 된다

실전 테스트　정답 및 해설_해설편 p.076

(1–5) 빈칸에 알맞은 문장을 넣으세요.

地球是太阳系八大行星之一，按照距太阳由近到远的顺序排列为第三颗行星。(1)_____，使它成为宇宙的一个奇迹。

天文学家说，金星、火星与地球几乎是同时期形成，(2)_____，但为什么只有地球上出现了生命呢？(3)_____，其他行星上却没有。而液态水正是产生生命必不可少的条件。

据现在对金星的观测所知，它的大小、质量、构成都与地球相似，但它却是个被厚厚的大气层笼罩着的、表面温度高达 480℃的死星。就气候的平稳性来说，两者好似天堂与地狱。到底是什么原因使得这"两兄弟"的命运如此不同呢？科学家认为这是两者距离太阳远近不同造成的。金星离太阳更近，(4)_____。金星大气中的水蒸气，还未来得及冷却成雨降落下来，就被来自太阳的过强的紫外线分解了，金星上的水就这样被永久地夺走了。

金星尚且如此，比金星还靠近太阳的水星就更不用说了。比地球更远离太阳的行星，由于离太阳太远，受到的太阳辐射不够多，水都以冰的形式存在。因此，(5)_____。

由此可见，地球所处的位置真是妙不可言。

A 出现生命也是不可能的

B 它受到的太阳照射比地球强得多

C 也几乎由同样的物质组成

D 正是地球所处的位置

E 根本的原因是地球上有液态水

03

키워드와 문장 부호
키워드와 문장 부호로 연결 관계 파악하기

기본기 다지기 | 기본 개념 잡기 & 공략 미리보기

일반적으로 같은 주제는 같은 곳에서 언급된다. 따라서 키워드가 일치하는 보기와 지문을 연결시켜주는 것도 문장의 연결 관계를 파악하는 하나의 방법이다. 또한 빈칸의 문장 부호를 통해 어떠한 유형의 문장이 들어가야 하는지 파악할 수 있다.

| 기본 개념 잡기 1 | 동일한 키워드가 있는 경우

빈칸의 앞뒤에 보기의 키워드가 그대로 언급된 곳을 찾는다.

> (지문) 实验证明, _____。气温越高, 分子无规则运动速度越快, 扩散也就越快。
>
> (보기) A 芳香油分子的扩散速度主要受气温影响　　　　B 它能不断分泌出芳香油

보기 A의 分子(분자), 扩展速度(확산 속도), 气温(기온) 등의 키워드가 빈칸 뒷부분에 언급되므로 연결되는 내용임을 알 수 있다.

해석　실험 결과 방향제 분자의 확산 속도는 기온의 영향을 받는 것으로 나왔다. 기온이 높을수록 분자의 불규칙운동 속도가 빨라지고 확산도 빨라진다.

| 기본 개념 잡기 2 | 문장 부호

문장 부호를 보면 빈칸에 들어갈 문장의 유형을 파악할 수 있다.

> (지문) 他说：“_____。”
>
> (보기) A 我没有机会去环游世界　　　　B 既然有些事实已经无法改变

빈칸이 인용 부호(“　”) 안에 있으므로 대화문을 넣어야 한다. 대화문은 주어가 我또는 你이다.

해석　그는 말했다. "나는 세계 여행을 갈 기회가 없었어."

| 공략 미리보기 |

합격 공략 62	키워드가 언급된 곳을 찾으라!
합격 공략 63	문장 부호를 보고 문장의 유형을 파악하라!
합격 공략 64	[220점 이상 고득점] 의미의 유사성을 찾으라!

합격 공략 **62** 키워드가 언급된 곳을 찾으라!

동일한 어휘 ★★★

보기를 분석할 때 특정 키워드를 찾아 빈칸 앞뒤에 해당 키워드가 등장하는지 확인한다. 특별히 명사와 동사 키워드를 중심으로 찾으면 내용의 연결을 쉽게 파악할 수 있다. 보기에서 단서를 파악할 때 접속사나 대사 등의 연결 성분과 함께 어휘 키워드도 함께 체크해야 한다.

실전문제 📖

　　井水的温度在一年四季里变化并不大。原因主要是处在地底下的水受地面上气温变化的影响很小。夏天的井水与冬天的井水，其温度的变化，最多在3~4℃之间。井水冬暖夏凉，是相对于地面上的温度来说的，_____。

　　由于受太阳照射和气流的影响，地球表面的温度变化很大。夏天底下的泥土不能直接从大气中吸热，也不能直接想大气散热，因此地下温度变化总是落后于地面。

A　就觉得比较热
B　是人们利用地下水的标志
C　人们利用地窖来存储水果和蔬菜
D　夜间也总是比白天冷一些
E　绝不是说井水冬天的温度比夏天高

STEP 1　보기에서 단서 찾기

A　就觉得比较热 → 주어가 없는 술—목 구조이며 부사(**就**)로 시작한다.
B　是人们利用地下水的标志 → 주어가 없는 술—목 구조이며 술어(**是**)의 주어가 필요하다.
C　人们利用地窖来存储水果和蔬菜 → 주—술—목 구조이다.
D　夜间也总是比白天冷一些 → 주—술—목 구조이고, 비교문이다.
E　绝不是说井水冬天的温度比夏天高 → 부사(**绝不**)로 시작하므로 앞문장이 필요하다.

STEP 2　빈칸 주변에서 단서 찾아 정답 고르기

지문의 두 단락 중 첫째 단락에서만 夏天(여름), 冬天(겨울), 温度(온도) 등의 키워드가 등장한다. 따라서 키워드가 일치하는 보기 E가 들어가야 한다. 또한 문맥상으로도 앞부분에서 **井水冬暖夏凉**(우물물이 겨울에 따뜻하고 여름에 시원하다)라고 언급하며 우물물의 겨울과 여름의 온도 변화를 말하고 있으므로 보기 E와 내용이 자연스럽게 연결된다.

우물물의 온도는 일년 사계절 안에 변화가 그렇게 크지 않다. 그 원인은 땅 밑의 물이 지면의 온도 변화에 받는 영향이 작기 때문이다. 여름의 우물물과 겨울의 우물물은 그 온도의 변화가 최대 3~4도 정도이다. 우물물이 겨울에 따뜻하고 여름에 시원한 것은 지면 위의 온도에 상대적으로 말하는 것이지 우물물의 겨울 온도가 여름보다 높다고 말하는 것은 절대 아니다.

태양 광선과 기류의 영향으로 지구 표면의 온도 변화는 아주 크다. 여름에 지하의 진흙은 직접적으로 대기로부터 열을 흡수할 수 없고 또한 직접적으로 대기를 향해 열을 발산할 수 없어서 지하의 온도 변화는 지면의 온도변화에 못 미친다.

A　비교적 뜨겁다고 느낀다
B　사람들이 지하수를 이용하는 표지이다
C　사람들은 토굴을 이용해 과일과 채소를 저장한다
D　밤이 항상 낮보다 조금 춥다
E　결코 우물물의 겨울 온도가 여름보다 높다는 것은 아니다

정답 E 绝不是说井水冬天的温度比夏天高

어휘 井水 jǐngshuǐ 圏 우물물　四季 sìjì 圏 사계절　地下水 dìxiàshuǐ 圏 지하수　标志 biāozhì 圏 표지　地窖 dìjiào 圏 토굴　存储 cúnchǔ 圄 저장하다　蔬菜 shūcài 圏 채소　夜间 yèjiān 圏 야간　白天 báitiān 圏 낮　照射 zhàoshè 圄 비치다　泥土 nítǔ 圏 진흙　散热 sànrè 圄 열을 발산하다　落后于 luòhòuyú 圄 ~에 뒤쳐지다

합격 공략 63 문장 부호를 보고 문장의 유형을 파악하라!

문장 부호

1. 빈칸이 따옴표(" ") 안에 있으면 대화체 보기를 넣는다. 주어가 我/我们/你/你们인 경우가 많다.

他说: "我没有机会去环游世界。"

그는 말했다. "나는 세계 여행을 갈 기회가 없었어."

2. 빈칸이 물음표(?)로 끝나면 의문문을 넣는다. 의문대사(什么/怎么/哪/谁), 또는 의문문에 쓰이는 어기조사(呢/吗)가 있는 보기를 넣는다.

从大邱到首尔距离大约为280公里, 到底那只狗怎么跑到这儿来了?

대구에서 서울까지 거리가 280킬로미터인데, 그 개는 도대체 어떻게 여기까지 온 것인가?

실전문제 📖

他一看着急了, 大声嚷道: "糟糕, (1)＿＿＿＿＿＿?" 这时, 一个孩子正在山上玩儿, 他对大家说: "(2)＿＿＿＿＿, 请跟我来!" 说完, 那孩子就把他们领进旁边的一个山洞。

A 你们都不用着急
B 现在到哪里去躲雨呢
C 而是海浪拍打岩石的声音
D 那孩子又到海上打鱼去了
E 对于孩子的范文表示赞同

STEP 1 보기에서 단서 찾기

A 你们都不用**着急** → 주—술—목 구조이며 대화체이다.
B 现在到**哪里**去躲雨**呢** → 의문문에 사용하는 어기조사(呢)와 의문대사(哪里)가 있고 대화체이다.
C **而是**海浪拍打岩石的声音 → 뒷절 접속사(而是)로 시작한다.
D 那孩子又到海上打鱼去了 → 주—술—목 구조이다.
E 对于孩子的范文表示赞同 → 주어가 없으며 개사구(对于……)로 시작한다.

STEP 2 빈칸 주변에서 단서 찾아 정답 고르기

(1) 빈칸은 따옴표(" ") 안에 위치하고 물음표가 있다. 보기에서 의문문 대화체는 B이다.
(2) 빈칸은 따옴표(" ") 안에 위치한다. 빈칸 앞에 他对大家说(그가 사람들에게 말하길)라고 했으므로 주어가 你们인 보기 A가 정답이다.

그가 보자마자 조급해하며 큰소리로 말했다. "큰일났네. 지금 어디로 가서 비를 피해야 하지?" 이때 한 아이가 산에서 놀다가 모두에게 말했다. "여러분 조급해 할 필요없어요. 저를 따라오세요!"

A 여러분은 조급해 할 필요 없어요
B 지금 어디로 가서 비를 피해야 하나
C 파도가 바위를 치는 소리이다
D 그 아이는 또 바다에 고기를 잡으러 갔다
E 아이의 반문에 찬성을 나타냈다

정답 ⑴ B 现在到哪里去躲雨呢 ⑵ A 你们都不用着急

어휘 着急 zháojí 통 조급해하다 嚷道 rǎngdào 통 큰소리로 말하다 糟糕 zāogāo 형 엉망이다 躲雨 duǒyǔ 통 비를 피하다 领进 lǐngjìn 통 안내하여 들어가다 山洞 shāndòng 명 산 동굴 海浪 hǎilàng 명 파도 拍打 pāida 통 가볍게 치다 岩层 yáncéng 명 암층 反问 fǎnwèn 통 반문하다 表示 biǎoshì 통 나타내다 赞同 zàntóng 통 찬성하다

합격 공략 **64** [220점 이상 고득점] 의미의 유사성을 찾으라!

의미의 유사성을 찾으라! - 연결 단서가 보이지 않는 경우

특정 키워드 또는 접속사나 대사 등의 연결 단서로 문장의 연결 관계를 파악할 수 없다면 의미로 접근해야 한다. 다만 모든 내용을 완벽하게 해석해야 문제를 풀 수 있는 것이 아니며 의미의 유사성을 파악하면 된다. 예를 들어 빈칸 앞뒤의 내용이 부정적인 영향에 관한 내용이라면 보기에서 부정적인 내용을 고르고 긍정적인 영향에 관한 내용이라면 긍정적인 내용의 보기를 넣는다. 전환의 의미를 나타내는 접속사 但是를 사용하지 않는 이상 한 문장에는 의미적 유사성이 있다.

1. 부정적 내용

经常被夸聪明的孩子容易逃避困难的任务，对这些任务感到恐惧、厌烦等消极情绪，影响孩子适应学校生活。

자주 똑똑하다고 칭찬받는 아이는 어려운 임무는 쉽게 피하고 이러한 임무들에 공포, 짜증 등의 부정적 감정을 느끼며 학교 생활에 적응하는 데 영향을 미친다.

빈칸의 앞에 容易逃避困难的任务(어려운 임무는 쉽게 피한다)와 뒷절에 影响(부정적인 영향을 미치다)이 있으므로 전체 문장이 부정적인 내용이다. 따라서 빈칸에도 동일한 흐름의 내용이 들어가야 한다.

2. 긍정적 내용

写日记能增强人的自尊心、让人变得更自信，可以减轻社交生活中的焦虑感。

일기를 쓰는 것은 사람의 자존감을 높이고 더 자신있게 만들어주며 사교 생활 중에서의 초조함을 감소시킨다.

빈칸 앞에 增强人的自尊心(사람의 자존감을 높이다), 让人变得更自信(사람을 자신있게 만들다)과 같은 긍정적인 내용이 나와 있다. 따라서 빈칸에도 동일한 흐름의 긍정적 내용이 들어갈 수 있다.

情绪周期包括高潮期、临界日和低潮期。人如果处于情绪周期的高潮，就会表现出旺盛的生命力，心情愉悦，精力充沛，活力四射，＿＿＿＿＿＿＿＿＿＿＿＿，具有心旷神怡之情。

A 有意识地利用低潮期
B 即与 "情绪生物节律" 有关
C 就受到情绪生物定律的影响
D 常感到孤独与寂寞
E 容易接受别人的规劝

STEP 1　보기에서 단서 찾기

A **有意识地利用低潮期** → 술─목 구조로 앞절이 필요하다
B **即与"情绪生物节律"有关** → 부사(**即**)로 시작한다.
C **就受到情绪生物定律的影响** → 술─목 구조이며 부사(**就**)가 있으므로 앞절이 필요하다.
D **常感到孤独与寂寞** → 술─목 구조로 부정적인 내용을 설명하고 있다.
E **容易接受别人的规劝** → 술─목 구조로 긍정적인 내용을 설명하고 있다.

STEP 2　빈칸 주변에서 단서 찾아 정답 고르기

빈칸 주변에 특별한 접속사나 연결 단서를 찾기 힘들고 보기와 일치하는 키워드도 찾기 어려우므로 의미 관계로 접근해야 한다. 단락이 사람의 정서주기 중 고조기에 대한 긍정적인 내용을 서술하고 있다. 빈칸 앞에 **心情愉悦**(기분이 즐겁다), **精力充沛**(정력이 넘친다), **活力四射**(활력이 넘친다) 등의 어휘가 있고 뒤는 **具有心旷神怡之情**(근심이 없고 즐거운 마음을 갖는다)라는 긍정적인 내용이 있으므로 보기 E가 적합하다.

정서 주기는 고조기(절정기), 경계일, 저조기(슬럼프)를 포함하고 있다. 사람이 만약 정서 주기의 고조기에 처해 있으면 왕성한 생명력을 표현하고, 기분이 즐겁고, 정신과 체력이 왕성하고, 활력이 넘치고, 다른 사람의 충고도 쉽게 받아들이며, 마음이 후련하고 기분이 유쾌하다.

A 의식적으로 감정의 슬럼프를 이용한다
B 즉 '감정의 바이오 리듬'와 관련이 있다
C 감정의 생물학적 법칙의 영향을 받는다
D 항상 고독과 외로움을 느낀다
E 다른 사람의 권유를 쉽게 받아들인다

정답　E 容易接受别人的规劝

어휘　**情绪周期** qíngxùzhōuqī 명 감정 주기　**高潮期** gāocháoqī 명 고조기, 절정기　**临界日** línjièrì 명 경계일　**低潮期** dīcháoqī 명 저조기, 슬럼프　**处于** chǔyú 통 ~에 처하다　**旺盛** wàngshèng 형 왕성하다　**愉悦** yúyuè 형 왕성하다　**精力** jīnglì 명 정신과 체력　**充沛** chōngpèi 형 왕성하다　**活力四射** huólìsìshè 활력이 사방으로 발산되다　**心旷神怡** xīnkuàngshényí 성 마음이 후련하고 기분이 유쾌하다　**生物节律** shēngwùjiélǜ 명 바이오 리듬, 생체 리듬　**规劝** guīquàn 통 충고하다　**寂寞** jìmò 형 외롭다　**定律** dìnglǜ 명 법칙

실전 테스트 정답 및 해설_ 해설편 p.078

(1–5) 빈칸에 알맞은 문장을 넣으세요.

悲伤有损健康，但悲伤时哭泣却是有利于健康的。无论是喜极而泣还是伤心落泪，(1)＿＿＿＿＿＿＿＿＿＿。这是为什么呢？科学家发现哭泣时流出的眼泪能清除人体内的过多激素，(2)＿＿＿＿＿＿＿＿＿＿。

人的一生通常会流下三种眼泪。最基本的泪水会在每次眨眼时出现，(3)＿＿＿＿＿＿＿＿＿＿。而反射性的泪水会在眼睛不小心被戳时，或有类似于洋葱的刺激性气体冲向眼睛时涌出来。这两种眼泪虽然功能不同，但具有相似的化学成分。第三种情感性眼泪却有独特的化学成分。通过分析这些成分，我们就可以了解它的作用。

专家认为，(4)＿＿＿＿＿＿＿＿＿＿。例如，在慢性抑郁症患者的眼泪中，锰浓度偏高；焦虑不安的人，肾上腺皮质激素在眼泪中的含量较大；而青春期后的女性体内具有高浓度的催乳素，(5)＿＿＿＿＿＿＿＿＿＿。他推测，由于有大量的激素存在，当我们受到强烈的感情冲击而哭泣时，眼泪会将这些多余的化学物质"冲走"。也许，这就是我们在劝慰别人时，会说"哭吧"的原因。

A 它浸润着我们的眼球

B 这种激素使得她们比男人更爱哭

C 而正是这些激素让我们产生了烦恼

D 眼泪都可以很好地帮助我们调节情绪和压力

E 眼泪中复杂的化学组成与哭泣时的情绪有关水

(1-5) 빈칸에 알맞은 문장을 넣으세요.

有几个年轻的学生很羡慕那些背包旅行的"驴友",(1)_____。他们买来地图，在地图上清晰地画出了一条探险线路，还准备好了指南针、绳子、刀等工具和一些食品，然后便出发了。

可他们探险时突然遇到了恶劣天气，进山的路被多处洪流隔断。他们捧着指南针在山里转来转去，不断地走到岔路上，可就是找不到出山的道路，(2)_____。

正当大家一筹莫展的时候，他们遇到了一位猎人。猎人说："以后进山前必须准备好几条出山的路，(3)_____！"

一个年轻人不服气地说："我们有指南针，只要我们能够确定好方向，就一定能走出去，(4)_____！"

猎人笑了笑说："只知道方向有什么用？方向会告诉你哪里的小溪涨水过不去吗？方向能告诉你哪条深谷太陡下不去吗？知道了方向，还要知道适合自己走的路，(5)_____。"

是啊，也许花了很长时间能够找到正确的路，但是人生中能有多少时间来给你盲目地转悠呢？

A 他们渐渐地有些绝望了

B 这样才能达到预定的目标

C 于是约定一起去深山探险

D 这只不过是迟早的问题

E 否则你们会困死在山里的

(6-10) 빈칸에 알맞은 문장을 넣으세요.

　　某大学进化生物研究小组对三个分别由30只蚂蚁组成的黑蚁群进行观察。结果发现，大部分蚂蚁都争先恐后地寻找食物、搬运食物，可以说相当勤劳。但也总会有少数蚂蚁却似乎不爱干活儿，(6)＿＿＿＿＿＿＿＿＿＿＿＿，人们把这少数蚂蚁叫做"懒蚂蚁"。

　　有趣的是，生物学家首先在这些"懒蚂蚁"身上做上标记，(7)＿＿＿＿＿＿＿＿＿＿＿＿，并破坏掉蚂蚁的窝。那些平时工作很勤快的蚂蚁表现得不知所措，而"懒蚂蚁"则"挺身而出"，(8)＿＿＿＿＿＿＿＿＿＿。因此生物学家认为，"勤劳的蚂蚁"和"懒蚂蚁"在蚁群中都有自己的生存规则，(9)＿＿＿＿＿＿＿＿＿。

　　但是相比之下，蚁群中的"懒蚂蚁"要比只知低头干活儿的勤快蚂蚁重要得多，因为"懒蚂蚁"能看到蚁群面临的问题和解决问题的办法，(10)＿＿＿＿＿＿＿＿＿＿＿＿＿。

A　充当着指挥员的角色

B　然后断绝蚁群的食物来源

C　整日无所事事、东张西望

D　勤与懒是缺一不可的

E　带领众蚂蚁向新的食物源转移

독해

제4부분

긴 글 읽고
관련 문제 풀기

독해 제 4 부분

Warm Up!

유형 분석 & 풀이 전략

유형 분석 | 시험엔 이렇게 나온다!

출제 방식

HSK 6급 독해 제4부분은 한 편의 긴 글을 읽고 이에 해당하는 4개의 문제를 푸는 유형으로 5개의 지문으로 구성되며 81번부터 100번까지 총 20문제가 출제된다.

출제 경향 & 유형별 출제 비율

독해 제4부분은 제한된 시간 내에 정보를 선별적으로 파악할 수 있는지를 평가하는 영역으로 빠른 독해력을 필요로 한다. 문제 유형에 따라 푸는 순서가 다르므로 지문을 읽기 전에 4개 문제의 유형을 먼저 파악한 뒤 지문의 흐름에 따라 문제를 풀 수 있도록 준비해야 한다. 주로 출제되는 문제 유형으로는 세부사항을 묻는 문제, 옳은 것과 틀린 것을 고르는 문제, 주제 또는 제목을 묻는 문제가 출제된다. 출제 지문은 정보를 전달하는 설명문이 가장 많이 출제되며 옛날 이야기 등도 출제된다. 최근에는 중국 전통, 지리, 문화, 건강, 생활, 우주, 항공, 과학 등 다양한 분야의 설명문이 출제가 되고 있으며 교훈을 주는 지문이나 에피소드의 출제 비중은 상대적으로 줄고 있다.

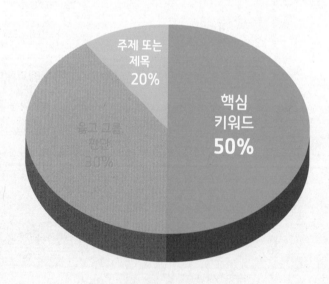

Step 1

문제 파악하기

한 지문에 출제되는 4개의 문제와 보기를 먼저 읽고 문제의 핵심 키워드를 파악한다.

Step 2

지문 읽기

지문에서 문제와 보기의 키워드가 있는 곳을 찾아 꼼꼼히 읽는다.

Step 3

지문과 보기를 대조하여 정답 고르기

지문과 보기를 대조하며 보기의 내용이 지문과 일치하는지 확인하고 정답을 고른다.

풀이 전략 적용해 보기

해석 및 어휘 | 해설편 p.082

所谓的"一见钟情"是男女之间第一次见面就产生了相互吸引、相互爱慕的感情。每个人都希望拥有这种一见钟情的爱情，我们将心中设想一个完美恋人的标准，然后期待与之相遇，产生电光火石般的感觉。那么，人到底为什么会一见钟情呢？实际上到目前为止，心理学界也没有完全揭开"一见钟情"的奥秘。

从认知心理学的角度来看，如果对方的眼睛、鼻子、嘴巴等器官和自己的相似，我们就会对对方产生亲近感，这种亲近感是发展爱情的基础。还有一种说法认为，有人会对和自己免疫类型完全不同的人产生好感，他们能从对方身上感受到一种"传达物质"，这种物质也能促进爱情的发展。的确，人类想寻找自身所不具备的免疫类型，这从生物学的角度也能解释。有趣的是，前一种说法认为，人会对与自己相似的异性一见钟情；而后一种说法认为，人会对与自己不同的异性一见钟情。

最近又出现了一种新的说法，认为人的大脑具有一种在瞬间找到结论的"适应性无意识"功能。它是人类所具有的一种瞬间判断能力。也就是说，任何人都能在一瞬间看清事物的本质或者找出问题的答案。有些人一生只有一次一见钟情的经历，就能和一见钟情的对象厮守终生。这让我们相信，他们就是在一瞬间找到了这辈子最适合自己的人。因而，一见钟情所产生的爱情并不是暂时的感情，也许这才是爱情的本质。

81. 根据第一段，下列哪项正确？

    A 每个人都能一见钟情
    B 日久生情更可靠
    C 还没有找到一见钟情的原因
    D 一见钟情不限于男女之间

82. 关于"认知心理学观点"，下列哪项正确？

    A 一见钟情不能可靠
    B 一见钟情是偶然的现象
    C 真正的爱情不是暂时的感情
    D 相似的人容易产生好感

83. 根据上文，"适应性无意识"是：

    A 根本没有科学依据
    B 是年轻人所特有的
    C 不能找出问题的答案
    D 是种瞬间判断能力

84. 上文主要谈的是：

    A 真正的爱情
    B 爱情的本质
    C 一见钟情产生的原因
    D 心理学的新发现

STEP 1   문제 파악하기

81. 첫 번째 단락 내용의 옳고 그름을 묻는 문제이다.

82. 핵심 키워드 '认知心理学观点'를 지문에서 찾는다.

83. 핵심 키워드 '适应性无意识'를 지문에서 찾는다.

84. 글의 주제를 묻는 질문이며, 설명문은 주로 첫 번째 단락에서 주제를 언급하는 경우가 많다.

STEP 2   지문 읽기

　　所谓的"一见钟情"是男女之间第一次见面就产生了相互吸引、相互爱慕的感情。每个人都希望拥有这种一见钟情的爱情，我们将心中设想一个完美恋人的标准，然后期待与之相遇，产生电光火石般的感觉。84那么，人到底为什么会一见钟情呢？实际上到目前为止，81心理学界也没有完全揭开"一见钟情"的奥秘。

　　82从认知心理学的角度来看，如果对方的眼睛、鼻子、嘴巴等器官和自己的相似，我们就会对对方产生亲近感，这种亲近感是发展爱情的基础。还有一种说法认为，有人会对和自己免疫类型完全不同的人产生好感，他们能从对方身上感受到一种"传达物质"，这种物质也能促进爱情的发展。的确，人类想寻找自身所不具备的免疫类型，这从生物学的角度也能解释。有趣的是，前一种说法认为，人会对与自己相似的异性一见钟情；而后一种说法认为，人会对与自己不同的异性一见钟情。

　　最近又出现了一种新的说法，83认为人的大脑具有一种在瞬间找到结论的"适应性无意识"功能。它是人类所具有的一种瞬间判断能力。也就是说，任何人都能在一瞬间看清事物的本质或者找出问题的答案。有些人一生只有一次一见钟情的经历，就能和一见钟情的对象厮守终生。这让我们相信，他们就是在一瞬间找到了这辈子最适合自己的人。因而，一见钟情所产生的爱情并不是暂时的感情，也许这才是爱情的本质。

(첫째 단락)
一见钟情(첫 눈에 반하다)에 대한 설명과 발생 원인에 대해 질문했으므로 84번 문제를 푼다. 심리학에서는 원인을 찾지 못했다고 했으므로 81번 문제를 푼다.

(둘째 단락)
인지 심리학의 관점에 대한 내용으로 82번 문제를 푼다.

(셋째 단락)
适应性无意识(적응성 무의식)에 관한 설명으로 83번 문제를 푼다.

STEP 3   지문과 보기를 대조하여 정답 고르기

81. 첫 단락에 관한 내용으로 옳은 것을 묻는 문제이므로 보기의 내용과 지문을 대조한다. A, B, D는 지문에서 언급된 내용이 아니고, 첫 단락의 마지막 부분에 心理学界也没有完全揭开"一见钟情"的奥秘(심리학계도 첫 눈에 반하는 것의 비밀을 풀지 못했다)라고 했으므로 C가 정답이다.

82. 문제의 키워드 认知心理学이 있는 지문을 보며 보기와 대조한다. 인지 심리학에서는 如果对方的……器官和自己的相似，我们就会对对方产生亲近感(만일 상대의 ~ 신체기관이 자신과 비슷하면 우리는 상대에게 친근감을 느낀다)라고 했으므로 D가 정답이다.

83. 문제의 키워드 适应性无意识가 있는 지문을 보며 보기와 대조한다. 마지막 단락에서 适应性无意识(적응성 무의식)은 人类所具有的一种瞬间判断能力(인류가 가진 순간적인 판단 능력이다)이라고 했으므로 D가 정답이다.

84. 설명문은 첫 단락에서 주제가 드러나는 경우가 많다. 첫 단락이 所谓一见钟情(소위 첫 눈에 반한다는 것은)으로 시작하면서 이에 대한 설명과 더불어 人到底为什么会一见钟情呢(사람은 도대체 왜 첫 눈에 반하는가)라고 의문을 제기하고 있으므로 정답은 C이다.

정답 81. C   82. D   83. D   84. C

01 핵심 키워드형
핵심 키워드를 지문에서 먼저 찾기

기본기 다지기 기본 개념 잡기 & 공략 미리보기

세부 사항을 묻는 문제는 한 개의 지문당 2~3개 문항이 출제되므로 출제 비중이 높다. 주로 핵심 키워드에 관한 정보나 인과 관계 등을 묻는다.

| 기본 개념 잡기 1 | 핵심 키워드에 관한 문제

1. 핵심 키워드에 관한 세부 정보를 묻는다.

- 关于"中年危机"，可以知道什么？

  '중년의 위기'에 관해서 알 수 있는 것은 무엇인가?"

- 跪坐训练有什么意义？

  꿇어 앉는 훈련은 어떤 의미가 있는가?

2. 추상적 개념, 사자 성어, 속담 등이 가리키는 의미를 묻는다.

- 文中划线词语"无恶不作"的意思是：

  글에서 밑줄 친 '갖은 못된 짓을 다하다'의 뜻?

- "认知心理学观点"指的是什么？

  '인지 심리학 관점'이 가리키는 것은 무엇인가?

| 기본 개념 잡기 2 | 인과 관계에 관한 문제

주로 인물의 행동, 사건 발생의 원인과 이유, 결과 및 영향을 묻는다.

- 缅伯高为什么亲自喂食白天鹅？

  면백고(당나라 해외특사)는 왜 직접 백조를 먹였는가?

- 秋天很多叶子会变黄，是因为：

  가을에 많은 잎이 노랗게 변하는 것은 무엇 때문인가?

| 공략 미리보기 |

합격 공략 65	핵심 키워드를 지문에서 찾으라!
합격 공략 66	인과 관계를 파악하라!
합격 공략 67	[220점 이상 고득점] 밑줄 친 내용은 그 주변에 정답이 있다!

합격 공략 65 핵심 키워드를 지문에서 찾으라!

문제의 핵심 키워드를 중심으로 지문 파악하기 ★★★

세부 사항 문제는 지문을 처음부터 끝까지 자세히 읽어야 하는 게 아니라 문제의 핵심 키워드만 지문에서 찾아도 정답의 50%는 맞출 수 있다. 따라서 모르는 단어가 많은 지문이라고 해도 겁 먹지 말고 핵심 키워드를 지문에서 빠르게 찾아 보기와 대조하자. 키워드와 무관한 단락은 과감하게 버리고 키워드가 언급된 부분만 읽는다.

실전문제

滇金丝猴被人类正式命名和科学记载已经有一百多年的历史。1890年，云南迪庆自治州白马雪山，一个面孔极其像人类，有着长长尾巴，黑白相间的神秘物种被发现了。7年后，这个新发现的物种被认定为新灵长类物种，并且命名为"滇金丝猴"。它们仅见于中国云南和西藏的交界带，处于雪山峻岭之巅的高寒森林，终年生活在冰川雪线附近的高山针叶林带，是世界上分布海拔最高的灵长类物种，为中国珍惜保护动物。

1. 请金丝猴生活在？
   A 海拔最高的山　　　　　B 高寒的森林地带
   C 广阔的大草原上　　　　D 云南的平原地区

STEP 1　문제 파악하기

1. 滇金丝猴生活在？ 들창코 원숭이가 생활하는 곳은？
이 문제는 滇金丝猴(들창코 원숭이)와 生活(생활하다)가 핵심 키워드이며 생활하는 장소를 묻고 있다.

STEP 2　지문 읽기

滇金丝猴被人类正式命名和科学记载已经有一百多年的历史。1890年，云南迪庆自治州白马雪山，一个面孔极其像人类，有着长长尾巴，黑白相间的神秘物种被发现了。7年后，这个新发现的物种被认定为新灵长类物种，并且命名为"滇金丝猴"。它们仅见于中国云南和西藏的交界带，处于雪山峻岭之巅的高寒森林，终年生活在冰川雪线附近的高山针叶林带。

들창코 원숭이가 정식으로 명명되고 과학적으로 기록된 것은 이미 100여년의 역사를 가진다. 1890년 윈난디칭 자치구 백마 설산에서 얼굴이 사람과 아주 유사하고 긴 꼬리를 가진 흑백이 섞여있는 신비한 동물이 발견되었다. 7년 뒤 이렇게 새로 발견된 동물이 새로운 영장류로 인정되고 들창코 원숭이라고 명명되었다. 그들은 중국 윈난과 티베트의 경계지역에서만 볼 수 있고 설산의 험준한 곡대기의 고산 삼림에 있으며 일년 내내 빙하 설선 근처의 고산 침엽수림 일대에서 생활한다.

STEP 3　지문과 보기를 대조하여 정답 고르기

A 海拔最高的山 해발이 가장 높은 산
B 高寒的森林地带 고냉의 삼림지대
C 广阔的大草原上 광활한 초원 위
D 云南的平原地区 운남의 평야 지역

키워드 滇金丝猴와 生活이 있는 부분을 위주로 지문을 읽다보면 동사 见于(~에서 보이다), 处于(~에 거하다), 生活在(~에서 생활하다)의 뒤에 각각 中国云南和西藏的交界带(중국 운남과 티벳 경계지역), 雪山峻岭之巅的高寒森林(설산의 험준한 정상의 고산 삼림), 冰川雪线附近的高山针叶林带(빙하 설선 근처의 고산 침엽수림)와 같은 서식지의 특징을 나타낸 단어들을 볼 수 있다. 따라서 이러한 서식지의 특징을 종합해보면 가장 적합한 보기는 B 高寒的森林地带(고냉의 삼림 지대)이다.

정답 B 高寒的森林地带

어휘 滇金丝猴 diānjīnsīhóu 圆 운남 들창코 원숭이　命名 mìngmíng 동 명명하다, 이름을 짓다　记载 jìzǎi 동 기록하다　面孔 miànkǒng 圆 얼굴　极其 jíqí 부 아주　尾巴 wěiba 圆 꼬리　相间 xiāngjiàn 동 서로 뒤섞이다　神秘 shénmì 형 신비하다　认定 rèndìng 동 인정하다　灵长类 língzhǎnglèi 圆 영장류　见于 jiànyú 동 ~에 보이다　交界 jiāojiè 동 두 지역이 인접하다　峻岭 jùnlǐng 圆 높고 험한 고개　巅 diān 圆 산꼭대기　高寒 gāohán 형 지세가 높고 춥다, 고냉의　森林 sēnlín 圆 산림　针叶林 zhēnyèlín 圆 침엽수림

합격 공략 **66** 인과 관계를 파악하라!

인과 관계를 묻는 문제 ★★☆

세부 사항 문제는 핵심 키워드에 관한 문제가 많지만 매 시험마다 빠지지 않고 출제되는 것이 인과 관계를 묻는 문제이다. 문제에서는 주로 '为什么, 为何, 什么原因' 등으로 질문하고, 지문에서는 '因为, 所以, 是为了' 등 원인과 이유를 나타내는 어휘로 제시되어 있다.

실전문제 🔍

> 　哈尼族的"蘑菇房"由于基墙、竹木架和茅草构成。蘑菇房内部分三层：底层用来关马圈牛，堆放农具等；顶层用以置放粮食柴草之类。屋顶有平顶、双斜面和四斜面三种。因地形陡斜，缺少平地，平顶房较为普遍，这样即可防火、又便于用屋顶晒粮。
>
> 1.　为什么哈尼族的房子多为平顶？
>
> 　A 为了关牛马　　　　　　　　　　B 为了防腐蚀
> 　C 弥补地形缺陷　　　　　　　　　D 利于保温散热

STEP 1　문제 파악하기

为什么哈尼族的房子多为平顶？ 하니족의 집은 왜 평평한 지붕이 많을까?
핵심 키워드 **哈尼族的房子**(하니족의 집)가 **平顶**(평평하다)한 원인을 묻는 문제이다.

STEP 2　지문 읽기

　哈尼族的"蘑菇房"由于基墙、竹木架和茅草构成。蘑菇房内部分三层：底层用来关马圈牛，堆放农具等；顶层用以置放粮食柴草之类。屋顶有<u>平顶</u>、双斜面和四斜面三种。<u>因地形陡斜，缺少平地，平顶房</u>较为普遍，这样即可防火、又便于用屋顶晒粮。

> 하니족의 '버섯방'은 기초벽과 대나무 골격, 띠풀로 구성되어 있다. 버섯방의 내부는 3층으로 나누어져 있다. 가장 아래층은 말과 소를 기르고 농기구를 보관하는데 사용한다. 꼭대기 층은 식량과 땔감을 보관하는데 사용한다. 지붕은 평지붕, 양면 경사, 4면 경사 이렇게 3종류이다. <u>지형이 가파르고 평지가 부족하기 때문에 평지붕</u>이 보편적이다. 이렇게 하면 화재를 방지할 수 있고, 지붕에 식량을 말릴 수도 있다.

STEP 3　지문과 보기를 대조하여 정답 고르기

A **为了关牛马** 소와 말을 가두기 위해서
B **为了防腐蚀** 부식을 방지하기 위해서
C **弥补地形缺陷** 지형의 결함을 보완하기 위해서

D **利于保温散热** 보온과 열발산에 도움을 주기 위해서

키워드 平顶이 있는 곳을 중심으로 지문을 읽는다. 집이 왜 평평한지를 묻고 있기 때문에 원인을 나타내는 어휘 因(왜냐하면)의 뒤에 **地形陡斜, 缺少平地**(지형이 가파르고 평지가 부족하다)에 주의한다. 이러한 지형적 특징은 결함에 속하므로 C가 알맞은 정답이다.

정답 C **弥补地形缺陷**

어휘 **哈尼族** hānízú 명 하니족(중국 소수민족)　**蘑菇房** mógufáng 명 버섯집　**基墙** jīqiáng 명 기초벽　**茅草** máocǎo 명 잡초와 띠　**构成** gòuchéng 통 구성하다　**堆放** duīfàng 통 쌓아두다　**农具** nóngjù 명 농기구　**顶层** dǐngcéng 명 맨 꼭대기　**用以** yòngyǐ 통 ~을 사용하여 ~에 쓰다　**置放** zhìfàng 통 놓다　**粮食** liángshi 명 양식　**柴草** cháicǎo 명 땔나무　**斜面** xiémiàn 명 경사면　**地形** dìxíng 명 지형　**陡斜** dǒuxié 형 가파르다　**防火** fánghuǒ 통 화재를 방지하다　**晒** shài 통 햇볕에 말리다　**腐蚀** fǔshí 통 부식하다　**弥补** míbǔ 통 메우다, 보충하다　**保温** bǎowēn 통 보온하다　**散热** sànrè 통 열을 발산하다

합격 공략 67 [220점 이상 고득점] 밑줄 친 내용은 그 주변에 정답이 있다!

밑줄 친 내용은 그 주변에 정답이 있다!

밑줄 친 어휘의 의미를 묻는 문제는 상대적으로 출제 비중은 낮지만 매회 1~2문항 정도 출제되며, 난이도가 비교적 높다. 밑줄 친 어휘는 사자성어나 속담 또는 숨은 뜻을 가진 비유적인 표현이 출제되는데 글자만으로 뜻을 파악하기가 쉽지 않기 때문에 문제를 푸는데 시간을 더 할애하게 된다. 하지만 밑줄 친 어휘의 앞뒤 1~2문장에 힌트가 있으므로 모르는 한자라고 당황하지 말고 주변 문장의 의미를 파악하면 쉽게 정답을 찾을 수 있다.

실전문제 🔖

心理学家做过一项实验，人们纫针的时候，神情越是专注，越是不容易穿进去。他们称这种现象为"目的颤抖"，也就是人们通常所说的"穿针心理"。有时事情就是这样，你目的性越强，越容易把事情搞糟。你越是特别在意什么，它给你带来的困扰就越大。

1. 画线词语"目的颤抖"最可能是什么意思？

　A 做事应该专注　　　　　　　　B 目的决定了成功
　C 不要盲目坚持目标　　　　　　D 过于关注无助于解决问题

STEP 1　문제 파악하기

画线词语"目的颤抖"最可能是什么意思？ 밑줄 친 어휘 '目的颤抖'는 무슨 뜻인가?
밑줄 친 어휘의 뜻을 찾는 문제이다.

STEP 2　지문 읽기

心理学家做过一项实验，人们纫针的时候，神情越是专注，越是不容易穿进去。他们称这种现象为"目的颤抖"，也就是人们通常所说的"穿针心理"。有时事情就是这样，你目的性越强，越容易把事情搞糟。你越是特别在意什么，它给你带来的困扰就越大。

심리학자가 실험을 했는데, 사람들이 실을 바늘에 꿸 때 정신을 집중할수록 실을 꿰기가 더 어려워졌다. 그들은 이러한 현상을 '목적성 떨림'이라고 부르며, 이것은 사람들이 흔히 말하는 '바늘에 실 꿰기 심리'이다. 때때로 일이라는 것이 이렇다. 당신의 목적성이 강할수록 일을 더욱 꼬이게 만든다. 당신이 어떤 것에 더 신경을 쓸수록 그것이 당신에게 가져오는 곤란함은 더 커진다.

A **做事应该专注** 일을 할 때는 집중해야 한다
B **目的决定了成功** 목적은 성공을 결정한다
C **不要盲目坚持目标** 맹목적으로 목표를 고수해서는 안 된다
D **过于关注无助于解决问题** 지나치게 집중하는 것은 문제 해결에 도움이 되지 않는다

目的颤抖는 어휘 자체로 뜻을 파악하기 어렵기 때문에 문맥으로 뜻을 유추해야 한다. 해당 단락은 바늘에 실을 꿰는 행동을 비유로 들며 밑줄 친 어휘를 제시하였다. 어휘 뒷부분에 **你目的性越强，越容易把事情搞糟。你越是特别在意什么，它给你带来的困扰就越大**(당신의 목적성이 강할수록 일을 더욱 꼬이게 만든다. 당신이 어떤 것에 더 신경을 쓸수록 그것이 당신에게 가져오는 곤란함은 더 커진다)라고 구체적으로 설명하고 있으므로 알맞은 정답은 D이다.

정답　D **过于关注无助于解决问题**

어휘　**纫针** rènzhēn 〔동〕 바늘귀에 실을 꿰다　**神情** shénqíng 〔명〕 정신, 기색　**专注** zhuānzhù 〔동〕 집중하다　**搞糟** gǎozāo 〔동〕 망치다
在意 zàiyì 〔동〕 마음에 두다　**困扰** kùnrǎo 〔동〕 귀찮게 굴다　**关注** guānzhù 〔동〕 주시하다, 관심을 갖다　**盲目** mángmù 〔형〕 맹목
적이다　**无助于** wúzhùyú ~에 도움에 되지 않는다

(1–4) 알맞은 답을 고르세요.

中国人使用筷子用餐是从远古流传下来的，日常生活当中对筷子的运用是非常有讲究的。一般我们在使用筷子时，正确的使用方法讲究得是用右手执筷，大拇指和食指捏住筷子的上端，另外三个手指自然弯曲扶住筷子，并且筷子的两端一定要对齐。而历史积累下来许多使用筷子的忌讳，如果我们不了解这些，就无法把握好礼节上的分寸，在社会交往中就会闹出笑话或者引起尴尬。

在用餐过程中桌面上不能摆放长短不一的筷子，造成"三长两短"的局面。这是很不吉利的，寓意着"死亡"。因为中国人过去认为死人需装进棺材里埋葬，棺材的组成部分为前后两块短木板，五块木板合在一起正好是"三长两短"。

另一种忌讳是"交叉十字"，这一点往往会被人们忽略。在用餐时将筷子随便交叉放在桌子上，被认为是在饭桌上打了个叉，是对同桌其他人的否定和蔑视。这犹如老师在本子上给犯错的学生打叉，是无法被他人接受的。

还有就是要注意不能"击盏敲盅"，其做法是在用餐时用筷子敲击盘碗。有些参加宴会的人，一兴奋起来就喜欢拿着筷子敲碗；还有些人为了发泄情绪，也会敲碗。不管是哪种原因，这种行为都被看作是乞丐要饭，是很丢人的一件事。因为过去只有乞丐采用筷子击打饭盆，提醒过路人注意并给予施舍。

"当众上香"这种做法则往往是出于好心，它是指帮别人盛饭时为了方便省事而把一副筷子插在饭中给对方，这会被对方看成是很不恭敬的做法。因为在民间的传统中，只有为死去的人上香才是这样做。

1. 怎样摆放筷子比较合适？

    A 整齐对称   B 插在饭上

    C 交叉摆放   D 颠倒使用

2. "三长两短"意味着什么？

    A 贪婪   B 死亡

    C 羞辱   D 蔑视

3. 根据上文，下列哪项正确：

    A 交叉十字是出于善意   B 筷子是西方人的必备餐具

    C 为了方便，应该把筷子插在饭中   D 中国人对筷子的运用是有讲究的

4. 本文主要想告诉我们：

    A 筷子的来历   B 选择什么样的筷子

    C 中国人用筷子的忌   D 不同场合该如何摆筷

02 옳고 그름 판단형
지문보다 보기를 먼저 읽기

기본기 다지기 **기본 개념 잡기 & 공략 미리보기**

옳은 것 또는 옳지 않은 것을 고르는 문제는 매 지문마다 1문제 이상 출제된다. 전체 지문에 근거하여 정답을 찾아야 하므로 핵심 키워드로 푸는 문제보다 시간이 더 오래 걸린다.

| 기본 개념 잡기 1 | 옳은 것을 고르는 문제

지문 전체 또는 특정 단락에서 옳은 것을 묻는 유형으로 먼저 보기를 분석한 뒤 지문과 대조해야 한다. 자주 출제되는 질문은 아래와 같다.

- 根据上文，下列哪项正确？
  윗글에 근거하여 다음 중 옳은 것은?
- 根据上文，可以知道什么？
  윗글을 통해 무엇을 알 수 있는가?
- 根据第一段，下列哪项正确？
  1단락에 근거하여 다음 중 옳은 것은?

| 기본 개념 잡기 2 | 옳지 않은 것을 고르는 문제

옳지 않은 내용을 고르는 문제는 옳은 것을 고르는 문제보다 문제를 푸는 시간이 더 오래 걸린다. 자주 출제되는 질문은 아래와 같다.

- 下列哪项不是"强制报废措施"很难实行的原因？
  다음 중 '강제 폐기 조치'가 실행되기 어려운 원인이 아닌 것은?
- 在应对失败的策略中，下列哪项不是让学生感到尴尬？
  실패에 대응하는 전략에서 다음 중 학생을 난처하게 하지 않는 것은?

| 공략 미리보기 |

합격 공략 68	보기의 키워드를 파악하라!
합격 공략 69	문제를 정확히 읽으라!
합격 공략 70	[220점 이상 고득점 팁] 순서대로 풀리지 않는 문제에 주의하라!

합격 공략 68 보기의 키워드를 파악하라!

옳은 것을 고르는 문제는 보기의 키워드가 중요하다 ★★★

지문 전체의 내용에서 옳은 것을 고르는 문제는 어느 한 부분만 읽어서는 안 된다. 지문을 먼저 읽지 말고 보기를 먼저 파악한 뒤 보기의 키워드를 지문과 대조하며 문제를 풀어야 한다. 보기를 분석할 때는 주어를 중심으로 키워드를 파악해야 시간을 절약할 수 있다.

실전문제 📖

窗户不只是用来看一看外面风光的，在很大程度上，决定了生活的质量。"窗"字，初创时为"囱"，即在墙上留个洞，框内的是窗棂，可以透光，也可以出烟，后加"穴"字头构成形声字。

1. 根据上文，可以知道：

A 窗最初指的是洞口   B 漏窗有多种形式

C 窗是房屋的眼睛   D 空窗有"借景"的功能

STEP 1 문제 파악하기

1. **根据上文，可以知道**? 윗글에서 알 수 있는 것은?

글 전체의 내용에서 옳은 것을 고르는 문제이므로 먼저 보기의 키워드를 파악한다.

A 窗 | **最初指的是洞口** 창문은 처음에는 구멍을 가리켰다

B 漏窗 | **有多种形式** 누창에는 여러 형식이 있다

C 窗 | **是房屋的眼睛** 창문은 집의 눈이다

D 空窗 | **有借景的功能** 공창은 풍경을 이용하는 기능이 있다

STEP 2 지문 읽기

窗户不只是用来看一看外面风光的，在很大程度上，决定了生活的质量。"窗"字，初创时为"囱"，即在墙上留个洞，框内的是窗棂，可以透光，也可以出烟，后加"穴"字头构成形声字。

창문은 단지 외부 풍경을 보는데 사용할 뿐만 아니라 생활의 질을 결정하기도 한다. '창'자가 처음 만들어질 때는 '囱(굴뚝)'이었는데 즉 벽에 구멍을 하나 남긴 것이다. 테두리 안에는 창살이 있어 빛이 들어오고 연기도 나갈 수 있었다. 나중에 '穴(구멍)'자를 더해 형성자를 이루게 되었다.

STEP 3 지문과 보기를 대조하여 정답 고르기

보기의 키워드 중 지문에 窗(창)만이 제시되어 있다. **"窗"字，初创时为"囱"，即在墙上留个洞**('창'자는 처음 만들어질 때는 '囱'였는데 벽에 구멍을 하나 남긴 것이다)이라고 했으므로 정답은 A이다. 보기 B, D의 **漏窗**(루창)과 **空窗**(공창)은 지문에 언급되지 않았다.

정답 A 窗最初指的是洞口

어휘 窗户 chuānghu 몡 창문   风光 fēngguāng 몡 풍경   初创 chūchuàng 통 처음 만들다   囱 cōng 몡 굴뚝   即 jí 튀 즉   洞 dòng 몡 구멍   框 kuàng 몡 틀   窗棂 chuānglíng 몡 격자창   透光 tòuguāng 통 빛이 통과하다   烟 yān 몡 연기   穴 xué 몡 동굴, 구멍   形声字 xíngshēngzì 몡 형성자   漏窗 lòuchuāng 몡 루창 (틀에 장식 모양이 있는 창)   洞口 dòngkǒu 몡 동굴 입구   空窗 kōngchuāng 몡 공창   借景 jièjǐng 몡 조경 예술에서 정원 밖의 경물이나 정원 내의 풍경을 조화시켜 일체화하다

옳지 않은 것을 고르는 문제 ★★☆

옳은 내용을 고르는 문제의 비중이 상대적으로 크기 때문에 학습자들은 옳지 않은 것을 옳은 것으로 착각하여 푸는 경우가 있다. 문제를 정확히 읽어서 실수하지 않도록 하며 이 유형 역시 보기를 먼저 분석하고 키워드를 지문에서 찾아 대조하여 정답을 골라야 한다.

실전문제

所谓的 "极昼" 现象，就是在地球的极圈范围内，一日之内，太阳都在地平线以上的现象，它只会出现在夏季和冬季。当南极出现极昼时，北极就是极夜，反之亦然。

一位科考专家说：每当出现极昼时，没有了黑暗，也就没有了日期，工作人员连续几十天都生活在金灿灿的阳光下，人的生物钟一下子就彻底紊乱了。极昼让人筋疲力尽，让人在整个南极大陆无处藏身，让人烦躁，让人疯狂。凡是在南极经历过极昼的人，他们最大的愿望就是能够见到夜色，见到黑暗，这是他们生命的渴求。

1.　关于极昼，下列哪项不是正确的？

　　A　让人精神焦虑　　　　　　　　　B　太阳终日不落
　　C　只有在南极才出现　　　　　　　D　在春季和秋季不会出现

STEP 1　문제 파악하기

1. 关于**极昼**，下列哪项**不是正确**的？ 백야에 관해 다음 중 옳지 않은 것은?

极昼(백야)에 관한 내용 중 옳지 않은 것을 고르는 문제이므로 먼저 보기의 키워드를 파악한다.

A　让人｜精神焦虑　사람을 정신적으로 초조하게 한다
B　太阳｜终日不落　태양이 종일 지지 않는다
C　只有在南极才出现　단지 남극에서만 출현한다
D　在春季和秋季｜不会出现　봄철과 가을철에는 출현하지 않는다

STEP 2　지문 읽기

所谓的 "极昼" 现象，就是在地球的极圈范围内，<u>一日之内，太阳都在地平线以上的现象，它只会出现在夏季和冬季。当南极出现极昼时，北极就是极夜，反之亦然。</u>

一位科考专家说：每当出现极昼时，没有了黑暗，也就没有了日期，工作人员连续几十天都生活在金灿灿的阳光下，人的生物钟一下子就彻底紊乱了。极昼让人筋疲力尽，让人在整个南极大陆无处藏身，<u>让人烦躁，让人疯狂</u>。凡是在南极经历过极昼的人，他们最大的愿望就是能够见到夜色，见到黑暗。

소위 '<u>백야</u>' 현상은 지구의 극지방에서 하루 동안 태양이 지평선 위에 있는 현상을 말하는데, 일반적으로 여름과 겨울에만 나타난다. <u>남극에서 백야가 나타날 때 북극은 극야가 나타나며 반대의 경우도 마찬가지이다.</u>

과학 전문가가 말하길 매번 백야가 나타날 때는 어둠이 없고 날짜도 없으며 일하는 사람들은 수십 일을 환한 태양 아래에서 생활하기 때문에 사람의 바이오 리듬이 한 순간 무너지게 된다. 백야는 사람을 기진맥진하게 하며, 모든 남극 대륙에서 어디에도 숨을 곳이 없어 <u>사람을 초조하게 하고 미쳐버리게 한다.</u> 일반적으로 남극에서 백야 현상을 겪은 사람의 가장 큰 소망은 밤을 보는 것, 어둠을 보는 것이다.

STEP 3 지문과 보기를 대조하여 정답 고르기

두 번째 단락에서 백야의 영향에 대한 과학 전문가의 의견을 제시하며 **让人烦躁，让人疯狂**(사람을 초조하게 하고 미쳐버리게 한다)라고 했으므로 A는 옳은 내용이다. 첫 번째 단락에서 **一日之内，太阳都在地平线以上的现象，它只会出现在夏季和冬季**(하루 동안 태양이 지평선 위에 있는 현상을 말하는데, 일반적으로 여름과 겨울에만 나타난다)라고 했으므로 B와 D도 옳은 내용이다. 그러나 **当南极出现极昼时，北极就是极夜，反之亦然**(남극에서 백야가 나타날 때 북극은 극야가 나타나며 반대의 경우도 마찬가지이다)라고 했으므로 C는 틀린 내용이다. 따라서 정답은 C이다.

정답 C 只有在南极才出现

어휘 **极昼** jízhòu 몡 백야 **极圈** jíquān 몡 극권 **地平线** dìpíngxiàn 몡 지평선 **极夜** jíyè 몡 극야 **反之亦然** fǎnzhīyìrán 셍 바꿔서말해도 그렇다 **黑暗** hēi'àn 혱 어둡다 **金灿灿** jīncàncàn 혱 금빛찬란하다 **生物钟** shēngwùzhōng 몡 생체시계 **彻底** chèdǐ 혱 철저하다 **紊乱** wěnluàn 혱 혼란하다 **筋疲力尽** jīnpílìjìn 셍 기진맥진하다 **烦躁** fánzào 혱 초조하다 **疯狂** fēngkuáng 혱 미치다 **焦虑** jiāolǜ 혱 초조하다

합격 공략 70 [220점 이상 고득점] 순서대로 풀리지 않는 문제에 주의하라!

순서대로 풀리지 않는 문제에 주의하라! 옳고 그름 판단형 문제

일반적으로 옳은 것을 고르는 문제와 옳지 않은 것을 고르는 문제는 4문제 중 세 번째 또는 네 번째 문제로 출제되는데 정답이 지문의 초반에 등장하는 경우가 종종 있다. 만일 앞의 두 문제를 풀고 난 후에 옳은 것을 고르는 문제를 푼다면 지문을 처음부터 다시 읽어야 하는 상황이 생길 수 있으므로 지문을 읽기 전에 미리 옳은 것을 고르는 문제가 있는지 확인해 두자!

실전문제 📖🔍

　　茶文化在中国历史悠久，中国人饮茶始于神农时代，已有4700多年的历史。但喝茶也必须适量，否则不仅对健康不利，甚至可能出现"醉茶"的症状。

　　《茶经》是世界上现存最早、最全面介绍茶的的专业著作，被誉为茶叶百科全书。书中说，绿茶能够清热利尿，因此凉性体质的人不宜多喝；红茶能够提神醒脑，降低血脂的功能较强。

1. 关于茶经，可以知道什么？

2. 为什么凉性体质的人不应多喝绿茶？

3. 根据上文，下列哪项正确？
    A 喝茶要适可而止　　　　　　　B 茶经是新出版的图册
    C 绿茶没有减肥的功效　　　　　D 属于寒性体质的人不宜喝红茶

3. **根据上文，下列哪项正确？** 윗글에 근거하여 다음 중 옳은 것은?

해당 지문의 세 번째 문제이며 옳은 내용을 묻는 문제이므로 먼저 보기의 키워드를 파악한다.

A 喝茶 | **要适可而止** 차를 적당히 마셔야 한다
B 茶经 | **是新出版的图册** 차경은 새로 나온 도서이다
C 绿茶 | **没有减肥的功效** 녹차는 다이어트의 효과가 없다
D 属于寒性体质的人 | **不宜喝红茶** 차가운 체질의 사람은 홍차를 마시면 안 된다

　茶文化在中国历史悠久，中国人饮茶始于神农时代，也有4700多年的历史。但喝茶也必须适量，否则不仅对健康不利，甚至可能出现"醉茶"的症状。
　《茶经》是世界现存最早、最全面介绍茶的的专业著作，被誉为茶叶百科全书。书中说，绿茶能够清热利尿，因此凉性体质的人不宜多喝；红茶能够提神醒脑，降低血脂的功能较强。

> 　차문화는 중국에서 역사가 깊다. 중국인들은 신농시대부터 차를 마시기 시작해서 4700여년의 역사를 가지고 있다. 그런데 차를 마시는 것도 적당량이 필요하다. 그렇지 않으면 건강에 좋지 않고 심지어 '차에 취하는' 증상이 나타난다.
> 　「차경」은 세계에서 현존하는 가장 오래되고 완벽하게 차를 소개하는 전문 서적으로 찻잎의 백과사전이라 불린다. 이 책에서 녹차는 열을 내리고 이뇨 작용을 하기 때문에 찬 체질의 사람이 마시는 것이 좋지 않고, 홍차는 정신을 맑게 할 수 있으며 혈액 지질을 낮추는 효과가 있어 다이어트를 하는 사람들이 많이 마시는 것이 좋다고 말한다.

첫 번째 단락에서 **喝茶**(차를 마시는 것)는 반드시 **适量**(적당량)이어야 한다고 했으므로 A가 옳은 내용이다. 1번 2번 문제의 정답은 두 번째 단락에 있기 때문에 1, 2번 문제를 풀고 3번을 확인할 경우 지문을 처음부터 다시 읽어야 하므로 문제를 먼저 파악해 두고 지문을 읽으면 시간을 절약할 수 있다.

정답 A **喝茶要适可而止**

어휘 **神农** Shénnóng 뎽 신농(중국 전설 속 인물)　**适量** shìliàng 혱 적당량이다　**症状** zhèngzhuàng 뎽 증상　**著作** zhùzuò 뎽 저작, 작품　**百科全书** bǎikēquánshū 뎽 백과사전　**清热利尿** qīngrèlìniào 열을 내리고 배뇨를 돕는다　**不宜** bùyí 통 적당하지 않다　**提神** tíshén 통 정신을 차리게 하다　**醒脑** xǐngnǎo 통 머리를 맑고 깨끗하게 하다　**血脂** xuèzhī 뎽 혈액 지질　**理气解郁** lǐqìjiěyù 통 기가 약함을 치료하고 우울을 해소하다　**忧郁** yōuyù 혱 우울하다　**适可而止** shìkě'érzhǐ 셩 적당한 정도에서 멈추다　**图册** túcè 뎽 그림책, 도감

(1-4) 알맞은 답을 고르세요.

　加工食品中的颜色，往往是来自于各种合成色素，而天然
食品当中的颜色，却往往与其健康性质相系。大多数有色食品
的确含有不少对人体健康有益的化学物质。

　红色食品的代表有番茄、辣椒等。红色食品色泽鲜艳，含
有多种对身体健康有益的成分。番茄中的番茄红素不仅具有抗
癌抑癌的功效，而且对预防心血管疾病和动脉硬化及延缓衰老
都具有重要作用。辣椒中的辣椒素能起到降血压和降胆固醇的
作用。

　黄色食品的代表有玉米、南瓜、黄豆等。研究表明，在所有主食中，玉米的营养价值最
高、保健作用最大。玉米含有丰富的不饱和脂肪酸，尤其是亚油酸的含量在60%以上，它和
玉米胚芽中的维生素E协同作用，可降低血液胆固醇浓度并防止其沉积于血管壁。

　玉米中含的硒和镁也有防癌抗癌作用，硒能加速体内过氧化物的分解，使恶性肿瘤得不
到分子氧的供应而受到抑制。镁一方面能抑制癌细胞的发展，另一方面能促使体内废物排出
体外，这对防癌也有重要意义。

　绿色食品主要指绿色蔬菜和绿茶等。绿色蔬菜中含有丰富的维生素C和叶酸。维生素C可
以增强人体免疫力，而叶酸则是心脏的保护神。绿茶中含有维生素C和类黄酮类物质，后者可
以增强维生素C的抗氧化功效，因此绿茶的保健功能是发酵类茶所不及的。

　黑色食品有黑木耳、黑米、紫菜等。一般来说，黑色食品营养成分齐全，有害成分少。
例如，黑米是一种药食兼用的大米，含有普通大米所缺乏的叶绿素、花青素、胡萝卜素等成
分，因此营养更丰富，被称为"长寿米"。

1. 关于辣椒素，下列哪项正确？

　A 预防心血管疾病　　　　　　　　B 营养价值不如番茄

　C 降低胆固醇的含量　　　　　　　D 是典型的黄色食品

2. 下列哪项不属于黑米的功效？

　A 含有花青素　　　　　　　　　　B 可以药食兼用

　C 含有胡萝卜素　　　　　　　　　D 被称为"心脏的保护神"

3. 根据上文，可以知道：

　A 番茄红素对身体有害　　　　　　B 绿茶具有较好的保健功

　C 类黄酮类物质易被氧化　　　　　D 黑米使废物排出体外

4. 最适合做上文标题的是：

　A 加工食品中的危害　　　　　　　B 什么是有色食品

　C 有色食品的好处　　　　　　　　D 如何鉴别有色食品的真假

03

주제를 묻는 문제

주제의 위치 파악하기

기본기 다지기 　기본 개념 잡기 & 공략 미리보기

주제 또는 제목을 고르는 문제는 매 지문마다 한 문제씩 출제되고 가장 마지막 문제로 출제된다. 글의 종류에 따라 중심 내용이 언급되는 부분이 다르기 때문에 문제를 푸는 순서에 주의한다.

| 기본 개념 잡기 1 | 설명문의 구성과 주제

독해 제4부분의 지문은 대부분 정보 전달을 목적으로 하는 설명문이다. 주로 '전통 문화, 지리, 건강, 생활, 우주 항공, 과학' 등의 분야에 관한 글이 출제된다. 설명문은 주제가 시작 부분에 등장하므로 주제 문제는 가장 먼저 풀어야 하는 문제이다.

[1단락] 주제에 관한 소개

[2~3단락] 구체적인 내용 및 과거와 현재의 상황

[마지막 단락] 주제에 대한 평가, 기대와 발전 방향

| 기본 개념 잡기 2 | 이야기(에피소드) 글의 구성과 주제

이야기 글은 대부분 옛날 이야기이며 출제 비중이 높지 않지만 문어체가 자주 등장한다. 또한 기승전결 구성으로 단락과 단락이 유기적으로 연결되어 있기 때문에 설명문에 비해 전체 내용을 파악하는 데 시간이 더 걸린다. 하지만 주제는 주로 마지막에 언급되므로 주제 문제는 마지막에 풀어야 한다.

[1단락] 이야기의 배경

[2~3단락] 구체적인 사건 전개 및 마무리

[마지막 단락] 주제 또는 교훈

| 공략 미리보기 |

합격 공략 71	설명문의 주제는 첫 단락에 등장한다!
합격 공략 72	이야기 글의 주제는 마지막 단락에 등장한다!
합격 공략 73	[220점 이상 고득점] 각 단락의 첫 문장을 종합하라!

합격 공략 **71**　설명문의 주제는 첫 단락에 등장한다!

설명문의 주제 ★★★

실용문에서 주제 및 중심 내용은 서론 부분에서 언급되는 경우가 많다. 주제나 제목이 구체적으로 명시되지 않더라도 주제와 관련된 내용을 서론 부분에서 찾을 수 있다. 특히 서론 부분에서 의문문이 나올 경우 주제에 관한 내용임을 꼭 기억하자!

실전문제 🔍

　　一位动物学家对一群海豹进行了一个实验，这个实验让他发现了关于母爱的重大秘密。

　　每年冬末，格陵兰海豹都会迁至格陵兰及北海繁殖后代。为了避免天敌，雌性个体往往会将幼崽产在大块浮冰上。在幼崽刚生下来的12天内，它们的母亲会不吃不喝，并且不断为幼崽提供奶水。在这段期间，雌性海豹每天会减掉约3公斤的体重。

4.　最适合上文标题的是：

A 民以食为天　　　　　　　　　B 漏窗有多种形式

C 窗最初指的是洞口　　　　　　D 空窗有"借景"的功能

STEP 1　문제 파악하기

4. **最适合上文标题的是** : 윗글의 제목으로 가장 알맞은 것은?

글의 종류가 설명문이고 제목을 묻는 문제이므로 서론을 살펴본다.

STEP 2　지문 읽기

　　一位动物学家对一群海豹进行了一个实验，这个实验让他发现了 关于母爱的重大秘密。

　　每年冬末，格陵兰海豹都会迁至格陵兰及北海繁殖后代。为了避免天敌，雌性个体往往会将幼崽产在大块浮冰上。在幼崽刚生下来的12天内，它们的母亲会不吃不喝，并且不断为幼崽提供奶水。在这段期间，雌性海豹每天会减掉约3公斤的体重。

> 　한 동물학자가 한 무리의 바다표범을 대상으로 실험을 했다. 이 실험으로 그는 모성애에 관한 중대한 비밀을 발견했다.
> 　매년 늦겨울에 그린란드 바다표범은 그린란드와 북해로 가서 번식한다. 천적을 피하기 위해 암컷은 종종 새끼를 떠다니는 커다란 빙하 위에서 낳는다. 새끼가 막 태어나고 12일 동안 어미는 먹지도 마시지도 않고 끊임없이 새끼에게 젖을 먹인다. 이 시기에 암컷 바다표범은 체중이 약 3kg 감소한다.

STEP 3　지문과 보기를 대조하여 정답 고르기

A **民以食为天** 백성은 먹는 것을 중시한다

B **爱源自接触** 사랑은 접촉에서 온다

C **神奇的动物界** 신기한 동물 세계

D **母爱是无私的** 모성애는 헌신적인 것이다

첫 문장에서 동물학자가 실험을 통해 모성애의 비밀을 발견했다는 내용이 나오고 그 다음 단락에서 구체적인 관찰 내용이 나오므로 주제는 **母爱**(모성애)와 관련됨을 알 수 있다. 알맞은 정답은 D이다.

정답　D 空窗有"借景"的功能

어휘　海豹 hǎibào 몡 바다표범　实验 shíyàn 몡 실험　母爱 mǔ'ài 몡 모성애　格陵兰 gélínglán 몡 그린란드　迁 qiān 동 옮기다　繁殖 fánzhí 동 번식하다　后代 hòudài 몡 후대　天敌 tiāndí 몡 천적　雌性 cíxìng 몡 암컷　幼崽 yòuzǎi 몡 (동물 등의) 새끼　浮冰 fúbīng 몡 부빙 (떠다니는 빙하)　奶水 nǎishuǐ 몡 젖　源自 yuánzì 동 ~에서 발원하다　接触 jiēchù 동 접촉하다　神奇 shénqí 혱 신기하다　无私 wúsī 혱 사심이 없다

이야기 글의 주제 및 중심 내용 ★★☆

이야기 글은 일반적으로 주제가 마지막에 등장한다. 전체 이야기를 다 해석하지 않아도 마지막 단락을 잘 파악하면 주제를 쉽게 찾을 수 있다.

실전문제 📖

战国后期，有个人叫赵括，他从年轻的时候起就学习兵法，谈论用兵打仗的事，认为天下没有人能够抵挡他。但是他的父亲心里明白：自己的儿子没有实际作战的经验，想法很不切实际。(중략)

这就是成语"纸上谈兵"的故事，现在这个词常用来比喻空谈理论不能解决问题，告诫我们做事一定要理论联系实际。我们在掌握丰富理论的同时，还要多加实践,把理论与实践相结合，才能够取得生活与事业上的胜利。

4. 最适合上文标题的是：

A 用兵打仗　　　　　　　　　　B 骄兵必败
C 糊涂的赵括　　　　　　　　　　D 理论联系实际

STEP 1　문제 파악하기

4. **最适合上文标题的是** : 윗글의 제목으로 가장 알맞은 것은?
주제를 고르는 문제이다.

STEP 2　지문 읽기

战国后期，有个人叫赵括，他从年轻的时候起就学习兵法，谈论用兵打仗的事，认为天下没有人能够抵挡他。但是他的父亲心里明白：自己的儿子没有实际作战的经验，想法很不切实际。

这就是成语"纸上谈兵"的故事，现在这个词常用来比喻空谈理论不能解决问题，告诫我们做事一定要理论联系实际。我们掌握丰富理论的同时，还要多加实践，把理论和实践相结合，才能够取得生活与事业上的胜利。

전국 후기에 조괄이라는 사람이 있었는데 그는 젊었을 때부터 병법을 배우고 군사를 사용해 전투하는 일을 논하여 천하에 그를 이길 수 있는 사람이 없다고 생각했다. 그러나 그의 아버지는 자신의 아들이 실제 전투 경험이 없고 생각이 실제와 맞지 않다는 것을 마음 속으로 알고 있었다.

이것은 바로 성어 '탁상공론'의 이야기이다. 현재 이 성어는 실제적이지 않은 말로 문제를 해결할 수 없음을 나타내고, 일을 할 때는 이론과 실제를 연계해야 함을 우리에게 알려준다. 우리는 풍부한 이론에 정통함과 동시에 실천을 더해 이론과 실천을 연결시켜야 생활과 일에서 승리를 얻을 수 있다.

STEP 3　지문과 보기를 대조하여 정답 고르기

A **用兵打仗** 병사를 이용해 전쟁을 한다
B **骄兵必败** 교만한 군대는 반드시 진다
C **糊涂的赵括** 어리석은 조괄
D **理论联系实际** 이론과 실제를 연계해야 한다

이 이야기는 전국 시기의 장군에 관한 이야기이며 글의 후반부에 이야기의 주제와 교훈이 언급되었다. 글의 후반부에 **纸上谈兵**(탁상공론)을 소개하며 **告诫我们做事一定要理论联系实际**(우리에게 일을 할 때 반드시 이론과 실천을 연결시켜야 한다)라고 말하고 있다. 따라서 D가 정답이다.

정답 D 理论联系实际

어휘 兵法 bīngfǎ 몡 병법　谈论 tánlùn 통 담론하다　用兵打仗 yòngbīngdǎzhàng 군사를 써서 전쟁을 하다　抵挡 dǐdǎng 통 저항하다, 막아내다　实际 shíjì 몡 실제　作战 zuòzhàn 통 전투하다　不切实际 búqièshíjì 셍 실제에 맞지 않다　成语 chéngyǔ 몡 성어　纸上谈兵 zhǐshàngtánbīng 셍 지면으로 군사 전략을 논하다, 탁상공론　比喻 bǐyù 통 비유하다　空谈 kōngtán 통 하지는 않고말만 하다　理论 lǐlùn 몡 이론　告诫 gàojiè 통 훈계하다　联系 liánxì 통 연계하다, 연결하다　掌握 zhǎngwò 통 파악하다, 정통하다　实践 shíjiàn 몡 실천　胜利 shènglì 통 승리하다　骄兵必败 jiāobīngbìbài 셍 교만한 군대는 반드시 패배한다　糊涂 hútu 혱 어리석다

합격 공략 73 [220점 이상 고득점] 각 단락의 첫 문장을 종합하라!

각 단락의 첫 문장을 종합하라!

설명문에서 주제는 보통 서론에 등장한다. 하지만 일부 설명문에서는 서론에서 주제를 파악하기 어려운 경우가 있다. 이 때는 각 단락의 첫 문장을 종합하여 중심 내용을 파악하도록 한다.

실전문제

　　生活在海边的人们经常可以看到海水的发光现象。人们称这种现象为 "海火"，这种迷人的景象是谁引起的呢？

　　有一种海发光出现在航行中的船舶四周及船尾的浪花泡沫里，这样的海发光通常称为 "火花型海发光"。这主要是有颗粒很小的发光浮游生物引起的。这些浮游生物多呈玫瑰红色，凭借其体内的一种脂肪物质就能发光。

　　还有一种海发光是由海洋发光细菌引起的，这样的海发光称为 "弥漫型海发光"。它们发光强度较弱，其特点是不论什么海况，只要这种发光细菌大量存在，海绵就会出现一片乳白色的光辉。

　　另一种海发光是闪光型海发光，由海洋里躯体较大的发光生物所引起的，如水母、海绵等。水母躯体上有特殊的发光器官，受到刺激便发出闪光。

　　海发光不仅美丽诱人，最重要的是它与渔业生产有着密切的相关。鱼游动时所发出的光，会暴露鱼群的藏身之地，因此，经验丰富的渔民在夜间能利用海光来捕鱼。

4.　上文主要谈的是：

　　A 海发光的观测方法　　　　　　　B 海发光对人类的影响
　　C 海发光的类型和成因　　　　　　D 海发光离不开渔业生产

4. 上文主要谈的是: 윗글이 주로 이야기하는 것은?

주제를 묻는 문제이므로 서론과 각 단락의 첫 문장을 종합해 본다.

生活在海边的人们经常可以看到海水的发光现象。人们称这种现象为"海火"，这种迷人的景象是谁引起的呢？

有一种海发光出现在航行中的船舶四周及船尾的浪花泡沫里，这样的海发光通常称为"火花型海发光"。这主要是有颗粒很小的发光浮游生物引起的。这些浮游生物多呈玫瑰红色，凭借其体内的一种脂肪物质就能发光。

还有一种海发光是由海洋发光细菌引起的，这样的海发光称为"弥漫型海发光"。它们发光强度较弱，其特点是不论什么海况，只要这种发光细菌大量存在，海面就会出现一片乳白色的光辉。

另一种海发光是闪光型海发光，由海洋里躯体较大的发光生物所引起的，如水母、海绵等。水母躯体上有特殊的发光器官，受到刺激便发出闪光。

海发光不仅美丽诱人，最重要的是它与渔业生产有着密切的相关。鱼游动时所发出的光，会暴露鱼群的藏身之地，因此，经验丰富的渔民在夜间能利用海光来捕鱼。

바다에서 생활하는 사람들은 해수의 발광 현상을 자주 보게 된다. 사람들은 이러한 현상을 '바다 불'이라고 부른다. 사람을 매혹시키는 이런 광경은 누가 일으키는 것일까?

항해 중에 선박의 사면과 배 끝머리의 물보라 거품에서 나타나는 해발광은 '불꽃형 해발광'이라고 한다. 이것은 주로 입자가 아주 작은 발광 부유 생물이 일으키는 것이다. 이러한 부유 생물은 대다수가 장미빛 붉은색을 나타내며 그 체내의 지방물질로 인해 발광을 할 수 있다.

또 다른 해발광은 해양 발광 세균이 만들어내는 것으로 '포만형 해발광'이라고 하며 강도가 약하며, 그 특징은 바다의 상황이 어떠하든지 단지 이러한 종류의 발광 세균이 대량으로 존재하기만 하면 수면에 유백색의 빛이 나타난다.

또 다른 종류의 해발광은 '섬광형'으로 해파리나 해면동물 등 몸체가 큰 발광 생물에서 발생한다. 해파리 몸체 위에 특수한 발광기관이 있는데 자극을 받으면 빛을 낸다.

해발광은 아름답기도 하지만 가장 중요한 것은 어업과 밀접한 관계가 있다는 것이다. 물고기가 헤엄을 칠 때 발하는 빛은 물고기 떼가 숨어있는 곳을 드러내기 때문에 경험이 풍부한 어민은 밤중에도 이 해발광을 이용해 물고기를 잡는다.

A 海发光的观测方法 해발광의 관측 방법
B 海发光对人类的影响 해발광이 인류에게 미치는 영향
C 海发光的类型和成因 해발광의 유형과 발생하는 원인
D 海发光与渔业生产的关系 해발광과 어업의 관계

첫 단락에 해발광이 발생하는 원인에 대한 질문이 등장했고 각 단락의 첫 문장이 다양한 **海发光**(해발광)의 발생 원인과 명칭을 설명하고 있다. 따라서 가장 알맞은 정답은 C이다. 보기 D는 마지막 단락의 중심 내용이기 때문에 이 글의 주제로 보기가 어렵다.

정답 C 海发光的类型和成因

어휘 发光 fāguāng 图 발광하다   迷人 mírén 图 사람을 매혹시키다   景象 jǐngxiàng 图 광경   引起 yǐnqǐ 图 불러 일으키다   航行 hángxíng 图 항해하다   船舶 chuánbó 图 선박   船尾 chuánwěi 图 선미, 배끝머리   浪花 lànghuā 图 물보라   泡沫 pàomò 图 거품   细菌 xìjūn 图 세균   弥漫 mímàn 图 가득차다   躯体 qūtǐ 图 몸   闪光 shǎnguāng 图 섬광   渔业 yúyè 图 어업

(1-4) 알맞은 답을 고르세요.

在远古，没有天和地，世界就像一个混混沌沌的中间有核的浑圆体。人类的祖先盘古就孕育在这混沌之中，呼呼地睡着觉，一直经过了一万八千年。有一天他忽然醒过来。睁开眼睛一看，什么也看不见，眼前只是模糊的一片，闷得怪心慌的。他觉得这种状况非常可恼，心里一生气，不知道从哪里抓过来一把大板斧，只听得一声霹雳巨响，大混沌忽然破裂开来。其中有些轻而清的东西，冉冉上升，变成天；另外有些重而浊的东西，沉沉下降，变成地。当初是混沌不分的天地，就这样给盘古板斧一挥，划分开了。

盘古高兴极了，但他担心天地重新合拢，就用头顶着天，脚踏着地。他每天增高一丈，天就随之升高一丈，地也随之增厚一丈。这样又过了18000年，盘古已经成为了一个顶天立地的巨人。就这样不知道又经历了多少万年，终于天稳地固，这时盘古才放下心来。但这位开天辟地的英雄此时已是筋疲力尽，再也没有力气支撑自己了，他巨大的身躯轰然倒地。

盘古死后，他呼出的气变成了风和云，声音化做了雷鸣，他的左眼变成了太阳，右眼变成了月亮，他的头发和胡须变成了闪烁的星辰，脑袋和手脚变成了高山和大地的四极，血液变成了江河湖海，肌肉化成了肥沃的土地，皮肤和汗毛化做花草树木，牙齿骨头化做金银铜铁、玉石宝藏，他的汗水变成了雨水和甘露。从此便有了世界。

这就是盘古开天辟地的神话。神话毕竟只是神话，现在谁也不会相信它是真实的。但是人们喜欢这个神话，一谈起历史，就常常从"盘古开天地"说起，因为它象征着人类征服自然的伟大气魄和丰富的创造力。

1. 下列哪项是盘古发怒的原因？

    A 什么也看不见   B 无法抓住板斧

    C 宇宙混沌一团   D 周围一个人也没有

2. 关于这个神话，下列哪项正确？

    A 盘古最后复活了   B 盘古创造了人类

    C 盘古的胡须变成了江河   D 世界万物是由盘古的身体变来的

3. 作者认为这个神话体现了：

    A 坚韧不拔的精神   B 人类征服自然的艰辛

    C 人类的开创能力   D 人类追求自由的愿望

4. 最适合做上文标题的是：

    A 盘古的诞生   B 盘古开天地的故事

    C 人类的创造力   D 大自然的诞生

(1-4) 알맞은 답을 고르세요.

钦州坭兴陶作为一种传统民间工艺，至今已有1300多年的历史，其陶艺作品于1915年参加美国旧金山举办的国际博览会上获得金奖。近百年来，多次参加国际和国家级展览会评比并获得大奖40多项，产品远销东南亚、东欧、美洲以及港澳台等30多个国家和地区。

钦州坭兴陶，以钦江东西两岸特有的紫红陶土为原料，东泥软为肉，西泥硬为骨，按比例软硬搭配烧制而成。陶土中富含铁、锌、钙、锶等对人体有益的金属元素。其最大的特点是不施釉，而采用雕刻进行装饰，因而具有雕刻之美。把诗情画意由雕刻艺人直接刻画在坭兴陶的陶土上，其优美的造型、绚丽多彩的窑变颜色、丰富多样的表现手法、深厚的民族文化底蕴四者完美的结合，使坭兴陶茶壶具有很高的收藏价值。

钦州坭兴陶的另一个特点是在烧制过程中会产生"窑变"，具有"窑变"之美。钦州坭兴陶无须添加任何颜料，在烧制过程中，当炉盘温度上升到1200℃的临界点时，偶尔有少数几个产品产生深绿色或古铜色的"窑变"，是无法预测和控制的，素有"窑宝"之称，"火中取宝，一件难求，一件在手，绝无雷同"。

钦州坭兴陶纯手工制作，耐酸耐碱，绝无毒性，具有绿色天然之美。它的成品能保持百分之二的吸水率，百分之二的气孔率。独有的透气而不透水的天然双重气孔结构，使得器皿内氧分子充足，有利于食物长久储存。用坭兴陶茶具泡茶，味正醇香，隔夜而色味不变；用坭兴陶食具盛装食品，暑天隔夜存放而不馊。

钦州坭兴陶厚重的历史感以及它本身所具有的特性成就了它的无穷魅力。今天，经过进一步改革升华的钦州坭兴陶正以其丰富深厚的文化底蕴，鲜明独特的地域个性，多姿多彩的艺术形态成为钦州对外宣传的文化使者，成为钦州不可多得的城市名片。

1. 根据上文，钦州坭兴陶的最大特点是？

   A 采用雕刻装饰
   B 透气不透水
   C 有百分之二的吸水性
   D 烧纸过程中产生"窑变"

2. 用坭兴陶茶具泡茶色味不变的原因：

   A 是纯手工制作
   B 气孔率高，氧气充足
   C 保持百分之二的气孔率
   D 没有毒性，是天然的工艺品

3. 关于钦州坭兴陶，下列哪项正确：

   A 添加颜料制造

   C "窑变"是致命的弱点

   B 钦江西泥软东泥硬

   D 富有深厚的文化底蕴

4. 最适合做上文标题的是：

   A 钦州坭兴陶的解读

   C 中国陶器的历史地位

   B 钦州坭兴陶的发展史

   D 钦州坭兴陶的艺术价值

(5～8) 알맞은 답을 고르세요.

花香是植物的花朵分泌出的有香气的物质，用来吸引昆虫来传播花粉，这些芳香物质能够给人带来嗅觉的享受，使人精神愉悦，心旷神怡。所谓"蜂争粉蕊蝶分香"，就是说花香能引来蜜蜂和蝴蝶竞相采蜜。这个时候，花粉就会黏附在昆虫的身上，随着昆虫的飞行迁移而四处落户安家了。因此，花香的作用之一是传宗接代。

花朵带有香味是因为它们的内部都有一个专门制造香味的油细胞。这个油细胞里产生令人心醉的芳香油。这种芳香油除了散发香味、吸引昆虫传粉之外，它的蒸气还可以减少花瓣中水分的蒸发，形成一层"保护衣"，使植物免受白天强烈的日晒和夜晚寒气的侵袭。

花香除了有益于其自身的生长繁殖，对人类也有很多的益处。香气能刺激人的呼吸中枢，从而促进人体吸进氧气，排出二氧化碳，使大脑供氧充足，这时人们能够保持较长时间的旺盛精力。此外，香味的信息能够深刻地留在人的记忆中，刺激嗅觉，增强人们的记忆力。如菊花和薄荷的气味，可使儿童思维清晰、反应灵敏、有利于智力发育。

利用花香来保健和防病，在中国有着悠久的历史。古代神医华佗曾用丁香等材料制成小巧玲珑的香囊，悬挂在室内，用以防治肺结核、吐泻等疾病。其实，丁香花开放时，散发的香气中,含化学物质，净化空气能力很强，杀菌能力比石碳酸强。

不同的花香，能引起人们不同的感受。不过，事情都是一分为二的。有些花香也会给人带来副作用。如百合、兰花的浓香使人兴奋，但时间过长，会感到头晕；郁金香的花朵则含有一种毒碱，如与它接触过久，会加快毛发脱落。

5. 第一段中画线句子说明：

   A 花朵分泌出芳香物质　　　　　B 花香引来蜜蜂和蝴蝶采蜜
   C 蜜蜂和蝴蝶经常争夺花香　　　D 蝴蝶被花吸引是因为颜色

6. 下列哪项不是花香的作用？

   A 可以驱赶害虫　　　　　　　　B 有益于繁殖后代
   C 起到保护花瓣的作用　　　　　D 吸引昆虫来传播花粉

7. 关于花香的副作用，下列哪项正确：

   A 使人自卑抑郁　　　　　　　　B 导致瞬间的眩晕
   C 引起吐泻等疾病　　　　　　　D 令人有睡眠障碍

8. 最适合做上文标题的是：

   A 花香的益处　　　　　　　　　B 花香的作用
   C 花香传宗接代　　　　　　　　D 花香对健康的影响

(9~12) 알맞은 답을 고르세요.

　　在唐代，有一个孤儿，他是<u>遗腹子</u>，尚未出生，父亲早逝，当年父亲为乱兵所杀，弃骨荒冢。他长到十几岁，知道真相，小小的心中只有一个悲哀的愿望：到荒野中去找回父亲，重新安葬。可是，他平生连父亲的面都不曾一见，其实就算他曾在模糊的记忆里有过父亲的面貌，此刻父亲也已经是没有面目可言的枯骨了。他所知道的，只是别人指给他的，一个粗略的位置。而战乱十余年之后，怎样才能在一片森森的白骨间去找到属于父亲的那一把呢？

　　他听人说起一种验定的方法，就是把自己的血滴在死人的骨头上，如果是亲子关系，血液会渗到骨头里去；如果不是，血液就渗不进去。那少年听了这话，果真到荒野上去试验，他穿破自己的肌肤，试着用鲜血一一去染红荒野的白骨。
从破晓到黄昏，他匍匐在荒冢之间，一个时辰过去了，两个时辰过去了，他的心比他的伤口更痛。然后，一天过去了，两天过去了，他的全身刺满了小小的破口。他成了一座血泉，正慢慢地，不断地流出血来。这样的景象，连天神也要感动吧！

到了第十天，他终于找到这样一具枯骨，他滴下去的血，那骨头立刻接受了，而且，深深地，深深地吸了进去，像是要拥抱那血液的主人一般。那少年终于流下眼泪，把枯骨虔诚地抱回家，重新安葬。

那种方法并不见得正确，可是，这个故事之所以令人感动，不是因为这种认亲的方法，而是因为那少年的真诚寻根的一颗心。

9. 第一段中画线词语的意思是：

A 单亲家庭的孩子   B 没有父母的孩子

C 被父母遗弃的孩子   D 父亲死后出生的孩子

10. 为了寻找父亲，他所做的是：

A 到处打听   B 找专家询问

C 划破自己的肌肤滴血   D 他的血把荒野都染红了

11. 根据上文，下列哪项不是正确的：

A 他先用别人的血做试验   B 他花了十天找到了父亲的尸骨

C 血液渗进骨头可能是父子关系   D 别人告诉他父亲尸骨的大概位置

12. 这个故事让人感动的原因是：

A 他从未见过父亲却去寻找他   B 在很多枯骨中找寻父亲

C 他是从小失去双亲的孤儿   D 真诚地寻找父亲的孝子之心

(13~16) 알맞은 답을 고르세요.

现代人由于面临来自各方面的压力，越来越多的人都有某种程度的焦虑和忧郁，不良的情绪对我们正常生活带来负面影响。那么，如何解除忧郁呢？忧郁是一种心灵的苦痛，但身体的训练可以使其好转，因为每个人都会因运动而振作起来。运动能让体内产生一种"脑啡肽"，这种物质是人体内的兴奋剂，在正常状况下，它会让人情绪高涨；如果遇到悲惨的事情，心情很糟，它也会让你开朗起来。运动能够提高脑啡肽的分泌量，让这种比较积极的物质在体内流通。如果持续保持身体的活动状态，心情就会逐渐好转。

在日常生活中，想要摆脱忧郁，做什么运动都可以，健身、脚踏车和跑步机都是不错的选择。其实现在流行的拓展训练也不错。拓展训练的课程很严格，过程相当艰苦，但也会让人很愉快，因为它能让人感觉到自己和大自然融为了一体。比如到海上划独木舟，把船弄翻，然后想办法浮出水面，再重新上船。这个训练可以联系求生技巧，还有几分征服荒野世界的味道。划桨和破浪拍打独木舟的节奏可以调整血液流进心脏的速度，把一个人的极限激发出来，让意志和勇气为了某种理由而达到令人<u>难以置信</u>的极限。这种面对自然挑战的训练能够让人保持积极的好奇心和坚韧不拔的精神，激励人们锲而不舍地向目标努力，同时让人学会合理地控制自己，培养团队合作的意识。

拓展训练虽然不能取代治疗，但可当作辅助治疗。忧郁掐断了生活的根，让人无精打采，而拓展训练是召回自然之根的方法，最后训练完成时，心中会充满感动，感到骄傲和踏实，从而增强内心抵抗忧郁的力量。

13. 关于脑啡肽，下列哪项正确：

   A 让人情绪低落   B 化解不良情绪

   C 促进细胞分裂   D 运动抑制脑啡肽分泌

14. 第二段中画线词语"难以置信"指的是：

   A 非常艰难   B 无处不在

   C 歪曲别人的意思   D 根据常理无法想象

15. 拓展训练如何治疗忧郁？

A 放下手头的事情　　　　　B 寻求心理上的支持

C 增强内心的力量　　　　　D 将痛苦和烦恼倾吐出来

16. 下面哪项最适合作为本文的标题？

A 忧郁症的原因　　　　　　B 脑啡肽的功效

C 管理情绪的妙招　　　　　D 拓展训练克服忧郁

쓰기

한 편의
글을 읽고 요약하기

Warm Up!

유형 분석 & 풀이 전략

유형 분석 | 시험엔 이렇게 나온다!

출제 방식

HSK 6급 쓰기 부분은 한 편의 글(1000자)을 읽고 400자 내외의 글로 요약하는 문제이다. 제한된 10분의 시간 동안 글을 읽은 후 35분 동안 요약해서 써야 한다.

① 10분 동안 제시된 지문을 읽고 문제지에 메모할 수 없다.

② 10분 후 감독관이 문제지를 걷어가면 35분의 시간 동안 내용을 요약해야 한다.

③ 제목은 수험생이 직접 정해야 하고 요약한 글은 지문의 내용만 전달해야 한다. 자신의 관점이나 지문에 없는 내용을 넣어서는 안된다.

④ 요약문은 답안 카드에 작성하고 400자 이상을 써야 고득점에 유리하다.

출제 경향 & 유형별 출제 비율

쓰기 영역에서는 이야기 형식의 글이 출제되며, 인물을 중심으로 한 사건이 기승전결로 전개된다. 출제되는 글의 내용은 성공 이야기(개인, 기업 또는 마케팅), 인생의 교훈을 주는 이야기 또는 옛날 이야기(우화, 성어의 유래, 위인)가 출제된다. 과거에는 옛날 이야기의 출제 비중이 높았지만, 최근 들어 성공 이야기의 출제 비중이 크게 늘고 있다. 지문이 이야기 글이기 때문에 묘사하는 수식어들이 많아 독해가 어려운 문장들이 등장한다. 또한 글의 후반부에는 교훈이나 주제를 전달하는 문장이 등장하므로 글의 전체적인 흐름 뿐만 아니라 글의 교훈을 파악하는 것도 중요하다. 따라서 6급 쓰기 영역은 지문을 이해하는 독해 능력과, 기억한 내용을 다시 쓰는 쓰기 능력이 모두 필요한 영역이다. 이를 위해 속독 스킬을 익히고, 중국인처럼 작문하는 법을 배워보도록 한다.

옛날
이야기
20%

삶의 교훈을
주는 이야기
30%

성공
이야기
50%

Step 1

인물과 주요 사건을 중심으로 빠르게 한 번 읽기
등장인물과 관련된 사건을 기, 승, 전, 결로 나누어 파악한다. 어휘보다는 인물과 주요 사건을 중심으로 스토리의 흐름을 파악한다.

Step 2

파악한 내용을 중국어로 익히기
대강 파악한 내용을 이제 중국어로 암기하며 읽는다. 주요 사건을 주어-술어-목적어로 파악하고, 핵심 어휘와 주요 표현을 암기한다.

Step 3

문장의 기본 구조에 충실하게 쓰기
문장의 기본 구조에 충실하여 올바른 문장을 쓴다. 화려한 미사여구보다 정확한 메시지를 전달할 수 있는 간단명료한 문장을 쓰도록 한다.

풀이 전략 적용해 보기

해석 및 어휘 | 해설편 p.099

　高考前，当我准备报考电影系时，父亲十分反感，他认为电影界竞争激烈，想要成功很难。当时我一意孤行，父亲和我之间的关系从此恶化，但是，等我几年后从电影学院毕业，我终于明白了父亲的苦心所在。在电影界，一个没有任何背景的人要想混出名堂来，谈何容易。我经过了6年多的漫长而无望的等待。最痛苦的经历是，曾经拿着一个剧本，一个星期跑了二十多家公司，一次次面对别人的白眼和拒绝。这样的奔波毕竟还是有希望，最怕的是拿着一个剧本，别人说可以，然后这里改、那里改，改完了等投资人的意见，意见出来了再改，再等待，可最终还是石沉大海，没了消息。

　那时候，我已经将近30岁了。古人说：三十而立。而我连自己的生活都还没法自立，怎么办？继续等待，还是就此放弃心中的电影梦？幸好，我的妻子给了我最及时的鼓励。妻子是学生物学的，毕业后她就在当地一家小研究室研究员，工资少得可怜。那时候我们已经有了大儿子，为了缓解内心的愧疚，我每天在家里做了所有家务，负责买菜做饭带孩子，将家里收拾得干干净净。

　这样的生活对一个男人来说，是很伤自尊心的。有段时间，岳父母让妻子给我一笔钱，让我拿去开个餐馆，但好强的妻子拒绝了，把钱还给了他们。我知道了这件事后，辗转反侧想了好几个晚上，终于下定了决心，也许这辈子电影梦离我太远了，还是面对现实吧！

　后来，我去了社区大学，报了一门电脑课。我觉的当时似乎只有电脑可以在最短时间内让我有一技之长了。那几天我一直萎靡不振，妻子很快就发现了我的反常，她还发现了我包里的课程表。她一字一句地告诉我："要记得你心里的梦想！"那一刻，我心里像突然起了一阵风，我的梦想再次燃烧了起来。

后来，我的剧本得到赞助，开始自己拿起了摄像机，再到后来，一些电影开始在国际上获奖。这个时候，妻子重提旧事，她才告诉我："我一直就相信，人只要有一项长处就足够了，你的长处就是拍电影。你要想成功，就一定要坚持心里有梦想。"

STEP 1 **인물과 사건을 중심으로 빠르게 한 번 읽기**

등장인물과 관련된 사건을 기, 승, 전, 결로 나누어 사건의 흐름을 파악한다.

등장인물 : 나(我), 아내(妻子), 아버지(父亲)	
기: 주인공의 꿈	영화 학과(报考电影系)를 준비하던 중 아버지의 반대(父亲反对)에 부딪히고 사이가 악화됨(关系恶化). 실제로 영화계에서 성공하는 것이 얼마나 힘든지(想要成功很难) 알게 됨(终于明白了). 6년 간의 기다림(六年多的等待)에도 결국 성공하지 못하고 절망함.
승: 주인공의 시련	30대(近30岁)가 되어서도 자리를 잡지 못했고(没法自立), 아내가 직장 생활을 하며(我的妻子在小研究室做研究员) 생계를 유지하고, 나는 집안일(做家务)과 육아를 맡아 함.
전: 꿈의 좌절과 극복한 계기	처갓집에서 도와준다는 것(岳父母让妻子给我一笔钱)을 아내가 거절한(妻子拒绝了) 사실을 알고 영화를 포기하기로 결심함(下定了决心面对现实). 컴퓨터를 배우려고(报了一门电脑课) 했으나 아내가 꿈을 포기하지 말라고 격려해 준("要记得你心里的梦想") 덕분에 영화를 다시 꿈꾸게 됨.
결: 성공 결과 및 요인	시나리오(剧本)가 후원을 받게 되어(得到赞助) 영화를 찍음. 그 영화로 영화제에서 수상했을 때(电影在国际上获奖) 아내는 사람이 한 가지 장점이 있으면 충분하고, 만일 성공하고 싶으면 마음속에 꿈을 견지해야 한다고 믿어왔다("我一直就相信，人只要有一项长处就足够了，你要想成功，就一定要坚持心里有梦想")고 응원의 말을 건넴.

STEP 2 **파악한 내용을 중국어로 익히기**

파악한 내용을 중국어로 암기하며 읽고, 핵심 어휘 기억 & 주요 사건을 주어-술어-목적어로 간추려 암기한다.

기 : 주인공의 꿈

高考前，<u>当我准备报考电影系时</u>，<u>父亲十分反感</u>，他认为电影界竞争激烈，想要成功很难。当时我
　　　　　영화 학과 준비　　　　　　아버지의 반대　　　　　　　　반대 이유

一意孤行，<u>父亲和我之间的关系</u>从此<u>恶化</u>，但是，等我几年后从电影学院毕业，<u>我终于明白了父亲的苦</u>
　　　　　아버지와 관계 악화

<u>心所在</u>。在电影界，一个没有任何背景的人要想混出名堂来，谈何容易。<u>我经过了6年多的漫长而无望的</u>
　　실제 영화계에 부딪혀보니 반대하신 이유를 알게 됨.　　　　　　　　　　　　　　6년 간의 기다림

<u>等待</u>最痛苦的经历是，曾经拿着一个剧本，一个星期跑了二十多家公司，一次次面对别人的白眼和拒绝。这样的奔波毕竟还是希望，最怕的是拿着一个剧本，别人说可以，然后这里改、那里改，改完了等投资人的意见，意见出来了再改，再等待，<u>可最终还是石沉大海，没了消息</u>。
　　　　　　　　　　　　　　　　기다렸지만 결국 성공하지 못함

승 : 주인공의 시련

那时候，<u>我已经将近30岁了</u>。古人说：三十而立。<u>而我连自己的生活都还没法自立</u>，怎么办？继续
　　　30세가 되었지만　　　　　　　　　　　　　　자립하지 못함

等待，还是就此放弃心中的电影梦？幸好，<u>我的妻子给了我最及时的鼓励</u>。妻子是学生物学的，毕业后
　　　　　　　　　　　　　　　　아내의 격려

她就在当地一家小研究室做研究员，工资少得可怜。那时候我们已经有了大儿子，为了缓解内心的愧疚，
　　아내가 작은 연구소에서 일함

我每天在家里做了所有家务，负责买菜做饭带孩子，将家里收拾得干干净净。
　　내가 집에서 가사일을 함

전 : 꿈의 좌절과 극복한 계기

这样的生活对一个男人来说，是很伤自尊心的。有段时间，岳父母让妻子给我一笔钱，让我拿去开
　　　　　　남자로서 자존심이 상함　　　　　　　　　　　　장인 장모가 가게를 차릴 돈을 주심

个餐馆，但好强的妻子拒绝了，把钱还给他们。我知道了这件事后，辗转反侧想了好几个晚上，终于下
　　　　　그러나　　　아내가 거절함

定了决心，也许这辈子电影梦离我太远了，还是面对现实吧。
　　　　　　　　　　　　　　　　　　　　현실을 직면하기로 함

后来，我去了社区大学，报了一门电脑课。我觉的当时似乎只有电脑可以在最短时间内让我有一技
　　　지역 대학에 컴퓨터 과목을 신청함

之长了。那几天我一直萎靡不振，妻子很快就发现了我的反常，她还发现了我包里的课程表。她一字一
句地告诉我：“要记得你心里的梦想！”那一刻，我心里像突然起了一阵风，我的梦想再次燃烧了起来。
　　아내는 나에게 꿈을 포기하지 말라고 격려함

결 : 성공 결과 및 요인

后来，我的剧本得到赞助，开始自己拿起了摄像机，再到后来，一些电影开始在国际上获奖。这个
　　　　대본이 투자를 받음　　　　　　　　　　　　　　　　영화가 상을 받음

时候，妻子重提旧事，她才告诉我：“我一直就相信，人只要有一项长处就足够了，你的长处就是拍电
　　　　아내는 줄곧 나의 꿈을 지지해주고 믿어 주었음

影。你要想成功，就一定要坚持心里有梦想。”

STEP 3　요약하기

문장의 기본 구조(주-술-목)에 충실하게 작문하고 글의 제목을 붙인다.

坚持心里有梦想

　　当我准备报考电影系时，父亲反对了，他认为电影界竞争激烈，想要成功很难。我不听父亲的话，因此父亲和我之间的关系恶化，但是，等我几年后，我终于明白了父亲的苦心所在。在电影界，一个没有任何背景的人要想成功，谈何容易。我经过了6年多的漫长而无望的等待，还是一无所获。

　　那时候，我已经将近30岁了。而我连自己的生活都还没法自立。幸好，我的妻子给了我最及时的鼓励。妻子毕业后就在当地一家小研究室做研究员，我每天在家里做了所有家务。

　　这样的生活对一个男人来说，是很伤自尊心的。有一次，岳父母让妻子给我一笔钱，让我拿去开个餐馆，但妻子拒绝了。我知道了这件事后，终于下定了决心，还是面对现实吧！后来，我去了社区大学，报了一门电脑课。但是妻子对我说：“要记得你心里的梦想！”那一刻，我心里像突然起了一阵风，我的梦想再次燃烧了起来。

　　后来，我的剧本得到赞助，我开始拍电影了，再到后来，一些电影开始在国际上获奖。这个时候，妻子才告诉我：“我一直就相信，人只要有一项长处就足够了，你的长处就是拍电影。你要想成功，就一定要坚持心里有梦想。”

속독 스킬 익히기
인물과 사건을 빠르게 파악하기

기본기 다지기 기본 개념 잡기 & 공략 미리보기

HSK 6급 쓰기는 정해진 시간 동안 긴 글을 읽고 요약해야 하기 때문에 독해 능력과 쓰기 능력을 모두 요구하는 영역이다. 지문의 내용과 다른 내용으로 작문하면 점수가 깎이므로 읽는 시간 10분을 잘 활용하여 지문을 정확하게 암기해야 한다.

| 기본 개념 잡기 | 10분 동안 3독하기

10분간 내용을 얼마나 파악하느냐가 쓰기의 성패를 좌우한다. 생소한 어휘와 표현들이 많아도 당황하지 말고 주어, 술어, 목적어에 집중해서 최소 2번 이상 읽는 연습을 해야 한다.

1독 – 내용 파악 – (5~6분)	주요 사건의 흐름을 기승전결로 파악한다. • 등장인물과 사건(관련 행동)을 중심으로 파악한다. • 수식어보다는 주어, 술어, 목적어를 중심으로 파악한다. • 이야기의 기, 승, 전, 결을 파악한다.
2독 – 중국어 암기 – (3~4분)	1독에서 파악한 내용을 중국어로 암기한다. (동사를 중심으로) 한국어로 글의 내용을 기억하면 한국어식 작문을 할 수 있으므로 원문 자체의 문장과 어휘를 암기하도록 한다. 또한 사건 전개에는 동사가 꼭 필요하므로 동사를 중심으로 암기하는 것이 좋다.
3독 – 키워드 암기 – (1~2분)	핵심 키워드, 주제/교훈 문장을 암기한다. 마지막으로 글의 주요 키워드와 주제 관련 문장을 외운 후 답안 작성 시 미리 메모해 두도록 한다.

| 공략 미리보기 |

합격 공략 74   인물과 행동을 중심으로 빠르게 읽으라!

합격 공략 75   '기, 승, 전, 결'을 파악하라!

합격 공략 76   [220점 이상 고득점] 마지막 1분 활용법!

합격 공략 74 인물과 행동을 중심으로 빠르게 읽으라!

인물과 행동 찾기 ★★★

이야기 글은 등장인물과 인물을 중심으로 한 사건이 뼈대가 되어 스토리가 전개된다. 제한된 시간 내에 내용을 파악하려면 우선 수식어구를 모두 제외한 핵심 성분인 주어, 술어, 목적어만 빠르게 찾아야 한다. 수식어구나 생소한 표현에 집착하면 중요한 내용을 놓칠 수 있다. 꼭 기억해야 할 핵심 어휘는 的와 地 뒤에 있음을 기억하자.

〈속독 스킬 Ⅰ – 인물과 행동 찾기〉
① 등장인물 및 관계 : 주인공과 주변 인물의 관계를 파악한다.

② 인물의 행동과 사건 : 등장인물의 행동과 주요 사건을 '주어–술어–목적어'를 중심으로 읽는다.

(지문) 관형어的 + **<u>주어</u>** + 부사어地 + **<u>술어</u>** + 관형어的 + **<u>목적어</u>**

(요약) **주어** + **술어** + **목적어**

실전문제

등장인물과 행동에 밑줄을 그으며 읽고 요약해 보세요.

有一个小男孩六岁那年就已经很懂事了。有一天爸爸妈妈在说他妹妹的事。他只听到说妹妹病得很重，而家里一点钱也没有了。现在妹妹需要接受一个费用昂贵的手术才有可能保住性命，可是看起来没有人会借钱给他们。爸爸用绝望的口气，轻轻地对泪痕满面的母亲叹道："现在只有奇迹才能救得了她。"

他走到自己的卧室，从壁橱里一个隐蔽的地方翻出一个玻璃果酱瓶子。他把里面所有的零钱都倒出来，仔细地数起来。然后他小心翼翼地把硬币放回瓶子里，然后溜出后门，向六个街区外的药店走去。

他耐心地等着药剂师过来招呼，可是那时药剂师太忙了。他只好用双脚在地面上摩擦着，弄出很大的声响来，可是没人理他。他使劲用最招人厌烦的声音清了清嗓子，还是没用。最后他用一枚一块的硬币，猛地往玻璃柜台上一拍，这次奏效了。

(원고지에 작성해 보세요.)

100

200

1. 등장인물과 행동 파악하기

등장인물1   등장인물2, 3   등장인물4

有一个小男孩六岁那年就已经很懂事了。有一天爸爸妈妈在说他妹妹的事。他只听到说妹妹病得
　　남자아이　　　　　　　　　　　　　　　　　　　　아빠, 엄마　　　　　　　　　　　　 여동생

很重，而家里一点钱也没有了。现在妹妹需要接受一个费用昂贵的手术才有可能保住性命，可是看起来
　　　　　　　　　　　　　　　　 여동생　　받다　　　　　　　 수술을　　　　 생명을 보존하다

没有人会借钱给他们。爸爸用绝望的口气，轻轻地对泪痕满面的母亲叹道：“现在只有奇迹才能救得了她。”
사람이 없다　돈을 빌려줄　아버지가　　　　　　　　　　　　　　　　　 탄식하며 말했다　　　　 기적이　　살린다 그녀를

他走到自己的卧室，从壁橱里一个隐蔽的地方翻出一个玻璃果酱瓶子。他把里面所有的零钱都倒出来，
그가 걸어갔다　 침실로　　　　　　　　　　　　　 뒤지다　　　　　　 병을　　그는　　　　　　 잔돈을　　꺼냈다

仔细地数起来。然后他小心翼翼地把硬币放回瓶子里，然后溜出后门，向六个街区外的药店走去。
　　　세다　　　　그는　　　　　 동전을 병에 넣었다　　　　 뒷문으로 몰래　　　　　　　　나갔다

등장인물5

他耐心地等着药剂师过来招呼，可是那时药剂师太忙了。他只好用双脚在地面上摩擦着，弄出很大
　그는　　 기다렸다 약사를　　　　　　　　 약사는 바빴다　　　 그는 양발로　　　 문질러서　　 냈다

的声响来，可是没人理他。他使劲用最招人厌烦的声音清了清嗓子，还是没用。最后他用一枚一块的硬币，
　소리를　 아무도 신경쓰지 않았다 그는　　　　　 소리내어 목청을 가다듬었다　　　　　　　 그는　　　　　　 동전으로

猛地往玻璃柜台上一拍，这次奏效了。
　　쳤다　 이번엔 효과가 있었다

　한 어린 남자아이는 6살이 되던 그 해에 이미 철이 들었다. 하루는 아빠, 엄마가 여동생 일을 이야기하는 것을 들었다. 그는 여동생이 병이 위중한데 집에는 돈이 전혀 없다는 말을 들었다.

　현재 여동생은 비용이 비싼 수술을 받아야만 생명을 지킬 수 있지만, 보아하니 그들에게 돈을 빌려줄 사람이 없었다. 아빠는 절망적인 말투로 온 얼굴이 눈물 자국인 엄마에게 탄식하며 말했다. "지금은 기적만이 그녀를 살릴 수 있어요."

　그는 자신의 침실로 가서 벽장 안에 은밀한 곳에서 유리로 된 과일 잼 병을 꺼냈다. 그는 안에 있는 모든 잔돈을 쏟아서 자세히 세어봤다. 그 후에 그는 조심스럽게 동전을 병 안에 담은 후 뒷문을 빠져나가 6번지에 있는 약국으로 갔다.

　그는 인내심을 가지고 약사가 오기를 기다렸지만 그는 몹시 바빴다. 아이는 두 발을 바닥에 대고 마찰시켜 아주 큰 소리를 냈지만 아무도 신경쓰지 않았다. 그는 힘을 주어 거슬리는 소리를 내며 목을 가다듬었지만 여전히 소용이 없었다. 마지막으로 그는 동전을 사용해 유리로 된 계산대를 세게 쳤고, 이번에는 효과가 있었다.

등장인물과 행동	
여동생(妹妹)	여동생은 수술을 받아야 살 수 있음(接受手术才能保住性命). 그런데 돈을 빌릴 사람이 없음(可没有人借钱)
아빠, 엄마(爸爸妈妈)	아버지가 어머니에게 "기적만이 그녀를 살릴 수 있다'고 말함 (只有奇迹才能救得了她)
6살 남자아이(六岁小男孩)	침실로 가 병을 꺼내 안에 있는 동전을 쏟아냄. 약국으로 감(走到卧室, 翻出瓶子, 把里面的零钱都倒出来, 然后去药店). 여러 가지 노력 끝에 약사의 주의를 끌어냄(弄出很大的声响, 用硬币一拍, 这次奏效了)
약사(药剂师)	바빠서 아이에게 신경쓰지 않음(太忙了, 没有理他)

2. 요약하기

　有一个男孩六岁的时侯已经懂事了，有一天，爸爸妈妈说他妹妹的事。妹妹病得很重，家里没有钱，现在妹妹需要接受手术才能保住性命。可是没有人会借钱给他们。爸爸说："只有奇迹才能救得了她。"

　他走到卧室翻出了一只玻璃瓶子。他把里面的零钱都倒出来，仔细数起来。然后他把硬币放回瓶子里，溜出后门去药店了。他等着药剂师，可是他太忙了。孩子用双脚摩擦着弄出声音，没人理他。最后他用硬币在柜台上一拍，这次奏效了。

해석 한 남자아이가 6살 때 이미 철이 들었다. 하루는 아빠 엄마가 그의 여동생의 이야기를 하는데 병이 심하고 집에 돈이 없는데 지금 여동생은 수술을 받아야만 생명을 보존할 있다. 그러나 그들에게 돈을 빌려 줄 사람도 없다. 아빠가 말했다. "단지 기적만이 그 아이를 살릴 수 있어."

그는 침실로 들어가 유리 병을 꺼냈다. 그는 안에 있는 잔돈을 모두 쏟아내고는 자세히 세어보았다. 그리고 나서 동전을 병 안에 돌려 놓고 뒷문으로 나가 약국으로 갔다. 그는 약사를 기다렸지만 약사는 매우 바빴다. 아이는 두 발을 비벼 소리를 냈지만 아무도 신경쓰지 않았다. 결국 그는 동전으로 테이블을 쳤고, 이번에는 효과가 있었다.

어휘 **懂事** dǒngshì 图 세상 물정을 알다. 철들다　**昂贵** ángguì 휑 비싸다　**保住** bǎozhù 图 보전하다　**性命** xìngmìng 명 생명. 목숨　**绝望** juéwàng 图 절망하다　**泪痕** lèihén 명 눈물 흔적　**满面** mǎnmiàn 명 온 얼굴　**叹道** tàndào 图 탄식하여 말하다　**得救** déjiù 图 구조되다. 위험에서 벗어나다　**壁橱** bìchú 명 벽장　**隐蔽** yǐnbì 图 은폐하다　**翻** fān 图 뒤집다　**玻璃** bōli 명 유리　**果酱** guǒjiàng 명 과일잼　**瓶子** píngzi 명 병　**零钱** língqián 명 잔돈, 용돈　**倒出来** dàochūlái 图 쏟아내다　**仔细** zǐxì 휑 자세하다　**数** shǔ 图 세다　**小心翼翼** xiǎoxīnyìyì 셍 매우 조심스럽다　**硬币** yìngbì 명 동전　**溜出** liūchū 图 몰래 빠져 나가다　**药剂师** yàojìshī 명 약사　**招呼** zhāohu 图 부르다　**摩擦** mócā 图 마찰하다　**使劲** shǐjìn 图 힘을 쓰다　**厌烦** yànfán 图 짜증나다　**清嗓子** qīngsǎngzi 图 목청을 가다듬다　**猛地** měngde 튄 돌연히, 급히　**柜台** guìtái 명 계산대, 카운터　**拍** pāi 图 치다　**奏效** zòuxiào 图 효과가 있다

기승전결 파악하기 ★★★

인물과 행동을 중심으로 문장의 의미를 파악할 수 있게 되었다면 이제는 글 전체의 내용과 맥락을 빠르게 파악하는 법을 익혀야 한다. 단어의 정확한 해석도 중요하지만, 긴 글을 정해진 시간 내에 파악해야 하기 때문에 지문을 읽을 때 글 전체의 구성과 사건의 유기적 연결 관계를 이해해야 한다. 그러기 위해서는 기, 승, 전, 결로 글을 파악하는 것이 필요하다.

⟨속독 스킬 II – 기승전결 파악하기⟩

글의 구성	주요 내용
기	**사건의 배경과 주요 인물의 등장** 시간 및 장소 등 사건의 배경에 관한 설명과 주요 인물들이 등장한다.
승	**사건의 본격적인 시작 및 갈등 발생** 주요 사건과 갈등이 시작되므로 사건 전개의 흐름과 순서를 파악한다.
전	**사건의 절정 및 해결 실마리 등장** 사건의 절정과 갈등 해결의 실마리가 등장한다. 글 전체의 핵심 내용이므로 정확하게 내용을 파악해야 한다.
결	**사건의 해결 및 주제 언급** 사건이 마무리되며 글을 통해 전달하고자 하는 주제 관련 문장이 등장한다.

실전문제

다음 글의 기, 승, 전, 결을 파악하고 4단락으로 요약해 보세요.

　有一个小男孩六岁那年就已经很懂事了。有一天爸爸妈妈在说他妹妹的事。他只听到说妹妹病得很重，而家里一点钱也没有了。现在妹妹需要接受一个费用昂贵的手术才有可能保住性命，可是看起来没有人会借钱给他们。爸爸用绝望的口气，轻轻地对泪痕满面的母亲叹道："现在只有奇迹才能救得了她。"

　他走到自己的卧室，从壁橱里一个隐蔽的地方翻出一个玻璃果酱瓶子。他把里面所有的零钱都倒出来，仔细地数起来。然后她小心翼翼地把硬币放回瓶子里，然后溜出后门，向六个街区外的药店走去。

　他耐心地等着药剂师过来招呼，可是那时药剂师太忙了。他只好用双脚在地面上摩擦着，弄出很大的声响来，可是没人理她。他使劲用最招人厌烦的声音清了清嗓子，还是没用。最后他用一枚一块的硬币，猛地往玻璃柜台上一拍，这次奏效了。"噢，你想要什么？"药剂师问道，"我正跟我的弟弟说话呢，我们已经有好几年没见面了。"他只是随口一问，并没有等他回答。"嗯，我想跟你讲讲我妹妹的事，她病得非常、非常重，所以我想买一个奇迹。""你说什么？"药剂师问。"她的脑子里长了一个坏东西。爸爸说现在只有奇迹才能救得了她。那奇迹多少钱一个呢？""我们这没有奇迹卖，非常抱歉，我帮不了你。"药剂师说，声音稍微柔和了下来。"你听我说，我付得起钱。要是不够的话，我再去拿。你只要告诉我一个奇迹要多少钱。"

　那个药剂师的弟弟穿着非常体面。他弯下腰，问这个小孩儿，"你妹妹需要一个什么样的奇迹呢？""我不知道，"他的眼泪涌了出来，"我只知道她病得很重，妈妈说他需要动手术，可是爸爸拿不出钱，所以我想用自己的钱。"

"你带了多少钱？"药剂师的弟弟问道。"15块3毛。"他回答，声音低得几乎听不见，"我现在只有这么多，不过需要的话我还可以再去拿。""哇，真是太巧了，"那人笑了起来，"15块3毛，给你妹妹用的奇迹正好是这个价格。"他一手接钱，用另一只手抓过他的手，说："带我去你的家，我要看看你的情况，见见你的父母。看看我这儿是不是有你需要的奇迹。"

　　原来药剂师的弟弟是一位神经外科的医生，他免费给男孩儿的妹妹做了手术，没过多久就痊愈了。事后，男孩儿的父母开心地谈到过去，那一连串事情的发生才让他们有了今天。他母亲小声说："那天的手术的确是个奇迹，我真想知道那得花多少钱。"
他露出一丝微笑，他知道奇迹的准确价格是15元3毛，再加上一个孩子执着的信念。

(원고지에 작성해 보세요.)

<!-- Answer grid (empty cells) -->

														400
														500

기 - 사건의 배경 및 등장인물 파악하기 & 요약하기

등장인물1
有一个小男孩六岁那年就已经很懂事了。 有一天爸爸妈妈在说他妹妹的事。 他只听到说妹妹病得很重，

사건의 배경(주인공의 나이)   등장인물2, 3   사건의 배경(여동생의 병)

而家里一点钱也没有了。 现在妹妹需要接受一个费用昂贵的手术才有可能保住性命，可是看起来没有人会

사건의 배경(가정 형편)

借钱给他们。爸爸用绝望的口气，轻轻地对泪痕满面的母亲叹道：“现在只有奇迹才能救得了她。”

사건의 배경(상황)

> 한 어린 남자아이는 6살이 되던 그 해에 이미 철이 들었다. 하루는 아빠, 엄마가 여동생 일을 이야기했는데, 그는 여동생이 병이 위중한데 집에는 돈이 전혀 없다는 말을 들었다. 현재 여동생은 비용이 비싼 수술을 받아야만 생명을 지킬 수 있지만, 보아하니 그들에게 돈을 빌려 줄 사람이 없었다. 아빠는 절망적인 말투로 온 얼굴이 눈물 자국인 엄마에게 탄식하며 말했다. "지금은 기적이 있어야만 그녀를 살릴 수 있을 거야."

		有	一	个	小	男	孩	六	岁	那	年	就	已	经	很	懂	事	了	。
有	一	天	爸	爸	妈	妈	说	他	妹	妹	的	事	，		听	到	妹	妹	病	得
很	严	重	，	而	家	里	一	点	钱	也	没	有	了	。		爸	爸	说	："	现
在	只	有	奇	迹	才	能	得	救	她	。	"								

해석 한 어린 남자아이는 6살이 되던 그 해에 이미 철이 들었다. 하루는 아빠, 엄마가 여동생 일을 이야기했는데, 여동생이 병이 위중한데 집에는 돈이 전혀 없다는 말을 들었다. 아빠는 "지금은 기적이 있어야만 그녀를 살릴 수 있을 거야"라고 말했다.

승 - 사건의 시작 및 갈등의 발생 찾기 & 요약하기

他走到自己的卧室，从壁橱里一个隐蔽的地方翻出一个玻璃果酱瓶子。 他把里面所有的零钱都倒出来，

사건의 시작(주인공이 주방에 있는 유리병에서 잔돈을 꺼내어 약국으로 감)

仔细地数起来。 然后她小心翼翼地把硬币放回瓶子里，然后溜出后门，向六个街区外的药店走去。

등장인물5
他耐心地等着药剂师过来招呼，可是那时药剂师太忙了。 他只好用双脚在地面上摩擦着，弄出很大

갈등의 발생(약사를 기다렸지만 약사가 바빴음)   갈등의 발생(약사의 관심을 끄는 행동을 했지만

的声响来，可是没人理她。他使劲用最招人厌烦的声音清了清嗓子，还是没用。最后他用一枚一块的硬币，

소용없음)　　　　　　　　　　　　　　　　　　　　　　　　　　　　　　갈등의 발생(약사의 관심을 끄는

猛地往玻璃柜台上一拍，这次奏效了。"噢，你想要什么？"药剂师问道，"我正跟我的弟弟说话呢，

행동을 하여 약사가 관심을 가짐)

我们已经有好几年没见面了。"他只是随口一问，并没有等他回答。"嗯，我想跟你讲讲我妹妹的事，

사건의 전개(약사에게 여동생의

她病得非常、非常重，所以我想买一个奇迹。""你说什么？"药剂师问。"她的脑子里长了一个坏东西。

이야기를 함)

爸爸说现在只有奇迹才能救得了她。那奇迹多少钱一个呢？"

사건의 전개(약사에게 기적을 사고 싶다고 말함)

그는 자신의 침실로 가서 벽장 안에 은밀한 곳에서 유리 과일 잼 병을 꺼냈다. 그는 안에 있는 모든 잔돈을 쏟아내서 자세히 세어봤다. 그 후에 그는 조심스럽게 동전을 병 안에 담은 후 뒷문을 빠져나가 6번지에 있는 약국으로 갔다. 그는 인내심을 가지고 약사가 오기를 기다렸지만 그는 몹시 바빴다. 두 다리로 바닥을 비벼 엄청 큰 소리를 냈지만 아무도 관심갖지 않았다. 그는 가장 듣기 싫은 소리를 내어 목을 가다듬었지만 전혀 소용이 없었다. 마지막으로 그는 동전을 사용해 유리로 된 계산대를 세게 쳤고, 이번에는 효과가 있었다. "어, 무엇이 필요하니?" 약사가 물었다. "내가 동생이랑 얘기 중이거든. 우리는 몇 년 동안 만나지 못했단다." 그는 그저 지나가듯 말을 했고 아이의 대답을 기다리지 않았다. "음, 제 여동생에 관한 얘기인데요. 병이 아주아주 심해서 기적을 사야 해요." "무슨 말을 하는 거니?" 약사가 물었다. "동생 머리에 나쁜 물건이 자라고 있대요. 아빠가 기적이 있어야만 동생을 구할 수 있다고 했어요. 기적은 얼마에요?"

	他	走	到	自	己	的	卧	室	，	翻	出	一	只	玻	璃	果	酱	瓶
把	里	面	所	有	的	零	钱	都	倒	出	来	。	然	后	六	个	街	区	外
的	药	店	走	去	。	他	耐	心	地	等	着	药	剂	师	过	来	，	可	是
他	太	忙	了	。	他	怎	么	做	也	没	有	理	他	。	最	后	他	用	一
块	硬	币	往	玻	璃	柜	台	上	一	拍	，	药	剂	师	终	于	看	他	问
道	："	你	要	什	么	？"	他	说	："	我	想	跟	你	讲	讲	我	妹	妹	的
事	，	她	病	得	很	严	重	，	所	以	我	想	买	一	个	奇	迹	。	只
有	这	样	才	能	救	得	了	她	。	那	么	，	奇	迹	多	少	钱	一	个
？"																			

100

해석　그는 자신의 침실로 가서 유리 과일 잼 병을 꺼내어 안에 있는 모든 잔돈을 쏟아냈다. 그리고 6번지에 있는 약국으로 갔다. 그는 인내심을 가지고 약사가 오기를 기다렸지만, 그는 매우 바빴다. 그가 어떻게 해도 그를 신경쓰지 않았다. 마지막으로 그는 동전으로 유리 계산대를 세게 쳤다. 약사는 마침내 그에게 물었다. "뭘 원하니?" 그가 말하길, "제 동생 이야기를 하고 싶은데요, 동생의 병이 아주 심해서 저는 기적을 사고 싶어요. 이렇게 해야만 동생을 살릴 수 있는데 기적은 한 개에 얼마예요?"

전 - 사건의 절정 및 해결의 실마리 찾기& 요약하기

"我们这没有奇迹卖，非常抱歉，我帮不了你。"药剂师说，声音稍微柔和了下来。"你听我说，我付

갈등의 절정(약사는 기적을 팔지 않는다고 말함)

得起钱。要是不够的话，我再去拿。你只要告诉我一个奇迹要多少钱。"

갈등의 절정(그래도 주인공은 계속 설득함)

那个药剂师的弟弟穿着非常体面。他弯下腰，问这个小孩儿，"你妹妹需要一个什么样的奇迹呢？"

해결의 실마리(약사의 남동생이 주인공에게 관심을 가짐)

"我不知道，"他的眼泪涌了出来，"我只知道她病得很重，妈妈说他需要动手术，可是爸爸拿不出钱，

해결의 실마리(여동생의 이야기를 들려 줌)

所以我想用自己的钱。"

"你带了多少钱？"药剂师的弟弟问道。"15块3毛。"他回答，声音低得几乎听不见，"我现在只有

해결의 실마리(주인공에게 돈을 얼마 가지고 왔는지 물어 봄)

这么多，不过需要的话我还可以再去拿。""哇，真是太巧了，"那人笑了起来，"15块3毛，给你妹妹用

해결의 실마리(약사의 남동생은 이 값으로 기적을 살 수 있다고 말함)

的奇迹正好是这个价格。"他一手接钱，用另一只手抓过他的手，说："带我去你的家，我要看看你的情况，
见见你的父母。看看我这儿是不是有你需要的奇迹。"

> "우리는 기적을 팔지 않아. 미안하다. 도와줄 수가 없네." 약사가 말했다. 목소리는 조금 부드러워졌다. "얘기해주세요. 돈을 낼 수 있다니까요. 모자라면 더 가져올게요. 기적이 얼마인지 알려주시기만 하면 돼요."
> 약사의 남동생은 굉장히 품위가 있었다. 허리를 숙여 아이에게 물었다. "여동생은 어떤 기적이 필요한 거니?"
> "저도 몰라요" 그의 눈에서 눈물이 흘렀다. "저는 병이 심하다는 것만 알아요. 엄마가 수술이 필요하다고 하셨는데 아빠는 돈이 없어요. 그래서 제가 제 돈을 쓰려 구요.
> "얼마나 있는데?" 약사의 남동생이 물었다. "15위안 3마오요" 그가 대답하는데 목소리가 안 들릴 정도로 작았다. "지금은 이것밖에 없는데 필요하면 더 가져올게요." "와, 딱 맞았네." 그 사람이 웃었다. "너의 여동생에게 쓸 기적이 딱 그 가격이란다."그는 한 손으로는 돈을 받고 다른 한 손으로는 그의 손을 잡고 말했다. "나를 데리고 너의 집으로 가. 내가 상황을 보고 부모님도 만날게. 너에게 필요한 기적이 있는지를 봐야겠다."

		"	我	们	这	没	有	奇	迹	卖	。"						
		那	个	药	剂	师	的	弟	弟	问	这	个	小	孩	儿	："你	妹	妹
需	要	什	么	样	的	奇	迹	呢	？"	"她	需	要	动	手	术	，	可	是
爸	爸	没	有	钱	，	所	以	我	想	用	自	己	的	钱	。"	"你	带	了
多	少	钱	？"	"15	块	3	毛	。"	"真	是	太	巧	，	15	块	3	毛,	
给	你	妹	妹	用	的	奇	迹	正	好	是	这	个	价	格	。"			

100

해석 "우리는 기적을 팔지 않아."
그 약사의 남동생은 이 아이에게 물었다. "네 여동생이 어떤 기적이 필요하니?" "동생은 수술해야 해요. 그런데 아빠가 돈이 없어서 제 돈을 사용하고 싶어요." "너 얼마 가져왔니?" "15위안 3마오요." "딱 맞네. 15위안 3마오, 네 여동생에게 사용할 기적이 딱 이 가격이란다."

결 - 사건의 해결 및 주제 찾기& 요약하기

原来药剂师的弟弟是一位神经外科的医生，他免费给男孩儿的妹妹做了手术，没过多久就痊愈了。

사건의 해결(약사의 남동생은 신경외과 의사였고 무료로 수술을 해 줌)

事后，男孩儿的父母开心地谈到过去，那一连串事情的发生才让他们有了今天。他母亲小声说："那天的
手术的确是个奇迹，我真想知道那得花多少钱。"

他露出一丝微笑，他知道奇迹的准确价格是15元3毛，再加上一个孩子执着的信念。

주제(주인공의 집념이 기적을 만든 것)

알고보니 약사의 남동생은 신경외과 의사였고, 무료로 남자아이의 여동생에게 수술을 해 줬고 얼마 지나지 않아 여동생은 완치됐다. 그 후 남자아이의 부모는 즐겁게 과거의 이야기를 했고 여러 가지 일들이 생겨서 오늘이 있는 것이라고 했다. 어머니가 작은 소리로 말했다." 그날 수술은 정말 기적이었다. 수술을 하려면 얼마의 돈을 내야 되는지 알고 싶다."라고 말했다.
약사의 남동생은 미소지었는데 그는 알고 있었다. 기적의 정확한 가격이 15위안 3마오에 아이의 집념이 더해진 것이라는 것을……

		原	来	药	剂	的	弟	弟	是	一	位	神	经	外	科	的	医	生	，
他	免	费	给	男	孩	儿	的	妹	妹	做	了	手	术	，	没	过	多	久	就
痊	愈	了	。	事	后	，	他	妈	妈	说	：	"	那	天	的	手	术	的	确	是
个	奇	迹	，	我	真	想	知	道	那	得	多	少	钱	。	"	他	知	道	奇	迹
的	准	确	价	格	是	15	元	3	毛	，	再	加	上	一	个	孩	子	的	执
着	的	信	念	。															

100

해석 알고보니 약사의 남동생은 신경외과 의사였고, 그는 무료로 남자아이의 여동생에게 수술을 해 줬다. 얼마 지나지 않아 완치되었다. 그 후 그의 엄마가 말하길 "그날의 수술은 정말 기적이었어. 얼마가 필요했었는지 정말 알고 싶단다." 그는 기적의 정확한 가격이 15위안 3 마오이고, 거기에 아이의 집념이 더해진 것이라는 것을 알고 있었다.

어휘 **懂事** dǒngshì 동 세상 물정을 알다. 철들다　**昂贵** ángguì 형 비싸다　**保住** bǎozhù 동 보전하다　**性命** xìngmìng 명 생명, 목숨　**绝望** juéwàng 동 절망하다　**泪痕** lèihén 명 눈물 흔적　**满面** mǎnmiàn 명 온 얼굴　**叹道** tàndào 동 탄식하여 말하다　**得救** déjiù 동 구조되다. 위험에서 벗어나다　**壁橱** bìchú 명 벽장　**隐蔽** yǐnbì 동 은폐하다　**翻** fān 동 뒤집다　**玻璃** bōli 명 유리　**果酱** guǒjiàng 명 과일잼　**瓶子** píngzi 명 병　**零钱** língqián 명 잔돈, 용돈　**倒出来** dàochūlái 동 쏟아내다　**仔细** zǐxì 형 자세하다　**数** shǔ 동 세다　**小心翼翼** xiǎoxīnyìyì 성 매우 조심스럽다　**硬币** yìngbì 명 동전　**溜出** liūchū 동 몰래 빠져나가다　**药剂师** yàojìshī 명 약사　**招呼** zhāohu 동 부르다　**摩擦** mócā 동 마찰하다　**使劲** shǐjin 동 힘을 쓰다　**厌烦** yànfán 동 짜증나다　**清嗓子** qīngsǎngzi 목청을 가다듬다　**猛地** měngde 부 돌연히, 급히　**柜台** guìtái 명 계산대, 카운터　**拍** pāi 동 치다　**奏效** zòuxiào 동 효과가 있다　**奇迹** qíjì 명 기적　**救得** jiùdé 동 구하다　**稍微** shāowēi 부 조금, 약간　**柔和** róuhé 형 부드럽다　**体面** tǐmiàn 명 체면　**弯腰** wānyāo 동 허리를 굽히다　**眼泪** yǎnlèi 명 눈물　**涌** yǒng 동 솟아오르다　**神经** shénjīng 명 신경　**外科** wàikē 명 외과　**痊愈** quányù 동 치유하다　**露出** lùchū 동 병이 낫다　**微笑** wēixiào 명 미소　**准确** zhǔnquè 형 정확하다　**执着** zhízhuó 형 끈기 있다　**信念** xìnniàn 명 신념

마지막 1분 활용법!

쓰기 영역은 지문 읽는 시간(10분)을 어떻게 활용하는가가 매우 중요하다. 9분 동안 지문을 2번 읽으면서 전체 내용을 파악하고 암기한 후 마지막 1분 동안에는 핵심 키워드를 암기해야 한다. 특히 외우기 힘든 핵심 키워드와 인명, 고유 명사, 주제 관련 문장을 위주로 빠르게 암기해야 한다. 그리고 작문을 시작할 때 답안지의 여백에 1분 동안 외운 정보를 메모해 두고 작문을 시작하는 것이 좋다.

〈속독 스킬 l – 1분 동안 외워야 할 것〉

핵심 키워드	지문에서 여러 차례 등장하며 반드시 사용해야 하는 어휘 지문에 반복적으로 등장하는 어휘는 핵심 키워드이므로 암기해야 한다. PBT 시험인 경우에는 한자를, IBT 시험인 경우에는 병음을 암기하도록 한다. 예 陶罐 도자기　咖啡豆 커피콩　油迹 기름 얼룩
인명, 고유명사	등장인물의 이름을 그대로 사용하면 대사보다 좋은 점수를 얻을 수 있다. 지문에 사람 이름이 등장하는 경우엔 이를 그대로 외워서 사용하는 것이 좋다. 예 马云 마윈　刘邦 유방　东郭先生 동곽 선생
주제 문장	결론에 제시된 주제 문장은 반드시 외운다. 글을 읽다 보면 주요 사건인 본론은 기억이 나는데, 사건의 배경을 다루는 서론과 주제를 언급하는 결론이 기억나지 않는 경우가 많다. 본론을 읽는데 너무 많은 시간을 사용해 결론을 미처 못 읽는 경우도 있을 수 있으므로 주제가 언급된 문장은 최후 1분 동안 꼭 암기하고 답안지를 받자마자 바로 적어놓는 것이 좋다. 예 只要你努力进取，一把成功的钥匙属于你自己。 당신이 열심히 진취적으로 나아간다면 성공의 열쇠는 너의 것이 될 것이다. 在失败中吸取教训，终于找到了一份满意的工作。 실패 속에서 교훈을 얻으면 결국 만족스러운 일자리를 찾을 것이다. 想要当上将军，必先当好小兵；想要一飞冲天，必先沉得下去。 장군이 되고 싶다면 우선 좋은 병사가 되어야 하고 하늘을 날고 싶다면 우선 아래로 떨어져 봐야 한다.

실전 테스트　정답 및 해설_ 해설편 p.101

10분 동안 아래의 지문을 읽은 후 다음 35분 동안 원고지에 400자로 요약해 보세요.

　　前不久，一架从上海飞往厦门的航班着陆之后，乘客们纷纷走下飞机，唯独有一个乘客不愿意往下走。这让飞机上的工作人员顿时紧张起来：这个奇怪的顾客究竟想干什么？空姐向机长汇报了这件事。　机长不敢怠慢，连忙走到这名顾客的面前，询问他需要什么帮助。

　　见机长亲自前来，这名顾客终于说话了："你好，我之所以不下飞机，是因为我发现我前面座位的椅套上有一块很深的咖啡印。"听他这么一说，机长长长舒了一口气："真的很抱歉，这是我们的疏忽。但我保证，您下次乘机的时候不会再看到类似的现象，我们会很快撤换掉这个椅套。"　他没等机长道完歉，就急忙接过话头 ："我想你们是误会了，我并没有要投诉的意思。我只是想说，椅套完全没有必要撤换，只要你们给我一点儿时间，我就可以把那块咖啡印清理干净。"

让乘客亲自给飞机打扫卫生？机长慌忙摇了摇头，死活不肯答应这位乘客的要求。然而，他继续和机长磨着嘴皮子："我刚才仔细看过这块污渍的布料，它有被打磨过的痕迹。也就是说，保洁人员在擦拭的时候已经很用力，但始终清除不掉上面的印迹。所以，请给我几分钟时间，我一定彻底清除污渍，让飞机带给下一批乘客干净整洁的形象。在此，我保证不收任何费用，不给你们添任何麻烦。"这样坚持又有诚意的乘客让机长无话可说，他答应了他的要求。只见他顺手从包包里掏出一块抹布，在上面倒上一种清洁剂，又倒进去一些去污粉，然后熟练地对着咖啡印擦拭起来。不到十分钟的时间，他就利索地收拾好工具，宣布完工。

椅套居然干净如新，原有的一道道污痕不见了，椅套上的咖啡印像变魔术一样被他变走了，还散发出一股清香！这让机长和围观的几个空姐看得目瞪口呆。机长连忙握住他的手，直说谢谢。而他却在这个时候说明了自己的真实身份和真正目的："其实，我是一家公司的总经理。大家都知道，在飞机上的旅客经常会喝咖啡等饮料，一旦这些饮料倒到椅套或者座位上，就很难清除干净，所以你们不得不经常更换。所以，我希望能承包下这条航线所有飞机的清洁工作，为你们免去更换椅套的麻烦，也带给更多旅客赏心悦目的感觉！"一个总经理竟然亲自为飞机免费打扫卫生，这已经让机长感动不已。对于他诚恳的要求，机长爽快地答应了。经过双方协议，由上海到厦门一共17架飞机的保洁工作全部承包给他，成交额整整一百万。

他的敢想、敢说、敢做告诉我们：做任何事情，只要善于发现，就会有意想不到的收获。

(원고지에 작성해 보세요)

중국인처럼 쓰기
원문 최대한 활용하기

기본기 다지기 **기본 개념 잡기 & 공략 미리보기**

쓰기 영역에서 가장 중요한 것은 작문이다. 지문의 내용을 잘 파악해도 작문에 한국식 표현이 들어갈 수 밖에 없다. 따라서 가장 좋은 모범 답안인 원문의 문장 구조와 기본 어휘를 암기하여 그대로 쓰는 연습을 하는 것이 좋다.

| 기본 개념 잡기 1 | 작문하기

1. 주, 술, 목 암기하기 (동사를 중심으로)

속독할 때 파악했던 주, 술, 목을 중심으로 핵심 내용을 암기한다. 주어와 목적어는 핵심 키워드이기 때문에 기억하기 쉬우나, 동사는 놓치기 쉬우므로 특히 주의해야 한다.

邻居 听说 了这个好 消息，对塞翁的远见 非常佩服，于是赶紧 跑到 塞翁的家 道 祝贺。
　주어　술어　　　　目적어　　　　　　 술어　　　　 술어　　　목적어 술어 목적어

塞翁 听了 邻居的 祝贺，反而一点高兴的样子 都没有。邻居 认为这明明是一件好事，
　주어 술어　　 목적어　　　　　　　　주어　　 술어　주어　술어

他 却故意表现出 忧虑的样子，这也太虚伪了。
주어　　 술어　　　　 목적어　　　　 술어

→ 邻居听说了消息(이웃이 소식을 들음) / 非常佩服(매우 감탄함) / 跑到他家道祝贺(그의 집에 가서 축하함) / 塞翁
  听了祝贺(사이웡은 축하를 듣고) / 高兴的样子都没有(기쁜 내색을 하지 않음) / 邻居认为他故意表现出忧虑的
  样子(이웃은 그가 고의로 근심스러워하는 것이라 생각함) / 这太虚伪了(가식적이라고 여김)

해석 이웃이 이 좋은 소식을 듣고 사이웡의 식견에 감탄했고, 그래서 그의 집에 가서 축하했다. 사이웡은 이웃의 축하를 듣고 오히려 좋은 내색은 하나도 하지 않았다. 이웃은 이것은 분명 좋은 일인데 그는 오히려 고의로 근심하는 모양새를 하니 아주 가식적이라고 생각했다.

2. 접속사 확인하기

이야기 전개에 중요한 역할을 하는 접속사는 반드시 숙지한다.

邻居听说了这个好消息，对塞翁的远见非常佩服，于是赶紧跑到塞翁的家道祝贺：“马不仅没有
　　　　　　　　　　　　　　　　　　　　　　 접속사(그래서)　　　　　　　　　　 접속사(~뿐만 아니라)
丢，还带回一匹好马，真是福气呀。”塞翁听了邻居的祝贺，反而一点高兴的样子都没有。(해석 상단에 제시)
　　 접속사(또한)　　　　　　　　　　　　　　　　　　　　　 접속사(오히려)

→ 于是(그래서) / 不仅……还……(~일 뿐 아니라 ~하다) / 反而(오히려)

3. 사자성어 및 고정 격식 암기하기

지문에 등장한 성어나 고정 격식을 사용하면 더 좋은 점수를 얻을 수 있다.

塞翁听了邻居的祝贺，反而一点高兴的样子都没有，满脸忧虑地说：“白白得了一匹马，
　　　　　　　　　　　　　 고정 격식　　　　　　 사자성어
这怎么不是一种灾祸呢？”
　 고정 격식

→ 一点……都没有(조금도 ~가 없다) / 满脸忧虑(얼굴에 근심이 가득하다) / 怎么不……呢？(어떻게 ~아닌가?)

해석 | 사이윈이 이웃의 축하를 듣고 오히려 좋은 기색을 하나도 하지 않고 근심이 가득한 얼굴로 말했다. "공으로 말 한 필을 얻었는데, 어떻게 재앙이 아니겠는가?"

4. 인명이나 지명 등은 신분이나 인칭대사로 바꾸기

지문에 특정인의 이름이나 지명이 등장하면 가장 좋은 것은 그대로 사용하는 것이다. 하지만 외울 시간이 충분하지 않을 때는 대사 또는 신분 어휘로 사용해도 좋다.

> 作为明星企业家，马云不可避免地成为众多年轻创业者追捧的偶像。
> 　　　　　　　　인명

→ 马云을 一位有名的企业家(유명한 기업가) 또는 他(그)로 대체하여 사용한다.

해석　스타 기업가로서 마윈은 많은 젊은 창업가들이 추종하는 우상이 되는 것을 피할 수 없었다.

| 기본 개념 잡기 2 | 제목 정하기

작문을 마치면 제목도 직접 정해야 한다. 제목은 글의 핵심 내용을 나타내는 것이므로 글을 다 읽고 요약한 후에 마지막에 정리된 내용을 근거로 제목을 정한다.

1. 핵심 키워드 활용

지문에서 반복적으로 등장하는 어휘를 활용한다. 지문에 奇迹(기적)가 반복된다면 奇迹를 제목으로 정할 수 있다.

2. 등장인물 활용

주인공은 이야기를 이끌어나가기 때문에 제목에 활용할 수 있다. 인물의 실제 이름이 제시된다면 그대로 사용해서 小王创造的奇迹(샤오왕이 만든 기적)와 같이 제목을 정할 수 있다.

3. 주제/교훈 활용

이야기 글에는 마지막 부분에 주제나 교훈이 언급된다. 따라서 이를 제목으로 활용하는 것도 좋은 방법이다. 만일 글의 후반부에 只有勤奋努力，才能得到成功(열심히 노력해야만 성공할 수 있다)이라는 문장이 있다면 이를 그대로 제목으로 활용할 수 있다.

| 기본 개념 잡기 3 | 문장 부호

문장 부호		
。	마침표(句号)	평서문이 끝날 때 사용한다. '?' 와 '!' 는 한국어와 동일하게 의문문과 감탄문에 사용한다.
，	쉼표 (逗号)	절과 절을 연결할 때 사용한다.
、	모점 (顿号)	병렬 관계의 단어를 나열할 때 사용한다.
" "	큰 따옴표 (双引号)	사람의 말을 직접 인용하거나 특정 어휘를 강조할 때 사용한다.
' '	작은 따옴표 (单引号)	속으로 생각하는 문장이나 큰 따옴표 안에서 다시 인용할 때 사용한다.
：	콜론 (冒号)	직접 인용을 하거나 부연 설명을 할 때 사용한다.
；	세미콜론 (分号)	내용이 나열될 때 사용한다.
……	말 줄임표 (省略号)	할 말을 줄이거나 말이 없음을 나타낼 때 사용한다.
《 》	큰 묶음표 (书名号)	책, 영화, 글의 제목 등을 쓸 때 사용한다.

| 기본 개념 잡기 4 | 원고지 작성법

① 제목은 첫 줄 중앙에 쓴다. 문장형의 긴 제목이면 왼쪽에서부터 4칸을 띄우고 쓰고 짧은 어휘이면 중앙에 쓴다.

② 글의 시작은 두 번째 줄에서 두 칸을 띄고 시작한다.

③ 글자와 문장 부호는 한 칸에 하나씩 써야 한다.

④ 직접 화법을 쓰는 경우는 (:)과 (")를 한 칸에 함께 쓴다. 대화가 끝나는 경우에도 (。)와 (")를 한 칸에 쓴다.

⑤ 문장부호는 제일 첫 칸에 쓸 수 없다. 이런 경우에는 마지막 칸의 마지막 글자와 함께 써야 한다.

⑥ 알파벳 대문자는 한 칸에 한 글자씩 쓴다. 소문자는 한 칸에 두 글자씩 쓴다.

⑦ 숫자는 한 칸에 두 글자씩 쓰고 세 글자인 경우는 한 칸에 함께 쓴다.

			①	奇	迹	多	少	钱	？						
②		有	一	个	男	孩	六	岁	的	时	后	己	经	懂	事
了	，③	有	一	天	，	爸	爸	妈	妈	说	他	妹	妹	的	事⑤
妹	妹	病	得	重	，	家	里	没	有	钱	，	现	在	妹	妹
需	要	接	受	手	术	才	能	保	住	性	命	。	可	是	没
有	人	会	借	钱	给	他	们	。		爸	爸	说	： "	只	有	奇
迹	才	能	救	得	了	她	。"④								
⑥	A	B	C		ab	cd		⑦	12	100					

| 공략 미리보기 |

합격 공략 77 주어, 술어, 목적어로 기둥을 세우라!

주어, 술어, 목적어로 기본 문장 구조 만들기 ★★★

작문할 때는 우선 기본 문장 구조를 잘 세우는 것이 중요하다. 주어, 술어, 목적어를 제대로 잡고 기, 승, 전, 결의 핵심 내용을 쓰기만 해도 60점 이상의 점수를 얻을 수 있다. 생각나는 대로 급하게 써 내려가다보면 기본 문장에 오류가 생길 수 있으므로 문법 오류를 피하여 답안지를 여러 번 작성하지 않도록 주어, 술어, 목적어의 기둥부터 세우는 연습을 해야 한다.

실전문제 ✐

주어, 술어, 목적어의 기본 문장 구조에 근거해서 요약해 보세요. (제한 시간 5분)

　　20年前，为了让孩子受到更好的教育，他们一家三口来到了北京。丈夫走开出租车，她摆修鞋摊。想不到时间不长，丈夫就因为车祸去世。为了孩子的前途，她还是咬着牙留了下来。

　　后来她听说故宫一带人流量大，修鞋的生意比较好，便辗转到了那里。有一天，一位在故宫做讲解员的女人到她的鞋摊来修鞋。在闲聊中那人告诉她，做讲解员这一行没有学历限制，只要对故宫熟悉，并且掌握一门小语种就行。这一句话，让她看到了光明的前程。

(원고지에 작성해 보세요)

100

200

1. 주어, 술어, 목적어 찾기

20年前，为了让孩子受到更好的教育，他们|一家三口|来到了|北京。丈夫|开|出租车，她|摆|修鞋摊。
　　　　　　　　　　　　　　　　　주어　　　　　술어　　목적어　주어　술어　목적어　주어　술어　목적어

想不到时间不长，丈夫|就因为车祸去世。为了孩子的前途，她|还是咬着|牙|留了下来。
　　　　　　　　주어　　술어　　　　　　　　　　주어　술어　목적어　술어

后来她|听说|故宫一带人流量大，修鞋的生意|比较好，便|辗转到了|那里。有一天，一位在故宫做
　　주어　술어　　목적어　　　　　주어　　술어　　　술어　　목적어

讲解员的女人|到她的鞋摊|来修|鞋。在闲聊中|那人|告诉|她，做讲解员这一行|没有|学历限制，只要对故
　　주어　　　술어　목적어　술어 목적어　　　　주어　술어　목적어　주어　술어　목적어

宫熟悉，并且|掌握|一门小语种|就行。这一句话，|让|她|看到了|光明的前程。
　　　　　　술어　　목적어　　술어　　　주어　　　술어 목적어 술어　　목적어

> 20년 전 아이에게 더 좋은 교육을 받게 하기 위해서 그들 3식구는 북경으로 왔다. 남편은 택시를 몰고 그녀는 신발 수선집을 열었다. 얼마 되지 않아 남편이 교통사고로 세상을 떠났다. 아이들의 미래를 위해 그녀는 이를 악물고 살아갔다.
> 나중에 그녀는 고궁 일대에 유동 인구가 많아서 신발 수선 장사가 잘된다는 얘기를 듣고 그 곳으로 옮겨갔다. 하루는 고궁에서 관광 안내를 하는 여자가 그녀의 수선집에 와서 신발을 수선했다. 이야기를 나누던 중 관광 안내원이 관광 안내를 하는 직업이 학력이 제한이 없고 고궁에 대해서 익숙하고 외국어 하나를 잘 하면 된다고 알려주었다. 이러한 말로 그녀는 밝은 미래를 보게 되었다.

2. 기본 문장 구조로 쓰기

20年前，他们来到了北京。丈夫开出租车，她摆修鞋摊。

20년 전, 그들은 북경에 왔다. 남편은 택시를 몰고 그녀는 신발 수선 가게를 열었다.

丈夫因车祸去世。她咬着牙留了下来。

남편이 교통사고로 세상을 떠났다. 그녀는 이를 악물고 살아남았다.

她听说故宫一带人流量大，修鞋的生意比较好，辗转到了那里。

그녀는 고궁 일대에 유동 인구가 많아 신발 수선 장사가 잘된다는 얘기를 듣고 그 곳으로 옮겨 갔다.

一位在故宫做讲解员的女人到她的鞋摊来修鞋。

고궁에서 관광 안내원을 하는 여자가 그녀의 수선집에 와서 신발을 수선했다.

那人告诉她，做讲解员这一行没有学历限制，掌握一门小语种就行。

그 사람은 관광 안내원은 학력이 제한이 없고 외국어 하나만 잘하면 된다고 알려주었다.

这一句话，让她看到了光明的前程。

이 말로 그녀는 밝은 미래를 보게 되었다.

3. 요약하기

		20	年	前	，	他	们	来	到	了	北	京	。	丈	夫	开	出	租	车，
她	摆	修	鞋	摊	。	想	不	到	丈	夫	就	因	车	祸	去	世	。	她	咬
着	牙	留	了	下	来	。	后	来	她	听	说	故	宫	一	带	人	流	量	大。
修	鞋	的	生	意	比	较	好	，	就	辗	转	到	了	那	里	。	有	一	天，
一	位	在	故	宫	做	讲	解	员	来	修	鞋	。	那	个	人	告	诉	她	，
做	讲	解	员	这	一	行	没	有	学	历	限	制	，	只	要	掌	握	一	门
外	语	就	行	。	这	句	话	让	她	看	到	了	光	明	的	前	程	。	

20년 전 그들은 북경에 왔다. 남편은 택시를 몰고 그녀는 신발 수선 가게를 열었다. 남편은 뜻밖의 사고로 세상을 떠났고, 그녀는 이를 악물고 살아갔다. 나중에 고궁 일대에 유동 인구가 증가하여 신발 수선 장사가 잘 된다는 말을 듣고 그곳으로 옮겼다. 하루는 고궁 관광 안내원이 신발을 수선하러 왔다. 그 사람은 안내원은 학력의 제한도 없고 외국어만 마스터하면 된다고 했다. 이 말로 인해 그녀는 밝은 미래를 보게 되었다.

어휘 摆 bǎi 图 놓다, 진열하다 **修鞋摊** xiūxiétān 圐 신발 수선 가게 **车祸** chēhuò 圐 교통사고 **前途** qiántú 圐 앞길, 전도 **咬牙** yǎoyá 图 이를 악물다 **人流量** rénliúliàng 圐 인구 유동량 **生意** shēngyi 圐 장사 **辗转** zhǎnzhuǎn 图 전전하다, 여러 곳을 거치다 **讲解员** jiǎngjiěyún 圐 안내원, 해설자 **闲聊** xiánliáo 图 잡담하다 **学历** xuélì 圐 학력 **限制** xiànzhì 图 제한하다 **小语种** xiǎoyǔzhǒng 圐 중국어와 영어를 제외한 타외국어 **光明** guāngmíng 圐 광명, 빛 **前程** qiánchéng 圐 장래, 전도

합격 공략 **78** 한국인이 쉽게 범하는 오류를 피하라!

한국인이 자주 범하는 오류! ★★☆

주어, 술어, 목적어를 중심으로 기둥을 잘 세워도 실제 작문할 때 오류가 종종 발생한다. 모국어가 중국어가 아니기 때문에 작문을 할 때 한국어의 영향을 받을 수 밖에 없다. 때문에 우리나라 사람들이 자주 범하는 오류를 알아두고 실수하지 않도록 주의하자.

1. 개사구의 위치

중국어의 개사구는 보어로 쓰이는 경우를 제외하고 모두 술어 앞에 놓아야 한다.

那个孩子带来了光亮给他们灰暗的人生。(X)
那个孩子给他们灰暗的人生带来了光亮。(O) 그 아이는 그들의 캄캄한 인생에 빛을 가져왔다.

2. 是과 형용사 술어문

영어에서 형용사에 be 동사를 사용하기 때문에 습관적으로 중국어 형용사에 是를 사용하는 경우가 있다. 중국어는 형용사를 단독 술어로 사용한다.

他的性格是很温柔。(X)
他的性格很温柔。(O) 그의 성격은 온화하다.

3. '的, 地, 得'의 혼동

的는 명사를 수식하는 관형어를 만들고, 地는 동사를 수식하는 부사어를 만든다. 得는 동사 또는 형용사뒤에서 상태나 정도를 나타내는 보어를 만들 수 있다.

4. 이합사의 목적어 오류

이합동사는 이미 목적어를 가지고 있기 때문에 뒤에 목적어를 쓸 수 없다.

小刘终于结婚了她。(X)
小刘终于和她结婚了。(O) 샤오리우는 마침내 그녀와 결혼했다.

周末李辉见面他的女友。(X)
周末李辉跟他的女友见面。(O) 주말에 리휘는 여자친구를 만난다.

他要毕业大学了。(X)
他要大学毕业了。(O) 그는 곧 대학을 졸업할 것이다.

다음 글을 읽고 자주 범하는 오류에 유의하여 요약해 보세요.

　　她报名了某大学开的一个葡萄牙语培训班。由于她的基础太差，听课如同听天书。为了强化记忆，她一咬牙，花了80元钱买了一个MP3，上课时录下老师讲课的内容，白天修鞋的空闲就反复听。后来，她制作了一个牌子，用葡萄牙语写着："免费修鞋和问路。"通过这种方法制造与老外交流的机会。

　　3年后，她被聘做7天的讲解员。她找来《故宫导引》等资料，请一个葡萄牙朋友把这些资料翻译成葡萄牙语。从此，每天一睁开眼她就开始背，给儿子做早餐时背，去摆摊的路上背，修鞋时背，吃饭时背，晚上洗澡时也在背。2年后，她顺利通过了 一家旅行社的故宫博物院讲解员的资格考试。

(원고지에 작성해 보세요)

[원고지 칸 — 100, 200 표시]

1. 주어, 술어, 목적어 찾기

她 | 报名了 | 某大学开的一个葡萄牙语培训班。由于她的基础 | 太差，听课 | 如同 | 天书。为了强化记忆，

주어　술어　　　　　　　　목적어　　　　　　　　　　　주어　　　　술어　주어　술어　목적어

她一咬牙，花了80元钱买了一个MP3，上课时录下 | 老师讲课的内容，白天修鞋的空闲就反复听。

　　　　　　　술어　　　　목적어　　　　　　　　　　술어

后来，她制作了一个牌子，用葡萄牙语写着："免费修鞋和问路。"通过这种方法制造与老外交流的机会。

3年后，她被聘做7天的讲解员。她 | 找来 |《故宫引导》等资料，请 | 一个葡萄牙朋友把这些资料

　　　　　　　　　　　　　　　　주어　술어　　목적어　　　　请　　　　주어

翻译成|葡萄牙语。从此，每天一睁开|眼|她|就开始背，给儿子做早餐时背，去摆摊的路上背，修鞋时背，

<small>술어　　목적어　　　　　　　　　　　　　술어　목적어주어　　술어</small>

吃饭时背，晚上洗澡时也在背。2年后，她|顺利通过了|一家旅行社的故宫博物院讲解员的资格考试。

<small>　　　　　　　　　　　　　　주어　　　술어　　　　　　　　　목적어</small>

> 그녀는 한 대학이 개설한 포르투갈어 연수반에 등록했다. 기초가 부족했기 때문에 수업을 듣는 것은 마치 하늘의 신선이 쓴 책을 듣는 것 같았다. 기억력을 강화하기 위해서 그녀는 이를 악물고 80위안을 써서 MP3를 사서 수업 시간에 선생님의 강의 내용을 녹음해서 낮에 신발을 수선하고 한가할 때 반복해서 들었다. 나중에 팻말을 제작해서 포르투갈어로 적었다. '공짜로 신발을 수선하고 길을 물어보세요.' 이러한 방법으로 외국인과 교류하는 기회를 만들었다.
> 3년 후에 그녀는 7일 안내원으로 뽑혔다. 그녀는 고궁 안내서 등의 자료를 찾아 포르투갈 친구에게 이 자료를 포르투갈어로 번역했다. 이 후에 매일 눈을 뜨면 외우기 시작했고 아들에게 아침밥을 해줄 때도 외우고 수선집에 가는 길에도 외우고 신발을 수선할 때도 외우고 밥 먹을 때도 외우고 저녁에 목욕을 할 때도 외웠다. 2년 후 그녀는 순조롭게 한 여행사의 고궁 박물관 관광 안내원 자격 시험에 통과했다.

2. 오류에 유의하기

1. 的, 地, 得에 유의하기

她报名了某大学开的一个葡萄牙语培训班。 → 구조조사 的는 관형어가 명사를 수식할 때 사용한다.

2. 把자문의 어순에 유의하기

请一个葡萄牙朋友把这些资料翻译成葡萄牙语。 → 把자문은 술어 앞에 사용하므로 어순에 유의해야 한다.

3. 요약하기

		她	报	名	了	某	大	学	开	的	一	个	葡	萄	牙	语	培	训	班。
由	于	她	的	基	础	太	差，		听	课	如	同	天	书。		为	了	强	化
记	忆，		她	上	课	时	录	下	老	师	讲	课	的	内	容	反	复	听。	
她	还	找	来	《	故	宫	引	导	》	等	资	料，		请	一	个	葡	萄	牙
朋	友	把	这	些	资	料	翻	译	成	葡	萄	牙	语。	每	天	一	睁	开
眼	她	就	开	始	背。	2	年	后，		她	顺	利	通	过	了	一	家	旅
行	社	的	故	宫	博	物	院	讲	解	员	的	资	格	考	试。			

100

해석 그녀는 한 대학이 개설한 포르투갈어 연수반에 등록했다. 기초가 부족했기 때문에 수업을 듣는 것은 마치 하늘의 신선이 쓴 책을 듣는 것 같았다. 기억력을 강화하기 위해서 선생님의 강의 내용을 녹음해서 반복해서 들었다. 그녀는 또한 「고궁 안내서」 등의 자료를 찾아 포르투갈 친구에게 이 자료를 포르투갈어로 번역했고 매일 눈을 뜨면 외우기 시작했고. 2년 후 그녀는 순조롭게 한 여행사의 고궁 박물관 관광 안내원 자격 시험에 통과했다.

어휘 葡萄牙语 pútáoyáyǔ 몡 포르투갈어　培训 péixùn 동 양성하다　基础 jīchǔ 몡 기초　如同 rútóng 동 마치 ~와 같다　天书 tiānshū 몡 하늘의 신선이 쓴 책 (알기 힘든 문자)　强化 qiánghuà 동 강화하다　咬牙 yǎoyá 동 이를 악물다　空闲 kòngxián 몡 여가, 한가한 시간　牌子 páizi 몡 팻말　制造 zhìzào 동 만들다　聘 pìn 동 초빙하다　翻译 fānyì 동 번역하다　睁开 zhēngkāi 동 (눈을) 뜨다　背 bèi 동 암기하다　顺利 shùnlì 형 순조롭다

옛날 이야기는 연동문을 쓰자! ★★☆

쓰기 지문에는 보통 현대 이야기가 많이 출제되지만 옛날 이야기도 종종 출제되기 때문에 대비해야 한다. 내용의 흐름이나 구성은 현대 이야기와 마찬가지이므로 등장인물과 기승전결의 흐름에 따라 이야기를 파악하면 된다. 하지만 옛날 이야기의 문장은 여러 개의 술어와 목적어를 시간에 따라 나열하는 연동문을 자주 사용하므로 연동문으로 작문하는 연습이 필요하다.

〈옛날 이야기에 자주 등장하는 연동문의 기본 구조〉

연동문은 하나의 주어 뒤에 여러 개의 술어와 목적어가 시간 순서대로 나열된다. 내용을 파악할 때부터 이에 근거하여 해석하고 문장 구조를 익혀두면 작문할 때 그대로 활용할 수 있다.

주어 + 술어1 + 목적어1 + 술어2 + 목적어2 + 술어3 + 목적어3

他	只好连夜	收拾	行李	慌慌张张地	溜走了。	
주어	부사어	술어1	목적어1	부사어	술어2	
그는	어쩔 수 없이 야밤에	싸다	짐을	허겁지겁	도망가다	

魏国	派	大将司马懿	率领	十几万军队	前去	攻打。
주어	술어1	목적어1	술어2	목적어2	술어3	술어4
위나라는	보냈다	대장군 사마의를	이끌다	10여만 대군을	가서	공격하다

 실전문제

연동문을 중심으로 내용을 파악하여 요약하세요.

　　三国时期，魏国大将司马懿乘率领大军15万向诸葛亮所在的西城蜂拥而来。当时，众人听到司马懿带兵前来的消息都大惊失色。诸葛亮登城楼观望后，对众人说："大家不要惊慌，我略用计策，便可教司马懿退兵。"他命令城内的平民和士兵全部暂时躲避到一个安全的地方，然后打开城门等候敌人的到来。

　　不久，司马懿就带兵包围了西城。令他吃惊的是城墙上也看不到一个守卫的士兵，只有二十多个老人在城门前扫地。司马懿大惑不解的时候，他看见诸葛亮坐在城楼上不慌不忙地整理了一下自己的衣服，在一架古琴前坐下来弹起了琴。

　　面对打开的城门和弹琴的诸葛亮，司马懿一时不知如何是好。他说："现在城门大开，里面必有埋伏，我军如果进去，正好中了他们的计。还是快快撤退吧！"于是各路兵马都退了回去。西城没有用一兵一卒就得以保全。

(원고지에 작성해 보세요)

100

200

1. 주어, 술어, 목적어 찾기

三国时期，魏国大将司马懿｜率领｜大军15万｜向诸葛亮所在的西城蜂拥而来。当时，众人听到司马懿带兵
        주어   술어   목적어   술어

来的消息都大惊失色。诸葛亮登城楼观望后，对众人说："大家不要惊慌，我略用计策，便可教司马懿退兵。"

他｜命令｜城内的平民和士兵｜全部暂时躲避到｜一个安全的地方，然后打开｜城门，等候｜敌人的到来。
주어 술어   목적어   술어   목적어   술어 목적어   술어 목적어

不久，司马懿｜就带｜兵｜包围了｜西城。令他吃惊的｜是｜城墙上也看不到一个守卫的士兵，只有二十多
       주어   술어 목적어 술어   목적어   주어 술어   목적어

个老人｜在城门前扫｜地。司马懿大惑不解的时候，他｜看见｜诸葛亮坐在城楼上不慌不忙地整理了一下自己的
주어   술어 목적어   주어 술어   목적어

衣服，在一架古琴前坐下来｜弹起了｜琴。
          술어   술어 목적어

面对打开的城门和弹琴的诸葛亮，司马懿｜一时不知｜如何是好。他说："现在城门｜打开，里面｜必有埋伏，
                         주어   술어   목적어   주어   술어 주어 술어+목

我军｜如果进去，正好中了｜他们的计。还是快快撤退吧！"于是各路兵马｜都退了回去。
주어   술어   술어   목적어   주어   술어

西城｜没有用｜一兵一卒｜就得以｜保全。
주어   술어   목적어   술어   목적어

삼국시기에 위나라 장군 사마의가 15만 대군을 이끌고 제갈량이 있는 서성으로 몰려갔다. 당시에 사람들이 사마의가 군사를 끌고 온다는 소식에 놀라 두려움에 떨었다. 제갈량은 성루에 올라 살펴본 후 사람들에게 말했다. "모두들 당황하지 마시오. 나에게 계책이 있으니 사마의의 병사를 퇴각시킬 것이오." 그는 성안의 백성들과 병사들을 모두 잠시 안전한 곳으로 피하게 하고 성문을 활짝 열고 적이 오는 것을 기다렸다.

얼마 되지 않아 사마의가 병사를 이끌고 서성을 포위했다. 놀랍게도 성 벽에는 성을 지키는 병사가 하나도 없었고 단지 20여 명의 노인이 성문 앞에서 바닥을 쓸고 있었다. 사마의가 도무지 이해할 수 없을 그 때에 제갈량이 성루 위에서 아주 침착하게 옷을 정리하고 칠현금 앞에 앉아 거문고를 연주하는 모습을 보았다.

활짝 열려있는 성문과 거문고를 타는 제갈량 앞에서 사마의는 어찌할 바를 몰랐다. 그는 말했다. "지금 성이 열려 있는 것을 보니 안에 분명 병사가 매복되어 있다. 우리 군대가 들어가면 그들의 계략에 빠지는 것이니 빨리 철수하자!" 그래서 병마를 모두 이끌고 퇴각했다. 서성은 한 명의 병사도 쓰지 않고 보전될 수 있었다.

2. 연동문 암기하기

1. 魏国大将司马懿　　率领　　大军15万　　向诸葛亮所在的西城　　蜂拥而来。
   주어　　　　　　　술어1　　목적어1　　　　부사어　　　　　　　술어2
   위나라 장군 사마의는　이끌다　15만 대군을　제갈량이 있는 서성을 향해　몰려왔다.

2. 他　　命令　　城内的平民和士兵　　全部暂时　　躲避到　　一个安全的地方,
   주어　술어1　　목적어1　　　　　　부사어　　　술어2　　　목적어2
   그는　명령했다　성 안의 백성과 병사에게　모두 잠시　피하다　안전한 곳으로

   然后　　打开　　城门　　等候　　故人的到来。
   접속사　술어3　목적어3　술어4　목적어4
   그리고　열다　성문을　기다리다　적이 오기를

3. 요약하기

		三	国	时	期	,		魏	国	大	将	司	马	懿	率	领	大	军	向	诸
葛	亮	所	在	的	西	城	进	功	。		诸	葛	亮	命	令	城	内	的	平	民
和	士	兵	躲	避	到	一	个	安	全	的	地	方	,		然	后	打	开	城	门
等	侯	故	人	。																
		不	久	,	司	马	懿	就	带	兵	包	围	了	西	城	。	城	墙	上	
没	有	一	个	士	兵	,	只	有	有	些	老	人	在	城	门	前	扫	地	,	
诸	葛	亮	在	城	楼	上	坐	下	来	弹	起	了	琴	。						
		司	马	懿	不	知	如	何	是	好	。	他	觉	得	里	面	有	埋	伏	,
于	是	退	了	回	去	。	西	城	没	有	用	一	个	士	兵	就	得	以	保	
全	。																			

해석　삼국시기에 위나라 장군 사마의가 15만 대군을 이끌고 제갈량이 있는 서성으로 몰려갔다. 제갈량은 성 안의 백성들과 병사들을 모두 잠시 안전한 곳으로 피하게 하고 성문을 활짝 열고 적을 기다렸다.

얼마 되지 않아 사마의가 병사를 이끌고 서성을 포위했다. 성 벽에는 성을 지키는 병사가 하나도 없었고 단지 20여 명의 노인이 성문 앞에서 바닥을 쓸고 있었고, 그 때에 제갈량이 성루 위에서 앉아 거문고를 연주했다.

사마의는 어찌할 바를 몰랐다. 그는 안에 분명 병사가 매복되어 있다고 생각하고 퇴각했다. 서성은 한 명의 병사도 쓰지 않고 보전될 수 있었다.

어휘 **大将** dàjiàng 명 장군　**率领** shuàilǐng 동 이끌다, 인솔하다　**蜂拥而来** fēngyōng'érlái 성 벌떼처럼 몰려오다　**大惊失色** dàjīngshīsè 성 몹시 놀라 얼굴빛이 변하다　**城楼** chénglóu 명 성루　**惊慌** jīnghuāng 형 허둥지둥하다　**计策** jìcè 명 계책　**退兵** tuìbīng 동 퇴각하다　**命令** mìnglìng 동 명령하다　**士兵** shìbīng 명 병사　**暂时** zànshí 부 잠시　**躲避** duǒbì 동 피하다, 숨다　**敌人** dírén 명 적　**包围** bāowéi 동 포위하다　**守卫** shǒuwèi 동 수비하다, 지키다　**扫地** sǎodì 동 바닥을 청소하다　**大惑不解** dàhuòbùjiě 성 도무지 이해되지 않는다　**古琴** gǔqín 명 칠현금　**弹琴** tánqín 동 거문고를 연주하다　**埋伏** máifú 동 매복하다, 잠복하다　**中计** zhòngjì 동 계략에 빠지다　**撤退** chètuì 동 물러가다, 철수하다　**兵** bīng 명 병사　**卒** zú 명 병졸　**保全** bǎoquán 동 보전하다

합격 공략 **80** [220점 이상 고득점] 고급 표현을 사용하라!

고급 표현을 사용하라!

작문할 때 기본 문장 구조를 만드는 것이 어느 정도 익숙해졌다면 이젠 옛날 이야기에 자주 등장하는 문어체 표현과 고급 어휘들을 익혀보도록 하자. 작문할 때 이러한 고급 표현을 활용하면 더 높은 점수를 얻을 수 있다. 단, 기본기가 잡히지 않은 상황에서 고급 표현만 사용하는 것은 독이 될 수 있음을 꼭 기억해야 한다.

〈옛날 이야기에 자주 등장하는 문어체 표현〉

1. 부사

　便(=就) 곧　**亦**(=也) 역시　**均**(=都) 모두　**依然**(=仍然) 여전히　**究竟**(=到底) 도대체
　居然(=竟然) 뜻밖에도　**毫无**(=一点也没) 조금도 ～하지 않다

2. 접속사, 개사, 대명사

　尽管(=虽然) 비록 ～할지라도　**然而**(=但是) 그러나　**将**(=把) ～을/를　**与**(=和) ～와/과
　该/此(=这) 이　**其/之**(=那) 그

3. 태도를 나타내는 성어 및 관용적 표현

(1) 놀람, 당황

　出乎意料 생각지도 못하다
　出乎意料的事情发生了。　의외의 사건이 발생했다.

　大吃一惊 깜짝 놀라다
　我大吃一惊了。　나는 깜짝 놀랐다

　目瞪口呆 어리둥절하다
　他们惊得目瞪口呆。　그들은 놀라서 어리둥절했다

　尴尬 당황스럽다
　这件事让人尴尬。　이 일은 사람을 당황하게 만들었다.

(2) 낙심, 실망

　垂头丧气 풀이 죽다
　听这个消息，我垂头丧气了。　이 소식을 듣고 나는 풀이 죽었다

　愁眉苦脸 우거지상을 하다
　他愁眉苦脸地坐在沙发上。　그는 우거지상을 하고 소파에 앉았다.

　泪流满面 눈물 범벅이 되다
　那封信让他流泪满面。　그 편지는 그를 눈물 범벅이 되게 만들었다.

(3) 기쁨

手舞足蹈 뛸 듯이 기쁘다

那些孩子高兴得手舞足蹈。 그 아이들은 뛸 듯이 기뻐했다.

满面微笑 얼굴에 미소가 가득하다

他总是满面微笑。 그는 항상 얼굴에 미소가 가득하다

(4) 의혹

大惑不解 도무지 이해되지 않는다

他大或不解地问道。 그는 도무지 이해가 되지 않아 물었다.

不以为然 그렇게 여기지 않는다 (동의하지 않을 때)

他不以为然说：我不同意。 그는 그렇게 생각하지 않아서 말했다. "나는 반대야."

4. 기타 표현

与日俱增 날이 갈수록 증가하다

选择这门课的人与日俱增。 이 과목을 선택한 사람은 날이 갈수록 늘었다.

络绎不绝 발길이 끊이지 않는다

这种营销策略让顾客络绎不绝。 이 마케팅 전략은 고객의 발길을 끊이지 않게 했다.

一无所获 조금의 성과도 없다

每天忙忙碌碌，我却一无所获。 매일 아주 바쁘지만 나는 조금의 성과도 거두지 못했다.

恍然大悟 갑자기 큰 깨달음을 얻다

他这样说，我恍然大悟。 그가 이렇게 말하자 나는 갑자기 큰 깨달음을 얻었다.

全力以赴 최선을 다하다

只要全力以赴，你一定要成功。 최선을 다하기만 하면 너는 분명히 성공할 거야.

실전 테스트 정답 및 해설_ 해설편 p.105

10분 동안 아래의 지문을 읽은 후 다음 35분 동안 원고지에 400자로 요약해 보세요.

有一天，张良独自一人在桥上漫步时，遇见一个穿着破破烂烂的白发老头。不知道是不是故意的，当张良经过他面前时，他把鞋扔进了水里。桥下的水很浅，老人的靴一直就这样摆在了那里，张良见老人没有捡靴的意思，感觉还挺有意思。老头看到张良后跟他说了一句："年轻人，帮我把靴捡上来吧。"张良开始不开心了，张良本来不想理这个古怪的老头。但一仔细想，老头可能年纪太大了，腿脚不方便。帮他一次也是举手之劳，索性就走了下去，张良把老先生鞋拿了上来。走到老人身边，张良把捡来的靴递给了老人。

老头紧接着说了句更气人的话："给我穿上吧。"张良压抑住内心的怒火，真是让人无语。今天真是倒霉，怎么碰上这么一个不知道好歹的家伙。张良的这个想法在脑袋里只是一闪。又是仔细一想，捡都捡上来了，给他穿上又如何？他就半跪在老头的旁边帮他把鞋子穿上。在张良帮他把鞋穿好之后，老人微笑着就要离开。张良对此很不解，一个人呆愣地站在了原地，老人走了没有多远就回头对张良说："五天以后，天亮时在这里等我。"张良听完这句话，知道今天是遇了到高人。

　　五天以后，天刚蒙蒙亮。张良就赶去桥头了。到那里后，老人已经在此等候着他了。老人怒气冲冲对他说："和老人约会，应该你先到才是。让年长者等着你这个后生，太不礼貌了。"老人很不高兴地转身就走了，留下一句话。五天后再来。五天后张良这下变聪明了，天还没有亮，鸡刚一叫，他就起床了，早早地赶了过来。可是等他到桥边一看，老人又早已到这里了。老人再次怒斥张良。转身离开，五天后再来。张良心中虽然不快，但还是强压怒火没有发脾气，他心里想："五天后就五天后。下次我不睡觉了还不行吗？"

　　又过了五天，这次刚过半夜，张良就出发了。来到前边一看老人没在，总算是松了一口气。这次倒是让张良等了好久，天快亮的时候，老人的身影终于出现了。老人这一次比较满意，见到早就在此恭候多时的张良，老人说了句，这才像话。说完老人从怀里掏出一个包袱交给了张良，并告诉张良："通读此书可以辅佐帝王，当帝师。十年后你必将大富大贵。十三年后你可以到济北来见我，我就是谷城山下的黄石。"说完后老人就离开了，从此再没出现过。

　　张良回家后打开包袱一看此书竟然是《太公兵法》。据说《太公兵法》是西周姜子牙所著的。张良日夜攻读，勤奋钻研，从此这本书再也没有离开过他身边。后来他真的成了大军事家，做了刘邦的得力助手，为汉王朝的建立，立下了卓著功勋，名噪一时，功盖天下。张良能宽容待人，至诚守信，做事勤勉，所以才能成就一番大事业。

(원고지에 작성해 보세요)

10분 동안 아래의 지문을 읽은 후, 다음 35분 동안 원고지에 400자로 요약해 보세요.

　　美国洛杉矶商业街的餐饮业竞争很激烈，一年前，一家餐厅在这里开张，可不到半年的时间，生意异常火爆。奇怪的是，那家餐厅开业时间不长，规模也不大，而且店内的菜品也并不特别出众，但它的客流量却远远高于其他餐厅。

　　一年前，刚刚开店的时候，老板就支撑不住了，因为那条商业街属于繁华地段，不仅店租昂贵，竞争激烈，每天来的都是生面孔，根本没有几个熟客和回头客。他觉得自己肯定有哪里做得不到位的地方，导致留不住回头客。可经过几天的细心观察，他发现周边餐厅的遭遇也和"他的餐厅"一样，每天接待的几乎都是新顾客。经过仔细分析，他终于找出了餐厅生意清淡的原因。

　　原来，他的餐厅没有问题，其他餐厅也没有问题，出现"问题"的是顾客。近一两年来，全世界流行起一个新名词——"低头族"。这些"低头族"，从地铁、公交车到餐厅，处处都是"低头看屏幕"状。他们有的看手机，有的掏出平板电脑或笔记本电脑上网、玩游戏、看视频，零碎时间都被屏幕填满。他们到餐厅就餐时习惯低头把玩手机，根本不知碗里的饭菜是何味道。他们在哪吃饭都一样，只要能饱就行，不挑剔就是他们的共同点。可对餐厅来说，顾客不挑食也留不住回头客。他们对任何一家餐厅的饭菜都没有什么印象。

　　该怎么留住这些"问题顾客"食而有味，而且再来"回味"呢？。他想了一个办法，他在餐厅做出如下规定：客人只要在用餐前主动将手机交给餐厅保管，专心吃饭，那么餐厅将给予九折的优惠。交出手机，享受优惠？不少来这家餐厅吃饭的顾客觉得这个规定挺有诱惑力，不过他们也担心自己手机里的信息被泄露。老板很快就消除了他们的顾虑。他在店内专门设立了一个各自的保险柜，将顾客的手机锁在里面。如此一来，顾客就能放心、专心地去吃饭了。

　　这个规定没推出多久，就收到了明显的成效。很多顾客开始留恋那家餐厅，频频光顾。有些顾客进店不愿意交出手机，不过当他们发现周边的人都在认真吃饭时，也便自觉地收起手机。仅仅一个月的时间，那家餐厅的客流量就翻了一番，营业额大幅度提高。

　　更让老板想不到的是，自己推出的奇怪规定改变了整条商业街。因为其他餐厅纷纷模仿那家餐厅，在顾客就餐时把他们的手机都"没收"起来。在这条商业街，越来越多的人加入了"认真吃饭"这个行列，大大加强了人际交流。

　　很多时候，食客吃的不仅仅是食物，而是一种心境。那家餐厅的一个规定，让顾客做到了专注吃饭，所以他们推出的菜肴才会成为顾客眼中的"最好"。

(원고지에 작성해 보세요)

100

200

300

400

부 록

10일 완성! 쓰기 훈련

주요 구성) 한국어로 요약하기 & 중국어로 요약하기

10일 완성! 쓰기 훈련은 1000자 분량의 긴 글을 읽고 요약하는 것이 부담스러운 학습자들을 위해 짧은 글을 가지고 훈련할 수 있는 챕터이다. 본 학습 과정은 총 10일로 구성되며 매일 한국어와 중국어로 요약하는 훈련을 반복함으로써 학습자들은 독해력과 작문력을 향상시킬 수 있다.

┃Step 1┃ 한국어로 요약하기

중국어 지문을 읽고 내용을 파악하여 한국어로 요약하는 부분으로 중국어 지문을 얼마나 이해했는지 독해력을 훈련할 수 있다.

1. 제한된 시간에 지문을 읽고 인물과 사건 파악하기

지문을 서론, 본론, 결론으로 나누어 주어, 술어, 목적어를 중심으로 스토리를 파악한다.

2. 한국어로 요약하기

지문을 보지 않고 앞서 파악한 내용을 토대로 한국어로 요약한다.

3. 해석을 보고 확인하기

한국어 해석과 대조하여 잘못 이해한 부분이 있는지 확인하고, 주요 내용을 모두 포함하여 요약하였는지 확인한다.

┃Step 2┃ 중국어로 요약하기

앞서 읽은 지문의 주요 내용을 암기하여 중국어로 작문하는 부분으로 중국어 쓰기 실력을 훈련하는 부분이다.

1. 주요 문장 암기하기

앞서 읽은 지문의 내용을 중국어로 암기한다. 문장의 수식어를 제외하고 주어, 술어, 목적어를 중심으로 암기한다.

2. 암기한 내용을 중국어로 쓰기

지문을 보고 암기한 내용을 주어, 술어, 목적어가 있는 완전한 문장으로 다시 쓴다. 사건의 흐름에 따라 기승전결, 또는 서론, 본론, 결론으로 나누어 요약한다.

기초 작문 Day 01)

　　一只小兔子看见乌鸦，就问："我能像你一样整天坐在那里，什么事也不干吗？"乌鸦答道："当然啦，为什么不呢？"于是，兔子便坐在树下，开始休息。突然，一只狐狸出现了，并把它给吃了。这个故事的寓意是：要想坐在那里什么也不干，你必须坐得非常非常高。

| Step 1 | 한국어로 요약하기

1. 지문을 읽고 내용을 파악해 보세요. (제한 시간 2분)

2. 파악한 내용을 지문을 보지 말고 한국어 5~6 문장으로 요약해 보세요.

_____

_____

_____

_____

_____

_____

3. 아래의 해석과 비교해 보세요.

> 토끼 한 마리가 까마귀를 보자 물었다. "나도 너처럼 하루 종일 거기에 앉아서 아무것도 안 할 수 있을까?" 까마귀가 대답했다. "당연하지. 왜 안 되는데?" 그래서 토끼는 나무 아래에 앉아서 쉬기 시작했다. 갑자기 여우가 나타나서 토끼를 먹어 버렸다. 이 이야기의 뜻은 앉아서 아무것도 안하고 싶으면 반드시 아주 높은 곳에 앉아야 한다는 것이다.

어휘 **兔子** tùzi 명 토끼 **乌鸦** wūyā 명 까마귀 **整天** zhěngtiān 부 종일 **狐狸** húli 명 여우 **寓意** yùyì 명 함축된 의미

| Step 2 | 중국어로 요약하기

1. 지문을 다시 읽고 주어, 술어, 목적어를 중심으로 암기하세요. (제한 시간 2분)

2. 암기한 내용을 기억하여 다음 문장을 중국어로 써 보세요.

(1) 토끼 한 마리가 까마귀를 보자 물었다.

　→ _____

(2) 나도 너처럼 하루 종일 거기에 앉아서 아무것도 안 할 수 있을까?

　→ _____

(3) 그래서 토끼는 나무 아래에 앉아서 쉬기 시작했다.

　→ _____

(4) 여우 한 마리가 나타나서 토끼를 먹어 버렸다.

　→ _____

(5) 앉아서 아무것도 안하고 싶으면 반드시 아주 높은 곳에 앉아야 한다.

　→ _____

정답 (1) 一只小兔子看见乌鸦。

(2) 我能像你一样整天坐在那里，什么事也不干吗？

(3) 于是，兔子便坐在树下，开始休息。

(4) 一只狐狸出现了，并把它给吃了。

(5) 要想坐在那里什么也不干，你必须坐得非常非常高。

我旅行到乡间，看到一位老农把喂牛的草料铲到一间小茅屋的屋檐上，不免感到奇怪，于是就问道："老公公，你为什么不把喂牛的草放在地上，让它吃？"老农说："这种草草质不好，我要是放在地上它就不屑一顾；但是我放到让它勉强可够得着的屋檐上，它会努力去吃，直到把全部草料吃个精光。"这个故事告诉我们：得之容易则不珍惜，得之艰难则懂得珍惜。

I Step 1 I 한국어로 요약하기

1. 지문을 읽고 내용을 파악해 보세요. (제한 시간 2분)

2. 파악한 내용을 지문을 보지 말고 한국어 5~6 문장으로 요약해 보세요.

_____

_____

_____

_____

_____

3. 아래의 해석과 비교해 보세요.

> 나는 시골 마을을 여행하는데 한 늙은 농부가 소를 먹일 여물을 퍼서 초가집 처마 위에 놓는 것을 보았다. 이상함을 느껴서 물었다. "어르신, 어째서 소를 먹을 풀을 바닥에 두고 먹이지 않으시는 겁니까?" 늙은 농부가 말했다. "이 풀은 질이 별로 좋지 않아서 바닥에 두면 소가 거들떠 보지도 않을 거요. 그러나 소가 간신히 닿을 만한 처마 위에 두면 그것을 모두 먹어 치우기까지 노력할 것이기 때문이오." 이 이야기는 우리에게 얻기 쉬운 것은 아끼지 않고, 얻기 어려운 것은 아낄 줄 안다는 것을 알려 준다.

어휘 乡间 xiāngjiān 몡 시골 마을 喂 wèi 동 (동물을) 먹이다, 기르다 草料 cǎoliào 몡 여물, 사료 铲 chǎn 동 퍼내다 茅屋 máowū 몡 초가집 屋檐 wūyán 몡 처마 不免 bùmiǎn 뷔 피할 수 없다 不屑一顾 búxièyígù 솅 거들떠볼 가치도 없다 勉强 miǎnqiǎng 혱 억지로 하다 够得着 gòudezháo 동 닿다, 미치다 精光 jīngguāng 혱 아무것도 남지 않다 珍惜 zhēnxī 동 아끼다 艰难 jiānnán 혱 어렵다 懂得 dǒngde 동 알다

I Step 2 I 중국어로 요약하기

1. 지문을 다시 읽고 주어, 술어, 목적어를 중심으로 암기하세요. (제한 시간 2분)

2. 암기한 내용을 기억하여 다음 문장을 중국어로 써 보세요.

  (1) 늙은 농부가 소를 먹일 여물을 초가집 처마 위에 놓다.

   → _____

  (2) 당신은 왜 소를 먹일 풀은 바닥에 두지 않는 것인가?

   → _____

(3) 내가 바닥에 두면 소가 거들떠 보지도 않는다.
　→ _____

(4) 얻기 쉬운 것은 아끼지 않고 얻기 어려운 것은 아낄 줄 안다.
　→ _____

정답　(1) 一位老农把喂牛的草料铲到一间小茅屋的屋檐上。

　　　(2) 你为什么不把喂牛的草放在地上？

　　　(3) 我要是放在地上它就不屑一顾。

　　　(4) 得知容易则不珍惜，得之艰难则懂得珍惜。

기초 작문 Day 03 ···

有个太太多年来不断抱怨对面的太太很懒惰，"那个女人的衣服永远洗不干净，看，她晾在外院子里的衣服，总是有斑点，我真的不知道，她怎么连洗衣服都洗成那个样子……。"

有一天，有个明察秋毫的朋友到她家，才发现不是对面的太太衣服洗不干净。细心的朋友拿了一块抹布，把这个太太的窗户上的灰渍抹掉，说："看，这不就干净了吗？"原来，是自己家的窗户脏了。

一个人发现别人的错误总比发现自己的错误容易，而错怪别人也比检讨自己更简单。

| Step 1 | 한국어로 요약하기

1. 지문을 읽고 내용을 파악해 보세요. (제한 시간 2분)

2. 파악한 내용을 지문을 보지 말고 한국어 5~6 문장으로 요약해 보세요.

_____

_____

_____

_____

_____

3. 아래의 해석과 비교해 보세요.

> 한 부인이 수년간 계속해서 앞집의 부인이 게으르다고 원망했다. "저 여자의 옷은 영원히 깨끗하게 세탁할 수 없을 거야. 봐, 정원에 말리는 옷도 항상 얼룩이 있잖아. 정말이지 이해가 안 돼. 어떻게 세탁을 저렇게 밖에 못할까…."
> 어느날 관찰력이 아주 뛰어난 친구가 그녀의 집에 와서 앞집 부인이 옷을 깨끗하지 빨지 않는 게 아니라는 것을 발견했다. 꼼꼼한 친구는 걸레를 가져와 이 부인의 창문의 먼지를 닦고는 말했다. "봐, 깨끗해지지 않았어?" 알고 보니 자신의 창문이 더러웠던 것이다.
> 한 사람이 다른 사람의 잘못을 발견하는 것은 자신의 잘못을 발견하는 것보다 쉽다. 또한다른 사람을 탓하는 것이 자신을 반성하는 것보다 더 간단하다.

쓰기

| Step 2 | 중국어로 요약하기

1. 지문을 다시 읽고 주어, 술어, 목적어를 중심으로 암기하세요. (제한 시간 2분)

2. 암기한 내용을 기억하여 다음 문장을 중국어로 써 보세요.

(1) 한 부인이 수년간 계속해서 앞집의 부인이 게으르다고 원망했다.

→ _____

(2) 저 여자 옷은 영원히 깨끗하게 세탁할 수 없을 거야.

→ _____

(3) 관찰력이 아주 뛰어난 친구가 그녀의 집에 와서 앞집 부인이 옷을 깨끗하지 빨지 않는 게 아니라는 것을 발견했다.

→ _____

(4) 꼼꼼한 친구는 걸레를 가져와 이 부인의 창문의 먼지를 닦았다.

→ _____

(5) 한 사람이 다른 사람의 잘못을 발견하는 것이 자신의 잘못을 발견하는 것 보다 쉽다.

→ _____

정답 (1) 有个太太多年来不断抱怨对面的太太很懒惰。

(2) 那个女人的衣服永远洗不干净。

(3) 有个明察秋毫的朋友到她家，才发现不是对面的太太衣服洗不干净。

(4) 细心的朋友拿了一块抹布，把这个太太的窗户上的灰渍抹掉。

(5) 一个人发现别人的错误总比发现自己的错误容易。

기초 작문 Day 04

一个农民从洪水中救起了他的妻子，他的孩子却被淹死了。

事后，人们议论纷纷。有的说他做得对，因为孩子可以再生一个，妻子却不能死而复活。有的说他做错了，因为妻子可以另娶一个，孩子却不能死而复活。

我听了人们的议论，也感到疑惑难决：如果只能救活一人，究竟应该救妻子呢，还是救孩子？于是我去拜访那个农民，问他当时是怎么想的。

他答道："我什么也没想。洪水袭来，妻子在我身边，我抓住她就往附近的山坡游。当我返回时，孩子已经被洪水冲走了。"

归途上，我琢磨着农民的话，对自己说：如果当时这个农民稍有迟疑，可能一个都救不了，所谓人生的抉择不少便是如此。

| Step 1 | 한국어로 요약하기

1. 지문을 읽고 내용을 파악해 보세요. (제한 시간 3분)

2. 파악한 내용을 서론, 본론, 결론으로 나누어 지문을 보지 말고 한국어로 요약해 보세요.

(서론 – 배경)

_____

(본론 – 주요 내용)

_____

(결론 – 사건의 마무리 및 주제)

_____

3. 아래의 해석과 비교해 보세요.

> 한 농민이 홍수에서 그의 아내를 구했지만 그의 아이는 익사했다. (→ 서론)
> 일이 있은 후 사람들은 의견이 분분했다. 어떤 사람은 그가 잘했다고 했다. 아이는 다시 낳을 수 있지만 아내는 죽고 다시 살아날 수 없기 때문이다. 어떤 사람은 그가 잘못했다고 했다. 아내는 다른 사람과 다시 결혼하면 되지만 아이는 죽으면 다시 살아날 수 없기 때문이다.
> 나는 사람들의 의견을 듣고 의혹이 풀리지 않았다. 만일 단 한 사람만 구해야 한다면 도대체 아내를 구해야 하는 것일까 아이를 구해야 하는 것일까? 그래서 나는 농민을 찾아가 당신 어떤 생각을 했는지 물었다.
> 그가 대답했다. "나는 아무 생각이 없었습니다. 홍수가 났고 아내가 내 옆에 있었기 때문에 그녀를 잡고 근처의 언덕으로 헤엄을 쳤고 다시 돌아왔을 때 아이는 이미 홍수에 휩쓸려 갔습니다." (→ 본론)
> 돌아올 때 나는 농민의 말을 되새기며 스스로에게 말했다. 만일 당시에 농민이 조금이라도 망설였다면 한 명도 구하지 못했을 것이고, 인생에서의 선택이라는 것이 대다수가 이와 같다고. (→ 결론)

어휘 洪水 hóngshuǐ 몡 홍수   救起 jiùqǐ 통 구하다   淹死 yānsǐ 통 익사하다   议论纷纷 yìlùnfēnfēn 솅 의견이 분분하다   复活 fùhuó 통 부활하다. 다시 살아나다   娶 qǔ 통 장가들다   疑惑 yíhuò 통 의혹을 품다   救活 jiùhuó 통 목숨을 구하다   究竟 jiūjìng 틧 도대체   拜访 bàifǎng 통 방문하다   袭来 xílái 통 덮쳐오다   山坡 shānpō 몡 산비탈   返回 fǎnhuí 통 되돌아오다   冲走 chōngzǒu 통 (물의 힘으로) 떠내려가다   归途 guītú 몡 돌아오는 길   琢磨 zuómo 통 깊이 생각하다   稍有 shāoyǒu 통 조금 ~이 있다   迟疑 chíyí 혱 망설이다   抉择 juézé 통 선택하다   如此 rúcǐ 떼 이와 같다

| Step 2 | 중국어로 요약하기

1. 지문을 다시 읽고 주어, 술어, 목적어를 중심으로 암기하세요. (제한 시간 3분)

2. 암기한 내용을 사건의 흐름에 따라 서론, 본론, 결론으로 요약해 보세요.

(서론 – 배경)

_____

(본론 – 주요 내용)

_____

(결론 – 사건의 마무리 및 주제)

_____

정답 서론 一个农民从洪水中救起了他的妻子，他的孩子却被淹死了。

본론 人们议论纷纷。有的说他做得对，因为孩子可以再生一个，妻子却不能死而复活;有的说他做错了，因为妻子可以另娶一个，孩子却不能死而复活。我去拜访那个农民，问他当时是怎么想的。他答道："我什么也没想。洪水袭来，妻子在我身边，我抓住她就往附近的山坡游。"

결론 如果当时这个农民稍有迟疑，可能一个都救不了，所谓人生的抉择不少便是如此。

기초 작문 Day 05

有位孤独的老人，无儿无女，又体弱多病。他决定搬到养老院去。老人宣布出售他漂亮的住宅。购买者闻讯蜂拥而至。住宅底价8万英镑，但人们很快就将它炒到了10万英镑。价钱还在不断攀升。老人深陷在沙发里，满目忧郁，是的，要不是健康情形不行，他是不会卖掉这栋陪他度过大半生的住宅的。

一个衣着朴素的青年来到老人眼前，弯下腰，低声说："先生，我也好想买这栋住宅，可我只有1万英镑。可是，如果您把住宅卖给我，我保证会让您依旧生活在这里，和我一起喝茶，读报，散步，天天都快快乐乐的——相信我，我会用整颗心来照顾您！"老人颔首微笑，把住宅以1万英镑的价钱卖给了他。

完成梦想，不一定非得要冷酷地厮杀和欺诈，有时，只要你拥有一颗爱人之心就可以了。

| Step 1 | 한국어로 요약하기

1. 지문을 읽고 내용을 파악해 보세요. (제한 시간 3분)

2. 파악한 내용을 서론, 본론, 결론으로 나누어 지문을 보지 말고 한국어로 요약해 보세요.

(서론 - 배경)

_____

(본론 - 주요 내용)

_____

(결론 - 사건의 마무리 및 주제)

_____

3. **아래의 해석과 비교해 보세요.**

외로운 노인이 있었는데 자녀도 없고 병약해서 양로원으로 옮기기로 결정했다. 노인은 아름다운 주택을 팔기로 발표했고 구매자들은 소식을 듣고 벌떼처럼 몰려 들었다. 주택의 최저가는 8만 파운드였지만 사람들은 10만 파운드까지 가격을 올렸고 가격은 끊임없이 올랐다. 노인은 소파에 파묻혀 침울함이 가득했다. 그렇다. 건강 상태만 괜찮았다면 그는 그와 일생을 함께한 집을 팔지 않았을 것이다. → 서론

옷차림이 수수한 한 젊은이가 노인 앞에 와서 허리를 숙이고 낮은 소리로 말했다. "선생님, 이 집을 사고 싶지만, 1만 파운드 밖에 없습니다. 그러나 만일 선생님께서 저에게 집을 파신다면 계속 이곳에서 생활하시면서 저와 차도 마시고, 신문도 보고, 산책하고 매일 매일을 즐겁게 보내실 수 있게 하겠습니다. 절 믿어주세요. 성심 성의껏 돌봐 드리겠습니다. 노인은 고개를 끄덕이며 미소를 지었고 집을 1만 파운드에 그에게 팔았다. → 본론

꿈을 이루기 위해서 꼭 냉혹하게 싸우거나 속일 필요는 없다. 때로는 사람을 사랑하는 마음만 있으면 된다. → 결론

어휘 孤独 gūdú 혱 고독하다 体弱多病 tǐruòduōbìng 셩 몸이 허약하고 잔병이 많다 养老院 yǎnglǎoyuàn 몡 양로원 宣布 xuānbù 통 발표하다 出售 chūshòu 통 팔다 住宅 zhùzhái 몡 주택 闻讯 wénxùn 통 소식을 듣다 蜂拥而至 fēngyōng'érzhì 벌 떼처럼 몰려들다 英镑 yīngbàng 혱 파운드 炒 chǎo 통 부풀리다 攀升 pānshēng 통 끊임없이 오르다 深陷 shēnxiàn 통 깊이 빠지다 沙发 shāfā 몡 소파 满目 mǎnmù 통 눈에 가득차다 忧郁 yōuyù 혱 우울하다 情形 qíngxing 몡 상황, 정황 度过 dùguò 통 (시간을) 보내다 大半生 dàbànshēng 몡 인생의 대부분 衣着朴素 yīzhuópǔsù 옷차림이 수수하다 弯腰 wānyāo 통 허리를 굽히다 保证 bǎozhèng 통 보증하다 依旧 yījiù 뷔 여전히 颔首微笑 hànshǒuwēixiào 고개를 끄덕이며 미소를 짓다 非得 fēiděi 뷔 반드시 ~해야 한다 冷酷 lěngkù 혱 냉혹하다 厮杀 sīshā 서로 싸우고 죽이다 欺诈 qīzhà 사기를 치다

| Step 2 | 중국어로 요약하기

1. 지문을 다시 읽고 주어, 술어, 목적어를 중심으로 암기하세요. (제한 시간 3분)

2. 암기한 내용을 사건의 흐름에 따라 서론, 본론, 결론으로 요약해 보세요.

(서론 – 배경)

_____

(본론 – 주요 내용)

_____

(결론 – 사건의 마무리 및 주제)

_____

정답 서론 有位孤独的老人，无儿无女，又体弱多病。他决定搬到养老院去。老人宣布出售他漂亮的住宅。 住宅底价8万英镑，价钱还在不断攀升。 他是不想卖掉这栋陪他度过大半生的住宅的。

본론 一个衣着朴素的青年来到老人眼前说：我只有1万英镑。可是，如果您把住宅卖给我，我保证会让您依旧生活在这里，和我一起喝茶，读报，散步，天天都快快乐乐的。我会用整颗心来照顾您！"

결론 老人颔首微笑，把住宅以1万英镑的价钱卖给了他。完成梦想，有时，只要你拥有一颗爱人之心就可以了。

기초 작문 Day 06

一个少年渴望寻找金矿后暴富，加入了去山里寻找金矿的行列。山谷里气候干燥，水源奇缺，寻找金矿的人最难熬的就是没水喝。他们一边寻找金矿，一边发着牢骚："要是谁能给我一壶水，我给他20块钱。"另一个说："要是谁能给我一壶水，我给他30块钱！"

在一片抱怨声中，少年一拍脑门，心说："机会来了!"于是，他退出了寻找金矿的队伍，转而去找水源。一铲又一铲，历尽千辛万苦，他终于挖到了水源。

当少年挑着水桶、提着水壶走来时，那些口干舌燥的寻金者蜂拥而上，争相购买少年的水。当然，也有人嘲讽他："我们跋山涉水为的是挖到黄金，你却是为了卖水，早知道这样，你何必到这里来呢？"面对冷嘲热讽，少年一笑了之。后来，很多人都两手空空地回到家乡，而少年却靠卖水挖到了人生第一桶金。

| Step 1 | 한국어로 요약하기

1. 지문을 읽고 내용을 파악해 보세요. (제한 시간 3분)

2. 파악한 내용을 서론, 본론, 결론으로 나누어 지문을 보지 말고 한국어로 요약해 보세요.

(서론 – 배경)

_____

_____

(본론 – 주요 내용)

_____

_____

(결론 – 사건의 마무리 및 주제)

_____

_____

3. 아래의 해석과 비교해 보세요.

> 한 소년이 금광을 찾아 벼락부자가 되기를 간절히 원해서 산에서 금광을 찾는 대열에 합류했다. 산 골짜기의 기후는 건조하고 수원이 매우 부족하여 금광을 찾는 사람들에게 가장 견디기 힘든 것은 마실 물이 없는 것이었다. 그들은 금광을 찾으면서 불평했다. "만일 누군가가 나에게 물 한 주전자를 줄 수 있다면 나는 그에게 20위안을 줄 거야." 또 다른 사람이 말했다. "누군가가 나에게 물 한 주전자를 준다면 나는 30위안을 줄 거라네." → 서론
>
> 원망하는 소리 속에서 소년은 이마를 치며 속으로 말했다. "기회가 왔다!" 그래서 그는 금광을 찾는 대열에서 빠져 나와 수원을 찾으러 갔다. 파고 또 파고 천신만고 끝에 그는 마침내 수원을 팠다. → 본론
>
> 소년이 물통을 받쳐들고 물 주전자를 들고 왔을 때 갈증에 시달리던 금광을 찾는 사람들이 몰려왔고 앞다투어 소년을 물을 샀다. 당연히 어떤 사람은 소년을 비웃었다. "우리가 산 넘고 물 건너 온 것은 황금을 캐기 위함인데 너는 물을 팔려고 온 것이냐, 진작에 이럴 걸 알았다면 여기에 뭐 하러 왔느냐?" 비웃음과 조롱에도 소년은 웃어넘겼다. 훗날 많은 사람들은 빈손으로 고향에 돌아갔지만 소년은 물을 팔아 인생의 첫 금을 캐내었다. → 결론

어휘 渴望 kěwàng 통 갈망하다   金矿 jīnkuàng 명 금광   暴富 bàofù 통 벼락부자가 되다   加入 jiārù 통 가입하다, 참여하다   行列 hángliè 명 행렬, 대열   山谷 shāngǔ 명 산골짜기   干燥 gānzào 형 건조하다   水源 shuǐyuán 명 수원   奇缺 qíquē 통 아주 부족하다   难熬 nán'áo 형 견디기 힘들다   牢骚 láosāo 통 불평하다   壶 hú 명 주전자   抱怨 bàoyuàn 통 원망하다   脑门 nǎomén 명 이마   队伍 duìwu 명 대열, 행렬   铲 chǎn 통 (삽, 괭이로) 깎다, 파다   历尽 lìjìn 통 다 겪다   千辛万苦 qiānxīnwànkǔ 성 천신만고, 우여곡절을 겪다   挖 wā 통 파다   挑 tiǎo 통 받쳐들다   水桶 shuǐtǒng 명 물통   提 tí 통 들다, 올리다   口干舌燥 kǒugānshézào 성 입이 마르고 열이 오르다   蜂拥而上 fēngyōng'érshàng 벌떼처럼 몰려들다   争相 zhēngxiāng 부 서로 다투어   嘲讽 cháofěng 통 비꼬다   跋山涉水 báshānshèshuǐ 산 넘고 물을 건너다   冷嘲热讽 lěngcháorèfěng 성 차가운 조소와 신랄한 풍조   何必 hébì 부 ~할 필요가 없다

| Step 2 | 중국어로 요약하기

1. 지문을 다시 읽고 주어, 술어, 목적어를 중심으로 암기하세요. (제한 시간 3분)

2. 암기한 내용을 사건의 흐름에 따라 서론, 본론, 결론으로 요약해 보세요.

(서론 – 배경)

_____

_____

(본론 – 주요 내용)

_____

_____

(결론 – 사건의 마무리 및 주제)

_____

_____

정답 서론 一个少年渴望寻找金矿后暴富，去山里寻找金矿。山谷里气候干燥，水源奇缺，有人硕："要是谁能给我一壶水，我给他20块钱。"另一个说："要是谁能给我一壶水，我给他30块钱!"

본론 少年觉得："机会来了!"于是，他去找水源。他终于挖到了水源。当少年挑着水桶.提着水壶走来时，那些寻金者蜂拥而上，争相购买少年的水。当然，也有人嘲讽他。

결론 后来，很多人都两手空空地回到家乡，而少年却靠卖水挖到了人生第一桶金。

기초 작문 Day 07 ··

有一天，魏文王问名医扁鹊说："听说你们家兄弟三人都是大夫，到底哪一位最杰出呢？"扁鹊回答道："大哥医术最精湛，其次是二哥，我排在最后。"文王对这个回答感到纳闷，于是又问："那么为什么你最出名呢？"

扁鹊回答说："我大哥在人们发病之前就能看出症状，并且治愈它。而一般人不知道他事先能铲除病因，所以他的名气无法传出去；我二哥治病，常在病人发病的初期就彻底治愈疾病。一般人以为他只会治疗轻微的小病，所以他的名气只限于本乡。而我治病呢，常常是在病人病情最严重时，一般人总看到我做大手术，所以以为我的医术高明，名气因此响遍全国。"

管理心得：事后控制不如事中控制，事中控制不如事前控制，可惜大多数的事业经营者均未能体会到这一点，等到错误的决策造成了重大的损失才寻求弥补。而往往是即使请来了名气很大的"空降兵"，结果于事无补。

| Step 1 | 한국어로 요약하기

1. 지문을 읽고 내용을 파악해 보세요. (제한 시간 3분)

2. 파악한 내용을 서론, 본론, 결론으로 나누어 한국어로 요약해 보세요.

(서론 - 배경)

_____

(본론 - 주요 내용)

_____

(결론 - 사건의 마무리 및 주제)

_____

3. 아래의 해석과 비교해 보세요.

> 하루는 위문왕이 명의 편작에게 말했다. "듣자 하니 자네 집안 삼형제가 모두 의사라고 하던데 도대체 누가 가장 뛰어난가?"
> 편작이 대답했다. "큰 형님의 의술이 가장 출중하고, 그 다음은 둘째 형님이고, 제가 제일 마지막입니다." 문왕은 이 대답에 답답함을 느끼고 물었다. "그러면 왜 자네가 가장 이름을 떨친 것인가?" → 서론
> 편작이 대답했다. "저의 큰 형님은 사람들이 발병하기 전에 증상을 알아보고 고칩니다. 일반 사람은 형님이 사전에 이미 병의 근원을 깨끗이 없애는 것을 알지 못하기 때문에 명성이 전해질 방법이 없습니다. 둘째 형님이 병을 고칠 때는 항상 발병 초기에 철저하게 병을 치료합니다. 일반사람은 그가 경미한 작은 병만 고친다고 생각해서 고향에서만 유명합니다. 그런데 저는 항상 병자의 병세가 가장 심각할 때 큰 수술을 하는 것을 사람들이 보기 때문에 명성이 전국에 자자한 것입니다." → 본론

관리를 하면 깨닫게 된다. 일이 발생한 후에 통제하는 것이 과정 중에 통제하는 것만 못하고, 과정 중에 통제하는 것은 사전에 통제하는 것만 못하다. 안타깝게도 대다수의 경영자들은 이것을 터득하지 못하고 잘못된 결정이 중대한 손실을 만들고 나서야 해결할 방법을 찾는다. 설령 유명한 '낙하산'을 모신다 해도 아무런 도움이 되지 않는다. → 결론

어휘 名医 míngyī 몡 명의　杰出 jiéchū 혱 출중하다　精湛 jīngzhàn 혱 훌륭하다　纳闷 nàmèn 혱 답답하다　出名 chūmíng 통 이름을 날리다　发病 fābìng 통 병이 나다　症状 zhèngzhuàng 몡 증상　治愈 zhìyù 통 치료하다　铲除 chǎnchú 통 깨끗이 제거하다　初期 chūqī 몡 초기　彻底 chèdǐ 혱 철저하다　轻微 qīngwēi 혱 경미하다, 심하지 않다　限于 xiànyú 통 ~에 국한되다　响遍全国 xiǎngbiànquánguó 전국으로 울려 퍼지다　心得 xīndé 몡 깨달음, 느낌　控制 kòngzhì 통 통제하다, 제어하다　不如 bùrú 통 ~만 못하다　均 jūn 뵈 모두　体会 tǐhuì 통 체험하여 알다　决策 juécè 몡 결정된 책략　损失 sǔnshī 몡 손실　寻求 xúnqiú 통 찾다　弥补 míbǔ 통 메우다, 보충하다　空降兵 kōngjiàngbīng 낙하산　于事无补 yúshìwúbǔ 쳉 아무런 도움이 안 된다

| Step 2 | 중국어로 요약하기

1. 지문을 다시 읽고 주어, 술어, 목적어를 중심으로 암기하세요. (제한 시간 3분)

2. 암기한 내용을 사건의 흐름에 따라 서론, 본론, 결론으로 요약해 보세요.

(서론 – 배경)

_____

(본론 – 주요 내용)

_____

(결론 – 사건의 마무리 및 주제)

_____

정답　**서론**　有一天, 魏文王问名医扁鹊说："听说你们家兄弟三人都是大夫, 到底哪一位最杰出呢？"
扁鹊答："大哥医术最精湛, 其次是二哥, 我排在最后。"文王又问："那么为什么你最出名呢？"

　　본론　扁鹊回答说："我大哥在人们发病之前治愈它。而一般人不知道他事先能铲除病因, 所以他的名气无法传出去；我二哥治病, 常在病人发病的初期就彻底治愈疾病。一般人以为他只会治疗轻微的小病。而我治病呢, 常常是在病人病情最严重时, 一般人总看到我做大手术, 所以以为我的医术高明, 名气因此响遍全国。"

　　결론　事后控制不如事中控制, 事中控制不如事前控制。

기초 작문 Day 08

　　在我的家乡, 有一个专营特色小吃的饭馆。每天, 在那里排队的人络绎不绝。很多人都会排不上号, 带着遗憾离开。因为这家饭馆有个很奇怪的规定, 一天的营业时间只是从上午10点到下午的2点, 只有短短的4小时, 其他时间一律不开放, 而且不许预定。但就是这4小时, 每个月收入也不下5万元。

谈起成功的秘诀，店主人一语道破天机。他说，做出的菜的味道其实和刚开始开业的时候是一模一样的，什么也没有改变。改变的只是经营的策略。刚开始的营业时间是12个小时，从早上8点到晚上8点。可是生意却不是太好，一来是因为地段有些偏僻，知道它的人很少。二来是因为菜肴的种类很多，反而显得没有了特色。所以他决定忍痛割爱，删掉几个种类，制作几种特色吃食，精益求精。然后在经营时间上做了调整，一天只营业4小时。

人们都有好奇心里，越是不容易买到的东西就越想买。果然这两种办法出台以后，餐馆的生意节节攀升，收到奇效。很多人为了一饱口福，不得不早早就去那里排号，生怕错过了一次品尝美味的机会。

| Step 1 | 한국어로 요약하기

1. 지문을 읽고 내용을 파악해 보세요. (제한 시간 3분)

2. 파악한 내용을 서론, 본론, 결론으로 나누어 지문을 보지 말고 한국어로 요약해 보세요.

(서론 – 배경)

_____

(본론 – 주요 내용)

_____

(결론 – 사건의 마무리 및 주제)

_____

3. 아래의 해석과 비교해 보세요.

내 고향에는 특색 있는 먹거리를 전문적으로 판매하는 음식점이 있다. 매일 그곳에 줄을 서는 사람의 발길이 끊이지 않는다. 많은 사람들이 번호표를 받지 못하고 아쉬운 마음으로 발길을 돌린다. 이 음식점에는 아주 이상한 규정이 있다. 하루 영업시간이 오전 10시에서 오후 2시까지이며 단지 4시간만 영업을 하고 다른 시간에는 개장하지 않고 예약도 받지 않는다. 그러나 이 4시간 동안 매월 수입이 5만 위안 이상이다. → 서론

성공의 비결에 대해 점주가 그 비밀을 밝혔다. 그가 말하길 음식의 맛은 사실 처음 개업했을 때와 완전히 같고 변한 것이 없다. 변한 것은 경영 전략이다. 개업했을 때 영업시간은 12시간이었고 오전 8시부터 저녁 8시까지였다. 그러나 장사는 잘되지 않았다. 첫 번째 이유는 지역이 너무 외져서 아는 사람이 적었다. 두 번째 이유는 요리의 종류가 너무 많아서 오히려 특색이 보이지 않은 것이다. 그래서 그는 고통을 참고 아끼는 것을 버리는 마음으로 몇 가지 요리를 없애고 특색 있는 몇 가지 요리를 만들어서 완벽에 완벽을 추구했다. 그리고 영업시간을 조정해서 하루에 4시간만 영업을 했다. → 본론

사람들은 호기심을 가졌다. 쉽게 사기 어려운 물건일수록 사고 싶어지기 마련이다. 과연 이 두 가지 방법이 시행되고 나서 음식점의 장사는 줄곧 잘 되었고 엄청난 효과를 거뒀다. 많은 사람들이 먹을 복을 찾아서 일찌감치 번호표를 받고 맛있는 음식을 맛 볼 기회를 놓칠까 염려한다. → 결론

어휘 专营 zhuānyíng 통 전문적으로 경영하다　小吃 xiǎochī 명 간단한 음식　络绎不绝 luòyìbùjué 성 왕래가 빈번하다　遗憾 yíhàn 통 유감이다　营业 yíngyè 통 영업하다　一律 yílǜ 부 일률적으로　不许 bùxǔ 통 허락하지 않다　秘诀 mìjué 명 비결　道破天机 dàopòtiānjī 성 중대한 기밀을 폭로하다　一模一样 yìmúyíyàng 성 완전히 같다　策略 cèlüè 명 책략, 전술　地段 dìduàn 명 구간　偏僻 piānpì 형 외지다　菜肴 càiyáo 명 요리　忍痛割爱 rěntònggē'ài 성 고통을 참고 아끼는 것을 포기하다　删掉 shāndiào 통 삭제하다　制作 zhìzuò 통 만들다　精益求精 jīngyìqiújīng 성 완벽하지만 더 완벽을 추구하다　出台 chūtái 통 정식으로 시행하다　生意 shēngyi 명 장사　节节攀升 jiéjiépānshēng 줄곧 오르다　收到奇效 shōudàoqíxiào 큰 효과를 거두다　一饱口福 yībǎokǒufú 먹을 복이 많다　生怕 shēngpà 통 몹시 두려워하다　错过 cuòguò 통 놓치다　品尝 pǐncháng 통 맛보다

| Step 2 | 중국어로 요약하기

1. 지문을 다시 읽고 주어, 술어, 목적어를 중심으로 암기하세요. (제한 시간 3분)

2. 암기한 내용을 사건의 흐름에 따라 서론, 본론, 결론으로 요약해 보세요.

(서론 – 배경)

_____

(본론 – 주요 내용)

_____

(결론 – 사건의 마무리 및 주제)

_____

정답   서론 在我的家乡，有一个专营特色小吃的饭馆。每天，在那里排队的人络绎不绝。因为这家饭馆有个很奇怪的规定，一天的营业时间只是从上午10点到下午的2点，只有短短的4小时。但就是这4小时，每个月收入也不下5万元。

본론 店主人谈起成功的秘诀。做出的菜的味道其实和刚开始开业的时候是一模一样的。改变的只是经营的策略。刚开始的营业时间是12个小时。可是生意却不是太好，一来是因为地段有些偏僻，知道它的人很少。二来是因为菜肴的种类很多，反而显得没有了特色。所以他决定删掉几个种类，制作几种特色吃食，精益求精。然后在经营时间上做了调整，一天只营业4小时。

결론 人们都有好奇心里，越是不容易买到的东西就越想买。果然这两种办法出台以后，餐馆的生意节节攀升，收到奇效。

기초 작문 Day 09

　　一个圣诞节的夜晚，已经很晚了，一对年老的夫妻走进一家旅馆，他们想要一个房间。服务员回答说："对不起，我们旅馆已经客满了，一间空房也没有剩下。"可是服务员不忍心深夜让这对老人再去找旅馆，他说："让我来想想办法。"好心的服务员将这对老人带到一个房间说："也许它不是最好的，但现在我只能做到这样了。"老人眼前其实是一件整洁又干净的屋子，就愉快地住了下来。

　　第二天，当他们来交钱的时候，服务员却对他们说："不用了，因为我只不过是把自己的屋子借给你们住了一晚。祝你们旅途愉快！"原来服务员自己一晚没睡觉。两位老人十分感动，老头儿说："孩子，你是我见到过的最好的旅店经营人，我们会感谢你的。"服务员笑了笑说："这算不了什么。"他送老人出了门，转身接着忙自己的事，把这件事情忘了一干二净。没想到过了几个月，服务员接到了一封信，里面有一张去另外一个城市的机票并有一段简单的留言，请他去做另一份工作。

　　他到了那个城市，按信中所说的路线来到一个地方，抬头一看，一座高级大酒店出现在他的眼前。原来，几个月前的那个深夜，他接待的是这个高级大酒店的老板和他的妻子。老人请他来做这个大酒店的经理，相信他会管理好这个大酒店。

| Step 1 | 한국어로 요약하기

1. 지문을 읽고 내용을 파악해 보세요. (제한 시간 3분)

2. 파악한 내용을 서론, 본론, 결론으로 나누어 지문을 보지 말고 한국어로 요약해 보세요.

(서론 – 배경)

_____

(본론 – 주요 내용)

_____

(결론 – 사건의 마무리 및 주제)

_____

3. 아래의 해석과 비교해 보세요.

크리스마스 밤에 이미 시간은 늦었는데 한 쌍의 노부부가 여관으로 들어섰다. 그들은 방을 하나 원했다. 직원은 대답했다. "죄송합니다. 저희 여관은 이미 다 차서 남는 방이 없습니다." 하지만 직원은 깊은 밤 이 노부부가 다시 여관을 찾으러 가게 할 수 없었다. 그는 말했다. "제가 방법을 생각해 보겠습니다." 마음씨 좋은 직원은 이 노부부를 한 방으로 데려가서 말했다. "좋은 방은 아니지만 지금은 이 정도밖에 할 수가 없네요." 노인이 보기에 방은 정리가 잘 되어 있었고 깨끗해서 기분 좋게 지냈다. → 서론

이튿날 그들이 돈을 지불하려고 할 때 직원이 그들에게 말했다. "괜찮습니다. 제 방을 빌려드린 거예요. 즐거운 여행되세요!" 알고 보니 직원은 밤을 새운 것이다. 두 노인은 매우 감동해서 말했다. "젊은이, 당신은 내가 본 최고의 숙박 경영인이오. 감사하오." 직원은 웃으며 말했다. "별거 아닙니다." 그는 노인을 배웅하고 몸을 돌려 자신의 일을 했고 이 일을 까맣게 잊었다. 몇달 뒤 직원은 생각지도 못하게 편지 한 통을 받았고, 그 안에는 다른 도시로 가는 비행기표 한 장과 간단한 메모가 있었다. 그에게 다른 일자리를 주겠다는 내용이었다. → 본론

그는 그 도시에 가서 편지에서 말한 길을 따라 어느 지역으로 갔고 고개를 들어보니 고급 호텔이 눈앞에 나타났다. 알고 보니 몇 개월 전 그 날 밤 그가 접대했던 사람들이 바로 이 고급 호텔의 사장과 그의 아내였던 것이다. 노인은 그를 이 호텔의 지배인으로 청했고 그가 이 호텔의 잘 관리할 것이라고 믿었다. → 결론

어휘 圣诞节 shèngdànjié 몡 크리스마스　旅馆 lǚguǎn 몡 여관　客满 kèmǎn 혱 만원이다　剩下 shèngxià 통 남기다　忍心 rěnxīn 통 모질게 하다　整洁 zhěngjié 혱 단정하다　旅途 lǚtú 몡 여정　算不了 suànbuliǎo 별일 아니다　转身 zhuǎnshēn 통 몸을 돌리다　接着 jiēzhe 뷔 연이어　一干二净 yìgānèrjìng 솅 깨끗이　留言 liúyán 몡 메시지　接待 jiēdài 통 접대하다　高级 gāojí 혱 고급의

| Step 2 | 중국어로 요약하기

1. 지문을 다시 읽고 주어, 술어, 목적어를 중심으로 암기하세요. (제한 시간 3분)

2. 암기한 내용을 사건의 흐름에 따라 서론, 본론, 결론으로 요약해 보세요.

(서론 – 배경)

_____

(본론 – 주요 내용)

_____

(결론 – 사건의 마무리 및 주제)

_____

정답 서론 一个圣诞节的夜晚，一对年老的夫妻走进一家旅馆，他们想要一个房间。服务员回答说：“对不起，我们旅馆已经客满了。”可是好心的服务员将这对老人带到一个房间说：“也许它不是最好的，但现在我只能做到这样了。”

본론 第二天，当他们来交钱的时候，服务员却对他们说：“不用了，因为我只不过是把自己的屋子借给你们住了一晚。祝你们旅途愉快！”两位老人十分感动。没想到过了几个月，服务员接到了一封信，里面有一张去另外一个城市的机票并有一段简单的留言，请他去做另一份工作。

결론 原来，几个月前的那个深夜，他接待的是这个高级大酒店的老板和他的妻子。老人请他来做这个大酒店的经理，相信他会管理好这个大酒店。

기초 작문 Day ⑩

　　从前有个人，名叫乐广，他有位好朋友，一有空儿就到他家里聊天儿。可是，有很长一段时间，朋友都没来，乐广就登门去看望他。一进门，就见朋友倚坐在床上，脸色蜡黄，乐广忙问朋友怎么了。朋友支支吾吾不肯说，经过再三追问，朋友才说：“那天在你家喝酒，我看见酒杯里有条蛇在游动。当时害怕极了，不敢喝，可你再三劝饮，出于礼貌，我 就闭着眼睛喝了下去。从那以后，我就总觉得肚子里有条蛇在乱窜，什么都吃不下。”

　　乐广觉得很奇怪，酒杯里怎么会有蛇呢？回到家后，他在屋内走来走去，分析原因。突然他看见墙上挂着一张弓，心想：是不是这张弓的缘故呢？于是他倒了一杯酒，放在桌子上，移动了几个位置，终于看见那张弓的影子清晰地投映在酒杯中。随着酒的晃动，那张弓就像一条蛇在游动。

　　为了治好朋友的病，乐广立刻请朋友来到家中。他让朋友坐在上次的位置，仍用上次的酒杯为他倒了满满一杯酒，问道：“你看酒杯里有什么？”朋友低头一看，立刻惊叫起来：“蛇！又是上次那条蛇！”乐广哈哈大笑，指着墙壁上的弓说：“你抬头看看，那是什么？”朋友看看弓，再看看杯中的“蛇”影，恍然大悟，顿时觉得浑身轻松，病也全好了。

　　成语“杯弓蛇影”就是由此而来的，人们用它来比喻疑神疑鬼，虚惊一场，自己吓自己。有智慧的人则善于抓住问题的症结，对症下药，“心病还须心药医”，从根本上解决问题。

I Step 1 I 한국어로 요약하기

1. 지문을 읽고 내용을 파악해 보세요. (제한 시간 3분)

2. 파악한 내용을 서론, 본론, 결론으로 나누어 지문을 보지 말고 한국어로 요약해 보세요.

(서론 - 배경)
_____

(본론 - 주요 내용)
_____

(결론 - 사건의 마무리 및 주제)
_____

3. 아래의 해석과 비교해 보세요.

옛날에 위에광이라는 사람이 있었다. 그는 친한 친구가 있어서 시간이 날 때마다 그의 집에 가서 이야기를 나눴다. 그런데 오랫 동안 친구가 오지 않았고 위에광은 그를 보러 갔다. 문에 들어서자 마자 침대에 기대어 있는 친구를 보았는데 안색이 노랗게 질려 있어서 위에광은 친구에게 무슨 일인지 물었다. 친구는 얼버무리며 말하려 하지 않았고, 거듭 추궁하자 친구가 말했다. "그날 자네 집에서 술을 마시는데 술잔에 뱀 한 마리가 헤엄을 치고 있더군. 너무 무서워서 마실 수가 없었지만, 자네가 거듭 권하길래 예의를 지키려 눈을 질끈 감고 마셨다네. 그날 이후로 배 속에서 뱀이 이리저리 다니는 느낌이 들어 아무것도 먹을 수가 없었네." → 서론

위에광은 너무 이상했다. 술잔에 어떻게 뱀이 있단 말인가? 집에 와서 그는 방안을 이리저리 다니며 원인을 분석했다. 갑자기 벽에 걸려있는 활이 보였고, 속으로 생각했다. 혹시 이 활 때문인가? 그래서 그는 술을 한 잔 따라 탁자 위에 놓고 여러 위치로 이동했다. 마침내 그 활의 그림자가 또렷하게 술잔에 비쳤다. 술의 움직임에 따라 그 활은 마치 뱀이 헤엄치는 것 같았다.

친구의 병을 치료하기 위해 위에광은 즉시 친구를 집으로 청했다. 그는 친구를 지난 번 그 위치에 앉게 하고 지난 번 그 술잔에 술을 가득 따른 후 물었다. "자네, 술 잔 안에 무엇이 보이는가?" 친구가 고개를 숙이고 보는는 놀라서 외쳤다. "뱀! 또 그 뱀이다!" 위에광은 하하 웃으며 벽에 있는 활을 가리키며 말했다. "자네 고개를 들어보게, 저것이 무엇인가?" 친구는 활을 보고 다시 잔 속의 '뱀' 그림자를 보고 이유를 갑자기 깨닫게 되자 순식간에 온 몸이 편해지고 병이 나았다. → 본론

성어 '杯弓蛇影'는 여기에서 유래됐다. 사람들은 이 성어를 의심이 지나치게 많거나 괜히 놀라는 경우에 사용한다. 지혜로운 사람은 문제의 핵심을 잘 파악하여 그에 따라 해결책을 찾는다. '마음의 병은 마음에서 치료해야' 근본적으로 문제를 해결할 수 있다. → 결론

어휘 从前 cóngqián 명 옛날　登门 dēngmén 동 방문하다　看望 kànwàng 동 찾아가 보다　脸色 liǎnsè 명 안색　蜡黄 làhuáng 형 담황색이다　支支吾吾 zhīzhīwúwú 성 얼버무리다　不肯 bùkěn 동 원하지 않다　蛇 shé 명 뱀　出于 chūyú 동 ~에서 비롯되다　礼貌 lǐmào 명 예의　闭 bì 동 닫다　乱窜 luàncuàn 이리저리 다니다　分析 fēnxī 동 분석하다　挂 guà 동 걸다　弓 gōng 명 활　缘故 yuángù 명 이유　移动 yídòng 동 이동하다　影子 yǐngzi 명 그림자　清晰 qīngxī 형 또렷하다　投映 tóuyìng 동 투영되다, 비치다　晃动 huàngdòng 동 흔들리다　恍然大悟 huǎngrándàwù 성 갑자기 깨달음을 얻다　浑身 húnshēn 명 전신　杯弓蛇影 bēigōngshéyǐng 성 쓸데없는 걱정을 하다　疑神疑鬼 yíshényíguǐ 성 의심이 심하다　虚惊一场 xūjīngyìchǎng 괜히 놀라다　智慧 zhìhuì 명 지혜　善于 shànyú 동 ~를 잘하다　症结 zhēngjié 명 응어리, 문제점　对症下药 duìzhèngxiàyào 성 증상에 따라 약을 처방하다, 상황에 맞게 문제를 해결하다

| Step 2 | 중국어로 요약하기

1. 지문을 다시 읽고 주어, 술어, 목적어를 중심으로 암기하세요. (제한 시간 3분)

2. 암기한 내용을 사건의 흐름에 따라 서론, 본론, 결론으로 요약해 보세요.

(서론 - 배경)

_____

(본론 - 주요 내용)

_____

(결론 - 사건의 마무리 및 주제)

_____

정답 서론 从前有个人，名叫乐广，他有位好朋友，一有空儿就到他家里聊天儿。可是，有很长一段时间，朋友都没来，乐广就登门去看望他。乐广问朋友怎么了。朋友才说："那天在你家喝酒，我看见酒杯里有条蛇在游动。可你再三劝饮，出于礼貌，我就闭着眼睛喝了下去。从那以后，我就总觉得肚子里有条蛇在乱窜，什么都吃不下。"

본론 乐广觉得很奇怪，酒杯里怎么会有蛇呢？回到家后，他在屋内走来走去，分析原因。突然他看见墙上挂着一张弓，他倒了一杯酒，放在桌子上，移动了几个位置，终于看见那张弓的影子清晰地投映在酒杯中。随着酒的晃动，那张弓就像一条蛇在游动。朋友看看弓，再看看杯中的"蛇"影，恍然大悟，顿时觉得浑身轻松，病也全好了。

결론 成语"杯弓蛇影"就是由此而来的，人们用它来比喻疑神疑鬼，虚惊一场，自己吓自己。有智慧的人则善于抓住问题的症结，从根本上解决问题。

고수들의 무패 합격 전략서

HSK 6급

실전모의고사

新汉语水平考试
HSK(六级)

注　意

一、HSK(六级)分三部分：

    1. 听力(50题，约35分钟)

    2. 阅读(50题，50分钟)

    3. 书写(1题，45分钟)

二、听力结束后，有5分钟填写答题卡。

三、全部考试约140分钟(含考生填写个人信息时间5分钟)。

실전모의고사 1

一、听力
第一部分

第 1-15 题：请选出与所听内容一致的一项。

1. A 茱萸能杀菌消毒
   B 茱萸可能引发瘟疫
   C 重阳节用茱萸做菜
   D 茱萸生长在寒冷地区

2. A 少量酒精也引发肝癌
   B 喝单一种酒对身体好
   C 不同酒混着喝更伤身体
   D 啤酒使血液中酒精升高

3. A 民宿价格低廉
   B 住民宿不安全
   C 民宿提供优质服务
   D 住民宿可以体验当地风情

4. A 冬眠使人患重病
   B 冬眠能延长寿命
   C 冬眠对心跳没有影响
   D 冬眠对人体危害大

5. A 尬聊仅限于网上
   B 尬聊让气氛更活跃
   C 尬聊是一种沟通方式
   D 尬聊是指聊天儿气氛尴尬

6. A 蜻蜓种类繁多
   B 蜻蜓飞行能力强
   C 蜻蜓善于高速飞行
   D 蜻蜓飞行时翅膀受损

7. A 做投资理财要果断
   B 理财观念发生变化
   C 投资前要做好风险评估
   D 互联网金融投资不安全

8. A 那顶帽子很华丽
   B 门票100块一张
   C 女人把帽子摘掉了
   D 女人不想被认出来

9. A 最好趴着睡觉
    B 变换睡姿对身体好
    C 睡姿对身体没有影响
    D 左侧卧有利于新陈代谢

10. A 试用装可能不卫生
    B 用试用装不太环保
    C 最好不要用试用装
    D 化妆品最好先使用

11. A 番茄不宜生吃
    B 喝酒时不能吃番茄
    C 番茄汁有解酒功效
    D 番茄汁不宜和肉类同食

12. A 无人机弊大于利
    B 无人机受天气影响大
    C 无人机成本较高
    D 无人机技术还不完善

13. A 啰嗦让父母发怒
    B 孩子身体容易麻木
    C 倾听能给父母安慰
    D 父母不喜欢与孩子沟通

14. A 真皮沙发并不耐脏
    B 吹空调让沙发干燥
    C 选择沙发要看弹力
    D 真皮沙发要少晒太阳

15. A 要善于总结经验
    B 不要被失败吓退
    C 目标具有带动作用
    D 做事不要半途而废

第二部分

第 16-30 题：请选出正确答案。

16. A 制作图纸
    B 采购建材
    C 和工人沟通
    D 做宣传广告

21. A 21%
    B 53%
    C 65%
    D 90%

17. A 没有任何约束
    B 时间非常宽松
    C 收入比较优厚
    D 与艺术家大不相同

22. A 情节复杂
    B 尚不规范
    C 缺乏创新
    D 市场不成熟

18. A 缺乏技术
    B 资金不足
    C 和客户的沟通
    D 买不到适合的材料

23. A 缺乏人才
    B 资金不够
    C 技术落后
    D 宣传不到位

19. A 实用
    B 审美
    C 建材
    D 色彩

24. A 视野宽阔
    B 积累经验
    C 相当积极
    D 失去创造力

20. A 有自己的风格
    B 坚持自己的想法
    C 大学毕业后就做设计
    D 认为热爱生活很重要

25. A 良好环境
    B 大笔经费
    C 创作自由
    D 业余时间

26. A 是一种骗术
    B 是在辅助病人
    C 给病人发泄的机会
    D 得到社会的广泛认可

27. A 要分场合
    B 用专业技术
    C 不能依赖药物
    D 观察人的眼球

28. A 表达能力强
    B 心情特别稳定
    C 没有喜怒哀乐
    D 注重感受生活

29. A 适当运动
    B 坚持工作
    C 找朋友诉说
    D 暂时放下工作

30. A 非常谦虚
    B 经常调节自己
    C 为人特别严肃
    D 过度追求完美

第三部分

第 31-50 题：请选出正确答案。

31. A 一切都顺利
    B 自己不赞成
    C 对别人的感激
    D 对某句话的欣赏

36. A 听而不闻
    B 不以为然
    C 承认自己的错误
    D 觉得只是个小毛病

32. A 轻视运动员
    B 夸奖运动员
    C 可开始比赛
    D 让观众安静

37. A 要扬长避短
    B 要痛改前非
    C 不要急于求成
    D 不要盲目自信

33. A 有点儿复杂
    B 已被广泛运用
    C 技术还不到位
    D 专为工程师设计

38. A 别人讥笑我们
    B 是一种孤独感
    C 隐私全被暴露了
    D 阻碍去寻求他人帮助

34. A 贪污腐败
    B 廉洁清正
    C 御史的命令不能执行
    D 每个人衣服都太脏了

39. A 责备自己
    B 感到愤怒
    C 垂头丧气
    D 感到羞耻

35. A 王延相蔑视他
    B 路面泥泞渐多
    C 他又买了新鞋子
    D 他的鞋子已经脏了

40. A 放松心情
    B 加强理性
    C 锻炼身体
    D 与他人接触

41. A 古代药方
B 线条花纹
C 兽类的骨头
D 像文字的图案

42. A 通俗易懂
B 刻在玉器上
C 是成熟的文字
D 都被识别出来

43. A 甲骨文的含义
B 中医学的演变
C 甲骨文的发现
D 中医学的基本特点

44. A 一共分成3个组
B 针对4-8岁儿童
C 进行了6个月
D 结果引起了争议

45. A 遗传因素
B 父母的经济水平
C 接受教育的时期
D 与父母交流机会的多少

46. A 性情好的孩子
B 性情坏的孩子
C 性情不好不坏的孩子
D 没有明显的差异

47. A 如何与孩子沟通
B 如何纠正孩子的缺点
C 怎么开发孩子的智力
D 孩子的脾气和智商的关系

48. A 容易排泄汗液
B 保持皮肤干净
C 缓解皮肤疼痛
D 能给身体降温

49. A 最好放点儿盐
B 避免阳光直晒
C 用手彻底拧干
D 放在热水中洗

50. A 用金属挂钩
B 加入少量食糖
C 把衣服反过来烫
D 衣服干透了再烫

二、 阅 读
第一部分

第 51-60 题：请选出有语病的一项。

51. A 既然双方都没有意见，我们就签约吧。

B 他的个子大概一米八左右，长得很身强力壮的。

C 产品销售业绩的好坏是衡量其成功与否的重要标志。

D 在没有充分调查研究的情况下做出的决策通常是错误的。

52. A 这个网站只允许付费用户阅读全部文章。

B 从公司成立那天起，王先生就一直担任会计工作。

C 那个学派力求自然事物只用自然力做出积极的解释。

D 这位画家的一幅画在拍卖会上拍出了八十万元的高价。

53. A 我打工攒了一些钱，准备明年去欧洲旅游。

B 笑不仅能使人心情舒畅，还会增强人体的免疫力。

C 除非你能拿出充分的证据，否则没有人会相信你说的话。

D 门卫老头儿把我们叫醒后，他睡眠惺忪地让我们出示住宿证。

54. A 我连自己都顾不上，哪有精力照顾他呀？

B 穿着民族服装的列车员用蒙古族的礼节向大家表示欢迎。

C 亲眼目睹了母亲的痛苦经历后，我发誓要为她而变成靠得住。

D 调查发现，年轻一代与他们父母之间最大的不同之处就是消费观念。

55. A 他这种行为纯粹是损人而又不利己，必须马上克制。

B 年轻的流行歌手激情似火，为观众演唱了一首又一首精彩的歌曲。

C 截至昨天，报名人数一直在大幅度地增长，这种趋势还将持续一段时间。

D 非洲一些鸟类躲避高温的方法是不时将清凉的水喷洒在自己身上，把泥浆涂在自己脚上。

56. A 照顾他和照顾孩子一样，光有爱心不够，还要有耐心。
B 我深深地了解了时间就是财富、财富就是时间的道理。
C 夏季皮炎是高温闷热环境引起的热性皮炎，多发于高温工作者。
D 这几年回山东老家，每每经过从镇上到村里的那段路，总是让人苦不堪言。

57. A 据统计，全国约有45%的青少年近视，而大学生的近视率则超过70%。
B 中学时他的成绩就不好，大学时就比别人十分差了，甚至没能按时毕业。
C 我并不怪你，如果我处在你的位置，我也会这样做的，甚至会比你做的更过分。
D 与户外运动相比，健身房的优点在于不受天气变化影响，运动设备齐全，还可以得到专业的指导。

58. A 社会稳定，人民生活水平显著升高，这一切都给人们留下了深刻的印象。
B 以生漆为底层的彩绘陶制文物的保护是一个世界难题，没有任何的经验可以借鉴。
C 在网上购物足不出户，用鼠标轻轻一点，想要的东西就会送上门来，省去了购物的劳累，也能节约不少开支。
D 销售人员介绍说，即便是这个价位，也无法保持下去，因为此款冰箱的供价已经上调到4000元，目前的售价已低于供价。

59. A 空调降温有一个原则要把握：室内外温差以小于6℃为宜。
B 艺术固然需要一定的数量，但艺术绝不是以数量取胜，就是以质量取胜的。
C 今天晚上，我见到那位女患者时，她正因腹痛蜷缩成一团，消瘦的身躯大约只占了床面积的四分之一。
D 以前专家们一直认为下雨时钢铁容易生锈，但后来发现，如果钢铁沾满了海盐，那么越是下雨就越难生锈。

60. A 他们走情人坡时，她的头始终往上仰，盯着那间暮色四合中色调昏沉的红漆房子。
B 风筝融工艺、绘画、书法于一体，其造型与各地的风俗习惯、文化素养和审美意识密切相关。
C 这些所谓的娱乐节目中，各地方台的主持人在越来越低龄的同时，中性化倾向也变得越发无孔不入。
D 作为班里唯一一个没读过那本书的学生，他感到非常尴尬，一句话也不好意思说，只是默默地听大家讨论书里的内容。

第二部分

第 61-70 题：选词填空。

61. 拥有积极的思维_____不能保证事事成功，积极思维肯定会_____一个人的日常生活，但不能保证他凡事心想事成；但是，相反的态度则必败无疑，拥有_____思维的人绝不能成功。

    A 亦   改变   保守   B 并   改善   消极

    C 肯   改正   懒惰   D 则   纠正   进取

62. 坚持性是指一个人在行动中始终坚持初衷，并以_____的精力和坚韧的_____，百折不饶地_____一切困难，_____预定的目的的一种意志品质。

    A 丰盛   意识   积累   实行   B 饱满   智商   征求   实践

    C 旺盛   毅力   克服   实现   D 充满   智慧   欣赏   实施

63. 大自然的任何生物都有它存在的价值，哪怕是一只蚂蚁。大自然总是会用一只_____的手，_____地调解和平衡好各种生物之间的关系。人类必须_____大自然，应该尊重自然的_____和规律。

    A 灵活   惊奇   看待   规章   B 神秘   美妙   目睹   准则

    C 无形   巧妙   善待   法则   D 空虚   奇妙   保护   规范

64. 电视剧《人民的名义》正火爆热播。这部电视剧90%的场景都是在南京_____。所以南京的旅游景点也成为新_____。近年来，一些影视作品成功地向人们展示了区域内的_____，还_____了越来越多的游客。

    A 拍摄   热点   风土人情   吸引   B 摄影   热门   波涛汹涌   迷人

    C 演习   要点   拔苗助长   引导   D 表演   焦点   饱经沧桑   吸取

65. 法律是外在的、强制的，是一种刚性_____，而道德是内在的、_____的，是一种_____的约束。但另一方面，法律低调却是的、消极的，它仅仅是不允许做什么，而道德却是高调的、_____的，它要求的是应当做什么。

    A 策略   自立   温柔   拘束   B 制度   自觉   柔性   积极

    C 秩序   自尊   柔弱   坚实   D 机制   独立   脆弱   坚强

66. 自然是中国古代园林的艺术_____，园林集中体现了中国人"天人合一"的_____观念。在建造园林时，每个山水形象的细节都要尽量符合自然规律，如_____假山时要参照天然山石的纹路，尽量减少人工的痕迹。院内湖泊、道路、花木的_____也往往是自然曲折，高低起伏，颇有野趣。

A 源泉　审美　堆积　布局　　　　B 起源　品德　积累　方位
C 边界　微观　凝聚　格式　　　　D 境界　宏观　凝固　格局

67. 为了防止水的_____，一次性纸杯内壁都会_____上一层薄薄的蜡。倘若水温超过40℃，蜡就会_____到水中，因此纸杯最好用来装冷饮。使用时，第一杯水倒好后至少等四五分钟，让杯中有害物质充分_____。

A 污染　绣　传染　散落　　　　B 渗透　涂　溶解　散发
C 传染　砍　融化　毁灭　　　　D 感染　淋　融入　清除

68. 不良的_____习惯和生活方式会导致体重超标，睡眠不足也会导致肥胖。科学家指出，睡眠是最_____的减肥方法，有_____的睡眠不仅能有效解决超重问题，还能节省许多不必要的_____。

A 作息　实际　规则　供应　　　　B 睡眠　优惠　规定　本钱
C 饮食　实惠　规律　支出　　　　D 锻炼　实用　规范　成本

69. 《女生贾梅》这本书是秦文君的儿童文学作品，本书的_____十分有趣，同《男生贾里》被_____为小学五下必念书目之一。本书作者以其女性特有的_____笔调，描绘出了一_____当代中学生五彩缤纷的生活画卷，_____了很多读者。

A 背景　划　细致　副　感概　　　B 情节　列　细腻　幅　感染
C 情景　凭　精确　串　激励　　　D 前景　搁　精致　丛　勉励

70. 不少人知道苹果有抗击癌症的_____，其抗癌的_____藏在果皮中。很多专家建议，_____最大限度地_____苹果的抗癌作用，_____洗净苹果后连皮一起吃，或者连皮打成苹果汁喝。

A 功效　秘密　为了　发挥　最好　　　B 技能　机密　以便　发现　尽快
C 功能　奥秘　而且　发动　幸亏　　　D 效益　隐私　此外　发扬　尽力

第三部分

第 71-80 题：选句填空。

71-75.

　　太空垃圾，是围绕地球轨道的无用人造物体；太空垃圾小到由人造卫星碎片、漆片、粉尘，大到整个飞船残骸构成。它们不仅对地面的人类造成危害，(71)＿＿＿＿＿＿。有没有办法清除掉太空垃圾呢？

　　美国航空航天局正在试验一种"激光扫帚"，它主要针对直径1-10厘米的太空垃圾。"激光扫帚"锁定某个太空垃圾目标后，将发出一束激光，(72)＿＿＿＿＿＿，使之部分升华为气体，就像喷气式飞机的原理一样，利用气体的反作用力推动太空垃圾朝地球的方向运动，最终使其进入大气层，与大气层产生强烈摩擦而燃烧自毁。

　　英国科学家发明了一种专门清理大型太空垃圾的人造"自杀卫星"。(73)＿＿＿＿＿＿，重6公斤，制造和发射的全部费用不到100万美元。它配备4台小型摄像机，能十分容易地发现太空垃圾。它一旦侦察到太空垃圾，(74)＿＿＿＿＿＿，使其速度降低，最后进入大气层，(75)＿＿＿＿＿＿。

　　目前，人们把上述这类工具形象地统称为"太空清洁工"。虽然这类工具多数还处于试验阶段，但相信随着技术的进步和环保意识的提高，在不久的将来，太空垃圾问题将逐步得到缓解。

A 与太空垃圾同归于尽

B 这种自杀式卫星体积只有足球那么大

C 照射在太空垃圾背离地球的一端

D 还威胁到在太空中飞行的航天器的安全

E 便依附在垃圾上

76–80.

扁鹊是战国时著名的医术学家。由于他的医术高超，被认为是神医，(76)_____。

有一天，扁鹊去见蔡桓公说道："我发现您的皮肤有病，应及时治疗，否则病情会加重。"桓公不以为然："我一点儿病也没有，用不着治疗。"10天后，扁鹊第二次去见桓公。他察看了桓公的脸色之后说："(77)_____。再不医治，会更严重的。"桓公还是不信他说的话。又过了10天，扁鹊第三次去见桓公，说道："您的病已经发展到肠胃了。如果不赶紧医治，(78)_____。"桓公仍不信他，且对他更加反感。又隔了10天，扁鹊第4次去见桓公。一看到桓公，(79)_____。这倒把桓公弄糊涂了，心想：怎么这次扁鹊不说我有病呢？桓公派人去问扁鹊原因。扁鹊说："小病在皮肤之间，汤熨可治；病在肌肉里，针灸可治；病在肠胃里，汤剂可治；病在骨骼里，能否保住性命只能听天由命了。"

5天后，桓公浑身疼痛难忍。他意识到自己情况不妙，(80)_____，可扁鹊已逃到秦国去了。桓公追悔莫及，在痛苦中挣扎着死去。

A 扁鹊扭头就走

B 病情将会进一步恶化

C 立刻派人去找扁鹊

D 您的病已经到肌肉里面去了

E 所以人们借用了神医"扁鹊"的名号来称呼他

第四部分

第 81-100 题：请选出正确答案。

81-84.

　　俗话说："谣言止于智者。"面对不确定的信息，智者能以渊博的知识，明辨是非，不为谣言所困，愚昧无知的人却相信妖言。虽然人们知道，谣言是个别人为了达到某种不可告人的目的而<u>捏造</u>的谎言，但仍有不少善良的人在无意之中成为了谣言的传播者。许多人被谣言迷惑，而智者却往往能化谣言于无形，也就是说，谣言止于智者。

　　有这样一个故事：一个人风风火火地跑到哲人那儿，说想要告诉他一个消息。哲人平静地打断他的话说："等一等，你要告诉我的消息，用三个筛子筛过了吗？"哲人所说的"筛"，就是看消息是否真实，是否经过审查，是否具有善意。来人表示只是听来的。最后哲人说："那就别说了吧，免得人们被这虚假的谣传所困扰。"哲人面对看似令人激动的消息，淡定从容，以自己的标准过滤虚假信息，让谣言停止了传播。面对不确定的信息，智者能以淡定的心态，理智应对，不为谣言所惑。

　　当智者遇到谣言的无根之风时，能运用知识的高山茂林，使谣言得以消解。自2007年至今，对于拟建PX(对二甲苯、低毒化合物)项目，多地民众均选择坚决抵制，被谣言所惑是重要原因之一。其间，某搜索网站上的"PX"词条多次被人篡改，将PX解释为"剧毒"。为了阻止妖言惑众，专家用大量的科学依据进行论证说明，从而攻破谣言。

　　在"人人都有麦克风"的时代，网络让谣言插上了腾飞的翅膀，传播速度快，影响范围广。因此，对于不确定的信息，我们有责任和义务，在谣言面前我们人人都应该做一个"智者"。

81. 画线词语"捏造"最可能是什么意思？

　　A 因小失大　　　　　　　　　　B 无中生有
　　C 急于求成　　　　　　　　　　D 锲而不舍

82. 根据第二段，下列哪项正确？

　　A 哲人让人带来筛子　　　　　　B 哲人对消息进行审查
　　C 消息不是具有善意的　　　　　D 哲人没有让人说出消息

83. 什么原因让民众抵制PX项目？

　　A 被搜索网站上的谣言所迷惑　　B 科学家证明PX是剧毒
　　C PX项目导致环境污染　　　　　D 民众专业知识不丰富

84. 最适合做上文标题的是：

　　A 谣言的危害　　　　　　　　　B 受害的民众
　　C 贤明的哲人　　　　　　　　　D 谣言止于智者

85-88.

夜晚的天空为何是黑暗的？"太阳落山了呗。夜晚，太阳公公睡觉去了，天就黑了。" 3岁的儿童会这么回答。是的，天上没有太阳，好像天就必然会是黑的。但是，无限的宇宙充满了无数个恒星构成的星系，虽说夜晚没有太阳照耀，可是那满天的星星，都是会发光发热的。一颗恒星的光芒的确很微弱，但是，无数颗恒星的光芒合起来应该是无限的亮，本应该像白天那么亮。可为什么事实上是黑的呢？

天文学家的观察发现，几乎所有的河外星系都在远离我们而去，即宇宙像正在充气的气球似的膨胀着，越来越大；距离我们越远的星系，远离我们而去的速度(即退行速度)越快，星系退行使星系辐射到我们这里来的光减弱。因此，虽然宇宙是无限的，但光可以照到我们这里的天体的数量是有限的。只要那些有限的天体射到地球上的光比太阳光少，地球上的日夜就取决于太阳。要是宇宙没有膨胀，也就没有夜黑问题。

大爆炸宇宙学认为："我们的宇宙"起源于一个温度极高、体积极小的原始火球，在距今大约200亿年前，不知什么缘故，这个火球发生了大爆炸，在大爆炸中诞生了"我们的宇宙"。随着空间膨胀，温度降低，物质的密度也逐渐减小，原先的质子、中子等结合成氟、氦、锂等元素，后来又逐渐形成星系、星系团等天体。

宇宙好像一个在不断充气的带花点的气球，上面的各点彼此分离。经过200亿年的"分离"才变成今天这个模样。根据天文学家的推测，我们的宇宙将来有一天会停止膨胀，然后转为收缩，直至收缩到大爆炸前的原始火球状态，接下来会出现新的大爆炸。宇宙的膨胀和收缩，这种循环可能不断地重复进行，宇宙处于这种来回振荡式的变化之中。

85. 下列哪项是夜晚的天空黑暗的原因：

    A 太阳落在地平线下   B 没有太阳的照耀

    C 恒星的光芒很微弱   D 宇宙正在不断膨胀

86. 关于河外星系，可以知道：

    A 越来越靠近我们   B 如气球般的膨胀

    C 前行的速度变快   D 辐射的光线减弱

87. 宇宙处于：

    A 收缩的状态   B 原始火球状态

    C 循环往复的变化中   D 永恒不变的环境中

88. 根据上文，下列哪项正确？

    A 宇宙已经停止膨胀   B 物质的密度在减小

    C 大爆炸不可能再次出现   D 星系团不是大爆炸的结果

89–92.

笑是人们日常生活中用得最多的表情之一。中国人常说"笑一笑，十年少"，西方谚语认为："开怀大笑是剂良药"。笑对健康的益处，得到了中西方医学专家的普遍认可。此外，笑蕴含着许多从来没有听说过的学问，还有神奇的功效。

人的面部表情肌肉共有42块儿，通过与血管、骨骼的配合，一共能做出5000多个表情，其中，笑有19种。这19种笑可以归为两类：一类是社交类的礼貌性笑容，调动的肌肉较少；另一类是发自肺腑的笑，用到的肌肉比较多。相对于皱眉来说，露出笑容所调动的肌肉数量更少，用力也要小一些。既然绽放笑容这么简单，何不少一些愁眉苦脸，多一些开心的笑呢？

多项研究证明，笑是天然的、毫无副作用的止痛剂。人的笑来源于主管情绪的右脑额叶。每笑一次，就能刺激大脑分泌一种能让人欣快的激素——内啡呔。内啡肽是最有效的止痛化学物质，能缓解体内各种疼痛。因此，一些罹患风湿、关节炎的人如果经常笑，可以缓解病情。另外，笑也有助于新陈代谢，加速血液循环，让人更有活力。

大笑是保持身材苗条的最佳方法。研究人员发现，大笑10至15分钟可以加快心跳，从而燃烧一定量的卡路里。并且，一个人大笑的时候，还可以驱走负面情绪，释放压力。

笑也可以"美容"，因为笑的时候，脸部肌肉收缩，会使脸部更有弹性。笑可以使人减慢衰老。当你笑的时候，大脑神经会放松一会儿，从而使大脑有更多的休息时间。微笑会让一个人看起来更有魅力、更有自信，甚至能帮助人们渡过难关。当一个人在笑时，会使整个房间的气氛变得轻松，从而改变其他人的心情。多笑笑，那么更多的人将被你吸引。

89. 根据第2段，可以知道：

A 皱眉毫不费力 　　　　　　　B 人能做出上万种表情

C 发自肺腑的笑调动的肌肉较多　D 笑对身体有益没有科学依据

90. 关于内啡肽，下列哪项正确？

A 由左脑额叶分泌 　　　　　　B 有一定治病的作用

C 可以减轻各种疼痛 　　　　　D 关节炎患者体内缺乏

91. 下列哪项不是笑的作用？

A 促进生长发育 　　　　　　　B 有助于减肥

C 延缓衰老 　　　　　　　　　D 营造良好的气氛

92. 最适合做上文标题的是：

A 笑中蕴藏的学问 　　　　　　B 笑也能帮人美容

C 快乐来自于什么 　　　　　　D 你所不知道的人体奥秘

93-96.

　　春秋战国的鲁国，有一户施姓人家，他有两个儿子，长子精通儒学仁义，次子擅于军事指挥。学成后，施家的大儿子，用儒家仁义的道理去劝说齐王。齐王采纳了他的意见，叫他做了太子们的老师。施家的小儿子则去向楚王陈述用兵的道理，博得楚王赏识，做了楚王的军事长。因为两个儿子当了官，令施家备感荣耀。

　　邻居孟家，他家也有两个儿子，与施家儿子一同长大，却一直过着贫贱的生活，孟家对施家羡慕不已，谦恭地讨教起经验，施家如实地讲述了两个儿子"发迹"的经过。

　　不久后，孟家的大儿子便用儒家仁义的道理去劝说秦王，秦王说："现在各国诸侯都在凭实力进行斗争，最重要的是练兵筹饷，你要用仁义来治理我的国家，这只能走向灭亡。"就这样，秦王不但没有任用他，还对他用了残酷的宫刑。

　　此时，孟家小儿子也到了卫国。他有条不紊地向卫王讲述用兵的道理，卫王却说："我们卫国是一个小国，只有和各国和睦相处，才能确保安全，如果追求武力，无疑自取灭亡。你要我们出兵打仗，不等于"拿鸡蛋砸石头"吗？现在我要好好地放你走，你一定又到别国宣传你的主张，这将给我国带来严重的灾难。"卫王便下命令砍掉了他的双脚。

　　施家听说了孟家的不幸遭遇，忍不住感叹："再好的方法，如果脱离了环境，也将招致灾祸。"做什么事都要具体问题具体分析，尤其是吸取别人经验时，要注意适用的条件，不分条件的生搬硬套，往往要把事情办糟。

93. 关于施家的两个儿子，可以知道：

　　A 大儿子爱好兵法　　　　　　　　B 他们都受到重用
　　C 小儿子精通儒家　　　　　　　　D 他们都在鲁国任职

94. 上文中画线的"拿鸡蛋砸石头"指的是：

　　A 虽弱小但不怕强大　　　　　　　B 不自量力，自取灭亡
　　C 抓住机会才能成功　　　　　　　D 说起来容易做起来难

95. 根据上文下列哪项正确？

　　A 施家欺骗孟家　　　　　　　　　B 孟家的长子去卫国
　　C 孟家两个儿子都受刑　　　　　　D 孟家与施家关系不好

96. 上文主要想告诉我们什么？

　　A 要敢于尝试　　　　　　　　　　B 人要懂得满足
　　C 做事要合乎时宜　　　　　　　　D 不要过于追求完美

97–100.

凡钓过鱼的人都知道：要钓鱼，既要在选择的钓点上撒些饵料，又要在钓钩上挂上鱼喜欢吃的东西，这样，才能引诱鱼来上钩。把这一方法运用到营销中，我们就称其为"诱饵效应"。

近年来，诱饵效应在销售中的运用屡见不鲜，也和钓鱼一样很灵验。这里说一件真事：某商场有一款标价为3980元的双人床和一款标价为780元的床垫，开始单卖时，商家分别给了顾客20%的折扣，但两件商品销量均不佳。后来，商家改变营销策略，将这两件商品捆绑销售。两款商品单价不变，只是在这两款商品中间赫然写着："床+床垫，只卖4000元。"这几乎等于买一送一，虽然与两件商品打折后的单价之间没什么差别，但效果却大不一样。自从采取捆绑式销售后，这两件商品就变得热销起来，一个月售出20多件，比上年度一年销得还多。

人们在选择床和床垫时，有了前面非常直观的单价对比后，后面的"买一送一"就显得更有吸引力了。当然，我们身边还有许多这样的案例，比如手机套餐、网费套餐、电器促销等等。这些商家的做法很好地诠释了一个叫做"诱饵效应"的心理学名词。我们选择每样商品，都会不自觉地加以比较，而对比后反差越大，就越凸显该商品的价值。

经济学认为，人们在作选择时很少作不加对比的选择。为了让消费者作出有利于商家利益的选择，营销人员便会安排一些诱人的"诱饵"，从而引导消费者作出"<u>正中商家下怀</u>"的决策。"诱饵效应"是最先在消费品的选择中被发现的，现在已经被证明是相当普遍的现象。

就算认清了商家所耍的把戏，我们又应该怎样避免"诱饵效应"的影响，少花冤枉钱呢？很简单，不论见到多么便宜的商品，无论见到多少被"诱饵"衬托得极为诱人的"目标商品"，都不要轻易地掏钱，只要坚守一条准则——只买我需要的那件商品。

97. 在第2段中，关于商家的新营销策略，可以知道：

A 成效显著　　　　　　　　　　B 以失败告终
C 用半价优惠政策　　　　　　　D 和竞争对手打价格战

98. 画线句子"正中商家下怀"是什么意思？

A 抓住消费者之心　　　　　　　B 符合商家的意愿
C 对两件商品进行比较　　　　　D 给消费者一个便利选择

99. 根据上文，下列哪项正确？

A 商家采纳半价促销手段　　　　B 诱饵效应是弊大于利的
C 消费者应该理智地购物　　　　D 很少人在比较后选择商品

100. 上文主要谈的是：

A 半价销售的优缺点　　　　　　B "诱饵效应"的弊端
C 营销中的"诱饵效应"　　　　D 合理有效的销售策略

三、书写

第 101 题：缩写。

(1) 仔细阅读下面这篇文章，时间为 10 分钟，阅读时不能抄写、记录。

(2) 10 分钟后，监考收回阅读材料，请你将这篇文章缩写成一篇短文，时 间为 35 分钟。

(3) 标题自拟。只需复述文章内容，不需加入自己的观点。

(4) 字数为 400 左右。

(5) 请把作文直接写在答题卡上。

　　刚刚大学毕业的那一年，我信心满满地开始工作了。像我这样从一流大学毕业的学生，目标自然是第一个岗位这是最起码的，否则哪能对得起我这张文凭？结果又是排队又是面试，过五关斩六将，不料到了最后环节，不过我却在残酷的竞争中被淘汰了！

　　一年后，我去一家公司应聘。这家公司正在招聘两个岗位，一个是经理助理，另一个则是普通业务员。我应聘的当然是经理助理。走出公司的时候，我经过普通业务员的应聘室，里面空空如也！也不奇怪，自持有点文凭的年轻人，谁愿意去做个普通业务员呢？

　　走出大门，已快到下班高峰期，路上的车流开始拥挤，挤公交车或坐地铁我都需要转车，应聘失败的我准备用打车回家来慰藉下自己，碰巧这时有辆出租车从一个小巷里驶出来，忙伸手拦下，上车后，司机没有马上开车，扭头问我："你想走最短的路还是走最快的路？"

　　"最短的路难道不是最快的路？"我奇怪地问。

　　"当然不是！现在是车流高蜂，最短的路也是最拥挤的路，如果遇上堵车，可能会耗上一两小时，所以我建议绕道走远路，从体育场路过去，虽然远，但却能快点到！"

　　"那就绕一下路！"我不假思索地回答。

　　司机一踩油门往前驶去。街道两边的树木和店铺飞速往我的脑后奔去，但我的心思却因司机的话联想开了。很显然，经理助理这个岗位就是一条"直路"，是应聘者们的直接目标，也正因此，才有很多人挤到这条路上来，形成了激烈而残酷的竞争，我也是一心盯着这条直路的人，结果却失败了！如果是这样子，那么普通业务员对我来说无疑就是一条"弯路"，但是一步一步脚踏实地从低层做起，积累更多的经验，可能对自己将来的工作反而更有好处！既然如此，我为什么不能绕个道，选择这条弯路呢？

　　想到这里，我马上叫司机掉头重新回到那家公司，走进了那个无人问津的普通业务员应聘室。10分钟后，我被告知从明天开始就可以正式上班了！就这样，我成了这家公司的一个普通业务员，经过一年的磨炼后，我被提拔为组长；第二年，我又被破格提拔为主任。五年后的今天，我凭借着优秀的工作表现，成为了销售部的经理！当初那个在应聘经理助理一职时脱颖而出的优胜者，现在依旧是经理助理，也就是我的助理。

　　虽然一个经理之职也算不得是什么了不起的成就，但对我个人而言，却也是一种阶段性或者一定程度上的成功，假设当初没有选择应聘普通业务员这条弯路，当然或许我会在别处另有发展，但我相信我一定不会在这家公司里面出现，更不会成为这家公司有史以来最年轻的销售部经理。

感谢那位不知名的出租车司机，是他使我领略到弯路的距离，有时候反而是真正最近的距离！

新汉语水平考试
HSK(六级)

注　意

一、HSK(六级)分三部分：

    1. 听力(50题，约35分钟)

    2. 阅读(50题，50分钟)

    3. 书写(1题，45分钟)

二、 听力结束后，有5分钟填写答题卡。

三、 全部考试约140分钟(含考生填写个人信息时间5分钟)。

실전모의고사 2

| 정답 및 해설 | 해설편 p.168

一、听力

第一部分

第 1-15 题：请选出与所听内容一致的一项。

1. A 绘本文字多画少
   B 绘本以长篇小说为主
   C 绘本让成年人保持童心
   D 绘本主要通过画来讲述故事

2. A 润笔有助于吸墨
   B 书法家重视润笔
   C 润笔是指优秀的画家
   D 润笔属于文房四宝

3. A 画眉鸟不易饲养
   B 画眉鸟羽色鲜艳
   C 画眉鸟栖息于沿海地区
   D 画眉鸟模仿其他鸟类的叫声

4. A 白酒不易变质
   B 白酒会越陈越香
   C 白酒五年后更醇
   D 白酒要在巷子里存放

5. A 要多吃保健品
   B 网上购药不安全
   C 服药前先问医生
   D 服药前应阅读说明书

6. A 雾凇在南方夏季常见
   B 雾凇出现在严寒天气里
   C 雾凇是一种自然灾害
   D 在有雾天的气里不会出现雾凇

7. A 轻断食就等于绝食
   B 轻断食强调锻炼身体
   C 轻断食导致暴饮暴食
   D 轻断食是较合理的瘦身方式

8. A 金属玻璃不透明
   B 金属强度低于玻璃
   C 金属玻璃硬度高于金属
   D 玻璃是敲不碎的材料

9. A 夏打盹让人体大量排汗
   B 钾元素缺乏导致夏打盹
   C 夏打盹有利于恢复精神
   D 冬季容易摄入钾元素

10. A 那篇论文太长了
    B 张广厚吃了那篇论文
    C 张广厚追求精益求精
    D 张广厚看了数千篇论文

11. A 越年轻越紧张
    B 年轻人才患脂肪肝
    C 酗酒让人受到压力
    D 竞争激烈影响健康

12. A 小王买了那枚钻戒
    B 妻子觉得小王喝醉了
    C 妻子以为小王要买钻戒
    D 小王觉得妻子不用买钻戒

13. A 期望越高失望越大
    B 千万不要犹豫不决
    C 选择决定我们的未来
    D 我们一定要分析市场

14. A 海带可以预防癌症
    B 不可过量食用海带
    C 海带中的钙能降低血压
    D 海带中钙元素含量最高

15. A 皇帝拥护岳飞
    B 人民崇敬岳飞
    C 岳飞是杭州人
    D 岳飞领兵造反

第二部分

第 16-30 题：请选出正确答案。

16. A 雌孔雀代表忠诚
    B 雄性孔雀较朴素
    C 用面部表情来表现
    D 是舞蹈的最佳题材

17. A 有巨大的变化
    B 融合多民族舞蹈
    C 追求完美无缺
    D 演员来自西方国家

18. A 形式更为简单
    B 未必涉及生命和情感
    C 体现对大自然的信仰
    D 展示勇敢进取的精神

19. A 需要新的突破
    B 有顽强的生命力
    C 值得保存的精华太少
    D 无法保存全部少数民族舞蹈

20. A 热爱旅游
    B 擅长音乐创作
    C 最喜欢傣族舞
    D 热衷于慈善事业

21. A 追求上进
    B 不断创新
    C 自我满足
    D 充满信心

22. A 满足于现状
    B 做事要稳妥
    C 学会自我鼓励
    D 不要被失败吓退

23. A 知难而退
    B 勇于尝试
    C 要有主见
    D 处事谨慎

24. A 享受生活
    B 对生活充满激情
    C 有自己独特的风格
    D 按自己喜欢的方式生活

25. A 具有魅力
    B 独立性强
    C 并不存在
    D 统筹兼顾

26. A 是一个访谈节目
B 需要朋友推荐
C 推出了不少名人
D 以传统文化为主题

29. A 融合东西文化
B 阻碍文化交流
C 有助于文化传承
D 破坏文化整体性

27. A 收入更高
B 约束更少
C 经验更丰富
D 有更高的名誉

30. A 是收藏家
B 是大学教授
C 追求实事求是
D 对新的东西感兴趣

28. A 实用
B 新颖
C 丰富多彩
D 比较系统

第三部分

第 31-50 题：请选出正确答案。

31. A 在说谎话
    B 充满想象力
    C 是孩子的愿望
    D 在模仿父母的言行

32. A 炫耀自己
    B 爱开玩笑
    C 主客观不分
    D 想欺骗别人

33. A 为达到目的
    B 给自己找借口
    C 描述自己的愿望
    D 吸引别人的眼球

34. A 社会动荡
    B 天下太平
    C 楚国崛起
    D 道家真正盛行

35. A 主张以牙还牙
    B 强调先发制人
    C 认为不要发动战争
    D 认为战争造福人类

36. A 现已失传
    B 是现存最早的兵书
    C 突出战争的重要性
    D 总结了很多军事家的经验

37. A 能自我反省
    B 提高记忆力
    C 正确评估别人
    D 提高阅读水平

38. A 严肃谨慎
    B 自然轻松
    C 焦虑不安
    D 兴奋不已

39. A 毫无弊端
    B 浪费时间与精力
    C 侵犯自己的隐私权
    D 记住不愿记住的事

40. A 一人离开
    B 两人分工救人
    C 两人感到害怕
    D 没人照顾患者

41. A 毫无变化
    B 没人离开
    C 有人借故离开
    D 所有人都离开

42. A 从众和依赖心理
    B 没有同情心
    C 缺乏耐心
    D 对未知事物的恐惧

43. A 要注重公平
    B 要三思而后行
    C 要学会换角度思考问题
    D 正义之举不能仅靠道德

44. A 酸性土壤会扼杀原始生命
    B 水是生物的重要组成部分
    C 生命在海洋诞生是偶然的
    D 海洋生物的含水量80%以上

45. A 缺水严重
    B 动物含水量少
    C 新陈代谢需要水
    D 水能为生物提供能量

46. A 富含无机盐
    B 昼夜温差较大
    C 环境污染严重
    D 不少生物濒临灭绝

47. A 水资源的保护
    B 海洋动物的诞生
    C 神秘的海洋生物
    D 海洋是生命的摇篮

48. A 袭击了敌军
    B 捡起了小锅
    C 吃掉了苹果
    D 和士兵打了架

49. A 晕倒了
    B 腰受伤了
    C 饿得要命
    D 包袱被抢了

50. A 不要不懂装懂
    B 不要轻言放弃
    C 做事不能犹豫
    D 不要轻视小事

二、 阅 读
第一部分

第 51-60 题：请选出有语病的一项。

51. A 油炸食品食用太多会严重影响健康。
    B 看到妈妈在网上给我的留言后，让我深受鼓舞。
    C 好消息不怕迟到，也不怕重复，怕的是不分享。
    D 如果人不到新的环境面临新的挑战，必定会变得见识短浅、思路狭窄。

52. A 1929年1月19日，梁启超去世，死在他毕生致力的学术研究上。
    B 除学术外，他在古玩鉴赏方面也颇具造诣，于是常有人请他看古器。
    C 在中国超过一定的身高就要买票，只有一米三以下的儿童免费乘车。
    D 英国皇家芭蕾舞团博得了观众的热烈的掌声，对这次精彩的表演评价很高。

53. A 笑声如阳光，能驱走人们脸上的冬天。
    B 人际关系被视为测量一个人社会地位的标准。
    C 中国人将百合视为婚礼必不可少的吉祥花卉。
    D 生活的经验告诉我们：开朗乐观的人往往健康长寿。

54. A 只要减少纸的消耗就能环保。
    B 随着科技的发展，人们对地球的形状已经有了一个明确的认识。
    C 他们俩一起找了一套房子，房费一人付一半，既省钱又可以有个伴，挺好的。
    D《雨巷》是戴望舒的成名作和前期的代表作，曾因此赢得了"雨巷诗人"的称号。

55. A 人类对于糖的好感，源自本能。
    B 18世纪以来，世界人口的增长速度才加快明显起来。
    C 中国东北地区近年冬天的平均气温比历史常年同期高出了5℃。
    D 所谓的噩梦，只不过是在一些不舒服的梦中产生的极端反应和恐惧。

56. A 在国际贸易中，贸易双方在具体问题上有分歧，这是正常现象。

B 如果要成为"成功人士"，王老师介绍的教育方式是无疑最佳选择。

C 中国地区广阔，人口众多，即使都使用汉语，各地区说的话也不一样。

D 骆驼喝了含盐的海水也能解渴，而如果其他动物喝了海水，则会渴得更厉害。

57. A 用人既重德，也重才，德与才相辅相成。

B 一旦你做出了选择，就不要后悔；拿得起，放得下，该断则断。

C 昨天我帮他的忙，他不但没有感谢我，而对我发脾气，真是不可理喻。

D 实际上，"懒"从某种角度来说，既能成为一种发明的动力，也能提高生产的效率。

58. A 无论他家离公司太远了，他每天都早来十分钟。

B 人类精神文明的成果是以书籍的形式保存的，而读书就是想用这些成果的过程。

C 人们对于越是容易得到的东西，越不知珍惜；而对于那些难以企及的东西，却羡慕不已。

D 现有超过四分之一的现代药物是由热带雨林植物所提炼的，所以热带雨林也被称为"世界上最大的药房"。

59. A 挫折是一种转换，也是另一个机会。

B 互联网提供的搜索功能可以让用户更便捷地搜索到很多信息。

C 许多商家经营不规范，被消费者感到不满，经常发生一些纠纷。

D 一个人喜爱阅读，他就会从中得到心灵的安慰，去寻找到生活的榜样。

60. A 据报道，南方地区的平均气温比北方地区高得很多。

B 用白水煮青菜是一种对人类非常健康的吃法。

C 一般来说，婚姻的幸福与否，在很大程度上决定人生的幸与不幸。

D 只有清楚地衡量自己现在所处的位置与目标之间的差距，才有可能在奋斗时，享受"成功的喜悦"。

第二部分

第 61-70 题：选词填空。

61. 人_____要超越他人，还要不断超越自我。超越是永不停止的前进，没有最好，只有更好。拥有亮眼成绩的人要有_____的心胸，要_____面对并鼓励别人超越自己。

 A 不光　狭隘　坦率　　　　　　B 无论　狭窄　直率
 C 不仅　宽广　坦然　　　　　　D 不管　广阔　坦白

62. 辽西的历史文化遗产_____地域特色凸显、_____丰富厚重等特征。同时，较之辽海文化的其他区域，这里有着更为鲜明的民族特色，且有着独特的艺术_____。

 A 位于　实力　代价　　　　　　B 擅长　题材　意义
 C 建于　素质　品味　　　　　　D 具有　内涵　价值

63. 黄龙风景区_____四川省阿坝藏族羌族自治州松潘县境内，是中国境内唯一_____完好的高原湿地。黄龙风景区以彩池、雪山、峡谷、森林"四绝"而_____。这一地区还生活着许多_____灭绝的动物，_____大熊猫和金丝猴等。

 A 位于　保存　举世闻名　濒临　包括　　B 建于　保养　川流不息　遭到　包含
 C 置于　保证　络绎不绝　遭受　含有　　D 在于　保重　名副其实　倾向　包庇

64. 吉州窑位于江西中部的吉安市永和镇。其产品行销海内外，在中国陶瓷发展史上占有非常重要的_____。吉州窑工艺特色_____，以_____的风格最负盛名。吉州窑工艺_____着极其丰富的社会历史文化信息。

 A 地位　鲜明　别具一格　蕴含　　B 领土　高明　爱不释手　包括
 C 位置　新鲜　别出心裁　包含　　D 土地　英明　津津有味　含有

65. 家里油锅着火了，怎么办？_____不要往锅里浇水。因为油比水轻，如果把水倒进去，水会立刻沉到油层下面，使油往上浮，这样既不能_____空气，又不能降温，不仅扑不灭火，反而更容易使油冒出油锅，增大与空气的_____面积，火就会越烧越_____。

 A 无疑　隔离　接近　巧　　　　B 无非　隔阂　接连　善
 C 切莫　隔开　接洽　浓　　　　D 千万　隔绝　接触　旺

66. 马三立是相声泰斗，他的记忆力堪称训练有素，这_____于他早年的苦读强记。在他的相声里常有大段的需要一口气说完的台词，他在表演时不仅能做到_____，而且吐字_____，常令观众_____。

A 懂得　　一无所有　　清楚　　不屑一顾　　　B 得益　　一字不差　　清晰　　拍手叫绝
C 学会　　一丝不苟　　清澈　　聚精会神　　　D 效益　　一目了然　　清淡　　兴高采烈

67. 候鸟对于气候的变化感觉很灵敏，_____气候易发生变化，它们就开始_____。它们飞行时，时而向左，时而向右，常呈现"V"字形。这是因为后面的鸟正好可以把双_____放在前面鸟群的气流上，_____它们的气流飞行，从而节省自己的能量。

A 只有　　撤退　　手　　拜托　　　　　　B 只要　　迁徙　　翼　　依托
C 倘若　　遍布　　脚　　漂浮　　　　　　D 假如　　挣扎　　臂　　缠绕

68. 徽剧是中国安徽省地方戏曲剧种之一。清初，徽剧_____于安徽及江浙一带，在南方流传甚广。清乾隆年间，四大徽班先后进入北京演出，逐渐变得_____。清道光、咸丰年间，徽剧在北京同湖北汉剧等剧种_____，逐渐_____成京剧。

A 诞生　　脍炙人口　　合伙　　转变　　　B 进行　　举世闻名　　合作　　进化
C 盛行　　家喻户晓　　结合　　演变　　　D 流行　　众所周知　　联合　　变化

69. 目前市场上产品的种类_____，很多消费者往往是"走马观花"不知道如何选择。实质上选择一个好的品牌是对产品质量的_____保障。因此，消费者一定要认准牌子，千万不要_____一时的便宜，捡了芝麻丢了西瓜，这是_____的。

A 名副其实　　声誉　　试图　　丢三落四　　B 不计其数　　信誉　　贪图　　得不偿失
C 物美价廉　　名誉　　企图　　半途而废　　D 一如既往　　名声　　贪污　　难能可贵

70. 光阴是一把神奇而无情的雕刻刀，在天地之间创造着种种_____。它能把坚冰融化成春水，把幼苗扶持成大树。当然，它也能把园林变成荒漠，把城市变成_____。你珍惜它，它就在你的周围长出绿荫，结出_____的果实；你_____它，它就化成轻烟，消失得_____。

A 情形　　峡谷　　黑洞洞　　忽略　　无微不至　　B 风光　　码头　　绿油油　　忽视　　无理取闹
C 事迹　　港口　　金灿灿　　污辱　　无动于衷　　D 奇迹　　废墟　　沉甸甸　　漠视　　无影无踪

第三部分

第 71–80 题：选句填空。

71–75.

一般来说，人类躺着睡觉，即使在某些特殊情况下能坐着入睡，(71)_____。不过，鸟类大都是"坐"在数米高的树上睡觉的，而且从不会跌落下来。这是为什么呢？

一位动物学家解释说，人类和鸟类的肌肉作用方式有很大的区别，尤其是在进行"抓"这一动作时，更是完全相反。两者相比较，人类是主动地去抓，(72)_____。当人类想要抓住某样东西的时候，需要用力使肌肉紧张起来。(73)_____，肌肉才会紧张起来。也就是说，当鸟类飞离树枝时，其爪子的肌肉呈紧张状态，而当它"坐"稳之后，肌肉便松弛下来，(74)_____。

这位动物学家还介绍说，同人类相比，(75)_____，它们所谓的睡眠只是进入了一种"安静的状态"而已，因为它们必须警惕随时可能出现的天敌，以便及时地飞走逃生。

A 鸟类则是被动地去抓
B 也总会睡得东倒西歪的
C 爪子就自然地抓住树枝了
D 而鸟类只有在要松开所抓的物体时
E 鸟类没有"深度睡眠"这一阶段

76-80.

北极是地球的"自动空调"，能够调节全球的湿度、天气以及温度，但因为全球变暖，(76)＿＿＿＿＿＿。我们应该知道海冰是如何调节北冰洋温度的。

北极海冰覆盖在海洋表面，在大气与海水之间，(77)＿＿＿＿＿＿。

(78)＿＿＿＿＿＿，即使是夏季极昼时，热能还是会被海冰反射回去，所以盛夏季节的北冰洋依然保持着"凉爽的体温"。冬季极夜来临时，还阻断了热能由海洋向大气的传输，减弱了海水热量的释放，(79)＿＿＿＿＿＿，使得北冰洋在寒冷的冬季仍能保持"温暖的体温"。

从北极海冰的变化过程来看，其季节性的成冰与消融过程恰恰是热量的释放与储存过程，海冰的这种季节变化特征也有效地调节着海水的温度。夏季，北极海冰，特别是其下表面的海冰正处于大规模消融期，融冰过程所吸收的大量热能缓解了海水温度的上升；相反，(80)＿＿＿＿＿＿。

北极海冰精心地呵护着北冰洋，维系着北极地区生态系统的平衡，灵敏地反映着全球气候与环境的变化。

A 有效地保护着北冰洋的热量
B 它也正在面临瘫痪
C 海冰的反射率可达55%以上
D 冬季成冰过程释放的热能又会减缓海洋的降温
E 阻隔了大气与大洋之间的能量交换

第四部分

第 81-100 题：请选出正确答案。

81-84.

　　你有没有这样的经验：把手指斜插入盛水的玻璃杯子里时，从上面上看去，水中的部分比实际位置高，手指也变粗了。这就是光的折射现象。光在密度大的物质中跑得慢，在密度小的物质中跑得快。水的密度比空气大，于是光在水和空气的界面上速度突然改变，造成光线曲折。

　　那么在空气中光线会不会曲折呢？也会。原来空气的密度也不是均匀的。由于地心引力的关系，地球表面大气密度大，越往高处空气越稀薄，密度越小。这种密度差别并不大，通常觉察不到光线由此产生的曲折。但是，太阳落山时，阳光斜着通过大气，距离很远，产生的折射已经可以使人明显地感觉到。这种折射越贴近地面越强。落日的上端和下端光线曲折得不一样，看起来就成扁的了。

　　在海面上或沙漠上，因为温度变化造成局部空气密度变化，也会使光线曲折。这样，人们有时就能看到平常看不到的远处景色，这就是所谓的海市蜃楼。夏日炎炎之时，海水温度低于空气温度，贴近海面的空气密度大。因此，处于地平线下的景物发出的光线成拱形传播，向下折到我们的眼中，看起来景物悬在空中，像是仙山琼阁。沙漠里的情况则相反，沙石吸热，温度比空气高，甚至放进一枚鸡蛋也能煮熟。这样，沙石附近空气密度特别低，使远处树木发出的光线弯曲，自下而上折入我们眼睛，并且形成倒影。这使在荒漠上备受干渴之苦的驼队觉得临近大湖，遇到绿州了。然而是可望而不可及的幻影。千百年来的这些海市蜃楼，曾引起人们多少美妙的想象！

　　人类利用这种现象设计制造的显微镜、望远镜等光学仪器，使人们看到了秋毫之微末、天体之宏大，大大地扩展了我们的眼界，为发展人类文明做出了很大的贡献。

81. 越往高处空气越稀薄的原因：

　　A 大气压力变化大　　　　　　　　B 光的折射现象
　　C 光在大气中的速度快　　　　　　D 因重力而使地球表面密度大

82. 落日为什么是扁的呢？

　　A 上端和下端光线曲折不同　　　　B 光在密度小的物质中跑得慢
　　C 光在水和空气上速度突然改变　　D 温度变化造成空气密度的变化

83. 根据上文,下列哪项正确？

　　A 贴近海面的空气密度小　　　　　B 光线的折射现象对人类有害
　　C 沙漠里沙石的温度比空气高　　　D 地平线上景物发出的光线呈拱形

84. 最适合做上文标题的是：

　　A 海市蜃楼　　　　　　　　　　　B 落日为什么是扁的
　　C 光的折射原理　　　　　　　　　D 折射现象对人类的贡献

85-88.

扇子是人们消暑纳凉的工具。在炎热的夏季，它能给人带来阵阵清凉。但是自古以来，中国的扇子就带着艺术品的风韵，具有独特的民族风格。扇子在中国已有3000多年的历史。历史上扇子的主要材料有竹、木、纸、草和飞禽的羽毛等。远古时代，中国人的祖先在炎炎夏日随手猎取植物的叶子或飞禽的羽毛，进行简单加工，用以遮挡太阳，引来凉风，这便是扇子的起源。

扇子起初是实用的玩意儿，不过中国人一向有在日常器物上添加装饰的传统，特别是隋唐的时候，文人们<u>别出心裁</u>，开始依据扇面形状描绘出千姿百态的图画，配上恰到好处的诗句，并在扇把上雕刻，慢慢地使扇子演变成了集雕刻、书法、绘画、篆刻等于一身的、有实用功能的艺术品，成为今天收藏界的一大门类。

中国古代扇子的种类非常多，但真正被收藏家所垂青的，只有团扇和折扇两种。团扇由丝织物制成，它的诞生远早于折扇，因形状团圆如月暗示了团圆和谐，又名"合欢扇"。折扇产生时间虽较迟，其重要性却极大。它携带方便，收则折起，用则铺开，是文人的宠物。明代是折扇流行的开始，清代是折扇大发展的时期。此时扇子在文人官员中间更加流行，扇子不仅是用以生风的工具，也不仅是一种艺术品，它还成为一种身份地位及趣味的象征，成为他们社会角色的道具。

清代，扇子还从中国流传到世界其他地区，特别是欧洲。那时广州的商人还曾专门生产适应欧洲贵妇趣味爱好的折扇。折扇成了中国文化的象征，成了与世界文化交流的使者。

当代中国以地域划分共有四大名扇：其一是江苏的檀香制成，具有天然的香味。其二是广东的火画扇，制作时选薄玻璃扇两柄，合成一柄双面扇，然后用一种特制的火笔作画而成，永不褪色。

85. 第二段中划线词语"别出心裁"的意思是：

　　A 构思独具一格　　　　　　　　B 注意力不集中
　　C 情绪闷闷不乐　　　　　　　　D 到处寻找新材料

86. 中国人一向热衷于：

　　A 装饰日用器具　　　　　　　　B 由金属制成扇子
　　C 用新材料做东西　　　　　　　D 夸耀自己的地位

87. 关于清代的扇子，下列哪项正确：

　　A 忽略艺术性　　　　　　　　　B 是身份的象征
　　C 在民间广泛使用　　　　　　　D 只有皇家贵族才使用

88. 关于火画扇，下列哪项正确？

　　A 色彩光亮　　　　　　　　　　B 是江苏的檀香制成
　　C 色彩持久不变　　　　　　　　D 具有天然的香味

89-92.

山西地处黄河中游，是世界上最大的农业起源中心之一，也是中国面食文化的发祥地。其历史之悠久，内涵之丰富，积淀之深厚当令世人瞩目。面食之所以在北方，尤其是在山西出现，源于当地的气候和土壤条件。山西是典型的被黄土覆盖的山地高原，土地盐碱化比较厉害，因此，耐盐碱的小麦就成了当地主要的农作物，面食的产生也就由此出现。

山西面食随朝代兴替也时常在变化:东汉称为"煮饼"；魏晋名为"汤饼"；南北朝谓"水引"；而唐朝叫"冷淘"。俗话说"娇儿宠称多"，面食的称谓如此之多，正说明山西人对它的重视和喜爱。

山西面食制法繁多，有蒸制面食、煮制面食、烹制面食等。一般家庭主妇能用小麦粉、高粱面、豆面做成数十种面食，如刀削面、拉面等。到了厨师手里，面食更是被舞弄得花样翻新。在山西，有据可查的面食就有280种之多，其中刀削面尤为著名，被誉为中国五大面食之一，名扬海外。

山西人对面食情深意切，他们对面食文化有着简单而又丰富的人生理解。过生日吃拉面，取长寿之意；过年吃"接年面"，取岁月延绵之意，希望年年有余；孩子第一天去上学要吃"记心火烧"，这是父母希望孩子多一个长学问的心眼。这些面食已不仅仅是充饥的食物，而已成为一种饱含情感和哲学意蕴的"精神食粮"。

一位外国友人考察完山西的面食后说："世界面食在中国，而中国面食在山西，山西不愧为面食之乡。"确实，山西作为面食的集大成者，对中外饮食文化产生了举足轻重的影响。

89. 面食在山西出现的主要原因是:

　　A 山西历史悠久　　　　　　　　B 山西土地酸化厉害
　　C 山西文化的内涵丰富　　　　　D 山西的主要农作物是小麦

90. 第2段中，划线的"娇儿宠称多"指的是:

　　A 山西面食盛于唐朝　　　　　　B 山西面食名称随时变化
　　C 面食受到山西人的青睐　　　　D 山西面食有悠久的历史

91. 过生日吃"拉面"，有什么寓意?

　　A 日子美满长久　　　　　　　　B 希望长命百岁
　　C 孩子学业有成　　　　　　　　D 事事顺心如意

92. 根据上文，下列哪项正确?

　　A 面食可谓是"精神粮食"　　　　B 中国的面食就有280种
　　C 南北朝将面食称为"汤饼"　　　D 山西面食制作方法限于蒸制

93-96.

在夜间，人体的各器官都在工作还是休息？睡眠期间，人体各器官都有各自的工作时间段，让身体能更好地排毒，各器官能更好地休息。

你可能以为，睡觉的时候大脑也会跟着休息，其实并非如此，它还是一样努力工作，只不过跟白天处理的东西不太一样。睡觉的时候，大脑和身体也就会切换成夜间模式，放慢节奏，但是却并非会完全停止工作。大脑在人体睡觉时会整理白天的信息，为第二天做好准备，脑脊髓也会开始工作，将信息产生的代谢废物清理掉。

心脏也在工作。即使在睡眠环境下，心脏恐怕一分钟也不能停止跳动。不过心脏并不是一刻不停地在工作，它也会抽空儿休息。它收缩时是在工作，舒张时是在休息。每分钟心跳75次时，每一次心跳，心房和心室的收缩时间分别为0.1秒和0.3秒，而舒张时间分别为0.7秒和0.5秒，休息时间比工作时间还长。

消化系统也在夜间工作。根据实验，玉米在胃内消化要停留3个多小时，在小肠内吸收要停留5个小时，在结肠内要停留16个小时，经过20多个小时的消化吸收后，开始由"环卫部门"——直肠排出。

此外，很多人大概还不清楚，调节人体功能的内分泌腺体也坚守在"夜班"岗位上。例如，腺垂体分泌的一种生长激素能促进蛋白质合成，加速软骨与骨头生长，使人长高，这种对发育极其重要的激素在人熟睡5小时后达到分泌的最高峰。至于神经系统这个人体活动的"总司令部"，在夜间当然是"灯火通明"。感谢这些"夜班工人"，是它们使我们的生命得以平稳地延续。

93. 关于大脑，下列哪项不是正确的？

A 整理白天的信息　　　　　　　　B 会转换工作模式
C 人在睡觉时也休息　　　　　　　D 脑脊髓也会开始工作

94. 在第3段中，关于心脏可以知道：

A 休息时间更长　　　　　　　　　B 睡觉时不跳动
C 一刻不停地工作　　　　　　　　D 舒张表示在休息

95. 划线的"灯火通明"是什么意思？

A 熬夜学习　　　　　　　　　　　B 坚持做工作
C 火力很猛烈　　　　　　　　　　D 灯光昏暗

96. 上文主要谈的是：

A 夜间工作的人体器官　　　　　　B 人体器官也要休息
C 大脑如何处理信息　　　　　　　D 消化系统的奥秘

97-100.

春节期间，人们大多探亲访友、交流沟通、娱乐休闲。不过，对于一些平时在高度紧张状态下工作的人而言，这倒未必是一件令人舒心的事，尤其是上班族，如果他们一旦停下来无事可做，反而容易出现抑郁、失落、焦躁不安。

这些问题表现为多种形态。例如，原来那种适应紧张节奏的心理模式便会突然失去对象物，加上97生理和心理的惯性作用，会使人们面对宽松的环境反而感到不适应，这会产生"节日心理失调症"；或是外出旅游时，遭遇失眠、胸闷、精神紧张等症状，产生"旅游精神综合症"；还有暴饮暴食，过于放纵导致乐极生悲的"心理过敏"等。

对此专家有以下建议：首先要趁假期充分休息，恢复体力。可以轻轻按摩头部、听听音乐、散步闲逛，让身心放松休息。98不妨约家人或朋友出去旅游或运动。当然也不能过度放纵自身，切忌暴饮暴食，要注意生活节律，否则不仅身体会出毛病，心理负担也会增加。

至于节日送礼带来的心理压力，专家认为社会发展使人们的思想逐渐进步，人情交往时，送礼、给压岁钱也不像以前一样隆重了。"礼轻情意重"，送礼时应根据自己的实际财力选择礼品，如果能自己做礼物就更好了。此外，春节时大家庭聚会，婆媳、夫妻、姑嫂之间也许会产生矛盾。大家在一起相处时，99应当充分尊重每一个人的个体需求和动机，这也是减少假期出现心理问题的好方法。

假期结束前两天，要从生活内容到作息时间两方面都积极做出相应的调整，静心思考上班后准备做的事，使自己的心理调整到工作状态上。有人对节后总会有恐惧感，此时可以做些放松训练操或瑜伽训练，症状严重时可在精神科医生的指导下服用一些药物，以改善情绪，消除恐惧。

97. "节日心理失调症"的主要原因是什么？

A 进食无规律

B 旅游导致了疲倦

C 节日实在太忙碌

D 不习惯清闲的节奏

98. 假期期间应该如何放松心情？

A 和家人去运动

B 多参加些联欢会

C 用全部时间去旅游

D 尽情享受各种美食

99. 婆媳之间发生矛盾的时候，应该怎么做？

A 自己做礼物

B 服用药物改善情绪

C 约朋友出去旅游

D 尊重每个人的要求

100. 上文主要谈的是：

A 健身强体的方法

B 做事要追求完美

C 表达感情的技巧

D 怎么调整好心态

三、书写

第 101 题：缩写。

(1) 仔细阅读下面这篇文章，时间为 10 分钟，阅读时不能抄写、记录。

(2) 10 分钟后，监考收回阅读材料，请你将这篇文章缩写成一篇短文，时 间为 35 分钟。

(3) 标题自拟。只需复述文章内容，不需加入自己的观点。

(4) 字数为 400 左右。

(5) 请把作文直接写在答题卡上。

　　20年前，当表演系专业都已招考完毕，只剩了一个音乐剧专业还在招生。那年我26岁，身高1.80米，体重90公斤，一个典型的东北大汉。

　　报名的老师看到我，一脸惊讶："你也来报考表演？""对，我就是来报考表演系的。"我信心满满地说。老师并没有多看我两眼，摆摆手，说："孩子，回去吧。你考不上的。""为什么呀？"我很不甘心就此打包走人，一定要问个清楚。

　　老师终于抬起眼睛瞟了瞟我，说："你知道音乐剧专业需要做什么吗？要跳芭蕾！你看看你，你的脚尖能撑得住你这大块头吗？至少要减掉10公斤！"

　　离考试的日子还有30天，那么短的日子要减掉10公斤，可能性为零，估计老师也没指望我能减肥成功，随口应允只是打发我快走，可是，我不想放弃一丝希望。

　　当天我就找到一个这个学校的老乡，在他的宿舍住下了，开始了减肥历程。每天风雨无阻，从不间断，每天跑步三次，每次五十分钟，跑完以后，再到一个像蒸笼一样的温室花房，练芭蕾小跳1000下，其余的时间就是练台词。每天的饮食除了喝点肉汤，吃点水果，主食一点都不沾。刚开始，有一群超重的学生和我一起跑，可是几天下来，那些人一个个打起了退堂鼓，只有我一个人坚持了下来。我不怕非议，在风雨中奔跑，在烈日下狂奔，平日沉默不语，到了深夜还在楼道里背台词。那时周围的人只要看到我就会交头接耳用不屑的口气说："看，那疯子又来了。"

　　考试的日子终于来到了，整整一个月，我减掉了20公斤。但是考试那天，我紧张得张开嘴却说不出话来，事先准备好的台词都忘记了。辛辛苦苦准备了半年，尤其是一个月来近乎残酷的减肥，没想到竟失败在这几分钟的表演。

　　当我无比失望、垂头丧气走出考场时，有位老师在后面喊了一声："那位考生，等一下，我让你再考一次。"

　　原来，从第一次报名起，形象和声音都不错，唯独胖了一点的我就给老师留下了印象。后来我在学校操场上挥汗如雨地锻炼，也给老师留下了深刻的印象。那么多和我一起锻炼的考生都放弃了，唯独我坚持了下来，就凭这种精神，老师觉得也应该再给我一次机会。

　　我演了足足12分钟，最后才在老师赞许的目光中结束。那一次，700人的考生只录取了一人，那就是我。如果不是之前坚持不懈的毅力给老师留下深刻的印象，也许，我就没有第二次考试的机会了。

　　影响一个人成功的因素很多，对手很重要，伯乐也很重要，但最重要的是要有一种精神。世界上大多数的伟业都是由那些在看起来根本无望的时候仍然坚持尝试的人完成的。

新汉语水平考试
HSK（六级）答题卡

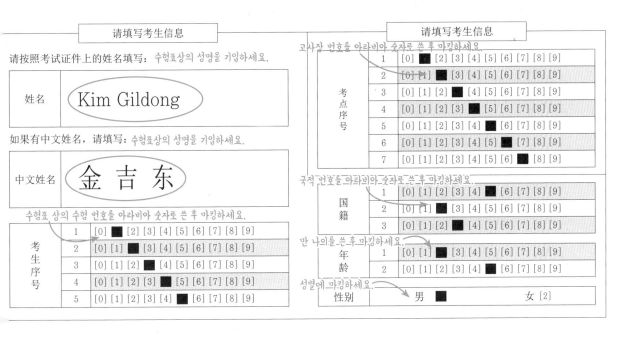

请按照考试证件上的姓名填写：수험표상의 성명을 기입하세요.

姓名 Kim Gildong

如果有中文姓名，请填写：수험표상의 성명을 기입하세요.

中文姓名 金 吉 东

수험표 상의 수험 번호를 아라비아 숫자로 쓴 후 마킹하세요.

考生序号	1	[0] ■ [2] [3] [4] [5] [6] [7] [8] [9]
	2	[0] [1] ■ [3] [4] [5] [6] [7] [8] [9]
	3	[0] [1] [2] ■ [4] [5] [6] [7] [8] [9]
	4	[0] [1] [2] [3] ■ [5] [6] [7] [8] [9]
	5	[0] [1] [2] [3] [4] ■ [6] [7] [8] [9]

고사장 번호를 아라비아 숫자로 쓴 후 마킹하세요.

考点序号	1	[0] ■ [2] [3] [4] [5] [6] [7] [8] [9]
	2	[0] ■ [2] [3] [4] [5] [6] [7] [8] [9]
	3	[0] [1] [2] ■ [4] [5] [6] [7] [8] [9]
	4	[0] [1] [2] [3] ■ [5] [6] [7] [8] [9]
	5	[0] [1] [2] [3] [4] ■ [6] [7] [8] [9]
	6	[0] [1] [2] [3] [4] [5] ■ [7] [8] [9]
	7	[0] [1] [2] [3] [4] [5] [6] ■ [8] [9]

국적 번호를 아라비아 숫자로 쓴 후 마킹하세요.

国籍	1	[0] [1] [2] [3] [4] [5] ■ [7] [8] [9]
	2	[0] ■ [2] [3] [4] [5] [6] [7] [8] [9]
	3	[0] [1] [2] ■ [4] [5] [6] [7] [8] [9]

만 나이를 쓴 후 마킹하세요.

| 年龄 | 1 | [0] [1] ■ [3] [4] [5] [6] [7] [8] [9] |
| | 2 | [0] [1] [2] [3] [4] ■ [6] [7] [8] [9] |

성별에 마킹하세요.

| 性别 | 男 ■ | 女 [2] |

注意 请用2B铅笔这样写：■ 2B 연필로 정답을 마킹하세요.

一、听力

1. [A] [B] [C] [D]   6. [A] [B] [C] [D]   11. [A] [B] [C] [D]   16. [A] [B] [C] [D]   21. [A] [B] [C] [D]
2. [A] [B] [C] [D]   7. [A] [B] [C] [D]   12. [A] [B] [C] [D]   17. [A] [B] [C] [D]   22. [A] [B] [C] [D]
3. [A] [B] [C] [D]   8. [A] [B] [C] [D]   13. [A] [B] [C] [D]   18. [A] [B] [C] [D]   23. [A] [B] [C] [D]
4. [A] [B] [C] [D]   9. [A] [B] [C] [D]   14. [A] [B] [C] [D]   19. [A] [B] [C] [D]   24. [A] [B] [C] [D]
5. [A] [B] [C] [D]   10. [A] [B] [C] [D]   15. [A] [B] [C] [D]   20. [A] [B] [C] [D]   25. [A] [B] [C] [D]

문항 배열 방향에 주의하세요.

26. [A] [B] [C] [D]   31. [A] [B] [C] [D]   36. [A] [B] [C] [D]   41. [A] [B] [C] [D]   46. [A] [B] [C] [D]
27. [A] [B] [C] [D]   32. [A] [B] [C] [D]   37. [A] [B] [C] [D]   42. [A] [B] [C] [D]   47. [A] [B] [C] [D]
28. [A] [B] [C] [D]   33. [A] [B] [C] [D]   38. [A] [B] [C] [D]   43. [A] [B] [C] [D]   48. [A] [B] [C] [D]
29. [A] [B] [C] [D]   34. [A] [B] [C] [D]   39. [A] [B] [C] [D]   44. [A] [B] [C] [D]   49. [A] [B] [C] [D]
30. [A] [B] [C] [D]   35. [A] [B] [C] [D]   40. [A] [B] [C] [D]   45. [A] [B] [C] [D]   50. [A] [B] [C] [D]

二、阅读

51. [A] [B] [C] [D]   56. [A] [B] [C] [D]   61. [A] [B] [C] [D]   66. [A] [B] [C] [D]   71. [A] [B] [C] [D]
52. [A] [B] [C] [D]   57. [A] [B] [C] [D]   62. [A] [B] [C] [D]   67. [A] [B] [C] [D]   72. [A] [B] [C] [D]
53. [A] [B] [C] [D]   58. [A] [B] [C] [D]   63. [A] [B] [C] [D]   68. [A] [B] [C] [D]   73. [A] [B] [C] [D]
54. [A] [B] [C] [D]   59. [A] [B] [C] [D]   64. [A] [B] [C] [D]   69. [A] [B] [C] [D]   74. [A] [B] [C] [D]
55. [A] [B] [C] [D]   60. [A] [B] [C] [D]   65. [A] [B] [C] [D]   70. [A] [B] [C] [D]   75. [A] [B] [C] [D]

76. [A] [B] [C] [D] [E]   81. [A] [B] [C] [D]   86. [A] [B] [C] [D]   91. [A] [B] [C] [D]   96. [A] [B] [C] [D]
77. [A] [B] [C] [D] [E]   82. [A] [B] [C] [D]   87. [A] [B] [C] [D]   92. [A] [B] [C] [D]   97. [A] [B] [C] [D]
78. [A] [B] [C] [D] [E]   83. [A] [B] [C] [D]   88. [A] [B] [C] [D]   93. [A] [B] [C] [D]   98. [A] [B] [C] [D]
79. [A] [B] [C] [D] [E]   84. [A] [B] [C] [D]   89. [A] [B] [C] [D]   94. [A] [B] [C] [D]   99. [A] [B] [C] [D]
80. [A] [B] [C] [D] [E]   85. [A] [B] [C] [D]   90. [A] [B] [C] [D]   95. [A] [B] [C] [D]   100. [A] [B] [C] [D]

요약문 첫줄에 반드시 제목을 기입하세요.

101.

母 亲 的 爱

× × 단락은 반드시 2칸을 떼고 시작하세요.

100

200

300

400

500

新汉语水平考试
HSK（六级）答题卡

注意	请用2B铅笔这样写： ▬

一、听力

1. [A] [B] [C] [D]　　6. [A] [B] [C] [D]　　11. [A] [B] [C] [D]　　16. [A] [B] [C] [D]　　21. [A] [B] [C] [D]
2. [A] [B] [C] [D]　　7. [A] [B] [C] [D]　　12. [A] [B] [C] [D]　　17. [A] [B] [C] [D]　　22. [A] [B] [C] [D]
3. [A] [B] [C] [D]　　8. [A] [B] [C] [D]　　13. [A] [B] [C] [D]　　18. [A] [B] [C] [D]　　23. [A] [B] [C] [D]
4. [A] [B] [C] [D]　　9. [A] [B] [C] [D]　　14. [A] [B] [C] [D]　　19. [A] [B] [C] [D]　　24. [A] [B] [C] [D]
5. [A] [B] [C] [D]　　10. [A] [B] [C] [D]　　15. [A] [B] [C] [D]　　20. [A] [B] [C] [D]　　25. [A] [B] [C] [D]

26. [A] [B] [C] [D]　　31. [A] [B] [C] [D]　　36. [A] [B] [C] [D]　　41. [A] [B] [C] [D]　　46. [A] [B] [C] [D]
27. [A] [B] [C] [D]　　32. [A] [B] [C] [D]　　37. [A] [B] [C] [D]　　42. [A] [B] [C] [D]　　47. [A] [B] [C] [D]
28. [A] [B] [C] [D]　　33. [A] [B] [C] [D]　　38. [A] [B] [C] [D]　　43. [A] [B] [C] [D]　　48. [A] [B] [C] [D]
29. [A] [B] [C] [D]　　34. [A] [B] [C] [D]　　39. [A] [B] [C] [D]　　44. [A] [B] [C] [D]　　49. [A] [B] [C] [D]
30. [A] [B] [C] [D]　　35. [A] [B] [C] [D]　　40. [A] [B] [C] [D]　　45. [A] [B] [C] [D]　　50. [A] [B] [C] [D]

二、阅读

51. [A] [B] [C] [D]　　56. [A] [B] [C] [D]　　61. [A] [B] [C] [D]　　66. [A] [B] [C] [D]　　71. [A] [B] [C] [D]
52. [A] [B] [C] [D]　　57. [A] [B] [C] [D]　　62. [A] [B] [C] [D]　　67. [A] [B] [C] [D]　　72. [A] [B] [C] [D]
53. [A] [B] [C] [D]　　58. [A] [B] [C] [D]　　63. [A] [B] [C] [D]　　68. [A] [B] [C] [D]　　73. [A] [B] [C] [D]
54. [A] [B] [C] [D]　　59. [A] [B] [C] [D]　　64. [A] [B] [C] [D]　　69. [A] [B] [C] [D]　　74. [A] [B] [C] [D]
55. [A] [B] [C] [D]　　60. [A] [B] [C] [D]　　65. [A] [B] [C] [D]　　70. [A] [B] [C] [D]　　75. [A] [B] [C] [D]

76. [A] [B] [C] [D] [E]　　81. [A] [B] [C] [D]　　86. [A] [B] [C] [D]　　91. [A] [B] [C] [D]　　96. [A] [B] [C] [D]
77. [A] [B] [C] [D] [E]　　82. [A] [B] [C] [D]　　87. [A] [B] [C] [D]　　92. [A] [B] [C] [D]　　97. [A] [B] [C] [D]
78. [A] [B] [C] [D] [E]　　83. [A] [B] [C] [D]　　88. [A] [B] [C] [D]　　93. [A] [B] [C] [D]　　98. [A] [B] [C] [D]
79. [A] [B] [C] [D] [E]　　84. [A] [B] [C] [D]　　89. [A] [B] [C] [D]　　94. [A] [B] [C] [D]　　99. [A] [B] [C] [D]
80. [A] [B] [C] [D] [E]　　85. [A] [B] [C] [D]　　90. [A] [B] [C] [D]　　95. [A] [B] [C] [D]　　100. [A] [B] [C] [D]

101.

100

200

300

400

500

新 汉 语 水 平 考 试
HSK（六级）答题卡

注意 | 请用2B铅笔这样写：

一、听力

1. [A] [B] [C] [D]　　6. [A] [B] [C] [D]　　11. [A] [B] [C] [D]　　16. [A] [B] [C] [D]　　21. [A] [B] [C] [D]
2. [A] [B] [C] [D]　　7. [A] [B] [C] [D]　　12. [A] [B] [C] [D]　　17. [A] [B] [C] [D]　　22. [A] [B] [C] [D]
3. [A] [B] [C] [D]　　8. [A] [B] [C] [D]　　13. [A] [B] [C] [D]　　18. [A] [B] [C] [D]　　23. [A] [B] [C] [D]
4. [A] [B] [C] [D]　　9. [A] [B] [C] [D]　　14. [A] [B] [C] [D]　　19. [A] [B] [C] [D]　　24. [A] [B] [C] [D]
5. [A] [B] [C] [D]　　10. [A] [B] [C] [D]　　15. [A] [B] [C] [D]　　20. [A] [B] [C] [D]　　25. [A] [B] [C] [D]

26. [A] [B] [C] [D]　　31. [A] [B] [C] [D]　　36. [A] [B] [C] [D]　　41. [A] [B] [C] [D]　　46. [A] [B] [C] [D]
27. [A] [B] [C] [D]　　32. [A] [B] [C] [D]　　37. [A] [B] [C] [D]　　42. [A] [B] [C] [D]　　47. [A] [B] [C] [D]
28. [A] [B] [C] [D]　　33. [A] [B] [C] [D]　　38. [A] [B] [C] [D]　　43. [A] [B] [C] [D]　　48. [A] [B] [C] [D]
29. [A] [B] [C] [D]　　34. [A] [B] [C] [D]　　39. [A] [B] [C] [D]　　44. [A] [B] [C] [D]　　49. [A] [B] [C] [D]
30. [A] [B] [C] [D]　　35. [A] [B] [C] [D]　　40. [A] [B] [C] [D]　　45. [A] [B] [C] [D]　　50. [A] [B] [C] [D]

二、阅读

51. [A] [B] [C] [D]　　56. [A] [B] [C] [D]　　61. [A] [B] [C] [D]　　66. [A] [B] [C] [D]　　71. [A] [B] [C] [D]
52. [A] [B] [C] [D]　　57. [A] [B] [C] [D]　　62. [A] [B] [C] [D]　　67. [A] [B] [C] [D]　　72. [A] [B] [C] [D]
53. [A] [B] [C] [D]　　58. [A] [B] [C] [D]　　63. [A] [B] [C] [D]　　68. [A] [B] [C] [D]　　73. [A] [B] [C] [D]
54. [A] [B] [C] [D]　　59. [A] [B] [C] [D]　　64. [A] [B] [C] [D]　　69. [A] [B] [C] [D]　　74. [A] [B] [C] [D]
55. [A] [B] [C] [D]　　60. [A] [B] [C] [D]　　65. [A] [B] [C] [D]　　70. [A] [B] [C] [D]　　75. [A] [B] [C] [D]

76. [A] [B] [C] [D] [E]　　81. [A] [B] [C] [D]　　86. [A] [B] [C] [D]　　91. [A] [B] [C] [D]　　96. [A] [B] [C] [D]
77. [A] [B] [C] [D] [E]　　82. [A] [B] [C] [D]　　87. [A] [B] [C] [D]　　92. [A] [B] [C] [D]　　97. [A] [B] [C] [D]
78. [A] [B] [C] [D] [E]　　83. [A] [B] [C] [D]　　88. [A] [B] [C] [D]　　93. [A] [B] [C] [D]　　98. [A] [B] [C] [D]
79. [A] [B] [C] [D] [E]　　84. [A] [B] [C] [D]　　89. [A] [B] [C] [D]　　94. [A] [B] [C] [D]　　99. [A] [B] [C] [D]
80. [A] [B] [C] [D] [E]　　85. [A] [B] [C] [D]　　90. [A] [B] [C] [D]　　95. [A] [B] [C] [D]　　100. [A] [B] [C] [D]

101.

100

200

300

400

500

여러분의 합격을 기원합니다.

정답 & 해설

제1부분 짧은 글 듣고 일치하는 내용 고르기

Warm Up 풀이 전략 적용해 보기

哺乳动物是动物世界中躯体结构、功能行为最为复杂的最高级动物类群。多数哺乳动物是身体被毛、运动快速、体温恒定的脊椎动物。

포유 동물은 동물 세계에서 몸의 구조와 기능성 행위가 가장 복잡한 고등 동물군이다. 대다수의 포유 동물은 신체가 털로 덮여 있고, 빠르게 움직이며 체온이 일정한 척추 동물이다.

A 哺乳动物寿命较短
B 哺乳动物体温恒定
C 哺乳动物繁殖力最强
D 哺乳动物都栖息于平原

A 포유 동물은 수명이 비교적 짧다
B 포유 동물은 체온이 일정하다
C 포유 동물은 번식력이 가장 강하다
D 포유 동물 모두 평야에서 서식한다

어휘 **哺乳动物** bǔrǔdòngwù 몡 포유 동물 **躯体** qūtǐ 몡 몸, 신체 **结构** jiégòu 몡 구조 **被毛** bèimáo 통 털이 몸을 덮고 있다 **恒温** héngwēn 몡 항온, 상온 **脊椎** jǐzhuī 몡 척추 **寿命** shòumìng 몡 수명 **繁殖力** fánzhílì 몡 번식력 **栖息** qīxī 통 서식하다 **平原** píngyuán 몡 평원, 평야

1. 설명문 실전 테스트

정답 1. D   2. B   3. A   4. B   5. C

1

海南是中国第二大岛，是中国唯一一个地处热带和亚热带的海岛，自然资源非常丰富。和其他沿海省份不同的是，海南并不以工业为第一发展方向，而是把绿色环保的旅游业当成重点扶持的项目。

하이난은 중국에서 두 번째로 큰 섬으로 중국에서 유일하게 열대와 아열대 지역에 위치한 섬이며, 자연 자원이 매우 풍부하다. 다른 연해 섬들과 다른 점은 하이난은 공업을 가장 중요한 발전 방향으로 삼지 않고 친환경 관광 산업을 주요 사업으로 삼고 있다.

A 海南以工业为主
B 海南经济基础薄弱
C 海南农业发展潜力大
D 海南旅游业发展良好

A 하이난은 공업을 위주로 한다
B 하이난은 경제 기초가 약하다
C 하이난은 농업 발전 잠재력이 크다
D 하이난은 관광 산업의 발전이 양호하다

해설 보기에 海南经济(하이난 경제), 农业(농업), 旅游业(여행업) 등이 언급되므로 하이난의 산업에 관한 설명문임을 예상한다. 후반부에 把绿色环保的旅游业当成重点扶持的项目(친환경 관광 산업을 중점 사업으로 삼고 있다)라고 했으므로 하이난의 관광 산업이 발전하고 있음을 알 수 있다. 따라서 정답은 D이다. 접속사 而是는 '不是A, 而是B(A가 아니라 B이다)'로 쓰여 앞에는 부정하는 내용, 뒤에는 긍정하는 내용을 사용한다.

어휘 **地处** dìchǔ 통 ~에 위치하다 **热带** rèdài 몡 열대 **亚热带** yàrèdài 몡 아열대 **沿海** yánhǎi 몡 연해, 바닷가 근처 지방 **省份** shěngfèn 몡 성 **第一** dìyī 수 제1, 최초, 가장 중요하다 **发展方向** fāzhǎnfāngxiàng 발전 방향 **绿色** lǜsè 몡 친환경 **环保** huánbǎo 몡 환경 보호 **旅游业** lǚyóuyè 몡 관광업 **当成** dàngchéng 통 ~로 여기다 **重点扶持** zhòngdiǎnfúchí 중점으로 지지하다 **项目** xiàngmù 몡 항목, 사업 **薄弱** bóruò 톙 취약하다 **潜力** qiánlì 몡 잠재력

2

医学家建议，一个健康成年人每日盐的摄入量不应该超过6克，相当于一个啤酒瓶盖的容量。这包括各种途径摄入的盐量。可是实际上一般人的用盐量远远超过这个标准。

A 只能吃6克盐
B 不能吃太多的盐
C 很多人盐吃得太少
D 成年人应该多吃盐

의학자들은 권유하길 건강한 성인의 1일 소금 섭취량은 6그램을 넘지 말아야 하는데 이것은 맥주 병뚜껑만한 용량이다. 이는 각종 방법으로 섭취하는 소금의 양을 포함한다. 그러나 실제로 일반인의 소금 사용량은 이 기준을 훨씬 뛰어넘는다.

A 단지 6그램의 소금만 먹을 수 있다
B 너무 많은 소금을 먹으면 안 된다
C 많은 사람들이 소금을 너무 적게 먹는다
D 성인들은 소금을 많이 먹어야 한다

해설 보기에 盐(소금), 多吃(많이 먹다), 克(그램) 등의 어휘가 있으므로 소금 섭취량에 관한 설명문임을 예상한다. 의학자의 설명에 **一个健康成年人每日盐的摄入量不应该超过6克**(건강한 성인의 소금 1일 섭취량은 6그램을 넘지 말아야 한다)라고 했으므로 정답은 B이다.

어휘 **盐** yán 명 소금　**摄入量** shèrùliàng 명 섭취량　**超过** chāoguò 동 초과하다　**相当于** xiāngdāngyú 동 ~에 상당하다　**瓶盖** pínggài 명 병뚜껑　**容量** róngliàng 명 용량　**途径** tújìng 명 방법　**标准** biāozhǔn 명 기준, 표준　형 표준적이다

3

中国古代铜镜铸造历史可以追溯到四千年以前，各个时期的铜镜都有着时代所赋予的鲜明特点，所凝聚的中华民族艺术传统深厚而浓重。

A 铜镜历史悠久
B 贵族才能使用
C 铜镜图文华丽
D 铜镜盛于春秋时期

중국 고대 구리거울의 주조 역사는 4천년 전으로 거슬러 올라간다. 각 시기의 구리거울은 모두 시대가 부여한 뚜렷한 특징을 가지고 있으며, 깃들여져 있는 중화 민족의 예술 전통은 깊고 농후하다.

A 구리거울은 역사가 오래됐다
B 귀족만이 사용할 수 있다
C 구리거울은 문양이 화려하다
D 구리거울은 춘추 시기에 성행했다

해설 보기의 주어가 铜镜(구리거울)이므로 이에 관한 설명문임을 예상한다. 지문의 도입부에 **铜镜铸造历史可以追溯到四千年以前**(구리거울의 주조 역사가 4천년 전으로 거슬러 올라간다)은 역사가 유구하다는 의미이므로 정답은 A이다.

어휘 **铜镜** tóngjìng 명 구리거울, (고대의) 동경　**铸造** zhùzào 동 주조하다　**追溯** zhuīsù 동 거슬러 올라가다　**赋予** fùyǔ 동 부여하다　**鲜明** xiānmíng 형 선명하다, 뚜렷하다　**凝聚** níngjù 동 응집하다, 모으다　**深厚** shēnhòu 형 깊다　**浓重** nóngzhòng 형 짙다　**悠久** yōujiǔ 형 유구하다　**贵族** guìzú 명 귀족　**图纹** túwén 명 무늬, 패턴　**华丽** huálì 형 화려하다　**盛于** shèngyú 동 ~에 성행하다

4

家长都希望孩子用功学习，但孩子一般天性好动，有时家长就会采取强制措施，然而效果并不佳。其实强迫不如引导，家长不妨与孩子定个计划，把娱乐和学习的时间分别固定下来，逐渐培养孩子自觉学习的习惯。

A 家长应该尊重孩子
B 不要强迫孩子学习
C 让孩子自己定计划
D 父母要成为孩子的榜样

학부모는 모두 아이가 열심히 공부하기를 바란다. 하지만 아이들은 보통 천성이 움직이기를 좋아한다. 때때로 학부모는 강제적인 방법을 사용하지만, 효과는 결코 좋지 않다. 사실 강압보다는 이끌어주는 것이 좋은데 학부모가 아이와 함께 계획을 세워도 괜찮다. 오락과 학습 시간을 구별해서 정하고 아이 스스로가 공부하는 습관을 점점 길러주는 것이 좋다.

A 부모는 아이를 존중해야 한다
B 아이에게 공부를 강요하지 말라
C 아이들이 스스로 계획을 세우게 한다
D 부모는 아이의 본보기가 되어야 한다

해설 보기의 家长(학부모), 孩子(아이), 学习(공부하다)를 보고 아이의 교육에 관한 지문임을 예상한다. 지문에서 **有时家长就会采取强制措施, 然而效果并不佳**(때때로 학부모는 강제적인 방법을 사용하지만 효과는 결코 좋지 않다)라고 했으므로 정답은 B이다. 역접의 의미인 접속사 '然而(그렇지만)' 뒤에 중요한 정보가 나오므로 이와 같은 접속사에 유의한다.

用功 yònggōng 图 노력하다, 힘쓰다 天性 tiānxìng 图 천성 采取 cǎiqǔ 图 (조치 등을) 취하다 强制 qiángzhì 图 강제하다, 강요하다 措施 cuòshī 图 조치, 대책 强迫 qiǎngpò 图 강요하다 引导 yǐndǎo 图 인도하다, 이끌다 不妨 bùfáng 图 ~해도 무방하다 娱乐 yúlè 图 오락 逐渐 zhújiàn 图 점점 自觉 zìjué 图 자각하다, 스스로 느끼다 尊重 zūnzhòng 图 존중하다 强迫 qiǎngpò 图 강요하다 榜样 bǎngyàng 图 본보기

5

地球上曾经生活过无数的生物，这些生物死亡后，坚硬的部分，如外壳、骨头、花茎等有可能遗留下来，和周围的其他物质一起变成化石。通过研究化石，可以还原当时地球的生态环境。	지구상에는 일찍이 무수한 생물이 살았고, 이 생물들이 죽은 후 딱딱한 부분, 예를 들어 껍데기, 뼈, 꽃의 줄기 등이 남아서 주변의 다른 물질들과 함께 화석으로 변했다. 화석 연구를 통해서 당시 지구의 생태 환경을 복원할 수 있다.
A 化石不能预测未来 B 化石可以让动物复活 **C 化石体现了当时生态** D 只有植物能形成化石	A 화석은 미래를 예측할 수 없다 B 화석은 생물을 부활시킬 수 있다 **C 화석은 당시 생태를 구현했다** D 식물만이 화석이 될 수 있다

보기의 공통된 주어가 **化石**(화석)이므로 이에 관한 설명문임을 알 수 있다. 후반부에 **通过研究化石，可以还原当时地球的生态环境**(화석 연구를 통해 당시 지구의 생태 환경을 복원할 수 있다)이라고 하였으므로 일치하는 보기는 C이다. A의 키워드 **预测未来**(미래를 예측하다)와 B의 **让动物复活**(동물을 부활시키다)는 언급되지 않았고 D는 틀린 내용이다.

坚硬 jiānyìng 图 단단하다, 견고하다 外壳 wàiké 图 껍데기, 외관 花茎 huājīng 图 꽃줄기, 꽃대 遗留 yíliú 图 남기다 还原 huányuán 图 복원하다, 환원하다 预测 yùcè 图 예측하다 复活 fùhuó 图 부활하다 体现 tǐxiàn 图 구현하다, 실현하다 植物 zhíwù 图 식물

---

2. 논설문 실전 테스트

정답 1. B   2. A   3. C   4. C   5. D

1

有付出才会有回报。当你行动起来后，即便结果不如预期，努力的过程与学到的经验也都是宝贵的财富。与其空想空谈，不如从现在开始，踏踏实实地争取自己的幸福。	대가를 지불해야만 얻을 수 있다. 당신이 행동하고 난 후 설령 결과가 예측한 것만 못하더라도 노력하는 과정과 배운 경험 역시 소중한 재산이다. 생각만 하고 말만 하기 보다는 지금부터 시작해서 착실하게 자신의 행복을 쟁취해야 한다.
A 要学会知难而退 **B 努力本身就有意义** C 行动之前做好计划 D 乐观的人才能成功	A 어려움을 알고 물러날 줄 알아야 한다 **B 노력 자체에 의미가 있다** C 행동하기 전에 계획을 잘 세운다 D 낙천적인 사람만이 성공할 수 있다

보기에 **要**(해야 한다), **做好**(잘 하다) 등의 어휘가 있으므로 논설문임을 예상한다. 지문에 **努力的过程与学到的经验也都是宝贵的财富**(노력하는 과정과 배운 경험 역시 소중한 재산이다)라고 했으므로 노력 자체에 의미가 있다는 B가 정답이다.

付出 fùchū 图 지불하다 回报 huíbào 图 보답하다 即便 jíbiàn 图 설사 ~하더라도 不如 bùrú 图 ~만 못하다 预期 yùqī 图 예측하다 宝贵 bǎoguì 图 진귀하다 财富 cáifù 图 부, 재산 与其……不如…… yǔqí……bùrú…… 图 ~할 바에는 차라리 ~하는 것이 낫다 空想 kōngxiǎng 图 공상하다 空谈 kōngtán 图 하지는 않고 말만 하다 踏踏实实 tātāshíshí 图 착실하다, 성실하다 争取 zhēngqǔ 图 쟁취하다, 얻다 知难而退 zhīnán'értuì 图 곤란한 것을 알고 물러서다

2

由于人的时间、精力、脑力有限，老天对每一个人都是公平的，一天24小时大家都一样。所以当你在一生或一段时间内选择一、二个目标时，就应该把所有时间、精力、脑力集中在一个方面。

A 要专心做一件事
B 一定要做好准备
C 这个世界不太公平
D 不要做多余的事

사람의 시간과 정력과 사고력에는 한계가 있는데, 하늘은 모든 사람에게 공평하여 하루 24시간이라는 것은 모두가 똑같다. 그래서 당신이 일생 또는 일정 시간 내에 한 가지 또는 두 가지 목표를 선택할 때, 모든 시간과 정력, 사고력을 한 방면에 집중해야 한다.

A 한 가지 일을 집중해서 해야 한다
B 반드시 준비를 잘 해야 한다
C 이 세상은 그다지 공평하지 않다
D 불필요한 일은 할 필요가 없다

해설 보기에 要(해야 한다)가 공통적으로 나오므로 논설문임을 예상한다. 후반부에 应该把所有时间、精力、脑力集中在一个方面(모든 시간과 정력, 사고력을 한 가지에 집중해야 한다)이라고 했으므로 정답은 A이다.

어휘 精力 jīnglì 몡 정력, 정신과 체력　有限 yǒuxiàn 혱 유한하다, 한계가 있다　老天 lǎotiān 몡 하늘, 하느님　公平 gōngpíng 혱 공평하다　脑力 nǎolì 몡 지력, 사고력　专心 zhuānxīn 혱 몰두하다, 전념하다　多余 duōyú 혱 여분의, 쓸데없는

3

足球比赛中有一种打法叫"防守攻击"，以防守为主，待对方露出破绽之后，给以致命一击，这里用的就是以退为进。后退并不意味着失败，相反，它是通向成功的另一条道路。

A 后退就是怯弱无能
B 要前进一定要后退
C 后退有时是为了前进
D 攻击就是最好的防守

축구 경기 중에 '수비 위주의 공격법'이라는 플레이가 있다. 수비를 위주로 해서 상대가 빈틈을 드러낼 때를 기다렸다 치명적 일격을 가하는 것인데, 여기에서 사용하는 것이 바로 앞으로 나아가기 위해 물러나는 것이다. 후퇴는 결코 실패를 의미하는 것이 아니다. 반대로 그것은 성공으로 향하는 또 다른 길이다.

A 후퇴는 나약하고 무능한 것이다
B 전진을 하려면 반드시 후퇴해야 한다
C 후퇴는 때때로 전진하기 위함이다
D 공격은 가장 좋은 방어이다

해설 보기에 要(해야 한다), 后退(후퇴하다), 前进(전진하다)이 나오므로 전진과 후퇴에 관한 논설문임을 예상한다. 지문에 以退为进(나아가기 위해 물러선다)이라고 하였고, 이어 후퇴는 它是通向成功的另一条道路(성공으로 향하는 또 다른 길이다)라고 하였으므로 정답은 C이다.

어휘 打法 dǎfǎ 몡 (경기 등에서) 방식, 전법, 플레이　防守 fángshǒu 몡 방어하다　攻击 gōngjī 통 공격하다　待 dài 통 기다리다　对方 duìfāng 몡 상대　露出 lùchū 통 드러내다　破绽 pòzhàn 몡 허점, 빈틈　给以 gěiyǐ 통 주다　致命 zhìmìng 통 치명적이다　一击 yìjī 몡 일격　以退为进 yǐtuìwéijìn 솅 전진을 위해 물러서다　意味着 yìwèizhe 통 의미하다　失败 shībài 몡 통 실패(하다)　通向 tōngxiàng 통 ~로 통하다　怯弱 qièruò 혱 나약하다, 겁이 많다　无能 wúnéng 혱 무능하다

4

人生不可能一帆风顺，有无数的荆棘摆在我们面前，能够解救你的只有你自己。所以我们的命运如何，完全取决于自己，实力要靠自己去锻炼，成功要靠自己不懈的努力。

A 不要追求完美
B 努力能弥补笨拙
C 人生由自己决定
D 困难是无法避免的

인생은 순조로울 수 없다. 무수한 가시나무가 우리 앞에 있으면 당신을 구할 수 있는 것은 당신 자신뿐이다. 그래서 우리의 운명이 어떠하냐는 완전히 자신에게 달려 있다. 실력은 스스로 단련시켜야 하고 성공은 자신의 꾸준한 노력에 의해야 한다.

A 완벽을 추구하지 마라
B 노력이 우둔함을 보완해 줄 수 있다
C 인생은 자기 자신이 결정한다
D 어려움은 피할 수 없다

해설 보기에 要(해야 한다), 人生(인생), 努力(노력), 困难(어려움) 등의 어휘가 있으므로 인생에 관한 논설문임을 예상한다. 지문에 我

们的命运如何. 完全取决于自己(우리의 운명이 어떠하냐는 완전히 자신에게 달려 있다)라고 했고 靠自己(스스로에 의해)가 반복되므로 인생은 스스로가 결정한다는 의미인 보기 C가 일치하는 정답이다.

어휘 　一帆风顺 yìfānfēngshùn 성 순조롭다　荆棘 jīngjí 명 가시나무　解救 jiějiù 동 구하다　如何 rúhé 대 어떻게, 어떠냐　取决于 qǔjuéyú 동 ~에 달려 있다　实力 shílì 명 실력, 힘　不懈 búxiè 형 꾸준하다, 게으르지 않다　弥补 míbǔ 동 보충하다　笨拙 bènzhuō 형 우둔하다

5

在日常生活中，我们面临的压力来自于各方面，比如学习、工作甚至人际关系等等。但面临压力时我们要冷静一点儿，在一个平静的心态中想好解决的办法，变压力为动力，这样做所有的问题都会迎刃而解，压力也就随之消失了。

일상생활에서 우리가 마주하는 스트레스는 각 방면에서 온다. 예를 들면 공부, 업무 더 나아가 인간 관계 등이다. 그러나 스트레스에 직면할 때 우리는 침착해야 한다. 차분한 마음 상태에서 해결 방법을 생각하여 스트레스를 동력으로 바꿔야 한다. 이렇게 해야 모든 문제가 순리적으로 해결되고 스트레스도 이에 따라 사라진다.

A 要消除误会
B 工作给人动力
C 做事要有原则
D 要平静对待压力

A 오해를 없애야 한다
B 일은 사람에게 원동력을 준다
C 일을 할 때는 원칙이 있어야 한다
D 차분하게 스트레스를 대해야 한다

해설 보기에 要(해야 한다)가 반복되므로 논설문임을 예상한다. 접속사 但(그러나) 뒤에 面临压力时我们要冷静一点儿(스트레스에 직면할 때 우리는 침착해야 한다)이라고 했으므로 정답은 D이다.

어휘 　来自 láizì 동 ~에서 오다　冷静 lěngjìng 형 냉정하다, 침착하다　平静 píngjìng 형 차분하다, 침착하다　心态 xīntài 명 마음 상태　迎刃而解 yíngrèn'érjiě 성 순리적으로 문제가 해결되다　随之 suízhī 이에 따라　消失 xiāoshī 동 사라지다　消除 xiāochú 동 없애다　误会 wùhuì 명 동 오해(하다)　原则 yuánzé 명 원칙　对待 duìdài 동 대하다

---

3. 에피소드 실전 테스트

정답 　1. D　2. A　3. D　4. C　5. C

1

小刚觉得自己太胖了，就去医院看医生。小刚问医生："请问，怎样才能减肥？"医生说："把头从右边转到左边，在从左边转到右边，如此摇头不已。"小刚问："什么时候这样做？"医生回答："有人请客的时候。"

샤오강은 자기가 매우 뚱뚱하다고 생각해서 병원에 가서 진찰을 받았다. 샤오강이 의사에게 물었다. "질문이 있는데요. 어떻게 해야 살을 뺄 수 있나요?" 의사가 말했다. "머리를 오른쪽에서 왼쪽으로 돌리고 왼쪽에서 오른쪽으로 돌리고 이렇게 고개를 좌우로 끊임없이 흔드세요. 샤오강이 물었다. "언제 이렇게 하나요?" 의사가 대답했다. "누군가 당신에게 밥을 산다고 할 때요."

A 小刚显得不太胖
B 小刚吃得太油腻了
C 医生觉得小刚不用减肥
D 医生让小刚拒绝出去吃饭

A 샤오강은 그렇게 뚱뚱해 보이지 않는다
B 샤오강은 너무 기름지게 먹는다
C 의사는 샤오강이 다이어트할 필요가 없다고 생각한다
D 의사는 샤오강이 밥 먹으러 가는 것을 거절하게 했다

해설 보기의 주어가 小刚(샤오강), 医生(의사)인 인물이므로 에피소드임을 예상한다. 의사가 如此摇头不已(이렇게 고개를 좌우로 끈임없이 흔드세요), 有人请客的时候(누가 밥을 산다고 할 때)라고 한 것은 샤오강에게 밥 먹는 걸 거절하라는 뜻이므로 정답은 D이다.

어휘 　减肥 jiǎnféi 동 살을 빼다　转 zhuàn 동 돌다　摇头 yáotóu 동 고개를 젓다　不已 bùyǐ 동 ~해 마지않다, 멈추지 않다　显得 xiǎnde 동 ~하게 보이다　油腻 yóunì 형 기름지다　拒绝 jùjué 동 거절하다

2

朋友对小张说："我求你件事，你能为我保密吗？"小张说："当然可以！"朋友犹豫了一下后说道："我手头有些紧，你能借给我一些钱吗？"小张拍拍朋友的肩膀说："不用担心，我就当没有听见！"

친구가 샤오장에게 말했다. "나 너한테 부탁할 일이 있는데 비밀 지켜줄 수 있어?" 샤오장이 말했다. "당연하지!" 친구가 잠시 망설이다가 말했다. "내가 사정이 안 좋은데 돈 좀 빌려줄 수 있어?" 샤오장이 친구의 어깨를 두드리며 말했다. "걱정하지 마. 못 들은 걸로 할게."

A 小张不想借钱给他
B 小张不能保密
C 朋友很富裕
D 朋友撒谎了

A 샤오장은 그에게 돈을 빌려주고 싶지 않다
B 샤오장은 비밀을 지킬 수 없다
C 친구는 매우 부유하다
D 친구는 거짓말을 했다

해설 보기의 주어가 朋友(친구)와 小张(샤오장)인 인물이므로 에피소드임을 예상한다. 샤오장은 친구의 你能借给我一些钱？(내게 돈을 빌려줄 수 있어?)라는 말에 我就当没有听见(못 들은 걸로 할게)이라고 했으므로 돈을 빌려주기 싫어한다는 내용의 보기 A가 일치하는 정답이다.

어휘 求 qiú 图 부탁하다　保密 bǎomì 图 비밀을 지키다　犹豫 yóuyù 图 망설이다　手头 shǒutóu 몡 수중, 주머니 사정　紧 jǐn 혱 (생활이) 어렵다　拍 pāi 图 치다　肩膀 jiānbǎng 몡 어깨　富裕 fùyù 혱 부유하다　撒谎 sāhuǎng 图 거짓말 하다

3

小王和朋友在聊天儿。小王说："我昨天把电脑拆开后又重新装好了。我想看看电视机里面的构造。"朋友说："那你太厉害了！你没弄丢电脑零件吧？"小王说："非但没丢，还多出十几件呢！"

샤오왕은 친구와 대화를 하고 있다. 샤오왕이 말했다. "나는 어제 컴퓨터를 뜯고 다시 조립했어. 컴퓨터 안의 구조를 보고 싶었거든." 친구가 말했다. "너 참 대단하네! 컴퓨터 부품을 잃어버리지는 않았어?" 샤오왕이 말했다. "잃어버리지 않았을 뿐 아니라 오히려 십여 개가 더 생겼어."

A 电脑零件少了
B 电脑零件多了
C 电脑还可以用
D 小王把电脑弄坏了

A 컴퓨터 부품이 줄었다
B 컴퓨터 부품이 늘었다
C 컴퓨터는 여전히 사용할 수 있다
D 샤오왕이 컴퓨터를 고장냈다

해설 보기에 小王(샤오왕), 电脑零件(컴퓨터 부품)이 있으므로 컴퓨터에 관한 에피소드임을 예상한다. 샤오왕은 어제 把电脑拆开后又重新装好了(컴퓨터를 뜯고 다시 조립했다)라고 했고 그 후에 还多出十几件呢(부품 십여 개가 나왔다)라고 했으므로 부품을 제대로 조립하지 않아 컴퓨터가 고장난 상태임을 알 수 있다. 따라서 정답은 D이다.

어휘 拆开 chāikāi 图 뜯다　装 zhuāng 图 조립하다　构造 gòuzào 몡 구조　零件 língjiàn 몡 부품　非但 fēidàn 젭 비단 ~뿐만 아니라

4

孔子去鲁国参加祭祖典礼，他不时向人询问，差不多每件事都问到了。有人在背后嘲笑他，说他不懂礼仪，什么都要问。孔子听到这些议论后说："对于不懂的事，问个明白，这正是我要求知礼的表现啊。"

공자가 제례 의식에 참석하기 위해 노나라에 갔다. 그는 수시로 사람에게 질문을 했으며 거의 모든 일을 물었다. 어떤 사람이 뒤에서 그를 비웃길, 그가 예의를 몰라서 뭐든 물어본다고 말했다. 공자가 이 시비를 듣고 말했다. "모르는 일에 대해서 확실하게 물어보는 것은 배우고자 하는 표현인 것이다."

A 那个人被嘲笑
B 那个人尊敬孔子
C 孔子谦虚好学
D 孔子批评那个人

A 그 사람은 비웃음을 받았다
B 그 사람은 공자를 존경한다
C 공자는 겸손하고 배우길 좋아한다
D 공자는 그 사람을 비판했다

해설 보기의 주어가 **那个人**(그 사람), **孔子**(공자)이므로 에피소드임을 예상한다. 공자가 질문을 많이 하는 것에 대해 사람들이 비웃자 공자는 **这正是我要求知的表现啊**(이것이 바로 배우고자 하는 표현이다)라고 했으므로 공자가 배움을 좋아한다는 것을 알 수 있다. 따라서 정답은 C이다.

어휘 **祭祖典礼** jìzǔdiǎnlǐ 몡 제례 의식, 제사 **询问** xúnwèn 동 물어보다 **嘲笑** cháoxiào 동 비웃다 **礼仪** lǐyí 몡 예의 **表现** biǎoxiàn 몡 동 표현(하다) **尊敬** zūnjìng 동 존경하다 **谦虚好学** qiānxūhàoxué 겸손하고 배우길 좋아하다

5

徒弟问师傅一碗米的价值有多大，师傅说："用15分钟蒸成米饭值一块钱。花2个小时做成粽子值三、四块钱。在米里加点酒曲，几个月后酿成一瓶美酒，那就是二、三十块钱的价值了。"	제자가 스승에게 쌀 한 그릇의 가치가 얼마인지를 물었다. 스승이 말하기를 "15분 동안 찐 밥은 1위안이고, 2시간을 들여 만든 쫑쯔는 3~4위안이다. 쌀에 누룩을 넣어 수 개월이 지나면 맛 좋은 술이 되는데 이것은 20~30위안의 가치를 가진다."
A 不要浪费时间 B 粮食短缺严重 C 付出越多收获越大 D 价值不一定决定价格	A 시간을 낭비하지 마라 B 식량 부족이 심각하다 C 대가를 많이 지불할수록 얻는 것이 많다 D 가치가 꼭 가격을 결정하는 것은 아니다

해설 보기에 **浪费**(낭비하다), **付出**(지불하다), **价值**(가치) 등의 어휘가 있으므로 가치에 관한 지문임을 알 수 있다. 쌀 한 그릇의 가치에 대한 제자의 질문에 스승은 **用15分钟蒸成米饭值一块钱**(15분 동안 찐 밥은 1위안이다)이지만 **几个月后酿成一瓶美酒，那就是二、三十块钱的价值了**(수 개월 후의 맛 좋은 술은 20~30위안의 가치이다)라고 비유하여 설명했다. 따라서 대가를 많이 지불할수록 얻는 것이 많다는 뜻인 C가 정답이다.

어휘 **徒弟** túdì 몡 제자 **师傅** shīfu 몡 스승 **蒸** zhēng 동 찌다 **粽子** zòngzi 몡 쫑즈(대나무 잎에 찹쌀을 넣고 찐 요리) **酒曲** jiǔqū 몡 누룩 **酿成** niàngchéng 동 (술 등을) 빚다 **浪费** làngfèi 동 낭비하다 **粮食** liángshi 몡 식량 **短缺** duǎnquē 동 부족하다 **付出** fùchū 동 지불하다, 치루다 **收获** shōuhuò 동 수확하다

듣기 제1부분 미니모의고사

정답 1. D 2. D 3. A 4. B 5. C 6. A 7. B 8. D 9. B 10. C

1

当我们抱怨生活不如意时，不妨睁大眼睛看一看，静下心来想一想。其实，很多机会就在我们的身边，一些人之所以与它擦肩而过，就是因为还没有发现它、抓住它。	"기회는 늘 준비된 사람을 좋아한다." 삶이 뜻대로 되지 않는다고 원망할 때, 눈을 크게 떠서 둘러 보고, 마음을 가라앉히고 생각해보는 것이 좋다. 사실 많은 기회가 우리의 곁에 있다. 일부 사람들이 그것을 보지 못하고 스쳐 지나가는 것은 아직 발견하지 못했거나 잡지 못했기 때문이다.
A 抱怨时头脑不清醒 B 要懂得适当地抱怨 C 年轻人容易抓住机会 D 静下心就能抓住机会	A 원망할 때 머리는 맑지 않다 B 적당히 원망할 줄 알아야 한다 C 젊은이들은 쉽게 기회를 잡는다 D 마음을 가라앉히면 기회를 잡을 수 있다

해설 보기에 **抱怨**(원망하다), **抓住机会**(기회를 잡다), **要**(해야 한다) 등의 어휘가 있으므로 기회에 관한 논설문임을 알 수 있다. 지문은 **机会**(기회)에 관한 명언으로 시작하며 견해를 밝히고 있다. 삶이 원망스러울 때 **静下心来想一想**(마음을 가라앉히고 생각해 보라)이라고 하며 이어서 **很多机会就在我们的身边**(많은 기회가 우리 곁에 있다)이라고 했으므로 보기 D가 일치하는 정답이다.

어휘 **抱怨** bàoyuàn 동 원망하다 **如意** rúyì 뜻대로 되다 **不妨** bùfáng 閉 무방하다, 괜찮다 **睁** zhēng 동 눈을 뜨다 **静心** jìngxīn 동 마음을 가라앉히다 **之所以** zhīsuǒyǐ 젭 ~의 이유, ~한 까닭 **擦肩而过** cājiān'érguò 엥 바로 옆을 스치고 지나가다 **清醒** qīngxǐng 혱 (정신이) 맑다 **适当** shìdàng 혱 적당하다

2

小明喜欢上了小刘，就给她写了封情书，他觉得电子情书又快捷又保密。第二天上班，小明发现同事看他的样子都很奇怪。等打开电脑一看，小刘回信说："你的信发到了公司的公共邮箱里，让我难堪死了！"

A 小刘暗恋小明
B 小刘没有看情书
C 电子情书保密性强
D 大家都看到了情书

샤오밍은 샤오리우를 좋아하게 되어 그녀에게 연애편지를 보냈다. 그는 이메일이 빠르고 비밀이 보장된다고 생각했다. 이튿날 출근하는데, 샤오밍은 동료들이 그를 보는 것이 이상하다는 것을 느꼈다. 컴퓨터를 켰는데, 샤오리우가 답장에서 말하길, "당신의 편지가 회사 공동 메일함으로 발송돼서 정말 난감하네요!"

A 샤오리우는 샤오밍을 짝사랑한다
B 샤오리우는 연애편지를 못 봤다
C 메일로 연애편지를 보내는 것은 비밀 보장이 잘 된다
D 모두가 연애편지를 봤다

해설 보기의 주어가 小刘(샤오리우)와 大家(모두들)이고 情书(연애편지)가 반복되므로 연애에 관한 에피소드임을 예상한다. 샤오리우의 말에 你的信发到了公司的公共邮箱里(당신의 편지가 회사 공동 메일함으로 발송됐다)라고 했으므로 모두가 연애편지를 봤다는 D가 정답이다.

어휘 情书 qíngshū 명 연애편지 快捷 kuàijié 형 빠르다, 신속하다 保密 bǎomì 동 비밀을 지키다 邮箱 yóuxiāng 명 메일함 难堪 nánkān 형 난감하다 暗恋 ànliàn 동 짝사랑하다

3

海鞘是一种海洋动物，它们定居在海底岩石上，五颜六色，形态各异，有的形状像花朵。刚出生的小海鞘长得很像小蝌蚪，拥有复杂的神经系统，但成年之后，由于不再需要大脑和神经系统，它们就会将自己的大脑吃掉。

A 海鞘会吃掉自己的大脑
B 海鞘的智能较低
C 小海鞘长得像花茎
D 海鞘颜色单调

멍게는 해양 동물이며 바다 밑 암석에 산다. 색깔은 다양하고 형태도 제각각 달라 어떤 모양은 꽃잎과 같다. 막 태어난 어린 멍게는 올챙이처럼 생겼으며 복잡한 신경 체계를 가지고 있다. 그러나 성년이 된 후에는 더 이상 대뇌와 신경 체계가 필요 없기 때문에 스스로 대뇌를 먹어 버린다.

A 멍게는 자신의 대뇌를 먹어 치운다
B 멍게의 지능은 낮은 편이다
C 어린 멍게는 꽃줄기처럼 생겼다
D 멍게의 색깔은 단조롭다

해설 보기의 주어가 공통적으로 海鞘(멍게)이므로 이에 관한 설명문임을 알 수 있다. 지문에서 전환을 나타내는 접속사 但(그러나) 뒤에 멍게가 성년이 된 후에는 대뇌와 신경 계통이 필요 없기 때문에 它们就会将自己的大脑吃掉(스스로 대뇌를 먹어버린다)라고 했으므로 보기 A가 일치하는 정답이다.

어휘 海鞘 hǎiqiào 명 멍게 定居 dìngjū 동 자리잡고 산다 岩石 yánshí 명 암석 五颜六色 wǔyánliùsè 성 색깔이 다양하다 形态各异 xíngtàigèyì 각양각색이다 形状 xíngzhuàng 명 형상, 외관 花朵 huāduǒ 명 꽃잎 蝌蚪 kēdǒu 명 올챙이 神经系统 shénjīngxìtǒng 명 신경 계통 智能 zhìnéng 명 지능 花茎 huājīng 명 꽃줄기 单调 dāndiào 형 단조롭다

4

不良习惯催生皱纹。抗衰老要及早注意夸张的面部表情，有的人笑起来或是说话时面部表情特别夸张，或者喜欢皱眉头。这些习惯会让你过早出现川字纹、鱼尾纹等。平常尽量不要做太过夸张的表情。

A 抗衰老要多笑
B 面部表情能催生皱纹
C 皱眉头给人不好印象
D 表情生动延缓皮肤老化

좋지 않은 습관이 주름 생성을 촉진시킨다. 노화를 방지하려면 일찌감치 과장된 표정에 주의해야 한다. 어떤 사람은 웃거나 말을 할 때 얼굴 표정을 유난히 과장하거나 찌푸리는 것을 좋아한다. 이러한 습관이 당신으로 하여금 내천자 주름이나 잔주름을 일찍 생기게 한다. 평소에 최대한 너무 과장된 표정은 짓지 말아야 한다.

A 노화를 방지하려면 많이 웃어야 한다
B 얼굴 표정이 주름을 촉진시킨다
C 눈썹을 찌푸리는 것은 좋지 않은 인상을 준다
D 표정에 생동감이 있으면 피부 노화를 완화시킨다

보기에 要(해야 한다), 抗衰老(노화 방지), 皱纹(주름), 皮肤老化(피부 노화) 등이 있으므로 노화에 관한 논설문임을 알 수 있다. 사람들의 과장된 표정 습관에 대해 설명하면서 **这些习惯会让你过早出现川字纹、鱼尾纹等**(이러한 습관이 당신으로 하여금 내천자 주름이나 잔주름을 일찍 생기게 한다)이라고 했으므로 B가 일치하는 정답이다.

催生 cuīshēng 图 촉진하다　皱纹 zhòuwén 图 주름　抗衰老 kàngshuāilǎo 노화를 방지하다　及早 jízǎo 児 일찌감치　夸张 kuāzhāng 图 과장하다　面部 miànbù 图 얼굴, 안면　表情 biǎoqíng 图 표정　皱眉头 zhòuméitou 눈살을 찌푸리다　鱼尾纹 yúwěiwén 图 눈가의 잔주름　尽量 jǐnliàng 児 최대한　延缓 yánhuǎn 图 늦추다

5

蒙古族长调是一种具有鲜明游牧文化和地域文化特征的独特演唱形式，堪称"草原音乐活化石"。它以草原人特有的语言述说着蒙古民族对历史文化、人文习俗、道德、哲学和艺术的感悟。	몽고족의 장조는 뚜렷한 유목 문화와 지역 문화 특색을 가진 독특한 노래 형식이기 때문에 '초원 음악의 살아 있는 화석'이라고 불릴 만하다. 그것은 유목인들 특유의 언어로 몽고 민족의 역사 문화, 인문 풍속, 도덕, 철학과 예술적 깨달음을 말하고 있다.
A 蒙古族长调已失传	A 몽고족의 장조는 이미 전해지지 않는다
B 蒙古地区有很多活化石	B 몽고 지역에 살아 있는 화석이 많이 있다
C 蒙古族长调地域特征明显	**C 몽고족의 장조는 지역적 특색이 뚜렷하다**
D 蒙古族致力于新民歌的创作	D 몽고족은 새로운 민족 노래의 창작에 힘쓰고 있다

보기에 **蒙古族长调**(몽고족의 장조)가 반복되므로 이에 관한 설명문임을 알 수 있다. 지문의 시작 부분에 몽고족의 장조는 **具有鲜明游牧文化和地域文化特征的独特演唱形式**(뚜렷한 유목 문화와 지역 문화 특색을 가진 독특한 노래 형식)이라고 했으므로 보기 C가 일치하는 정답이다.

蒙古族长调 Měnggǔzú chángdiào 图 몽고족의 장조　游牧 yóumù 图 유목하다　地域 dìyù 图 지역　独特 dútè 閺 독특하다　演唱 yǎnchàng 图 공연하다, 노래하다　堪称 kānchēng 图 ~라고 할 만하다　述说 shùshuō 图 설명하다, 말하다　哲学 zhéxué 图 철학　感悟 gǎnwù 图 깨달음 图 깨닫다　失传 shīchuán 图 전해 내려오지 않다　活化石 huóhuàshí 图 살아있는 화석　明显 míngxiǎn 閺 뚜렷하다　致力于 zhìlìyú 图 힘쓰다

6

噪音会让我们难以入睡，但白噪音反倒能助眠。例如下雨的声音、风吹动树叶的声音、海浪拍打的声音、电视和广播在空白频段时发出的沙沙声等。这些其实都是白噪音。	소음은 우리를 잠들기 어렵게 하지만 백색 소음은 오히려 수면에 도움을 줄 수 있다. 예를 들어 비 오는 소리, 바람이 불어 흔들리는 나뭇잎 소리, 파도 치는 소리, TV와 라디오의 공백 주파수 구간에서 나오는 '샤샤' 소리 등이 실은 모두 백색 소음이다.
A 白噪音有助于睡眠	**A 백색 소음은 수면에 도움을 준다**
B 常听白噪音有危害	B 백색 소음을 자주 들으면 해롭다
C 白噪音提高记忆力	C 백색 소음은 기억력을 증진시킨다
D 所有噪音都会导致失眠	D 모든 소음이 불면증을 일으킨다

보기에 白噪音(백색 소음)과 睡眠(수면)이 반복적으로 나오므로 이에 관한 설명문임을 알 수 있다. 지문에서 전환을 나타내는 접속사 但(그러나) 뒤에 **白噪音反倒能助眠**(백색 소음은 오히려 수면에 도움을 줄 수 있다)이라고 했으므로 보기 A가 일치하는 정답이다.

噪音 zàoyīn 图 소음　白噪音 báizàoyīn 图 백색 소음　反倒 fǎndào 児 오히려　吹 chuī 图 바람이 불다　树叶 shùyè 图 나뭇잎　海浪 hǎilàng 图 파도　拍打 pāida 图 (가볍게) 치다　广播 guǎngbō 图 라디오 방송　空白 kòngbái 图 공백　频段 pínduàn 图 주파수 구간　发出 fāchū 图 (소리 등을) 내다　沙沙 shāshā 의성 쏴쏴

7

从前，有一个人丢了一把剪刀，他怀疑是隔壁的小孩偷的。于是他就暗中观察小孩的行动，不论是语言和动作，还是神态与举止，怎么看都觉得小孩是像偷剪刀的。后来他在仓库里找到了这把剪刀，从此以后，再怎么看小孩也不像是会偷剪刀的。

옛날에 한 사람이 가위를 잃어버렸다. 그는 이웃집 아이가 훔쳤다고 의심했다. 그래서 암암리에 아이의 행동을 관찰했는데, 말이나 동작, 표정과 태도와 행동거지가 아무리 봐도 아이가 가위를 훔쳐 간 것 같았다. 그 후에 그는 창고에서 이 가위를 찾았다. 이 때 이후로는 아무리 봐도 가위를 훔칠 것 같지 않았다.

A 做事不要太冲动
B **不要轻易怀疑别人**
C 小孩偷了他的剪刀
D 小孩把剪刀藏在仓库里

A 일을 할 때 너무 충동적이면 안 된다
B **쉽게 다른 사람을 의심하지 말아라**
C 아이가 그의 가위를 훔쳤다
D 아이가 가위를 창고에 숨겼다

해설 보기에 **不要**(하지 말라)가 반복되고 주어가 **小孩**(아이)이므로 교훈을 주는 에피소드임을 알 수 있다. 가위를 잃어버린 사람은 이웃집 아이가 가위를 훔쳤다고 의심했지만 **后来他在仓库里找到了这把剪刀**(나중에 그는 창고에서 이 가위를 찾았다)라고 했으므로 잘못 의심한 것을 알 수 있다. 따라서 일치하는 정답은 B이다.

어휘 **丢** diū 통 잃어버리다 **剪刀** jiǎndāo 명 가위 **怀疑** huáiyí 통 의심하다 **隔壁** gébì 명 이웃 **偷** tōu 통 훔치다 **暗中** ànzhōng 부 암암리에 **观察** guānchá 통 관찰하다 **神态** shéntài 명 표정과 태도 **举止** jǔzhǐ 명 행동거지 **仓库** cāngkù 명 창고 **冲动** chōngdòng 통 충동하다, 흥분하다

8

四川的海螺沟是一条冰川峡谷，其周围都是雪山。冰川最下端的海拔高度仅为2850米，适合一般旅游者攀登。这里虽是冰雪世界，却拥有大面积的原始森林及大量的温泉，地质面貌丰富。

쓰촨의 하이뤄거우는 빙하 협곡으로 주위가 모두 설산이다. 빙하의 제일 아래쪽은 해발 고도가 단지 2850m로 일반 여행객들이 등반하기에 적합하다. 이곳은 비록 얼음과 눈의 세상이지만 넓은 면적의 원시 삼림과 많은 온천이 있고 지질의 모양이 다양하다.

A 海螺沟生物无法生存
B 海螺沟长近3000米
C 海螺沟周围都是沙漠
D **海螺沟有温泉**

A 하이뤄거우는 생물이 생존할 수 없다
B 하이뤄거우의 길이는 거의 3000m이다
C 하이뤄거우의 주위는 모두 사막이다
D **하이뤄거우에는 온천이 있다**

해설 보기의 주어가 **海螺沟**(하이뤄거우)이므로 이에 관한 설명문임을 알 수 있다. 보기의 키워드를 지문과 대조해보면, B는 길이를 말하지만 지문은 **高度**(고도)를 언급했으므로 틀린 보기이고, C는 지문에서 주변이 모두 **雪山**(설산)이라고 했으므로 틀린 보기이다. A의 **生物**(생물)는 언급되지 않았다. 지문의 후반부에 **拥有大量的温泉**(대량의 온천을 보유하고 있다)이라고 했으므로 D가 일치하는 정답이다.

어휘 **冰川** bīngchuān 명 빙천 **峡谷** xiágǔ 명 협곡 **下端** xiàduān 명 하단 **海拔** hǎibá 명 해발 **攀登** pāndēng 통 오르다 **温泉** wēnquán 명 온천 **地质** dìzhì 명 지질 **面貌** miànmào 명 외관 **生存** shēngcún 통 생존하다 **沙漠** shāmò 명 사막

9

现在我们在买房、买车或租房、装修时，一般都要签订合同。但由于合同往往很长，所以很多人都不仔细看，也不好好斟酌。专家建议，耐心看完全部条款很有必要，否则，一旦有纠纷会很被动。

현재 우리는 집을 사거나 차를 살 때, 또는 집을 임대하거나 인테리어를 할 때 보통 계약서를 작성한다. 그러나 계약서가 종종 너무 길어서 많은 사람들이 자세히 보지 않고, 꼼꼼하게 따져보지 않는다. 전문가들은 인내심을 갖고 모든 조항을 다 읽는 것이 필요하며 그렇지 않으면 분쟁이 발생할 때 수동적이 될 수 밖에 없다고 조언한다.

A 合同期限越长越好
B **最好看清全部条款**
C 有合同就没有纠纷
D 租房不一定要签合同

A 계약 기간은 길수로 좋다
B **모든 조항을 분명하게 보는 것이 가장 좋다**
C 계약서가 있으면 분쟁이 없다
D 집을 임대할 때 반드시 계약을 해야 하는 건 아니다

보기에 **合同**(계약)이 반복되고 **要**(해야 한다)와 **最好**(가장 좋다)가 있으므로 계약에 관한 논설문임을 알 수 있다. 지문에서 전문가의 견해를 들며 **耐心看完全部条款很有必要**(인내심을 갖고 모든 조항을 다 보는 것이 매우 필요하다)라고 했으므로 일치하는 정답은 B이다.

어휘 **租房** zūfáng 图 (주택 등을) 임대하다　**装修** zhuāngxiū 图 인테리어하다　**签订** qiāndìng 图 체결하다　**合同** hétong 图 계약
由于 yóuyú 図 ~때문에　**仔细** zǐxì 图 자세하다　**斟酌** zhēnzhuó 图 짐작하다, 따져보다　**条款** tiáokuǎn 图 (법규, 규정 등의)
조항　**纠纷** jiūfēn 图 다툼, 분쟁　**被动** bèidòng 图 수동적이다　**期限** qīxiàn 图 기한

10

悬念是指为了激发观众或读者紧张与期待的心情，小说、戏曲、影视等艺术作品采取的一种表现技法。作家和导演在事件发展过程中只设置疑问，一般在结局时才给出答案，使观众或读者的期待心里得到满足。	서스펜스는 독자에게 긴장감과 기대 심리를 불러일으키기 위해서 소설, 희곡, TV와 영화 등의 예술 작품에서 취하는 하나의 표현 기법이다. 작가와 감독은 사건의 발전 과정에서 의문을 던져주기만 하고, 보통 결말에서 답을 줌으로써 관중 또는 독자의 기대 심리를 만족시킨다.
A 悬念只用于小说	A 서스펜스는 소설에서만 사용된다
B 悬念让人很消极	B 서스펜스는 사람을 소극적으로 만든다
C 悬念是艺术手法	**C 서스펜스는 예술 기법이다**
D 影视作品悬念多	D 영상 작품에 서스펜스가 많다

해설 보기에서 **悬念**(서스펜스)이 공통적으로 등장하므로 이에 관한 설명문임을 알 수 있다. 지문에서 서스펜스는 **艺术作品采取的一种表现技法**(예술 작품이 취하는 하나의 표현 기법)라고 했으므로 C가 일치하는 정답이다.

어휘 **悬念** xuánniàn 图 서스펜스　图 걱정하다　**激发** jīfā 图 불러일으키다　**期待** qīdài 图 기대하다　**戏曲** xìqǔ 图 희곡　**影视**
yǐngshì 图 영화와 TV　**表现技法** biǎoxiànjìfǎ 图 표현 기법　**设置** shèzhì 图 설치하다　**结局** jiéjú 图 결국, 결말　**用于** yòngyú
图 ~에 사용하다　**消极** xiāojí 图 소극적이다, 부정적이다　**手法** shǒufǎ 图 수법

듣기

제 2 부분 — 인터뷰 듣고 관련 문제 풀기

Warm Up 풀이 전략 적용해 보기

문제	
16. A 体能下降 **B 为自己骄傲** C 精力更充沛 D 有很大的上升空间	A 체력이 떨어졌다 **B 스스로가 자랑스럽다** C 원기가 더 왕성하다 D 발전의 여지가 매우 크다
17. A 安慰 B 引导 **C 激励** D 引以为戒	A 위로하다 B 인도하다 **C 격려하다** D 귀감이 되다
18. A 以年轻人为主 B 不宜经常参加 **C 并非奋斗的终点** D 跟其他比赛差不多	A 젊은이들이 위주이다 B 자주 참가하는 것은 적절하지 않다 **C 노력의 종착지는 아니다** D 다른 경기와 비슷하다
19. **A 家人的关爱** B 一种成就感 C 有值得信赖的朋友 D 一个充满希望的明天	**A 가족의 관심과 사랑** B 일종의 성취감 C 믿을 수 있는 친구가 있는 것 D 희망이 넘치는 내일
20. A 是篮球新人 B 现在是教练 C 不满意自己的成绩 **D 不止一次参加奥运会**	A 농구 신인 선수이다 B 현재 코치이다 C 자신의 성적에 만족하지 않는다 **D 올림픽에 1번 이상 출전했다**

지문	
女：此次奥运会你将以卫冕冠军的身份出战，和2004、2008年相比，现在的你有什么不同？ 男：16我为自己感到骄傲。我在国家队用了12年时间证明：自己依然是男子单打组中教练首选的运动员之一。伦敦是20我第三次代表男单参加的奥运会，我要做的是后人难以超越的纪录。	여: 이번 올림픽에서 디펜딩 챔피언으로 출전하셨는데요. 2004년, 2008년과 비교해서 지금의 당신은 무엇이 다른가요? 남: 16저는 스스로가 자랑스러워요. 저는 국가대표팀에서 12년 동안 증명했습니다. 저는 여전히 남자 단식팀에서 코치들이 가장 먼저 손꼽는 선수 중 하나입니다. 20런던은 제가 3번째로 남자 단식팀을 대표해서 출전하는 올림픽입니다. 제가 하고 싶은 것은 후배들이 뛰어넘기 어려운 기록을 세우는 것입니다.

女：在羽毛球界也有选手参加三届奥运会的先例，但是能够始终保持高水平的几乎没有。

男：对，没错。羽毛球的每一场消耗的体能和精力和很多项目完全不一样，特别是男子单打非常辛苦。我在过去12年的职业生涯中，已尽可能把我最好的竞技状态都表现了出来。17只要我还打下去，对很多年轻人来说就是鼓励。一个运动员一辈子没有几次能代表祖国参加奥运会，我会格外珍惜。18奥运会很神圣，但不是人生的终点。

女：29岁的你对幸福的理解是什么？

男：不在于你住多大的房子，或者是拥有了什么。也许通过你的努力拥有了这些以后，会有一种成就感。但那种成就感并不一定就是幸福感。幸福是早上下楼给家人买早点，是一家人一起聊天儿。幸福也是回家的时候，一抬头就能从窗口看到爸妈在厨房里忙活。19我觉得幸福是家人的爱，比如他们的鼓励和支持。

16. 男的怎么评价自己？
17. 男的认为自己对年轻人有什么作用？
18. 男的对奥运会有什么看法？
19. 男的对幸福的理解怎么样？
20. 关于男的可以知道什么？

여: 배드민턴에서 올림픽에 3번 출전한 선례는 있지만 항상 좋은 수준을 유지했던 것은 거의 없었는데요.

남: 네, 맞습니다. 배드민턴의 매 경기에서 소모하는 체력과 정신력은 많은 종목들과 완전히 다릅니다. 특히 남자 단식은 더 힘이 들지요. 저는 과거 12년의 선수 인생에서 이미 최대한 저의 가장 좋은 상태를 보여줬습니다. 17계속 해 나가기만 하면 많은 젊은 친구들에게 격려가 되겠죠. 한 명의 운동선수가 평생 몇 번이나 조국을 대표해 올림픽에 몇 번이나 참가하겠어요. 아주 소중한 경험이죠. 18올림픽은 아주 신성하지만 인생의 종착지는 아니에요.

여: 29세인 당신은 행복을 뭐라고 생각하십니까?

남: 얼마나 큰 집에 사는지 무엇을 소유하는지는 아니에요. 어쩌면 당신의 노력을 통해 그것들을 얻으면 성취감은 가질 수 있겠죠. 하지만 그런 성취감이 꼭 행복은 아니에요. 행복은 아침에 오르락내리락 하면서 식구들에게 아침식사를 사주고 가족과 대화를 하는 거죠. 행복은 또한 집에 돌아올 때 고개를 들면 창문으로 아버지, 어머니께서 주방에서 분주하신 것을 보는 거죠. 19저는 행복은 가족의 사랑이라고 생각해요. 예를 들어 그들의 격려와 지지죠.

16. 남자는 자신을 어떻게 평가하는가?
17. 남자는 자신이 젊은 사람들에게 어떤 역할을 한다고 생각하는가?
18. 남자는 올림픽에 대해 어떤 견해를 가지는가?
19. 남자는 행복을 어떻게 이해하는가?
20. 남자에 관해 알 수 있는 것은?

어휘 奥运会 àoyùnhuì 명 올림픽 卫冕 wèimiǎn 통 왕관을 지키다, 타이틀을 방어하다 单打 dāndǎ 명 (운동 경기) 단식 超越 chāoyuè 통 뛰어넘다, 초월하다 记录 jìlù 명 기록 羽毛球 yǔmáoqiú 명 배드민턴 先例 xiānlì 명 선례 消耗 xiāohào 통 소모하다 体能 tǐnéng 명 체능, 몸의 운동 능력 生涯 shēngyá 명 생애 竞技 jìngjì 명 경기 祖国 zǔguó 명 조국 神圣 shénshèng 형 신성하다 终点 zhōngdiǎn 명 종착점 成就感 chéngjiùgǎn 명 성취감 抬头 táitóu 통 머리를 들다 忙活 mánghuo 통 분주하게 일하다

1. 보기 공략법 실전 테스트

정답 1. B 2. D 3. B 4. D 5. C

1 - 5

女：现在各种类型、各种文风作者层出不穷，那么您在写作上是否有压力？您的作品大多取材于真实的事件，在创作时会回避一些问题吗？

여: 현재 다양한 장르, 다양한 스타일의 작가들이 끊임없이 나오고 있는데요. 그럼 선생님께서는 집필 과정에서 스트레스는 없으신가요? 선생님의 작품은 대다수가 실화를 바탕으로 하고 있는데요. 창작 과정에서 몇 가지 문제들을 피하시나요?

男：1我觉得压力对每个作家都是客观存在的，但是对于我自己来说，就无所谓了，不会构成压力。至于用不用回避一些问题，我觉得我问心无愧，所以就无所畏惧。

女：您是从什么时候开始写作的？

男：我大学毕业以后，5在政府机关工作到2000年。我大概从1989年开始写小说，原来一直是业余写作。我的工作并没有影响我对文学的追求和我写作的立场。最后因为作品越来越多，同我的工作时间自然而然形成了冲突，所以我就放弃了原来的工作，到了作家协会。

女：您是为了自己的爱好，选择走上这条路吧？

男：2我认为写作不是我的爱好，而是我的一种生存方式。

女：自己的作品中，您最喜欢哪一部？

男：作品就像自己的孩子一样。说喜欢老大，老二不高兴了；说喜欢老小，它们的哥哥姐姐们又不高兴了。每部我都喜欢。

女：现在有一种说法，书是做给没有文化的人看的，好像说现代人的阅读越来越像一种娱乐了，您是不是也这么认为？

男：作品应该有娱乐和审美的功能，但如果说只有没文化的人才看书，这种说法是带有偏见的。其实各种文化层次的人都应该能找到自己喜欢读的书。

女：您想过所谓的创作高峰和低潮的问题吗？

男：我没考虑过，反正3能按照自己的设想从容地写作，我就满足了。每个人的能量都是有限的，如果有一天写不出来了，我也不会勉强自己。

女：您可不可以给大家推荐一本书？

男：4现在我正在读一本书，是一部美国当代史，叫做《光荣与梦想》，我觉得有兴趣的朋友可以看一看。

남: 1저는 스트레스는 모든 작가들에게 객관적으로 존재하는 것이라고 생각합니다. 하지만 저에게는 대수롭지 않고 스트레스가 되지 않습니다. 몇 가지 문제들을 피해야 하느냐에 대해서도 저는 스스로에게 부끄러울 게 없으므로 두려움도 없습니다.

여: 선생님은 언제부터 글을 쓰시기 시작했나요?

남: 대학을 졸업한 후 5정부 기관에서 2000년까지 일했습니다. 약 1989년부터 소설을 썼는데 원래는 계속 취미로 글을 썼어요. 저의 직업은 문학에 대한 열망이나 저의 글을 쓰는 상황에 어떠한 영향도 주지 않았습니다. 나중에는 작품이 점점 늘어나게 되었고 자연스럽게 업무 시간과 충돌이 생기면서 본업을 포기하고 작가 협회에 가게 되었습니다.

여: 선생님은 자신의 취미를 위해 이 길을 걷기로 선택하신 거군요?

남: 2저는 글 쓰기는 취미가 아닌 생존의 방식이라고 생각합니다.

여: 선생님의 작품 중에 어느 작품을 가장 좋아하시나요?

남: 작품은 저의 아이와도 같아요. 첫째가 좋다고 하면 둘째가 기분 나쁘고 막내가 좋다고 하면 형과 누나가 싫어하겠죠. 모든 작품을 다 좋아합니다.

여: 요즘 이런 말이 있죠. 책은 교양이 없는 사람들이 보는 것이라는 말이 있어요. 현대인들의 독서가 점점 하나의 오락이 되어가는 것이죠. 선생님도 이렇게 생각하시나요?

남: 작품은 반드시 오락성과 심미적 기능이 있어야 하지만 만일 교양이 없는 사람들만 책을 본다고 한다면 이 말에는 편견이 있어요. 사실 다양한 문화 수준의 사람들이 모두 자신이 좋아하는 책을 찾을 수 있어야 합니다.

여: 선생님은 소위 말하는 창작의 전성기와 침체기의 문제에 대해서 생각해 보셨나요?

남: 생각해 본 적은 없습니다. 어쨌든 3자신의 생각에 따라 침착하게 글을 쓰면 저는 만족합니다. 모든 사람들의 능력은 한계가 있기 때문에 만일 어떤 날 글이 잘 써지지 않으면 저는 억지로 하지 않습니다.

여: 다른 분들에게 책 한 권 추천해 주시겠어요?

남: 4지금 책을 한 권 읽고 있는데요. 미국의 당대 역사에 관한 책입니다. 제목은 「The glory and the dream」이에요. 관심 있으신 분들은 한 번 읽어 보세요.

어휘 **层出不穷** céngchūbùqióng 성 끊임없이 나오다 **取材** qǔcái 통 재료를 취하다 **问心无愧** wènxīnwúkuì 성 스스로에게 부끄러움이 없다 **无所畏惧** wúsuǒwèijù 성 두려움이 하나도 없다 **冲突** chōngtū 통 충돌하다 **娱乐** yúlè 명 오락, 엔터테인먼트 **审美** shěnměi 형 심미적이다 **偏见** piānjiàn 명 편견 **层次** céngcì 명 단계 **高峰** gāofēng 명 최고조, 절정 **低潮** dīcháo 명 저조, 침체 상태 **反正** fǎnzhèng 부 아무튼 **从容** cóngróng 형 침착하다 **勉强** miǎnqiǎng 통 강요하다

1 男的怎么看待压力？ | 남자는 스트레스를 어떻게 보는가?

A 带来了灵感	A 영감을 가져다 준다
B 是客观存在的	**B 객관적으로 존재하는 것이다**
C 不应感到恐惧	C 공포를 느끼면 안 된다
D 让人不断进步	D 사람을 끊임없이 발전하게 한다

해설 보기는 모두 술어형으로 키워드를 파악한다. 지문에서 **我觉得压力对每个作家都是客观存在的**(저는 스트레스는 모든 작가들에게 객관적으로 존재하는 것이라 생각합니다)라고 했으므로 보기 B의 **客观存在**(객관적으로 존재하다)에 메모한다. 질문이 남자의 스트레스에 대한 견해를 묻고 있으므로 B가 정답이다.

어휘 **灵感** línggǎn 뗑 영감 **恐惧** kǒngjù 뗑 공포

2 对男的来说，写作是什么？ | 남자에게 글을 쓰는 것은 무엇인가?

A 生活的体验	A 삶의 체험
B 成功的基础	B 성공의 기초
C 家庭的熏陶	C 가정의 영향
D 生存的方式	**D 생존의 방식**

해설 보기는 모두 명사형으로 키워드를 확인한다. 지문에서 **我认为写作不是我的爱好，而是我的一种生存方式**(글을 쓰는 것은 저의 취미가 아닌 일종의 생존방식이라고 생각합니다)라고 하였으므로 키워드가 언급된 보기 D **生存的方式**(생존의 방식)에 메모한다. 질문이 남자에게 글을 쓰는 것이 무엇인가이므로 정답은 D이다. **不是……而是……**(~가 아니고 ~이다) 구문이 나오면 **而是** 뒷부분을 유의해서 들어야 한다.

어휘 **熏陶** xūntáo 뗑 영향 (긍정적 의미)

3 什么是能让他满足的？ | 무엇이 남자를 만족하게 하는가?

A 作品赢得好评	A 작품이 좋은 평가를 얻는다
B 按设想从容写作	**B 생각에 따라 침착하게 쓴다**
C 满足市场需求	C 시장의 수요를 만족시킨다
D 提高个人知名度	D 개인의 지명도가 높아진다

해설 보기의 키워드 **作品**(작품), **写作**(집필)를 보고 인터뷰 대상이 작가임을 알 수 있다. 지문에서 **能按照自己的设想从容地写作，我就满足了**(스스로의 생각에 따라 침착하게 글을 쓰면 스스로 만족하게 됩니다)라고 했으므로 보기 B **按设想从容写作**(생각한 것에 따라 침착하게 쓴다)에 메모한다. 질문이 무엇이 남자를 만족시키는가이므로 정답은 B이다.

4 关于《光荣与梦想》下列哪项正确？ | 「The glory and the dream」에 관해 다음 중 옳은 것은？

A 是他最喜爱的书	A 그가 가장 좋아하는 책이다
B 是他获过奖的书	B 수상을 한 적이 있는 책이다
C 是他正在写的书	C 그가 지금 쓰고 있는 책이다
D 是关于美国当代历史的	**D 미국의 당대 역사에 관한 것이다**

해설 보기가 모두 책의 특징에 관한 내용이다. 지문에서 **现在我正在读一本书，是一部美国当代史，叫做《光荣与梦想》**(지금 책을 한 권 읽고 있는데요. 미국의 당대 역사에 관한 책입니다)라고 했으므로 보기 D **当代历史**(당대 역사)에 메모한다. 질문이 「영

광과 꿈」에 관한 옳은 내용이 무엇인가이므로 보기 D가 정답이다.

5

关于男的，可以知道什么？	남자에 관해 알 수 있는 것은?
A 关注故事情节	A 이야기의 줄거리에 신경 쓴다
B 很在意别人的评价	B 다른 사람의 평가에 연연한다
C 曾在政府机构工作	**C 정부 기관에서 일한 적이 있다**
D 强调小说的娱乐性	D 소설의 오락성을 강조한다

해설 보기의 내용이 전문가 개인에 관한 것임을 알 수 있다. 인터뷰의 두 번째 질문의 대답에서 남자는 **在政府机关工作到2000年**(정부 기관에서 2000년까지 일했습니다)이라고 했으므로 보기 C **政府机关**(정부 기관)에 메모한다. 질문이 남자에 관해 알 수 있는 것을 물었으므로 정답은 C이다.

2. 지문 공략법 실전 테스트

정답 1. D   2. A   3. B   4. B   5. C

1 - 5

女："西双版纳"时装秀让全场观众屏住呼吸，不忍眨眼，受到震撼。它们着重表现什么呢？

男：1这场时装秀是中华民族服装魅力的展现。纷繁的设计及材质均表达了一个主题—神奇东方古国兼容并蓄、海纳百川的博大胸怀，色彩及外形诉说着细腻的东方情怀。

女：最近很多设计师把中国文化元素运用到了时装设计中，您认为哪些元素可以在时装上发扬广大？

男：中国文化底蕴深厚，历史悠久。一切风俗习惯，从一代传到一代，构成了民族的风貌。服装的文化内涵在于要续承民族传统，寻找中华民族传统文化之魂，2寻找中华民族生生不息的民族精神。服装样式也是这样，作为服装设计师，我们不能把民族性理解为偏襟小褂，或是绣花长衫和蜡染布。

女：您曾说过创意与市场是互动的，要找到一个点生存，这个点是什么？

男：在创意与市场之间，我努力保持对生活最真实的感应，同时也培养灵敏的市场嗅觉。我不会向市场妥协，但会努力令市场需求与自我风格有机结合。我们的每一个完整的设计方案，都是通过3先市场收集、整理、归类，再提出创意提案，最后满足需求，适应市场这样三步来完成。

여: '시솽반나' 패션쇼는 현장 관중들의 숨을 멎게 하고 차마 눈도 깜빡일 수 없는 충격을 주었는데요. 이번 패션쇼는 무엇을 표현하는 데 주안점을 두셨나요?

남: 1이번 패션쇼에서는 중화 민족 의상의 매력을 드러내고자 했습니다. 복잡한 디자인과 소재는 모두 하나의 주제인 신비한 동방나라의 관용과 넓은 마음을 표현하고자 했고, 색체와 외형은 섬세한 동방의 정서를 말하고자 했습니다.

여: 최근 많은 디자이너가 중국의 문화 요소를 디자인에 접목시키고 있는데요. 선생님은 어떤 요소가 패션쇼에서 발휘되었다고 생각하시나요?

남: 중국 문화의 내재적 의미는 깊고 역사는 유구합니다. 모든 풍속이 대대로 전해져 민족의 모습을 만들었죠. 의상의 문화적 의미는 민족의 전통을 계승하고 중화 민족 전통 문화의 혼을 찾고 2중화 민족의 꺼지지 않는 민족정신을 찾는 데 있어요. 의상 스타일도 마찬가지예요. 패션 디자이너로 우리는 민족성을 한쪽으로 튼 저고리로 여기거나, 수를 놓은 두루마기와 납염천이라고 이해하면 안 됩니다.

여: 선생님께서는 창의성과 시장의 상호 관계에 대해 말씀하셨는데요. 생존할 포인트를 찾아야 한다고 하셨는데, 그것이 무엇인가요?

남: 창의성과 시장 사이에서 저는 삶에 대한 가장 진실된 반응을 유지하고, 동시에 민감한 시장 감각을 기르려고 노력했습니다. 저는 시장과 타협하지는 않지만 시장의 요구와 제 자신의 스타일을 유기적으로 결합하기 위해 노력합니다. 저희의 완성된 각각의 디자인안은 3우선 시장 자료를 수집, 정리, 분류한 뒤 다시 창의적인 제안을 하고 마지막으로 요구를 만족시켜 시장에 맞추는 3단계로 완성이 됩니다.

女：为了这场时装秀，您在西双版纳呆了近一个月，体验生活。设计师如何从生活中找到创作灵感？

男：时装设计师和任何艺术工作者一样，对创作对象，需要有比一般人更敏锐的感觉，4创作的灵感来源于生活。这些年来我的创作都是围绕民族主题的，就像刚发布的"西双版纳"。作为设计师应该把创作当作对人生的一种态度，生活不是缺少美，仅仅是少了点儿发现。重要的是有一双善于发现和有品位的眼睛。

女：时装界近两年一直提倡自主创新，创国际名牌。您认为什么是时装的自主创新，表现在哪些方面？

男：时装拥有神奇的生命力，它会自我复制、自我创造。如今社会对服装的要求日益更新、与日俱增，人们越来越注重个性的表现，各种各样的表现形式也促进了服装本身的改变。服装设计师就是要创造属于民族的、属于世界的艺术作品。我想每个服装设计师都要有一种责任感，为这个目标去努力。

여: 이번 패션쇼를 위해 사상반나에서 약 한 달 간 머물면서 생활하셨는데요. 디자이너는 생활 속에서 어떻게 영감을 찾아낼까요?

남: 디자이너는 예술 종사자들과는 마찬가지로 창작의 대상에 대해 일반인보다 더 예리한 감각을 가져야 해요. 4창작의 영감의 대부분이 생활에서 나오는 것이죠. 최근 몇 년간 저의 창작은 '시솨반나'처럼 민족을 주제로 했어요. 디자이너는 창작을 인생에 대한 태도로 여겨야 해요. 생활은 아름다움이 부족한 것이 아니라 단지 발견을 못 하는 것 뿐이죠. 중요한 것은 발견을 잘하고 센스가 있는 눈을 가지는 거예요.

여: 패션 업계에서는 최근 몇 년간 자주 혁신과 국제적인 브랜드 개발에 주력했는데요. 선생님께서는 무엇이 패션의 자주 혁신이라고 생각하고 어떤 면에서 표현된다고 생각하시나요?

남: 패션은 신기한 생명력을 가지고 있어요. 그것은 스스로 복제하고 창조하죠. 오늘날과 같이 사회는 패션에 대한 요구가 날이 갈수록 새로워지고 커 가며, 사람들은 점점 개성의 표현을 중시하고, 다양한 표현 형식으로 패션 자체의 변화를 촉진하고 있어요. 패션 디자이너는 민족에 속하면서 세계에 속하는 예술 작품을 창조해야 합니다. 저는 모든 패션 디자이너가 책임감을 가지고 이 목표를 위해 노력해야 한다고 생각합니다.

어휘 西双版纳 Xīshuāngbǎnnà 몡 시상반나　时装秀 shízhuāngxiù 몡 패션쇼　屏住 bǐngzhù 툉 억제하다　呼吸 hūxī 툉 호흡하다　不忍 bùrěn 툉 차마 ～하지 못하다　眨眼 zhǎyǎn 툉 눈을 깜빡이다　震撼 zhènhàn 툉 진동시키다, 흥분시키다　着重 zhuózhòng 툉 중시하다　展现 zhǎnxiàn 툉 나타내다　纷繁 fēnfán 혱 많고 복잡하다　材质 cáizhì 몡 재질　均 jūn 혱 고르다 閉 모두　神奇 shénqí 혱 신기하다　兼容 jiānróng 툉 동시에 여러 가지를 용납하다　并蓄 bìngxù 툉 함께 받아들이다　海纳百川 hǎinàbǎichuān 솅 마음이 넓음을 이르는 말　博大 bódà 혱 넓고 크다　胸怀 xiōnghuái 몡 마음, 가슴 툉 가슴에 품다　诉说 sùshuō 툉 하소연하다　细腻 xìnì 혱 부드럽고 매끄럽다　情怀 qínghuái 몡 기분, 심경　底蕴 dǐyùn 몡 내재적 의미　风貌 fēngmào 몡 풍모　内涵 nèihán 몡 내포, 내용, 교양　魂 hún 몡 영혼　偏襟 piānjīn 몡 (중국식 상의에서) 한쪽으로 옷자락을 튼 스타일　小褂 xiǎoguà 몡 중국식 적삼　绣花 xiùhuā 툉 수놓다　长衫 chángshān 몡 장삼　蜡染布 làrǎnbù 몡 납염천　创意 chuàngyì 몡 창의력　灵敏 língmǐn 혱 반응이 빠르다, 예민하다　嗅觉 xiùjué 몡 후각　妥协 tuǒxié 툉 타협하다　风格 fēnggé 몡 스타일　归类 guīlèi 툉 분류하다　提案 tí'àn 몡 제안(하다)　品位 pǐnwèi 몡 품위, 품격　提倡 tíchàng 툉 제창하다　与日俱增 yǔrìjùzēng 솅 점점 많아지다　注重 zhùzhòng 툉 중시하다

1

这场时装秀着重展现什么？

이번 패션쇼는 무엇을 드러내고자 했는가?

A 艺术的真实性
B 东西文化的融合
C 中国服装的演变
D 中华民族服装的魅力

A 예술의 진실성
B 동서 문화의 융합
C 중국 의상의 변천
D 중화 민족 의상의 매력

해설 보기가 모두 명사형이므로 키워드 **真实性**(진실성), **融合**(융합), **演变**(변천), **魅力**(매력)에 유의해서 듣는다. 키워드를 보고 인터뷰 분야가 **中国服装**(중국 의상)임을 파악한다. 지문에서 **这场时装秀是中华民族服装魅力的展现**(이번 패션쇼에서는 중화 민족 의상의 매력을 드러내고자 했습니다)이라고 했으므로 보기 D **中华民族服装的魅力**(중화 민족 의상의 매력)에 메모한다. 질문이 이번 패션쇼에서 드러내고자 하는 것을 물었으므로 보기 D가 정답이다.

어휘 融合 rónghé 툉 융합하다　演变 yǎnbiàn 툉 변천하다

2 为展现民族文化，服装中应主要表现什么？

A **民族精神**
B 中华艺术中的美
C 经典的服装样式
D 中国传统艺术的精华

민족 문화를 보여주기 위해 의상에서 무엇을 표현해야 하나?

A **민족 정신**
B 중화 예술의 아름다움
C 고전적인 의상 양식
D 중국 전통 예술의 정수

해설 보기가 모두 명사형으로 키워드를 중심으로 듣는다. 지문에서 의상의 문화적 의미는 **寻找中华民族生生不息的民族精神**(중화민족의 꺼지지 않는 민족정신을 찾는 것)이라고 했으므로 보기 A에 메모한다. 질문은 민족 문화를 보여주기 위해 의상에서 표현해야 하는 것이므로 정답은 A이다.

어휘 精华 jīnghuá 명 정화, 정수

3 男的设计服装时第一步是什么？

A 做问卷调查
B **收集市场信息**
C 确定设计方案
D 规划设计风格

남자가 의상을 디자인할 때 첫 단계는 무엇인가?

A 설문 조사를 한다
B **시장 정보를 수집한다**
C 디자인 안을 확정한다
D 디자인 스타일을 기획한다

해설 보기가 모두 구체적인 행동을 나타내고 있다. 지문에서 남자는 디자인 방안에 대해 **先市场收集、整理、归类**(먼저 시장 자료 수집, 정리, 귀납한다)라고 했으므로 보기 B **收集市场信息**(시장 정보를 수집한다)에 메모한다. 질문이 의상을 디자인하는 첫 단계가 무엇인가이므로 정답은 B이다.

어휘 问卷调查 wènjuàndiàochá 설문 조사

4 男的认为创作的灵感来源于哪儿？

A 家庭
B **生活**
C 大自然
D 文学作品

남자는 창작의 영감이 어디에서 온다고 생각하는가?

A 가정
B **생활**
C 대자연
D 문학 작품

해설 보기가 모두 명사이므로 키워드에 유의해서 듣는다. 지문에서 **创作的灵感来源于生活**(창작의 영감은 생활에서 온다)라고 했으므로 보기 B **生活**(생활)에 메모한다. 질문이 남자의 창작 영감이 어디에서 오느냐이므로 정답은 B이다.

5 关于男的可以知道什么？

A 做过模特
B 擅长音乐创作
C **是服装设计师**
D 创造了国际品牌

남자에 관해 알 수 있는 것은?

A 모델을 한 적이 있다
B 음악 창작을 잘한다
C **패션 디자이너이다**
D 국제적인 브랜드를 만들었다

해설 보기의 내용이 모두 개인에 관한 정보이다. 지문의 전반적인 내용을 듣고 남자는 패션 디자이너임을 알 수 있으므로 보기 C **服装设计师**(패션 디자이너)에 메모한다. 보기 A의 **模特**(모델)는 틀린 내용이고, B의 **音乐**(음악) 역시 틀린 내용이다. 보기 D의 **国际品牌**(국제적 브랜드)는 언급되지 않았다.

어휘 模特 mótè 명 모델 擅长 shàncháng 동 (어떤 방면에) 뛰어나다, 잘하다

정답 1. **B**　 2. **C**　 3. **D**　 4. **C**　 5. **A**　 6. **D**　 7. **A**　 8. **B**　 9. **B**　 10. **D**

1 - 5

女：企业到底需要什么样的人才？他们必须具备什么样的素质？王总，听说你们公司只招收名牌大学最优秀的学生，是这样吗？

男：这是误解。有一次助理拿了一份简历来，1那个学生大学四年拿了双学位，有自己的专长，社会活动能力也很强，要求到我们公司来。我思索了一阵，还是拒绝了。

女：太优秀也有问题吗？

男：有问题。理由是：第一呢，"一流大学"的本科毕业生，三分之一出国，三分之一考研，剩下的三分之一才到社会上。而这三份之一到社会上的呢，第一选择是去证券公司，因为收入非常高；第二、去大型的国有金融机构，虽然收入没有那么多，但非常稳定；第三、去跨国公司，2工资不一定非常高，但是跨国公司资源丰富，将来独立创业有用。就算我们公司是民营企业中最优秀的，我们也只能排到选择的第四位。为什么最优秀的肯来呢？3无非是将我们公司当作一个过渡。

女：看来以后到你们公司求职压力会很大了。

男：其实压力不大。我们公司看重职员这样两个方面，第一个叫"信"，就是有责任，讲信用；第二个叫"精"，精益求精的"精"。

女：能具体解释一下吗？

男：我们公司的企业文化就是有责任，讲信用。4我们在看人事档案时，主要选择那些懂得孝顺父母、对家庭有责任感的人，否则他不会是一个对企业负责任的人。

女：如果这个人本质很好，但没有上进心呢？

男：这就是我说的第二点"精"，这表现在业务上。即使他曾经失败过，只要他一直在努力，我们也会雇用他。5因为这说明他有上进心，能为企业奋斗。

여: 기업은 어떠한 인재를 필요로 할까요? 그들은 어떤 자질을 갖춰야 할까요? 왕 대표님, 대표님 회사는 명문대의 가장 우수한 학생들만 뽑는다고 들었는데, 그런가요?

남: 그건 오해입니다. 한번은 비서가 이력서 하나를 가져 왔는데, 1그 학생은 대학 4년 동안 복수 학위를 이수했고, 전문 기술도 갖췄고, 사회 활동 능력도 아주 좋았죠. 저희 회사에 오기를 희망했습니다. 저는 잠시 생각한 후 거절했습니다.

여: 너무 우수한 것도 문제가 되나요?

남: 문제가 되죠. 이유는 먼저 "일류 대학" 학사 졸업생의 3분의 1이 해외로 나가고, 3분의 1은 대학원에 진학하고, 나머지 3분의 1만이 사회에 나옵니다. 그런데 이 3분의 1이 사회에 나오면 첫 번째로 하는 선택이 증권 회사에 가는 거예요. 수입이 아주 높기 때문이죠. 두 번째는 대형 국유 금융 기관에 갑니다. 수입은 그렇게 높지 않지만 아주 안정적이기 때문이에요. 2세 번째는 다국적 기업으로 갑니다. 월급이 꼭 높은 것은 아니지만 다국적 기업은 자원이 풍부해서 나중에 스스로 창업을 하는데 도움이 됩니다. 저희 회사는 민간 기업 중에서는 가장 우수하지만, 단지 네 번째 선택이 될 수 밖에 없습니다. 가장 우수한 인재가 왜 저희 회사에 오기를 원하겠어요? 3명분 그냥 지나가는 중간 과정일 뿐이죠.

여: 보아하니 나중에 대표님 회사에 구직하는 사람들은 스트레스가 클 것 같습니다.

남: 사실 스트레스가 크지 않아요. 저희 회사는 직원의 두 가지 면을 봅니다. 첫 번째는 "신뢰"인데, 바로 책임감이 있고 신용을 지키는 것이죠. 두 번째는 '정교함'이에요. 훌륭한데도 더 훌륭하게 하려 한다고 할 때의 '정교함'입니다.

여: 구체적으로 설명해 주시겠어요?

남: 저희 회사의 기업 문화는 책임감이 있고 신용을 지키는 것입니다. 4저희는 인사 파일을 볼 때 주로 부모님께 효도하고 가정에 책임감이 있는 사람을 선택합니다. 그렇지 않으면 기업에도 책임을 질 사람이 아니기 때문입니다.

여: 만약에 사람의 본성은 좋은데 진취성이 없으면요?

남: 이것이 바로 제가 말씀 드렸던 두 번째 면인 "정교함"인데요. 이건 업무에서 나타납니다. 설령 실패를 한 적이 있더라도 꾸준히 노력하면, 우리는 그 사람을 고용할 겁니다. 5왜냐하면 그 사람은 진취성이 있고, 회사를 위해 노력할 것이기 때문입니다.

어휘 素质 sùzhì 몡 소양, 자질　招收 zhāoshōu 통 모집하다　误解 wùjiě 몡 오해　双学位 shuāngxuéwèi 몡 복수 학위　专长 zhuāncháng 몡 특기, 전문 기술　思索 sīsuǒ 통 사색하다　考研 kǎoyán 통 대학원에 응시하다　证券 zhèngquàn 몡 증권　金融机构 jīnróngjīgòu 금융 기관　跨国公司 kuàguógōngsī 다국적 기업　过渡 guòdù 통 넘어가다　求职 qiúzhí 통 구직하다　精益求精 jīngyìqiújīng 셍 훌륭하지만 더 완벽을 추구하다　档案 dàng'àn 몡 파일　孝顺 xiàoshùn 통 효도하다　上进心

shàngjìnxīn 명 진취성, 성취욕 **雇佣** gùyōng 통 고용하다 **奋斗** fèndòu 통 분투하다

1 那个大学生怎么样？　　　　　　　　　그 대학생은 어떠한가?

A 文凭不高　　　　　　　　　　　　　A 스펙이 좋지 않다
B 素质很高　　　　　　　　　　　　**B 자질이 매우 높다**
C 成绩一般　　　　　　　　　　　　　C 성적이 보통이다
D 没有留学经验　　　　　　　　　　　D 유학 경험이 없다

해설 보기가 모두 개인의 역량에 관한 내용이다. 지문에서 **那个学生大学四年拿了双学位, 有自己的专长, 社会活动能力也很强**(그 학생은 대학 4년 동안 복수 학위를 이수했고, 전문 기능도 갖췄고, 사회 활동 능력도 아주 좋았어요)이라고 했으므로 보기 B **素质很高**(자질이 매우 높다)에 메모한다. 질문이 그 대학생에 관한 정보이므로 정답은 B이다.

어휘 **文凭** wénpíng 명 졸업증서, 자격증, 스펙

2 "一流大学"的毕业生为什么去跨国公司？　'일류대학' 졸업생은 왜 다국적 기업으로 가는가?

A 工作稳定　　　　　　　　　　　　　A 일이 안정적이다
B 福利完善　　　　　　　　　　　　　B 복지가 완비되어 있다
C 资源丰富　　　　　　　　　　　　**C 자원이 풍부하다**
D 有发展前景　　　　　　　　　　　　D 발전 전망이 있다

해설 보기의 **工作**(일), **福利**(복지)를 보고 인터뷰 내용이 회사와 관련된 것임을 예상한다. 지문에서 **工资不一定非常高, 但是跨国公司资源丰富**(월급이 아주 많지 않지만 다국적 기업은 자원이 풍부하다)라고 했으므로 들린 내용이 있는 보기 C **资源丰富**(자원이 풍부하다)에 메모한다. 질문이 다국적 기업에 가는 이유이므로 C가 정답이다.

어휘 **福利** fúlì 명 복지 **前景** qiánjǐng 명 장래, 전망

3 男的认为那个学生为什么来自己公司？　남자는 그 학생이 왜 자신의 회사에 왔다고 생각하는가?

A 很有前途　　　　　　　　　　　　　A 미래가 밝아서
B 待遇很好　　　　　　　　　　　　　B 대우가 좋아서
C 有发展空间　　　　　　　　　　　　C 발전의 여지가 있어서
D 当作是过渡　　　　　　　　　　　**D 지나가는 과정으로 여겨서**

해설 보기의 내용이 모두 회사 또는 직업에 관한 것이다. 지문에서 **无非是将我们公司当作一个过渡**(단지 우리 회사는 지나가는 과정일 뿐이죠)라고 했으므로 보기 D **当作是过渡**(지나가는 과정으로 여기다)에 메모한다. 질문이 학생이 자신의 회사에 온 이유에 대해 묻고 있으므로 정답은 D이다.

어휘 **前途** qiántú 명 전도, 전망 **当作** dàngzuò 통 ~로 삼다

4 男的看人事档案时主要看什么？　　　남자는 인사 파일을 볼 때 무엇을 주로 보는가?

A 哪所大学毕业　　　　　　　　　　　A 어느 대학을 졸업했는가
B 成绩是否优秀　　　　　　　　　　　B 성적이 우수한가
C 是否有责任感　　　　　　　　　　**C 책임감이 있는가**
D 是否有双学位　　　　　　　　　　　D 복수 학위가 있는가

해설 보기에 모두 **是否**(인지 아닌지)가 있다. 보기의 키워드를 파악하여 듣는다. 지문에서 **我们在看人事档案时, 主要选择那些**

懂得孝顺父母、对家庭有责任感的人，否则他不会是一个对企业负责任的人(저희는 인사 파일을 볼 때 주로 부모님께 효도하고 가정에 책임감이 있는 사람을 선택합니다. 그렇지 않으면 기업에도 책임을 질 사람이 아니기 때문입니다)이라고 했으므로 보기 C에 메모한다. 질문에서 인사 파일을 볼 때 주로 무엇을 보는지 물었으므로 정답은 C이다.

5

在职务上，男的的公司看重什么？	직무상에서 남자의 회사는 무엇을 중시하는가？
A 积极上进 B 工作认真负责 C 能吃苦耐劳 D 有团队合作精神	A 능동적이고 진취적이다 B 일을 성실히 책임진다 C 고생을 잘 견딘다 D 협동 정신이 있다

해설 보기의 내용은 직무 능력 또는 자질에 관한 것이다. 지문에서 **因为这说明他有上进心，能为企业奋斗**(왜냐하면 그 사람은 진취성이 있는 것이고, 회사를 위해 노력할 것이기 때문입니다)라고 했으므로 보기 A **上进**(진취적이다)에 메모한다. 질문에서 남자의 회사가 중시하는 것을 물었으므로 정답은 A이다.

어휘 吃苦耐劳 chīkǔnàiláo 셩 고통과 어려움을 참고 견디다 团队合作精神 tuánduìhézuòjīngshén 몡 협동 정신

6-10

女: 早上好，各位网友，欢迎点击我们的访谈。6很多人都认为陶瓷在中国的历史文化长河中占有非常重要的地位。今天的访谈我们就将和您一起来谈谈陶瓷艺术。欢迎您，朱老师。陶瓷和音乐的关系最早可以追逐到新石器时期，当时人们发明了制陶的技术，同时也开始用陶瓷的材料制成了人类最早的乐器。10朱老师你也用陶瓷材料建造了一个音乐厅，您先给我们简单介绍一下这个音乐厅吧。

男: 正如你所介绍的，7这个音乐厅采用了陶瓷作为建筑材料。陶瓷做建筑材料的效果特别好，我不但考虑到了它的音响效果，还考虑到了陶瓷艺术和建筑空间的结合。

女: 您能具体解释一下什么是陶瓷艺术和建筑空间的结合吗？

男: 现在中国城市建设发展很快，空间艺术非常重要。陶瓷作为一种艺术材料在环境空间建造中扮演这么一个角色是非常好的。我们知道海底沉船里的那些陶瓷，沉睡了几百年，打捞出来后还是完好如初，8它的颜色是永远不会变的。我们可以采取很多新的方法来设计并利用这种材料，这是个很好的创意。

女: 一般的建筑物都是由石材和木材建筑的，那么，与石材和木材相比，陶瓷有什么优势呢？您能否谈谈制作过程？

여: 좋은 아침입니다. 저희 인터뷰에 클릭해주신 것을 환영합니다. 6도자기가 중국의 역사 문화 과정에서 아주 중요한 위치를 차지하는 것은 많은 사람들이 알고 있습니다. 오늘 저희는 도자기 예술에 관해 이야기를 나눠볼까 합니다. 안녕하세요, 주 선생님. 도자기와 음악의 관계는 일찍이 신석기 시대로 거슬러 갑니다. 당시 사람들은 도자기 제작 기술을 발명함과 동시에 도자기의 재료를 사용해 인류 최초의 악기를 만들기 시작했습니다. 10주 선생님께서도 도자기 재료를 사용해 콘서트 홀을 건축하셨는데, 이 콘서트 홀에 관해 간단한 소개 좀 부탁 드릴게요.

남: 방금 소개해 주신 것처럼 7이 콘서트 홀은 도자기를 건축 재료로 사용했습니다. 도자기 건축 재료의 효과는 아주 좋습니다. 저는 그것의 음향 효과도 고려했고 또한 도자기 예술과 건축 공간과의 결합도 고려했습니다.

여: 무엇이 도자기 예술과 건축 공간의 결합인지 구체적으로 설명해 주시겠습니까？

남: 현재 중국의 도시 건설은 매우 빠르게 발전해서 공간 예술이 아주 중요합니다. 도자기는 예술 재료로 환경을 조성하는 데에 이런 역할을 감당하는 것은 아주 좋습니다. 저희는 해저에 가라앉은 배 안의 도자기가 수백 년의 깊은 잠을 자다가 건져 올렸을 때 처음과도 같은 모습을 그대로 유지하고 8색이 영원히 변하지 않음을 알고 있습니다. 우리는 많은 새로운 방법을 채택하여 이 재료를 설계하고 사용했습니다. 이것은 혁신이라고 볼 수 있죠.

여: 일반적인 건축물은 모두 석재와 목재로 짓는데 그럼 석재와 목재와 비교할 때 도자기는 어떤 장점이 있을까요？ 제작 과정을 설명해 줄 수 있으신가요？

男：陶瓷材料是通过高温烧制而成的，传统的景德镇陶瓷素有"白如玉、明如镜、声如磬"的特点。声如磬是指敲击它的声音像古代一种乐器发出的美妙声音。这说明陶瓷材料对声音的反射效果是木材、石材所不能比拟的。

女：你能给我们介绍一下中国传统陶艺和现代陶艺的区别吗？

男：传统陶瓷包括彩陶和唐三彩等。9现代陶艺和传统陶艺最大的区别在于对材料的重新认识，现代陶艺采用了许多与传统陶艺不同的材料；还有就是对土和火的认识，"土"就是所谓的材料，"火"就是通过不同的方法让它产生不同的效果。土和火的巧妙结合能体现陶瓷的个性，还能体现陶瓷本质的美感。这些都是现代陶艺的烧制观念。

남: 도자기 재료는 고온으로 구워서 만듭니다. 전통적인 진더전 도자기는 본래 '백옥같이 희고, 거울처럼 빛나고 빈 그릇처럼 울리는' 특징이 있습니다. 빈 그릇처럼 울린다는 것은 그것을 두드릴 때의 소리가 고대 악기가 내는 아름다운 소리와도 같다는 것입니다. 이것은 도자기 재료의 소리에 대한 반사 효과가 목재나 석재와는 비교할 수 없다는 것이죠.

여: 중국 전통 도자기 예술과 현대 도자기 예술의 차이점을 소개해 주시겠어요?

남: 전통 도자기는 채문 도기와 당삼채 등을 포함합니다. 9현대 도자기 예술과 전통 도자기 예술의 가장 큰 차이점은 재료에 대한 새로운 인식입니다. 현대 도자기 예술은 전통과는 다른 많은 재료를 사용합니다. 그리고 흙과 불에 인식인데요, '흙'은 소위 재료이고, '불'은 다양한 방법을 통해 다양한 효과를 만들어냅니다. 흙과 불의 절묘한 조합은 도자기의 개성을 드러내고 도자기 본연의 아름다움을 드러냅니다. 이 모든 것이 현대 도자기 예술의 제작 관념입니다.

어휘 **点击** diǎnjī 통 클릭하다 **访谈** fǎngtán 통 방문 취재하다 **陶瓷** táocí 명 도자기 **追逐** zhuīzhú 통 쫓다 **乐器** yuèqì 명 악기 **建造** jiànzào 통 건축하다 **音乐厅** yīnyuètīng 명 콘서트 홀 **音响** yīnxiǎng 명 음향 **扮演** bànyǎn 통 ～역을 맡다, 출연하다 **角色** juésè 명 역할 **沉睡** chénshuì 통 깊이 잠들다 **打捞** dǎlāo 통 건져내다 **完好** wánhǎo 형 온전하다 **如初** rúchū 형 처음과 같다 **采取** cǎiqǔ 통 (방법 등을) 취하다, 채택하다 **创意** chuàngyì 명 창의성 **石材** shícái 명 석재 **木材** mùcái 명 목재 **优势** yōushì 명 장점 **烧制** shāozhì 가마에 넣어 굽다 **景德镇** Jǐngdézhèn 징더전(도자기의 산지로 유명한 도시) **敲击** qiāojī 통 두드리다 **美妙** měimiào 형 아름답다 **反射** fǎnshè 통 반사하다 **比拟** bǐnǐ 통 비교하다 **唐三彩** Tángsāncǎi 명 당삼채(당나라 도자기) **区别** qūbié 명 구별, 차이

6 关于陶瓷，下列哪项正确？

도자기에 관해 다음 중 옳은 것은?

A 与音乐无关
B 经常用作建筑设计
C 不能用于储存粮食
D **是中国文化的一部分**

A 음악과 관련이 없다
B 건축 디자인에 자주 사용된다.
C 식량을 저장하는 데 사용될 수 없다
D **중국 문화의 일부분이다**

해설 보기가 모두 술어형으로 키워드를 확인한다. 지문에서 **很多人都认为陶瓷在中国的历史文化长河中占有非常重要的地位**(도자기가 중국의 역사 문화 과정에서 아주 중요한 위치를 차지하는 것은 많은 사람들이 알고 있습니다)라고 했으므로 보기 D의 **中国文化**(중국 문화)에 메모한다. 질문이 도자기에 관한 옳은 내용이므로 정답은 D이다.

어휘 **储存** chǔcún 통 저장하다

7 用陶瓷制作的音乐厅有什么特点？

도자기를 사용해 건축한 콘서트 홀은 어떤 특징을 가지는가?

A **材料别具一格**
B 成本十分昂贵
C 外观富有美感
D 配套设施齐全

A **재료가 독특하다**
B 비용이 매우 비싸다
C 외관이 아름답다
D 부대 시설이 완비되어 있다

해설 보기는 모두 특징에 관한 것으로, **材料**(재료), **成本**(원가), **外观**(외관), **配套设施**(부대 시설) 등의 키워드를 확인한다. 지문에서 **这个音乐厅采用了陶瓷作为建筑材料**(이 콘서트 홀은 도자기를 건축 재료로 사용했습니다)라고 했으므로 보기 A의 **材料别具一格**(재료가 독특하다)에 메모한다. 질문이 도자기로 건축한 콘서트 홀의 특징을 묻고 있으므로 A가 정답이다.

어휘 **别具一格** biéjùyìgé 〔성〕 독특한 풍격을 지니다 **昂贵** ángguì 〔형〕 비싸다 **美感** měigǎn 〔명〕 미적 감각 **配套设施** pèitàoshèshī 〔명〕 부대 시설 **齐全** qíquán 〔형〕 완비하다

8

下列哪项是陶瓷的优点？	다음 중 도자기의 장점인 것은?
A 耐高温	A 열에 강하다
B 不褪色	**B 변색되지 않는다**
C 防潮湿	C 습기에 강하다
D 不生锈	D 녹슬지 않는다

해설 보기가 모두 성질에 관한 것이다. 지문에서 **它的颜色是永远不会变的**(그것의 색깔은 영원히 변하지 않는다)라고 했으므로 보기 B **不褪色**(변색되지 않는다)에 메모한다. 질문이 도자기의 장점이 무엇인가이므로 정답은 B이다. 도자기를 고온에서 굽는 것이 열에 강한 것은 아니므로 보기 A를 정답으로 오인하지 않도록 하자.

어휘 **褪色** tuìsè 〔통〕 퇴색하다 **防** fang 〔통〕 방지하다, 막다 **潮湿** cháoshī 〔형〕 축축하다, 눅눅하다 **生锈** shēngxiù 〔통〕 녹이 슬다

9

传统陶艺和现代陶艺有什么区别？	전통적 도자기 예술과 현대 도자기 예술은 어떤 차이가 있는가?
A 制作方法	A 제작 방법
B 材料选取	**B 재료 선택**
C 消费群体	C 소비층
D 基础设备	D 기초 설비

해설 보기가 모두 명사형이므로 녹음에서 그대로 들리는 어휘에 유의한다. 지문에서 **现代陶艺和传统陶艺最大的区别在于对材料的重新认识**(현대 도자기 예술과 전통 도자기 예술의 가장 큰 차이점은 재료에 대한 새로운 인식입니다)를 듣고 재료(**材料**)가 있는 보기 B를 체크한다. 질문에서 전통과 현대의 도자기 예술의 차이점을 물었으므로 정답은 B이다.

어휘 **消费群体** xiāofèiqúntǐ 소비층 **基础设备** jīchǔshèbèi 기초 설비

10

关于男的，下列哪项正确？	남자에 관한 내용으로 다음 중 옳은 것은?
A 敢于冒险	A 용감하게 모험한다
B 用陶瓷制作乐器	B 도자기로 악기를 만들었다
C 注重海外市场	C 해외 시장을 중시한다
D 是个建筑师	**D 건축가이다**

해설 보기의 내용이 전문가 개인에 관한 것임을 알 수 있다. 지문에서 **朱老师你也用陶瓷材料建造了一个音乐厅**(주 선생님께서도 도자기 재료를 사용해 콘서트 홀을 건축하셨는데요)이라고 했으므로 보기 D **建筑师**(건축가)에 메모한다. 질문이 남자에 관한 옳은 내용을 물었으므로 정답은 D이다.

듣기
제 3 부분

긴 글을 듣고 관련 문제 풀기

Warm Up 풀이 전략 적용해 보기

문제

31. A 大脑分为两部分　　　　　　A 대뇌는 두 부분으로 나뉜다
　　 B 大脑的认知功能　　　　　　B 대뇌의 인지 기능
　　 C 大脑的感知功能　　　　　　C 대뇌의 감각 기능
　　 D 大脑左右半球的分工　　　**D 대뇌 좌뇌와 우뇌의 역할 분담**

32. A 充满感情的话　　　　　　　A 감정이 가득한 말
　　 B 来不及说的话　　　　　　　B 미처 다 못한 말
　　 C 话中暗含的意思　　　　　**C 말에 숨겨진 의미**
　　 D 有讽刺意味的话　　　　　　D 풍자의 뜻을 가진 말

33. A 人体的奥秘　　　　　　　　A 인체의 신비
　　 B 大脑的结构　　　　　　　　B 대뇌의 구조
　　 C 左半球的功能　　　　　　　C 좌뇌의 기능
　　 D 右半球的语言功能　　　　**D 우뇌의 언어 기능**

지문

　　人类的大脑分为左右两个半球，我们习惯于称它们为左脑和右脑。31但是这两侧半球的功能是不一样的，大脑左半球主要负责语言，而右半球支配着非语言声音、视觉和空间技能。认知功能和感知功能位于大脑的某一半球上被称为侧化。33那么，右半球在语言中是否也起着一定作用呢？

　　答案是肯定的，但右半球在语言中所起的作用不同于左半球。人类在用语言交谈时，会伴随着相应的表情、肢体语言、眼神，甚至是音腔、音调，32它们传递着语言交流中暗含的信息。比如，言外之意、字面意思与实际表达的意思不同等。这些语言中暗含的信息都是由右半球处理的，如果右半球受损就无法理解这些没说出来的信息。比如，用讽刺的语气来夸某人长得漂亮，右半球受损的人就理解不出讽刺的意思。

31. 什么是大脑的侧化？
32. 这段话中"言外之意"是什么意思？
33. 这段话主要谈的是什么？

　　인간의 대뇌는 좌우 반구로 나뉘며 우리는 그것을 좌뇌와 우뇌로 부른다. 31그런데 이 두 반구의 기능은 다르다. 좌뇌는 언어를 담당하고 우뇌는 비언어 소리, 시각, 공간 기능을 지배하고 있다. 인지 기능과 감각 기능이 대뇌의 어느 반구에 위치한 것을 편측화라고 부른다. 33그러면 우뇌도 언어에서 일정한 기능을 담당하는 것일까?

　　대답은 그렇다이다. 하지만 우뇌가 언어에서 담당하는 기능은 좌뇌와 다르다. 사람이 언어를 사용해 교류할 때 표정, 신체 언어, 눈빛, 심지어 어투와 음조까지 수반되는데 32그것은 언어 속에 함축되어 있는 정보를 전달한다. 예를 들어 언어 밖의 의미, 문자적 의미와 실제로 표현하는 의미는 다르다. 이러한 언어 중 함축되어 있는 정보는 우뇌가 처리한다. 만약 우뇌가 손상을 입으면 말로 표현하지 않는 이러한 정보를 이해할 수 없다. 풍자적인 말투로 사람의 외모를 칭찬하는 경우, 우뇌가 손상된 사람은 그 풍자적인 의미를 이해할 수 없다.

31. 무엇이 대뇌의 편측화인가?
32. '언어 밖의 의미'는 무엇을 뜻하는가?
33. 이 글이 주로 이야기하는 것은 무엇인가?

半球 bànqiú 명 반구 支配 zhīpèi 통 지배하다, 통제하다 视觉 shìjué 명 시각 认知 rènzhī 인지 感知 gǎnzhī 명 감지 控制 kòngzhì 통 통제하다 伴随 bànsuí 통 수반하다 相应 xiāngyìng 통 상응하다 肢体语言 zhītǐyǔyán 명 신체 언어, 보디랭귀지 眼神 yǎnshén 명 눈빛 腔 qiāng 명 (음악의) 곡조, 가락, 말의 어투 音调 yīndiào 명 음조 传递 chuándì 통 전달하다 暗含 ànhán 통 은근히 내포하다 夸 kuā 통 칭찬하다 讽刺 fěngcì 통 풍자하다

1. 설명문과 논설문 실전 테스트

> **정답** 1. A 2. C 3. B 4. C 5. A 6. C 7. D

1 - 3

一提起脂肪，许多人更是谈脂色变，人们会条件反射地联想到肥胖、动脉硬化、心血管疾病等由脂肪超负荷引发的状况，3其实，脂肪和蛋白质、碳水化合物并称"自然界的三大营养素"，是人体不可缺少的一部分。

食物的口味与脂肪的含量有很大的联系，1倘若食物中没有脂肪或脂肪含量很少，这种食物就不好吃。此外，脂肪还可以帮助吸收食品中的维生素。

脂肪对身体的作用也很大。如果身体却缺少脂肪，就会使皮肤干涩粗糙，失去弹性和光泽。另外，脂肪组织比较柔软，它存在于身体的各组织器官之间，2使器官之间减少摩擦，保护器官免受损伤，这就是为什么屁股上的脂肪较多时，即便久坐也不会觉得疲劳的原因。此外，脂肪具有不易传热的特性，所以能很好地防止散热，在冬天有防寒的作用。

지방에 대해 말하면 많은 사람들은 표정이 변하고 조건 반사적으로 비만, 동맥 경화, 심혈관 질병 등 지방의 과부하로 인한 상황들을 연상한다. 3사실, 지방과 단백질, 탄수화물은 '자연의 3대 영양소'로 인체에서는 없어서는 안 되는 일부분이다.

음식의 맛과 지방의 함유량은 많은 관계가 있다. 1만약에 음식에 지방이 없거나 지방 함량이 낮으면, 이런 음식은 맛이 없다. 그 밖에도 지방은 식품 속의 비타민을 흡수하도록 돕는다.

지방은 신체의 미치는 영향도 매우 크다. 만일 신체에 지방이 부족하면 피부가 건조하고 거칠어지며 탄력과 윤기를 잃게 된다. 그 밖에도 지방 조직은 부드러워서 신체의 각 조직과 기관 사이에 존재하여 2기관 사이의 마찰을 줄여서 기관이 손상을 입지 않도록 보호한다. 이것이 바로 엉덩이에 지방이 많은 경우 오래 앉아 있어도 피곤을 느끼지 않게 되는 원인이다. 이 외에도 지방은 열을 쉽게 전달하지 않는 특성이 있어서 열 발산을 막아주기 때문에 겨울에 방한 작용을 한다.

脂肪 zhīfáng 명 지방 谈脂色变 tánzhīsèbiàn 지방이라는 말만 들어도 얼굴빛이 달라진다 条件反射 tiáojiànfǎnshè 명 조건 반사 肥胖 féipàng 명 비만 动脉硬化 dòngmàiyìnghuà 명 동맥 경화 心血管疾病 xīnxuèguǎnjíbìng 명 심혈관 질환 超负荷 chāofùhè 명 초과 적재 引发 yǐnfā 통 야기하다 蛋白质 dànbáizhì 명 단백질 碳水化合物 tànshuǐhuàhéwù 명 탄수화물 不可缺少 bùkěquēshǎo 필수불가결하다 口味 kǒuwèi 명 맛 倘若 tǎngruò 접 만약에 干涩 gānsè 형 건조하다 粗糙 cūcāo 형 거칠다 弹性 tánxìng 명 탄성 光泽 guāngzé 명 광택 摩擦 mócā 명 마찰(하다) 屁股 pìgu 명 엉덩이 传热 chuánrè 통 열이 전도되다 柔软 róuruǎn 형 연하고 부드럽다 散热 sànrè 열을 발산하다 防寒 fánghán 통 추위를 막다

1

脂肪对食物有什么作用？	지방은 음식에 어떤 역할을 하는가?
A 口感变好	**A 맛을 좋게 한다**
B 延长保质期	B 보존 기간을 연장한다
C 增加维生素	C 비타민을 증가시킨다
D 防止食物变质	D 음식물의 변질을 방지한다

보기의 口感(입맛), 维生素(비타민), 食物(음식)를 통해 음식 및 건강 관련 내용임을 알 수 있다. 지문에서 음식과 지방 함량은 많은 관계가 있다라고 언급하며 倘若食物中没有脂肪或脂肪含量很少，这种食物就不好吃(만약에 음식에 지방이 없거나 지방 함량이 낮으면, 이런 음식은 맛이 없다)라고 했으므로 보기 A 口感(입맛)에 메모한다. 질문이 지방이 음식에 어떤 작용을 하는가이므로 정답은 A이다.

口感 kǒugǎn 명 맛, 식감 维生素 wéishēngsù 명 비타민

2

脂肪为什么能保护器官?	지방은 왜 장기를 보호할 수 있는가?
A 加快血液循环	A 혈액 순환을 빠르게 한다
B 降低器官温度	B 장기의 온도를 낮춘다
C 减少器官摩擦	**C 장기의 마찰을 줄인다**
D 帮助营养的吸收	D 영양의 흡수를 돕는다

해설 보기의 내용이 모두 기능을 나타낸다. 지문에서 **使器官之间减少摩擦. 保护器官免受损伤**(기관 사이의 마찰을 줄이고 기관이 손상을 입지 않도록 보호한다)이라고 했으므로 보기 C **减少器官摩擦**(장기의 마찰을 줄인다)에 메모한다. 질문이 지방이 장기를 보호할 수 있는 이유이므로 정답은 C이다.

3

这段话主要谈的是什么?	이 글이 주로 이야기하는 것은 무엇인가?
A 获得脂肪的渠道	A 지방을 얻는 경로
B 人体需要脂肪	**B 인체는 지방이 필요하다**
C 分解脂肪的方法	C 지방을 분해하는 방법
D 脂肪的负面影响	D 지방의 부정적인 영향

해설 보기에 脂肪(지방)이 공통적으로 있으므로 이에 관한 글임을 알 수 있다. 지문에서 **脂肪和蛋白质、碳水化合物并称"自然界的三大营养素". 是人体不可缺少的一部分**(지방과 단백질, 탄수화물은 '자연계의 3대 영양소'로 인체에서는 없어서는 안 되는 일부분이다)이라고 했으므로 지방이 인체에 필요한 성분임을 알 수 있다. 질문이 이 글의 주제를 묻고 있으므로 정답은 B이다.

어휘 渠道 qúdào 명 경로, 방법

4 - 7

4撒哈拉沙漠是世界最大的沙质荒漠，地区气候条件非常恶劣，是地球上最不适合生物生存的地方之一。但实际上还是有一些动物和植物在这样恶劣的环境中生存下来。在撒哈拉大沙漠中，生活着一种老鼠。这种老鼠呈现灰色，每当干旱的夏季即将来临时，它们都异常忙碌。4 5它们不停地寻找有绿色植物的地带，咬断植物的根并将它们返回洞穴，然后又忙着寻找另一处绿洲。即使洞穴里的草根已经非常多，足够它们度过整个夏天，这下老鼠依然来去匆匆。似乎只有这样，它们才能安心。

为了研究这些老鼠的生活习惯，有些动物学家进入了大沙漠中。6他们封锁了老鼠的洞穴，每天给它们足够的食物。这时候，令人出乎意料的事情发生了：这些老鼠并不像人们想的那样安心地享受现成的食物，这些老鼠私下寻觅着，表现得非常焦虑，甚至不能进食，直到忧心忡忡地死去。

动物学家对此进行了一些列分析，结果发现：7老鼠们的焦虑来自于它们对未来的担心。它们想象着一旦夏天过去，绿草枯萎，就再也难以发现草根了，这样它们很快就会饿死。

4사하라 사막은 세계 최대의 사질 황무지이며 지역적 기후 조건이 매우 열악하여 지구상에서 생물이 생존하기에 가장 적절하지 못한 지역 중 하나이다. 하지만, 사실 일부 동물과 식물은 이러한 열악한 환경에서 생존하고 있다. 사하라 사막에는 쥐가 살고 있는데, 이 쥐는 회색을 띠며 건조한 여름이 다가올 때마다 그들은 매우 바쁘다. 4 5그들은 끊임없이 녹색 식물이 있는 지역을 찾아 다니며 식물의 뿌리를 물어뜯어 그것을 가지고 굴로 돌아온 후 또 바쁘게 다른 녹지를 찾아 다닌다. 설령 굴에 풀 뿌리가 여름을 나기에 충분할 정도로 많더라도 이 쥐들은 여전히 바쁘다. 아마 이렇게 해야만 안심이 되는 모양이다.

이러한 쥐의 생활 습성을 연구하기 위해서 동물학자들이 사막으로 들어갔다. 6그들은 쥐의 굴을 봉쇄하고 매일 그들에게 충분한 먹이를 주었다. 이때 예상 밖의 일이 발생했다. 이 쥐는 사람들이 생각하는 것처럼 안심하고 가지고 있는 먹이를 즐기지 못했다. 이 쥐들은 개인적으로 계속 무언가를 찾고 있었고 매우 불안해 보였으며 심지어 먹지도 않고 근심과 걱정에 시달리다가 죽었다.

동물학자들은 이에 대해 분석했고 결과적으로 알아냈다. 7쥐들의 초조함은 미래에 대한 걱정에서 온 것이었다. 그들은 일단 여름이 지나가면 녹초가 시들고 다시는 녹초를 발견하지 못해 빨리 굶어 죽을 것이라 생각한 것이다.

어휘 沙漠 shāmò 몡 사막　沙质荒漠 shāzhìhuāngmò 사질 황무지　恶劣 èliè 혱 열악하다　老鼠 lǎoshǔ 몡 쥐　灰色 huīsè 몡 회색　干旱 gānhàn 몡 가뭄　来临 láilín 동 이르다, 도래하다　异常 yìcháng 뷔 몹시　忙碌 mánglù 혱 바쁘다　咬断 yǎoduàn 동 물어 뜯다　返回 fǎnhuí 동 되돌아오다　洞穴 dòngxué 몡 동굴　绿洲 lǜzhōu 몡 오아시스　草根 cǎogēn 몡 풀 뿌리　匆匆 cōngcōng 혱 매우 급하다　封锁 fēngsuǒ 동 봉쇄하다　出乎意料 chūhūyìliào 젱 예상을 벗어나다　寻觅 xúnmì 동 찾다　焦虑 jiāolǜ 혱 초조하다　进食 jìnshí 동 식사하다　忧心忡忡 yōuxīnchōngchōng 젱 근심 걱정에 시달리다　枯萎 kūwěi 동 시들다

4

关于撒哈拉沙漠，下列哪项不是正确？	사하라 사막에 관해 다음 중 옳지 않은 것은?
A 不适合生物生存	A 생물이 생존하기에 적절하지 않다
B 气候条件非常恶劣	B 기후 조건이 매우 열악하다
C 一块儿绿地也没有	**C 한 뼘의 녹지도 없다**
D 是世界上最大的沙漠	D 세계에서 가장 큰 사막이다

해설 일단 주어진 보기를 살펴보면 보기들이 모두 특정 지역에 대해 설명하고 있다. 지문에서 **撒哈拉沙漠是世界最大的沙质荒漠，地区气候条件非常恶劣，是地球上最不适合生物生存的地方之一**(사하라사막은 세계 최대의 사질 황무지이며 지역과 기후 조건이 매우 열악하여 지구상에서 생물이 생존하기에 가장 적절하지 못한 지역 중 하나이다)라고 했으므로 들린 내용이 있는 보기 A, B, D에 메모한다. 질문이 사하라 사막에 관해 옳지 않은 것을 고르는 것이므로 정답은 C이다. 지문에서 쥐들이 **不停地寻找有绿色植物的地带**(끊임없이 녹색 지역을 찾는다)라고 했으므로 C가 틀린 내용이다.

5

每年夏天，这些老鼠都在干什么？	매년 여름에 이 쥐들은 무엇을 하는가?
A 寻觅食物	**A 먹이를 찾는다**
B 躲避天敌	B 천적을 피한다
C 寻找配偶	C 짝을 찾는다
D 忙于搬家	D 바쁘게 이사한다

해설 보기의 **寻觅**(찾다), **天敌**(천적) 등을 보고 동물에 관한 글임을 예상한다. 지문에서 **它们不停地寻找有绿色植物的地带**(그들은 끊임없이 녹색 식물이 있는 지역을 찾아 다니며)라고 했으므로 들린 내용이 있는 보기 A **寻觅食物**(먹이를 찾는다)에 메모한다. 질문이 매년 여름에 쥐가 하는 행동이 무엇인가이므로 정답은 A이다.

어휘 **躲避** duǒbì 동 숨다, 피하다　**天敌** tiāndí 몡 천적　**配偶** pèi'ǒu 몡 짝, 배우자

6

动物学家做了什么？	동물학자는 무엇을 했는가?
A 破坏了洞穴	A 굴을 파괴했다
B 把老鼠搬到实验室	B 쥐를 실험실로 옮겼다
C 给老鼠足够的食物	**C 쥐에게 충분한 먹이를 줬다**
D 夺走了老鼠储存的草根	D 쥐가 저장한 풀 뿌리를 빼앗았다

해설 보기의 술어가 모두 행동을 나타낸다. 지문에서 **他们封锁了老鼠的洞穴，每天给它们足够的食物**(그들은 쥐의 동굴을 봉쇄하고 매일 그들에게 충분한 먹이를 주었다)라고 했으므로 일치하는 내용인 보기 C에 메모한다. 질문이 동물학자가 무엇을 했는가이므로 정답은 C이다.

어휘 **夺走** duózǒu 동 빼앗다

7

动物学家最后得出了什么结论？

동물학자는 최종적으로 어떤 결론을 얻었는가?

A 老鼠怕炎热气候	A 쥐는 더운 날씨를 두려워한다
B 绿草容易枯萎	B 녹초는 쉽게 시든다
C 沙漠里污染严重	C 사막은 오염이 심각하다
D 老鼠忧虑将来的生活	**D 쥐는 미래의 생활에 대해 염려한다**

해설 보기는 문장형이고 마지막 문제이므로 주제 또는 제목을 묻는 문제이다. 지문에서 동물학자의 연구 결과를 소개하며 **老鼠们的焦虑来自于它们对未来的担心**(쥐들의 초조함은 미래에 대한 걱정에서 온 것이다)이라고 했으므로 보기 D에 메모한다. 질문이 동물학자의 최종 결론이 무엇인가이므로 정답은 D이다.

2. 에피소드 실전 테스트

정답 1. B 2. D 3. D 4. A 5. C 6. C 7. B

1 - 3

森林里，一只鹿为了躲避狮子的追赶，不小心被树枝1弄瞎了左眼，然而它还是侥幸逃脱了。伤好了以后,鹿再也不敢在森林里觅食了。1因为瞎了一只眼睛，左边若有什么动静无法及时发现，在这个狮子和狼经常出没的地方，自己随时都可能因此而丧命。2于是，独眼鹿便想去海边吃草,它用那只好的眼睛注视着陆地，防备猎人的攻击。而用瞎了的那只眼对着大海，2它认为海那边不会发生什么危险。不料，一个渔夫从海上发现了鹿就一枪刺死了它。临死之前，鹿叹息说："自认为最安全的地方，偏偏是最危险的。"3事实常常与预料相反，以为是危险的事情可能是安全的，以为是安全的事情，却可能最危险。

숲에서 사슴 한 마리가 사자의 추격을 피하다가 나뭇가지에 1왼쪽 눈이 멀게 되었지만 운이 좋아 도망치게 되었다. 상처가 다 나은 뒤 사슴은 더 이상 숲에서 먹이를 찾을 수가 없었다. 1한쪽 눈을 잃었기 때문에 왼쪽에 어떤 움직임이 있어도 재빨리 발견할 수가 없었다. 사자와 늑대가 자주 출몰하는 이 지역에서는 언제든지 이로 인해 목숨을 잃을 수 있기 때문이었다. 2그래서 애꾸눈 사슴은 바닷가에 가서 풀을 먹었다. 사슴은 한쪽 눈으로 육지를 주시하여 사냥꾼의 공격에 대비했고 멀게 된 눈은 바다를 향했다. 2그는 바다에서는 어떤 위험도 발생하지 않을 것이라 생각했다. 하지만 뜻밖에도 어부가 바다에서 사슴을 발견하고는 총검으로 그를 죽였다. 죽기 전에 사슴은 탄식하며 말했다. "가장 안전하다고 생각했던 곳이 하필 가장 위험한 곳이었군." 3실제는 항상 예측과 상반된다. 위험하다고 생각했던 일이 안전하고 안전하다고 생각했던 일이 가장 위험할 수 있다.

어휘 森林 sēnlín 몡 숲 鹿 lù 몡 사슴 躲避 duǒbì 동 피하다 狮子 shīzi 몡 사자 追赶 zhuīgǎn 동 뒤쫓다 瞎 xiā 동 눈이 멀다 侥幸 jiǎoxìng 형 운이 좋다 逃脱 táotuō 동 달아나다, 벗어나다 觅食 mìshí 동 먹이를 구하다 动静 dòngjing 몡 동태, 낌새 出没 chūmò 동 출몰하다 丧命 sàngmìng 동 목숨을 잃다 注视 zhùshì 동 주시하다 陆地 lùdì 몡 육지 防备 fángbèi 동 방비하다 猎人 lièrén 몡 사냥꾼 攻击 gōngjī 동 공격하다 不料 búliào 분 뜻밖에 枪刺 qiāngcì 몡 총검 叹息 tànxī 동 탄식하다 偏偏 piānpiān 몡 하필 预料 yùliào 동 예측하다

1

鹿的眼睛怎么了？

사슴의 눈은 어떻게 되었나?

A 变得更小了	A 더 작게 변했다
B 有一只瞎了	**B 한 쪽 눈만 멀었다**
C 两只全瞎了	C 양쪽 눈 모두 멀었다
D 幸亏没有受伤	D 운 좋게 다치지 않았다

해설 보기에 瞎(눈이 멀다), 受伤(다치다)을 보고 눈과 관련된 내용임을 예상한다. 지문에서 사슴이 사자를 피하다가 **弄瞎了左眼**(왼쪽 눈을 멀게 되었다)이라고 했으므로 한쪽 눈을 다친 것을 알 수 있다. 질문이 사슴의 눈이 어떻게 되었는가이므로 정답은 B이다.

2 | 关于这只鹿，下列哪项正确？ | 이 사슴에 관해 다음 중 옳은 것은?

A 被猎人打枪了	A 사냥꾼에게 총을 맞았다
B 只注视着海边	B 단지 육지만 주시했다
C 不敢在海边觅食	C 감히 바닷가에서 먹이를 찾지 못했다
D 觉得海边没什么危险	D 바닷가에서는 위험이 없다고 생각했다

해설 보기가 모두 술어형이고 猎人(사냥꾼), 觅食(먹이를 찾다)가 보이므로 동물과 사냥꾼에 관한 에피소드임을 예상한다. 지문에서 사냥꾼을 두려워한 사슴이 **独眼鹿便想去海边吃草**(애꾸눈 사슴은 바닷가에 가서 풀을 먹었다)라고 했고 이어 **它认为海那边不会发生什么危险**(그는 바다에서는 어떤 위험도 발생하지 않을 것이라 생각했다)이라고 했으므로 일치하는 내용인 보기 D에 메모한다. 질문이 사슴에 관한 옳은 정보이므로 정답은 D이다. 사슴은 단지 육지만 주시했던 것이 아니라 바닷가에서 먹이를 찾았으므로 보기 B는 정답이 아니다.

3 | 这个故事告诉我们什么道理？ | 이 이야기는 우리에게 어떤 이치를 알려주는가?

A 坏事一定会变好	A 나쁜 일은 반드시 좋게 변한다
B 要坚强面对挫折	B 좌절에 강하게 맞서야 한다
C 别只顾眼前的利益	C 눈앞에 이익만 신경 쓰지 마라
D 有时事情和想象的不同	D 때때로 일은 상상하는 것과 다르다

해설 보기에 要(해야 한다), 别(하지 말라)가 있으므로 교훈이나 주제를 묻는 질문임을 예상한다. 지문에서 **事实常常与预料相反, 以为是危险的事情可能是安全的, 以为是安全的事情, 却可能最危险**(실제는 항상 예측과는 상반된다. 위험하다고 생각했던 일이 안전하고 안전하다고 생각했던 일이 가장 위험하다)이라고 했으므로 보기 D에 메모한다. 질문이 이 이야기가 우리에게 알려주는 이치가 무엇인가이므로 정답은 D이다.

4 - 7

曾子又叫曾参，春秋时期鲁国人，是孔子的弟子。一天，4曾参的妻子要去集市，儿子拉住她的衣襟又哭又闹，说要跟着妈妈一起上街。曾参的妻子被孩子纠缠得没有办法，就对孩子说："你留在家里吧，等妈妈回来即杀猪给你吃！"孩子一听立即乖乖地在家等着。

晚上，曾参的妻子回来，只见曾参用绳子把猪捆在地上，旁边还放着一把雪亮的尖刀，正准备杀猪呢！她急忙上前拦住丈夫说道："家里只养了这几头猪，都是逢年过节时才杀的。5你怎么拿我哄孩子的话当真呢？"曾参却认真地对妻子说："6孩子是不能欺骗的。孩子还小，不懂事，只会模仿父母的行为，听从父母的教训。如果我们现在欺骗了他，等于是叫他以后去欺骗别人。虽然我们能哄得了孩子一时，但以后他知道受了骗，就不会相信我们的话了，这样怎么能教育好自己的孩子呢？"妻子听后惭愧地地下了头，就帮助曾参杀猪，为孩子做了一顿丰盛的晚餐。

증자는 증삼이라고도 부른다. 춘추 시기의 노나라 사람이고 공자의 제자이다. 하루는 4증삼의 아내가 시장에 가려는데 아들이 그녀의 옷자락을 당기며 울고불고 소란을 피우며 엄마와 같이 가겠다고 말했다. 증삼의 아내는 아이가 너무 심하게 매달리자 아이에게 말했다. 집에 있으면 엄마가 돌아와서 돼지를 잡아서 먹게 해줄게." 아이는 듣자마자 얌전하게 집에서 기다렸다.

저녁에 증삼의 아내가 돌아왔는데 증삼이 밧줄로 돼지를 땅에 묶어 놓았고 옆에는 반짝이는 칼이 놓여 있었으며 돼지를 잡을 준비를 하고 있었다! 아내는 황급히 남편을 막아서며 말했다. "집에 돼지도 몇 마리 없는데 모두 명절을 지낼 때만 잡는 거잖아요. 5어째서 아이를 달래느라 한 말을 진짜로 생각한 거예요?" 증삼이 진지하게 아내에게 말했다. "6아이는 속이면 안 되오. 아이가 아직 어리고 철이 없어서 부모의 행동만 모방하고 부모에게서 교훈을 얻잖소. 만약 우리가 지금 아이를 속이면 아이에게 훗날 다른 사람을 속이라고 시키는 것과 같은 것이오. 우리가 아이를 일시적으로 달랠 수는 있지만 나중에 속은 것을 알면 우리의 말을 믿지 않게 될 거요. 이렇게 하면 어떻게 자식을 제대로 교육할 수 있겠소?" 아내가 듣고 부끄러워 고개를 숙이고, 증삼을 도와 돼지를 잡고 아이를 위해 풍성한 저녁상을 차렸다.

7曾参用言行告诉人们，说话、做事应该言而有信，用自己的行动做表率，去影响自己的子女。

7증삼은 말과 행동을 통해 우리에게 알려준다. 말을 하고 일을 할 때 신용이 있어야 하고 자신의 행동으로 본을 보여 자신의 자녀에게 영향을 끼쳐야 한다.

어휘 集市 jíshì 명 재래시장 衣襟 yījīn 명 옷자락 哭 kū 동 울다 闹 nào 동 소란을 피우다 纠缠 jiūchán 동 성가시게 하다 猪 zhū 명 돼지 乖乖 guāiguāi 형 얌전하다 绳子 shéngzi 명 끈, 밧줄 捆 kǔn 동 묶다 雪亮 xuěliàng 형 반짝이다 尖刀 jiāndāo 명 날카로운 칼 急忙 jímáng 형 급하다, 바쁘다 拦住 lánzhù 동 막다 逢年过节 féngniánguòjié 성 설이나 명절이 올 때마다 哄 hǒng 동 달래다 欺骗 qīpiàn 동 속이다 懂事 dǒngshì 동 철들다, 세상 물정을 알다 模仿 mófǎng 동 모방하다 教训 jiàoxùn 명 교훈 等于 děngyú 동 ~와 같다 惭愧 cánkuì 형 부끄럽다 丰盛 fēngshèng 형 풍성하다 言而有信 yán'éryǒuxìn 성 말에 신용이 있다 表率 biǎoshuài 명 모범

4 曾参的妻子要去干什么？

증삼의 아내는 무엇을 하려고 했나？

A **逛集市**
B 去找曾参
C 去邻居家
D 带儿子去玩儿

A **시장에 간다**
B 증삼을 찾으러 간다
C 이웃 집에 간다
D 아들을 데리고 놀러간다

해설 보기는 술어형으로 모두 특정 행동을 나타낸다. 지문의 도입부에서 **曾参的妻子要去集市**(증삼의 아내가 시장에 가려는데)라고 했으므로 들린 내용이 있는 보기 A에 메모한다. 질문이 증삼의 아내가 무엇을 하려고 했는가이므로 정답은 A이다.

5 曾参的妻子为什么不让曾参杀猪？

증삼의 아내는 왜 증삼에게 돼지를 잡지 못하게 했나？

A 猪太小了
B 珍惜那只猪
C **她只是哄孩子**
D 等过孩子的生日时

A 돼지가 너무 작다
B 그 돼지를 소중히 여긴다
C **그녀는 단지 아이를 달래준 것 뿐이다**
D 아들의 생일이 될 때까지 기다린다

해설 보기에 猪(돼지)와 孩子(아이)가 있으므로 키워드를 중심으로 듣는다. 지문의 대화에서 **你怎么拿我哄孩子的话当真呢**(어째서 아이를 달래느라 한말을 진짜로 생각한 거예요?)라고 했으므로 보기 C 哄孩子(아이를 달래다)에 메모한다. 질문이 왜 돼지를 죽이지 못하게 했는가이므로 정답은 C이다.

6 曾参为什么坚持要杀猪？

증삼은 왜 돼지를 잡으려 했는가？

A 教孩子杀猪
B 妻子不敢杀猪
C **不想欺骗孩子**
D 后悔以前做的事

A 아이에게 돼지를 잡는 것을 가르치려고
B 아내가 돼지를 죽이지 못해서
C **아이를 속이고 싶지 않아서**
D 예전 일을 후회해서

해설 보기의 키워드 杀猪(돼지를 죽이다), 欺骗孩子(아이를 속이다)를 중심으로 듣는다. 지문에서 증삼의 대화에 **孩子是不能欺骗的**(아이는 속이면 안 되오)라고 했으므로 들린 내용이 있는 보기 C에 체크한다. 질문이 증삼이 돼지를 잡고자 한 이유이므로 정답은 C이다.

7	这个故事告诉我们什么道理？	이 이야기는 우리에게 어떤 이치를 알려주는가?

A 要适当表扬孩子	A 아이를 적절히 칭찬해야 한다
B 做事要讲求诚信	**B 일을 하는데 신용을 중시해야 한다**
C 父母要多关心孩	C 부모는 아이에게 많은 관심을 주어야 한다
D 要学会原谅孩子的过错	D 아이의 잘못을 용서할 줄 알아야 한다

해설 보기에 **要**(해야 한다)가 공통적으로 있으므로 교훈 또는 주제에 관한 내용이다. 지문에서 **曾参用言行告诉人们，说话、做事应该言而有信. 用自己的行动做表率, 去影响自己的子女**(증삼은 말과 행동을 통해 우리에게 알려준다. 말을 하고 일을 할 때 신용이 있어야 하고 자신의 행동으로 본을 보여 자신의 자녀에게 영향을 끼쳐야 한다)라고 했으므로 신용을 중시한다는 내용인 보기 B에 체크한다. 질문이 우리에게 알려주는 이치가 무엇인가이므로 정답은 B이다.

어휘 表扬 biǎoyáng 통 칭찬하다 讲求 jiǎngqiú 통 중시하다 诚信 chéngxìn 명 성실, 신용 통 신용을 지키다

듣기 제3부분 미니모의고사

정답 1. C   2. C   3. B   4. D   5. A   6. B   7. B   8. D   9. B   10. A

1-3

　　一个成功的广告应该是什么样的？很多公司都以为只要把广告做得足够出色，就能把产品卖给任何顾客，这种看法其实是错误的。广告本身不会令受众对产品产生消费欲望，它只能将已有的消费欲望聚焦到某一特定产品上。1广告文案的任务是启发、引导欲望，而非制造欲望。例如，不管你的广告多么吸引眼球，素食主义者是绝对不会到你新开的餐馆吃牛排的。但是你可以在广告中循循善诱，吸引他来尝试你的沙拉自助餐。要向合适的顾客推出合适的产品，2这一点看起来有点儿"小儿科"，做起来却很难。

　　有人这样揭示广告获得成功的秘密：首先，选好主题。然后，找一个合适的地方打出你的广告。比如，3瞄准一家读者定位与你的顾客定位一致的杂志，这一点很重要。换句话说就是向合适的受众推出合适的产品。

　　성공한 광고는 어떤 광고인가? 많은 회사가 광고를 뛰어나게 만들면 상품을 모든 고객에게 판매할 수 있다고 생각하지만 이런 생각은 잘못된 것이다. 광고 자체는 시청자의 상품에 대한 소비 욕망을 만들어 낼 수 없고 단지 이미 가지고 있는 욕망을 어떤 특정 상품에 집중시킬 수는 있다. 1광고 카피의 임무는 깨닫게 하는 것이고 욕망을 이끌어 내는 것이지 욕망 자체를 만들어 내는 것이 아니다. 예를 들어 당신의 광고가 아무리 눈길을 끌어도 채식주의자는 절대 당신이 새로 연 음식점에서 스테이크를 먹지는 않는다. 그러나 당신은 광고 속에서 차근차근 유도하여 당신의 샐러드 바를 맛보게 할 수는 있다. 적절한 고객에게 적절한 상품을 내놓는 것이 2보기에는 쉬워 보일지 몰라도 막상 하기는 어렵다.

　　어떤 사람이 이렇게 광고의 성공 비결을 밝혔다. 우선 주제를 잘 선정해야 하고, 그 다음에는 적합한 곳에 광고를 내보내야 한다. 예를 들어 3독자와 당신의 고객이 일치하는 잡지를 겨냥하는 것이다. 이 점이 아주 중요하다. 다시 말해 적합한 시청자에게 적합한 상품을 내놓아야 한다는 것이다.

어휘 足够 zúgòu 형 충분하다 出色 chūsè 형 뛰어나다, 특출나다 聚焦 jùjiāo 통 모으다, 집중하다 启发 qǐfā 명 깨우침, 영감 통 일깨우다 素食主义者 sùshízhǔyìzhě 명 채식주의자 循循善诱 xúnxúnshànyòu 차근차근 잘 일깨우다 沙拉 shālā 명 샐러드 自助餐 zìzhùcān 명 뷔페 推出 tuīchū 통 내놓다, 출시하다 小儿科 xiǎo'érkē 명 소아과, 하찮은 일, 작은 일 揭示 jiēshì 통 게시하다, 드러내어 보이다, 밝히다 瞄准 miáozhǔn 통 조준하다, 겨냥하다 受众 shòuzhòng 명 시청자, 관객

1 根据这段话，广告文案的任务是什么？

이 글에 따르면 광고 카피의 임무는 무엇인가?

A 容易被记忆
B 有非凡的创意
C 引发消费需求
D 制造消费欲望

A 쉽게 기억된다
B 비범한 창의력을 가진다
C 소비 요구를 불러일으킨다
D 소비 욕구를 만들어낸다

[해설] 보기는 모두 술어형이고 记忆(기억하다), 消费(소비) 등의 키워드를 확인한다. 지문에서 **广告文案的任务是启发、引导欲望，而非制造欲望**(광고 카피의 임무는 깨닫게 하는 것이고 욕망을 이끌어 내는 것이지 욕망 자체를 만들어 내는 것이 아니다)이라고 했으므로 보기 C **引发需求**(요구를 불러일으키다)에 메모한다. 질문이 광고 카피의 임무가 무엇인가이므로 정답은 C이다.

[어휘] 引发 yǐnfā [동] 일으키다, 야기하다 　欲望 yùwàng [명] 욕망

2 这段话中"小儿科"最可能是什么意思？

이 글에서 '小儿科'는 무슨 뜻인가?

A 不可思议的
B 缺乏想象力的
C 非常容易做的
D 无法让人满足的

A 불가사의한 것
B 상상력이 부족한 것
C 아주 쉽게 할 수 있는 것
D 사람을 만족시킬 수 없는 것

[해설] 보기는 모두 술어형으로 특징을 나타낸다. 지문에서 **这一点看起来有点儿"小儿科"，做起来却很难**(보기에는 쉬워 보일지 몰라도 막상 하기에는 어렵다)이라고 했다. 보는 것과 하는 것을 대비하고 있으므로 小儿科는 难(어렵다)과 반대의 의미임을 알 수 있다. 따라서 정답은 C이다.

3 根据这段话，成功的广告具有什么特点？

이 글에 따르면 성공한 광고는 어떤 특징을 가지는가?

A 突出卖点
B 定位准确
C 证明价值
D 引起好奇心

A 판매 포인트를 부각시킨다
B 위치 설정이 정확하다
C 가치를 증명한다
D 호기심을 불러 일으킨다

[해설] 보기는 모두 술어형으로 특징을 나타낸다. 卖点(판매 포인트), 价值(가치)를 보고 상품 판매와 관련된 글임을 예상한다. 지문에서 **瞄准一家读者定位与你的顾客定位一致的杂志**(독자가 당신의 고객과 일치하는 잡지를 고르는 것이다)라고 했으므로 들린 내용이 있는 보기 B에 체크한다. 질문이 성공한 광고가 어떤 특징을 갖는가이므로 정답은 B이다.

[어휘] 定位 dìngwèi [동] 자리를 정하다 　准确 zhǔnquè [형] 확실하다, 틀림없다

明朝宣德年间，御史李浚奉皇命来到浙江钱塘县督理粮储事宜。4然而，当时的钱塘县县官却并不买李浚的账，表面上恭恭敬敬，内心却一直想要设计害他。一次，县官找到机会偷走了李浚的御史官印。当李浚办公要用印的时候，这才发现印盒里已经空了。在当时，丢了官印罪名很大。李浚想了又想之后判断出来这是县官所为。李浚的部下知道后，想去县官家搜查官印，被李浚制止了。他说："5怀疑可以，但是根本没有证据，势必会打草惊蛇。"为了掩盖丢官印之事，李浚称病在家休息。

不久后，李浚装作大病初愈，邀请县官来家里庆祝。正在酒足饭饱时，厨房突然失火。李浚慌忙从卧室取来印盒交给县官，说："代我保管一晚，明早将其送回。此刻，我先去救火。"不容县官推辞，李浚就跑去救火了。6火自然是李浚安排人放的，火势当然也不会烧得很大，很快就被扑灭了。县官捧着盒子，走在回家的路上，心里一直在打鼓。如果原样送回，就意味着我把官印弄丢了，那可是关系全家性命的大罪。7于是，县官只好把偷来的官印重新放回盒子里。第二天，乖乖地交给李浚。李浚打开盒子发现官印完好如初。于是重重地赏赐了县官，表扬他保印有功。

명나라 선덕 연간에 어사 리쥔은 황제의 명령을 받들어 저장 첸탕현의 식량고를 감독하러 갔다. 4그런데 당시에 첸탕현의 현관은 리쥔을 인정하지 않았다. 겉으로는 공경하는 듯했지만 마음 속으로는 그를 해칠 계획을 하고 있었다. 한번은 현관이 기회를 틈타 리쥔의 어사 관인을 훔쳤다. 리쥔이 사무를 보고 인장을 사용하려 했는데 관인을 담아놓은 상자가 비어 있음을 발견했다. 당시에는 관인을 잃어버리는 것의 죄명이 컸다. 리쥔은 생각 끝에 현관의 소행이라고 판단했다. 리쥔의 부하가 알고 난 후, 현관의 집에 가서 관인을 찾아오겠다고 했으나 리쥔은 그를 막았다. 그가 말했다. "5의심할 수는 있으나 증거가 없으니 분명 계획이 누설되면 경계할 것이다." 관인의 일을 덮기 위해 리쥔은 병이 났다고 하며 집에서 쉬었다.

얼마 후, 리쥔은 큰 병이 나았다고 현관을 초청해 이를 축하했다. 술과 밥을 한창 먹을 때 부엌에 갑자기 불이 났다. 리쥔은 바쁘게 침실에서 관인 상자를 현관에게 주며 말했다. "나 대신 하루 밤만 이것을 보관해 주시게. 내일 아침에 돌려 주게나. 지금은 내가 우선 가서 불을 꺼야겠네." 현관은 쉽게 거절하지 못했고, 리쥔은 뛰어나 불을 껐다. 6당연히 불은 리쥔이 사람을 시켜 지른 것이고 아주 크게 난 것도 아니어서 빠르게 끌 수 있었다. 현관이 상자를 들고 집에 돌아오는데 마음이 계속 심란했다. 만약에 원래대로 돌려준다면 내가 관인을 잃어버린 것이 되고, 그건 온 집안의 목숨과 관련된 대죄이다. 7그래서 현관은 어쩔 수 없이 훔쳐온 관인을 다시 상자에 넣어, 이튿날 얌전히 리쥔에게 돌려주었다. 리쥔이 상자를 열었을 때 관인이 처음처럼 상자 안에 있었다. 그래서 현관에게 큰 상을 내려 관인을 잘 보관해준 공을 칭찬했다.

어휘 御史 yùshǐ 몡 어사 奉 fèng 통 받들다 事宜 shìyí 몡 일, 사무 县官 xiànguān 몡 현급 행정관리 买账 mǎizhàng 통 (상대방을) 인정하다, (장점이나 능력을) 탄복하다 恭敬 gōngjìng 혱 공손하다 设计 shèjì 통 설계하다, 계책을 꾸미다 害 hài 통 해하다 官印 guānyìn 몡 관인 罪名 zuìmíng 몡 죄명 搜查 sōuchá 통 수색하다 制止 zhìzhǐ 통 저지하다 证据 zhèngjù 몡 증거 势必 shìbì 閉 반드시 打草惊蛇 dǎcǎojīngshé 셍 막대기로 풀을 헤쳐 뱀을 놀라게 하다 掩盖 yǎngài 통 덮어 가리다 邀请 yāoqǐng 통 초대하다 庆祝 qìngzhù 통 경축하다 失火 shīhuǒ 통 불이 나다 慌忙 huāngmáng 혱 허둥지둥하다 保管 bǎoguǎn 통 보관하다 救火 jiùhuǒ 통 불을 끄다 推辞 tuīcí 통 거절하다 捧 pěng 통 두 손으로 받쳐 들다 打鼓 dǎgǔ 통 가슴이 두근거리다 乖乖 guāiguāi 혱 얌전하다 如初 rúchū 통 예전과 같다 赏赐 shǎngcì 통 상을 내리다, 하사하다 表扬 biǎoyáng 통 칭찬하다

4 关于县官，可以知道什么？

A 为人正直
B 懂得感恩
C 对李浚恭敬
D 要设计害李浚

현관에 대해 알 수 있는 것은?

A 사람이 정직하다
B 은혜에 감사할 줄 안다
C 리쥔을 공경한다
D 리쥔을 해할 계획이다

해설 보기가 술어형이며 **李浚**(리쥔)에 관한 에피소드임을 알 수 있다. 지문에서 **当时的钱塘县县官却并不买李浚的账, 表面上恭恭敬敬, 内心却一直想要设计害他**(당시에 첸탕현의 현관은 리쥔의 마음에 들지 않았다. 겉으로는 공경하는 듯하나 마음 속으로는 그를 해칠 계획을 하고 있었다)를 듣고 보기 D **要设计害**(해할 계획을 세우다)에 메모한다. 질문이 현관에 대해 알 수 있는 것이므로 정답은 D이다.

5 李浚为什么不同意去县官家搜查？

리쥔은 왜 현관의 집에 가서 수색하는 것에 동의하지 않았나?

A 没有证据

B 懂得宽容别人

C 受到县官的威胁

D 认为县官是清白的

A 증거가 없다

B 다른 사람에게 관용할 줄 안다

C 현관의 위협을 받다

D 현관이 결백하다고 생각한다

해설 보기가 모두 술어형이며 **县官**(현관)이라는 인물 키워드를 파악한다. 지문의 리쥔의 대화에서 **怀疑可以, 但是根本没有证据**(의심할 수는 있으나 증거가 없으니)라고 했으므로 보기 A **没有证据**(증거가 없다)에 체크한다. 질문이 리쥔은 왜 현관의 집에 가서 수색하는 것에 동의하지 않았는가이므로 정답은 A이다.

어휘 威胁 wēixié 图 위협하다　清白 qīngbái 图 순결하다, 결백하다

6 关于那场火,可以知道什么？

그 불에 대해 알 수 있는 것은?

A 将官印烧了

B 是李浚放的

C 火势很凶猛

D 县官扑灭了火

A 관인을 태웠다

B 리쥔이 놓았다

C 불길이 거셌다

D 현관이 불을 껐다

해설 보기에 **烧**(타다), **火势**(불길), **灭火**(불을 끄다)가 있으므로 불이 난 사건이 등장함을 알 수 있다. 지문에서 불이 난 사건을 서술하며 **火自然是李浚安排人放的**(당연히 불은 리쥔이 사람을 시켜 지른 것이고)라고 했으므로 불은 리쥔이 냈음을 알 수 있다. 질문이 불에 대해 알 수 있는 내용이므로 정답은 B이다.

어휘 烧 shāo 图 태우다　扑灭 pūmiè 图 (불을) 끄다, 박멸하다

7 根据这段话,下列哪项正确？

이 글에 따라 다음 중 옳은 것은?

A 李浚被杀死了

B 李浚取回官印了

C 县官受到惩罚了

D 县官承认自己的错误

A 리쥔이 살해 당했다

B 리쥔은 관인을 찾았다

C 현관은 징벌을 받았다

D 현관은 자신의 잘못을 인정했다

해설 보기는 모두 **李浚**(리쥔)과 **县官**(현관)이라는 인물에 관한 내용이다. 지문에서 **县官只好把偷来的官印重新放回盒子里。第二天, 乖乖地交给李浚**(현관은 어쩔 수 없이 훔쳐온 관인을 다시 상자에 넣어, 이튿날 얌전히 리쥔에게 돌려주었다)라고 했으므로 들린 내용인 보기 B에 체크한다. 질문이 이 글에 따라 옳은 내용이 무엇인가이므로 정답은 B이다.

어휘 惩罚 chéngfá 图 图 징벌(하다)

8女人为什么喜欢穿高跟鞋呢？爱美之心，人皆有之，特别是女人。穿上高跟鞋，女性看起来又高又苗条，而且很时尚，整个人看起来也比较有精神，虽然穿高跟鞋让女人看起来更有魅力，但是对于身体的伤害也是非常大的。

对于脚而言，鞋跟高使脚掌和脚跟离地的距离不同，脚掌承受的压力很大，很多女性也因此出现脚掌磨损严重，甚至起泡等情况。另外，穿着高跟鞋走路会使身体重心向前倾斜，为了适应这一变化，人会自然地弯腰来平衡，这样长时间地持续下去，就会使脊柱的位置发生改变，9使腰部神经受到压迫，穿高跟鞋的人会因此而感觉腰疼。同时，穿高跟鞋走路一般下半身肌肉长时间处于一种过度紧张状态，容易引起局部酸痛无力。这时极易发生扭伤，严重的甚至会造成内外踝骨骨折。

为避免高跟鞋对人体带来的伤害，专家建议：高跟鞋不宜每天穿；鞋跟高度最好不要超过3.8厘米；尽量选用鞋跟比较宽大的高跟鞋，使压力能够平均分布；10穿高跟鞋出门前，最好先试着走一段时间，使脚适应鞋跟；不要穿高跟鞋长时间走路或者走不好走的路，以免受伤。

8여성은 왜 하이힐 신는 걸 좋아할까? 아름다운 것을 좋아하는 마음은 누구나 가지고 있고 특히 여성이 그러하다. 하이힐을 신으면 여성은 키가 더 커 보이고 날씬해 보이며 스타일이 좋아 보이고 전체적으로 활기 있어 보인다. 비록 하이힐을 신으면 여성이 더욱 매력적으로 보이지만 신체에는 위해가 매우 크다.

발에 대해 말하자면 굽이 높으면 발바닥과 발꿈치가 땅에서 떨어져 있는 거리가 다르기 때문에 발바닥이 받는 압력이 더 커진다. 많은 여성이 이 때문에 발바닥이 심각하게 마모되어 심지어 물집 등이 생기기도 한다. 그 밖에 하이힐을 신고 있으면 몸의 중심이 앞으로 기울기 때문에 이러한 변화에 적응하기 위해서 사람은 자연스럽게 허리를 굽혀 균형을 맞춘다. 이것이 장시간 지속이 되면 척추의 위치에 변화가 발생하여 9허리 신경이 압박을 받게 된다. 하이힐을 신는 사람들은 이 때문에 허리의 통증을 느낀다. 동시에 하이힐을 신고 길을 걸을 때 보통 하반신 근육이 장시간 긴장 상태에 있기 때문에 부분적으로 쑤시고 아프며 힘이 없을 수 있다. 이때 쉽게 삐어서 다칠 수 있고, 심각하면 복숭아뼈가 골절될 수 있다.

하이힐이 인체에 미치는 부정적인 영향을 피하기 위해서 전문가들은 다음과 같이 조언한다. 하이힐을 매일 신는 것은 좋지 않다. 굽의 높이는 3.8cm를 넘지 않는 것이 가장 좋다. 최대한 굽이 넓은 하이힐을 선택하면 압력을 고르게 분포하게 할 수 있다. 10하이힐을 신고 외출하기 전에는 먼저 착용해보고 발을 적응시키는 것이 좋다. 다치지 않으려면 하이힐을 신고 오랜 시간 걷거나 좋지 않은 길을 걷지 말아야 한다.

| 어휘 | **高跟鞋** gāogēnxié 몡 하이힐　**爱美之心，人皆有之** àiměizhīxīn, rénjiēyǒuzhī 아름다운 것을 좋아하는 마음은 누구나 가지고 있다　**苗条** miáotiao 혱 날씬하다　**时尚** shíshàng 혱 유행에 맞다, 스타일리시하다　**精神** jīngshén 혱 활기차다, 생기발랄하다　**脚掌** jiǎozhǎng 몡 발바닥　**脚跟** jiǎogēn 몡 발꿈치　**磨损** mósǔn 동 마모되다　**起泡** qǐpào 동 물집이 생기다　**倾斜** qīngxié 동 기울다, 경사지다　**弯腰** wānyāo 동 허리를 굽히다　**平衡** pínghéng 혱 균형이 맞다　**脊柱** jǐzhù 몡 척추　**神经** shénjīng 몡 신경　**压迫** yāpò 압박하다　**局部** júbù 몡 국부, 일부분　**酸痛** suāntòng 혱 쑤시고 아프다　**无力** wúlì 혱 힘이 없다　**扭伤** niǔshāng 동 삐다　**踝骨** huáigǔ 몡 복사뼈　**骨折** gǔzhé 동 골절되다　**不宜** bùyí 동 적당하지 않다 |

8 下列哪项不是女性喜欢穿高跟鞋的原因？　다음 중 여성이 하이힐을 좋아하는 원인이 아닌 것은?

A 符合女性的审美观念　A 여성의 심미관에 부합한다

B 又时尚又有魅力　B 트렌디하고 매력이 있다

C 身材显得更好看　C 몸매가 좋아 보인다

D 看起来很健康　**D 건강해 보인다**

해설 보기에 제시된 **健康**(건강하다), **身材**(몸매), **审美**(심미)를 보고 지문이 아름다움에 관한 내용임을 알 수 있다. 지문의 도입부에 여성이 하이힐을 신는 이유에 대해 질문하며 **爱美之心，人皆有之. 特别是女人. 穿上高跟鞋，女性看起来又高又苗条. 而且很时尚. 整个人看起来也比较有精神. 穿高跟鞋让女人看起来更有魅力**(아름다운 것을 좋아하는 마음은 누구나 가지고 있고 특히 여성이 그러하다. 하이힐을 신으면 여성은 키가 더 커 보이고 날씬해 보이며 스타일이 좋아 보이고 전체적으로 활기 있어 보인다. 하이힐을 신으면 여성이 더욱 매력적으로 보인다)라고 했다. 질문이 여성이 하이힐을 좋아하는 원인이 아닌 것이므로 지문과 일치하는 보기 A, B, C를 제외한 D가 정답이다. 하이힐을 신으면 건강에 좋지 않다고 했지 건강해 보인다는 언급은 없다.

어휘 **审美观念** shěnměiguānniàn 몡 미적 관념, 심미관　**显得** xiǎnde 동 ～처럼 보이다

9

女性因穿高跟鞋而腰疼的原因是什么？

A 身体中心向后倾斜
B 腰部神经受到压迫
C 肌肉处于松弛状态
D 脚掌承受的压力大

여성이 하이힐을 신어서 허리가 아픈 원인은 무엇인가？

A 신체의 중심이 뒤로 기운다
B 허리의 신경이 압박을 받는다
C 근육이 이완 상태에 있다
D 발바닥이 받는 압력이 크다

해설 보기가 문장형이고 주어가 모두 다르다. 키워드를 중심으로 녹음을 듣는다. 지문에서 하이힐을 장시간 신을 경우 척추 위치에 변화가 생기고 **使腰部神经受到压迫. 穿高跟鞋的人会因此而感觉腰疼**(허리 신경이 압박을 받게 된다. 하이힐을 신는 사람들은 이 때문에 허리의 통증을 느낀다)이라고 했으므로 보기 B에 체크한다. 질문이 여성이 하이힐을 신어서 허리가 아픈 원인이 무엇인가이므로 정답은 B이다.

어휘 松弛 sōngchí 图 이완하다

10

为了避免高跟鞋带来的危害，专家建议什么？

A 先使脚适应鞋跟
B 穿高跟鞋走长路
C 尽量选细高跟鞋
D 每天坚持穿高跟鞋

하이힐로 인한 단점을 피하기 위해 전문가는 무엇을 조언하는가？

A 우선 발을 신발 굽에 적응시킨다
B 하이힐을 신고 오래 걷는다
C 최대한 가늘고 높은 하이힐을 선택한다
D 매일 하이힐을 신는다

해설 보기가 모두 행동에 관한 내용이며 **高跟鞋**(하이힐)가 공통적으로 등장한다. 지문에서 전문가의 의견을 제시하며 **穿高跟鞋出门前. 最好先试着走一段时间. 使脚适应鞋跟**(하이힐을 신고 외출하기 전에는 먼저 착용해보고 발을 적응시키는 것이 좋다)이라고 했으므로 보기 A에 체크한다. 질문이 하이힐의 단점을 피하기 위해 전문가가 무엇을 조언하는가이므로 정답은 A이다.

제1부분 틀린 문장 고르기

Warm Up 풀이 전략 적용해 보기

51. A 在投掷项目中，两人得分相等，所以并列冠军。
    B 财富不是你一生的朋友，朋友却是你一生的财富。
    C 尽管我们之间有时也会小矛盾，但相处的还算融洽。
    D 越来越多的市民加入了无偿献血的行列，奉献自己的爱心。

    A 던지기 종목에서 두 명의 득점이 동일했기 때문에 공동으로 우승했다.
    B 재산이 네 일생의 친구가 아니라 친구가 오히려 네 일생의 재산이다.
    C 우리 사이에 때때로 작은 갈등이 (있기는) 하지만 그런대로 잘 지낸다고 할 수 있다.
    D 점점 많은 시민이 헌혈의 대열에 동참하여 사랑하는 마음을 보냈다.

어휘 投掷 tóuzhì 통 던지다 项目 xiàngmù 명 종목 得分 défēn 통 득점하다 冠军 guànjūn 명 우승 财富 cáifù 명 부, 재산 尽管 jǐnguǎn 접 비록 ~라 하더라도 矛盾 máodùn 명 모순 相处 xiāngchǔ 통 함께 살다, 함께 지내다 融洽 róngqià 형 사이가 좋다, 조화롭다 无偿 wúcháng 명 형 무상(의) 献血 xiànxuè 명 통 헌혈(하다) 行列 hángliè 명 행렬, 대열 奉献 fèngxiàn 통 삼가 바치다

1. 문장 성분의 결여와 잉여 실전 테스트

정답 1. D 2. D 3. B 4. A 5. B

1

A 我　从来不　认为　他是个有主见的人。
　　주어　부사어　술어　　목적어
나는 여지껏 그가 주관이 있는 사람이라고 생각하지 않았다.

B 东西方　在饮食习惯上　存在　较大的　差异。
　　주어　　부사어　　　술어　관형어　목적어
동서양은 식습관에 비교적 큰 차이가 존재한다.

C 他　用　两个晚上　打　草稿，　然后　把信　寄　给编辑。
주어 술어1 목적어1 술어2 목적어2 접속사 把명사 술어 보어
그는 이틀 밤 동안 원고를 쓰고 난 후, 서류를 편집자에게 보냈다.

D 在李教授的指导下，　使　我　提高了　语法水平。
　　부사어　　　술어1 목1/주 술어2　목적어2
→ (○) 李教授的指导，使我提高了语法水平。 / 在李教授的指导下，我提高了语法水平。
　　이 교수님의 지도는 내 어법 수준을 높이게 했다. / 이 교수님의 지도 아래에서 나는 어법 수준을 높였다.

해설 보기 D는 在(~에서)로 이루어진 개사구와 겸어 동사 使(시키다)로 시작하여 주어가 결여된 문장이다. 따라서 틀린 문장은 D이다. 다른 보기 A, B, C는 모두 올바른 문장이다.

어휘 从来 cónglái 🅱 여태껏 主见 zhǔjiàn 🅜 주관, 주견 饮食习惯 yǐnshíxíguàn 🅜 식습관 差异 chāyì 🅜 차이 草稿 cǎogǎo
🅜 원고, 초고 信 xìn 🅜 편지, 서류 编辑 biānjí 🅜 편집인 🅑 편집하다 指导 zhǐdǎo 🅑 지도하다

2

A 只要   有   希望，   快乐   就一定会   在   我们身旁。
  접속사   술어   목적어   주어   부사어   술어   목적어
희망하기만 하면 즐거움은 분명히 우리 곁에 있을 것이다.

B 幸福   是   需要分享的，   而   痛苦   是   需要分担的。
  주어   술어   목적어   접속사   주어   술어   목적어
행복은 나누어야 하는 것이고, 고통은 분담해야 하는 것이다.

C 戒指   是   一种   装饰品，   它戴在每根手指上   分别   代表着   不同的   意义。
  주어   술어   관형어   목적어   주어   부사어   술어   관형어   목적어
반지는 장신구인데 어느 손가락에 착용했느냐에 따라 다른 의미를 나타낸다.

D 为了 **防止** 今后**不**再发生类似的事件，   有关部门   及时   完善了   管理措施。
             부사어   주어   부사어   술어   목적어
→ (○) 为了**防止**今后再发生类似的事件，有关部门及时完善了管理措施。
        앞으로 유사한 일이 발생하는 것을 방지하지 위해 관련 부서는 신속히 관리 조치를 완비했다.

해설 보기 D에서 **防止**는 '부정적인 상황을 방지한다'는 뜻으로 뒤의 부정부사 **不**(안)와 의미가 중복되어 '부정적인 상황이 일어나지 않는 것을 방지하기 위하여'라는 비상식적인 뜻이 된다. 따라서 뒤의 부정부사를 삭제해야 한다. 다른 보기 A, B, C는 모두 올바른 문장이다.

어휘 分享 fēnxiǎng 🅑 (기쁨, 행복 등을) 나누다 分担 fēndān 🅑 분담하다 戒指 jièzhi 🅜 반지 装饰品 zhuāngshìpǐn 🅜 장식품,
장신구 戴 dài 🅑 착용하다 手指 shǒuzhǐ 🅜 손가락 代表 dàibiǎo 🅑 대표하다 防止 fángzhǐ 🅑 방지하다 类似 lèisì 🅗 유
사하다 部门 bùmén 🅜 부서 完善 wánshàn 🅑 완벽하게 하다 管理 guǎnlǐ 🅑 관리하다 措施 cuòshī 🅜 조치, 대책

3

A 保持好的心情，关键   是   要有一个好的心态。
        주어   술어   목적어
좋은 기분을 유지하는 데에 가장 중요한 것은 좋은 마음의 상태를 가지는 것이다.

B **任何**每个   障碍，   都有可能   成为   一个超越自我的   奇迹。
  관형어   주어   부사어   술어   관형어   목적어
→ (○) **每个**障碍，都有可能成为一个超越自我的奇迹。
        모든 장애는 자아를 초월하는 기적이 될 수 있다.

C 如果   一个人   热爱   自己的   工作，   那么就会在工作的过程中   享受   快乐。
  접속사   주어   술어   관형어   목적어   부사어   술어   목적어
만일 한 사람이 자신의 일을 사랑한다면 일하는 과정에서 기쁨을 누릴 것이다.

D 我们   要   认识和掌握   事物的   客观规律，   尽量   避免   犯错误   或
  주어   부사어   술어   관형어   목적어   부사어   술어   목적어   접속사
少   犯   错误。
부사어   술어   목적어
우리는 사물의 객관적인 규칙을 인식하고 파악해야 하며 최대한 잘못을 피하거나 줄여야 한다.

해설 보기 B에서 **任何**(어떠한)는 불특정한 다수를 칭하기 때문에 뒤의 **每个**(모든)와 의미가 중복된다. 따라서 B가 틀린 문장이다. 다른 보기 A, C, D는 모두 올바른 문장이다.

어휘 保持 bǎochí 통 유지하다 心情 xīnqíng 명 심정, 기분 关键 guānjiàn 명 관건 형 매우 중요한 心态 xīntài 명 심리상태 任何 rènhé 대 어떠한 障碍 zhàng'ài 명 장애물 超越 chāoyuè 통 초월하다 奇迹 qíjì 명 기적 认识 rènshi 통 인식하다 掌握 zhǎngwò 통 파악하다, 정통하다 客观 kèguān 형 객관적이다 规律 guīlǜ 명 규칙 尽量 jìnliàng 부 가능한 한 避免 bìmiǎn 통 피하다 犯 fàn 통 저지르다 错误 cuòwù 명 잘못

4

A 他这个人　除了有点固执之外，　还　有　不少值得表扬。
　　주어　　　　　부사어　　　　　부사어　술어　　관형어

→ (O) 他这个人除了有点固执之外，还有不少值得表扬**的地方**。

　　그 사람은 고집이 좀 있는 것 말고는 칭찬할만한 부분이 많다.

B 为防止在野外活动中迷路，　你　必须　掌握　定位和测向方法。
　　부사어　　　　　　　　　　주어　부사어　술어　　목적어

야외 활동 중 길을 잃는 것을 방지하기 위해서 당신은 위치와 방향을 측정하는 방법을 반드시 알아야 한다.

C 很　抱歉，　您访问的　页面　不　存在，　请　检查　您输入的网址是否正确。
　부사어　술어　　관형어　주어　부사어　술어　请　술어　　목적어

죄송합니다. 방문하신 페이지는 존재하지 않으니 입력한 주소가 정확한지 확인해 주세요.

D 重新认识农业, 开拓农业新的领域，　已　成为　当今世界农业发展的　新趋势。
　　　　　　주어　　　　　　　　　부사어　술어　　관형어　　　　목적어

농업을 새롭게 인식하고 새로운 영역을 개척하는 것은 오늘날 세계 농업 발전의 새로운 추세이다.

해설 보기 A는 두 번째 절에서 술어 有(있다)에 호응하는 목적어가 없다. 관형어 **值得表扬**(칭찬받을 만한)은 꾸며주는 '무엇'이 있어야 하는데 이에 해당하는 어휘가 결여되어 있으므로 틀린 문장이다. 다른 보기 B, C, D는 모두 올바른 문장이다.

어휘 固执 gùzhí 형 고집스럽다 值得 zhídé 통 ~할 만한 가치가 있다 表扬 biǎoyáng 통 칭찬하다 防止 fángzhǐ 통 방지하다 野外 yěwài 명 야외 迷路 mílù 통 길을 잃다 掌握 zhǎngwò 통 파악하다, 정통하다 定位 dìngwèi 명 정해진 자리 测向 cèxiàng 명 방위 측정 抱歉 bàoqiàn 통 미안해하다 访问 fǎngwèn 통 방문하다 页面 yèmiàn 명 웹페이지 网址 wǎngzhǐ 명 웹사이트주소 是否 shìfǒu ~인지 아닌지 正确 zhèngquè 형 정확하다 开拓 kāituò 통 개척하다 领域 lǐngyù 명 영역 当今 dāngjīn 명 현재 趋势 qūshì 명 추세

5

A 对于新闻工作者而言，　语言能力　更是　起着　举足轻重的　作用。
　　부사어　　　　　　　　주어　　부사어　술어　　관형어　　목적어

뉴스 종사자들에게 언어 능력은 더욱 중요한 역할을 하고 있다.

B 我们　要在这个活动中　建立与加强技术管理制度等一系列的　工作。
　주어　　부사어　　　　　　　　관형어　　　　　　　　　　목적어

→ (O) 我们要在这个活动中**做好**建立与加强技术管理制度等一系列的**工作**。

　　우리는 이 활동에서 기술 관리 제도를 세우고 강화하는 등의 일련의 업무를 해야 한다.

C 如果　作者的　想象　脱离了　人物的　思想实际，　那么　会　让
　접속사　관형어　주어　술어　　관형어　　목적어　　접속사　부사어　술어1
人　觉得　不真实。
목1/주　술어2　목적어2

만약 작가의 상상이 인물의 사상에서 벗어난다면 사람들은 진실하지 못하다고 느낄 것이다.

D 这条路　高峰期堵车　就非常　厉害，　对今天来说，　本来20分钟的　车程
　관형어　　주어　　　　부사어　술어　　　부사어　　　　관형어　　　주어
却　走了　两个小时。
부사어　술어　목적어

이 길의 러시아워 교통 체증은 매우 심해서 오늘은 원래 20분이던 주행 거리가 2시간이나 걸렸다.

해설	보기 B에서 **建立与加强**(세우고 강화하다)은 문장의 술어처럼 보이지만 명사 **制度**(제도)를 목적어로 둔 관형어로서 **工作**(업무) 를 수식한다. 따라서 목적어인 **工作**와 호응하는 문장의 술어가 결여되어 있으므로 보기 B가 틀린 문장이다.

어휘	**新闻** xīnwén 몡 뉴스 **举足轻重** jǔzúqīngzhòng 셍 대단히 중요한 위치에 있어서 중대한 영향을 끼치다 **加强** jiāqiáng 툉 강 화하다 **管理** guǎnlǐ 툉 관리하다 **制度** zhìdù 몡 제도 **一系列** yíxìliè 혱 일련의 **脱离** tuōlí 툉 벗어나다 **思想** sīxiǎng 몡 생 각, 사상 **实际** shíjì 몡 실제 **真实** zhēnshí 혱 진실하다 **高峰期** gāofēngqī 몡 러시아워, 절정기 **堵车** dǔchē 툉 교통 체증이 되다 **厉害** lìhai 혱 대단하다, 심하다 **车程** chēchéng 몡 주행 거리

2. 문장 성분의 의미적 호응 실전 테스트

정답 1. A   2. A   3. B   4. D   5. C

1

A 这7种　　**绿植**　是　　天然空气净化器**的**　　**作用**。
　관형어　　주어　술어　　　관형어　　　　목적어

→ (O) 这7种**绿植**是天然空气**净化器**。/ 这7种绿植**起到**天然空气净化器**的**作用。

　　이 7종류의 녹색식물은 천연 공기 청정기이다. / 이 7종류의 녹색식물은 천연 공기 청정기 역할을 한다.

B 在古代,　　边境居民的　　财产　　经常　　遭到　　外族的　　掠夺。
　부사어　　　관형어　　주어　부사어　술어　　관형어　목적어

고대에 국경 지대 거주민들의 재산은 항상 이민족에게 약탈당했다.

C 图书馆　　使用　　录音电话　　办理　　续借,　　就算　　午夜想续借　　也　　没关系。
　주어　　술어1　목적어2　술어2　목적어2　접속사　　주어　　부사어　술어

도서관은 녹음 전화를 사용하여 대여 기간을 연장할 수 있다. 설령 한밤중에 연장하더라도 괜찮다.

D 水　　是　　由氢和氧组成的　　化合物,　电解后　　正极　　得到　　氧气,
　주어　술어　　　관형어　　　　목적어　부사어　주어　술어　목적어

负极　　得到　　氢气。
주어　술어　목적어

물은 수소와 산소로 이루어진 화합물이다. 전기 분해 후 플러스 극은 산소를 마이너스 극은 수소를 얻는다.

해설	보기 A는 술어가 **是**(이다)인 문장으로 주어와 목적어가 'A是B(A는 B이다)'의 구조를 이루며 A와 B가 의미적으로 호응해야 한다. 그러나 주어인 **绿植**(녹색 식물)과 목적어인 **作用**(역할)은 같은 개념이 아니므로 틀린 문장이다. 따라서 **的作用**(의 작용)을 삭제 하거나 **是**를 **起到**(일으키다)로 바꿔야 한다.

어휘	**绿植** lǜzhí 몡 녹색식물 **净化器** jìnghuàqì 몡 정화기 **作用** zuòyòng 몡 작용 **边境** biānjìng 몡 국경 지대 **居民** jūmín 몡 거 주민 **财产** cáichǎn 몡 재산 **遭到** zāodào 툉 (불행을) 겪다 **外族** wàizú 몡 이민족 **掠夺** lüèduó 툉 약탈하다 **续借** xùjiè 툉 (기간 만료 후) 계속 빌리다 **氢** qīng 몡 수소 **氧** yǎng 몡 산소 **组成** zǔchéng 툉 구성하다 **化合物** huàhéwù 몡 화합물 **电解** diànjiě 툉 전기 분해하다 **正极** zhèngjí 몡 플러스 극 **负极** fùjí 몡 마이너스 극

2

A 经过　　5年的　　治疗,　　**她的**　　病　　已经　　**恢复了**　　健康。
　술어　　관형어　목적어　관형어　주어　부사어　술어　　목적어

→ (O) 经过5年的治疗,她已经**恢复**了健康。

5년의 치료를 통해 그녀는 이미 건강을 회복했다.

B 无毒蛇　是　　　至今为止世界上最大的　　　蛇类群体。
　　주어　술어　　　　관형어　　　　　　목적어

독이 없는 뱀은 지금까지 세계에서 가장 큰 뱀의 무리이다.

C 现在　　中国老年人口　以每年3.34%的速度　　递增。
　　부사어　　주어　　　　부사어　　　　　　술어

현재 중국의 노인 인구는 매년 3.34%의 속도로 점차 증가하고 있다.

D 我　和他　　一见如故，　就　像　一家人　一样，我们　一起　痛，
　주어　부사어　　술어　　부사어　술어　목적어　一样　주어　부사어　술어

　一起　急。
　부사어　술어

나와 그는 보자마자 친해졌고 가족처럼 같이 아파하고 같이 마음을 졸인다.

해설 보기 A에서 주어인 病(병)과 술어 恢复(회복하다)는 서로 호응할 수 없다. 병이 회복된 것이 아니라 건강이 회복된 것이므로 病을 삭제해야 한다.

어휘 治疗 zhìliáo 동 치료하다　无毒蛇 wúdúshé 명 독이 없는 뱀　群体 qúntǐ 명 무리　递增 dìzēng 동 점점 늘다　一见如故 yíjiànrúgù 성 처음부터 오랜 친구 같다

3

A 军委　下达　命令，　驱逐　侵犯国家边界的　　　舰艇。
　주어　술어　목적어　술어　　侵犯国家边界的　　목적어
　　　　　　　　　　　　　　　관형어

군위원회는 국경을 침범한 함선을 쫓아내라고 명령을 내렸다.

B 第五代移动通信网络　能　**扩大**　网络运行的　　**速度**。
　주어　　　　　　　부사어　술어　관형어　　　목적어

→ (○) 第五代移动通信网络能**加快**网络运行的**速度**。

5G 이동통신망은 인터넷 속도를 빠르게 할 수 있다.

C 有些　团体　为市民和游客　举办了　丰富多彩的　　活动。
　관형어　주어　부사어　　　술어　관형어　　　목적어

일부 단체들은 시민과 관광객을 위해 다채로운 행사를 열었다.

D 东道主江苏男篮　获得了　冠军，　四川队和广西队　分别　获得　亚军和季军。
　주어　　　　　술어　목적어　　주어　　　　　부사어　술어　목적어

주최팀인 쟝쑤 남자 농구팀이 우승을 했고 쓰촨팀과 광시는 각각 2위와 3위를 차지했다.

해설 보기 B에서 술어인 扩大(확대하다)는 목적어 速度(속도)와 의미상 호응하지 않는다. 扩大는 주로 规模(규모), 范围(범위)와 어울린다. 속도는 가속시키는 것이므로 加快(빠르게 하다)를 사용해야 한다. 따라서 B가 틀린 문장이다.

어휘 军委 Jūnwěi 명 군사 위원회　下达 xiàdá 동 (명령 등을) 하달하다　命令 mìnglìng 명 명령　驱逐 qūzhú 동 쫓아내다　侵犯 qīnfàn 동 침범하다　边界 biānjiè 명 국경선　舰艇 jiàntǐng 명 함정, 함선　第五代移动通信网络 dìwǔdàiyídòngtōngxìnwǎngluò 명 5G인터넷　扩大 kuòdà 동 확대하다　速度 sùdù 명 속도　团体 tuántǐ 명 단체　市民 shìmín 명 시민　游客 yóukè 명 관광객　举办 jǔbàn 동 개최하다　丰富多彩 fēngfùduōcǎi 명 다채롭다　东道主 dōngdàozhǔ 명 주최측　冠军 guànjūn 명 우승　分别 fēnbié 부 각각, 따로　亚军 yàjūn 명 준우승, 2등　季军 jìjūn 명 3등

4

A 中国　在1999年就已　跨入　老龄化国家行列。
　주어　부사어　　　술어　목적어

중국은 1999년에 이미 고령화 국가의 대열에 합류했다.

B 只有   双方   签字盖章   才能   生效，   否则   无法   有   法律效力。
  접속사   주어   술어   부사어   술어   접속사   부사어 술어   목적어

양측이 서명을 해야 효력을 발휘할 수 있으며, 그렇지 않으면 법적 효력을 가질 수 없다.

C 他   挂着   拐杖，   挎着   一筐   草鸡蛋，   进   城   看   他女儿   去了。
  주어   술어   목적어   술어   관형어   목적어   술어1 목적어1 술어2 목적어2   술어3

그는 지팡이를 짚고 달걀 바구니를 메고 딸을 만나러 도시에 갔다.

D 尽管   我   在电视台   实习了   一年的   经验，   然而   不是   说我就会进媒体这个行业。
  접속사   주어   부사어   술어   관형어   목적어   접속사   술어   목적어

→ (O) 尽管我在电视台**实习**了一年，然而不是说我就会进媒体这个行业。
     나는 방송국에서 1년간 실습을 했지만 미디어 관련 업종에 들어갔다고 말할 수는 없다.

해설 보기 D에서 앞절의 술어 实习(실습하다)는 목적어 经验(경험)과 서로 호응하지 않는다. 따라서 经验은 불필요한 부분이므로 D가 틀린 문장이다.

어휘 跨入 kuàrù 동 진입하다 老龄化 lǎolínghuà 명 노령화 行列 hángliè 명 행렬, 대열 双方 shuāngfāng 명 양측 签字 qiānzì 동 서명하다 盖章 gàizhāng 동 날인하다 生效 shēngxiào 동 효력이 발생하다 否则 fǒuzé 접 그렇지 않으면 法律 fǎlǜ 명 법률 效力 xiàolì 명 효력 挂 zhǔ 동 몸을 지탱하다, 짚다 拐杖 guǎizhàng 명 지팡이 挎 kuà 동 메다 尽管 jǐnguǎn 접 비록 实习 shíxí 동 실습하다 然而 rán'ér 접 그러나 媒体 méitǐ 명 미디어 行业 hángyè 명 업종

5 A 鲨鱼   被一些人   认为   是海洋中最凶猛的动物。
     주어   부사어   술어   목적어

상어는 일부 사람들에게는 바다의 가장 사나운 동물로 여겨진다.

B 有   一种   爱，   一生一世   不   求   回报，   那   就   是   母爱。
  술어   관형어   목적어   주어   부사어 술어 목적어   주어 부사어 술어   목적어

일생에 보답을 바라지 않는 사랑이 있는데 바로 어머니의 사랑이다.

C 有没有   坚定的   意志，   是   一个人能够取得成功的   关键。
  술어   관형어   목적어   술어   관형어   목적어

→ (O) 坚定的意志，是一个人能够取得成功的关键。
     확고한 의지는 사람이 성공을 거둘 수 있는 열쇠이다.

D 无处不在的   网络病毒   可能已经悄悄   进入   你的   电脑系统中了。
  관형어   주어   부사어   술어   관형어   목적어

어디에나 있는 인터넷 바이러스는 이미 당신의 컴퓨터 시스템에 소리 없이 들어와 있을 것이다.

해설 보기 C의 앞절에 사용된 有没有(있는지 없는지)라는 표현은 뒷절의 내용 是(~이다)과 호응하지 않는다. 뒷절에 决定(~을 결정한다)이나 不重要(중요하지 않다) 등의 어휘가 와야 한다. 뒷절의 내용이 是一个人能够取得成功的关键(사람이 성공할 수 있는 열쇠이다)이므로 有没有를 삭제해야 한다. 따라서 C가 틀린 문장이다.

어휘 鲨鱼 shāyú 명 상어 海洋 hǎiyáng 명 바다 凶猛 xiōngměng 형 사납다 一生一世 yìshēngyíshì 성 일생일대, 한평생 求 qiú 동 추구하다 回报 huíbào 동 보답하다 母爱 mǔ'ài 명 모성애 坚定 jiāndìng 동 확고히 하다 意志 yìzhì 명 의지 关键 guānjiàn 명 관건, 키포인트 无处不在 wúchùbúzài 없는 곳이 없다, 어디에나 있다 网络 wǎngluò 명 인터넷 病毒 bìngdú 명 바이러스 悄悄 qiāoqiāo 부 조용히 系统 xìtǒng 명 시스템

정답 1. B 2. C 3. A 4. B 5. C

1

A 情商水平　对一个人能否取得成功也　　有　　重大的　　影响。
　주어　　　　부사어　　　　　　술어　관형어　목적어

감성 지수는 한 사람이 성공할 수 있는지 없는지에 큰 영향을 미친다.

B 人的活动的目的能否实现　取决于　意志坚强　是否。
　주어　　　　　　　　　　술어　　목적어　　술어

→ (O) 人的活动的目的能否实现取决于意志**是否**坚强。

사람의 활동 목적이 실현될 수 있는지 없는지는 의지가 강한지에 달려 있다.

C 市场营销的　最高境界　就　是　赢得和占有顾客的心，得人心者　得　顾客。
　관형어　　　주어　　부사어 술어　　目적어　　　　　주어　　술어 목적어

시장 마케팅의 최고 경지는 고객의 마음을 얻고 차지하는 것이다. 사람의 마음을 얻는 자가 고객을 얻는다.

D 如果　没有　台风，全世界的　水荒　会更　严重，地球上的　冷热　会更不　均衡。
　접속사 술어　목적어　관형어　주어　부사어 술어　관형어　주어　부사어　술어

만일 태풍이 없다면 전세계의 물 부족은 더욱 심각해질 것이고, 지구상의 더위와 추위는 더욱 균형을 이루지 못할 것이다.

해설 보기 B에서 **是否**(~인지 아닌지)는 술어 앞에 위치해야 한다. 따라서 B가 틀린 문장이다.

어휘 情商 qíngshāng 명 감성 지수, EQ　能否 néngfǒu 부 ~할 수 있는지 없는지　取得 qǔdé 통 얻다　取决于 qǔjuéyú 통 ~에 달려 있다　意志 yìzhì 명 의지　坚强 jiānqiáng 형 굳세다　是否 shìfǒu 부 ~인지 아닌지　营销 yíngxiāo 통 마케팅하다　境界 jìngjiè 명 경지　赢得 yíngdé 통 얻다　占有 zhànyǒu 통 차지하다　顾客 gùkè 명 고객　台风 táifēng 명 태풍　水荒 shuǐhuāng 명 물 기근　冷热 lěngrè 명 추위와 더위　均衡 jūnhéng 형 고르다, 균형을 이루다

2

A 下面　我们　有请　总经理　来　给获奖者　颁发　荣誉证书。
　부사어 주어　술어1　목1/주　来　부사어　술어2　목적어2

다음은 회사 대표님께서 수상자에게 명예 증서를 수여하시겠습니다.

B 玻璃杯　不　含　有机的　化学物质，不用　担心　化学物质被喝进肚子里。
　주어　부사어 술어 관형어　목적어　부사어 술어　　목적어

유리잔은 유기 화학물을 함유하고 있지 않아 화학물이 배 속으로 들어갈 것을 염려할 필요가 없다.

C 这几天，世界各个　媒体　都　做了　详细报道　对这起震惊美国社会的事件。
　부사어　관형어　주어 부사어 술어　목적어　　　부사어

→ (O) 这几天，世界各个媒体都**对这起震惊美国社会的事件**做了详细报道。

요 며칠 세계 각 매체는 미국 사회를 놀라게 한 이번 사건에 대해 자세하게 보도했다.

D 奋斗　令　我们的　生活　充满　生机，责任　让　我们的　生命　充满
　주어 술어1 관형어　목1/주　술어2　목적어2　주어 술어3 관형어　목3/주　술어4

意义，常有压力　说明　你有目标。
목적어4　　부사어　　　술어　　목적어

노력은 우리의 생활에 생기를 가득하게 하고, 책임은 우리의 생명에 의미를 가득차게 하며, 항상 스트레스가 있다는 것은 당신이 목표가 있다는 것을 말한다.

해설 보기 C에서 목적어 뒤에 있는 개사구 **对这起震惊美国社会的事件**(미국 사회를 놀라게 한 이 사건에 대해)은 부사어로 쓰이므로 술어 앞에 놓여야 한다. 따라서 C가 틀린 문장이다.

어휘 下面 xiàmiàn 명 아래쪽, 다음　总经理 zǒngjīnglǐ 명 최고 경영자　获奖者 huòjiǎngzhě 명 수상자　颁发 bānfā 통 (증서 등을) 수여하다　荣誉证书 róngyùzhèngshū 명 명예 증서　玻璃 bōli 명 유리　有机 yǒujī 형 유기적인　化学物质 huàxué wùzhì 명 화학 물질　肚子 dùzi 명 배　媒体 méitǐ 명 미디어　详细 xiángxì 형 자세하다　震惊 zhènjīng 통 놀라게 하다　奋斗 fèndòu 통 분투하다, 노력하다　令 lìng 통 ~하게 하다　生机 shēngjī 명 생기, 활력　责任 zérèn 명 책임　充满 chōngmǎn 통 가득 차다　压力 yālì 명 압력, 스트레스

3

A 她　是　北京人，很　熟悉　**对北京的一切**。
　주어　술어　목적어　부사어　술어　　부사어

→ (O) 她是北京人，**对北京的一切**很熟悉。
　　그녀는 북경 사람이라서 북경의 모든 것에 아주 익숙하다.

B 做生意的　过程　实际上　是　与人打交道的　过程。
　관형어　　주어　부사어　술어　관형어　　　목적어
사업을 하는 과정은 사실 사람과 교제하는 과정이다.

C 人们　往往　因为　坚持　完美　而　失去　一些他们认为可以拥有的　东西。
　주어　부사어　접속사　술어　목적어　접속사　술어　　관형어　　　　　목적어
사람들은 종종 완벽을 유지하느라 그들이 가질 수 있다고 생각하는 것들을 잃어버린다.

D 培养博览群书的好习惯，　为他以后轻松考取北京大学　打下了　坚实的　基础。
　　주어　　　　　　　　　부사어　　　　　　　　　　술어　관형어　목적어
많은 책을 폭 넓게 보는 습관을 기른 것이 그가 훗날 북경대학에 쉽게 합격할 수 있는 데 튼튼한 기초를 다지게 했다.

해설 보기 A에서 뒷절의 **很熟悉**(아주 익숙하다)는 형용사이므로 목적어나 보어를 가지지 않는다. 따라서 개사구 **对北京的一切**(북경의 모든 것에 대해)는 부사어로 술어 앞에 위치해야 한다. 따라서 A가 틀린 문장이다.

어휘 一切 yíqiè 대 전부, 모든　做生意 zuòshēngyi 통 사업을 하다　实际上 shíjìshang 부 사실상　打交道 dǎjiāodao 통 교제하다　坚持 jiānchí 통 고수하다　完美 wánměi 형 완벽하다　失去 shīqù 통 잃다　拥有 yōngyǒu 통 가지다　培养 péiyǎng 통 배양하다, 기르다　博览群书 bólǎnqúnshū 많은 책을 폭 넓게 보다　考取 kǎoqǔ 통 시험에 합격하다　打下 dǎxià 통 (기초를) 다지다　坚实 jiānshí 형 튼튼하다, 견고하다　基础 jīchǔ 명 기초

4

A 热量稳定的　地区　是　竹子生长最理想的　生态环境。
　관형어　　　주어　술어　관형어　　　　　　목적어
열량이 안정적인 지역은 대나무의 성장이 가장 이상적인 생태 환경이다.

B 劳动法　规定，用人单位　应当　保证　劳动者　每周　休息　一次　**至少**。
　주어　　술어　　주어　부사어　술어　주어　부사어　술어　보어　부사어
　　　　　　　　　　　　　　　　　　　　　　목적어

→ (O) 劳动法规定，用人单位应当保证劳动者每周**至少**休息一次。
　　노동법에서는 채용 기관이 노동자가 일주일에 최소 한 번은 쉬도록 보장해야 한다고 규정한다.

C 若　想　投资　成功，你　必须要　具备　一双敏锐的、能够发现黄金的　"慧眼"。
　접속사　부사어　주어　술어　주어　부사어　술어　　관형어　　　　　　　　　목적어
만일 투자를 성공시키고 싶다면 당신은 반드시 예리하면서도 황금을 발견할 수 있는 '혜안'을 가져야 한다.

D 大气中的　气体　容易　散　紫、蓝、青三色　光，所以　一般情况下　天空　呈　蓝色。
　관형어　　주어　부사어　술어　관형어　　　　목적어　접속사　부사어　　주어　술어　목적어
대기 중 기체는 쉽게 자주색, 남색, 청색의 세 가지 빛을 발산하기 때문에 일반적으로 하늘이 남색을 띠는 것이다.

해설 보기 B에서 부사 **至少**(최소한)는 부사어로 쓰이므로 술어 앞에 놓여야 한다. 따라서 B가 틀린 문장이다.

热量 rèliàng 몡 열량　稳定 wěndìng 휑 안정적이다　竹子 zhúzi 몡 대나무　生长 shēngzhǎng 동 성장하다　劳动法 láodòngfǎ 몡 노동법　规定 guīdìng 동 규정하다　用人单位 yòngréndānwèi 몡 고용 업체　应当 yīngdāng 동 반드시 ~해야 한다　保证 bǎozhèng 동 보증하다　若 ruò 젭 만약　必须 bìxū 튀 반드시　具备 jùbèi 동 구비하다　敏锐 mǐnruì 휑 예리하다　慧眼 huìyǎn 몡 혜안, 통찰력　大气 dàqì 몡 대기　气体 qìtǐ 몡 기체　散 sàn 동 흩어지다　紫 zǐ 몡 자주색　蓝 lán 몡 남색　呈 chéng 동 나타내다

5

A　成功的　　人　看　　前面的　　机会，　失败的　　人　　只　　看　　后面的　　机会。
　　관형어　　　주어　술어　　관형어　　목적어　　관형어　　주어　부사어　술어　　관형어　　목적어

성공하는 사람은 앞의 기회를 보고 실패하는 사람은 오직 뒤에 있는 기회만 본다.

B　灰尘　　在吸收太阳部分光线的同时向四周　　反射　　光线，　如同　　无数个　　点光源。
　　주어　　　　　　　　부사어　　　　　　　　　　　술어　　목적어　　술어　　관형어　　목적어

먼지는 태양의 일부 광선을 흡수하는 동시에 주변으로 광선을 반사시켜 마치 무수한 점광원과 같다.

C　在日常生活中，　　发生　　矛盾　　与别人，　不要总是　　埋怨　　别人，　应该好好　　反省　　自己。
　　부사어　　　　　　　술어　　목적어　　부사어　　부사어　　　술어　　목적어　　부사어　　　술어　　목적어

→ (O) 在日常生活中，与别人发生矛盾，不要总是埋怨别人，应该好好反省自己。

　　일상생활에서 다른 사람과 갈등이 발생하면 항상 다른 사람을 원망하지 말고 스스로를 반성해야 한다.

D　笛子　　是　　中国广为流传的　　吹奏乐器，　因为　　用　　天然竹材　　制成，
　　주어　술어　　관형어　　　　　　목적어　　　접속사　술어1　목적어1　　술어2

　　所以　　也　　称为　　"竹笛"。
　　접속사　부사어　술어　　목적어

피리는 중국에서 널리 전해지는 관악기로 천연 대나무로 만들기 때문에 '대나무 피리'라고도 부른다.

보기 C에서 개사구 与别人(다른 사람과)은 부사어로 쓰이므로 술어 앞에 위치해야 한다. 따라서 C가 틀린 문장이다.

灰尘 huīchén 몡 먼지　吸收 xīshōu 동 흡수하다　太阳 tàiyáng 몡 태양　光线 guāngxiàn 몡 광선　四周 sìzhōu 몡 주위　发射 fāshè 동 발사하다, 방출하다　如同 rútóng 동 마치 ~와 같다　点光源 diǎnguāngyuán 몡 점광원　矛盾 máodùn 몡 갈등　埋怨 mányuàn 동 원망하다　反省 fǎnxǐng 동 반성하다　笛子 dízi 몡 피리　广为 guǎngwéi 튀 널리　流传 liúchuán 동 전해 내려오다　吹奏 chuīzòu 동 (악기를) 불어 연주하다　乐器 yuèqì 몡 악기　竹材 zhúcái 몡 대나무 재료　制 zhì 동 제조하다, 만들다　竹笛 zhúdí 몡 대나무 피리

4. 접속사의 오류 실전 테스트

정답　1. A　　2. D　　3. B　　4. C　　5. A

1

A　说话　即便　是　一种　艺术，也　是　一种　处世之道。
　　주어　부사어　술어　관형어　목적어　부사어　술어　관형어　목적어

→ (O) 说话既是一种艺术，也是一种处世之道。

말을 하는 것은 예술이기도 하고, 처세 방법이기도 하다.

B　书籍　是　人类智慧的　结晶，多　读　一本　书，便　多　一分智慧的　光亮。
　　주어　술어　관형어　　　목적어　부사어　술어　관형어　목적어　부사어　술어　관형어　　　목적어

서적은 인류 지혜의 결정체이며 책을 한 권이라도 더 읽으면 지혜의 빛을 조금이라도 더할 수 있다.

C	任何	东西	接近	眼睛，	首先要	碰到	睫毛，	这	会立即	引起	闭眼反射。
	관형어	주어	술어	목적어	부사어	술어	목적어	주어	부사어	술어	목적어

어떤 물건도 눈에 가까이 하면 먼저 속눈썹과 부딪히게 되어 즉시 눈을 감는 반사 작용을 일으킨다.

D	菊花	是	中国栽培历史最为悠久的一种	花卉，	已	有	数千年的	历史。
	주어	술어	관형어	목적어	부사어	술어	관형어	목적어

국화는 중국에서 재배 역사가 가장 오래된 화훼로 이미 수천 년의 역사를 가진다.

해설 보기 A에서 접속사 **即便**(설령 ~하더라도)은 뒷절의 내용과 어울리지 않는다. 앞절과 뒷절의 동사가 **是**로 동일하므로 '말을 하는 것이 예술이기도 하고 처세의 방법이기도 하다'라는 문장을 만들어야 한다. 따라서 **即便**이 아닌 **既**(~할 뿐만 아니라)를 사용해야 한다.

어휘 **即便** jíbiàn 죕 설령 ~하더라도 **艺术** yìshù 명 예술 **处世之道** chǔshìzhīdào 명 일을 처리하는 태도와 방법, 처세술 **书籍** shūjí 명 서적 **智慧** zhìhuì 명 지혜 **结晶** jiéjīng 명 결정체 **光亮** guāngliàng 명 밝은 빛 **接近** jiējìn 동 접근하다 **碰到** pèngdào 동 만나다 **睫毛** jiémáo 명 속눈썹 **立即** lìjí 분 곧, 즉시 **引起** yǐnqǐ 동 (사건 등을) 일으키다. (주의를) 끌다 **闭眼** bìyǎn 동 눈을 감다 **反射** fǎnshè 동 반사하다 **菊花** júhuā 명 국화 **栽培** zāipéi 동 재배하다. 심어 가꾸다 **悠久** yōujiǔ 형 유구하다

2

A	筒车	是	一种把水流作为动力，引水灌田的	工具。
	주어	술어	관형어	목적어

물레방아는 물의 흐름을 동력으로 삼아 물을 끌어다가 논밭에 대는 도구이다.

B	长期以来，	很多人	认为	哭泣是脆弱胆小的表现。
	부사어	주어	술어	목적어

오랫 동안 많은 사람들은 우는 것이 나약하고 겁이 많은 표현이라고 생각했다.

C	夜间，	星星的	多少	和当时的天气状况	有	很密切的	关系。
	부사어	관형어	주어	부사어	술어	관형어	목적어

밤에 별의 수는 당시의 날씨 상황과 아주 밀접한 관계가 있다.

D	不管	在你前进的路上	有	**很多**艰难的	险阻，	你	都应该	坚持	下去。
	접속사	부사어	술어	관형어	목적어	주어	부사어	술어	보어

→ (O) 不管在你前进的路上有**多么**艰难的险阻，你都应该坚持下去。

　　당신이 나아가는 길에 얼마나 힘든 어려움이 있든 관계없이 당신은 끝까지 인내해야 한다.

해설 보기 D에서 접속사 **不管**(~에 관계없이)이 이끄는 절은 의문사가 있거나. 긍정과 부정 등의 상반된 형식을 사용해야 하는데 그렇지 않으므로 논리적으로 맞지 않는 문장이다. 따라서 **很多**(아주 많다)를 **多么**(얼마나)로 바꿔야 한다.

어휘 **筒车** tǒngchē 명 물레방아 **作为** zuòwéi 동 ~로 여기다 **引水灌田** yǐnshuǐguàntián 물을 끌어 논밭에 대다 **哭泣** kūqì 동 울다 **脆弱** cuìruò 형 연약하다 **胆小** dǎnxiǎo 형 겁이 많다 **表现** biǎoxiàn 동 표현하다 **密切** mìqiè 형 밀접하다 **不管** bùguǎn 죕 ~을 막론하고 **艰难** jiānnán 형 곤란하다 **险阻** xiǎnzǔ 형 험준하다. 어렵다 **坚持** jiānchí 동 견지하다, 고수하다

3

A	笑	对人们的身体	有	好处，	是	人心情愉快的一种	表现。
	주어	부사어	술어	목적어	술어	관형어	목적어

웃음은 사람의 몸에 좋으며 사람의 기분이 즐겁다는 일종의 표현이다.

B	一个人的	价值	不	在于	他拥有多少，	也	在于	他付出多少。
	관형어	주어	부사어	술어	목적어	부사어	술어	목적어

→ (O) 一个人的价值**不**在于他拥有多少，**而**在于他付出多少。

　　한 사람의 가치는 그가 얼마를 가지고 있느냐에 있는 것이 아니라 얼마나 노력했는지에 있다.

C 在有些地方， 人们 会 把用空酒瓶制作的东西 当作 礼物 送 人。
　　부사어　　　　주어　부사어　　　부사어　　　　　술어1　목적어1　술어2　목적어2

어떤 지역에서 사람들은 빈 술병으로 만든 물건을 선물로 준다.

D 如果 你 能心平气和与对方 讲 道理， 也许 事情 就会 有 个好 结果。
　접속사　주어　　부사어　　　　술어　목적어　부사어　주어　부사어　술어　관형어　목적어

만일 평온하고 온화하게 상대에게 이치를 이야기한다면 아마도 좋은 결과가 있을 것이다.

해설 보기 B는 전체 문장이 '한 사람의 가치는 그가 얼마를 소유하고 있느냐가 아니라 얼만큼 대가를 지불하는지에 있다'라는 뜻으로 'A가 아니라 B이다', 즉 앞은 부정하고 뒤는 긍정하는 뜻이어야 한다. 따라서 뒷절의 也(~도)를 而(그러나)로 바꿔야 한다.

어휘 在于 zàiyú 통 ~에 있다　拥有 yōngyǒu 통 가지다, 소유하다　付出 fùchū 통 지불하다　制作 zhìzuò 통 제작하다　心平气和 xīnpíngqìhé 성 마음이 평온하고 태도가 온화하다　道理 dàolǐ 명 일리, 이치　也许 yěxǔ 부 어쩌면

4

A 花开花谢 带 不走 朋友之间的 友谊。
　주어　　　술어　보어　　관형어　　　목적어

꽃이 피고지는 것은 친구간의 우정을 빼앗아가지 못한다.

B 当你做出了选择， 同时也就 放弃了 其他可以选择的 方向。
　부사어　　　　　　부사어　　술어　　　관형어　　　　목적어

당신이 선택했을 때는 다른 선택할 수 있는 방향을 포기한 것이다.

C 帮助别人 也要 讲究 方法和艺术， 那么 结果只会与初衷 适得其反。
　주어　　부사어　술어　목적어　　　접속사　　부사어　　　　　술어

→ (○) 帮助别人也要讲究方法和艺术，**否则**结果只会与初衷适得其反。
다른 사람을 돕는 것은 방법과 기술에 신경써야 한다. 그렇지 않으면 기대와 반대되는 결과를 낳게 된다.

D 中国人与客人一起品茶的时候， 通常情况下 客人的 茶杯 会 倒 七分满。
　　　부사어　　　　　　　　　　부사어　　관형어　주어　부사어　술어　목적어

중국인이 손님과 같이 차를 마실 때 일반적인 상황에서는 손님 잔의 70%를 채운다.

해설 보기 C에서 앞절은 다른 사람을 도울 때 방법에 신경 써야 한다는 내용으로 뒷절이 那么(그러면)로 이어질 경우 뒷절에는 이에 대한 좋은 결과가 와야 하는데, 부정적인 내용이므로 전환 관계를 나타내는 접속사 否则(그렇지 않으면)를 사용해야 한다. 따라서 C가 틀린 문장이다.

어휘 花开花谢 huākāihuāxiè 꽃이 피고 지다　友谊 yǒuyì 명 우정　讲究 jiǎngjiu 통 중요시하다　初衷 chūzhōng 명 최초의 소망　适得其反 shìdéqífǎn 성 (결과가 바라는 것과) 정반대가 되다　品茶 pǐnchá 통 차를 마시다　倒 dào 통 따르다, 붓다

5

A 这样做 不但不会 解决 矛盾， 而且会 使 矛盾 更加 恶化。
　주어　　부사어　　술어　목적어　　부사어　술어　목/주　부사어　술어2

→ (○) 这样做**不但**不会解决矛盾，**反而**会使矛盾更加恶化。
이렇게 하면 갈등을 해결할 수 없을 뿐 아니라 오히려 갈등을 더욱 악화시키게 된다.

B 小王 今年高考以全省第一名的好成绩 考上了 清华大学。
　주어　　　　　　부사어　　　　　　　술어　　　목적어

샤오왕은 올해 대학 입시 시험에서 성 전체 1등이라는 좋은 성적으로 칭화 대학에 합격했다.

C 只要 耐心地 等待， 在恰当的时机再 做 努力 就能 一蹴而就。
　접속사　부사어　술어　　　부사어　　　술어　목적어　부사어　　술어

인내심을 가지고 기다리면서 적절한 시기에 노력하면 단번에 성공할 수 있다.

D 当我们难过时，　适当的　哭泣　能　使　我们　缓解　精神上的　压力。
　　　부사어　　　　　관형어　주어1　부사어　술어1　목1/주1　술어2　관형어　목적어2

우리가 괴로울 때 적절하게 우는 것은 정신적 스트레스를 완화시켜 줄 수 있다.

해설 보기 A에서 앞절 접속사 **不但**(~일 뿐만 아니라)은 **而且**(게다가)와 호응할 경우, 앞절과 뒷절이 비슷한 종류의 서로 다른 A, B이어야만 한다. 그러나 이 문장에서처럼 뒷절이 앞절보다 심화된 정도의 차이가 매우 클 경우에는 而且가 아니라 **反而**(오히려)을 사용해야 의미가 자연스러운 문장이 된다. 따라서 틀린 문장은 A이다.

어휘 解决 jiějué 통 해결하다　矛盾 máodùn 명 갈등　恶化 èhuà 통 악화되다　高考 gāokǎo 명 중국 대학 입학 시험　耐心 nàixīn 명 인내심　等待 děngdài 통 기다리다　恰当 qiàdàng 형 알맞다　时机 shíjī 명 시기　一蹴而就 yícù'érjiù 단번에 성공하다　难过 nánguò 형 괴롭다　适当 shìdàng 형 적당하다　哭泣 kūqì 통 울다　缓解 huǎnjiě 통 완화시키다　精神 jīngshén 명 정신

5. 특수 구문 오류 실전 테스트

정답　1. C　2. A　3. A　4. D　5. B

1

A "大熊猫" 是 中国的 国宝, 是 国家一级 重点保护动物。
　　주어　　술어　관형어　목적어　술어　관형어　　目적어

판다는 중국의 국보이며 국가 1급의 중점 보호 동물이다.

B 把教育 引向 贵族化、奢侈化, 这 完全 脱离了 中国目前的 实际。
　부사어　술어　　목적어　　　주어　부사어　술어　관형어　　목적어

교육을 귀족화, 사치화로 이끄는 것은 중국의 현재 상황에서 완전히 벗어나는 것이다.

C 许多 家长 都 放 生活的中心 在孩子身上, 这样 也 给 孩子 很大的 压力。
　관형어　주어　부사어　술어　목적어　　　보어　　　주어　부사어　술어　목적어1　관형어　목적어2

→ (O) 许多家长都**把**生活的中心**放在**孩子身上，这样也给孩子很大的压力。

많은 부모가 생활의 중심을 아이에게 놓는데 이것은 아이에게 큰 스트레스를 준다.

D 癌症 是 我国人口死亡的 首位原因, 目前 全国每年新发癌症患者 达 160万人。
　주어　술어　관형어　　　　목적어　　부사어　　주어　　　　　　술어　목적어

암은 중국 인구 사망의 가장 큰 원인이며 현재 전국에서 매년 새롭게 발견되는 암환자는 160만 명에 달한다.

해설 보기 C는 '주어+동사+목적어+개사구'로 중국어 어순에 어긋나는 형태이다. 의미상 '생활의 중심을 아이에게 둔다'이므로 개사구는 보어로서 술어 뒤에 결합시키고, 목적어는 개사 **把**(~을/를)를 사용하여 술어 앞에 놓아야 한다. 따라서 C가 틀린 문장이다.

어휘 大熊猫 dàxióngmāo 명 판다　国宝 guóbǎo 명 국보　引向 yǐnxiàng 통 ~로 이끌다　贵族 guìzú 명 귀족　奢侈 shēchǐ 형 사치하다　脱离 tuōlí 통 벗어나다　实际 shíjì 명 실제　家长 jiāzhǎng 명 학부모　癌症 áizhèng 명 암　首位 shǒuwèi 명 제1위

2

A 那个孩子说的 话 被我 苦笑不得, 同时也 令 我 感动不已。
　관형어　　　주어　被+명사　술어　　부사어　술어1　목1/주　술어2

→ (O) 那个孩子说的话**让我们**苦笑不得，同时也令我们感动不已。

그 아이가 한 말은 나를 웃지도 울지도 못하게 만들었고 또 나를 아주 감동시켰다.

B	不论	是	什么	年纪，	女人最需要的	是	让她觉得安全。
	접속사	술어	관형어	목적어	주어	술어	목적어

어떤 나이이든 여자가 가장 필요한 것은 안전을 느끼게 만들어 주는 것이다.

C	排行榜上，	可口可乐	荣登	榜首，	麦当劳	排名	第二，	诺基亚	排名	第三。
	부사어	주어	술어	목적어	주어	술어	목적어	주어	술어	목적어

순위 차트에서 코카콜라는 영예롭게 1등을 차지하고 맥도날드는 2위 노키아는 3위를 차지했다.

D	有人	说：	"早上吃的	应该	像	皇帝，	中午吃的	应该	像	平民，
	주어	술어	주어	부사어	술어	목적어	주어	부사어	술어	목적어

晚上吃的	应该	像	乞丐。"
주어	부사어	술어	목적어

어떤 사람이 "아침에 먹는 것은 황제같이, 점심에 먹는 것은 평민같이, 저녁에 먹는 같은 거지같이 해야 한다"고 말했다.

해설 보기 A에서 뒷절이 **同时也**(또한 ~도)로 시작하므로 앞절과 뒷절은 비슷한 구조를 이루어야 한다. 앞절의 개사 **被**(~에 의해)는 '당하다'의 의미를 나타내기 때문에 뒷절의 동사 **令**(시키다)과 어울리지 않는다. 또한 의미상 '그의 말이 나로 인해(被我) 웃을 수도 울 수도 없다'라는 모순이므로 被가 아니라 **让**(~하게 하다)을 사용해야 한다. 따라서 A가 틀린 문장이다.

어휘 **哭笑不得** kūxiàobùdé 图 웃을 수도 울 수도 없다 **令** lìng 图 ~하게 하다 **不已** bùyǐ 图 ~해 마지않다 **安全** ānquán 휑 안전하다 **排行榜** páihángbǎng 명 순위 차트 **荣登** róngdēng 영광스럽게 오르다 **榜首** bǎngshǒu 명 1등, 수석 **排名** páimíng 图 서열을 매기다 **皇帝** huángdì 명 황제 **乞丐** qǐgài 명 거지

3

A	我们	可以	"代沟"	视	为自然现象	而	袖手旁观	吗？
	주어	부사어	명사	술어	보어	접속사	술어	吗

→ (○) 我们可以**把**"代沟"视为自然现象而袖手旁观吗？

우리는 세대 차이를 자연스러운 현상으로 보고 수수방관해도 되는가?

B	只要	你	对某一件事	有	兴趣，	长久地	坚持	下去	就会	成功。
	접속사	주어	부사어	술어	목적어	부사어	술어	보어	부사어	술어

당신이 어떤 사업에 관심이 있고 오랫동안 견뎌 내기만 하면 성공할 수 있다.

C	成功	是	每一个人都有的	梦想，	可	成功	不	是	从天上掉下来的。
	주어	술어	관형어	목적어	접속사	주어	부사어	술어	목적어

성공은 모든 사람들이 가지고 있는 꿈이지만 하늘에서 떨어지는 것이 아니다.

D	鱼类之所以能够在水中生活，	是	因为它们拥有独特的呼吸系统。
	주어	술어	목적어

어류가 물에서 생활할 수 있는 것은 그들이 독특한 호흡 계통을 가지고 있기 때문이다.

해설 보기 A에서 주어인 **我们**(우리)과 술어인 **视为**(~으로 보다) 사이에 있는 명사 **代购**(세대차이)를 연결해 줄 개사가 필요하다. **视为**는 '**把**……**视为**……(~을 ~으로 보다)'의 구조를 이루므로 **代购** 앞에 把를 사용해야 한다.

어휘 **代沟** dàigōu 명 세대 차이 **视为** shìwéi 图 여기다, ~로 보다 **袖手旁观** xiùshǒupángguān 图 수수방관하다, 전혀 관여하지 않다 **之所以**……, **是因为**…… zhīsuǒyǐ……, shìyīnwèi…… 접 ~한 것은 ~때문이다 **拥有** yōngyǒu 图 가지다 **独特** dútè 휑 독특하다 **呼吸系统** hūxīxìtǒng 명 호흡 계통

4

A	北京胡同	历经了	数百年的	风雨沧桑。
	주어	술어	관형어	목적어

베이징 후통은 수백 년의 혹독한 시련을 겪었다.

B 实际上, 世上 没有 绝望的 处境, 只 有 对处境绝望的 人。
　　부사어　주어　　술어　관형어　목적어　부사어 술어　　관형어　　목적어

사실 세상에는 절망적인 처지는 없다. 단지 처지에 절망하는 사람만 있을 뿐이다.

C 一杯 清水 会 因 滴入 一滴污水 而 变得 污浊,
　관형어　주어 부사어 접속사 술어　목적어　접속사 술어　보어
　一杯 污水 却不会 因 一滴清水的 存在 而 变 清澈。
　관형어　주어 부사어 접속사 관형어　　명사 접속사 술어 보어

한 잔의 깨끗한 물은 더러운 물 한 방울 때문에 오염되지만, 한 잔의 더러운 물은 깨끗한 물 한 방울의 존재로 맑고 투명해지지 않는다.

D 在这种不幸的情况下, 父亲 仍然坚强地 生活 下去,
　　　　부사어　　　　　주어　　부사어　　　술어　 보어
他 比以前相当 体贴 我们, 关心 我们。
주어　부사어　　술어　목적어　술어　목적어

→ (○) 在这种不幸的情况下, 父亲仍然坚强地生活下去, 他比以前**更**体贴我们, 关心我们。

　　이러한 불행한 상황에서 아버지는 여전히 굳세게 생활하셨고, 이전보다 더 우리를 챙겨 주시고 돌봐 주셨다.

해설 보기 D에서 **他比以前相当体贴我们**은 비교문인데, 비교문은 일반적인 정도부사를 사용하지 않고 **更**(더욱)과 **还**(더)와 같은 정도부사를 사용해야 한다. 따라서 D가 틀린 문장이다.

어휘 **胡同** hútòng 몡 후퉁 (중국 전통 골목) **历经** lìjīng 통 여러 번 경험하다 **风雨沧桑** fēngyǔcāngsāng 혹독한 시련 **世上** shìshàng 몡 세상 **绝望** juéwàng 몡 통 절망(하다) **处境** chǔjìng 몡 처지 **滴** dī 양 방울[둥글게 맺힌 액체 덩이를 세는 단위] **污水** wūshuǐ 몡 더러운 물 **污浊** wūzhuó 톙 혼탁하다, 더럽다 **清水** qīngshuǐ 몡 맑은 물 **清澈** qīngchè 톙 (물이) 맑고 투명하다 **坚强** jiānqiáng 톙 굳세다 **相当** xiāngdāng 튀 상당히 **体贴** tǐtiē 통 자상하게 돌보다

5

A 这世界 有 人 忙 得 发愁, 也 有 人 闲 得 发愁。
　주어　술어 목적어 술어 得 보어 부사어 술어 목적어 술어 得 보어

이 세계에는 걱정할 만큼 바쁜 사람도 있지만 걱정할 만큼 한가한 사람도 있다.

B 政府提出的各项政策的 实施, **把**公司的情况 有所 好转。
　　　관형어　　　　　　주어　　부사어　　부사어 술어

→ (○) 政府提出的各项政策的实施, **让**公司的情况有所好转。

　　정부에서 내놓은 각 정책의 실시는 회사 상황을 호전되게 만들었다.

C 医学研究结果 显示, 女性的 平均寿命 通常要 比男性 长 5至10年。
　　주어　　　　술어　관형어　　주어　　부사어　부사어　술어　보어

의학 연구 결과는 여성의 평균 수명이 통상적으로 남성보다 5~10년 정도 길다는 것을 보여준다.

D 员工的培训在公司管理中占有很重要的位置, 是 任何一个公司都明白的 道理。
　　　　　　　주어　　　　　　　　　　　술어　　관형어　　　　　　목적어

직원 교육이 회사 관리에서 아주 중요한 위치를 차지한다는 것은 어떤 회사도 다 알고 있는 이치이다.

해설 보기 B에서 주어는 **政府提出的各项政策的实施**(정부가 내놓은 정책의 실시)이다. 정책의 실시가 회사 상황을 호전되게 처리한 것이 아니고 호전되게 만든 것이므로 **把**가 아니라 **让**을 사용해야 한다. 把자문은 '무엇을 어떻게 처리하다'는 뜻을 나타낸다. 따라서 B가 틀린 문장이다.

어휘 **发愁** fāchóu 통 걱정하다 **闲** xián 톙 한가하다 **政府** zhèngfǔ 몡 정부 **政策** zhèngcè 몡 정책 **实施** shíshī 몡 통 실시(하다) **有所** yǒusuǒ 통 다소 ~하다 **好转** hǎozhuǎn 통 호전되다 **显示** xiǎnshì 통 보여주다 **寿命** shòumìng 몡 수명 **通常** tōngcháng 몡 보통, 통상 **培训** péixùn 통 훈련·양성하다 **管理** guǎnlǐ 통 관리하다 **占有** zhànyǒu 통 점유하다, 차지하다 **位置** wèizhi 몡 위치 **任何** rènhé 대 어떠한, 무슨

정답 1.B   2.A   3.B   4.A   5.C   6.D   7.D   8.D   9.A   10.C

1

A 每天 我 都要 告诉 两个 孩子 我多么爱他们。
　 부사어 주어 부사어 술어 관형어 목적어1 　목적어2

매일 나는 두 아이에게 내가 그들을 얼마나 사랑하는지 알려 주려고 한다.

B 我们 要 尽 一切 力量 使 我国农业 走 上 机械化、集体化。
　 주어 부사어 술어 관형어 목적어 술어1 목1/주 술어2 보어 　목적어

→ (O) 我们要尽一切力量使我国农业走上机械化、集体化**的道路**。
　　　 우리는 온 힘을 다해 우리나라의 농업이 기계화, 집단화의 길을 걸을 수 있도록 해야 한다.

C 能够了解社会各阶层的人物，对一个小说家来说 是 极好的 机会。
　 주어 　　　　　　　　　 부사어 　 술어 관형어 목적어

사회 각 계층의 인물들을 이해할 수 있는 것은 한 사람의 소설가에게는 아주 좋은 기회이다.

D 草原上的 天气变化 莫测，刚刚还是 晴空万里，转眼间便 乌云 密布了。
　 관형어 　 주어 　 술어 부사어 　 술어 　 부사어 주어 술어

초원의 날씨는 변덕스러워서 방금까지 구름 한 점 없이 맑다가 별안간 먹구름이 짙게 깔린다.

해설 보기 B에서 술어 走上(올라가다)은 机械化、集体化(기계화, 집단화)와 호응하지 않으므로, 목적어가 결여된 문장이다. 따라서 走上과 어울리는 목적어를 추가해야 한다.

어휘 尽 jìn 동 될 수 있는 대로 ~하다 一切 yíqiè 형 일체의, 모든 명 일체 农业 nóngyè 명 농업 机械化 jīxièhuà 명 기계화 集体化 jítǐhuà 명 집단화 阶层 jiēcéng 명 계층 草原 cǎoyuán 명 초원 变化莫测 biànhuàmòcè 성 변화무상하다, 변화를 예측할 수 없다 晴空万里 qíngkōngwànlǐ 성 구름 한 점 없이 맑다 转眼间 zhuǎnyǎnjiān 별안간, 눈 깜짝할 사이 便 biàn 부 곧, 바로 乌云密布 wūyúnmìbù 먹구름이 짙게 깔리다

2

A 既然 知道 做错了，也应当赶快 纠正。
　 접속사 술어 목적어 　 부사어 술어

→ (O) **既然**知道做错了，**就**应当赶快纠正。
　　　 기왕 잘못한 것을 알았으면 반드시 재빠르게 바로잡아야 한다.

B 如果 对方 触摸 鼻子，这 意味着 对方在掩饰自己的谎话。
　 접속사 주어 술어 목적어 주어 술어 　 목적어

만일 상대방이 코를 만지면 이것은 상대방이 자신의 거짓말을 숨기고 있음을 의미한다.

C 钱 不应当 是 生命的 目的，所以 她 从不 为钱多钱少 担心。
　 주어 부사어 술어 관형어 목적어 접속사 주어 부사어 부사어 술어

돈이 생명의 목적이어서는 안 된다. 그래서 그녀는 여태껏 돈이 많고 적음으로 걱정하지 않았다.

D 所谓 寒潮，是指 北方的冷空气大规模地向南，造成急剧降温的 天气过程。
　 관형어 주어 술어 　 관형어 　 목적어

소위 한파라는 것은 북방의 차가운 공기가 대규모로 남하하여 급격히 기온이 떨어지는 날씨를 가리킨다.

해설 보기 A에서 기정 사실을 나타내는 접속사 既然(이미 이렇게 된 바에야)은 후속절에 부사 就(~하면)와 호응한다. 따라서 뒷절의 也(~도)를 就로 바꿔야 한다.

어휘 既然 jìrán 젭 이미 이렇게 된 바에야　赶快 gǎnkuài 匣 황급히　纠正 jiūzhèng 동 교정하다, 바로잡다　触摸 chùmō 동 (손으로) 건드리다, 만지다　鼻子 bízi 명 코　意味着 yìwèizhe 동 의미하다　掩饰 yǎnshì 동 덮어 숨기다　谎话 huǎnghuà 명 거짓말　应当 yīngdāng 동 반드시 ~해야 한다　所谓 suǒwèi 형 소위, 이른바　寒潮 háncháo 명 한파　规模 guīmó 명 규모　造成 zàochéng 동 조성하다, 초래하다　急剧 jíjù 匣 급격하게　降温 jiàngwēn 동 기온이 떨어지다

3

A　成绩好　不一定就　说明　将来成就大。
　　주어　　부사어　　술어　　목적어
성적이 좋다고 미래의 성취가 큰 것은 아니다.

B　永定土楼　凝聚了　世界各地慕名而来的　游客。
　　주어　　　술어　　　　관형어　　　　　목적어
→ (O) 永定土楼**吸引**了世界各地慕名而来的游客。
　　　영정 토루는 세계 각지에서 명성을 듣고 온 관광객들을 매료시켰다.

C　如果　你　自己也　成了　妈妈，　你　就能　体会　当母亲的劳累了。
　접속사　주어　부사어　술어　목적어　주어　부사어　술어　　목적어
만약 당신이 엄마가 된다면 당신도 어머니가 되는 수고로움을 겪게 될 것이다.

D　打开　电脑，　浏览　网站，　每天　人们　都在　享受　信息时代的　好处。
　술어　목적어　술어　목적어　부사어　주어　부사어　술어　　관형어　　목적어
컴퓨터를 켜고 웹사이트를 찾아보며, 매일 사람들은 정보화 시대의 이점을 누린다.

해설 보기 B에서 술어인 凝聚(모으다)는 '지혜나 경험을 모으다'라는 뜻이므로 목적어 游客(관광객)와 호응하지 않는다. 따라서 관광객을 끌어들이다라는 뜻으로 凝聚가 아니라 吸引(끌어들이다)을 사용해야 한다.

어휘 说明 shuōmíng 동 설명하다　将来 jiānglái 명 장래　成就 chéngjiù 명 성취　永定土楼 Yǒngdìngtǔlóu 명 영정 토루　凝聚 níngjù 동 응집하다, 모으다　慕名而来 mùmíng'érlái 명성을 흠모하여 찾아오다　游客 yóukè 명 관광객　体会 tǐhuì 동 체험하다　劳累 láolèi 형 피곤해지다　浏览 liúlǎn 동 대충 훑어보다　网站 wǎngzhàn 명 웹사이트　享受 xiǎngshòu 동 누리다, 즐기다　信息时代 xìnxīshídài 명 정보화 시대

4

A　能否　提高　品牌知名度，　让　我们　能在激烈的竞争中　立　于不败之地。
　부사어　술어　목적어　술어1　목1/주　　부사어　　　술어2　보어
→ (O) **提高**品牌知名度，让我们能在激烈的竞争中立于不败之地。
　　　브랜드 지명도를 높여야만 우리는 치열한 경쟁에서 확고한 위치에 설 수 있다.

B　老舍茶馆　为游客　提供了　一个展示中国茶文化和民族艺术的　场所。
　　주어　　부사어　술어　　　　　관형어　　　　　　　　　목적어
라오서 찻집은 관광객에게 중국 차 문화와 민족 예술을 보여주는 장을 제공했다.

C　你　不　知道　你应该走哪条路，　可能　任何一条　路　都会　令　你　抵达　目的地。
　주어　부사어　술어　　목적어　　　부사어　관형어　주어　부사어　술어1　목1/주　술어2　목적어
너는 어느 길로 가야 할지 모르지만 모든 길이 다 너를 목적지로 가게 만들어 줄 것이다.

D　一个　人　有　错误　不　加　改正，　即使　是　很小的　错误，　也可能会　酿成
　관형어　주어　술어　목적어　부사어　술어　목적어　접속사　술어　관형어　목적어　부사어　술어
大害。
목적어
한 사람이 잘못이 있는데 바로잡지 않으면 설령 작은 잘못이라고 해도 큰 화를 불러올 수 있다.

해설 보기 A의 앞절에서 **能否**(~을 수 있는지 없는지)는 두 가지 상황을 가리키므로 뒷절의 내용과 논리적으로 어울리지 않는다. 뒷절이 동사 **让**(하게 하다)으로 시작하므로 앞절을 주어로 만들어야 한다. **能否**는 주로 뒷절에 **取决于**(~에 달려 있다)와 같은 술어와 쓰인다.

어휘 品牌 pǐnpái 圆 브랜드 知名度 zhīmíngdù 圆 지명도 激烈 jīliè 阌 치열하다 竞争 jìngzhēng 圆 경쟁 立于不败之地 lìyúbúbàizhīdì 阌 불패의 자리에 서다, 확고한 위치를 차지하다 老舍 Lǎoshè 인명 라오셔(중국 현대 소설가) 茶馆 cháguǎn 圆 찻집 提供 tígōng 통 제공하다 展示 zhǎnshì 통 전시하다, 분명하게 드러내다 民族 mínzú 圆 민족 艺术 yìshù 圆 예술 场所 chǎngsuǒ 圆 장소 抵达 dǐdá 통 도착하다 目的地 mùdìdì 圆 목적지 错误 cuòwù 圆 잘못 改正 gǎizhèng 통 (잘못을) 바로잡다 酿成 niàngchéng 통 (좋지 않은 결과를) 조성하다, 만들다

5

A 不要 把眼光 盯着 别人，不要 与人 比，要 学会 不贪婪，知足常乐。
　부사어　부사어　술어　목적어　부사어　부사어　술어　부사어　술어　　　　목적어
다른 사람을 주시하거나 비교하지 말아야 하고, 욕심내지 않고 만족하며 즐거워 할 줄 알아야 한다.

B 人的 智力 是否 高于 其他动物的智力呢？
　관형어　주어　부사어　술어　　목적어
사람의 지능은 다른 동물보다 높은가?

C 怎样 与同事 才能 建立 良好的 关系？
　부사어　부사어　부사어　술어　관형어　목적어
→ (O) 怎样**才能**与同事建立良好的关系？
어떻게 해야 동료와 좋은 관계를 세울 수 있을까?

D 虽然 大多数垃圾食品味道 鲜美，它们 却 少有 或 根本 没有 营养价值。
　접속사　　　주어　　　술어　주어　부사어　술어　접속사　부사어　술어　목적어
대다수의 정크 푸드는 맛은 좋으나 영양가가 아주 적거나 아예 없다.

해설 중국어 문장에서 부사어의 어순은 '부사+조동사+개사구'이어야 한다. 보기 C에서 개사구가 부사 앞에 쓰였으므로 틀린 문장이다. **与同事**(동료와)를 뒤에 놓아야 한다.

어휘 眼光 yǎnguāng 圆 안목, 식견 盯 dīng 통 주시하다 贪婪 tānlán 阌 탐욕스럽다, 만족을 모르다 知足常乐 zhīzúchánglè 阌 만족을 알면 항상 즐겁다 智力 zhìlì 圆 지능 高于 gāoyú 阌 ~보다 높다 怎样 zěnyàng 団 어떻게, 어떠하냐 建立 jiànlì 통 세우다 良好 liánghǎo 阌 좋다 垃圾食品 lājīshípǐn 圆 정크 푸드, 불량 식품 鲜美 xiānměi 阌 맛이 좋다 营养价值 yíngyǎngjiàzhí 圆 영양가

6

A 所谓 发烧 就 是 人体温度超过正常范围。
　관형어　주어　부사어　술어　　목적어
소위 열이 난다는 것은 인체의 온도가 정상 범위를 초과하는 것이다.

B 愚者 错失 机会，智者 善 抓住 机会，成功者 创造 机会。
　주어　술어　목적어　주어　부사어　술어　목적어　주어　술어　목적어
우둔한 자는 기회를 놓치고, 지혜로운 자는 기회를 잘 잡고, 성공한 자는 기회를 만들어 낸다.

C 如果 我们 只是 盯着 别人的 缺点，人才 就会从我们手中 溜走。
　접속사　주어　부사어　술어　관형어　목적어　주어　　부사어　　술어
만약 우리가 다른 사람의 단점만 주시한다면 인재는 우리의 손에서 도망칠 것이다.

D 在遇到困难的时候，他们 得到了 力量 从大家的信赖和关怀中。
　　부사어　　　　주어　술어　목적어　　부사어
→ (O) 在遇到困难的时候，他们**从大家的信赖和关怀中**得到了力量。
어려움을 만났을 때 그들은 모두의 신뢰와 관심으로부터 큰 힘을 얻었다.

해설 보기 D에서 개사구 **从大家的信赖和关怀中**(모두의 신뢰와 관심 속에)은 부사어이므로 술어 앞에 쓰여야 한다. 따라서 D가 틀린 문장이다.

어휘 所谓 suǒwèi 혱 소위, 이른바 发烧 fāshāo 동 열이 나다 超过 chāoguò 동 초과하다, 넘다 范围 fànwéi 명 범위 愚者 yúzhě 명 우둔한 자 错失 cuòshī 동 (시기 등을) 놓치다 智者 zhìzhě 명 지혜로운 자 善 shàn 동 잘하다 创造 chuàngzào 동 창조하다 盯 dīng 동 주시하다 缺点 quēdiǎn 명 단점 人才 réncái 명 인재 溜走 liūzǒu 동 도망치다 信赖 xìnlài 동 신뢰하다 关怀 guānhuái 동 관심을 가지고 보살피다

7

A 南方的一些　　花卉，　在北方　　盆栽　　不易　　成活或开花。
　관형어　　　　주어　　　부사어　　술어　　부사어　　술어
남쪽의 일부 화훼는 북쪽에서 분재하면 살아남거나 꽃 피우기 어렵다.

B 考察的　　结果　　是，　　这里的自然环境非常适合大熊猫的成长。
　관형어　　주어　　술어　　　　　　　　목적어
고찰한 결과는 이곳의 자연 환경이 팬더의 성장에 아주 적합하다는 것이다.

C 你　　永远无法真正　　了解　　一个　　人，　除非　　你　　能从对方的角度　　看待　　事物。
　주어　　부사어　　　　술어　관형어　목적어　접속사　주어　　부사어　　　　술어　　목적어
당신은 영원히 진정으로 한 사람을 이해할 수 없다. 반드시 상대방의 입장에서 사물을 대할 수 있어야 한다.

D 冬季的　　北方　　比南方**特别**　寒冷干燥，　很多病菌的　　繁殖　　在一定程度上　　受到　　抑制。
　관형어　　주어　　부사어　　　　술어　　　　관형어　　　주어　　부사어　　　　술어　　목적어
→ (○) 冬季的北方比南方**更**寒冷干燥，很多病菌的繁殖在一定程度上受到抑制。
　　겨울철 북쪽은 남쪽보다 훨씬 춥고 건조하여 많은 병균의 번식이 어느 정도 억제된다.

해설 비교문에서는 일반 정도부사를 사용하지 않고 차이를 나타내는 更(더욱)이나 还(더)를 사용한다. 따라서 보기 D에서 **特别**(특별히) 대신 **更**을 사용해야 한다.

어휘 花卉 huāhuì 명 화훼, 화초 盆栽 pénzāi 동 분재하다, 화분에 꽃을 기르다 成活 chénghuó 동 (배양한 식물이) 살아남다 考察 kǎochá 동 고찰하다, 정밀히 관찰하다 熊猫 xióngmāo 명 팬더 成长 chéngzhǎng 동 성장하다 无法 wúfǎ 동 ~할 방법이 없다 除非 chúfēi 접 오직 ~하여야 角度 jiǎodù 명 각도 看待 kàndài 동 대우하다 寒冷 hánlěng 혱 한랭하다, 몹시 춥다 干燥 gānzào 혱 건조하다 病菌 bìngjūn 명 병균 繁殖 fánzhí 동 번식하다 抑制 yìzhì 동 억제하다

8

A 许多　　京剧表演艺术　　也曾到世界各地　　访问　　演出，　并　　受到了　　各国人民的　　喜爱。
　관형어　　주어　　　　　　부사어　　　　술어1　술어2　접속사　술어　　관형어　　　목적어
많은 경극 공연 예술 역시 일찍이 세계 각 지역에 방문하여 공연했고 각 나라 사람들의 사랑을 받았다.

B 如果　　一个　　国家　　养育了　　无数心底善良且幸福快乐的　　人，　那么　　这个　　国家　　就
　접속사　관형어　주어　　술어　　　　관형어　　　　　　　　　목적어　접속사　관형어　주어　　부사어
是　　最富有　　的。
술어　　목적어　　的
만일 한 국가가 마음씨가 선량하고 행복한 사람을 무수히 길러낼 수 있다면 이 국가는 가장 부유하다.

C 虽然　　人类　　可以　　用　　消耗可再生资源的　　办法　　补充　　一些　　不可再生资源，　但　　这
　접속사　주어　　부사어　술어1　관형어　　　　　　목적어1　술어2　관형어　　목적어2　　　　접속사　주어
在数量上毕竟　　是　　有限的。
부사어　　　　술어　목적어
비록 인류는 재생 가능 자원을 소모하는 방법을 사용해서 재생 불가능한 자원을 보충할 수 있지만 이것은 양적으로 필경 한계가 있다.

D 许多 国外企业 争先恐后地 进入 中国市场， 我们企业 必须 做 到 最好，
 관형어 주어 부사어 술어 목적어 주어 부사어 술어 보어 목적어

才有可能 活 下去， **那么** 就会在激烈的竞争中 被淘汰。
부사어 술어 보어 접속사 부사어 被+술어

→ (○) 许多国外企业争先恐后地进入中国市场，我们企业必须做到最好，才有可能活下去，**否则**就会在激烈的竞争中被淘汰。

많은 외국 기업들이 앞다투어 중국 시장에 진출하고 있고 우리 기업은 반드시 가장 잘 해야만 살아남을 수 있다. 그렇지 않으면 치열한 경쟁 속에서 도태될 것이다.

해설 보기 D에서 가장 뒷절에 쓰인 접속사 **那么**(그러면)가 이끄는 절의 의미가 앞절과 연결되지 않는다. **那么**의 앞부분이 긍정적인 내용이므로 뒷부분도 긍정적인 내용이어야 하는데 부정적인 내용이므로 **那么**대신 **否则**(그렇지 않으면)를 사용해서 전환 관계를 만들어야 한다.

어휘 **表演** biǎoyǎn 몡 공연 **演出** yǎnchū 몡 통 공연(하다) **养育** yǎngyù 통 기르다 **心底** xīndǐ 몡 마음씨 **消耗** xiāohào 통 소모하다 **再生资源** zàishēngzīyuán 몡 재생 자원 **毕竟** bìjìng 児 결국, 어쨌든 **争先恐后** zhēngxiānkǒnghòu 셍 뒤질세라 앞을 다투다 **激烈** jīliè 혱 치열하다 **竞争** jìngzhēng 몡 경쟁 **淘汰** táotài 통 도태하다

9

A 当您处于某种强烈的情绪**状态的情况**， 不要 急着 做 决定， 因为 此时做的 决定
 부사어 부사어 술어1 술어2 목적어2 접속사 관형어 주어

很可能会 让 你 在冷静时 后悔。
부사어 술어1 목1/주 부사어 술어2

→ (○) 当您处于某种强烈的情绪**状态**，不要急着做决定，因为此时做的决定很可能会让你在冷静时后悔。

당신이 어떤 강렬한 감정 상태에 있을 때 급하게 결정을 내리지 마라. 이때 내리는 결정은 당신이 냉정할 때 후회하게 될 것이기 때문이다.

B 西方人的 热狗， 虽然 吃来吃去就 是 香肠加蔬菜， 但 它们 很会在调酱上 下
 관형어 주어 접속사 부사어 술어 목적어 접속사 주어 부사어 술어

功夫， 这 多少为西方小吃的名声不佳 扳回 一局。
목적어 주어 부사어 술어 목적어

서양인들의 핫도그는 비록 먹어보면 소시지와 채소이지만 소스에 공을 들이기 때문에 이것은 얼마만큼은 서양의 먹거리 명성이 좋지 못한 것을 만회할 수 있다.

C 大黄鱼 有 很高的 药用价值， 其耳石 有 清热祛淤、通淋利尿的 作用， 膘 有
 주어 술어 관형어 목적어 주어 술어 관형어 목적어 주어 술어

润肺建脾、补气止血等 作用， 胆 有 清热解毒的 功能。
 관형어 목적어 주어 술어 관형어 목적어

부세는 높은 약용 가치가 있다. 그것의 이석은 열과 어혈을 없애고 이뇨 작용이있으며, 살은 폐와 비장을 건강하게 하고 기력을 보충하는 등의 작용을 하며, 쓸개는 열을 내리고 해독을 하는 기능이 있다.

D 为了帮助员工尽快成为国际性的管理人才和专业人才， 我们集团 会定期 选送 优秀员工
 부사어 주어 부사어 술어1 목적어1

出国培训 或 到相关知名企业工作学习。
 술어2 접속사 술어2

직원들이 최대한 빨리 글로벌한 관리 인력과 전문 인력이 되도록 하기 위해 우리 그룹은 정기적으로 우수한 직원을 해외로 보내 교육을 시키고 관련 유명 기업에 가서 일하고 배우게 한다.

해설 보기 A에서 **状态**(상태)와 **情况**(상황)은 의미상 중복되는 내용이다. 따라서 A가 틀린 문장이다.

어휘 处于 chǔyú 통 ~에 처하다 某种 mǒuzhǒng 대 어떤 종류(의) 情绪 qíngxù 명 정서, 감정 状态 zhuàngtài 명 상태 急着 jízhe 통 초조해 하다, 급히 서두르다 此时 cǐshí 명 이때 冷静 lěngjìng 형 냉정하다 后悔 hòuhuǐ 통 후회하다 热狗 règǒu 명 핫도그 香肠 xiāngcháng 명 소시지 蔬菜 shūcài 명 야채 调酱 diàojiàng 명 소스 下功夫 xià gōngfu 공을 들이다, 애쓰다 扳回 bānhuí 통 만회하다 一局 yìjú 명 하나의 국면 大黄鱼 dàhuángyú 명 수조기, 부세 清热 qīngrè 통 열을 내리다 祛淤 qūyū 맺혀 있는 피를 통하게 하다, 어혈을 삭이다 通淋 tōnglín 열을 식히고 습을 없애는 치료법 利尿 lìniào 명 이뇨 膘 biāo 명 살, 비계 润肺 rùnfèi 통 폐를 건강하게 하다 脾 pí 명 비장 解毒 jiědú 통 해독하다 定期 dìngqī 형 정기(의) 培训 péixùn 통 양성하다, 훈련하다

10

A 总之， 对别人的赞扬 如果 恰到好处， 不光能是 对方 感到 愉快， 而且 也能够
　접속사　　 주어 　 　접속사　　　술어 　　　 부사어　 주어　 술어　 목적어　 접속사　 부사어
让 自己的 生活 充满 欢乐。
술어1 관형어 목1/주 술어2 목적어2
요컨대, 다른 사람에 대한 칭찬이 만약 아주 적절하다면 상대방을 즐겁게 할 뿐만 아니라 자신의 삶에도 즐거움이 넘치게 된다.

B 过失、屈辱和失落， 对我们来说 没 办法 百分之百地 避免， 但是 我们 应该
　　 주어　　　　　　　　 부사어　　 술어　목적어　　 부사어　　　 술어　 접속사　 주어　 부사어
避免 这些事情破坏和改变人生。
술어　　　　　 목적어
과실, 굴욕, 낙담은 우리 입장에서는 100% 피할 수는 없지만 이러한 일들이 인생을 망치고 바꾸는 것은 피해야만 한다.

C 当下 年轻一代的 音乐类型偏好 发生了 明显的 变化：很多 年轻人 只 听
　부사어　　 관형어　　　　 주어　　　　 술어　 　관형어　 목적어 관형어　 주어　 부사어　술어
流行歌曲， 而 其他形式的 歌曲 一律 定为 不“酷”的。
　목적어　　 접속사　 관형어　　 주어　 부사어　 술어　　 목적어
→ (○) 当下年轻一代的音乐类型偏好发生了明显的变化：很多年轻人只听流行歌曲，而**把**其他形式的歌曲
一律定为不“酷”的。
요즘 젊은 세대의 음악 장르에 대한 취향은 분명한 변화가 생겼다. 많은 젊은 사람들은 단지 대중음악만 듣고 다른 형식의 음악은 전부 '멋지지' 않다고 생각한다.

D 除了松、竹、梅这“岁寒三友”之外， 中国 还 有 很多 植物， 如菊花、兰花和莲花等
　　　　　　 부사어　　　　　　　　　　 주어　 부사어 술어 관형어 목적어　　　 　 주어
也 成为 中国人所追求的人格操守的 象征。
부사어　 술어　　　　　 관형어　　　　　　 목적어
소나무, 대나무, 매화인 '세한삼우(岁寒三友)' 외에 중국에는 많은 식물이 있는데, 국화, 난초, 연꽃 등은 중국인들이 추구하는 인격과 성품의 상징이다.

해설 보기 C의 술어 听(듣다)의 주어는 年轻人(젊은이들)이고 뒷절의 술어 定为(~으로 정하다)의 주어 역시 행위의 주체인 사람이어야 하므로 其他形式的歌曲(다른 형식의 노래)는 주어가 될 수 없다. 따라서 其他形式的歌曲 앞에 把(~을/를)를 사용하여 목적어로 만들어야 한다.

어휘 赞扬 zànyáng 통 칭찬하다 恰到好处 qiàdàohǎochù 성 아주 적절하다 不光 bùguāng 접 ~일 뿐 아니라 过失 guòshī 명 과실 屈辱 qūrǔ 명 굴욕 失落 shīluò 명 낙담하다 偏好 piānhǎo 명 편애, 기호 流行歌曲 liúxínggēqǔ 명 대중음악 一律 yílǜ 부 일률적으로 松 sōng 명 소나무 竹 zhú 명 대나무 梅 méi 명 매화 菊花 júhuā 명 국화 兰花 lánhuā 명 난초 莲花 liánhuā 명 연꽃 人格 réngé 명 인격 操守 cāoshǒu 명 자질, 품행

제 2 부분

빈칸에 알맞은 어휘 넣기

Warm Up 풀이 전략 적용해 보기

61. 普吉岛以其迷人的热带**风光**和丰富的旅游资源，被称为"安达曼海上的一**颗**明珠"。这儿最大的诱惑之一就是温暖湿润的气候，一年**平均**气温为28℃，温差很小。

푸켓은 매혹적인 열대 **풍경**과 풍부한 관광 자원으로 '안다만 해의 아름다운 한 **알**의 구슬'로 불린다. 이곳의 최대 매력 중 하나는 온난하고 습윤한 기후이며 연**평균** 기온이 28도로 온도 차이가 작다.

A 风光 颗 平均	A 풍경 알 평균
B 作风 筐 平时	B 기풍 바구니 평소
C 风气 罐 平行	C 풍조 캔 대등하다
D 风格 条 平衡	D 스타일 줄기 균형을 이루다

어휘 普吉岛 Pǔjídǎo 지명 푸켓 迷人 mírén 통 사람을 미혹시키다 热带 rèdài 명 열대 风光 fēngguāng 명 풍경 资源 zīyuán 명 자원 安达曼海 Āndámànhǎi 지명 안다만 해 明珠 míngzhū 명 명주, 아름다운 구슬 诱惑 yòuhuò 통 유혹하다 温暖 wēnnuǎn 형 온난하다 湿润 shīrùn 형 습윤하다 作风 zuòfēng 명 기풍, 작풍 风气 fēngqì 명 풍조 风格 fēnggé 명 스타일 颗 kē 양 알[둥글고 작은 알맹이를 세는 단위] 筐 kuāng 명 바구니 罐 guàn 양 단지, 항아리 条 tiáo 양 가늘고 긴 것을 세는 양사 平均 píngjūn 명 평균 平行 píngxíng 형 대등한, 동등한 平衡 pínghéng 통 균형을 이루다

1. 호응 관계 실전 테스트

정답 1. A 2. D 3. C 4. B 5. C

1 很多人不愿意放弃自己的东西，虽然这些东西曾给你带来过快乐，但是你越想把它**抓**得紧，它就越是从你的指缝中溜走。**拥有**一颗平常心、**宽容**的心，善待自己的同时很好地善待别人，你会快乐。

많은 사람들이 자신의 것을 포기하길 원하지 않는다. 비록 이런 것들이 즐거움을 가져다 주었겠지만 당신이 그것을 꽉 **잡으려고** 할수록 손가락 사이로 빠져나간다. 평정심과 **관용적인** 마음을 **가지고** 자신에게 잘 하는 동시에 다른 사람에게 잘 대하면 당신은 즐거워질 것이다.

A 抓 拥有 宽容	A 잡다 가지다 관용적이다
B 转 拥护 自由	B 회전하다 옹호하다 자유롭다
C 捡 拥抱 自主	C 줍다 포옹하다 자주적이다
D 盯 包容 安宁	D 주시하다 포용하다 안정되다

해설 **빈칸1** 빈칸 뒤에 정도보어 **得紧**(꽉 ～하다)이 있고 보기의 어휘가 모두 동사이다. 문장의 목적어가 대사 **它**(그것)인데 이것은 앞의 **自己的东西**(자신의 물건)를 가리킨다. 문맥상 '자신의 것을 포기하길 원하지 않는다'와 연결되어야 하므로 **得紧**과 함께 결합하여 '꽉 쥐다'를 나타낼 수 있는 동사 **抓**(잡다)를 넣어야 한다.

　　빈칸2 빈칸 뒤에 수량사가 결합된 목적어가 있고 보기의 어휘가 모두 동사이다. 목적어 **平常心**(평상심)과 호응하는 동사는 **拥有**(소유하다)이다. 마음은 옹호하거나 포용하는 것이 아니므로 보기 B, D는 틀린 어휘이다.

빈칸3 빈칸 뒤에 구조조사 **的**(~의)와 명사가 있으므로 빈칸은 관형어 자리이다. 빈칸 앞에 문장 부호 '、'가 있으므로 **平常心**(평 정심)과 같은 맥락의 단어를 넣어야 한다. 뒷절의 **善待别人**(다른 사람에게 잘 대하다)과 문맥상 어울리는 어휘는 **宽容**(관 용적이다)이다.

指缝 zhǐféng 몡 손가락 사이　**溜走** liūzǒu 통 빠져나가다　**平常心** píngchángxīn 몡 평정심　**善待** shàndài 통 잘 대하다　**抓** zhuā 통 잡다　**转** zhuàn 통 회전하다　**捡** jiǎn 통 줍다　**盯** dīng 통 주시하다, 응시하다　**拥有** yōngyǒu 통 소유하다　**拥护** yōnghù 몡 옹호(하다)　**拥抱** yōngbào 통 포옹하다　**包容** bāoróng 통 포용하다　**宽容** kuānróng 혱 너그럽다　**安宁** ānníng 혱 편하다, 안정되다

2

在**职场**上同事之间关系不好的一个重要原因是"彼此都太看重利益的得失"。对于新人来说，别**过于**计较得失，不妨把眼前利益看淡些，注重**营造**和谐的气氛，着眼于**争取**更多机会。

직장에서 동료 간의 사이가 좋지 않은 중요한 원인은 '서로 이익의 득실을 지나치게 중시하기' 때문이다. 신입 사원들은 지나치게 이해득실을 따지지 말고 눈앞의 이익을 대수롭지 않게 여기며, 조화로운 분위기를 만드는데 신경 쓰고, 더 많은 기회를 얻는 데에 주목하는 것이 좋다.

A 现场　格外　经营　吸取	A 현장　유달리　경영하다　흡수하다
B 职务　过度　塑造　争夺	B 직무　과도하게　빚어 만들다　쟁탈하다
C 业务　十分　争论　录取	C 업무　매우　논쟁하다　채용하다
D 职场　过于　营造　争取	**D 직장　지나치게　만들다　쟁취하다**

빈칸1 빈칸은 **在**(~에서)와 **上**(위) 사이에 있으며 보기의 어휘는 모두 명사이다. 뒷부분에 **同事之间关系**(동료 간의 관계)가 있으므로 장소 어휘로 알맞은 것은 **职场**(직장)이다.

빈칸2 빈칸의 뒤는 동사 **计较**(따지다)이고 앞은 **别**(~하지 말라)이므로 빈칸은 부사 자리이다. 보기의 어휘 중에서 **格外**(유달리)와 **十分**(매우)은 정도부사로 형용사를 꾸며주므로 적합하지 않다. 빈칸의 뒷부분이 '득실을 따지다'라는 내용이므로 '정도가 지나치다'라는 뜻을 나타내는 부사 **过于**(지나치게)를 사용해야 한다. **过度**(과도하게)는 형용사이며 **过度消费**(과도한 소비), **过度饮酒**(과도한 음주) 등으로 사용된다.

빈칸3 빈칸 뒤에 **和谐的气氛**(화목한 분위기)이 있으며 보기가 모두 동사이다. 목적어 **气氛**(분위기)과 호응하는 동사는 **营造**(만들다)이다.

빈칸4 빈칸 뒤에 **更多机会**(더 많은 기회)가 있으며 보기의 어휘가 모두 동사이다. 목적어 **机会**(기회)와 호응하는 동사는 **争取**(쟁취하다)이다.

职场 zhíchǎng 몡 직장　**彼此** bǐcǐ 몡 서로　**看重** kànzhòng 통 중시하다　**利益** lìyì 몡 이익　**得失** déshī 몡 얻은 것과 잃은 것, 이해득실　**过于** guòyú 뫼 지나치게　**计较** jìjiào 통 따지다　**不妨** bùfáng 뫼 ~하는 것도 좋다　**看淡** kàndàn 통 중요하게 생각하지 않다, 하찮게 여기다　**注重** zhùzhòng 통 중시하다　**营造** yíngzào 통 (분위기 등을) 만들다　**和谐** héxié 혱 조화롭다　**气氛** qìfēn 몡 분위기　**着眼于** zhuóyǎnyú 통 ~에 착안하다　**争取** zhēngqǔ 통 쟁취하다　**现场** xiànchǎng 몡 현장　**职务** zhíwù 몡 직무　**业务** yèwù 몡 업무　**格外** géwài 뫼 유난히　**过度** guòdù 혱 과도하다　**经营** jīngyíng 통 경영하다　**塑造** sùzào 통 빚어 만들다　**争论** zhēnglùn 통 논쟁하다　**吸取** xīqǔ 통 (교훈 등을) 얻다　**争夺** zhēngduó 통 쟁탈하다　**录取** lùqǔ 통 채용하다

3

在中国，设置人大机构就是为了**真正达到**促进"一府两院"的工作之目的，**防止**行政、司法机关滥用权力，促进依法行政公正司法。因此，**无论**从法律上讲，还是从实质上讲，各级人大都对"一府两院"进行**监督**。

중국에서 인대 기구를 설치하는 것은 '인민 정부, 법원, 검찰원'의 일을 촉진시키는 목적을 진정으로 **이루기** 위함이다. 행정, 사법 기관의 권력 남용을 **방지하고** 법에 근거한 행정과 공정한 사법을 촉진한다. 때문에 법률상으로나 실제적으로나 **관계없이** 각 급의 인대는 모두 '인민 정부, 법원, 검찰원'에 대한 **감독을** 실시한다.

A 实现　阻碍　假设　监视	A 실현하다　가로막다　만약에　감시하다
B 实施　防御　何况　督促	B 실시하다　방어하다　하물며　독촉하다
C 达到　防止　无论　监督	**C 달성하다　방지하다　막론하고　감독하다**
D 树立　阻止　固然　注视	D 수립하다　저지하다　물론 ~지만　주시하다

해설 **빈칸1** 빈칸 앞에 부사 **真正**(진정한)이 있고 뒤에 목적어 **目的**(목적)가 있으며 보기가 모두 동사이다. 목적어 **目的**(목적)와 호응하는 동사는 **达到**(달성하다)이다.

빈칸2 빈칸 뒤에 **行政、司法机关滥用权力**(행정. 사법 기관의 권력 남용)가 있고 보기의 어휘는 모두 동사이다. 부정적인 현상인 **滥用权力**(권력남용)은 일어나지 않도록 해야 하므로 이와 호응하는 동사는 **防止**(방지하다)이다. **阻碍**(가로막다)는 특정한 일을 막거나 방해하는 것을 의미하고 **防御**(방어하다)는 공격에 대한 방어를 나타내며 **阻止**(저지하다)는 행동에 쓰인다.

빈칸3 빈칸은 절이 시작하는 곳에 있으며 보기가 모두 접속사이다. 빈칸의 뒷절에 **还是**(아니면)가 사용된 선택 의문문이 있고, 그 뒷절에 **都**(모두)가 있으므로 '**无论**……**都**……(~에 관계없이 모두 ~하다)'의 구조임을 알 수 있다.

빈칸4 빈칸 앞에 동사 **进行**(진행하다)이 있으므로 목적어가 와야 한다. 문장의 주어인 **人大**(인대)가 인민정부, 법원, 검찰원에 대해 진행하는 것이므로 **督促**(독촉하다)나 **注视**(주시하다)보다는 **监督**(감독하다)가 적절하다.

어휘 **设置** shèzhì 통 설치하다 **人大机构** Réndàjīgòu 명 인대 기구 (중국 최고 권력기구) **一府两院** yīfǔliǎngyuàn 명 인민정부와 인민법원 및 검찰원 **防止** fángzhǐ 통 방지하다 **行政** xíngzhèng 명 행정 **司法机关** sīfǎjīguān 명 사법기관 **滥用** lànyòng 통 남용하다 **权力** quánlì 명 권력 **依法** yīfǎ 통 법에 의거하다 **行政** xíngzhèng 명 행정 **法律** fǎlǜ 명 법률 **监督** jiāndū 통 감독하다 **实施** shíshī 통 실시하다 **树立** shùlì 통 수립하다 **阻碍** zǔ'ài 통 가로막다 **防御** fángyù 통 방어하다 **阻止** zǔzhǐ 통 저지하다 **假设** jiǎshè 접 만약에 **何况** hékuàng 접 하물며 **固然** gùrán 접 물론 ~이지만 **监视** jiānshì 통 감시하다 **督促** dūcù 통 독촉하다 **注视** zhùshì 명동 주시(하다), 주목(하다)

4

九寨沟是一个**风景**秀丽的景区。九寨沟的水是世界最**清澈**的，无论是平静的湖泊，还是飞泻的瀑布，都那么美妙迷人，让人**流连忘返**。水构成了九寨沟最富有美丽的景色，也是九寨沟的**灵魂**。

주자이거우(九寨沟)는 **풍경**이 수려한 관광지이다. 주자이거우의 물은 세계에서 가장 **맑으며** 고요한 호수이든 쏟아져 내리는 폭포수이든 모두 아름답고 매력적이어서 사람들은 **돌아가는 것을 잊는다**. 물은 주자이거우의 가장 아름다운 풍경을 만들어내며 또한 주자이거우의 **영혼**이다.

A 气息	清新	络绎不绝	精神		A 숨결	새롭다	왕래가 끊이지 않다	정신
B 风景	**清澈**	**流连忘返**	**灵魂**		**B 풍경**	**맑다**	**너무 좋아 돌아가는 것을 잊다**	**영혼**
C 风气	清洁	目不转睛	核心		C 풍조	청결하다	주시하다	핵심
D 印象	透明	雪上加霜	基础		D 인상	투명하다	설상가상이다	기초

해설 **빈칸1** 빈칸의 뒤는 형용사 **秀丽**(수려하다)이고 보기의 어휘는 모두 명사이다. **秀丽**와 호응하는 명사는 **风景**(풍경)이다.

빈칸2 보기의 어휘가 모두 형용사이고 빈칸은 부사 **最**(가장)의 수식을 받고 있다. 문장의 주어가 **九寨沟的水**(주자이거우의 물)이므로 **水**와 어울리는 어휘는 **清澈**(맑다)와 **透明**(투명하다)이다. **清澈**는 물이 투명하고 맑음을 나타낸다.

빈칸3 빈칸의 앞에 **让人**(사람으로 하여금 ~하게 하다)이 있으므로 빈칸은 술어 자리이다. 앞부분이 주자이거우의 매력에 대한 내용이므로 의미상 알맞은 말은 **流连忘返**(너무 좋아 돌아가는 것을 잊다)이다. **络绎不绝**(왕래가 끊이지 않다)는 차나 사람이 많이 드나듦을 의미한다.

빈칸4 빈칸은 관형어의 수식을 받는 명사 자리이다. 술어 **是**(이다)의 주어가 물이므로 보기의 어휘 중 **基础**(기초)를 제외하고 모두 사용할 수 있다.

어휘 **九寨沟** Jiǔzhàigōu 지명 주자이거우 **风景** fēngjǐng 명 풍경 **秀丽** xiùlì 형 수려하다 **景区** jǐngqū 명 관광지구 **清澈** qīngchè 형 맑고 투명하다 **平静** píngjìng 형 조용하다, 차분하다 **湖泊** húpō 명 호수 **飞泻** fēixiè 통 쏟아져 내리다 **瀑布** pùbù 명 폭포 **美妙** měimiào 형 아름답다 **迷人** mírén 형 매력적이다 **流连忘返** liúliánwàngfǎn 성 너무 좋아 돌아가는 것을 잊다, 아름다운 경치에 빠져 떠나기 싫어하다 **构成** gòuchéng 통 명 구성(하다) **富有** fùyǒu 통 풍부하게 가지다 **景色** jǐngsè 명 풍경 **灵魂** línghún 명 영혼 **气息** qìxī 명 숨결 **风气** fēngqì 명 풍조 **清新** qīngxīn 형 깨끗하고 새롭다 **清洁** qīngjié 형 청결하다 **透明** tòumíng 형 투명하다 **络绎不绝** luòyìbùjué 성 왕래가 끊이지 않다 **目不转睛** mùbùzhuǎnjīng 성 주시하다, 응시하다 **雪上加霜** xuěshàngjiāshuāng 성 엎친 데 덮친 격이다 **精神** jīngshén 명 정신 **核心** héxīn 명 핵심 **基础** jīchǔ 명 기초

5

古天文学说认为，东西南北由四种**神怪**的动物代表，其中**管辖**东方的神兽是"龙"。历代帝王都以"龙子"自称，因为他们最有权力。家中最东面的房子也要给最有**权威**的长辈住。因此"我来做东"就是"我来做主人请客"的意思。

A 神妙　涉世　声势
B 虚假　悬挂　声誉
C **神圣　管辖　权威**
D 凶恶　铸造　权限

고대 천문학자들은 동서남북이 네 종류의 **신성한** 동물로 대표된다고 생각했다. 그 중 **동방을 관할하는** 신수는 '용'이다. 역대 제왕들은 모두 스스로를 '용의 아들'이라 칭했다. 왜냐하면 그들이 가장 큰 권력을 가졌기 때문이다. 집에서 가장 동쪽에 있는 방은 가장 **권위**가 있는 연장자가 생활한다. 그래서 '내가 동쪽을 할게(我来做东)'라는 말은 '내가 주인으로 대접하겠다'는 의미이다.

A 신묘하다　세상 경험을 쌓다　명성과 위세
B 거짓이다　걸다　명성
C **신성하다　관할하다　권위**
D 흉악하다　주조하다　권한

해설 빈칸1 보기가 모두 형용사이며 빈칸은 명사 动物(동물)를 꾸며주고 있다. 이어지는 절에서 용을 신성한 동물(神兽)이라고 표현하고 있으므로 神圣(신성하다)이 적합하다.

빈칸2 빈칸 뒤에 명사 东方(동방)이 있고 보기가 모두 동사이다. '동방을 ~하다'라는 의미를 이루는 어휘로 '특정 지역을 관리하다'는 뜻을 나타내는 管辖(관할하다)가 적합하다.

빈칸3 빈칸 앞에 동사 有(있다)가 있으며 보기가 모두 명사이다. 또한 뒤의 长辈(연장자)를 수식하고 있다. 앞 문장에서 权力(권력)가 언급되었으므로 声誉(명성)보다는 权威(권위)가 적합하다.

어휘 龙 lóng 명 용　历代 lìdài 명 역대　帝王 dìwáng 명 제왕, 군주　长辈 zhǎngbèi 명 연장자　神妙 shénmiào 형 신묘하다, 불가사의하다　虚假 xūjiǎ 형 거짓의　神圣 shénshèng 형 신성하다　凶恶 xiōng'è 형 흉악하다　涉世 shèshì 동 세상 경험을 쌓다　悬挂 xuánguà 동 걸다　管辖 guǎnxiá 동 관할하다　铸造 zhùzào 동 주조하다　声势 shēngshì 명 명성과 위세　声誉 shēngyù 명 명성, 명예　权限 quánxiàn 명 권한

2. 유의어 | 실전 테스트

정답 1. **D**　2. **B**　3. **B**　4. **D**　5. **A**

1

在中国这样一个人口**密度**很高的国家，应该**树立**起多建微型房的概念，特别是在经济发达地区。这样会使房价变得容易承受一些，也**符合**环保的需求。

A 高度　建造　适合
B 程度　确立　配合
C 进度　建立　适应
D **密度　树立　符合**

중국이라는 이렇게 인구 **밀도**가 높은 나라에서는 초소형 주택을 많이 지어야 한다는 개념을 **수립해야** 한다. 특히 경제가 발달한 지역에서는 더 그러하다. 이렇게 하면 주택 가격을 쉽게 감당할 수 있게 되고, 또한 환경 보호의 필요에도 **부합된다**.

A 고도　건축하다　적합하다
B 정도　확립하다　어울리다
C 진도　세우다　적응하다
D **밀도　수립하다　부합하다**

해설 빈칸1 빈칸 앞에는 人口(인구), 뒤에는 형용사 술어 很高(아주 높다)가 있으며 보기가 모두 명사이다. '인구의 ~이 아주 높다'는 뜻이므로 密度(밀도)가 적합하다.

빈칸2 빈칸 뒤에는 보어 起(위로 향함)가 있으며 보기가 모두 동사이다. 목적어인 概念(개념)과 어울리는 동사는 개념이나 이상을 세우다는 뜻을 나타내는 树立(수립하다)이다. 建造(건축하다)는 건물, 교량에 사용하고, 建立(세우다)는 관계, 국가, 정부에 사용한다. 确立(확립하다)는 생각이나 기준을 확고히 세우다라는 뜻이다.

빈칸3 빈칸 앞에는 부사 也(~도), 뒤에는 명사 环保的需求(환경 보호의 필요)가 있다. 보기가 모두 동사이므로 需求(필요)와 어울리는 동사는 符合(부합하다)이다.

어휘 密度 mìdù 명 밀도　树立 shùlì 동 수립하다　微型房 wēixíngfáng 명 초소형 주택　概念 gàiniàn 명 개념　房价 fángjià 명 주택 가격　承受 chéngshòu 동 감당하다　符合 fúhé 동 부합하다　环保 huánbǎo 명 환경보호　需求 xūqiú 동 필요, 수요　高度 gāodù 명 고도　进度 jìndù 명 진도　密度 mìdù 명 밀도　建造 jiànzào 동 건축하다　确立 quèlì 동 확립하다　建立 jiànlì 동 세우다　树立 shùlì 동 수립하다　配合 pèihé 형 조화되다, 어울리다　适应 shìyìng 동 적응하다

2

民间习惯把"立冬"这个节气作为冬季的开始，也常用立冬当天的**天气推测**整个冬天的**天气**。当然，这个日期不是进入冬天的**准确**日期。各地的冬季并不都是于立冬日同时开始的，不同的**区域**进入冬天的时间有所不同。

민간에서는 습관적으로 '입동' 절기를 겨울의 시작으로 여기며 입동 당일의 날씨로 겨울 전체의 날씨를 **추측한다**. 당연히 이 날짜는 겨울로 들어가는 **정확한** 날짜는 아니다. 각지의 겨울은 입동 당일에 동시에 시작하는 것은 아니며 **지역**마다 겨울로 들어가는 날짜는 조금씩 다르다.

A 测量	确实	局部	
B 推测	**准确**	**区域**	
C 预料	明确	格局	
D 衡量	的确	地区	

A 측량하다	확실하다	일부분	
B 추측하다	**정확하다**	**지역**	
C 예상하다	명확하다	짜임새	
D 평가하다	확실히	지역	

해설 **빈칸1** 빈칸 앞은 명사구 立冬当天的天气(입동의 당일 날씨)가 있고 뒤에는 整个冬天的天气(전체 겨울의 날씨)가 있다. 보기가 모두 동사이며 측정 또는 예상하다는 뜻을 나타낸다. 预料(예상하다)는 미래의 상황에 대해 예상하는 것이고, 推测(추측하다)는 근거를 통해 미루어 짐작하다는 뜻이다. 이 문장에서는 입동을 통해 그 해 겨울의 날씨를 짐작한다는 뜻이므로 推测가 적합하다. 测量(측량하다)은 양을 잴 때 사용하고 衡量(평가하다)은 가치를 평가할 때 사용하는 어휘이다.

빈칸2 빈칸 뒤에 日期(날짜)가 있고 보기는 모두 '확실하다, 정확하다'는 의미의 어휘이다. 日期와 호응하는 것은 시간 또는 발음에 사용하는 准确(정확하다)이다. 确实(확실하다)는 믿을만한 근거가 있어 확실하다는 뜻이고, 明确(명확하다)는 목표나 관점에 사용한다. 的确(확실히)는 부사이므로 명사를 수식할 수 없다.

빈칸3 빈칸은 앞의 不同的(다른)의 수식을 받고 있고 보기가 모두 명사이다. 앞절에 各地(각 지역)가 언급되어 있으므로 지역을 나타내는 단어 地区(지역)와 区域(지역)가 적합하다.

어휘 立冬 lìdōng 명 입동　节气 jiéqi 명 절기　作为 zuòwéi 동 ~로 여기다　常用 chángyòng 동 상용하다　推测 tuīcè 동 추측하다　准确 zhǔnquè 형 정확하다　日期 rìqī 명 날짜　有所 yǒusuǒ 동 다소 ~하다　测量 cèliáng 동 측량하다　预料 yùliào 동 예상하다　衡量 héngliáng 동 재다, 평가하다　确实 quèshí 부 확실히　明确 míngquè 형 명확하다　的确 díquè 부 확실히　局部 júbù 명 국부, 일부　格局 géjú 명 짜임새, 구조

3

舔嘴唇并不能是嘴唇湿润，反而会因为**水分蒸发**而嘴唇更感干燥。我们都体会过越干越舔、越舔越干的**恶性循环**。其实，**保养**唇部皮肤的最好办法是涂润唇油，这样就**足以**防止水分的流失。

입술을 핥는 것은 결코 입술을 촉촉하게 할 수 없고 오히려 수분이 **증발하기** 때문에 입술이 더 건조해진다. 우리는 건조할수록 입술을 핥고, 핥을수록 건조해지는 악**순환**을 겪어 봤다. 사실, 입술 피부를 **보호하는** 가장 좋은 방법은 립밤을 바르는 것이다. 이렇게만 해도 수분 유실을 방지하기에 **충분하다**.

A 分泌	环节	保管	确保
B 蒸发	**循环**	**保养**	**足以**
C 分辨	趋势	保存	有效
D 引发	结局	保持	难免

A 분비하다	일환	보관하다	확보하다
B 증발하다	**순환**	**보호하다**	**충분히 ~하다**
C 분별하다	추세	보존하다	효과적이다
D 유발하다	결국	유지하다	피하기 어렵다

해설 **빈칸1** 빈칸 앞은 명사 水分(수분)이 있고 보기가 모두 동사이다. 뒤는 접속사 而(~하고)로 이어진다. 뒷절의 更感干燥(더 건조해진다)와 내용이 이어져야 하므로 蒸发(증발하다)가 사용되어야 한다.

빈칸2 빈칸은 명사 恶性(악성)의 수식을 받는다. 앞부분이 '건조할수록 핥고 핥을수록 건조해진다' 는 내용이므로 안 좋은 상황이 반복됨을 나타내는 循环(순환)이 적합하다. 恶性循环(악순환)은 고정적으로 쓰이는 표현이다.

빈칸3 빈칸 뒤에 명사 唇部皮肤(입술 피부)가 있고 보기가 모두 동사이며 모두 '보존하다'는 뜻을 가지고 있다. 목적어인 皮肤(피부)와 호응하는 동사는 保养(보양하다)이다. 保养은 피부 등을 보호하고 영양을 준다는 의미로 미용에 사용하는 어휘이다. 保管(보관하다)은 물건에 사용하고 保存(보존하다)은 환경이나 유물에 사용한다. 保持(유지하다)는 상태에 사용한다.

빈칸4 빈칸 뒤에 동사 防止(방지하다)가 있으므로 빈칸은 부사어 자리이다. 빈칸의 앞에서 피부를 보호하는 가장 좋은 방법을 말하고 뒤에서 수분의 유실을 방지할 수 있다는 내용이 나온다. 보기의 어휘에서 确保(확보하다), 足以(충분히 ~하다), 有效(효과적이다) 모두 적합하며, 难免(피하기 어렵다)은 부정적인 상황이 이어져야 하므로 적절하지 않다.

어휘 舔 tiǎn 통 핥다 嘴唇 zuǐchún 명 입술 湿润 shīrùn 형 촉촉하다 反而 fǎn'ér 부 오히려 蒸发 zhēngfā 통 증발하다 干燥 gānzào 형 건조하다 恶性循环 èxìngxúnhuán 명 악순환 保养 bǎoyǎng 통 보양하다 涂 tú 통 바르다 润唇油 rùnchúnyóu 명 립밤, 립글로스 足以 zúyǐ 부 충분히 ~할 수 있다 防止 fángzhǐ 통 방지하다 分泌 fēnmì 통 분비하다 分辨 fēnbiàn 통 분별하다 引发 yǐnfā 통 일으키다 环节 huánjié 명 일환 趋势 qūshì 명 추세 结局 jiéjú 명 결국 保管 bǎoguǎn 통 보관하다 保持 bǎochí 통 유지하다 确保 quèbǎo 통 확보하다 难免 nánmiǎn 통 피하기 어렵다

4

睡眠时，要有**充足**的血液流向心和脑，我们才会得到高质量的睡眠。只有当人处于睡眠**状态**时，血液才能**到达**皮肤层，能为皮肤提供营养，加快**消除**皮肤疲劳的速度。

잠을 잘 때 **충분한** 혈액이 심장과 뇌로 흘러가야 우리는 비로소 높은 질의 수면을 취할 수 있다. 사람이 수면 **상태**에 있을 때 혈액은 피부층에 **도달하여** 피부에 영양을 제공하고 피부의 피로를 **없애는** 속도를 높일 수 있다.

A 充满　形状　抵达　解除
B 充沛　趋势　集合　消失
C 充实　情况　混合　消灭
D 充足　状态　到达　消除

A 충만하다　형태　도착하다　해지하다
B 왕성하다　추세　집합하다　사라지다
C 충실하다　상황　혼합하다　소멸하다
D 충분하다　상태　도달하다　없애다

해설 **빈칸1** 빈칸 뒤에 구조조사 的(~의)가 있고 血液(혈액)를 꾸며주고 있다. 血液와 어울리는 단어는 充足(충분하다)이다. 充足는 시간, 잠, 혈액 등 '꼭 필요한 것이 충분하다'는 의미로 사용된다.

빈칸2 빈칸 앞에는 处于睡眠(수면 ~에 처하다)이 있으며 보기가 모두 명사이다. 동사 处于(처하다)와 호응하는 어휘는 状态(상태)이다.

빈칸3 빈칸 앞에 조동사 能(할 수 있다)이 있고 뒤에 명사 皮肤层(피부층)이 있으므로 동사 자리이다. '혈액이 피부층에 ~할 수 있다'는 뜻이므로 到达(도달하다)가 적합하다.

빈칸4 빈칸 뒤에 皮肤疲劳(피부의 피로)가 있고 보기의 어휘가 모두 '없애다'는 뜻을 나타낸다. 보기의 어휘 중 疲劳와 호응하는 동사는 消除(없애다)이다. 消除는 걱정, 장애, 피로에 사용한다. 消失은 사라지다는 뜻을, 解除(해지하다)는 계약이나 오해에 사용한다. 消灭(소멸하다)는 완전히 멸하고 없앤다는 뜻이다.

어휘 睡眠 shuìmián 명 수면 血液 xuèyè 명 혈액 处于 chǔyú 통 ~에 처하다 状态 zhuàngtài 명 상태 到达 dàodá 통 도착하다 皮肤层 pífūcéng 명 피부층 加快 jiākuài 통 속도를 올리다 消除 xiāochú 통 없애다 疲劳 píláo 형 피곤하다 充满 chōngmǎn 통 가득차다 充沛 chōngpèi 형 왕성하다 充实 chōngshí 형 충실하다, 풍부하다 充足 chōngzú 형 충분하다 形状 xíngzhuàng 명 형태 趋势 qūshì 명 추세 状态 zhuàngtài 명 상태 抵达 dǐdá 통 도착하다 集合 jíhé 통 집합하다 混合 hùnhé 통 혼합하다 到达 dàodá 통 도착하다 解除 jiěchú 통 해지하다, 없애다 消失 xiāoshī 통 사라지다 消灭 xiāomiè 통 소멸하다

5

在日常生活中，事物所呈现的对称能给人们以平衡与**和谐**的美感。生物医学近来的研究提供了更为科学的**理论**支持。研究显示，对称的形体和外表、图像最易被神经网络**捕捉**，所以人们**倾向**于选择对称体貌。

일상생활에서 사물이 나타내는 대칭은 사람에게 균형과 **조화로운** 미적 감각을 준다. 생물 의학의 최근 연구는 더욱 과학적인 **이론적** 뒷받침을 해 준다. 연구는 대칭을 이루는 형태, 외형, 이미지가 가장 쉽게 신경망에 의해 **포착된다**는 것을 보여준다. 그래서 사람들은 대칭 형태를 선택하는 **경향이 있다**.

A 和谐	理论	捕捉	倾向
B 尊敬	道理	捕捞	注重
C 和蔼	逻辑	引用	专注
D 尊严	论据	引发	热衷

A 조화롭다	이론	포착하다	경향이 있다
B 존경하다	이치	포획하다	중시하다
C 상냥하다	논리	인용하다	전념하다
D 존엄하다	논거	야기하다	열중하다

해설 **빈칸1** 빈칸은 앞에 平衡(균형)과 조사 与(~와/과)로 연결되어 있고, 뒤에는 的美感(~한 미적 감각)이 있다. 美感(미적 감각)과 호응하는 단어는 和谐(조화롭다)이다. 尊敬(존경하다), 和蔼(상냥하다), 尊严(존엄하다)은 美感과 어울리지 않는다.

빈칸2 빈칸은 앞에 更为科学的(더욱 과학적인)가 있고 뒤에 支持(지지)가 있으므로 理论(이론)을 넣어야 한다. 理论支持(이론적 뒷받침)로 자주 사용된다. 道理(이치)는 말의 이치를 뜻하고 逻辑(논리)와 论据(논거)는 적합하지 않다.

빈칸3 빈칸 앞에 被神经网络(신경망에 의해)가 있으며 보기는 모두 동사이다. 捕捞(포획하다)는 물고기 등을 잡는다는 뜻이고, 引用(인용하다)은 말이나 문구에 사용하며, 引发(야기하다)는 어떠한 결과에 사용한다. 따라서 '신경망에 의해 ~하게 된다'는 의미로 捕捉(포착하다)가 적합하다.

빈칸4 빈칸의 앞은 주어 人们(사람들)이 있고 뒤에는 개사 于(~에)가 있다. 앞부분의 내용이 '대칭은 사람의 신경망에 의해 쉽게 포착된다'이므로 그러한 경향이 있다를 나타내는 倾向(경향)이 적합하다. 注重(중시하다), 专注(전념하다), 热衷(열중하다)은 모두 의지적으로 하는 행동이므로 문맥상 어울리지 않는다.

어휘 呈现 chéngxiàn 통 나타나다 平衡 pínghéng 형 균형이 맞다 对称 duìchèn 형 대칭이다 美感 měigǎn 명 미적 감각 形体 xíngtǐ 명 외형, 형상과 구조 外表 wàibiǎo 명 겉모습 图像 túxiàng 명 이미지 神经网络 shénjīngwǎngò 명 신경망 体貌 tǐmào 명 자태와 용모 和谐 héxié 형 잘 어울리다, 조화롭다 尊敬 zūnjìng 통 존경하다 和蔼 hé'ǎi 형 상냥하다 尊严 zūnyán 형 존엄하다 逻辑 luójí 명 논리 论据 lùnjù 명 논거 捕捉 bǔzhuō 통 포착하다, 붙잡다 捕捞 bǔlāo 통 물고기를 잡다 引用 yǐnyòng 통 인용하다 引发 yǐnfā 통 일으키다, 야기하다 倾向 qīngxiàng 통 경향이 있다 注重 zhùzhòng 통 중시하다 专注 zhuānzhù 통 집중하다, 전념하다 热衷 rèzhōng 통 열중하다

3. 어휘의 의미 실전 테스트

정답 1. **B**   2. **D**   3. **A**   4. **C**   5. **D**

1

每当春节将近的时候，家家户户都在大门两边贴上崭新的红春联，红底黑字，稳重而鲜艳。表达一家一户对新年的美好愿望。一些春联还反映不同的行业、不同家庭的幸福观。因此认真研究春联，无疑是观察民间风情的一个有意义的途径。

매년 춘절이 다가올 때 집집마다 대문 양쪽에 새로운 붉은 춘련을 붙인다. 붉은색 바탕에 검은 글씨가 진중하면서도 선명하고 화려하다. 집집마다 새해에 대한 아름다운 바람들을 나타내고 있다. 일부 춘련은 다양한 업종, 다양한 가정의 행복관을 반영한다. 때문에 진지하게 춘련을 연구하는 것은 의심의 여지 없이 민간의 풍속을 관찰하는 의미있는 방법이다.

A 粘	榜样	网络
B 贴	**愿望**	**途径**
C 眨	幻想	习俗
D 折	初衷	关键

A 붙이다	모범	네트워크
B 붙이다	**바람**	**방법**
C 깜박이다	환상	풍속
D 꺾다	처음 바램	관건

해설 **빈칸1** 빈칸 앞에는 부사어 在大门两边(대문 양쪽에)이 있고 뒤에 보어 上(도달함)이 있으므로 빈칸은 동사 자리이다. 목적어 春联(춘련)과 호응하는 것으로 贴(붙이다)와 粘(붙이다)이 적합하다. 粘은 접착제를 사용해서 단단히 붙인다는 뜻이다.

빈칸2 빈칸 앞은 对新年的美好(신년에 대한 아름다운)이고, 술어가 表达(나타내다)이므로 이에 어울리는 어휘는 愿望(바람)이다.

빈칸3 빈칸은 一个有意义的(하나의 의미있는)의 수식을 받고 있다. 문맥상 '민간 풍속을 관찰할 수 있는 의미있는 ~이다'이어야 하므로 알맞은 어휘는 途径(방법)이다. 途径은 경로, 수단, 방법 등을 나타낸다.

어휘 将近 jiāngjìn 통 거의 ~에 가깝다　贴 tiē 통 붙이다　崭新 zhǎnxīn 형 참신하다　稳重 wěnzhòng 형 진중하다　鲜艳 xiānyàn 형 선명하고 화려하다　愿望 yuànwàng 명 희망, 소망　春联 chūnlián 명 춘련, 대련　反映 fǎnyìng 통 반영하다　无疑 wúyí 부 의심의 여지없이　观察 guānchá 통 관찰하다　民间 mínjiān 명 민간　风情 fēngqíng 명 풍토와 인정　途径 tújìng 명 방법, 수단　粘 zhān 통 풀로 붙이다　眨 zhǎ 통 눈을 깜박거리다　折 zhé 통 꺾다, 부러뜨리다　榜样 bǎngyàng 명 본보기, 모범　初衷 chūzhōng 명 최초의 소망, 초심　网络 wǎngluò 명 네트워크, 시스템　习俗 xísú 명 풍속

2

有些人涮火锅的时候，**略微**涮一下就把生肉拿出来，肉片中的**细菌**根本不能完全被杀死。一般来讲，薄肉片应在沸腾的锅中**搁**一分钟左右，这时吃又美味又健康。

어떤 사람들은 훠궈를 먹을 때, **살짝** 데치고 바로 생고기를 꺼내는데 고기 속의 **세균**은 절대 완전히 죽지 않는다. 일반적으로 말해서 얇은 고기 조각은 뜨겁게 끓는 냄비에 1분 정도 **둬야 하고** 이때 먹으면 맛도 좋고 안전하다.

A 恰巧　风味　奔
B 不断　细节　割
C 反复　片段　捧
D 略微　细菌　搁

A 때마침　맛　질주하다
B 끊임없이　세부 사항　자르다
C 반복적으로　토막　받쳐 들다
D 약간　세균　넣다

해설 빈칸1 빈칸은 동사 涮(데치다) 앞에 위치하며 보기가 모두 부사이므로 涮을 꾸며주는 부사어가 들어가야 한다. 뒷부분에 사람들이 把生肉拿出来(생고기를 꺼낸다)라는 내용이 있으므로 '살짝 데치다'라는 뜻을 만드는 略微(약간)가 들어가야 한다.

빈칸2 빈칸은 肉片中的(고기 중의)의 수식을 받고 있으며 보기가 모두 명사이다. '고기 중의 ~이 완전히 죽지 않는다'이므로 빈칸에 알맞은 어휘는 细菌(세균)이다.

빈칸3 빈칸 앞은 부사어 在沸腾的锅中(뜨겁게 끓는 냄비에)이 있고 뒤는 시간을 나타내는 어휘 一分钟左右(1분 정도)가 있으므로 동사 자리이다. '고기를 냄비에 1분 정도 ~하다'라는 뜻이므로 '조미료 등을 넣다'라는 뜻인 搁(넣다)가 적합하다.

어휘 涮 shuàn 통 (물에 넣고) 휘젓다, 데치다　火锅 huǒguō 명 훠궈　根本 gēnběn 부 아예, 전혀　杀死 shāsǐ 통 죽이다　薄肉 báoròu 명 얇은 고기　沸腾 fèiténg 통 끓어오르다　恰巧 qiàqiǎo 부 때마침　略微 lüèwēi 부 약간　风味 fēngwèi 명 풍미　细节 xìjié 명 세부 사항, 디테일　片段 piànduàn 명 토막, 부분　细菌 xìjūn 명 세균　奔 bēn 통 질주하다　割 gē 통 (칼로) 절단하다　捧 pěng 통 두 손으로 받쳐들다　搁 gē 통 놓다, 방치하다

3

信用卡给我们的生活带来了无限的方便，很多人刷信用卡时很**爽快**，可拿到账单时把薪水和支出一对照，又往往会**心疼**。专家建议，年轻人应该**恰到好处**地使用信用卡。如果平时有冲动消费的习惯，最好直接用现金付款。

신용카드는 우리의 생활에 무한한 편리함을 가져다 주었다. 많은 사람들이 신용카드를 사용할 때, **시원하게 사용한다**. 그러나 카드 명세서를 받을 때 월급과 지출을 대조하고는 또 종종 **마음 아파한다**. 전문가들은 젊은 사람들이 **적절하게** 신용카드를 사용해야 한다고 권한다. 만일 평소에 충동적으로 소비하는 습관이 있다면 직접 현금으로 지불하는 게 좋다.

A 爽快　心疼　恰到好处
B 愉快　欣慰　千方百计
C 灵敏　茫然　日新月异
D 灵活　糊涂　深情厚谊

A 시원시원하다　마음이 아프다　아주 적절하다
B 유쾌하다　기쁘고 안심이 되다　온갖 방법을 다 생각하다
C 반응이 빠르다　막연하다　발전이 매우 빠르다
D 민첩하다　어리석다　깊고 돈독한 정

해설 빈칸1 빈칸 앞에 정도부사 很(아주)이 있고 보기는 모두 형용사이다. 문장이 '많은 사람들이 신용카드를 사용할 때 매우 ~하다'를 나타내고, 뒷절에서 카드 명세서를 받았을 때와 대조하고 있으므로 문맥상 '태도가 시원시원하다'는 뜻인 爽快(시원시원하다)가 적합하다.

빈칸2 빈칸 앞에 조동사 会(할 것이다)가 있고 보기는 모두 형용사이다. 앞절의 爽快와 대조되는 내용이므로 心疼(마음이 아프다)이 적합하다.

빈칸3 빈칸 앞에 조동사 应该(해야 한다)가 있고 뒤에 구조조사 地(~하게)가 있으며 보기가 모두 성어이다. 내용이 전문가의 견해이므로 '젊은 사람들이 카드를 ~하게 사용해야 한다'에 들어갈 수 있는 어휘는 恰到好处(아주 적절하다)가 적합하다.

刷 shuā 통 (카드 등을) 긁다, 솔로 닦다 账单 zhàngdān 명 명세서 薪水 xīnshui 명 임금 支出 zhīchū 통 지출하다 对照 duìzhào 통 대조하다 冲动 chōngdòng 형 충동 付款 fùkuǎn 통 돈을 지불하다 爽快 shuǎngkuai 형 시원시원하다 灵敏 língmǐn 형 반응이 빠르다 灵活 línghuó 형 민첩하다, 융통성이 있다 心疼 xīnténg 통 몹시 아끼다 欣慰 xīnwèi 형 기쁘고 안심이 되다 茫然 mángrán 형 막연하다 糊涂 hútú 형 어리석다 恰到好处 qiàdàohǎochù 성 아주 적절하다 千方百计 qiānfāngbǎijì 성 온갖 방법을 다 생각하다 日新月异 rìxīnyuèyì 성 나날이 새로워지다, 발전이 매우 빠르다 深情厚谊 shēnqínghòuyì 성 깊고 돈독한 정

4

"一日之计在于晨"，所以充满活力的早晨需要开始于一**顿**优质的**早餐**，早餐是一日三餐中最为重要的一餐，摄入的能量**占**人体一天所需能量的35%左右，营养丰富的早餐能让人思维敏捷，**反应**灵活，从而提高学习和工作**效率**。

'하루의 계획은 아침에 달려 있다.' 그래서 활기가 넘치는 아침은 한 **끼**의 양질의 아침밥으로 시작해야 한다. 아침식사는 하루 세 끼 중 가장 중요한데 섭취하는 에너지가 인체의 1일 필수 에너지의 35%를 **차지한다**. 영양이 풍부한 아침 식사는 사람의 사고를 민첩하게 하고 반응을 빠르게 하여 학습과 업무의 **효율**을 높여준다.

A 吨	居	反馈	效益
B 番	揉	反思	频率
C 顿	**占**	**反应**	**效率**
D 届	追	反映	概率

A 톤	거주하다	피드백	효익
B 번	주무르다	반성하다	빈도율
C 끼	**차지하다**	**반응**	**효율**
D 회	추격하다	반영하다	확률

해설 **빈칸1** 빈칸 앞에 수사가 있고, 뒤에 명사 **早餐**(아침밥)이 있으므로 빈칸은 양사 자리이다. **早餐**과 어울리는 것은 **吨**(끼)이다.

빈칸2 빈칸의 앞은 **摄入的能量**(섭취하는 에너지)이고, 뒤는 백분율이 목적어로 있다. 따라서 백분율에 사용할 수 있는 동사 **占**(차지하다)을 넣어야 한다.

빈칸3 빈칸 앞에 **思维敏捷**(사고가 민첩하다)가 있고, 뒤에 **灵活**(재빠르다)가 있다. **灵活**는 두뇌나 동작에 사용하므로 **反应**(반응)이 적합하다.

빈칸4 빈칸 앞에 **学习和工作**(학습과 업무)이 있고 술어가 **提高**(향상시키다)이다. 문맥상 '학습과 업무의 ~을 높이다'이므로 가장 적합한 어휘는 **效率**(효율)이다

어휘 早晨 zǎochen 명 아침, 새벽 优质 yōuzhì 형 질이 우수하다 早餐 zǎocān 명 아침밥 摄入 shèrù 통 섭취하다 能量 néngliàng 명 에너지 营养 yíngyǎng 명 영양 思维 sīwéi 명 사고, 사유 敏捷 mǐnjié 형 민첩하다 灵活 línghuó 형 재빠르다, 융통성이 있다 吨 dūn 양 톤 番 fān 양 번 顿 dùn 양 (식사 등의) 번, 끼 届 jiè 양 회 居 jū 통 거주하다 揉 róu 통 주무르다 占 zhàn 통 차지하다 追 zhuī 통 쫓다, 추격하다 反馈 fǎnkuì 명 피드백 反思 fǎnsī 명 반성하다 反映 fǎnyìng 통 반영하다 效益 xiàoyì 명 효과와 이익 频率 pínlǜ 명 빈도 效率 xiàolǜ 명 효율 概率 gàilǜ 명 확률

5

《清明上河图》描绘了清明节时首都的**风土人情**，全面**展现**了当时首都长生繁华、欣欣向荣的社会**面貌**。画家从宁静的郊区一直画到**川流不息**的中心街巷，画中人物共计1659人，大的不足3厘米，小的只有豆子那么大，却个个**栩栩如生**。

「청명상하도」는 청명절 날 수도의 **특색과 풍습**을 묘사했는데, 당시 수도의 변화하고 번영한 생활 면모를 전반적으로 **드러냈다**. 화가는 평온한 교외 지역뿐만 아니라 **왕래가 끊이지 않는** 중심 거리까지 그렸다. 그림 속 인물은 모두 1659명으로 큰 사람은 3 센티미터도 안 되며 작은 사람은 콩알 크기지만, 하나하나 **생동감이 넘친다**.

A 恍然大悟	检讨	主题	无穷无尽	莫名其妙
B 饱经沧桑	探讨	文化	精打细算	刻不容缓
C 竭尽全力	讲究	场面	不言而喻	兴致勃勃
D 风土人情	**展现**	**面貌**	**川流不息**	**栩栩如生**

A 잠시도 늦출 수 없다 검토하다 주제 무궁무진하다 영문을 알 수 없다

B 세상 만사의 변화를 실컷 경험하다 탐구하다 문화 모든 힘을 기울이다 문득 알게 되다

C 세밀하게 계산하다 중시하다 장면 말하지 않아도 안다 흥미진진하다

D **지방의 특색과 풍습 드러내다 면모 행인이나 차량이 끊임없이 이어지다 생동감이 넘치다**

해설 빈칸1 빈칸은 관형어 **清明节时首都的**(청명절 때 수도의)의 수식을 받고 있으며 술어가 **描绘**(묘사하다)인 목적어 자리이다. 지문의 내용이 그림이 묘사하는 내용이므로 명사 **风土人情**(지방의 특색과 풍습)이 적합하다.

빈칸2 빈칸 뒤에 동태조사 **了**(완료)가 있으며 앞에 부사 **全面**(전면적으로)이 있으므로 술어 자리이다. 문장이 '전면적으로 당시 수도의 번화하고 번성한 사회의 ~을 ~했다'를 나타낸다. '어떠한 모습을 드러내다'는 의미로 **展现**(드러내다)이 적합하다.

빈칸3 빈칸 앞에 **社会**(사회)가 있고 보기의 어휘가 모두 명사이다. 문장이 그림이 나타내는 모습을 설명하고 있으므로 **面貌**(면모)가 적합하다.

빈칸4 빈칸의 앞은 술어 **画到**(그렸다)이고 뒤는 **的中心街巷**(~한 중심 거리)이므로 관형어 자리이다. **街巷**(거리)과 어울리는 어휘는 **川流不息**(사람과 차들이 끊임없이 오가다)이다. **川流不息**는 번화한 거리를 묘사할 때 주로 사용한다.

빈칸5 앞 문장에서 그림에 있는 사람이 매우 작다고 언급했고, 빈칸 앞에 **却个个**(오히려 하나하나)가 있으므로 문맥상 **栩栩如生**(생동감이 넘치다)이 적합하다.

어휘 **描绘** miáohuì 통 그리다, 묘사하다 **长生** chángshēng 통 오래 살다 **繁华** fánhuá 형 번화하다 **欣欣向荣** xīnxīnxiàngróng 성 무성하다, 번영하다 **宁静** níngjìng 형 평온하다 **郊区** jiāoqū 명 변두리 **街巷** jiēxiàng 명 큰길과 골목 **厘米** límǐ 양 센티미터 **恍然大悟** huǎngrándàwù 성 문득 알게 되다 **饱经沧桑** bǎojīngcāngsāng 성 세상만사의 변화를 실컷 경험하다 **竭尽全力** jiéjìnquánlì 성 모든 힘을 기울이다 **风土人情** fēngtǔrénqíng 명 지방의 특색과 풍습, 풍토와 인심 **检讨** jiǎntǎo 통 검토하다, 반성하다 **探讨** tàntǎo 통 탐구하다 **讲究** jiǎngjiu 통 중시하다 **展现** zhǎnxiàn 통 드러내다, 나타나다 **无穷无尽** wúqióngwújìn 성 무궁무진하다 **精打细算** jīngdǎxìsuàn 성 세밀하게 계산하다 **不言而喻** bùyán'éryù 성 말하지 않아도 알다 **川流不息** chuānliúbùxī 성 행인이나 차량이 끊임없이 이어지다 **莫名其妙** mòmíngqímiào 성 영문을 알 수 없다 **刻不容缓** kèbùrónghuǎn 성 잠시도 늦출 수 없다 **兴致勃勃** xìngzhìbóbó 성 흥미진진하다 **栩栩如生** xǔxǔrúshēng 성 생생하다, 생동감이 넘치다

독해 제2부분 미니모의고사

정답 1. B 2. C 3. D 4. C 5. B 6. C 7. B 8. D 9. A 10. A

1

豆类食物中，黑豆的**营养**价值非常高，黑豆中所含的不饱和脂肪酸，可促进胆固醇的代谢、降低血脂，预防心血管**疾病**，且黑豆的纤维素**含量**高，可促进肠胃蠕动。

A 内涵　毛病　成分
B 营养　疾病　含量
C 风味　缺陷　分量
D 要素　弊病　比重

콩류 음식물 중 검은콩의 **영양** 가치는 매우 높으며 검은콩 속에 함유된 불포화지방산은 콜레스테롤의 대사를 촉진시키고 혈액 지질을 낮추어 심혈관 **질병**을 예방한다. 또한 검은콩에 섬유소 **함량**이 높아서 위장의 운동을 촉진시킨다.

A 의미　문제점　성분
B 영양　질병　함량
C 맛　결함　분량
D 요소　폐단　비중

해설 빈칸1 빈칸은 앞에 **黑豆的**(검은콩의)가 있고 뒤에 **价值**(가치)가 있으며 보기가 모두 명사이다. 지문이 식품에 관한 내용으로 **价值**와 어울리는 단어는 **营养**(영양)이 가장 적합하다.

빈칸2 빈칸 앞에는 술어 **预防**(예방하다)이 있으므로 **心血管**(심혈관)의 수식을 받는 목적어 자리이다. **预防**의 목적어로 적합한 것은 **疾病**(질병)이다.

빈칸3 빈칸 뒤는 형용사 술어 **高**(높다)가 있고, 앞에서는 **黑豆的纤维素**(검은 콩의 섬유소)가 꾸며주고 있다. 술어가 정도를 나타내므로 **成分**(성분)은 적합하지 않다. 지문이 식품에 포함된 영양소에 관한 내용이므로 **含量**(함량)이 가장 적합하다.

어휘 **食物** shíwù 명 음식물 **黑豆** hēidòu 명 검은콩 **营养** yíngyǎng 명 영양 **不饱和脂肪酸** bùbǎohézhīfángsuān 명 불포화 지방산 **胆固醇** dǎngùchún 명 콜레스테롤 **代谢** dàixiè 명 신진대사 **降低** jiàngdī 통 낮추다 **血脂** xuèzhī 명 혈액 지질 **预防**

yùfáng 통 예방하다 **心血管疾病** xīnxuèguǎnjíbìng 명 심혈관 질병 **纤维素** xiānwéisù 명 섬유소 **含量** hánliàng 명 함량 **蠕动** rúdòng 통 꿈틀거리다 **内涵** nèihán 명 의미 **风味** fēngwèi 명 맛 **要素** yàosù 명 요소 **缺陷** quēxiàn 명 결함 **弊病** bìbìng 명 폐단 **成分** chéngfèn 명 성분 **分量** fènliàng 명 분량

2

温泉是地下水在长期运动过程中**吸收**地壳的热能而形成的，形成温泉必须**具备**地底有热源、岩层中具裂隙让温泉涌出、地层中有**储存**热水的空间的三个条件。

온천은 지하수가 장기간 운동하는 과정 중 지각의 열에너지를 **흡수하여** 형성된 것이다. 온천을 형성하는 데에는 땅 밑에 열원이 있고, 암층에 온천이 솟아나올 수 있는 균열이 있고, 지층에 뜨거운 물을 **저장할** 공간이 있어야 하는 세 가지 조건을 **갖추어야 한다**.

A 形成　含有　配备
B 堆积　占据　储备
C 吸收　具备　储存
D 摄取　包含　储蓄

A 형성하다　함유하다　꾸리다
B 퇴적하다　점거하다　비축하다
C 흡수하다　갖추다　저장하다
D 섭취하다　포함하다　저축하다

해설 **빈칸1** 빈칸의 앞은 부사어 **在长期运动过程中**(장기간 운동하는 과정 중)이고, 뒤는 목적어 **地壳的热能**(지각의 열에너지)이 있으므로 술어 자리이다. 목적어인 **热能**(열에너지)과 호응하는 동사는 **吸收**(흡수하다)이다. 열에너지는 퇴적하거나(**堆积**) 섭취할(**摄取**) 수 없다.

빈칸2 빈칸의 앞은 부사 **必须**(반드시)가 있고 보기가 모두 동사이므로 빈칸은 술어 자리이다. 문장의 목적어는 매우 긴 관형어의 수식을 받고 있는 **三个条件**(세 가지 조건)이다. **条件**(조건)과 어울리는 술어는 **具备**(갖추다)이다.

빈칸3 빈칸 뒤에 명사 **热水**(뜨거운 물)가 있고 보기에 공통적으로 **备**(갖추다)와 **储**(저장하다) 글자가 있는 동사들이다. 그 중 **热水**와 호응하는 것은 **储存**(저장하다)이다. **配备**(꾸리다)는 시설이나 장비에 사용하고, **储备**는 물품이나 식량을 비축한다는 의미이며, **储蓄**는 돈 등을 저축한다는 뜻이다.

어휘 **温泉** wēnquán 명 온천 **地壳** dìqiào 명 지각 **热能** rènéng 명 열에너지 **形成** xíngchéng 통 형성하다 **具备** jùbèi 통 갖추다 **热源** rèyuán 명 열원 **岩层** yáncéng 명 암층 **裂隙** lièxì 명 갈라진 틈 **涌出** yǒngchū 통 솟아나다 **储存** chǔcún 통 저장하다 **堆积** duījī 통 쌓다 **吸收** xīshōu 통 흡수하다 **摄取** shèqǔ 통 섭취하다 **含有** hányǒu 통 함유하다 **占据** zhànjù 통 점거하다, 차지하다 **包含** bāohán 통 포함하다 **配备** pèibèi 통 갖추다 **储备** chǔbèi 통 비축하다 **储蓄** chǔxù 통 저축하다

3

与孩子谈话，不仅能刺激孩子的听觉和视觉的发展，对孩子**智力**的开发也十分有益。研究**显示**，如果家长与孩子谈话**频率**高，尤其是在宝宝9个月至三岁时多与孩子交谈，那么他们的孩子上学后会有明显的**优势**。

아이와 대화를 하는 것은 아이의 청각과 시각의 발달을 촉진시킬 뿐 아니라 아이의 **지능** 개발에도 매우 유익하다. 연구에서 **보여 주길** 만일 부모와 아이의 대화 **빈도**가 높으면, 특히 9개월에서 3살 때 아이와 대화를 많이 하면, 그들의 아이는 학교에 들어간 뒤 분명한 **우위**를 갖게 된다고 한다.

A 智慧　出示　程度　趋势
B 智商　展示　周期　姿势
C 机智　表示　幅度　势力
D 智力　显示　频率　优势

A 지혜　제시하다　정도　추세
B 아이큐　전시하다　주기　자세
C 기지가 넘치다　나타내다　폭　세력
D 지능　보여 주다　빈도　우위

해설 **빈칸1** 빈칸은 뒤의 **开发**(개발)를 꾸며주는 관형어이며, 보기가 모두 명사이다. **开发**와 어울리는 어휘는 **智商**(아이큐)과 **智力**(지능)이다. **智慧**(지혜)는 개발시키는 것이 아니고 **机智**(기지가 넘치다)는 주로 형용사로 쓰인다.

빈칸2 빈칸의 앞은 명사 **研究**(연구)이고 보기가 모두 동사이므로 술어 자리이다. **研究**와 호응하는 것은 **显示**(보여주다)로 연구 결과를 소개할 때 사용한다. **表示**(나타내다)는 감정이나 태도에 사용하고 **展示**(전시하다)는 전시품과 특징에 사용한다. **出示**(제시하다)는 꺼내 보여준다는 의미이다.

빈칸3 빈칸의 앞은 **谈话**(대화)이고 뒤에는 형용사 술어 **高**(높다)가 있다. 보기가 모두 명사로 어떠한 정도를 나타내는 표현들이다. 이 중에서 **高**와 호응하는 것은 **频率**(빈도)이다. **周期**(주기)는 길고 짧은 것을, **幅度**(폭)은 넓고 좁은 표현에 사용한다.

빈칸4 빈칸은 앞의 **明显的**(분명한)의 수식을 받는 명사 자리이다. 아이가 학교에 들어가서 분명하게 보여줄 수 있는 것이므로 **优势**(우위)가 적합하다.

어휘 **刺激** cìjī 통 자극하다　**智商** zhìshāng 명 지능지수, IQ　**机智** jīzhì 명 형 기지(가 넘치다)　**智力** zhìlì 명 지력, 지능　**出示** chūshì 통 제시하다　**展示** zhǎnshì 통 전시하다, 나타내다　**显示** xiǎnshì 통 보여주다　**幅度** fúdù 명 폭　**趋势** qūshì 명 추세　**姿势** zīshì 명 자세　**优势** yōushì 명 우세, 우위, 장점

4

创业的关键不在于你是否有**出色**的想法，而在于你是否愿意为此**不计一切代价**，**全力以赴**地去做。创业不能停留在理念与幻想上，思想可以有**无数**个，但行动只能有一个。

A 敏锐	锲而不舍	宽广
B 灵敏	深情友谊	广泛
C 出色	**全力以赴**	**无数**
D 杰出	恰到好处	广阔

창업의 관건은 당신이 **특출한** 생각을 가지고 있는지 여부에 있지 않고, 당신이 이를 위해 **모든 대가를 따지지 않고** **최선을 다해** 가서 하는지에 있다. 창업은 이념과 환상에 머물러 있을 수 없다. 생각은 **무수하지만** 행동은 단지 하나이다.

A 예리하다	끝까지 해내다	넓다
B 영민하다	깊은 우정을 가지다	광범위하다
C 뛰어나다	**최선을 다하다**	**무수하다**
D 걸출하다	아주 적절하다	넓다

해설 **빈칸1** 빈칸의 뒤에 **的想法**(~한 생각)가 있으므로 관형어 자리이다. 소재가 **创业**(창업)이고 이와 관련된 **想法**에 대해 설명하고 있으므로 **出色**(뛰어나다)와 **杰出**(걸출하다)가 들어갈 수 있다. **敏锐**(예리하다)는 감각과 관점에, **灵敏**(영민하다)는 감각에 사용한다.

빈칸2 빈칸은 뒤에 구조조사 **地**(~하게)가 있으므로 술어 **去做**(가서 하다)를 수식하는 부사어 자리이다. 앞부분의 **不计一切代价**(모든 대가를 따지지 않고)와 의미가 어울리는 것은 **全力以赴**(최선을 다하다)이다.

빈칸3 빈칸 앞 동사 **有**(있다)가 있고 뒤는 양사 **个**(개)가 있다. 보기의 어휘 중 **个**와 어울리는 어휘를 넣어야 한다. 뒷절이 **但**(그러나)으로 시작하며 수량을 나타내는 어휘 **一个**(한 개)가 있으므로 이와 대조를 이룰 수 있는 **无数**(무수하다)가 적합하다.

어휘 **不计** bújì 통 따지지 않다　**代价** dàijià 명 대가　**停留** tíngliú 통 머물다, 정체하다　**敏锐** mǐnruì 형 빠르다, 예리하다　**灵敏** língmǐn 형 영민하다, 재빠르다　**出色** chūsè 형 뛰어나다　**杰出** jiéchū 형 걸출하다, 뛰어나다　**锲而不舍** qiè'érbùshě 성 끝까지 해내다　**深情友谊** shēnqíngyǒuyì 성 깊은 우정을 가지다　**全力以赴** quánlìyǐfù 성 최선을 다하다　**恰到好处** qiàdàohǎochù 성 아주 적절하다　**宽广** kuānguǎng 형 넓다　**广泛** guǎngfàn 형 광범위하다　**广阔** guǎngkuò 형 넓다, 광활하다

5

我们会不**自觉**地撒谎，如"我今天不能来，我病了"，"你这样剪发，显得更漂亮"等。心理学家认为，撒谎并不都是一种坏**行为**，出于礼貌或者爱而撒的谎，往往能使人际关系更**融洽**，这也是**待人接物**的一种技巧。

A 自主	品德	和睦	挺身而出
B 自觉	**行为**	**融洽**	**待人接物**
C 各自	品格	和谐	相辅相成
D 亲自	行动	圆满	见义勇为

우리는 **자각하지** 못한 채 거짓말을 한다. 예를 들어 "오늘 아파서 갈 수가 없어", "너 머리 이렇게 자르니까 더 예뻐 보인다" 등이다. 심리학자들은 거짓말이 다 나쁜 **행위**는 아니라고 생각하며, 예의를 지키기 위해서 또는 사랑해서 하는 거짓말은 종종 인간관계를 더 **사이좋게** 만들고, 이것도 **처세를 하는** 하나의 기술이라고 여긴다.

A 자주적이다	품성	화목하다	용감하게 나서다
B 자각하다	**행위**	**사이가 좋다**	**사람을 대하다**
C 각자	품격	조화롭다	상부상조하다
D 친히	행동	원만하다	의로운 것을 보고 용감하게 나간다

해설 **빈칸1** 빈칸 앞에 부정부사 **不**(안/못)가 있고 뒤에 구조조사 **地**(~하게)가 있으므로 빈칸은 술어 **撒谎**(거짓말을 하다)을 꾸며주는 자리이다. 문맥상 '~하지 않게 거짓말을 하다'이므로 적합한 것은 **自觉**(자각하다)이다. 거짓말을 자주적으로(**自主**), 또는 친히(**亲自**) 한다는 것은 적절하지 않다.

빈칸2 빈칸의 문장의 술어가 **是**(이다)이고 주어가 **撒谎**(거짓말)이므로 **撒谎**과 의미가 어울리는 어휘를 넣어야 한다. 거짓말은 품성(**品德**)이나 품격(**品格**)은 아니고, **行动**(행동하다)은 동작에만 사용하기 때문에 적절하지 않다. 따라서 알맞은 어휘는 **行为**(행위)이다.

빈칸3 빈칸 앞에 부사 **更**(더욱)이 있고 보기가 모두 형용사이다. 주어인 **人际关系**(인간관계)와 어울리는 어휘는 **融洽**(사이가 좋다)이다. **和睦**(화목하다)는 가족에 사용하고, **和谐**(조화롭다)는 인간과 자연 등이 어울려 조화로운 경우에 사용한다. **圆满**(원만하다)은 걸림이 없이 완벽하다는 뜻으로 결과, 답안에 사용한다.

빈칸4 빈칸의 뒤는 **的一种技巧**(~한 일종의 기교)이며 보기는 모두 사자성어이다. 글의 내용이 거짓말과 인간관계에 대한 이야기이므로 처세를 나타내는 **待人接物**(사람을 대하다)가 적합하다.

어휘 **撒谎** sāhuǎng 통 거짓말하다 **出于** chūyú 통 ~에서 나오다 **礼貌** lǐmào 명 예의 **技巧** jìqiǎo 명 기교, 테크닉 **自觉** zìjué 통 자각하다 **品德** pǐndé 명 인품과 덕, 품성 **品格** pǐngé 명 품격, 품성 **行为** xíngwéi 명 행위 **和睦** hémù 형 화목하다, 사이가 좋다 **融洽** róngqià 형 사이좋다, 조화롭다 **和谐** héxié 형 조화롭다 **挺身而出** tǐngshēn'érchū 성 용감하게 나서다 **待人接物** dàirénjiēwù 성 사람을 대하는 태도, 처세하다 **相辅相成** xiāngfǔxiāngchéng 성 상부상조하다 **见义勇为** jiànyìyǒngwéi 성 정의로운 일을 보고 용감하게 뛰어들다

6

这个世界**难免**会有人与你不和，那些人可能会在背后**诽谤**你，甚至把你当做敌人。如果总记着这些，那你就变得和他们一样心胸**狭隘**了。对他们感到愤怒只会扰乱你和家人的生活，所以**漠视**他们吧。

이 세상에서 당신과 사이가 좋지 않은 사람을 만나는 것은 **피할 수 없다**. 그 사람들은 뒤에서 당신을 **비방하고**, 심지어는 당신을 적으로 여긴다. 만일 이 사실을 늘 기억하고 있다면 당신은 그들처럼 마음이 **좁게** 변하는 것이다. 그들에게 분노를 느끼는 것은 당신과 가족의 생활을 어지럽힐 것이므로 그들을 **무시해라**.

A 以免　审判　害羞　提示
B 不妨　恐吓　无耻　出示
C 难免　诽谤　狭隘　漠视
D 未必　挑拨　别扭　轻视

A ~을 피하기 위하여　심판하다　부끄러워하다　알려주다
B 무방하다　위협하다　염치없다　보여주다
C 피하기 어렵다　비방하다　좁다　무시하다
D 꼭 ~한 것은 아니다　부추기다　어색하다　경시하다

해설 **빈칸1** 빈칸의 뒤는 **会有人与你不和**(당신과 안 맞는 사람이 있을 것이다)이고, 보기의 어휘는 형용사 또는 부사이다. 그 중 **以免**(~을 피하기 위하여)은 보통 절과 절 사이에 사용되기 때문에 적합하지 않다. 문맥상 '이러한 상황을 피할 수 없다'라고 해야 하므로 **难免**(피하기 어렵다)을 넣어야 한다.

빈칸2 빈칸의 앞에는 개사구 **在背后**(뒤에서)가 있고, 뒤에는 대사 **你**(당신)가 있으므로 빈칸은 술어 자리이다. 의미상 **在背后**와 어울리는 것은 **诽谤**(비방하다)이다.

빈칸3 빈칸의 앞은 명사 **心胸**(마음)이며 보기가 모두 형용사이다. **心胸**은 보통 넓다 또는 좁다는 표현을 사용하므로 **狭隘**(좁다)가 적합하다.

빈칸4 빈칸 뒤에 대사 **他们**(그들)이 있고 보기가 모두 동사이다. 앞부분에서 그들에게 분노를 느끼는 것은 당신에게 좋지 못하다는 내용이 나오고 접속사 **所以**(그래서)로 이어지므로 문맥상 **漠视**(무시하다)를 넣어야 한다. **轻视**(경시하다)는 하찮게 여긴다는 뜻이므로 적합하지 않다.

어휘 **敌人** dírén 명 적 **心胸** xīnxiōng 명 마음 **愤怒** fènnù 형 분노하다 **扰乱** rǎoluàn 통 어지럽히다 **以免** yǐmiǎn 접 ~하지 않도록 **不妨** bùfáng 부 ~해도 무방하다 **难免** nánmiǎn 통 피하기 어렵다 **未必** wèibì 부 반드시 ~한 것은 아니다 **审判** shěnpàn 통 심판하다 **恐吓** kǒnghè 통 위협하다 **诽谤** fěibàng 통 비방하다 **挑拨** tiǎobō 통 부추기다 **害羞** hàixiū 통 부끄러워하다 **无耻** wúchǐ 형 염치없다 **狭隘** xiá'ài 형 좁고 한정되다, 편협하다 **别扭** bièniu 형 어색하다, 비뚤어지다 **提示** tíshì 통 알려주다, 제시하다 **出示** chūshì 통 내보이다, 제시하다 **漠视** mòshì 통 무시하다 **轻视** qīngshì 통 경시하다

7

很多研究人员和教育工作者都一直认为第二语言是一种干扰，会影响儿童的**智力**发育。不过，研究人员近来发现，这种干扰**与其**说是障碍，**倒不如**说让使用者"**因祸得福**"，因为它会迫使大脑去解决内部**冲突**，从而提高使用者的认知能力。

많은 연구자와 교육 종사자들은 줄곧 제2외국어가 일종의 방해가 되어 아동의 **지능** 발달에 영향을 미친다고 생각했다. 그러나 연구자들은 최근 이런 방해가 장애**라기 보다는** 오히려 사용자들에게 **전화위복**이 될 수 있다고 한다. 왜냐하면 그것이 대뇌로 하여금 내부 **충돌**을 해결하게 하기 때문에 사용자들의 인지 능력을 높여준다.

A	素质	以便	难能可贵	纠纷
B	**智力**	**与其**	**因祸得福**	**冲突**
C	智慧	反倒	急于求成	隔阂
D	身材	倘若	任重道远	冲动

A	자질	~하기 위하여	매우 귀하다	분쟁
B	**지능**	**~하기 보다는**	**전화위복**	**충돌**
C	지혜	오히려	급하게 일을 이루려 한다	틈
D	몸매	만약에	임무는 중하고 갈 길은 멀다	충동

해설 **빈칸1** 빈칸 앞에 관형어 **儿童的**(아동의)이 있고 보기가 모두 명사이다. **儿童**(아동), **发育**(발육)와 호응하는 것은 **智力**(지능)이다. **素质**(자질)과 **智慧**(지혜)는 발육되는 것이 아니다. **身材**(신체)는 제2외국어와 관련이 없으므로 적절하지 않다.

빈칸2 빈칸은 주어 **干扰**(방해)와 술어 **说是**(~라고 한다) 사이에 위치하며 보기가 모두 접속사이다. 뒷절에 **倒不如**(오히려 ~이 낫다)로 시작하므로 이와 어울리는 접속사는 **与其**(~하기 보다는)이다.

빈칸3 빈칸 앞에 **让使用者**(사용자로 하여금 ~하게 한다)가 있으므로 빈칸은 술어 자리이다. 절의 시작 부분에 **倒不如说**(오히려 ~라고 하는 것이 낫다)가 사용되어 앞부분과 상반된 내용이어야 하므로 **因祸得福**(전화위복)가 적합하다.

빈칸4 빈칸의 앞에 술어 **解决**(해결하다)가 있으므로 빈칸은 목적어 자리이다. **纠纷**(분쟁)은 갈등이나 다툼을 말하고, **隔阂**(틈)는 사람 간의 거리. **冲动**(충동)은 충동적인 것을 의미한다. 따라서 대뇌에서 언어 간에 이루어지는 것에는 **冲突**(충돌)가 적합하다.

어휘 **干扰** gānrǎo 통 지장을 주다, 방해하다 **发育** fāyù 통 발육하다 **障碍** zhàng'ài 통 방해하다, 막다 **迫使** pòshǐ 통 강제로 ~하게 하다 **智力** zhìlì 명 지력, 지능 **智慧** zhìhuì 명 지혜 **以便** yǐbiàn 접 ~하기 위하여 **与其** yǔqí 접 ~하기 보다는 **反倒** fǎndào 부 오히려, 반대로 **难能可贵** nánnéngkěguì 성 매우 장하다, 귀하다 **因祸得福** yīnhuòdéfú 성 재난 때문에 도리어 복을 얻다, 전화위복 **急于求成** jíyúqiúchéng 성 서둘러 목적을 달성하려고 하다 **任重道远** rènzhòngdàoyuǎn 성 책임은 무겁고 갈 길은 멀다 **纠纷** jiūfēn 명 다툼, 분쟁 **冲突** chōngtū 통 충돌하다, 부딪치다 **隔阂** géhé 명 틈, 간격 **冲动** chōngdòng 명 충동

8 中国画是中国的国家文化形象和艺术的表率。这不仅因其历史深厚久远，**更**重要的是其独特、鲜明的艺术个性，**以及**它所表现的中华民族独有的审美观。中国画**独一无二**地呈现民族文化和民族特色，**构成**了中国画的独特价值体系。

중국화는 중국의 국가 문화의 이미지이자 예술의 본보기이다. 이것의 역사는 길 뿐 아니라, **더욱** 중요한 것은 그 독특하고 선명한 예술적 개성**과** 그것이 보여주는 중화 민족의 독특한 심미관이다. 중국화는 **유일무이하게** 민족문화와 민족 특성을 보여주어 중국화의 독특한 가치 체계를 **구성했다**.

A	均	并	绝无仅有	造成
B	皆	而且	屈指可数	建筑
C	可	却	数一数二	构造
D	**更**	**以及**	**独一无二**	**构成**

A	모두	또한	거의 없다	조성하다
B	모두	게다가	손꼽아 헤아릴 수 있다	건축하다
C	정말	오히려	손꼽히다	구조
D	**더**	**및**	**유일무이하다**	**구성하다**

해설 **빈칸1** 빈칸의 뒤에 형용사 **重要**(중요하다)가 있으며 보기가 모두 부사이다. 앞절에 **不仅**(~뿐만 아니라)이 있으므로 부가적인 의미를 나타낼 수 있는 **更**(더욱)이 들어가야 한다.

빈칸2 빈칸은 절이 시작하는 부분이고, 뒤에 문장이 시작되므로 접속사 자리이다. 앞의 **的艺术个性**(~한 예술적 개성)과 뒤의 **的审美观**(~한 심미적 관점)이 연결되어야 하므로 명사와 명사를 연결할 수 있는 **以及**(및)를 사용해야 한다. 나머지 보기의 접속사는 동사 또는 문장을 연결하는 접속사이다.

빈칸3 빈칸 뒤에 구조조사 **地**(~하게)가 있으므로 빈칸은 술어를 수식하는 부사어 자리이다. '중국 민족의 특색을 ~하게 보여준다'는 의미이므로 **独一无二**(유일무이하다)이 어울린다.

빈칸4 빈칸 뒤에 동태조사 **了**(했다)가 있으므로 빈칸은 동사 자리이다. 목적어 **体系**(체계)와 어울리는 것은 **构成**(구성하다)이다. **造成**(조성하다)은 환경이나 안 좋은 결과에 사용하고 **建筑**(건축하다)는 건물에 사용하며 **构造**(구조)는 구조라는 뜻의 명사이다.

어휘 **形象** xíngxiàng 명 이미지 **表率** biǎoshuài 명 모범, 본보기 **深厚** shēnhòu 형 깊고 두텁다 **久远** jiǔyuǎn 형 오래다 **鲜明** xiānmíng 형 선명하다 **表现** biǎoxiàn 통 나타내다 **审美观** shěnměiguān 명 심미관, 미적인 관점 **独一无二** dúyīwú'èr 성 유

일무이하다 **构成** 명 동 구성(하다) **体系** tǐxì 명 체계 **均** jūn 부 모두 **皆** jiē 부 모두 **可** kě 부 정말 **并** bìng 부 또한 **以及** yǐjí 접 및 **绝无仅有** juéwújǐnyǒu 성 아주 적다, 거의 없다 **屈指可数** qūzhǐkěshǔ 성 손꼽을 정도이다 **数一数二** shǔyīshǔèr 성 일이 등을 다투다, 특출나다 **造成** zàochéng 동 조성하다, 초래하다 **建筑** jiànzhù 동 건축하다 **构造** gòuzào 명 구조

9

人生决定了人与人之间会存在着**隔阂**、怀疑与冲突，这些矛盾越深，越阻碍个人能力的充分发挥，也会**影响**企业的**效益**。疏通是解决堵塞的根本方法，企业领导者应当不时地鼓励员工把骚扰和**埋怨**发泄出来，并对其加以**引导**和**调解**，使员工之间消除误会，融洽相处。

인생에는 사람 사이에 **거리**, 의심, 충돌이 존재하도록 되어 있다. 이런 갈등이 깊을수록 개인의 능력이 충분히 발휘되는 것을 막게 되고 기업의 **효과와 이익**에도 영향을 끼친다. 소통은 막힌 것을 해결하는 근본적인 방법이며, 기업 지도자들은 수시로 직원들이 불평, **불만**을 털어 놓을 수 있게 격려해야 한다. 또한 지도와 **조정**을 하여 직원들 사이의 오해를 없애고 서로 잘 지낼 수 있게 해야 한다.

A 隔阂	效益	埋怨	调解
B 间隔	利润	埋葬	补救
C 诬陷	中心	善待	提炼
D 陷阱	发展	善行	救助

A 거리	효과와 이익	원망하다	조정하다
B 간격	이윤	매장하다	보완하다
C 모함하다	중심	잘 대하다	제련하다
D. 함정	발전	선행	구조하다

해설 **빈칸1** 빈칸은 뒤의 명사 **怀疑与冲突**(의심과 충돌)와 병렬을 이루고 있으며 보기가 모두 명사이다. **怀疑与冲突**와 의미가 어울리면서 인간 관계와 관련이 있는 어휘는 **隔阂**(간격)이다. **隔阂**는 사람이나 감정의 간격을 나타낸다.

빈칸2 빈칸 앞에 **企业的**(기업의)가 있고 보기가 모두 명사이므로 목적어 자리이다. 술어 **影响**(영향을 주다)과 어울리는 어휘는 **效益**(효과와 이익), **利润**(이윤), **发展**(발전)이다.

빈칸3 빈칸은 앞의 **骚扰**(소란)와 和(~와/과)로 연결되어 있으므로 이와 유사한 어휘가 들어가야 한다. **骚扰**는 소란을 피운다는 뜻이므로 보기에서 **埋怨**(원망하다)이 가장 적합하다.

빈칸4 빈칸은 앞의 **引导**(인도하다)와 和(~와/과)로 연결되어 있다. 따라서 **引导**와 같은 맥락의 단어를 넣어야 하므로 **调解**(조정하다)가 가장 적합하다. **调解**는 분쟁이나 갈등을 조정한다는 뜻을 나타낸다.

어휘 **隔阂** géhé 명 틈, 간격 **怀疑** huáiyí 동 의심하다 **冲突** chōngtū 명 충돌 **阻碍** zǔ'ài 동 가로막다 **发挥** fāhuī 동 발휘하다 **效益** xiàoyì 명 효과와 이익, 효익 **疏通** shūtōng 동 화해시키다, 소통시키다 **堵塞** dǔsè 동 막히다 **骚扰** sāorǎo 동 소란을 피우다 **埋怨** mányuàn 동 불평하다, 원망하다 **发泄** fāxiè 동 쏟아내다 **加以** jiāyǐ 동 ~을 가하다, ~하다 **引导** yǐndǎo 동 인도하다 **调解** tiáojiě 명 동 조정(하다) **融洽** róngqià 형 사이좋다 **相处** xiāngchǔ 동 서로 지내다 **间隔** jiàngé 명 간격 **诬陷** wūxiàn 동 모함하다 **陷阱** xiànjǐng 명 함정 **利润** lìrùn 명 이윤 **埋葬** máizàng 동 매장하다 **善待** shàndài 동 잘 대하다 **善行** shànxíng 명 선행 **补救** bǔjiù 동 보완하다 **提炼** tíliàn 동 제련하다 **救助** jiùzhù 동 구조하다

10

为什么天上的星星会一闪一闪的？这不是因为星星**本身**的亮度出现变化，而是与大气的**遮挡**有关。大气隔在我们与星星之间，当星光通过大气层时，会受到大气的密度和厚薄影响。大气不是**绝对**透明的，它的透明度会根据密度的不同而产生变化。所以我们透过它来看星星，就会看到星星**好像**在闪烁。

왜 하늘의 별은 반짝이는 것일까? 이것은 별 **자체**의 밝기에 변화가 나타나는 것이 아니라 대기의 **차단**과 관계가 있다. 대기는 우리와 별 사이에 있어서 별빛이 대기층을 통과할 때 대기의 밀도와 두께의 영향을 받게 된다. 대기는 **완전히** 투명한 것은 아니며, 그것의 투명도는 밀도의 차이에 따라 변한다. 따라서 우리는 그것을 투과하여 별을 보기 때문에 별이 반짝반짝 빛나**는 것 같다**고 보게 된다.

A 本身	遮挡	绝对	好像
B 本能	掩蔽	务必	仿佛
C 根本	掩藏	未必	似乎
D 基本	抵挡	必然	相似

A 자체	차단하다	완전히	마치 ~인 것 같다
B 본능	엄폐하다	반드시	마치 ~인 것 같다
C 근본적으로	숨기다	꼭 ~은 아니다	마치 ~인 것 같다
D 기본	막아내다	필연적으로	비슷하다

해설 **빈칸1** 빈칸 앞은 **星星**(별)이고 뒤는 **的亮度**(~한 밝기)이다. 문맥상 '별 ~의 밝기'를 의미하므로 적합한 어휘는 **本身**(자체)이다.

빈칸2 빈칸 앞은 **与大气的**(대기의 ~와/과)이고 뒤는 술어 **有关**(관련이 있다)이므로 **大气**(대기)와 어울리는 어휘가 들어가야 한다. **掩蔽**(엄폐하다)는 군사 용어이며, **掩藏**(숨기다)은 보이지 않게 숨기는 것을 뜻하고 **抵挡**(막아내다)은 공격이나 침략을 막아내는 것을 의미한다. **遮挡**(차단하다)이 햇빛 등을 차단한다는 뜻이므로 가장 적합하다.

빈칸3 빈칸 앞에 술어 **是**(이다)가 있고 뒤에 **透明**(투명하다)이 있다. 빈칸 앞에 이미 부정부사가 있기 때문에 **未必**(꼭 ~은 아니다)는 적절하지 않다. 문맥상 '대기는 ~하게 투명한 것은 아니다'를 나타내므로 **绝对**(절대적이다)가 적합하다.

빈칸4 빈칸 앞에 **星星**(별)이 있고 뒤에 술어 **闪烁**(빛나고 있다)가 있다. 보기가 모두 추측의 의미를 나타내며 **好像**(마치 ~인 것 같다), **仿佛**(마치 ~인 것 같다), **似乎**(마치 ~인 것 같다)는 같은 뜻이므로 모두 사용할 수 있다. 그러나 **相似**는 두 개가 서로 비슷하다는 뜻이므로 적합하지 않다.

어휘 **亮度** liàngdù 몡 밝기 **隔** gé 동 막다, 간격을 두다 **密度** mìdù 몡 밀도 **厚薄** hòubó 몡 두께 **透明** tòumíng 혱 투명하다 **透过** tòuguo 동 투과하다 **闪烁** shǎnshuò 동 반짝이다, 번쩍거리다 **本身** běnshēn 몡 그 자신 **遮挡** zhēdǎng 동 차단하다, 가리다 **掩蔽** yǎnbì 동 엄폐하다 **掩藏** yǎncáng 동 숨기다, 감추다 **抵挡** dǐdǎng 동 막아내다 **绝对** juéduì 뷔 절대로, 완전히 **务必** wùbì 뷔 반드시 **未必** wèibì 뷔 반드시 ~한 것은 아니다 **仿佛** fǎngfú 뷔 마치 ~인 듯하다 **似乎** sìhū 뷔 마치 (~인 것 같다) **相似** xiāngsì 혱 비슷하다

Warm Up 풀이 전략 적용해 보기

一对好朋友在旅行中吵了一架，其中一个人打了同伴一个耳光。被打的人愣了半天，最后却没有说话，只是在沙子上写下：(71) <u>今天我的好朋友打了我一巴掌</u>。

他们到了一条大河边，过河时被打耳光的差点淹死。幸好被朋友救起。被救后，他拿起一把小刀在石头上刻下：今天好朋友救了我一命。朋友问："为什么我打了你之后，你写在沙子上，(72) <u>而现在要刻在石头上呢</u>？"那人笑了笑，回答："(73) <u>当被一个朋友伤害时</u>，要写在易忘的地方，风会抹去它；但如果被帮助，我们要把它刻在心灵深处，那里，任何风都不能抹灭它。"

生活中，人们常常会陷入一个怪圈：因为是朋友，就将他的付出和给予视为理所当然，少了感激；因为是朋友，(74) <u>就把他的错误看成不可原谅</u>，多了苛责。其实，朋友间难免会产生矛盾，但这种伤害往往是无心的，如果因为这种无心的伤害而失去朋友，那将不仅是遗憾，而且是悲哀。忘记朋友的伤害，(75) <u>铭记朋友的关爱吧</u>。珍惜身边的朋友吧。

친한 친구 둘이 여행 중에 다퉜다. 그 중 한 친구가 다른 친구의 뺨을 때렸다. 맞은 친구는 한참을 멍하게 있다가 오히려 아무 말 없이 모래 위에 글을 썼다. (71) <u>오늘 내 친한 친구가 내 뺨을 때렸다</u>.

그들이 큰 강가에 도착했는데, 강을 건널 때 뺨을 맞은 친구가 물에 빠져 죽을 뻔했다. 다행히 친구가 구해줬다. 구조된 후, 그는 작은 칼을 들고 돌에 새겼다. 오늘 내 친한 친구가 내 목숨을 구해줬다. 친구가 물었다. "왜 내가 너를 때렸을 때는 모래 위에 적고, (72) <u>그런데 지금은 돌에 새긴 거야?</u>" 친구는 웃으며 대답했다. (73) <u>"친구한테 상처를 받았을 때 쉽게 잊을 수 있는 곳에 그것을 쓰면 바람이 그것을 불어 없앨 것이고, 만일 친구에게 도움을 받아서 마음 깊은 곳에 그것을 새기면 어떤 바람이 불어도 없애지 못할 것이기 때문이야."</u>

삶에서 사람들은 항상 다음과 같은 딜레마에 빠진다. 친구이기 때문에 그들이 수고한 것과 준 것은 당연하게 여겨 감격하는 경우가 드물고, 친구이기 때문에 (74) <u>그들의 실수를 용서할 수 없는 것으로 여겨</u> 가혹하게 질책한다. 사실, 친구 사이에는 갈등과 오해를 피할 수 없고 심지어 상처를 주기도 하지만, 이런 상처는 종종 무심코 발생하는 것이다. 만약 이런 별 의도 없는 상처 때문에 서로를 잃게 되면 그것은 안타까운 일일 뿐만 아니라 슬픈 일이다. 친구의 상처는 잊고 (75) <u>친구의 사랑은 기억하며</u>, 곁에 있는 친구를 소중히 여기자.

A 铭记朋友的关爱吧

B 今天我的好朋友打了我一巴掌

C 就把他的错误看成不可原谅

D 当被一个朋友伤害时

E 而现在要刻在石头上呢

A 친구의 사랑을 기억하라

B 오늘 내 친구는 나의 뺨을 때렸다

C 그의 잘못을 용서할 수 없는 것으로 보다

D 친구에게 상처를 받았을 때

E 그런데 지금은 돌에 새기는 거야

> **어휘** 同伴 tóngbàn 몡 친구　耳光 ěrguāng 몡 뺨　愣 lèng 동 멍해지다　沙子 shāzi 몡 모래　淹死 yānsǐ 동 익사하다　刻 kè 동 새기다　抹 mò 동 바르다　陷入 xiànrù 동 빠지다　怪圈 guàiquān 몡 딜레마　给予 jǐyǔ 동 주다　视为 shìwéi 동 ~으로 보다　理所当然 lǐsuǒdāngrán 셩 당연하다　原谅 yuánliàng 동 용서하다　苛责 kēzé 동 심하게 비난하다　难免 nánmiǎn 피하기 어렵다　矛盾 máodùn 몡 갈등　无心 wúxīn 동 ~하고 싶지 않다, 아무 생각 없이 하다　遗憾 yíhàn 동 유감이다　悲哀 bēi'āi 몡 슬픔, 비애　铭记 míngjì 동 깊이 새기다　关爱 guān'ài 동 관심을 갖고 돌보다　珍惜 zhēnxī 동 소중히 여기다

1. 연결 관계 실전 테스트

정답 1. D   2. B   3. A   4. E   5. C

1 - 5

有年夏天，家里来了一个会制作笛子的木匠，在我家干了半个月的活儿。他教会了我吹笛子，但却舍不得将自己的笛子送给我，他说那是亲人留下的。无奈之下，我到山上砍了根竹子，请他帮我做一支笛子。他苦笑道："不是每根竹子都能做成笛子的。"(1)我觉得他是在骗我，我找的那根竹子粗细适宜，厚薄均匀，质感光滑，是我千挑万选才相中的，为什么不能做成笛子呢？

他解释说："这是今年的竹子，(2)就算做成了笛子，也经不起吹奏。"我更加困惑了：今年的竹子怎么了？东西不都是越新鲜越好吗？他看出了我的困惑，接着讲道："你不知道，凡是用来做笛子的竹子都需要经历寒冬。因为竹子在春夏长得太散漫，只有到了冬天，气温骤冷，天天'风刀霜剑严相逼'，它的质地才会改变，做成笛子吹起来才不会走调。(3)而当年生的竹子，没有经过霜冻雪侵，虽然看起来长得不错，可是用来制作笛子的话，(4)不但音色会差许多，而且还会出现小裂痕，虫子也很喜欢蛀这样的竹子。"

其实，人生就好比是这根用来做笛子的竹子，(5)只有历经了风霜雨雪，才能奏出动人的曲子。

A 而当年生的竹子
B 就算做成了笛子
C 只有历经了风霜雨雪
D 我觉得他是在骗我
E 不但音色会差许多

어느 여름날 집에 피리를 만드는 목수가 왔는데 우리 집에서 보름 동안 일을 했다. 그는 나에게 피리 부는 것을 가르쳐 주었지만 자신의 피리를 내게 주는 걸 아까워 했는데, 가족이 남겨 준 것이라고 했다. 어쩔 수 없이 나는 산에 가서 대나무를 베어 그에게 피리를 만들어 달라고 부탁했다. 그는 쓴 웃음을 지으며 말했다. "모든 대나무로 피리를 만들 수 있는 것은 아니란다." (1) 나는 그가 나를 속이고 있다고 생각했다. 내가 찾은 대나무는 굵기가 적당하고, 두께도 균일하고 질감도 매끈해서 까다롭게 골라 마음에 든 것인데, 왜 피리를 만들 수 없는 것인가?

그가 설명하길, "이것은 올해의 대나무라서 (2) 설령 피리를 만들더라도 연주를 할 수 없단다." 나는 더욱 혼란스러웠다. "올해의 대나무가 어때서요? 물건은 새 것일수록 좋은 것이 아닌가요?" 그는 내가 당황하는 것을 보고 이어서 말했다. "너는 모르는구나. 무릇 피리를 만드는 데 사용하는 대나무는 반드시 겨울을 겪어야 한다. 대나무는 봄에는 제멋대로 자라다가 겨울에 되어 기온이 급격히 떨어지고 날마다 '바람의 칼과 서리의 검에 무차별 공격을 당해야만' 비로소 그것의 속성이 변하여 피리로 만들어 불어도 음이 어긋나지 않게 된다. (3) 그런데 그 해에 자란 대나무는 서리에 얼거나 눈의 공격을 당하지 않았기 때문에 비록 보기에는 좋아도 피리를 만드는 데 사용하면 (4) 음색이 좋지 않을 뿐 아니라 작은 균열이 생겨, 벌레도 이 대나무를 갉아 먹기 좋아하게 된다."

사실, 인생도 피리를 만드는 데 사용하는 대나무와 같다. (5) 바람, 서리, 비, 눈을 겪어야만 사람의 마음을 울리는 곡조를 연주할 수 있다.

A 그런데 그 해에 자란 대나무는
B 설령 피리를 만들더라도
C 바람, 서리, 비, 눈을 겪었어야만
D 나는 그가 나를 속이고 있다고 생각했다
E 음색이 좋지 않을 뿐 아니라

보기 분석 A 而**当年生的竹子** → 접속사 而로 시작하며 명사형이다.

B 就算**做成了笛子** → 접속사 就算으로 시작한다.

C 只有**历经了风霜雨雪** → 접속사 只有로 시작한다.

D **我觉得他是在骗我** → 주−술−목으로 구성되어 있다.

E 不但**音色会差许多** → 접속사 不但으로 시작한다.

해설 **1번** 빈칸의 앞에서 그의 대화가 끝났으며, 문장이 시작하는 부분이다. 앞부분에 나의 부탁을 그가 거절한 대화가 등장하고, 뒷부분에 그의 행동이 이해가 가지 않는다는 나의 생각이 이어지므로 我觉得(나는 ~라고 생각한다)로 시작하는 D가 들어가야 한다.

2번 빈칸은 대화의 일부분이고 빈칸 뒷절이 부사 **也**(~도)로 연결된다. **也**와 호응하는 접속사는 **就算**(설령 ~일지라도)이다. 따라서 B가 들어가야 한다.

3번 빈칸은 문장이 시작하는 부분이고 뒷부분이 **没有经过霜冻雪侵**(서리와 눈을 겪지 않았다)으로 주어가 없는 절이다. 따라서 빈칸은 주어가 될 수 있는 절이 와야 한다. 주어는 보통 명사가 담당하므로 보기 중 적합한 것은 A이다.

4번 빈칸은 가운데 절에 위치하며 뒷절이 접속사 **而且**(게다가)로 연결된다. **而且**와 호응하는 접속사는 **不但**(~뿐만 아니라)이다. 빈칸의 뒷부분에서 **出现小裂痕**(작은 균열이 생긴다)이라고 했으므로 부정적인 의미인 E가 적합하다.

5번 빈칸의 앞부분은 인생에 대한 비유를 말하고 있고 빈칸 뒷절은 부사 **才**(그제서야)로 시작하며 **能奏出动人的曲子**(사람의 마음을 울리는 곡조를 연주할 수 있다)라는 결과를 나타낸다. **才**와 호응하면서 조건을 나타내는 접속사는 **只有**(~해야만)이다. 따라서 C가 들어가야 한다.

어휘 木匠 mùjiang 명 목수 笛子 dízi 명 피리 干活儿 gànhuór 동 일을 하다, 노동하다 吹 chuī 동 불다 砍 kǎn 동 (도끼 등으로) 찍다 竹子 zhúzi 명 대나무 苦笑 kǔxiào 동 쓴 웃음을 짓다 骗 piàn 동 속이다 粗细 cūxì 명 굵기 适宜 shìyí 형 알맞다 厚薄 hòubó 명 두께 均匀 jūnyún 형 균일하다 质感 zhìgǎn 명 질감 光滑 guānghuá 형 (표면이) 매끌매끌하다 千挑万选 qiāntiāowànxuǎn 까다롭게 고르다 相中 xiāngzhòng 동 마음에 들다 解释 jiěshì 동 설명하다 就算 jiùsuàn 접 설령 ~일지라도 经不起 jīngbuqǐ 감당해 낼 수 없다 吹奏 chuīzòu 동 악기를 불다 困惑 kùnhuò 형 당혹하다 散漫 sǎnmàn 형 산만하다, 제멋대로이다 骤冷 zhòulěng 급랭 동 급격히 추워지다 风刀霜剑严相逼 fēngdāoshuāngjiànyánxiàngbī 바람의 칼과 서리의 검에 무차별 공격을 당하다, 매서운 추위를 겪다 质地 zhìdì 명 재질 走调 zǒudiào 곡조가 맞지 않다 霜冻雪侵 shuāngdòngxuěqīn 서리에 얼고 눈의 공격을 당하다, 매서운 추위를 겪다 裂痕 lièhén 명 균열 虫子 chóngzi 명 벌레 蛀 zhù 동 좀이 쓸다 风霜雨雪 fēngshuāngyǔxuě 바람·서리·비·눈 动人 dòngrén 형 감동적이다

2. 빈칸의 위치 실전 테스트

정답 1. D 2. C 3. E 4. B 5. A

1 - 5

地球是太阳系八大行星之一，按照距太阳由近到远的顺序排列为第三颗行星。(1)正是地球所处的位置，使它成为宇宙的一个奇迹。

天文学家说，金星、火星与地球几乎是同时期形成，(2)也几乎由同样的物质组成，但为什么只有地球上出现了生命呢？(3)根本的原因是地球上有液态水，其他行星上却没有。而液态水正是产生生命必不可少的条件。

据现在对金星的观测所知，它的大小、质量、构成都与地球相似，但它却是个被厚厚大气层笼罩着的、表面温度高达 480℃的死星。就气候的平稳性来说，两者好似天堂与地狱。到底是什么原因使得这"两兄弟"的命运如此不同呢？科学家认为这是两者距离太阳远近不同造成的。金星离太阳更近，(4)它受到的太阳照射比地球强得多。金星大气中的水蒸气，还未来得及冷却成雨降落下来，就被来自太阳的过强的紫外线分解了，金星上的水就这样被永久地夺走了。

지구는 태양계의 8대 행성 중 하나이며 태양에서 거리가 가까운 순서에 따라 3번째 행성이다. (1) 바로 지구의 위치가 지구를 우주의 기적으로 만들었다.

천문학자는 말하길 금성, 화성, 지구는 거의 같은 시기에 만들어졌으며 (2) 또한 거의 같은 물질로 구성되었는데 왜 지구에만 생명이 출현한 것일까? (3) 근본적인 원인은 지구상에는 액체 상태의 물이 있는데 다른 행성에는 없다는 것이다. 액체 상태의 물은 생명을 만드는 필수적인 조건이다.

현재 금성에 대한 관측에 따르면, 그것의 크기, 질량, 구성은 모두 지구와 비슷하지만 두꺼운 대기층으로 덮여 있어 표면 온도가 480도에 달하는 죽음의 행성이라고 한다. 기후의 안정성으로 볼 때, 두 행성은 천당과 지옥과 같다. 도대체 어떠한 원인으로 '두 형제'의 운명이 이렇게 달라진 것일까? 과학자들은 이는 두 행성이 태양으로부터의 거리가 다르기 때문이라고 한다. 금성은 태양에서 더 가까워서 (4) 그것이 받는 태양 복사는 지구보다 훨씬 더 강하다. 금성의 대기에 있는 수증기는 빗물로 냉각되어 떨어지기 전에 태양으로부터 오는 강력한 자외선에 의해 분해되어 버려서 금성의 물은 이렇게 영원히 빼앗기게 된 것이다.

金星尚且如此，比金星还靠近太阳的水星就更不用说了。比地球更远离太阳的行星，由于离太阳太远，受到的太阳辐射不够多，水都以冰的形式存在。因此，(5)出现生命也是不可能的。

由此可见，地球所处的位置真是妙不可言。

A 出现生命也是不可能的
B 它受到的太阳照射比地球强得多
C 也几乎由同样的物质组成
D 正是地球所处的位置
E 根本的原因是地球上有液态水

금성도 이러한데 금성보다 태양에서 더 가까운 수성은 말할 필요도 없다. 지구보다 태양에서 멀리 떨어진 행성은 태양에서 너무 멀기 때문에 태양 복사가 부족해서 물이 얼음 형태로 존재한다. 때문에 (5)생명이 출현하는 것도 불가능하다.

이를 통해 지구의 위치가 정말 오묘하다는 것을 알 수 있다.

A 생명이 출현하는 것도 불가능하다
B 그것이 받는 태양 복사는 지구보다 훨씬 더 강하다
C 또한 거의 같은 물질로 구성된다
D 바로 지구의 위치가
E 근본적인 원인은 지구상에는 액체 상태의 물이 있다

보기 분석 A 出现生命也是不可能的 → 주-술-목으로 구성되어 있다. 키워드를 확인한다.

B 它受到的太阳照射比地球强得多 → 비교문이다. 대명사 它가 있다. 키워드를 확인한다.

C 也几乎由同样的物质组成 → 주어가 없고 부사 也로 시작한다.

D 正是地球所处的位置 → 주어가 없다. 키워드를 확인한다.

E 根本的原因是地球上有液态水 → 주-술-목으로 구성되어 있다. 키워드를 확인한다.

해설 1번 빈칸은 문장이 시작하는 부분이고, 뒷절에 겸어 동사 使(~하게 하다)로 시작하므로 주어가 될 수 있는 절이 들어가야 한다. 앞부분이 지구와 태양과의 거리에 대한 내용이므로 가장 알맞은 보기는 D이다.

2번 빈칸은 가운데 절에 위치하고 앞의 내용은 金星、火星与地球几乎是同时期形成(금성, 화성과 지구는 거의 동시기에 형성되었다)이다. 앞절에 사용된 几乎(거의), 同时期(동시기)가 동일하게 있는 보기 C가 지문과 대조를 이루므로 C가 들어가야 한다.

3번 빈칸에서 문장이 시작하고, 뒷절에 其他行星上却没有(다른 행성에는 오히려 없다)라는 내용이 나온다. 따라서 빈칸은 却没有(오히려 없다)와 상반된 내용인 有가 나올 수 있음을 예상할 수 있다. 또한 그 이후에 液态水(액체 상태의 물)에 관한 내용이 나오므로, 시작 부분에 올 수 있으며 키워드가 일치하는 보기인 E가 들어가야 한다.

4번 빈칸에서 문장이 끝나며 앞절의 주어는 金星(금성)이다. 앞절의 내용이 金星离太阳更近(금성은 태양에서 더 가깝다)이므로 거리가 가까운 것으로 인한 결과나 영향을 나타내는 내용이 적합하다. 보기 B는 它受到的太阳照射比地球强得多(그것이 받는 태양 복사가 지구보다 더 강하다)이므로 대사 它가 금성을 가리켜 자연스럽게 연결된다. B가 들어가야 한다.

5번 빈칸 앞에 접속사 因此(따라서)가 있으므로 결과적인 내용이 와야 한다. 앞에서 由于离太阳太远, 受到的太阳辐射不够多, 水都以冰的形式存在(태양에서 너무 멀기 때문에 태양 복사가 부족해서 물이 얼음 형태로 존재한다)라고 했으므로 온도가 낮아 생명이 살 수 없다는 내용인 A가 적합하다.

어휘 顺序 shùnxù 명 순서 排列 páiliè 통 배열하다 行星 xíngxīng 명 행성 宇宙 yǔzhòu 명 우주 奇迹 qíjì 명 기적 由……组成 yóu……zǔchéng ~으로 구성되다 必不可少 bìbùkěshǎo 성 필수불가결하다 观测 guāncè 통 관측하다 构成 gòuchéng 명 통 구성(하다) 相似 xiāngsì 형 서로 비슷하다 笼罩 lǒngzhào 통 뒤덮다 平稳 píngwěn 형 평온하다 天堂 tiāntáng 명 천당 地狱 dìyù 명 지옥 水蒸气 shuǐzhēngqì 명 수증기 冷却 lěngquè 통 냉각하다 紫外线 zǐwàixiàn 명 자외선 分解 fēnjiě 통 분해하다 永久 yǒngjiǔ 형 영원한 夺走 duózǒu 통 빼앗아 가다 尚且 shàngqiě 접 ~뿐만 아니라, 게다가 辐射 fúshè 통 (빛이나 전파 등을) 방출하다. 복사하다 妙不可言 miàobùkěyán 성 말로 표현할 수 없을 정도로 오묘하다

정답 1. D 2. C 3. A 4. E 5. B

1 - 5

悲伤有损健康，但悲伤时哭泣却是有利于健康的。无论是喜极而泣还是伤心落泪，(1)眼泪都可以很好地帮助我们调节情绪和压力。这是为什么呢？科学家发现哭泣时流出的眼泪能清除人体内的过多激素，(2)而正是这些激素让我们产生了烦恼。

人的一生通常会流下三种眼泪。最基本的泪水会在每次眨眼时出现，(3)它浸润着我们的眼球。而反射性的泪水会在眼睛不小心被戳时，或有类似于洋葱的刺激性气体冲向眼睛时涌出来。这两种眼泪虽然功能不同，但具有相似的化学成分。第三种情感性眼泪却有独特的化学成分。通过分析这些成分，我们就可以了解它的作用。

专家认为，(4)眼泪中复杂的化学组成与哭泣时的情绪有关水。例如，在慢性抑郁症患者的眼泪中，锰浓度偏高；焦虑不安的人，肾上腺皮质激素在眼泪中的含量较大；而青春期后的女性体内具有高浓度的催乳素，(5)这种激素使得她们比男人更爱哭。他推测，由于有大量的激素存在，当我们受到强烈的感情冲击而哭泣时，眼泪会将这些多余的化学物质"冲走"。也许，这就是我们在劝慰别人时，会说"哭吧"的原因。

슬픔은 건강에 해가 되지만 슬플 때 우는 것은 오히려 건강에 좋다. 기뻐서 울든 슬퍼서 눈물을 흘리든 (1) 눈물은 우리가 정서와 스트레스를 조절하도록 잘 도와 줄 수 있다. 이것은 왜일까? 과학자들은 울 때 흘리는 눈물이 체내의 과도한 호르몬을 제거하는데 (2) 바로 이 호르몬들이 번뇌를 만든다고 생각한다.

사람은 일생에 일반적으로 3종류의 눈물을 흘린다. 가장 기본적인 눈물은 매번 눈을 깜빡일 때 나오는 것으로 (3) 우리의 안구를 적신다. 그런데 반사성 눈물은 부주의해서 눈이 찔렸을 때나 양파와 같은 자극성 기체가 눈에 들어갔을 때 나온다. 이 두 종류의 눈물은 역할은 다르지만 유사한 화학 성분을 가지고 있다. 세 번째 감성적 눈물은 오히려 독특한 화학 성분을 가지고 있다. 이 성분들을 분석해서 우리는 그것의 역할을 알 수 있다.

전문가들은 (4) 눈물 속 복잡한 화학 구성과 울 때의 정서가 관련이 있다고 생각한다. 예를 들어 만성 우울증 환자의 눈물에는 망간의 농도가 유독 높고, 초조하고 불안한 사람은 부신 피질 호르몬의 함량이 높다. 사춘기 이후 여성의 체내에는 고농도의 프로락틴이 있는데, (5) 이러한 종류의 호르몬이 여성이 남성보다 더 잘 울게 만든다. 전문가가 추측하길, 다량의 호르몬의 존재로, 우리가 강렬한 정서적 충격을 받았을 때 울게 되면 눈물은 이러한 화학 물질을 '휩쓸고 간다'. 어쩌면 이 때문에 우리가 다른 사람을 위로할 때 '울어'라고 말하는 이유일 수 있다.

A 它浸润着我们的眼球
B 这种激素使得她们比男人更爱哭
C 而正是这些激素让我们产生了烦恼
D 眼泪都可以很好地帮助我们调节情绪和压力
E 眼泪中复杂的化学组成与哭泣时的情绪有关水

A 그것은 우리의 안구를 적신다
B 이러한 종류의 호르몬이 여성이 남성보다 더 잘 울게 만든다
C 바로 이 호르몬들이 번뇌를 만든다
D 눈물은 우리가 정서와 스트레스를 조절하도록 잘 도와 줄 수 있다
E 눈물 속의 복잡한 화학 구성과 울 때의 정서가 관련이 있다

보기 분석 A 它浸润着我们的眼球 → 대사 它가 있다.

B 这种激素使得她们比男人更爱哭 → 대사 这种激素와 她们이 있다.

C 而正是这些激素让我们产生了烦恼 → 접속사 而이 있다. 키워드를 확인한다.

D 眼泪都可以很好地帮助我们调节情绪和压力 → 키워드를 확인한다. 부사 都가 있다.

E 眼泪中复杂的化学组成与哭泣时的情绪有关水 → 키워드를 확인한다.

해설 1번 빈칸에서 문장이 끝나고, 앞절이 접속사 无论(~에 관계없이)으로 시작한다. 无论과 호응하는 것은 부사 都(모두)이므로 D를 넣어야 한다.

2번 빈칸에서 문장이 끝나고 앞부분에 과학자의 발견을 소개하며 哭泣时流出的眼泪能清除人体内的过多激素(울 때 흘리

는 눈물이 인체의 많은 호르몬을 제거한다)라는 내용이 나온다. 보기C의 키워드 **这些激素**(이 호르몬)가 **过多激素**(과도한 호르몬)를 가리키므로 C가 들어가야 한다.

3번 빈칸에서 문장이 끝나고, 앞부분에서 3가지 눈물을 소개하며 **最基本的泪水会在每次眨眼时出现**(가장 기본적인 눈물은 매번 눈을 깜빡일 때 나온다)이라고 했다. 따라서 보기 A의 **浸润眼球**(안구를 적시다)와 내용이 연결되므로 A가 들어가야 한다. 내용이 연결되는 보기는 대사 **它**가 있는 A이다.

4번 빈칸 앞에 **专家认为**(전문가는 생각하길)가 있으므로 빈칸은 전문가의 견해가 등장해야 한다. 뒷부분에 **在慢性抑郁症患者的眼泪中, 锰浓度偏高**(만성 우울증 환자의 눈물에는 망간의 농도가 유독 높다)라는 예시가 나오므로 화학 성분과 정서에 관한 언급이 있는 E가 들어가야 한다.

5번 빈칸에서 문장이 끝나고, 앞부분에 **青春期后的女性**(사춘기 여성)에 관한 내용이 있다. 따라서 대사 **她们**(그녀들)이 있는 B가 적합하다.

어휘 悲伤 bēishāng 혱 슬프다 哭泣 kūqì 통 울다 调节 tiáojié 통 조절하다 情绪 qíngxù 명 정서, 감정 清除 qīngchú 통 깨끗이 제거하다 激素 jīsù 명 호르몬 烦恼 fánnǎo 명 번뇌, 근심 眨眼 zhǎyǎn 통 눈을 깜빡이다 浸润 jìnrùn 통 스며들다, 적시다 戳 chuō 통 찌르다 类似 lèisì 통 유사하다 洋葱 yángcōng 명 양파 涌 yǒng 통 솟아오르다 抑郁症 yìyùzhèng 명 우울증 锰 měng 명 망간 浓度 nóngdù 명 농도 焦虑不安 jiāolùbù'ān 혱 초조하고 불안하다 肾上腺皮质激素 shènshàngxiànpízhìjīsù 명 부신 피질 호르몬 催乳素 cuīrǔsù 명 프로락틴 推测 tuīcè 통 추측하다 冲击 chōngjī 통 부딪치다 冲走 chōngzǒu 통 떠밀려 가다 劝慰 quànwèi 통 위로하다

독해 제3부분 미니모의고사

정답 1. C 2. A 3. E 4. D 5. B 6. C 7. B 8. E 9. D 10. A

1 - 5

有几个年轻的学生很羡慕那些背包旅行的"驴友",(1)于是约定一起去深山探险。他们买来地图，在地图上清晰地画出了一条探险线路，还准备好了指南针、绳子、刀等工具和一些食品，然后便出发了。

可他们探险时突然遇到了恶劣天气，进山的路被多处洪流隔断。他们捧着指南针在山里转来转去，不断地走到岔路上，可就是找不到出山的道路，(2)他们渐渐地有些绝望了。

正当大家一筹莫展的时候，他们遇到了一位猎人。猎人说："以后进山前必须准备好几条出山的路，(3)否则你们会困死在山里的！"

一个年轻人不服气地说："我们有指南针，只要我们能够确定好方向，就一定能走出去，(4)这只不过是迟早的问题！"

猎人笑了笑说："只知道方向有什么用？方向会告诉你哪里的小溪涨水过不去吗？方向能告诉你哪条深谷太陡下不去吗？知道了方向，还要知道适合自己走的路，(5)这样才能达到预定的目标。"

是啊，也许花了很长时间能够找到正确的路，但是人生中能有多少时间来给你盲目地转悠呢？

몇 명의 젊은 학생들이 배낭을 메고 여행하는 '배낭여행족'을 부러워했다. (1) 그래서 같이 깊은 산을 탐험하기로 약속했다. 그들은 지도를 사고, 지도에 탐험 경로를 분명하게 그렸고, 나침반, 밧줄, 칼 등의 도구와 음식을 챙겨서 출발했다.

그런데 그들이 탐험하고 있을 때 갑자기 기상이 악화되어 산 진입로가 홍수로 끊겼다. 그들은 나침반을 들고 산에서 이리저리 돌아다녔고 끊임없이 갈림길에 이르렀다. 그러나 산을 나가는 길을 찾을 수 없었다. (2) 그들은 점점 절망했다.

모두가 속수무책일 때 사냥꾼을 만났다. 사냥꾼이 말했다. "앞으로 산에 오기 전에 여러 개의 출구를 찾아놔야 해. (3) 그렇지 않으면 너희는 산에 갇혀 죽을 거야!

한 젊은이가 반박하며 말했다. "우리는 나침반이 있어서 방향만 정확하게 잡으면 산을 빠져나갈 수 있어요. (4) 단지 시간이 얼마나 걸리느냐의 문제인 거예요!"

사냥꾼이 웃으며 말했다. "방향만 안다고 무슨 소용이 있어? 방향이 너희에게 어느 개울이 범람해서 지날 수 없는지를 알려주니? 방향이 어느 가파른 협곡이 내려갈 수 없는지 알려주니? 방향을 알고, 또 자신에게 맞는 길을 알아야 해. (5) 이렇게 해야만 비로소 정해진 목표에 도달할 수 있는 거야."

그렇다. 오랜 시간을 들이면 올바른 길을 찾을 수 있을 것이다. 하지만 인생에서 얼마나 많은 시간 동안 맹목적으로 헤매고 있겠는가?

A 他们渐渐地有些绝望了	A 그들은 점점 절망했다
B 这样才能达到预定的目标	B 이렇게 해야만 정해진 목표에 도달할 수 있다
C 于是约定一起去深山探险	C 그래서 같이 깊은 산을 탐험하기로 약속했다
D 这只不过是迟早的问题	D 이것은 단지 시간이 얼마나 걸리는지의 문제이다
E 否则你们会困死在山里的	E 그렇지 않으면 너희는 산에 갇혀 죽게 된다

보기 분석 A 他们**渐渐地**有些绝望了 → 대사 **他们**이있다.

B 这样**才能**达到预定的目标 → 대사 **这样**이 있다.

C **于是**约定一起去深山探险 → 접속사 **于是**이 있다

D 这只不过**是**迟早的问题 → 대사 **这**가 있다. 주−술−목으로 구성되어 있다.

E **否则**你们会困死在山里的 → 접속사 **否则**가 있다. 대사 **你们**이 있다.

해설 **1번** 빈칸에서 문장이 끝나고, 앞부분은 **有几个年轻的学生很羡慕那些背包旅行的"驴友"**(몇 명의 젊은 학생들이 배낭을 메고 여행하는 '배낭여행족'을 부러워했다)라고 했으므로, 산에 가기로 결심했다는 내용인 C가 적합하다.

2번 빈칸에서 문장이 끝나고, 앞부분에 **可就是找不到出山的道路**(그러나 산을 나가는 길을 찾을 수 없었다)라는 내용이 나오므로 인과 관계가 성립될 수 있는 절망했다는 내용인 A가 적합하다.

3번 빈칸은 대화의 마지막 절이다. 대화문은 2인칭 대사인 **你**나 **你们** 등을 자주 사용한다. 앞부분에 사냥꾼의 말이 **以后进山前必须准备好几条出山的路**(앞으로 산에 오기 전에 여러 개의 출구를 찾아놔야 해)이므로 **否则**(그렇지 않으면)로 시작하는 경고의 내용인 E가 적합하다.

4번 빈칸은 역시 대화의 마지막 절이며 사냥꾼의 말에 반박하는 내용이다. 앞부분에서 학생은 나침반이 있다고 하면서 **只要我们能够确定好方向，就一定能走出去**(방향만 정확하게 잡으면 산을 빠져나갈 수 있다)라고 했다. 학생은 문제를 단순하게 여기고·있으므로 **只不过**(단지 ～에 지나지 않다)가 있는 D가 적합하다.

5번 빈칸에서 문장이 끝나고 대화문이다. 앞부분에서 사냥꾼은 방향만 안다고 해서 가능성까지 알 수 있는 것은 아니라고 하며 **知道了方向，还要知道适合自己走的路**(방향을 알고, 자신들에게 맞는 길을 알아야 해)라고 조언한다. 따라서 **这样才能**(이렇게 해야 ～할 수 있다)으로 시작하는 B가 적합하다.

어휘 背包 bèibāo 명 배낭 驴友 lǘyǒu 명 배낭여행객 约定 yuēdìng 동 약속하다 探险 tànxiǎn 동 탐험하다 清晰 qīngxī 형 또렷하다. 指南针 zhǐnánzhēn 명 나침반 绳子 shéngzi 명 밧줄, 끈 刀 dāo 명 칼 工具 gōngjù 명 공구 恶劣 èliè 형 열악하다 洪流 hóngliú 명 거센 물줄기 隔断 géduàn 동 가로막다 捧 pěng 동 두 손으로 받쳐들다 岔路 chàlù 명 갈림길 绝望 juéwàng 동 절망하다 一筹莫展 yìchóumòzhǎn 성 속수무책이다 猎人 lièrén 명 사냥꾼 不服气 bùfúqì 승복하지 않다, 인정하지 않다 小溪 xiǎoxī 명 시내 涨水 zhǎngshuǐ 동 물이 붇다 陡 dǒu 형 가파르다 盲目 mángmù 형 맹목적인 转悠 zhuànyou 동 한가롭게 거닐다

6-10

某大学进化生物研究小组对三个分别由30只蚂蚁组成的黑蚁群进行观察。结果发现，大部分蚂蚁都争先恐后地寻找食物、搬运食物，可以说相当勤劳。但也总会有少数蚂蚁却似乎不爱干活儿，(6)整日无所事事、东张西望，人们把这少数蚂蚁叫做"懒蚂蚁"。 　有趣的是，生物学家首先在这些"懒蚂蚁"身上做上标记，(7)然后断绝蚁群的食物来源，并破坏掉蚂蚁的窝。那些平时工作很勤快的蚂蚁表现得不知所措，而"懒蚂蚁"则"挺身而出"，(8)带领众蚂蚁向新的食物源转移。因此生物学家认为，"勤劳的蚂蚁"和"懒蚂蚁"在蚁群中都有自己的生存规则，(9)勤与懒是缺一不可的。	모 대학 진화 생물 연구 팀이 30마리로 구성된 흑개미 무리를 관찰했다. 결과적으로 대부분의 개미는 앞다투어 식량을 찾고 운반하여 상당히 부지런하다는 것을 발견했다. 그러나 소수의 개미는 일하기 싫어하는 것 같았고, (6) 하루 종일 하는 일 없이 두리번 거렸다. 사람들은 이 소수의 개미를 '게으른 개미'라고 불렀다. 　흥미로운 것은 생물학자는 먼저 이 '게으른 개미'의 몸에 표시를 하고 (7) 그리고 나서 개미떼의 식량 공급원을 끊고 개미 굴을 파괴했는데, 평소에 일을 성실하게 한 개미는 어찌할 바를 몰라하고, '게으른 개미'는 '용감하게 나서서' (8) 개미떼를 이끌고 새로운 식량 근원지로 이동한 것이다. 때문에 생물학자들은 '부지런한 개미'와 '게으른 개미'가 개미 무리에서 자신들만의 생존 규칙을 가지고 있어 (9) 부지런함과 게으름 하나도 없어서는 안 되는 것이라고 여겼다.

但是相比之下，蚁群中的"懒蚂蚁"要比只知低头干活儿的勤快蚂蚁重要得多，因为"懒蚂蚁"能看到蚁群面临的问题和解决问题的办法，(10)充当着指挥员的角色。

그러나 비교한다면 개미떼 중 '게으른 개미'는 단지 고개를 숙이고 일만 하는 부지런한 개미보다 훨씬 중요하다. 왜냐하면 '게으른 개미'는 개미떼가 직면한 문제와 문제를 해결하는 방법을 볼 수 있어 (10) 지휘관의 역할을 맡고 있기 때문이다.

A 充当着指挥员的角色
B 然后断绝蚁群的食物来源
C 整日无所事事、东张西望
D 勤与懒是缺一不可的
E 带领众蚂蚁向新的食物源转移

A 지휘관의 역할을 맡고 있다
B 그리고 나서 개미떼의 식량 공급원을 끊었다
C 하루 종일 하는 일 없이 두리번 거린다
D 부지런함과 게으름은 하나도 없어서 안되는 것이다
E 개미떼를 이끌고 새로운 식량 근원지로 이동했다

보기 분석 A 充当着指挥员的角色 → 주어가 없으며 술-목으로 구성되어 있다.

B 然后断绝蚁群的食物来源 → 접속사 然后로 시작하고 주어가 없다.

C 整日无所事事、东张西望 → 주어가 없으며 술어로 구성되어 있다.

D 勤与懒是缺一不可的 → 주-술로 구성되어 있다. 키워드를 확인한다.

E 带领众蚂蚁向新的食物源转移 → 주어가 없다.

해설 6번 빈칸은 가운데 절에 위치해 있고 앞부분에 少数蚂蚁却似乎不爱干活儿(소수의 개미는 일하기를 싫어했다)이라는 내용이 있다. 따라서 이와 이어지는 내용은 하루 종일 하는 일 없이 두리번거렸다는 의미인 C가 적합하다.

7번 빈칸은 가운데 절에 위치해 있고 앞절에 首先(우선)이, 뒷절에 并(또한)이 있다. 앞에서 생물학자가 개미의 몸에 표시를 했다는 내용이 나오고 뒷부분에 并破坏掉蚂蚁的窝(또한 개미 굴을 파괴했다)라는 내용이 있으므로 부정적인 내용과 然后(그리고 나서)가 있는 B가 적합하다.

8번 빈칸에서 문장이 끝난다. 앞에서 굴이 파괴되었을 때 부지런한 개미는 어쩔 줄 몰라 했다고 하며 "懒蚂蚁"则"挺身而出"('게으른 개미'는 '용감하게 나서서')라고 했으므로 그 다음 행동을 나타내는 내용인 E가 들어가야 한다.

9번 빈칸에서 문장이 끝나고, 앞부분에서 부지런한 개미와 게으른 개미는 각각 在蚁群中都有自己的生存规则(개미떼에서 자신만의 생존 규칙을 가지고 있다)라고 했으므로 맥락상 D가 적절하다.

10번 빈칸에서 문장이 끝나고, 앞부분에서 게으른 개미는 能看到蚁群面临的问题和解决问题的办法(개미떼가 직면한 문제와 문제를 해결하는 방법을 볼 수 있다)라고 했으므로 지휘관의 역할과 연결된다. 따라서 A를 넣어야 한다.

어휘 观察 guānchá 통 관찰하다 蚂蚁 mǎyǐ 명 개미 争先恐后 zhēngxiānkǒnghòu 성 뒤질세라 앞을 다투다 寻找 xúnzhǎo 통 찾다 食物 shíwù 명 음식물, 먹이 搬运 bānyùn 통 운반하다 勤劳 qínláo 통 열심히 일하다 似乎 sìhū 부 마치 ~인 것 같다 干活儿 gànhuór 통 일하다 无所事事 wúsuǒshìshì 성 아무 일도 하지 않다 东张西望 dōngzhāngxīwàng 성 이리저리 보다 懒 lǎn 형 게으르다 标记 biāojì 명 표기(하다) 断绝 duànjué 통 단절하다 来源 láiyuán 명 근원 破坏 pòhuài 통 파괴하다 窝 wō 명 우리 勤快 qínkuai 형 부지런하다, 근면하다 不知所措 bùzhīsuǒcuò 성 어찌할 바를 모르다, 갈팡질팡하다 挺身而出 tǐngshēn'érchū 성 용감하게 나서다 带领 dàilǐng 통 이끌다 转移 zhuǎnyí 통 옮기다, 이동하다 规则 guīzé 명 규칙 缺一不可 quēyībùkě 성 하나라도 부족해서는 안 된다 相比之下 xiāngbǐzhīxià 부 그와 비교해서 低头 dītóu 통 고개를 숙이다 指挥员 zhǐhuīyuán 명 지휘자, 지휘관

제 4 부분 | 긴 글을 읽고 관련 문제 풀기

Warm Up 풀이 전략 적용해 보기

문제

81. 根据第一段，下列哪项正确？

A 每个人都能一见钟情

B 日久生情更可靠

C 还没有找到一见钟情的原因

D 一见钟情不限于男女之间

첫 번째 단락에 근거해서 다음 중 옳은 것은?

A 모든 사람이 첫 눈에 반할 수 있다

B 오랜 시간이 지나 감정이 생기는 것이 믿을만하다

C 첫 눈에 반하는 이유를 아직 찾지 못했다

D 첫 눈에 반하는 것은 남녀를 가리지 않는다

82. 关于"认知心理学观点"，下列哪项正确？

A 一见钟情不能可靠

B 一见钟情是偶然的现象

C 真正的爱情不是暂时的感情

D 相似的人容易产生好感

'인지 심리학 관점'에 관해서 다음 중 옳은 것은?

A 첫 눈에 반하는 것은 믿을 수 없다

B 첫 눈에 반하는 것은 우연한 현상이다

C 진정한 사랑은 순간의 감정이 아니다

D 비슷한 사람은 쉽게 호감이 생긴다

83. 根据上文，"适应性无意识"是：

A 根本没有科学依据

B 是年轻人所特有的

C 不能找出问题的答案

D 是种瞬间判断能力

윗글에 근거해서 '적응성 무의식'이란?

A 과학적 근거가 전혀 없다

B 젊은 사람들에게 특별히 있는 것이다

C 문제의 답을 찾을 수 없다.

D 순간적인 판단 능력이다

84. 上文主要谈的是：

A 真正的爱情

B 爱情的本质

C 一见钟情产生的原因

D 心理学的新发现

윗글이 주로 이야기하는 것은?

A 진정한 사랑

B 사랑의 본질

C 첫 눈에 반하게 되는 원인

D 심리학의 새로운 발견

지문

所谓的"一见钟情"是男女之间第一次见面就产生了相互吸引、相互爱慕的感情。每个人都希望拥有这种一见钟情的爱情，我们将心中设想一个完美恋人的标准，然后期待与之相遇，产生电光火石般的感觉。84那么，人到底为什么会一见钟情呢？实际上到目前为止，81心理学界也没有完全揭开"一见钟情"的奥秘。

소위 '첫 눈에 반한다'는 것은 남녀 사이에 처음 봤을 때 서로 끌림과 좋아하는 감정이 생기는 것을 말한다. 모든 사람들은 이러한 첫 눈에 반하는 사랑을 원해서 마음 속에 완벽한 연인의 기준을 세우고 만났을 때 불이 번쩍하는 느낌을 갖기를 기대한다. 84그렇다면 사람은 도대체 왜 첫 눈에 반하게 되는 것일까? 사실상 지금까지 81심리학계도 여전히 '첫 눈에 반하는 것'의 비밀을 풀지 못했다.

82从认知心理学的角度来看，如果对方的眼睛、鼻子、嘴巴等器官和自己的相似，我们就会对对方产生亲近感，这种亲近感是发展爱情的基础。还有一种说法认为，有人会对和自己免疫类型完全不同的人产生好感，他们能从对方身上感受到一种"传达物质"，这种物质也能促进爱情的发展。的确，人类想寻找自身所不具备的免疫类型，这从生物学的角度也能解释。有趣的是，前一种说法认为，人会对与自己相似的异性一见钟情；而后一种说法认为，人会对与自己不同的异性一见钟情。

最近又出现了一种新的说法，83认为人的大脑具有一种在瞬间找到结论的"适应性无意识"功能。它是人类所具有的一种瞬间判断能力。也就是说，任何人都能在一瞬间看清事物的本质或者找出问题的答案。有些人一生只有一次一见钟情的经历，就能和一见钟情的对象厮守终生。这让我们相信，他们就是在一瞬间找到了这辈子最适合自己的人。因而，一见钟情所产生的爱情并不是暂时的感情，也许这才是爱情的本质。

82인지 심리학에서는 만일 상대방의 눈, 코, 입 등의 기관이 자신과 비슷하면 우리는 상대방에게 친근감이 생기고 이러한 친근감은 사랑으로 발전하는 기초가 된다고 본다. 또 다른 관점에서 어떤 사람은 자신의 면역 유형과 완전히 다른 사람에게 호감을 느끼는데 그들은 상대에게서 일종의 '전달 물질'을 느껴서 이 물질이 사랑을 촉진시킨다고 한다. 실제로 인류는 자신에게 없는 면역 유형을 구하려고 하는데 이것은 생물학적 관점에서 역시 설명이 가능하다. 흥미로운 것은 전자의 관점은 사람은 자신과 비슷한 이성에게 첫 눈에 반한다는 것이고, 후자는 사람은 자신과 다른 이성에게서 첫 눈에 반한다는 것이다.

최근 또 새로운 견해가 나왔다. 83사람의 대뇌는 순간적으로 결론을 찾는 '적응성 무의식'의 기능을 가지고 있는데 그것은 인류가 가진 순간 판단 능력이다. 다시 말해서 모든 사람은 순간적으로 사물의 본질을 분명히 보고 문제의 답을 찾아낼 수 있다는 것이다. 어떤 사람들은 평생 딱 한 번 첫 눈에 반하는 경험을 하고 그 상대와 평생을 의지하여 살아간다. 이것은 우리로 하여금 그들은 짧은 순간에 이 생에서 자신과 가장 어울리는 사람을 찾아 첫 눈에 반함으로써 생긴 감정은 순간적인 감정이 아니며 이것이야말로 사랑의 본질이라고 믿게 만든다.

어휘 **一见钟情** yíjiànzhōngqíng 성 첫눈에 반하다 **吸引** xīyǐn 동 끌어당기다 **爱慕** àimù 동 사랑하다 **设想** shèxiǎng 동 생각하다 **标准** biāozhǔn 명 기준 **期待** qídài 동 기대하다 **相遇** xiāngyù 동 만나다 **电光火石** diànguānghuǒshí 전광석화 **揭开** jiēkāi 동 벗기다, 폭로하다 **奥秘** àomì 명 신비, 비밀 **鼻子** bízi 명 코 **嘴巴** zuǐba 명 입 **器官** qìguān 명 기관 **相似** xiāngsì 형 비슷하다 **亲近** qīnjìn 동 친근하다 **基础** jīchǔ 명 기초 **免疫** miǎnyì 명 면역 **传达** chuándá 동 전달하다 **异性** yìxìng 명 이성 **瞬间** shùnjiān 명 순간 **判断** pànduàn 동 판단하다 **厮守** sīshǒu 동 서로 의지하며 지내다 **辈子** bèizi 명 한평생 **暂时** zànshí 명 잠시

1. 세부 사항을 묻는 문제 실전 테스트

정답 1. A   2. B   3. D   4. C

1 - 4

中国人使用筷子用餐是从远古流传下来的，3日常生活当中对筷子的运用是非常有讲究的。4一般我们在使用筷子时，正确的使用方法讲究得是用右手执筷，大拇指和食指捏住筷子的上端，另外三个手指自然弯曲扶住筷子，并且1筷子的两端一定要对齐。4而历史积累下来许多使用筷子的忌讳，如果我们不了解这些，就无法把握好礼节上的分寸，在社会交往中就会闹出笑话或者引起尴尬。

중국인이 젓가락을 사용해서 식사하는 것은 먼 옛날부터 전해 내려온 것으로, 3일상생활에서 젓가락을 사용하는 데는 규칙이 있다. 4보통 우리가 젓가락을 사용할 때 올바른 사용법은 오른손으로 젓가락을 집고 엄지손가락과 집게손가락으로 젓가락의 상단을 꽉 잡고 다른 세 손가락으로 자연스럽게 구부려 젓가락을 받쳐 주며, 1젓가락의 양 끝을 나란히 하는 것이다. 4그래서 역사적으로 젓가락 사용의 금기 사항이 많이 생겨났다. 만일 이것을 이해하지 못하면 예절의 정도를 지키지 못하게 되어 사회 교류에서 웃음거리가 되거나 곤란한 상황이 발생하게 된다.

在用餐过程中桌面上1不能摆放长短不一的筷子，造成"三长两短"的局面。2这是很不吉利的，寓意着"死亡"。因为中国人过去认为死人需装进棺材里埋葬，棺材的组成部分为前后两块短木板，两旁加底部共三块长木板，五块木板合在一起正好是"三长两短"。

另一种忌讳是"交叉十字"，这一点往往会被人们忽略。在用餐时将筷子随便交叉放在桌子上，被认为是在饭桌上打了个叉，是对同桌其他人的否定和蔑视。这犹如老师在本子上给犯错的学生打叉，是无法被他人接受的。

还有就是要注意不能"击盏敲盅"，其做法是在用餐时用筷子敲击盘碗。有些参加宴会的人，一兴奋起来就喜欢拿着筷子敲碗；还有些人为了发泄情绪，也会敲碗。不管是哪种原因，这种行为都被看作是乞丐要饭，是很丢人的一件事。因为过去只有乞丐采用筷子击打饭盆，提醒过路人注意并给予施舍。

"当众上香"这种做法则往往是出于好心，它是指帮别人盛饭时为了方便省事而把一副筷子插在饭中给对方，这会被对方看成是很不恭敬的做法。因为在民间的传统中，只有为死去的人上香才是这样做。

식사하는 과정에서 식탁에 1젓가락의 길이를 맞지 않게 놓으면 안 되는데, '삼장양단' 상태가 되기 때문이다. 2이것은 상서롭지 못한 것으로 '죽음'을 의미한다. 왜냐하면 중국인들은 과거에 죽은 사람을 관에 넣어 매장했는데 관은 앞뒤로 짧은 목판 2개와 양측과 바닥의 3개 긴 목판으로 되어 있어 이 5개의 목판이 함께 있는 것이 바로 '삼장양단(三长两短)'이다.

또 다른 금기는 '십자로 교차하기'이다. 이것은 사람들이 종종 등한시한다. 식사를 할 때 젓가락을 마음대로 교차시켜 놓으면 테이블에 X표시를 하는 것으로 여겨 같은 동석인에 대한 부정이나 멸시가 된다. 이것은 선생님이 노트 위에 잘못한 학생에게 X표시를 하는 것과 같아서 타인이 받아들일 수 없다.

또한 '두드려서는' 안 된다. 이것은 식사 시 젓가락을 사용해 그릇을 두드리는 것이다. 연회에 참석하는 사람들 중에는 흥분하면 젓가락으로 밥그릇을 두드리기도 한다. 또 어떤 사람은 감정을 표출하기 위해서 그릇을 두드린다. 어떤 이유이든지 이러한 방법은 거지가 구걸하는 것으로 여겨져서 체면을 잃을 수 있다. 왜냐하면 과거에는 거지만이 젓가락으로 밥그릇을 두드려서 길을 지나는 사람에게 적선해 달라고 주의를 끌었기 때문이다.

'향피우기'는 종종 좋은 의도에서 비롯된다. 그것은 사람이 밥을 담을 때 편리함을 위해서 젓가락을 밥 중간에 꽂아 상대에게 주는 것이다. 이것은 상대방에게 정중하지 못한 표현이다. 민간 전통에서는 죽은 사람에게 향을 피울 때만 이러한 행동을 하기 때문이다.

어휘 筷子 kuàizi 명 젓가락 用餐 yòngcān 동 식사를 하다 讲究 jiǎngjiu 동 중히 여기다 명 유의할 만한 법칙 执 zhí 동 쥐다, 잡다 大拇指 dàmǔzhǐ 명 엄지 손가락 食指 shízhǐ 명 집게 손가락 捏 niē 동 집다 上端 shàngduān 명 상단, 꼭대기 弯曲 wānqū 동 구부리다 扶 fú 동 지탱하다 两端 liǎngduān 명 양단 对齐 duìqí 맞추다, 정렬시키다 积累 jīlěi 동 누적되다 忌讳 jìhuì 동 금기하다 명 금기사항 礼节 lǐjié 명 예절 分寸 fēncun 명 분수, 한도 闹出笑话 nàochūxiàohua 웃음거리가 되다 尴尬 gāngà 형 난처하다, 곤란하다 寓意 yùyì 동 ~을 의미하다 吉利 jílì 형 길하다 棺材 guāncai 명 관 埋葬 máizàng 동 매장하다 木板 mùbǎn 명 목판, 나무판 忽略 hūlüè 동 소홀히 하다 交叉 jiāochā 동 교차하다 蔑视 mièshì 동 멸시하다 犹如 yóurú 동 마치 ~와 같다 打叉 dǎchā 동 가위 표시를 하다, X표시를 하다 敲击 qiāojī 동 두드리다 盘碗 pánwǎn 명 접시와 그릇 发泄 fāxiè 동 (불만 등을) 쏟아내다, 발산하다 乞丐 qǐgài 명 거지 丢人 diūrén 동 체면을 잃다 给予 gěiyǔ 동 주다 施舍 shīshě 동 베풀다, 적선하다 盛饭 chéngfàn 밥을 담다 省事 shěngshì 동 일을 줄이다, 수고를 덜다 插 chā 동 끼우다, 꽂다 恭敬 gōngjìng 형 공손하다, 정중하다 上香 shàngxiāng 동 향을 피우다

1 怎样摆放筷子比较合适？　어떻게 젓가락을 놓는 것이 적절한가？

A 整齐对称	**A 대칭으로 가지런히 한다**
B 插在饭上	B 밥 위에 꽂는다
C 交叉摆放	C 교차해서 놓는다
D 颠倒使用	D 거꾸로 사용한다

해설 질문에서 젓가락을 놓는 적절한 방법을 묻고 있다. 첫째 단락에서 젓가락을 집는 법을 설명하고 있고 둘째 단락에서 **不能摆放长短不一的筷子**(길이를 맞지 않게 놓으면 안 된다)라고 했으므로 A가 정답이다. 보기 B와 C는 젓가락 사용의 금기 사항이다.

어휘 整齐 zhěngqí 형 가지런히 하다 对称 duìchèn 형 대칭이다 颠倒 diāndǎo 동 뒤바뀌다

2

"三长两短" 意味着什么？

A 贪婪
B 死亡
C 羞辱
D 蔑视

삼장양단(三长两短)은 무엇을 의미하는가?

A 탐욕스럽다
B 죽다
C 모욕을 주다
D 멸시하다

해설 질문에서 **三长两短**이 의미하는 것을 묻고 있으며 보기의 어휘는 모두 부정적인 어휘들이다. 지문의 둘째 단락에 **三长两短**이 언급된 부분에 **这是很不吉利的, 寓意着 "死亡"** (이것은 매우 불길한 것으로 '죽음'을 의미한다)이라고 하였으므로 B가 정답이다.

어휘 **贪婪** tānlán 웹 탐욕스럽다 **羞辱** xiūrǔ 통 치욕을 주다 **蔑视** mièshì 통 멸시하다

3

根据上文，下列哪项正确：

A 交叉十字是出于善意
B 筷子是西方人的必备餐具
C 为了方便，应该把筷子插在饭中
D 中国人对筷子的运用是有讲究的

위 글에 근거하여 다음 중 옳은 것은?

A 십자로 교차하는 것은 호의에서 온다
B 젓가락은 서양인의 필수 식기이다
C 편리함을 위해 젓가락을 밥 중앙에 꽂아야 한다
D 중국인은 젓가락 사용에 규칙이 있다

해설 질문에서 윗글에 근거하여 옳은 내용을 묻고 있으므로 보기의 키워드, **交叉十字**(십자로 교차하다), **西方人**(서양인), **把筷子插在饭中**(젓가락을 밥 가운데에 꽂다), **中国人有讲究**(중국인은 규칙이 있다)를 중심으로 지문을 읽는다. 첫째 단락의 시작부분에서 중국인이 젓가락을 오래 사용했다는 것을 언급하며 **日常生活当中对筷子的运用是非常有讲究的**(일상생활에서 젓가락을 사용하는 데에 매우 주의를 기울인다)라고 했으므로 D가 옳은 내용이다.

4

本文主要想告诉我们：

A 筷子的来历
B 选择什么样的筷子
C 中国人用筷子的忌讳
D 不同场合该如何摆筷子

위 글이 우리에게 주로 이야기하는 것은?

A 젓가락의 유래
B 어떠한 젓가락을 선택하나
C 중국인이 젓가락을 사용할 때의 금기
D 장소에 따라 어떻게 젓가락을 놓아야 하나

해설 질문에서 이 글이 우리에게 알려주는 것을 물었으므로 주제를 찾는다. 주제는 첫째 단락 또는 각 단락의 첫 문장을 종합하면 알 수 있다. 첫째 단락에서 **一般我们在使用筷子时, 正确的使用方法**(일반적으로 우리가 젓가락을 사용할 때 올바른 방법)와 **而 历史积累下来许多使用筷子的忌讳**(또한 역사적으로 젓가락 사용에 금기 사항이 많이 생겼다)를 언급하였고 둘째, 셋째, 넷째, 다섯째 단락에서 구체적인 금기 사항에 대해 설명하고 있으므로 알맞은 정답은 C이다.

정답 1. C 2. D 3. B 4. C

1 - 4

加工食品中的颜色，往往是来自于各种合成色素，而天然食品当中的颜色，却往往与其健康性质相系。4大多数有色食品的确含有不少对人体健康有益的化学物质。

红色食品的代表有番茄、辣椒等。红色食品色泽鲜艳，含有多种对身体健康有益的成分。番茄中的3番茄红素不仅具有抗癌抑癌的功效，而且对预防心血管疾病和动脉硬化及延缓衰老都具有重要作用。1辣椒中的辣椒素能起到降血压和降胆固醇的作用。

黄色食品的代表有玉米、南瓜、黄豆等。研究表明，在所有主食中，玉米的营养价值最高、保健作用最大。玉米含有丰富的不饱和脂肪酸，尤其是亚油酸的含量在60%以上，它和玉米胚芽中的维生素E协同作用，可降低血液胆固醇浓度并防止其沉积于血管壁。

玉米中含的硒和镁也有防癌抗癌作用，硒能加速体内过氧化物的分解，使恶性肿瘤得不到分子氧的供应而受到抑制。镁一方面能抑制癌细胞的发展，另一方面能促使体内废物排出体外，这对防癌也有重要意义。

绿色食品主要指绿色蔬菜和绿茶等。绿色蔬菜中含有丰富的维生素C和叶酸。维生素C可以增强人体免疫力，而叶酸则是心脏的保护神。绿茶中含有维生素C和3类黄酮类物质，后者可以增强维生素C的抗氧化功效，因此绿茶的保健功能是发酵类茶所不及的。

黑色食品有黑木耳、黑米、紫菜等。一般来说，黑色食品营养成分齐全，有害成分少。例如，2 3黑米是一种药食兼用的大米，含有普通大米所缺乏的叶绿素、花青素、胡萝卜素等成分，因此营养更丰富，被称为"长寿米"。

가공 식품 속의 색깔은 종종 합성 색소에서 온 것이지만 천연 식품의 색깔은 건강한 특성과 관계가 있다. 4대다수의 유색 식품은 인체에 유익한 많은 화학 물질을 정말 가지고 있다.

붉은색 식품에는 대표적으로 토마토와 고추 등이 있는데, 붉은색 식품의 색이 선명하면 건강에 유익한 성분을 많이 함유하고 있는 것이다. 3토마토 속의 리코펜은 항암 효과가 있을 뿐 아니라 심혈관 질병과 동맥 경화, 그리고 노화를 방지하는 데 중요한 역할을 한다. 1고추 속의 캡사이신은 혈압과 콜레스테롤을 낮추는 작용을 한다.

황색 식품에는 대표적으로 옥수수, 호박, 노란 콩 등이 있다. 연구에 따르면, 모든 주식 중에서 옥수수의 영양가가 가장 높고 보양 효과가 가장 크다. 옥수수에는 불포화지방산이 풍부하고, 특히 리놀레산의 함량이 60%이상인데, 이것과 옥수수 배아 속의 비타민 E가 결합하여 혈액 속의 콜레스테롤 농도를 낮추고 혈관 벽에 침전되는 것을 방지한다.

옥수수 속에 함유되어 있는 셀렌과 마그네슘에도 항암 효과가 있다. 셀렌은 체내의 과산화물의 분해를 가속화시켜, 악성 종양이 산소의 공급을 받지 못해 억제된다. 마그네슘은 암세포의 성장을 억제하고, 또 체내에서 노폐물을 몸 밖으로 배출하는 것을 촉진시키기 때문에 암을 예방하는데 중요한 의미가 있다.

녹색 식품은 주로 녹색 채소와 녹차 등을 가리킨다. 녹색 채소에는 비타민 C와 엽산이 풍부하게 함유되어 있다. 비타민 C는 인체의 면역력을 증진시키고, 엽산은 심장의 수호신이다. 녹차 속에는 비타민 C와 3플라보노이드 물질이 함유되어 있는데, 후자는 비타민 C의 항산화 효과를 강화시키기 때문에 녹차의 보양 작용은 발효한 차들이 따라갈 수 없다.

흑색 식품에는 목이버섯, 흑미, 김 등이 있다. 일반적으로 흑색 식품은 영양 성분이 잘 갖춰져 있고 유해 성분이 적다. 예를 들어 2 3흑미는 식용, 약용으로 모두 사용할 수 있고, 일반 쌀에 부족한 엽록소, 안토시안, 카로틴 등의 성분을 함유하고 있어 영양이 더 풍부하여 '장수미'라고 불린다.

어휘 **番茄红素** fānqiéhóngsù 몡 리코펜(토마토 따위의 붉은 색소) **抗癌抑癌** kàng'áiyìái 암을 예방하고 치료하다 **心血管** xīnxuèguǎn 몡 심혈관 **动脉硬化** dòngmàiyìnghuà 몡 동맥 경화 **延缓衰老** yánhuǎnshuāilǎo 몡 노화 방지 **辣椒素** làjiāosù 몡 캡사이신 **胆固醇** dǎngùchún 몡 콜레스테롤 **亚油酸** yàyóusuān 몡 리놀레산 **胚芽** pēiyá 몡 눈, 배아 **维生素** wéishēngsù 몡 비타민 **沉积** chénjī 몡 침전 **硒** xī 몡 셀렌 **镁** měi 몡 마그네슘 **过氧化物** guòyǎnghuàwù 몡 과산화물 **恶性肿瘤** èxìngzhǒngliú 몡 악성 종양 **叶酸** yèsuān 몡 엽산 **免疫力** miǎnyìlì 몡 면역력 **保护神** bǎohùshén 몡 수호신 **黄酮类** huángtónglèi 몡 플라보노이드 **抗氧化** kàngyǎnghuà 몡 항산화 **发酵** fājiào 통 발효하다 **黑木耳** hēimù'ěr 몡 목이버섯 **紫菜** zǐcài 몡 김 **齐全** qíquán 혱 완전히 갖추다 **叶绿素** yèlùsù 몡 엽록소 **花青素** huāqīngsù 몡 안토시안 **胡萝卜素** húluóbosù 몡 카로틴

1 关于辣椒素，下列哪项正确？　　　　　　캡사이신에 관해서 다음 중 옳은 것은?

A 预防心血管疾病　　　　　　　　　A 심혈관 질병을 예방한다
B 营养价值不如番茄　　　　　　　　B 영양 가치가 토마토보다 못하다
C 降低胆固醇的含量　　　　　　　**C 콜레스테롤의 함량을 낮춘다**
D 是典型的黄色食品　　　　　　　　D 전형적인 황색 식품이다

해설　질문에서 **辣椒素**(캡사이신)에 관해 옳은 내용이 무엇인지를 묻고 있으므로 지문에서 키워드를 찾는다. 둘째 단락에서 **辣椒中的辣椒素能起到降血压和降胆固醇的作用**(고추 속의 캡사이신은 혈압과 콜레스테롤을 낮추는 작용을 한다)이라고 했으므로 C가 정답이다.

2 下列哪项不属于黑米的功效？　　　　　다음 중 흑미의 효능에 속하지 않는 것은?

A 含有花青素　　　　　　　　　　　A 안토시안을 함유한다
B 可以药食兼用　　　　　　　　　　B 식용과 약용으로 쓸 수 있다
C 含有胡萝卜素　　　　　　　　　　C 카로틴을 함유한다
D 被称为"心脏的保护神"　　　　**D '심장의 수호신'으로 불린다**

해설　질문이 흑미의 효능이 아닌 것을 묻고 있으므로 질문의 키워드 **黑米**(흑미)를 지문에서 찾는다. 마지막 단락에서 **黑米是一种药食兼用的大米，含有普通大米所缺乏的叶绿素、花青素、胡萝卜素等成分，因此营养更丰富，被称为"长寿米"**(흑미는 식용과 약용으로 모두 사용할 수 있으며 일반 쌀에 부족한 엽록소, 안토시안, 카로틴 등의 성분을 함유하고 있어 영양이 풍부하며, '장수미'라고 불린다)라고 하였으므로 틀린 내용은 D이다.

어휘　**兼用** jiānyòng 통 겸용하다

3 根据上文，可以知道：　　　　　　　위 글에 따라 알 수 있는 것은?

A 番茄红素对身体有害　　　　　　　A 리코펜은 신체에 유해하다
B 绿茶具有较好的保健功能　　　　**B 녹차는 몸에 좋은 기능이 있다**
C 类黄酮类物质易被氧化　　　　　　C 플라보노이드는 산회되기 쉽다
D 黑米使废物排出体外　　　　　　　D 흑미는 노폐물을 체외로 배출시킨다

해설　질문이 윗글에 근거하여 알 수 있는 내용이므로 보기의 키워드 **番茄红素**(리코펜), **黑米**(흑미), **类黄酮类物质**(플라보노이드), **绿茶**(녹차)를 지문에서 찾는다. 각각의 키워드가 언급된 부분을 살펴보면 리코펜은 항암 기능을 갖춰서 신체에 도움이 되고, 흑미는 노폐물에 관한 언급이 없으며 플라보노이드는 항산화 작용을 촉진시킨다고 하였으므로 A, C, D는 모두 틀린 내용이다. 다섯째 단락에 **绿茶的保健功能是发酵类茶所不及的**(녹차의 보양작용이 발효한 차들보다 뛰어나다)라고 하였으므로 B가 정답이다.

4 最适合做上文标题的是：　　　　　　위 글의 제목으로 가장 적절한 것은?

A 加工食品中的危害　　　　　　　　A 가공 식품의 위해
B 什么是有色食品　　　　　　　　　B 유색 식품은 무엇인가
C 有色食品的好处　　　　　　　　**C 유색 식품의 장점**
D 如何鉴别有色食品的真假　　　　　D 어떻게 유색 식품을 감별할 수 있나

해설　질문이 윗글의 제목을 묻고 있으므로 첫째 단락과 각 단락의 첫 문장을 살펴 본다. 첫째 단락에서 천연 식품은 본연의 색이 있다고 언급하며 **大多数有色食品的确含有不少对人体健康有益的化学物质**(대다수의 유색 식품은 확실히 인체에 유익한 많은

화학 물질을 가지고 있다)이라고 하였다. 이어지는 단락에서 다양한 색깔의 천연 식품이 가지고 있는 효능에 대해 설명하고 있으므로 C가 정답이다.

어휘 鉴别 jiànbié 통 감별하다

3. 주제 또는 제목 실전 테스트

정답 1. A 2. D 3. C 4. B

1 - 4

在远古，没有天和地，世界就像一个混混沌沌的中间有核的浑圆体。人类的祖先盘古就孕育在这混沌之中，呼呼地睡着觉，一直经过了一万八千年。有一天他忽然醒过来。1睁开眼睛一看，什么也看不见，眼前只是模糊的一片，闷得怪心慌的。他觉得这种状况非常可恼，心里一生气，不知道从哪里抓过来一把大板斧，只听得一声霹雳巨响，大混沌忽然破裂开来。其中有些轻而清的东西，冉冉上升，变成天；另外有些重而浊的东西，沉沉下降，变成地。当初是混沌不分的天地，就这样给盘古板斧一挥，划分开了。

盘古高兴极了，但他担心天地重新合拢，就用头顶着天，脚踏着地。他每天增高一丈，天就随之升高一丈，地也随之增厚一丈。这样又过了18000年，盘古已经成为了一个顶天立地的巨人。就这样不知道又经历了多少万年，终于天稳地固，这时盘古才放下心来。但这位开天辟地的英雄此时已是筋疲力尽，再也没有力气支撑自己了，他巨大的身躯轰然倒地。

盘古死后，他呼出的气变成了风和云，声音化做了雷鸣，他的左眼变成了太阳，右眼变成了月亮，他的头发和胡须变成了闪烁的星辰，脑袋和手脚变成了高山和大地的四极，血液变成了江河湖海，肌肉化成了肥沃的土地，皮肤和汗毛化做花草树木，牙齿骨头化做金银铜铁、玉石宝藏，他的汗水变成了雨水和甘露。从此便有了世界。

4这就是盘古开天辟地的神话。神话毕竟只是神话，现在谁也不会相信它是真实的。但是人们喜欢这个神话，一谈起历史，就常常从"盘古开天地"说起，因为3它象征着人类征服自然的伟大气魄和丰富的创造力。

먼 옛날 하늘과 땅이 없고 세계는 혼돈하고 가운데에 핵이 있는 원형체였다. 인류의 조상인 반고는 이 혼돈 속에서 잉태되었으며 곤히 자고 있었고 18,000년이 지났다. 어느날 그가 갑자기 깨어났다. 1눈을 떠보니, 아무것도 보이지 않았고, 눈 앞은 흐리고 마음은 아주 당혹스러웠다. 그는 이러한 상황으로 번뇌하고, 마음에서 화가 치솟아서 어디서 왔는지 모를 큰 도끼를 잡고 눈 앞에 있는 혼돈을 향해 휘둘렀는데, 벼락이 크게 치는 것 같은 소리만 들리더니 혼돈이 갑자기 깨어져 버렸다. 그 중 가볍고 깨끗한 것은 위로 올라 하늘로 변했고, 다른 무겁고 탁한 것은 아래로 가라앉아 땅이 되었다. 처음에는 혼돈 가운데 분리되지 않았던 하늘과 땅이 반고가 도끼를 한번 휘두르면서 분리가 되었다.

반고는 아주 기뻤지만 하늘과 땅이 다시 합쳐질까 염려하여 머리로 하늘을 받치고, 발로 땅을 밟았다. 그는 매일 한 장(丈)씩 자랐고, 하늘도 한 장씩 높아졌고, 땅도 한 장씩 두꺼워졌다. 이렇게 또 18000년이 흘렀고, 반고는 하늘을 받치고 땅에 서있는 거인이 되었다. 이렇게 또 얼마나 많은 세월이 흘렀는지 모르는 중에 마침내 하늘과 땅이 고정되었고, 그제서야 반고는 안심했다. 그러나 하늘과 땅을 나눈 이 영웅은 이미 기진맥진했고 더 이상은 자신을 지탱할 힘이 없어져서 그 거대한 몸이 땅에 넘어졌다.

반고가 죽고 나서 그가 내뱉은 숨은 바람과 구름이 되었고, 목소리는 천둥번개 소리가 되었고, 왼쪽 눈은 태양이 되었으며 오른쪽 눈은 달이 되었다. 그의 머리카락과 수염은 반짝이는 별이 되었고, 머리와 손, 발은 높은 산과 대지의 4극이 되었고, 혈액은 강과 호수와 바다를 이루고, 근육은 비옥한 토지가 되었다. 피부와 솜털은 꽃과 풀과 나무가 되었고, 치아와 뼈는 금, 은, 동과 보석이 되었고, 그의 땀은 빗물과 이슬이 되었다.

4이렇게 세상이 생겨난 것이다. 이것이 반고의 하늘과 땅을 연 신화이다. 신화는 단지 신화일 뿐이고 현재 이것이 진짜라고 믿는 사람은 아무도 없다. 하지만 사람들은 이 신화를 좋아하고, 역사를 이야기하기 시작하면 항상 반고의 신화부터 시작한다. 왜냐하면 그것은 3인류가 자연을 정복한 위대한 기백과 풍부한 창조력을 상징하기 때문이다.

어휘 远古 yuǎngǔ 명 먼 옛날 混沌 hùndùn 명 혼돈 孕育 yùnyù 통 낳아 기르다 睁开 zhēngkāi 통 눈을 뜨다 模糊 móhu 형 모호하다 闷 mèn 형 답답하다 心慌 xīnhuāng 형 당황하다 板斧 bǎnfǔ 명 도끼 霹雳 pīlì 명 벼락 巨响 jùxiǎng 명 큰 소리

破裂 pòliè 동 갈라지다　冉冉上升 rǎnrǎn shàngshēng 천천히 떠오르다　浊 zhuó 형 흐리다, 탁하다　合拢 hélǒng 동 합치다, 붙이다　顶 dǐng 동 머리로 받치다　踏 tà 동 밟다　筋疲力尽 jīnpílìjìn 성 기진맥진하다　支撑 zhīchēng 동 지탱하다, 받치다　身躯 shēnqū 명 몸, 신체　轰然 hōngrán 형 와르르, 쿵　倒地 dǎodì 동 (땅에) 넘어지다　雷鸣 léimíng 동 천둥치다　胡须 húxū 명 수염　闪烁 shǎnshuò 동 반짝이다　星辰 xīngchén 명 성신, 별의 총칭　肥沃 féiwò 형 비옥하다　皮肤 pífū 명 피부　汗毛 hànmáo 명 솜털　银 yín 명 은　铜 tóng 명 동, 구리　甘露 gānlù 명 단이슬　开天辟地 kāitiānpìdì 성 천지개벽　神话 shénhuà 명 신화　征服 zhēngfú 동 정복하다　气魄 qìpò 명 기백, 패기

1

下列哪项是盘古发怒的原因？ | 다음 중 반고가 화를 낸 원인은?

A 什么也看不见 | A 아무것도 보이지 않아서
B 无法抓住板斧 | B 도끼를 잡을 수 없어서
C 宇宙混沌一团 | C 우주가 혼돈 가운데 있어서
D 周围一个人也没有 | D 주변에 아무도 없어서

해설 질문이 반고가 화가 난 원인에 대해 묻고 있다. 첫째 단락에 **他觉得这种状况非常可恼, 心里一生气**(그는 이러한 상황으로 번뇌하고, 마음에서 화가 나서)라고 했으므로 **这种状况**(이런 상황)이 가리키는 앞부분을 살펴 보면 **睁开眼睛一看, 什么也看不见**(눈을 떠 보니 아무것도 보이지 않았다)라고 했으므로 아무것도 보이지 않아 화가 났음을 알 수 있다. 따라서 A가 정답이다.

2

关于这个神话，下列哪项正确？ | 이 신화에 관해 다음 중 옳은 것은?

A 盘古最后复活了 | A 반고는 결국 부활했다
B 盘古创造了人类 | B 반고가 인류를 창조했다
C 盘古的胡须变成了江河 | C 반고의 수염이 강으로 변했다
D 世界万物是由盘古的身体变来的 | **D 세계 만물은 반고의 몸에서 변한 것이다**

해설 질문이 이 신화에 대해 옳은 내용을 고르는 것이므로 보기의 키워드 **复活**(부활하다), **创造人类**(인류를 창조하다), **胡须**(수염), **由盘古的身体变来的**(반고의 몸이 변해서 된 것이다)를 중심으로 지문을 파악한다. 지문에 부활에 대한 언급은 없으며, 인류의 창조에 관한 내용이 아니라 세상의 창조에 대한 내용이다. 또한 강이 된 것은 수염이 아니라 반고의 혈액이므로 보기 A, B, C는 모두 틀린 내용이다. 셋째 단락에 반고의 몸이 세상 만물의 각 부분이 되었다는 내용이 나오므로 정답은 D이다.

3

作者认为这个神话体现了： | 글쓴이가 생각하기에 이 신화가 나타내는 것은?

A 坚韧不拔的精神 | A 굳세고 강한 정신
B 人类征服自然的艰辛 | B 인류가 자연을 정복한 수고로움
C 人类的开创能力 | **C 인류의 창조 능력**
D 人类追求自由的愿望 | D 인류의 자유를 향한 소망

해설 질문은 이 신화에 대한 저자의 관점을 묻고 있다. 마지막 단락에 **它象征着人类征服自然的伟大气魄和丰富的创造力**(인류가 자연을 정복한 위대한 기백과 풍부한 창조력을 상징하기 때문이다)라고 하며 이 신화가 상징하는 것에 대해 언급하고 있다. 따라서 정답은 C이다.

4

最适合做上文标题的是： | 위 글의 제목으로 가장 적절한 것은?

A 盘古的诞生 | A 반고의 탄생
B 盘古开天地的故事 | **B 반고가 하늘과 땅을 연 이야기**
C 人类的创造力 | C 인류의 창조력
D 大自然的诞生 | D 대자연의 탄생

질문에서 제목을 묻고 있다. 이야기 글은 마지막 단락에 주제 또는 교훈이 언급된다. 마지막 단락의 첫 문장에 **这就是盘古开天辟地的神话**(이것이 반고의 하늘과 땅을 연 신화이다)라고 하였고 전체 이야기가 반고가 세상을 창조하게 된 내용이므로 정답은 B이다.

독해 제4부분 미니모의고사

정답 1. A 2. B 3. D 4. A 5. B 6. A 7. B 8. B 9. D 10. C
11. A 12. D 13. B 14. D 15. C 16. D

1 - 4

钦州坭兴陶作为一种传统民间工艺，至今已有1300多年的历史，其陶艺作品于1915年参加美国旧金山举办的国际博览会上获得金奖。近百年来，多次参加国际和国家级展览会评比并获得大奖40多项，产品远销东南亚、东欧、美洲以及港澳台等30多个国家和地区。

钦州坭兴陶，以钦江东西两岸特有的紫红陶土为原料，东泥软如肉，西泥硬如骨，按比例软硬搭配烧制而成。陶土中富含铁、锌、钙、锶等对人体有益的金属元素。1其最大的特点是不施釉，而采用雕刻进行装饰，因而具有雕刻之美。把诗情画意由雕刻艺人直接刻画在坭兴陶的陶土上，其优美的造型、绚丽多彩的窑变颜色、丰富多样的表现手法、深厚的民族文化底蕴四者完美的结合，使坭兴陶茶壶具有很高的收藏价值。

钦州坭兴陶的另一个特点是在烧制过程中会产生"窑变"，具有"窑变"之美。钦州坭兴陶无须添加任何颜料，在烧制过程中，当炉盘温度上升到1200℃的临界点时，偶尔有少数几个产品产生深绿色或古铜色的"窑变"，是无法预测和控制的，素有"窑宝"之称，"火中取宝，一件难求，一件在手，绝无雷同"。

钦州坭兴陶纯手工制作，耐酸耐碱，绝无毒性，具有绿色天然之美。它的成品能保持百分之二的吸水率，百分之二的气孔率。2独有的透气而不透水的天然双重气孔结构，使得器皿内氧分子充足，有利于食物长久储存。用坭兴陶茶具泡茶，味正醇香，隔夜而色味不变；用坭兴陶食具盛装食品，暑天隔夜存放而不馊。

钦州坭兴陶厚重的历史感以及它本身所具有的特性成就了它的无穷魅力。今天，3经过进一步改革升华的钦州坭兴陶正以其丰富深厚的文化底蕴，鲜明独特的地域个性，多姿多彩的艺术形态成为钦州对外宣传的文化使者，成为钦州不可多得的城市名片。

친저우 니싱타오는 전통 민간 공예로 지금까지 1300여 년의 역사가 있으며 도자기 작품은 1915년에 미국 샌프란시스코에서 열린 국제 박람회에서 금상을 수상했다. 최근 100여 년간 국제 및 국가급 박람회에서 수차례 평가받았고 40여 차례 대상을 수상했다. 제품은 동남아시아, 동유럽, 미주 및 홍콩, 마카오, 대만 등의 30여 개 국가와 지역에서 판매된다.

친저우 니싱타오는 친지앙 동서 양안 고유의 선홍색 고령토를 원료로 한다. 동쪽 지역의 진흙은 고기처럼 부드럽고, 서쪽 지역의 진흙은 뼈처럼 단단하여 경도의 비율에 따라 조합하여 구워 제작한다. 고령토에는 철, 아연, 칼슘, 스트론튬 등 인체에 이로운 금속 원소를 풍부하게 함유하고 있다. 1가장 큰 특징은 광택 처리를 하지 않고 조각하여 장식하기 때문에 조각의 아름다움이 있다. 시적이고 그림 같은 분위기를 예술가가 직접 니싱타오의 고령토 위에 새겨, 아름다운 조형, 다채로운 색감, 풍부하고 다양한 표현 수법, 농후한 민족 문화 소양이라는 네 가지가 완벽하게 결합되어 니싱타오 찻주전자가 높은 소장 가치를 지니도록 했다.

친저우의 니싱타오의 또 다른 특징은 도자기를 굽는 과정에서 '요변'이 발생하여 '요변'의 아름다움이 있는 것이다. 친저우 니싱타오는 어떤 안료도 첨가하지 않고 굽는 과정에서 가마의 온도가 1200도의 임계점에 도달할 때 때때로 몇 개의 제품에 녹색 또는 고동색의 '요변'이 발생한다. 이것은 예측하거나 통제할 수 없는 것으로 '요변 보물'이라 불렸고 '불 속에서 보물을 얻는 것으로 하나에는 없고 하나에는 있는, 또 절대 같은 것이 없는 것이다'.

친저우 니싱타오는 순 수공 제작으로 내산성과 내알카리성이고, 독성이 전혀 없어 친환경 천연의 아름다움이 있다. 그 완성품은 2%의 흡수율과 2%의 기공률을 유지한다. 2독특하게 공기는 투과하고 물은 투과하지 않는 천연의 이중 기공 구조는 그릇 안에 산소가 충분하게 하여 음식물을 오랫 동안 보관하기에 좋다. 니싱타오의 다기에 차를 우리면 맛이 진하고 향기로우며, 하루가 지나도 맛이 변하지 않는다. 니싱타오 그릇에 음식을 담으면 더운 날에도 하루 동안 보관해도 상하지 않는다.

친저우 니싱타오의 오랜 역사적 매력과 그 특유의 성질은 무궁한 매력을 만들어 냈다. 오늘날 3더욱 발전한 니싱타오는 풍부하고 깊은 문화적 의미로, 독특하고 뚜렷한 지역적 특징과 다양한 예술 형태가 친저우의 대외 문화 사절이 되었고 친저우의 진귀한 도시 명함이 되었다.

독해 제 4 부분

어휘 陶艺 táoyì 몡 도예 旧金山 Jiùjīnshān 몡 샌프란시스코 举办 jǔbàn 통 거행하다 展览会 zhǎnlǎnhuì 몡 전람회 评比 píngbǐ 통 비교 평가하다 远销 yuǎnxiāo 통 널리 판매되다 紫红 zǐhóng 몡 자홍색 陶土 táotǔ 몡 고령토 搭配 dāpèi 통 조합하다 烧制 shāozhì 통 가마에 넣어 굽다 富含 fùhán 통 대량으로 함유하다 铁 tiě 몡 철 锌 xīn 몡 아연 钙 gài 몡 칼슘 锶 sī 몡 스트론튬 金属元素 jīnshǔyuánsù 몡 금속 원소 施釉 shīyòu 통 광택을 내다 雕刻 diāokè 통 조각하다 装饰 zhuāngshì 통 장식하다 诗情画意 shīqínghuàyì 몡 시와 그림의 분위기 造型 zàoxíng 몡 조형 绚丽多彩 xuànlìduōcǎi 현란하고 다채롭다 窑变 yáobiàn 몡 요변 (도자기를 구울 가마에서 모양이 변하는 것) 底蕴 dǐyùn 몡 상세한 내용, 내막 茶壶 cháhú 몡 찻주전자 收藏 shōucáng 통 소장하다 无须 wúxū 뷔 ~할 필요가 없다 添加 tiānjiā 통 첨가하다 颜料 yánliào 몡 안료 炉盘 lúpán 몡 난로 받침대 临界点 línjièdiǎn 몡 임계점 古铜色 gǔtóngsè 몡 고동색 绝无 juéwú 절대로 없다 雷同 léitóng 통 부화뇌동하다, 비슷하다 耐碱 nàisuān 혱 산에 견디다 耐碱 nàijiǎn 혱 알칼리에 견디다 气孔率 qìkǒnglǜ 몡 기공률 透气 tòuqì 통 공기가 투과하다 器皿 qìmǐn 몡 그릇, 용기 泡茶 pàochá 통 차를 끓이다 醇香 chúnxiāng 혱 맛이 향기롭다, 순수하다 盛装 shèngzhuāng 몡 화려한 옷차림 暑天 shǔtiān 몡 무더운 날 隔夜 géyè 통 하룻밤이 지나다 馊 sōu 통 음식이 상하다 改革 gǎigé 통 개혁하다 升华 shēnghuá 통 승화하다

1 根据上文，钦州坻兴陶的最大特点是？

위 글에 근거하여 친저우 니싱타오의 가장 큰 특징은?

A 采用雕刻装饰
B 透气不透水
C 有百分之二的吸水性
D 烧制过程中产生"窑变"

A 조각하여 장식한다
B 공기는 투과하고 물은 투과하지 않는다
C 2%의 흡수성을 가진다
D 굽는 과정에서 '요변'이 생긴다

해설 질문이 친저우 니싱타오의 가장 큰 특징에 대해 묻고 있다. 둘째 단락에서 특징에 관해 언급하며 **其最大的特点是不施釉，而采用雕刻进行装饰，因而具有雕刻之美**(최대 특징은 광택처리를 하지 않고 조각하여 장식하기 때문에 조각의 아름다움이 있다)라고 했으므로 A가 정답이다.

2 用坻兴陶茶具泡茶色味不变的原因：

니싱타오 다기로 차를 우릴 때 색과 맛이 변하지 않는 원인은?

A 是纯手工制作
B 气孔率高，氧气充足
C 保持百分之二的气孔率
D 没有毒性，是天然的工艺品

A 순 수공 제작이다
B 기공률이 높고 산소가 풍부하다
C 2%의 기공률을 유지한다
D 독성이 없는 천연 공예품이다

해설 니싱타오 다기로 차를 우릴 때 색과 맛이 변하지 않는 원인을 묻고 있다. 넷째 단락에서 **独有的透气而不透水的天然双重气孔结构，使得器皿内氧分子充足，有利于食物长久储存**(특유의 공기는 투과하고 물은 투과하지 않는 천연의 이중 기공 구조로 용기에 산소가 충분하여 음식물을 오랫 동안 보관하기에 좋다)이라고 언급한 부분에서 니싱타오 다기가 식품을 장기간 보관하는데 유리하다는 것을 알 수 있다. 또한 이어서 **用坻兴陶茶具泡茶，味正醇香，隔夜而色味不变**(니싱타오의 다기에 차를 우리면 맛이 진하고 향기로우며, 하루가 지나도 맛이 변하지 않는다)이라고 했으므로 정답은 B이다.

3 关于钦州坻兴陶，下列哪项正确：

친저우 니싱타오에 관해 다음 중 옳은 것은?

A 添加颜料制造
B 钦江西泥软东泥硬
C "窑变"是致命的弱点
D 富有深厚的文化底蕴

A 안료를 첨가하여 제작한다
B 친지앙 서쪽 진흙은 부드럽고 동쪽은 단단하다
C '요변'은 치명적인 약점이다
D 깊은 문화적 의미를 가진다

해설 친저우 니싱타오에 관해 옳은 내용을 고르는 문제이다. 보기의 키워드 **颜料**(안료), **西泥软东泥硬**(서쪽 진흙은 부드럽고 동쪽 진흙은 딱딱하다), **窑变**(요변), **文化底蕴**(문화적 의미)을 중심으로 지문을 파악한다. 마지막 단락에서 **经过进一步改革升华的钦州坻兴陶正以其丰富深厚的文化底蕴**(개혁과 승화를 거친 니싱타오는 풍부한 문화적 의미를 가진다)이라고 했으므로 정답은 D이다.

4

最适合做上文标题的是：	위 글의 제목으로 가장 적절한 것은?
A 钦州坭兴陶的解读	A 친저우 니싱타오의 이해
B 钦州坭兴陶的发展史	B 친저우 니싱타오의 발전사
C 中国陶器的历史地位	C 중국 도자기의 역사적 지위
D 钦州坭兴陶的艺术价值	D 친저우 니싱타오의 예술적 가치

해설 제목을 묻는 문제이므로 지문의 첫째 단락 또는 각 단락의 첫 문장을 살펴본다. 첫째 단락은 니싱타오를 소개하고 있고, 둘째, 셋째, 넷째 단락은 니싱타오의 구체적인 특징을, 마지막 단락은 오늘날의 위상을 말하고 있다. 따라서 글의 제목으로는 보기 A가 적합하다.

5 - 8

花香是植物的花朵分泌出的有香气的物质，6用来吸引昆虫来传播花粉，这些芳香物质能够给人带来嗅觉的享受，使人精神愉悦，心旷神怡。5所谓"蜂争粉蕊蝶分香"，就是说花香能引来蜜蜂和蝴蝶竞相采蜜。这个时候，花粉就会黏附在昆虫的身上，随着昆虫的飞行迁移而四处落户安家了。因此，6花香的作用之一是传宗接代。

花朵带有香味是因为它们的内部都有一个专门制造香味的油细胞。这个油细胞里产生令人心醉的芳香油。这种芳香油除了散发香味、吸引昆虫传粉之外，6它的蒸气还可以减少花瓣中水分的蒸发，形成一层"保护衣"，使植物免受白天强烈的日晒和夜晚寒气的侵袭。

花香除了有益于其自身的生长繁殖，对人类也有很多的益处。香气能刺激人的呼吸中枢，从而促进人体吸进氧气，排出二氧化碳，使大脑供氧充足，这时人们能够保持较长时间的旺盛精力。此外，香味的信息能够深刻地留在人的记忆中，刺激嗅觉，增强人们的记忆力。如菊花和薄荷的气味，可使儿童思维清晰、反应灵敏、有利于智力发育。

利用花香来保健和防病，在中国有着悠久的历史。古代神医华佗曾用丁香等材料制成小巧玲珑的香囊，悬挂在室内，用以防治肺结核、吐泻等疾病。其实，丁香花开放时，散发的香气中，含化学物质，净化空气能力很强，杀菌能力比石碳酸强。

不同的花香，能引起人们不同的感受。不过，事情都是一分为二的。7有些花香也会给人带来副作用。如百合、兰花的浓香使人兴奋，但时间过长，会感到头晕；郁金香的花朵则含有一种毒碱，如与它接触过久，会加快毛发脱落。

꽃향기는 식물의 꽃잎이 분비하는 향기 나는 물질이며 6곤충을 끌어들여 꽃가루를 퍼뜨린다. 이러한 방향 물질은 사람에게 후각의 즐거움을 주어 기분을 유쾌하게 하고 마음을 편하게 한다. 5소위 '벌이 꽃가루를 가지고 나비가 향기를 퍼뜨린다'고 하는데, 이것은 바로 꽃향기가 벌과 나비를 끌어들여 앞다투어 벌꿀을 채집한다는 말이다. 이때 꽃가루가 곤충의 몸에 붙어 곤충이 비행하여 옮겨다님에 따라 사방에 정착한다. 때문에 6꽃가루의 역할 중 하나가 바로 대를 잇는 것이다.

꽃이 향기를 가진 것은 그 내부에 전문적으로 향기를 만들어 내는 기름 세포가 있기 때문이다. 이 기름 세포에서 사람을 매혹시키는 향기 나는 기름이 만들어진다. 이런 방향 기름은 향기를 발산하고 곤충을 유혹하여 꽃가루를 퍼뜨리는 것 외에도 6그것의 증기는 꽃잎 속 수분의 증발을 줄여서 '보호옷'을 형성한다. 이는 식물이 대낮에 강렬한 햇빛이 비치는 것과 한밤의 한기를 막을 수 있게 해 준다.

꽃향기는 그 자신의 번식에 유리한 것 외에도 인류에게 많은 도움을 준다. 향기는 사람의 호흡 중추를 자극하여 인체가 산소를 흡입하고 이산화탄소를 배출할 수 있게 하여 대뇌로 하여금 산소 공급이 충분하게 한다. 이때 사람들은 꽤 오랜 시간 동안 왕성한 정력을 유지하게 된다. 이 밖에도 향기라는 정보는 사람의 기억 속에 깊게 자리잡아 후각을 자극하고 기억력을 강화시킨다. 예를 들어 국화와 박하의 향기는 어린이의 사고를 분명하게 하고, 반응이 예민하게 하여 지능 성장에 도움을 준다.

꽃향기를 이용하여 건강을 유지하고 질병을 예방하는 것은 중국에서 오랜 역사를 가진다. 고대의 명의 화타는 라일락 등의 재료로 작고 정교한 향기 주머니를 만들어 실내에 걸어 두어 폐결핵과 구토 및 설사 등의 질병을 치료했다. 사실 라일락이 개화할 때 발산하는 향기 중에는 화학 물질이 있어 공기를 정화하는 능력이 강하며 살균력이 석탄산보다 강하다.

각각의 꽃향기는 사람에게 다양한 느낌을 준다. 하지만 모든 일은 양면성을 가지고 있다. 7어떤 꽃향기는 사람에게 부작용을 끼친다. 예를 들어 백합과 난초의 향기는 사람을 흥분시키고 시간이 길어지면 어지러움을 유발한다. 튤립의 꽃은 독성 물질을 함유하고 있어 튤립과 오랫동안 접촉하면 탈모가 빠르게 진행될 수 있다.

어휘 花朵 huāduǒ 몡 꽃, 꽃봉오리 　**分泌** fēnmì 통 분비하다 　**昆虫** kūnchóng 몡 곤충 　**传播** chuánbō 통 전파하다 　**花粉** huāfěn 몡 꽃가루 　**芳香** fāngxiāng 몡 향기 　**嗅觉** xiùjué 몡 후각 　**愉悦** yúyuè 몡 기쁘다 　**心旷神怡** xīnkuàngshényí 젱 마음이 후련하고 유쾌하다 　**蕊** ruǐ 몡 꽃술 　**蝶** dié 몡 나비 　**蜜蜂** mìfēng 몡 꿀벌 　**蝴蝶** húdié 몡 나비 　**竞相** jìngxiāng 뷔 다투어 ~하다 　**采蜜** cǎimì 통 꿀을 채집하다 　**黏附** niánfù 통 부착하다 　**迁移** qiānyí 통 이전하다 　**安家落户** ānjiāluòhù 젱 정착하여 가정을 꾸리다 　**传宗接代** chuánzōngjiēdài 젱 대를 잇다 　**细胞** xìbāo 몡 세포 　**心醉** xīnzuì 통 매혹되다 　**散发** sànfā 통 발산하다 　**蒸气** zhēngqì 몡 증기 　**花瓣** huābàn 몡 꽃잎 　**蒸发** zhēngfā 통 증발하다 　**日晒** rìshài 통 햇빛이 비치다 　**侵袭** qīnxí 통 습격하다 　**繁殖** fánzhí 통 번식하다 　**刺激** cìjī 통 자극하다 　**呼吸** hūxī 통 호흡하다 　**中枢** zhōngshū 몡 중추 　**排出** páichū 통 배출하다 　**二氧化碳** èryǎnghuàtàn 몡 이산화탄소 　**旺盛** wàngshèng 형 왕성하다 　**精力** jīnglì 몡 정력, 정신과 체력 　**菊花** júhuā 몡 국화 　**薄荷** bòhe 몡 박하 　**思维** sīwéi 몡 사고 　**清晰** qīngxī 형 또렷하다 　**灵敏** língmǐn 형 예민하다, 빠르다 　**智力** zhìlì 몡 지력, 지능 　**发育** fāyù 통 발육하다 　**防病** fángbìng 통 질병을 예방하다 　**华佗** HuàTuó 몡 화타(중국 명의) 　**小巧玲珑** xiǎoqiǎolínglóng 젱 작고 정교하다 　**香囊** xiāngnáng 몡 향주머니 　**悬挂** xuánguà 통 걸다 　**肺结核** fèijiéhé 몡 폐결핵 　**吐泻** tùxiè 통 구토하고 설사하다 　**丁香花** dīngxiānghuā 몡 라일락 　**杀菌** shājūn 통 살균하다 　**石碳酸** shítànsuān 몡 석탄산 　**副作用** fùzuòyòng 몡 부작용 　**头晕** tóuyūn 통 현기증 나다 　**郁金香** yùjīnxiāng 몡 튤립 　**毛发** máofà 몡 모발 　**脱落** tuōluò 통 벗겨지다

5 第一段中画线句子说明：

첫째 단락에서 밑줄 친 문장이 설명하는 것은?

A 花朵分泌出芳香物质
B 花香引来蜜蜂和蝴蝶采蜜
C 蜜蜂和蝴蝶经常争夺花香
D 蝴蝶被花吸引是因为颜色

A 꽃은 방향 물질을 분비한다
B 꽃향기는 벌과 나비를 유혹하여 꿀을 채집하게 한다
C 벌과 나비는 항상 꽃향기를 쟁탈하려고 다툰다
D 나비가 꽃에 끌리는 것은 색깔 때문이다

해설 질문은 밑줄 친 부분이 설명하는 것이 무엇인가이므로 해당 어휘의 주변을 살펴본다. **所谓 "蜂争粉蕊蝶分香"，就是说花香能引来蜜蜂和蝴蝶竞相采蜜**(소위 말하는 '벌이 꽃가루를 가지고 나비가 향기를 퍼뜨린다'는 꽃향기가 꿀벌과 나비를 유인하여 꿀을 채집하게 한다는 말이다)라고 했으므로 B가 정답이다.

6 下列哪项不是花香的作用？

다음 중 꽃향기의 역할이 아닌 것은?

A 可以驱赶害虫
B 有益于繁殖后代
C 起到保护花瓣的作用
D 吸引昆虫来传播花粉

A 해충을 쫓아낸다
B 후대를 번식하는데 유익하다
C 꽃잎을 보호하는 역할을 한다
D 곤충을 유인해 꽃가루를 퍼뜨리게 한다

해설 꽃향기의 역할이 아닌 것을 묻는 문제이다. 첫째, 둘째 단락에서 꽃향기의 역할을 언급한 부분을 살펴보면 B, C, D는 모두 언급되었다. 해충에 관해서는 지문에 언급된 부분이 없으므로 정답은 A이다.

어휘 驱赶 qūgǎn 통 쫓아 버리다 　害虫 hàichóng 몡 해충

7 关于花香的副作用，下列哪项正确：

꽃향기의 부작용에 관해 다음 중 옳은 것은?

A 使人自卑抑郁
B 导致瞬间的眩晕
C 引起吐泻等疾病
D 令人有睡眠障碍

A 사람으로 하여금 비관하고 우울하게 한다
B 순간적인 어지러움을 일으킨다
C 구토와 설사 등의 질병을 일으킨다
D 사람에게 수면 장애를 일으킨다

해설 꽃향기의 부작용에 관해 옳은 내용을 고르는 문제이다. 질문의 키워드 **副作用**(부작용)을 중심으로 살펴본다. 마지막 단락에서 여러 부작용을 언급하며 **会感到头晕**(어지러움을 느끼게 된다)이라고 했으므로 보기 B가 정답이다.

8

最适合做上文标题的是：	위 글의 제목으로 가장 적절한 것은?
A 花香的益处	A 꽃향기의 이점
B 花香的作用	**B 꽃향기의 역할**
C 花香传宗接代	C 꽃향기는 대를 잇게 한다
D 花香对健康的影响	D 꽃향기가 건강에 미치는 영향

해설 이 글의 제목을 묻는 문제이다. 지문의 첫째 단락과 각 단락의 첫 문장을 종합해 본다. 보기 A는 셋째 단락에, 보기 C는 첫째 단락에, 보기 D는 넷째와 다섯째 단락에 언급되어 있다. 따라서 이 내용을 종합할 수 있는 제목은 꽃향기의 역할이므로 정답은 B이다. 전반적으로 꽃향기의 이점에 관해 설명하고 있지만 마지막 단락에서 꽃향기의 부작용을 언급하고 있으므로 A를 정답으로 보기 어렵다.

9-12

在唐代，9有一个孤儿，他是遗腹子，尚未出生，父亲早逝，当年父亲为乱兵所杀，弃骨荒冢。

他长到十几岁，知道真相，小小的心中只有一个悲哀的愿望：到荒野中去找回父亲，重新安葬。可是，他平生连父亲的面都不曾一见，其实就算他曾在模糊的记忆里有过父亲的面貌，此刻父亲也已经是没有面目可言的枯骨了。他所知道的，11只是别人指给他的，一个粗略的位置。而战乱十余年之后，怎样才能在一片森森的白骨间去找到属于父亲的那一把呢？

他听人说起一种验定的方法，11就是把自己的血滴在死人的骨头上，如果是亲子关系，血液会渗到骨头里去；如果不是，血液就渗不进去。那少年听了这话，果真到荒野上去试验，10他穿破自己的肌肤，试着用鲜血一一去染红荒野的白骨。

从破晓到黄昏，他匍匐在荒冢之间，一个时辰过去了，两个时辰过去了，他的心比他的伤口更痛。然后，一天过去了，两天过去了，他的全身刺满了小小的破口。他成了一座血泉，正慢慢地，不断地流出血来。这样的景象，连天神也要感动吧！

11到了第十天，他终于找到这样一具枯骨，他滴下去的血，那骨头立刻接受了，而且，深深地，深深地吸了进去，像是要拥抱那血液的主人一般。那少年终于流下眼泪，把枯骨虔诚地抱回家，重新安葬。

那种方法并不见得正确，可是，12这个故事之所以令人感动，不是因为这种认亲的方法，而是因为那少年的真诚寻根的一颗心。

당나라 때 9고아가 한 명 있었는데 유복자였다. 태어나기도 전에 아버지가 일찍 돌아가셨는데, 그 당시 반란군에 의해 살해 당해 유골이 황폐해진 무덤에 버려졌다.

그는 열 몇 살이 되었을 때 그 사실을 알았고 작은 마음에 슬픈 소원이 하나 있었다. 황량한 들판에 가서 아버지를 찾아 다시 장사를 지내는 것이었다. 그러나 그는 평생 아버지의 얼굴을 한 번도 본 적이 없었고, 사실 설령 흐릿한 기억 속에 아버지의 모습이 있다한들 그 때 아버지는 이미 모습을 알아볼 수 없는 백골이 됐을 것이다. 그가 아는 것이라곤 11단지 다른 사람이 알려준 대략적인 위치였다. 전란이 10여 년이나 지났는데 어떻게 싸늘한 백골들 중 아버지의 것을 찾을 수 있겠는가?

그는 어떤 사람이 검증하는 방법을 말하는 걸 들었는데, 11자신의 피를 죽은 사람의 뼈 위에 떨어뜨렸을 때 만일 친자 관계이면 피가 뼈 속으로 스며들고 만일 아니라면 피가 스며들지 않는다는 것이다. 소년은 이 말을 듣고 정말 황야로 가서 실험을 했다. 10그는 자신의 피부에 구멍을 뚫어 피로 황야의 백골을 붉게 물들였다.

동 틀 때부터 해 질 무렵까지 그는 황폐해진 무덤 사이에 엎드린 채 한 시진이 지나고 두 시진이 지났다. 그의 마음은 그의 상처보다 더 아팠다. 그리고 나서 하루가 지나고 이틀이 지났다. 그의 온 몸에는 작은 구멍들이 가득 뚫려 있었다. 그는 피의 샘이 되어 천천히 끊임없이 피를 흘렸다. 이러한 광경에 하느님도 감동했다!

11열째 되었을 때 그는 마침내 해골을 하나 발견했고 그가 떨어뜨린 피는 그 뼈가 즉각적으로 받아 깊게 깊게 흡수했다. 마치 그 혈액의 주인을 안아주는 것처럼 말이다. 그 소년은 결국 눈물을 흘렸고 해골을 경건히 정성스럽게 안아서 집으로 돌아와 다시 장사를 지냈다.

그 방법이 정확하다고 볼 수는 없다. 하지만 12이 이야기가 사람을 감동시킨 것은 이러한 혈육을 알아내는 방법 때문이 아니라 진정으로 뿌리를 찾고자 하는 그 소년의 마음 때문인 것이다.

어휘 **孤儿** gū'ér 몡 고아 **遗腹子** yífùzǐ 몡 유복자 **尚未** shàngwèi 뷔 아직 ~하지 않다 **早逝** zǎoshì 동 일찍 죽다 **乱兵** luànbīng 몡 반란군 **杀** shā 동 죽이다 **弃** qì 동 버리다 **荒冢** huāngzhǒng 몡 황폐해진 무덤 **真相** zhēnxiàng 몡 진상 **悲哀** bēi'āi 혱 슬프고 애통하다 **愿望** yuànwàng 몡 소망 **荒野** huāngyě 몡 황량한 들판 **安葬** ānzàng 동 안장하다, 장사 지내다 **模糊** móhu 혱 모호하다 **面目** miànmù 몡 얼굴, 용모 **可言** kěyán 동 말할 만하다 **枯骨** kūgǔ 몡 해골 **粗略** cūlüè 혱 대략적인 **战乱** zhànluàn 몡 전란 **森森** sēnsēn 혱 음산하다, 싸늘하다 **白骨** báigǔ 몡 백골 **血滴** xuèdī 몡 핏방울 **渗** shèn 동 스며들

다 **穿破** chuānpò 图 구멍을 뚫다 **肌肤** jīfū 圐 근육과 피부 **染红** rǎnhóng 图 붉게 물들다 **破晓** pòxiǎo 图 날이 새다. 동이 트다 **黄昏** huánghūn 圐 해질 무렵 **匍匐** púfú 图 엎드리다 **时辰** shíchen 圐 시진(옛날 시간 단위, 지금의 2시간) **刺** cì 图 찌르다 **破口** pòkǒu 圐 상처난 곳 **血泉** xuèquán 圐 피의 샘 **景象** jǐngxiàng 圐 현상, 정황 **天神** tiānshén 圐 하느님 **虔诚** qiánchéng 웹 경건하고 정성스럽다 **真诚** zhēnchéng 웹 진실하다 **寻根** xúngēn 图 (혈통의) 뿌리를 찾다

9

第一段中画线句子的意思是:

첫째 단락에서 밑줄 친 문장의 의미는?

A 单亲家庭的孩子
B 没有父母的孩子
C 被父母遗弃的孩子
D 父亲死后出生的孩子

A 한 부모 가정의 아이
B 부모가 없는 아이
C 부모에게 버려진 아이
D 아버지가 죽은 후에 태어난 아이

해설 첫째 단락에서 밑줄 친 어휘의 뜻을 묻는 문제이다. 해당 어휘의 주변을 살펴보면 **有一个孤儿，他是遗腹子，尚未出生，父亲早逝**(고아가 있었는데 그는 '遗腹子'였다. 태어나기 전에 아버지께서 일찍 돌아가셨다)이라고 했으므로 아버지가 없이 태어난 아이를 뜻함을 알 수 있다. 따라서 정답은 D이다.

어휘 **遗弃** yíqì 图 내버리다, 유기하다

10

为了寻找父亲，他所做的是:

아버지를 찾기 위해 그가 한 것은?

A 到处打听
B 找专家询问
C 划破自己的肌肤滴血
D 他的血把荒野都染红了

A 도처에 알아보았다
B 전문가를 찾아가 물었다
C 자신의 피부를 그어 피를 떨어뜨렸다
D 그의 피가 황야를 붉게 물들였다

해설 질문은 아버지를 찾기 위해 그가 한 행동이 무엇인가이다. 셋째 단락에서 **他穿破自己的肌肤，试着用鲜血一一去染红荒野的白骨**(그는 자신의 살에 구멍을 뚫어 피로 황야의 백골을 붉게 물들였다)라고 했으므로 C가 정답이다.

어휘 **划破** huápò 图 그어 찢다, 베다

11

根据上文，下列哪项不是正确的:

위 글에 따라 다음 중 옳지 않은 것은?

A 他先用别人的血做试验
B 他花了十天找到了父亲的尸骨
C 血液渗进骨头可能是父子关系
D 别人告诉他父亲尸骨的大概位置

A 그는 먼저 다른 사람의 피로 시험을 했다
B 그는 10일이 걸려 아버지의 유골을 찾았다
C 혈액이 뼈에 스며들면 부자 관계이다
D 다른 사람이 그에게 아버지 유골의 대략적 위치를 알려줬다

해설 옳지 않은 내용을 고르는 문제이다. 보기의 키워드 **做试验**(실험하다), **找到父亲的尸骨**(아버지의 유공을 찾다), **血液渗进骨头**(혈액이 뼈에 스며들다), **大概位置**(대략적 위치)에 관한 내용을 지문에서 살펴본다. 그는 10일 째 되던 날 아버지의 유골을 발견했고, 혈액이 뼈에 스며들면 부자 관계임을 알 수 있는 방법을 통해 유골을 찾았으며, 다른 사람이 대략적 위치를 알려주었으므로 B, C, D는 모두 옳은 내용이다. 그는 자신의 피로 실험하였으므로 옳지 않은 내용은 A이다.

12

这个故事让人感动的原因是:

이 이야기가 사람을 감동시키는 원인은?

A 他从未见过父亲却去找他
B 在很多枯骨中找寻父亲
C 他是从小失去双亲的孤儿
D 真诚地寻找父亲的孝子之心

A 그는 아버지를 본 적이 없지만 찾았다
B 많은 백골 속에서 아버지를 찾았다
C 그는 어려서 양친을 잃은 고아이다
D 진심으로 아버지를 찾는 아들의 효심

해설 질문은 이 이야기가 감동을 주는 이유이다. 마지막 단락에 직접적인 감동의 이유를 언급하며 **这个故事之所以令人感动, 不是因为这种认亲的方法, 而是因为那少年的真诚寻根的一颗心**(이 이야기가 사람을 감동시키는 것은 이러한 혈육을 알아내는 방법 때문이 아니라 그 소년의 진정으로 뿌리를 찾고자 하는 마음 때문인 것이다)이라고 했으므로 정답은 D이다.

13-16

現代人由于面临来自各方面的压力, 越来越多的人都有某种程度的焦虑和忧郁, 不良的情绪对我们正常生活带来负面影响。16那么, 如何解除忧郁呢? 忧郁是一种心灵的苦痛, 但身体的训练可以使其好转, 因为每个人都会因运动而振作起来。运动能让体内产生一种"脑啡肽", 13这种物质是人体内的兴奋剂, 在正常状况下, 它会让人情绪高涨; 如果遇到悲惨的事情, 心情很糟, 它也会让你开朗起来。运动能够提高脑啡肽的分泌量, 让这种比较积极的物质在体内流通。如果持续保持身体的活动状态, 心情就会逐渐好转。

在日常生活中, 想要摆脱忧郁, 做什么运动都可以, 健身、脚踏车和跑步机都是不错的选择。其实现在流行的拓展训练(outward bound)也不错。拓展训练的课程很严格, 过程相当艰苦, 但也会让人很愉快, 因为它能让人感觉到自己和大自然融为了一体。14比如到海上划独木舟, 把船弄翻, 然后想办法浮出水面, 再重新上船。这个训练可以联系求生技巧, 还有几分征服荒野世界的味道。划桨和破浪拍打独木舟的节奏可以调整血液流进心脏的速度, 14把一个人的极限激发出来, 让意志和勇气为了某种理由而达到令人难以置信的极限。这种面对自然挑战的训练能够让人保持积极的好奇心和坚韧不拔的精神, 激励人们锲而不舍地向目标努力, 同时让人学会合理地控制自己, 培养团队合作的意识。

拓展训练虽然不能取代治疗, 但可当作辅助治疗。忧郁掐断了生活的根, 让人无精打采, 而拓展训练是召回自然之根的方法, 最后训练完成时, 心中会充满感动, 感到骄傲和踏实, 从而15增强内心抵抗忧郁的力量。

현대인들이 여러 방면에서 스트레스를 받고 있기 때문에 점점 더 많은 사람들이 어느 정도의 초조함과 우울함을 느끼고, 좋지 않은 정서는 우리의 정상적인 생활에 부정적인 영향을 가져다 준다. 16그러면 어떻게 우울함을 해소할 수 있을까? 우울함은 일종의 정신적인 고통이지만 신체적인 훈련으로 호전될 수 있다. 왜냐하면 모든 사람들이 운동으로 힘을 낼 수 있기 때문이다. 운동은 체내에 '엔케팔린'을 만들어낸다. 13이 물질은 체내의 흥분제로 정상적인 상황에서 사람의 감정을 고조시킨다. 만일 슬픈 일을 만나 마음이 좋지 않다면 그것이 당신을 유쾌하게 만들어 줄 것이다. 운동은 엔케팔린의 분비량을 높여주고 이 긍정적인 물질을 체내에 퍼지게 한다. 만일 신체의 활동 상태를 계속 유지하면 기분은 점점 좋아질 것이다.

일상 생활 중 우울함에서 벗어나고 싶다면 무슨 운동을 하든지 다 괜찮다. 헬스, 자전거, 런닝 머신 모두 좋은 선택이다. 사실 지금 유행하는 아웃워드 바운드(outward bound)도 좋다. 아웃워드 바운드의 커리큘럼이 엄격하고 과정이 상당히 힘들지만, 사람을 기분 좋게 해 준다. 왜냐하면 스스로 대자연과 한 몸이 된 느낌을 갖게 한다. 14예를 들어 바다에서 통나무 배를 타고 그 배를 뒤집어지게 한 뒤 방법을 찾아 수면으로 떠올라 다시 배에 오르는 것이다. 이 훈련은 생존 기술과 연관이 있고 황야 같은 세계를 정복하는 묘미가 있다. 노를 저어 파도를 헤치고 통나무 배에서 리듬을 타면 혈액이 심장으로 흘러가는 속도를 조정할 수 있다. 14사람의 한계를 끌어올려 의지와 용기가 어떤 이유를 위해 믿기 힘들 정도의 극한까지 도달하게 한다. 자연에 도전하는 이런 훈련은 적극적인 호기심과 강인한 정신을 갖게 하며, 포기하지 않고 목표를 향해 노력하게 한다. 동시에 합리적으로 자신을 통제할 수 있게 하고 협동 정신을 기르게 한다.

아웃워드 바운드가 치료를 대신할 수는 없지만 치료를 보조할 수는 있다. 우울함은 삶의 뿌리를 끊고 사람을 무기력하게 하지만, 아웃워드 바운드는 자연의 뿌리를 다시 불러내는 방법으로 마지막에 훈련을 완성할 때 마음에는 감동이 가득하고 자랑스러움과 안정감을 느끼게 된다. 이로써 15우울함에 저항할 수 있는 힘이 강해진다.

어휘 **焦虑** jiāolǜ 휑 초조하다 **忧郁** yōuyù 휑 우울하다 **不良** bùliáng 휑 좋지 않다 **情绪** qíngxù 펭 정서, 기분 **负面** fùmiàn 휑 부정적이다 **好转** hǎozhuǎn 동 호전되다 **振作** zhènzuò 동 진작시키다 **脑啡肽** nǎofēitài 펭 엔케팔린 **兴奋剂** xīngfènjì 펭 흥분제 **高涨** gāozhǎng 동 고조되다 **悲惨** bēicǎn 휑 비참하다 **糟** zāo 휑 나쁘다 **开朗** kāilǎng 휑 명랑하다 **分泌** fēnmì 동 분비하다 **摆脱** bǎituō 동 벗어나다 **脚踏车** jiǎotàchē 펭 자전거 **跑步机** pǎobùjī 펭 런닝머신 **拓展训练** tuòzhǎnxùnliàn 펭 아웃워드 바운드(야외활동 프로그램) **艰苦** jiānkǔ 휑 고달프다, 고생스럽다 **融为一体** róngwéiyìtǐ 일체가 되다 **独木舟** dúmùzhōu 펭 통나무 배 **浮出** fúchū 동 떠오르다 **求生** qiúshēng 동 살 길을 찾다 **征服** zhēngfú 동 정복하다 **荒野** huāngyě 펭 황량한 들판 **划桨** huájiǎng 동 노를 젓다 **破浪** pòlàng 동 파도를 헤치다 **极限** jíxiàn 펭 극한 **激发** jīfā 동 불러

일으키다 **难以置信** nányǐzhìxìn 〈성〉 믿기 어렵다　**坚韧不拔** jiānrènbùbá 〈성〉 의지가 매우 강하여 흔들리지 않다　**激励** jīlì 〈동〉 격려하다　**锲而不舍** qiè'érbùshě 〈성〉 끝까지 포기하지 않다　**辅助** fǔzhù 〈동〉 거들다, 보조하다　**掐断** qiāduàn 〈동〉 끊다　**无精打采** wújīngdǎcǎi 〈성〉 풀이 죽다　**召回** zhàohuí 〈동〉 소환하다　**踏实** tāshi 〈형〉 착실하다　**抵抗** dǐkàng 〈동〉 저항하다

13　关于脑啡肽，下列哪项正确：　　　　　엔켄팔린에 관해서 다음 중 옳은 것은?

A 让人情绪低落　　　　　　　　　　　　　A 사람의 기분을 우울하게 한다
B 化解不良情绪　　　　　　　　　　　　**B 좋지 않은 정서를 해소시킨다**
C 促进细胞分裂　　　　　　　　　　　　　C 세포 분열을 촉진시킨다
D 运动抑制脑啡肽分泌　　　　　　　　　　D 운동은 엔케팔린 분비를 억제한다

해설 질문은 脑啡肽(엔케팔린)에 관해 옳은 내용이 무엇인가이다. 질문의 키워드 脑啡肽가 언급된 부분을 살펴본다. 첫 단락에서 **这种物质是人体内的兴奋剂……如果遇到悲惨的事情，心情很糟，它也会让你开朗起来**(이런 물질은 인체내의 흥분제이며, ……만약 슬픈 일을 만나고 마음이 좋지 않더라도 당신을 명랑하게 만들 것이다)라고 했으므로 좋지 않은 정서를 해소시켜주는 성분임을 알 수 있다. 따라서 정답은 B이다.

어휘 **低落** dīluò 〈동〉 떨어지다, 낮아지다　**分裂** fēnliè 〈동〉 분열하다　**抑制** yìzhì 〈동〉 억제하다

14　第二段中画线词语"难以置信"指的是：　　둘째 단락에서 밑줄 친 '믿기 힘들다'가 가리키는 것은?

A 非常艰难　　　　　　　　　　　　　　　A 매우 힘들다
B 无处不在　　　　　　　　　　　　　　　B 어디에나 있다
C 歪曲别人的意思　　　　　　　　　　　　C 다른 사람의 의미를 왜곡한다
D 根据常理无法想象　　　　　　　　　　**D 상식적으로 상상하기 어렵다**

해설 밑줄 친 어휘의 뜻을 묻는 문제이다. 해당 어휘가 수식하는 명사는 **极限**(극한)이고 앞부분에서 훈련의 예를 들며 **比如到海上划独木舟，把船弄翻，然后想办法浮出水面，再重新上船**(예를 들어 바다에서 통나무배를 타고 배를 뒤집어지게 하고 그 다음에 수면으로 떠오르는 방법을 찾고 다시 배에 오르게 한다)이라고 언급한 부분을 통해 상식을 뛰어넘는 훈련을 짐작할 수 있다. 또한 밑줄 친 어휘에 难(어렵다)과 信(믿다)이 있으므로 적합한 정답은 D이다.

어휘 **无处不在** wúchùbúzài 어디에나 있다　**歪曲** wāiqū 〈동〉 왜곡하다

15　拓展训练如何帮助治疗忧郁？　　　　　아웃워드 바운드는 어떻게 우울증을 치료하도록 돕는가?

A 放下手头的事情　　　　　　　　　　　　A 손에 있는 일은 놓는다
B 寻求心理上的支持　　　　　　　　　　　B 심리적으로 의지할 곳을 찾는다
C 增强内心的力量　　　　　　　　　　　**C 내면의 힘을 강화시킨다**
D 将痛苦和烦恼倾吐出来　　　　　　　　　D 고통과 번뇌를 털어 놓는다

해설 질문은 아웃워드 바운드가 어떻게 우울증을 치료하는가이다. 마지막 단락에서 이 훈련이 우울증을 치료하는 것은 아니지만 치료를 도울 수 있다고 하며 **增强内心抵抗忧郁的力量**(우울함에 저항하는 힘을 강화시킨다)이라고 했으므로 정답은 C이다.

어휘 **倾吐** qīngtǔ 〈동〉 토로하다, 털어놓다

16 下面哪项最适合作为本文的标题？	이 글의 제목으로 가장 적절한 것은?
A 忧郁症的原因 B 脑啡肽的功效 C 管理情绪的妙招 **D 拓展训练克服忧郁**	A 우울증의 원인 B 엔케팔린의 효과 C 기분을 관리하는 비법 **D 아웃워드 바운드가 우울함을 극복하게 한다**

해설 이 글의 제목을 묻는 문제이다. 첫째 단락과 각 단락의 첫 문장을 살펴보면, 첫째 단락에서 우울함과 신체적 훈련의 연관성을 소개하며 구체적으로 아웃워드 바운드의 효과에 대해 설명하고 있다. 따라서 정답은 D이다.

어휘 **妙招** miàozhāo 명 묘책

제시된 어휘로 문장 완성하기

Warm Up 풀이 전략 적용해 보기

지문 해석

高考前，当我准备报考电影系时，父亲十分反感，他认为电影界竞争激烈，想要成功很难。当时我一意孤行，父亲和我之间的关系从此恶化，但是，等我几年后从电影学院毕业，我终于明白了父亲的苦心所在。在电影界，一个没有任何背景的人要想混出名堂来，谈何容易。我经过了6年多的漫长而无望的等待。最痛苦的经历是，曾经拿着一个剧本，一个星期跑了二十多家公司，一次次面对别人的白眼和拒绝。这样的奔波毕竟还是有希望，最怕的是拿着一个剧本，别人说可以，然后这里改、那里改，改完了等投资人的意见，意见出来了再改，再等待，可最终还是石沉大海，没了消息。

那时候，我已经将近30岁了。古人说：三十而立。而我连自己的生活都还没法自立，怎么办？继续等待，还是就此放弃心中的电影梦？幸好，我的妻子给了我最及时的鼓励。妻子是学生物学的，毕业后她就在当地一家小研究室研究员，工资少得可怜。那时候我们已经有了大儿子，为了缓解内心的愧疚，我每天在家里做了所有家务，负责买菜做饭带孩子，将家里收拾得干干净净。

这样的生活对一个男人来说，是很伤自尊心的。有段时间，岳父母让妻子给我一笔钱，让我拿去开个餐馆，但好强的妻子拒绝了，把钱还给了他们。我知道了这件事后，辗转反侧想了好几个晚上，终于下定了决心，也许这辈子电影梦离我太远了，还是面对现实吧！

后来，我去了社区大学，报了一门电脑课。我觉得当时似乎只有电脑可以在最短时间内让我有一技之长了。那几天我一直萎靡不振，妻子很快就发现了我的反常，她还发现了我包里的课程表。她一字一句地告诉我："要记得你心里的梦想！"那一刻，我心里像突然起了一阵风，我的梦想再次燃烧了起来。

대학 입시 전에 나는 영화학과 응시를 준비하고 있었고, 아버지는 몹시 반대하셨다. 아버지는 영화계는 경쟁이 치열해서 성공하기 어렵다고 생각하셨다. 당시에 나는 고집을 부렸고, 아버지와의 관계도 이때부터 악화되었다. 그러나 몇 년 후 영화학교를 졸업하고 마침내 아버지의 마음을 알게 되었다. 영화계에서 뒷배경이 없는 사람이 성공하기란 좀처럼 쉽지 않았다. 6년이라는 길고도 희망 없는 기다림의 시간을 보냈다. 가장 고통스러웠던 경험은 시나리오를 들고 일주일에 20여 곳의 회사를 돌아다녔고 계속 사람들의 무시와 거절을 받아야 했다. 이렇게 돌아다니는 것은 희망이라도 있었지. 가장 두려웠던 것은 시나리오를 들고 괜찮다고 하고는 여기 고쳐라 저기 고쳐라 하고 수정이 끝나면 투자자의 의견을 기다렸다가 다시 의견에 따라 고치고 또 기다렸다. 하지만 결국 감감무소식이고 그 어떤 소식도 없었다.

그때 나는 이미 30살이 다 되었다. 옛 말에 30살이면 자립한다고 했는데 내 생활도 자립을 못했는데. 어쩌지? 계속 기다리지 말고 지금이라도 꿈을 포기해야 하나? 운 좋게도 나의 아내는 적절한 때 격려를 해주었다. 아내는 생물학을 전공하고 졸업 후에 작은 연구실에서 연구원으로 일했고 월급은 적었다. 그때 우리는 이미 다 큰 아들이 있었는데 면목이 없어서 나는 매일 모든 집안일을 했다. 장을 보고 밥도 하고 아이도 데려오고 집안을 깨끗이 정리했다. 아직도 그때가 생각난다.

이러한 생활은 남자 입장에서는 자존심이 상하는 일이다. 한번은 장인 장모님이 아내에게 나에게 돈을 주고 음식점을 열라고 하셨는데, 자존심이 강한 아내는 거절하고 돈을 돌려드렸다. 나는 이 일을 알고서 며칠 밤을 뒤척이다 결국 결심을 했다. 이번 생애는 영화의 꿈은 나에게는 너무 멀다. 이제는 현실을 직시하자!

후에 나는 지역 사회의 한 대학에 가서 컴퓨터 과목을 신청했다. 나는 당시에 컴퓨터를 하면 가장 짧은 시간 안에 기술 하나를 가지게 된다고 생각했다. 그 며칠 동안 나는 계속 기운이 없었고, 아내는 재빨리 내가 이상하다는 것을 발견하고 내 가방 속 시간표를 발견했다. 그녀는 또박또박 말했다. "당신 마음 속의 꿈을 기억해요!" 그때 마음에 광풍이 일었고 나의 꿈은 다시 타올랐다.

后来，我的剧本得到赞助，开始自己拿起了摄像机，再到后来，一些电影开始在国际上获奖。这个时候，妻子重提旧事，她才告诉我："我一直就相信，人只要有一项长处就足够了，你的长处就是拍电影。你要想成功，就一定要坚持心里有梦想。"

후에 내 시나리오는 투자를 받아 나는 카메라를 들게 되었다. 나중에 몇 개의 영화가 국제 영화제에서 수상을 하기 시작했다. 그때 아내가 옛날 일을 떠올리며 말했다. "나는 늘 사람이 하나의 장점만 있으면 충분하다고 믿어왔어요. 당신의 장점은 영화를 찍는 거잖아요. 성공을 하고 싶으면 마음에 꿈을 끝까지 지켜야 해요."

어휘 高考 gāokǎo 몡 중국 대학 입학 시험 报考 bàokǎo 동 시험에 응시하다 竞争 jìngzhēng 몡 경쟁 激烈 jīliè 혱 치열하다 一意孤行 yíyìgūxíng 쪙 자기 고집대로 하다 恶化 èhuà 동 악화되다 背景 bèijǐng 몡 배경, 백그라운드 混出名堂 hùnchūmíngtang 성공하다 谈何容易 tánhéróngyì 쪙 말처럼 그렇게 쉽지 않다 漫长 màncháng 혱 길다 无望 wúwàng 동 희망이 없다 白眼 báiyǎn 동 무시하는 태도로 보다 奔波 bēnbō 동 분주히 뛰어다니다 毕竟 bìjìng 閂 결국 投资人 tóuzīrén 몡 투자자 石沉大海 shíchéndàhǎi 쪙 감감무소식이다 三十而立 sānshí'érlì 서른 살이 되어 말과 행동에 어긋남이 없다 愧疚 kuìjiù 혱 부끄럽다 岳父母 yuèfùmǔ 몡 장인 장모 好强 hàoqiáng 혱 승부욕이 강하다 辗转反侧 zhǎnzhuǎnfǎncè 쪙 엄치락뒤치락하다 一技之长 yíjìzhīcháng 쪙 뛰어난 재주 萎靡不振 wěimǐbúzhèn 혱 활기가 없다 反常 fǎncháng 혱 이상하다 赞助 zànzhù 동 지지하다, 협찬하다 摄像机 shèxiàngjī 몡 카메라 获奖 huòjiǎng 동 상을 타다 重提旧事 chóngtíjiùshì 지난 일을 다시 꺼내다

요약문 해석

坚持心里有梦想

当我准备报考电影系时，父亲反对了，他认为电影界竞争激烈，想要成功很难。我不听父亲的话，因此父亲和我之间的关系恶化，但是，等我几年后，我终于明白了父亲的苦心所在。在电影界，一个没有任何背景的人要想成功，谈何容易。我经过了6年多的漫长而无望的等待，还是一无所获。

那时候，我已经将近30岁了。而我连自己的生活都还没法自立。幸好，我的妻子给了我最及时的鼓励。妻子毕业后就在当地一家小研究室做研究员，我每天在家里做了所有家务。

这样的生活对一个男人来说，是很伤自尊心的。有一次，岳父母让妻子给我一笔钱，让我拿去开个餐馆，但妻子拒绝了。我知道了这件事后，终于下定了决心，还是面对现实吧！后来，我去了社区大学，报了一门电脑课。但是妻子对我说："要记得你心里的梦想！"那一刻，我心里像突然起了一阵风，我的梦想再次燃烧了起来。

后来，我的剧本得到赞助，我开始拍电影了，再到后来，一些电影开始在国际上获奖。这个时候，妻子才告诉我："我一直就相信，人只要有一项长处就足够了，你的长处就是拍电影。你要想成功，就一定要坚持心里有梦想。"

마음속의 꿈을 지키자!

대학 입시 전에 나는 영화학과 응시를 준비하고 있었고, 아버지는 반대하셨다. 아버지는 영화계는 경쟁이 치열해서 성공하기 어렵다고 생각하셨다. 당시에 나는 고집을 부렸고, 아버지와의 관계도 이때부터 악화되었다. 그러나 몇 년 후 마침내 아버지의 마음을 알게 되었다. 영화계에서 뒷배경이 없는 사람이 성공하기란 좀처럼 쉽지 않았다. 6년이라는 길고도 희망 없는 기다림의 시간을 보냈다.

그때 나는 이미 30살이 다 되었다. 내 생활은 아직 자리 잡히지 않았지만 운이 좋게 아내가 적절한 때에 격려를 해주었다. 아내는 졸업 후에 작은 연구실에서 연구원으로 일했고 나는 매일 모든 집안일을 했다.

이러한 생활은 남자 입장에서는 자존심이 상하는 일이다. 한번은 장인 장모님이 아내에게 나에게 돈을 주고 음식점을 열라고 하셨는데, 아내는 거절했다. 나는 이 일을 알고는 결심을 했다. 이제는 현실을 직시하자! 후에 나는 지역 사회의 한 대학에 가서 컴퓨터 과목을 신청했다. 그러나 아내는 말했다. "당신 마음 속의 꿈을 기억해요!" 그때 마음에 광풍이 일었고 나의 꿈은 다시 타올랐다.

후에 내 시나리오는 투자를 얻게 되었고 영화를 찍기 시작했다. 나중에 몇 개의 영화가 국제 영화제에서 수상을 하기 시작했다. 그때 아내가 말했다. "나는 늘 사람이 하나의 장점만 있으면 충분하다고 믿어왔어요. 당신의 장점은 영화를 찍는 거잖아요. 성공을 하고 싶으면 마음에 꿈을 끝까지 지켜야 해요."

| Step 1 | 인물과 사건을 중심으로 한 번 읽기

등장인물 : 승객(乘客)과 기장(机长)

前不久，一架从上海飞往厦门的航班着陆之后，乘客们纷纷走下飞机，唯独有一个乘客不愿意往下走。这让飞机上的工作人员顿时紧张起来：这个奇怪的顾客究竟想干什么？空姐向机长汇报了这件事。机长不敢怠慢，连忙走到这名顾客的面前，询问他需要什么帮助。→ 기

见机长亲自前来，这名顾客终于说话了："你好，我之所以不下飞机，是因为我发现我前面座位的椅套上有一块很深的咖啡印。"听他这么一说，机长长长舒了一口气："真的很抱歉，这是我们的疏忽。但我保证，您下次乘机的时候不会再看到类似的现象，我们会很快撤换掉这个椅套。"他没等机长道完歉，就急忙接过话头："我想你们是误会了，我并没有要投诉的意思。我只是想说，椅套完全没有必要撤换，只要你们给我一点儿时间，我就可以把那块咖啡印清理干净。"→ 승

让乘客亲自给飞机打扫卫生？机长慌忙摇了摇头，死活不肯答应这位乘客的要求。然而，他继续和机长磨着嘴皮子："我刚才仔细看过这块污渍的布料，它有被打磨过的痕迹。也就是说，保洁人员在擦拭的时候已经很用力，但始终清除不掉上面的印迹。所以，请给我几分钟时间，我一定彻底清除污渍，让飞机带给下一批乘客干净整洁的形象。在此，我保证不收任何费用，不给你们添任何麻烦。"这样坚持又有诚意的乘客让机长无话可说，他答应了他的要求。只见他顺手从包包里掏出一块抹布，在上面倒上一种清洁剂，又倒进去一些去污粉，然后熟练地对着咖啡印擦拭起来。不到十分钟的时间，他就利索地收拾好工具，宣布完工。→ 전

椅套居然干净如新，原有的一道道污痕不见了，椅套上的咖啡印像变魔术一样被他变走了，还散发出一股很好闻的淡淡香味。机长连忙握住他的手，直说谢谢。而他却在这个时候说明了自己的真实身份和真正目的："其实，我是一家公司的总经理。大家都知道，在飞机上的旅客经常会喝咖啡等饮料，一旦这些饮料倒到椅套或者座位上，

기　비행기가 착륙하고(一架航班着落) 승객이 모두 내리는데 한 승객만 내리지 않아(一个乘客不愿意下飞机) 기장이 직접 와서 이유를 물음.

승　그 승객은 좌석에 묻은 커피 자국에 대해 말함(我发现前面座位的椅套上有咖啡印). 기장이 사과하고(机长说：很抱歉) 의자를 교체하겠다고 함. 승객은 자신에게 시간을 좀 주면 깨끗하게 지워주겠다고 함(乘客说：我可以清理干净).

전　기장은 승객에게 얼룩 제거를 맡길 수 없었음(机长拒绝了他的要求). 그러나 그 승객은 이미 여러 번 지우려고 했던 얼룩인 것(这是清除不掉的的印迹) 같은데 자신이 해보겠다고 하고는 10분도 안 되는 짧은 시간 동안 깨끗하게 지움(不到十分钟的时间，污痕不见了).

결　사실 이 승객은 청소업체의 사장이었고(他是一家清洁公司的总经理) 자신의 업체에 항공기 청소를 맡기라고 함(他希望承包飞机的清洁工作). 기장이 감동받아 이 업체에게 일을 맡김. 어떤 일이든 발견을 잘 하면 생각지 못한 이득을 얻을 수 있음(只要善于发现，就会有意想不到的收获).

就很难清除干净，所以你们不得不经常更换。所以，我希望能承包下这条航线所有飞机的清洁工作，为你们免去更换椅套的麻烦，也带给更多旅客赏心悦目的感觉！"一个总经理竟然亲自为飞机免费打扫卫生，这已经让机长感动不已。对于他诚恳的要求，机长爽快地答应了。经过双方协议，由上海到厦门一共17架飞机的保洁工作全部承包给他，成交额整整一百万。他的敢想、敢说、敢做告诉我们：做任何事情，只要善于发现，就会有意想不到的收获。→ 결

| Step 2 | 파악한 내용을 중국어로 익히기

기 사건의 배경

前不久，<u>一架从上海飞往厦门的航班着陆之后</u>，<u>乘客们纷纷走下飞机</u>，<u>唯独有一个乘客不愿意往下走。</u>
　　　　　　비행기가 착륙 후　　　　　　　　　　승객들이 내리는데　　　　　　　한 승객은 내리지 않음

这让飞机上的工作人员顿时紧张起来：这个奇怪的顾客究竟想干什么？空姐向机长汇报了这件事。机长不

敢怠慢，<u>连忙走到这名顾客的面前，询问他需要什么帮助。</u>
　　　　　　기장이 와서 이유를 물어 봄

얼마 전 상해에서 샤먼으로 가는 항공편이 착륙하고 난 뒤, 승객들은 분분하게 비행기에서 내렸는데 유독 한 승객만이 내리길 원하지 않았다. 이 것은 기내 승무원들을 순간 긴장하게 만들었다. 이 이상한 승객은 도대체 무엇을 하려는 걸까? 승무원이 기장에게 이 일을 보고했다. 기장은 무시하지 않고 재빨리 이 고객에게 가서 어떤 도움이 필요한지 물었다.

어휘　着陆 zhuólù 통 착륙하다　乘客 chéngkè 명 승객　纷纷 fēnfēn 부 연달아　唯独 wéidú 부 오직, 유독　顿时 dùnshí 부 문득, 갑자기　汇报 huìbào 통 (상사에게) 보고하다　怠慢 dàimàn 통 냉대하다　询问 xúnwèn 통 물어보다

승 사건의 전개

见机长亲自前来，这名顾客终于说话了："你好，<u>我之所以我不下飞机，是因为我发现我前面座位的</u>
　　　　　　　　　　　　　　　　　　　　　그 승객이 내리지 않은 이유를 설명함

<u>椅套上有一块很深的咖啡印。</u>"听他这么一说，机长长长舒了一口气："<u>真的很抱歉，这是我们的疏忽。</u>
　　　　　　　　　　　　　　　　　　　　　　　　　　　　기장이 사과함

但我保证，您下次乘机的时候不会再看到类似的现象，<u>我们会很快撤换掉这个椅套。</u>"他没等机长道完歉，
　　　　　　　　　　　　　　　　　　　　　즉시 시트를 교환해주겠다고 함

就急忙接过话头："我想你们是误会了，我并没有要投诉的意思。我只是想说，椅套完全没有必要撤换，<u>只要你们给我一点儿时间，我就可以把那块咖啡印清理干净。</u>"
　　　　승객은 자신이 얼룩을 지워주겠다고 함

기장이 직접 오는 것을 보고 이 손님은 마침내 말했다. "안녕하세요. 제가 비행기에서 내리지 않은 것은 제 앞자리의 의자 커버 위에 짙은 커피 자국이 있어서 입니다." 그가 이렇게 말하는 것을 듣고 기장은 길게 한숨을 쉬었다. "정말 죄송합니다. 이것은 저희의 불찰입니다. 그러나 다음에 고객님께서 탑승하실 때 더 이상 이와 같은 일을 보지 않으실 겁니다. 빠르게 이 의자 커버를 교체하겠습니다."그는 기장이 사과를 다 마치지 않았음에도 빠르게 말꼬리를 이어 말했다. "오해하시는 것 같은데요. 저는 불평을 하는 것이 아닙니다. 의자 커버는 전혀 교체할 필요가 없다고 말씀 드리고 싶습니다. 저에게 약간의 시간을 주시면 그 커피 자국을 깨끗이 지우겠습니다."

어휘 之所以 zhīsuǒyǐ 젭 ~한 이유는 座位 zuòwèi 몡 좌석 椅套 yǐtào 몡 의자 커버 咖啡印 kāfēiyìn 몡 커피 자국 舒了一口气 shū le yìkǒuqì 한숨을 쉬다 疏忽 shūhu 동 소홀히 하다 保证 bǎozhèng 동 보증하다 撤换 chèhuàn 다른 것으로 바꾸다 接过话头 jiēguòhuàtóu 동 말꼬리를 이어 말하다 误会 wùhuì 몡동 오해(하다) 投诉 tóusù 동 불평하다, 고발하다 清理 qīnglǐ 동 깨끗이 정리하다

전 사건의 절정

让乘客亲自给飞机打扫卫生？机长慌忙摇了摇头，死活不肯答应这位乘客的要求。然而，他并不甘心，他

기장이 거절함

继续和机长磨着嘴皮子："我刚才仔细看过这块污渍的布料，它有被打磨过的痕迹。也就是说，保洁人员
在擦拭的时候已经很用力，但始终清除不掉上面的印迹。所以，请给我几分钟时间，我一定彻底清除污渍，

승객은 이것은 안 지워지는 얼룩이라고 말함   승객은 본인에게 시간을 달라고 함

让飞机带给下一批乘客干净整洁的形象。在此，我保证不收任何费用，不给你们添任何麻烦。"这样坚持
又有诚意的乘客让机长无话可说，机长答应了他的要求。只见他顺手从包包里掏出一块抹布，在上面倒上

기장은 승객의 요구를 들어줌

一种清洁剂，又倒进去一些去污粉，然后熟练地对着咖啡印擦拭起来。不到十分钟的时间，他就利索地收

10분도 안 되어 얼룩을 지움

拾好工具，宣布完工。

승객이 직접 기내 청소를 하게 한다고요? 기장은 당황해서 고개를 저으며 기어코 이 승객의 요구를 받아들이지 않았다. 그러나 그는 내키지 않아 계속 기장을 설득했다. "제가 막 이 얼룩진 커버를 봤는데, 이미 닦은 흔적이 있더군요. 청소 직원이 이미 열심히 닦았지만 위의 얼룩을 깨끗하게 지우지 못한 것이죠. 그러니까 저에게 몇 분만 주시면 얼룩을 확실하게 지우고 비행기가 다음 승객에게 깔끔한 인상을 주도록 하겠습니다. 어떤 비용도 받지 않고 난처하게도 하지 않겠습니다." 이렇게 확고하고 성의 있는 승객에게 기장은 할 말이 없었고, 그의 요구에 응했다. 그는 가방 안에서 행주를 하나 꺼내서 그 위에 세척제를 따르고 다시 세제를 따랐다. 그리고 나서 익숙하게 커피 얼룩을 문지르기 시작했다. 10분도 되지 않아서 그는 재빠르게 도구를 정리하고 작업을 완성했다.

어휘 打扫 dǎsǎo 동 청소하다 卫生 wèishēng 몡 위생 慌忙 huāngmáng 혱 허둥지둥하다 摇头 yáotóu 동 고개를 가로젓다 死活 sǐhuó 뷔 기어코 不肯 bùkěn 동 원하지 않다 答应 dāying 동 승낙하다 不甘心 bùgānxīn 달갑지 않다 磨着 mózhe 동 문지르다 嘴皮子 zuǐpízi 입심, 말솜씨 污渍 wūzì 몡 얼룩, 기름때 布料 bùliào 몡 옷감, 천 打磨 dǎmó 동 갈아서 윤을 내다 痕迹 hénjì 몡 흔적 保洁人员 bǎojiérényuán 청소원 擦拭 cāshì 동 닦다 用力 yònglì 동 힘을 내다 印迹 yìnjì 몡 흔적 整洁 zhěngjié 혱 단정하고 깨끗하다 费用 fèiyòng 몡 비용 添 tiān 동 더하다 麻烦 máfan 몡 말썽, 부담 동 귀찮게 하다 诚意 chéngyì 몡 성의 无话可说 wúhuàkěshuō 셍 할 말이 없다 顺手 shùnshǒu 뷔 손쉽게 掏出 tāochū 동 꺼내다 抹布 mābù 행주 清洁剂 qīngjiéjì 세척제 去污粉 qùwūfěn 몡 (분말형) 세제 利索 lìsuo 혱 재빠르다, 거리낌 없다 宣布完工 xuānbùwángōng 끝났음을 알리다

결 문제 해결

椅套居然干净如新，原有的一道道污痕不见了，椅套上的咖啡印像变魔术一样被他变走了，还散发出一股
清香！这让机长和围观的几个空姐看得目瞪口呆。机长连忙握住他的手，直说谢谢。而他却在这个时候说
明了自己的真实身份和真正目的："其实，我是一家公司的总经理。

승객이 자신의 신분을 밝힘

大家都知道，在飞机上的旅客经常会喝咖啡等饮料，一旦这些饮料倒到椅套或者座位上，就很难清除干净，
所以你们不得不经常更换。所以，我希望能承包下这条航线所有飞机的清洁工作，为你们免去更换椅套的

비행기의 청소 업무를 담당하고 싶다고 말함

麻烦，也带给更多旅客赏心悦目的感觉！"一个总经理竟然亲自为飞机免费打扫卫生，这已经让机长感动

사장이 청소를 한 것으로 기장은 감탄했고 사장의 요구에 승낙함

不已。对于他诚恳的要求，他爽快地答应了。经过双方协议，由上海到厦门一共17架飞机的保洁工作全部承包给他，成交额整整一百万。

他的敢想、敢说、敢做告诉我们：做任何事情，只要善于发现，就会有意想不到的收获。

승객의 행동으로부터 얻을 수 있는 교훈

의자 커버는 확실히 새 것처럼 깨끗해졌고 원래의 얼룩은 사라졌다. 의자 커버의 커피 얼룩은 마술 부리는 것처럼 사라졌고 좋은 향기도 났다. 기장과 주위에 있던 승무원들은 어안이 벙벙했다. 기장은 얼른 악수를 하고 감사하다고 말했다. 그러나 그는 이때 자신의 신분과 진짜 목적을 말했다. "사실, 저는 한 회사의 대표입니다. 모두 아시다시피 기내의 승객은 항상 커피 등의 음료를 마시고 일단 이 음료가 의자 커버에 또는 좌석에 쏟아지면 깨끗하게 닦기 어려워서 어쩔 수 없이 늘 새 것으로 교체합니다. 그래서 저는 이 항공 노선의 모든 항공기의 청소 업무를 맡아 의자 커버 교환으로 인한 번거로움을 없애고 더 많은 승객의 마음과 눈을 즐겁게 해드리고 싶습니다." 한 대표가 의외로 직접 무료로 청소를 했고, 이것이 기장을 감동시켰다. 그의 간곡한 부탁을 기장은 시원스럽게 받아들였다. 양측의 협의로 인해 상해에서 사면으로 가는 항공편 17개의 항공기 청소 작업은 모두 그가 맡았고 거래액은 100만 위안에 달했다.

그가 대담하게 생각하고 대담하게 말하고 대담하게 행동한 것은 우리에게 어떤 일을 하든지 잘 발견하면 생각하지 못한 수확을 얻을 수 있다는 것을 알려 준다.

어휘 居然 jūrán 児 놀랍게도 污痕 wūhén 명 얼룩 魔术 móshù 명 마술 散发 sànfā 동 발산하다, 퍼지다 清香 qīngxiāng 명 깨끗한 향기 围观 wéiguān 동 둘러싸고 구경하다 空姐 kōngjiě 명 승무원 目瞪口呆 mùdèngkǒudāi 성 어안이 벙벙하다 连忙 liánmáng 児 급히 总经理 zǒngjīnglǐ 명 최고 경영자 饮料 yǐnliào 명 음료 更换 gēnghuàn 동 바꾸다 承包 chéngbāo 동 하청을 받다, 도맡다 航线 hángxiàn 명 비행기 항공로 清洁 qīngjié 형 청결하다, 깨끗하다 赏心悦目 shǎngxīnyuèmù 성 마음과 눈이 즐겁다 竟然 jìngrán 児 뜻밖에도 诚恳 chéngkěn 형 간절하다 爽快 shuǎngkuai 형 시원시원하다 协议 xiéyì 명 합의 成交额 chéngjiāo'é 명 거래액

| Step 3 | 요약문 쓰기(참고 답안)

椅套上的咖啡印

一架航班着陆之后，乘客们纷纷走下飞机，唯独有一个乘客不愿意往下走。空姐不知道怎么办才好，所以向机长说这件事。机长连忙走到这名顾客的面前，问他需要什么帮助。

那位乘客对机长说："我之所以不下飞机，是因为我发现我前面座位的椅套上有一块很深的咖啡印。"机长说："真的很抱歉，我们会很快撤换掉这个椅套。"那位乘客对机长说："椅套完全没有必要撤换，只要你们给我一点儿时间，我就可以把那块咖啡印清理干净。"

机长拒绝了这位乘客的要求。然而，他继续说："保洁人员在擦拭的时候已经很用力，但始终清除不掉上面的印迹。请给我几分钟时间，我一定彻底清除污渍。"机长答应了他的要求。不到十分钟的时间，椅套居然赶紧如新，原有的污痕不见了。

在这个时候那位乘客说："其实，我是一家公司的总经理。我希望能承包下这条航线所有飞机的清洁工作。"一个总经理竟然亲自为飞机免费打扫卫生，这已经让机长感动不已，他爽快地答应了。

의자 커버 위의 커피 자국

한 항공기가 착륙한 뒤, 승객들은 분분하게 비행기에서 내렸는데 유독 한 승객은 내리길 원하지 않았다. 승무원은 어찌할 바를 몰라 기장에게 알렸다. 기장은 재빨리 이 고객에게 가서 어떤 도움이 필요한지 물었다.

그 승객은 기장에게 말했다. "제가 비행기에서 내리지 않은 것은 제 앞 좌석의 의자 커버에 짙은 커피 자국이 있어서입니다." 기장은 말했다. "정말 죄송합니다. 빨리 이 의자 커버를 교체하겠습니다." 그 승객은 기장에게 말했다. "의자 커버는 전혀 교체할 필요가 없습니다. 저에게 약간의 시간을 주시면 그 커피 자국을 깨끗이 지우겠습니다."

기장은 이 승객의 요구를 거절했다. 그러나 그는 계속 말했다. "청소 직원이 이미 열심히 닦았지만 위의 얼룩을 깨끗하게 지우지 못 했어요. 그러니 저에게 몇 분만 주면 확실하게 얼룩을 지우겠습니다. 기장은 그의 요구에 응했다. 10분도 되지 않아 의자 커버는 놀랍게도 새 것처럼 깨끗해졌고, 원래의 얼룩은 사라졌다.

이때 그 승객은 말했다. "사실 저는 한 회사의 대표입니다. 저는 이 항공 노선의 모든 항공기의 청소 업무를 맡고 싶습니다." 한 대표가 의외로 직접 무료로 비행기를 청소한 것이 기장을 감동시켰고 기장은 흔쾌히 받아들였다.

他的敢想、敢说、敢做告诉我们：做任何事情，只要善于发现，就会有意想不到的收获。

그의 대담하게 생각하고 대담하게 말하고 대담하게 행동한 것은 우리에게 어떤 일을 하든지 발견을 잘하기만 하면 생각하지 못한 수확을 얻을 수 있다는 것을 알려 준다.

2. 중국인처럼 쓰기 　실전 테스트

l Step 1 l 인물과 사건을 중심으로 한 번 읽기

등장인물 : 장량(张良)과 백발노인(白发老人)

有一天，张良独自一人在桥上漫步时，遇见一个穿着破破烂烂的白发老头。不知道是不是故意的，当张良经过他面前时，他把鞋扔进了水里。桥下的水很浅，老人的靴一直就这样摆在了那里，张良见老人没有捡靴的意思，感觉还挺有意思。老头看到张良后跟他说了一句："年轻人，帮我把靴捡上来吧。"张良开始不开心了，张良本来不想理这个古怪的老头。但一仔细想，老头可能年纪太大了，腿脚不方便。帮他一次也是举手之劳，索性就走了下去，张良把老先生鞋拿了上来。走到老人身边，张良把捡来的靴递给了老人。→ 기

老头紧接着说了句更气人的话："给我穿上吧。"张良压抑住内心的怒火，真是让人无语。今天真是倒霉，怎么碰上这么一个不知道好歹的家伙。张良的这个想法在脑袋里只是一闪。又是仔细一想，捡都捡上来了，给他穿上又如何？他就半跪在老头的旁边帮他把鞋子穿上。在张良帮他把鞋穿好之后，老人微笑着就要离开。张良对此很不解，一个人呆愣地站在了原地，老人走了没有多远就回头对张良说："五天以后，天亮时在这里等我。"张良听完这句话，知道今天是遇了到高人。→ 승

五天以后，天刚蒙蒙亮。张良就赶去桥头了。到那里后，老人已经在此等候着他了。老人怒气冲冲对他说："和老人约会，应该你先到才是。让年长者等着你这个后生，太不礼貌了。"老人很不高兴地转身就走了，留下一句话。五天后再来。五天后张良这下变聪明了，天还没有亮，鸡刚一叫，他就起床了，早早地赶了过来。可是等他到桥边一看，老人又早已到这里了。老人再次怒斥张良。转身离开，五天后再来。张良心中虽然不快，但还是强压怒火没有发脾气，他心里想："五天后就五天后。下次我不睡觉了还不行吗？"→ 전

기　장량이 다리에서 노인을 만남(在桥上遇见一个老头). 노인이 신발을 물에 떨어뜨렸고(老人把鞋扔进了水里) 장량에게 주워달라고(帮我把靴捡上来吧) 함.

승　노인은 신발을 신겨달라고 말함(给我穿上吧). 장량은 화가 났지만(张良生气了) 노인은 5일 후 새벽에 여기에서 기다리라고 말함(五天以后, 天亮时在这里等我).

전　장량은 5일 후 새벽에 갔고(五天以后凌晨张良就去桥头了) 노인은 기분이 상해서 돌아감(老人不高兴地走了). 5일 뒤에 다시 오라고 함(说五天后再来). 5일 후 노인은 이미 도착해 있었고(老人又已到这里了) 다시 화를 냄(再次发怒了). 다시 5일 뒤에 오라고 함(说五天后再来).

又过了五天，这次刚过半夜，张良就出发了。来到前边一看老人没在，总算是松了一口气。这次倒是让张良等了好久，天快亮的时候，老人的身影终于出现了。老人这一次比较满意，见到早就在此恭候多时的张良，老人说了句，这才像话。说完老人从怀里掏出一个包袱交给了张良，并告诉张良："通读此书可以辅佐帝王，当帝师。十年后你必将大富大贵。十三年后你可以到济北来见我，我就是谷城山下的黄石。"说完后老人就离开了，从此再没出现过。

张良回家后打开包袱一看此书竟然是《太公兵法》。据说《太公兵法》是西周姜子牙所著的。张良日夜攻读，勤奋钻研，从此这本书再也没有离开过他身边。后来他真的成了大军事家，做了刘邦的得力助手，为汉王朝的建立，立下了卓著功勋，名噪一时，功盖天下。张良能宽容待人，至诚守信，做事勤勉，所以才能成就一番大事业。→ 결

결 5일이 지나 장량은 한밤 중에 출발함(张良刚过半夜就出发了). 노인은 만족하고(老人比较满意)「태공병서」(《太公兵法》)를 줌. 장량은 밤낮으로 열심히 공부하여(勤奋钻研) 군사 대가(成了大军事家)가 됨. 사람에게 관용을 베풀고(宽容待人) 신의를 지키며(至诚守信) 성실했기 때문에(做事勤勉) 큰 업적을 이룰 수 있었음(才能成就一番大事也).

| Step 2 | 파악한 내용을 중국어로 익히기

기 사건의 배경

有一天，张良独自一人在桥上漫步时，遇见一个穿着破破烂烂的白发老头。不知道是不是故意的，当
　　　　　　장량이 다리에서 백발 노인을 만남

张良经过他面前时，他把鞋扔进了水里。桥下的水很浅，老人的靴一直就这样摆在了那里，张良见老人没
　　　　　　　　노인이 신발을 물에 던짐

有捡靴的意思，感觉还挺有意思。老头看到张良后跟他说了一句："年轻人，帮我把靴捡上来吧。"
　　　　　　　　　　　　　　　　　　　　노인이 장량에게 신발을 주워달라고

张良开始不开心了，张良本来不想理这个古怪的老头。但一仔细想，老头可能年纪太大了，腿脚不方
장량은 기분이 나빠짐　　　　　　　　　　　장량은 노인이 나이가 많아 다리가 불편한 것을 이해함

便。帮他一次也是举手之劳，索性就走了下去，张良把老先生鞋拿了上来。走到老人身边，张良把捡来的
　　　　　　　　　　　　　　　　　　　　장량은 신발을 가져다 줌

靴递给了老人。

어느 날 장량은 혼자 다리 위를 한가롭게 지나는데 허름한 복장을 입은 백발 노인을 만났다. 고의인지는 모르지만 장량이 그의 앞을 지날 때 그는 신발을 물에 던졌다. 다리 밑의 물은 얕아서 노인의 장화는 계속 그곳에 있었고, 장량이 보기에 노인은 신발을 주울 생각이 없어 보여 흥미가 생겼다. 노인은 장량을 보고 한 마리 말했다. "젊은이, 장화를 주워다 주게나."
장량은 기분이 나빠지기 시작했다. 원래는 이 괴팍한 노인을 상관하지 않으려 했지만 자세히 생각해 보니 노인이 나이도 많고 다리도 불편한 것 같다. 한 번 도와주는 것은 쉬운 일이니 그냥 내려가서 노인의 신발을 들고 올라 왔다. 장량은 노인에게 가서 주워 온 신발을 건넸다.

어휘 独自 dúzì 閏 혼자서 漫步 mànbù 동 한가롭게 거닐다 遇见 yùjiàn 동 우연히 만나다 破破烂烂 pòpolànlàn 혱 낡아빠지다 故意 gùyì 閏 고의로, 일부러 扔 rēng 동 던지다 捡 jiǎn 동 줍다 理 lǐ 동 상대하다, 상관하다 举手之劳 jǔshǒuzhīláo 성 쉽게 처리할 수 있는 일 索性 suǒxìng 閏 차라리, 아예 递给 dìgěi 동 건네주다

승 사건의 전개

<u>老头紧接着说了句更气人的话</u>: "<u>给我穿上吧。</u>" <u>张良压抑住内心的怒火</u>, 真是让人无语。今天真是
노인은 이어서 신발을 신겨 달라고 함 　　　　　　　　　　장량은 화가 남

倒霉，怎么碰上这么一个不知道好歹的家伙。张良的这个想法在脑袋里只是一闪。又是仔细一想，
捡都捡上来了，给他穿上又如何？<u>他就半跪在老头的旁边</u><u>帮他把鞋子穿上</u>。在张良帮他把鞋穿好之后，
　　　　　　　　　　　　　　　　　　　　　　장량은 그의 신발을 신겨 줌

老人微笑着就要离开。张良对此很不解，一个人呆愣地站在了原地，老人走了没有多远就回头对张良说：
"<u>五天以后，天亮时在这里等我。</u>"张良听完这句话，知道今天是遇了到高人。
노인은 장량에게 5일 후 동틀 때 여기에서 기다리라고 함

노인은 이어서 더 화나게 하는 말을 했다. "나에게 신겨주게." 장량은 속에서 분노가 치미는 것을 억눌렀다. 정말이지 할 말이 없었다. 오늘은 정말 재수가 없는지 어떻게 이런 옳고 그름을 분별하지 못 하는 놈을 만났을까. 장량의 이 생각은 잠시 머리를 스쳐 지나갔다. 다시 자세히 보니 주워 오라고 해서 주워 왔는데 신겨 주는 것 또한 어떠한가? 그는 반쯤 무릎을 꿇고 노인 옆에서 신발을 신겨 주었다. 장량이 신을 신겨 준 후 노인은 미소를 지으며 떠났다. 장량은 도무지 이해가 안 되어 어리둥절하게 그 자리에 서 있었다. 노인은 멀리 가지 않아 고개를 돌려 그에게 말했다. "5일 후 동틀 때 이곳에서 나를 기다리게." 장량은 이 말을 듣고 오늘 귀인을 만난 것이라 생각했다.

어휘 　紧接 jǐnjiē 閏 이어서 　气人 qìrén 통 화나게 하다 　压抑 yāyì 통 억누르다 　怒火 nùhuǒ 명 격한 분노 　让人无语 ràngrénwúyǔ 할말이 없게 만들다 　倒霉 dǎoméi 통 운이 나쁘다 　好歹 hǎodǎi 명 좋은 것과 나쁜 것, 시비 　脑袋 nǎodai 명 머리 　一闪 yìshǎn 번쩍하다 　如何 rúhé 대 어떠한가 　跪 guì 통 무릎을 꿇다 　不解 bùjiě 이해하지 못하다 　呆愣 dāilèng 형 어리둥절하다 　原地 yuándì 명 제자리 　天亮 tiānliàng 통 동이 트다 　高人 gāorén 명 귀인, 고수

전 사건의 절정

<u>五天以后，天刚蒙蒙亮。张良就赶去桥头了。</u>到那里后，<u>老人已经在此等候着他了。</u>老人怒气冲冲对
　　　　　5일 후 새벽에 장량은 다리로 감 　　　　　　　　　노인은 이미 기다리고 있었음

他说："和老人约会，应该你先到才是。让年长者等着你这个后生，太不礼貌了。"<u>老人很不高兴地转身</u>
　　　　　　　　　　　　　　　　　　　　　　　　　　　　　　노인은 기분이 상해서 가며

<u>就走了</u>，留下一句话。<u>五天后再来。</u>五天后，张良这下变聪明了，<u>天还没有亮，鸡刚一叫，他就起床了，</u>
　　　　　　　　　　　5일 후에 다시 오라고 말함

<u>早早地赶了过来。</u>可是<u>等他到桥边一看，老人又早已到这里了。老人再次怒斥张良。转身离开，五天后再</u>
　　　　　　　　　　　　　　　　노인은 다시 와 있었고 장량에게 화를 내며 5일 후에 다시 오라고 함

<u>来</u>。张良被老人捉弄，但是没有发脾气，心里想：'五天后就五天后。下次我不睡觉了还不行吗？'

5일 후에 날이 막 밝아올 즈음에 장량은 재빠르게 다리로 갔다. 그곳에 도착하니 노인은 이미 와서 기다리고 있었다. 노인은 노발대발하며 그에게 말했다. "어른과 약속을 했으면 먼저 와 있어야지, 윗사람이 아랫사람을 기다리게 하다니 예의가 없군!" 노인은 기분이 상해서 몸을 돌려 갔고 5일 후에 다시 보자는 말을 남겼다. 5일 후에 장량은 조금 더 머리를 써서 날이 아직 밝지 않았을 때 닭이 울자마자 일어나 일찍 갔다. 그런데 다리 옆을 보니 노인은 또 이미 와 있었다. 노인은 또 다시 장량에게 화를 내며 돌아갔고 5일 후에 다시 왔다. 장량은 노인의 행동에 화를 내지 않았다. 5일 후면 5일 후인 거지. 다음엔 안 자면 되지 않겠는가?

어휘 　蒙蒙 méngméng 형 어둑어둑하다 　亮 liàng 형 밝다 　怒气冲冲 nùqìchōngchōng 성 노발대발하다 　约会 yuēhuì 통 만날 약속을 하다 　后生 hòushēng 명 젊은이, 손아랫사람 　转身 zhuǎnshēn 통 몸을 돌리다 　怒斥 nùchì 통 화를 내며 꾸짖다 　脾气 píqì 명 성질

결 문제 해결

又过了五天，这次刚过半夜，张良就出发了。来到前边一看老人没在，总算是松了一口气。这次倒是
<u>다시 5일 뒤 한밤 중에 장량은 출발함</u>

让张良等了好久，天快亮的时候，老人的身影终于出现了。老人这一次比较满意，见到早就在此恭候多时
<u>노인이 나타났고 이번엔 만족함</u>

的张良，老人说了句，这才像话。说完老人从怀里掏出一个包袱交给了张良，并告诉张良："通读此书可
<u>노인은 품에서 보따리를 꺼내 장량에게 줌</u>

以辅佐帝王，当帝师。十年后你必将大富大贵。十三年后你可以到济北来见我，我就是谷城山下的黄石。"
说完后老人就离开了，从此再没出现过。

张良回家后打开包袱一看此书竟然是《太公兵法》。据说《太公兵法》是西周姜子牙所著的。张良日
<u>장량이 보니 이 책은 태공병서였음</u>

夜攻读，勤奋钻研，从此这本书再也没有离开过他身边。后来他真的成了大军事家，做了刘邦的得力助手
<u>장량은 이 책을 열심히 공부함</u>　　　　　　　　　<u>나중에 그는 군사 대가가 됐고 유방의 조력자가 됨</u>

为汉王朝的建立，立下了卓著功勋，名噪一时，功盖天下。张良能宽容待人，至诚守信，做事勤勉，所以
　　　　　　　　　　　　　　　　　　　　　　<u>장량은 사람에게 관용을 베풀고 신의를 지키며 성실했기 때문에</u>

才能成就一番大事业。
<u>큰 업적을 이룰 수 있었음</u>

다시 5일이 지나고 이번에 장량은 한밤이 되자 출발했다. 앞에 와서 보니 노인이 없어서 한숨을 돌렸다. 이번에는 장량이 아주 오래 기다린 후 날이 밝아올 때 노인은 마침내 모습을 드러냈다. 노인은 이번에는 만족했고 일찍 와서 공손히 오래 기다린 장량을 보고, 이번에는 이치에 맞다고 말했다. 노인은 말을 마치고 품에서 보따리를 하나 꺼내어 장량에게 주고 말했다. "이 책을 읽으면 제왕을 보좌하게 되고 제왕의 스승이 될 것이다. 10년 후에 너는 부귀영화를 누릴 것이다. 13년 후에 너는 제북에서 나를 보게 될 것이다. 나는 구청산 아래에 사는 황석이다." 말을 마치고 노인은 떠났고 다시는 나타나지 않았다.

장량이 집에 돌아와서 보따리를 열어 보니 놀랍게도 「태공병서」가 있었다. 「태공병서」는 서주의 강태공(강자이)이 쓴 것이다. 장량은 밤낮으로 열심히 공부하고 꾸준히 몰두했고, 이 때부터 이 책을 그의 곁에서 떨어뜨리지 않았다. 훗날 그는 군사 대가가 되었고 유방의 유능한 조력자가 되어 한나라 왕조를 건립하는데 엄청난 공을 세우고 이름을 세상에 널리 알리고 공을 천하에 알렸다. 장량은 사람에게 관용을 베풀고 신의를 지키며 성실했기 때문에 큰 업적을 이룰 수 있었다.

어휘 **半夜** bànyè 뗑 한밤중　**总算** zǒngsuàn 뛷 마침내　**松了一口气** sōng le yìkǒuqì 한숨 돌리다　**倒是** dàoshì 뛷 오히려　**身影** shēnyǐng 뗑 그림자　**恭候** gōnghòu 뙹 공손히 기다리다　**像话** xiànghuà 뒁 이치에 맞다, 말이 되다　**怀里** huáili 뗑 품(속)　**掏出** tāochū 뙹 꺼내다　**包袱** bāofu 뗑 보따리　**辅佐** fǔzuǒ 뙹 보좌하다　**帝王** dìwáng 뗑 제왕, 군주　**帝师** dìshī 황제의 스승　**竟然** jìngrán 뛷 뜻밖에도　**姜子牙** jiāngzǐyá 뗑 강태공　**日夜攻读** rìyègōngdú 밤낮으로 열심히 공부하다　**勤奋** qínfèn 뒁 근면하다, 꾸준하다　**钻研** zuānyán 뙹 깊이 연구하다　**得力助手** délìzhùshǒu 뗑 유능한 조력자　**卓著** zhuōzhù 뒁 탁월하다, 현저하게 뛰어나다　**功勋** gōngxūn 뗑 공로　**名噪一时** míngzàoyìshí 쳥 한때 이름을 세상에 널리 알리다　**宽容待人** kuānróngdàirén 사람에게 관용을 베풀다　**至诚守信** zhìchéngshǒuxìn 진실되게 신의를 지키다　**勤勉** qínmiǎn 뒁 근면하다

I Step 3 I 답안 요약해 보기 (참고 답안)

张良和《太公兵法》/ 宽容待人，至诚守信 　　有一天，张良在桥上漫步时，遇见一个白发老头。他把鞋扔进了水里，然后跟张良说："年轻人，帮我把靴捡上来吧"。张良开始不开心了，但一仔细想，老头可能年纪太大了，腿脚不方便，所以帮他把鞋捡上来了。	장량과 「태공병서」 / 관용을 베풀고 신의를 지키다 　　하루는 장량이 혼자 다리 위를 한가롭게 지나는데 백발 노인을 만났다. 그는 신발을 물에 던지고, 장량에게 말했다. "젊은이, 장화를 주워 주게나." 장량은 기분이 나빴지만 자세히 보니 나이도 많고 다리도 불편해 보였다. 그래서 신발을 주워 줬다.

老头接着说："给我穿上吧。"听他的话，张良就生气了，可是他帮老人把鞋子穿上。老人微笑着说："五天以后，天亮时在这里等我。"

五天以后，凌晨张良就赶去桥头了。老人已经在此等候着他了。老人很不高兴地转身就走了，留下一句话，五天后再来。五天后，天还没有亮，他就起床了，早早地赶了过来。可是老人又早已到这里了。老人再次发怒了，转身离开，五天后再来。

又过了五天，这次刚过半夜，张良就出发了。这次张良等了好久，天快亮的时候，老人的身影终于出现了。老人这一次比较满意，他从怀里掏出一本书交给了张良。

张良一看此书竟然是《太公兵法》。从此这本书再也没有离开过他身边，勤奋钻研。后来他真的成了大军事家，做了刘邦的得力助手。张良能宽容待人，至诚守信，做事勤勉，所以才能成就一番大事业。

노인은 이어서 말을 했다. "나에게 신겨 주게." 그의 말을 듣고 장량은 화가 났지만 노인에게 신발을 신겨 주었다. 노인이 미소를 지으며 말했다. "5일 후 동틀 때 이곳에서 나를 기다리게."

5일 후에 새벽에 장량은 서둘러 다리로 갔다. 노인은 이미 와서 기다리고 있었다. 노인은 기분이 상해서 몸을 돌려 갔고 5일 후에 다시 오라는 말을 남겼다. 5일 후에 날이 아직 밝지 않았을 때 그는 일찍 일어나서 갔다. 그런데 노인은 이미 와 있었다. 노인은 또 다시 화를 내며 돌아갔고 5일 후에 다시 왔다.

다시 5일이 지나고 이번에 장량은 한밤이 되자 출발했다. 이번에는 장량이 아주 오래 기다렸고 날이 밝아 올 때 노인이 모습을 드러냈다. 노인은 이번에는 꽤 만족했고 품에서 책을 하나 꺼내어 장량에게 주었다.

장량이 보니 놀랍게도 「태공병서」였다. 장량은 이 때부터 이 책을 그의 곁에서 떨어뜨리지 않고 열심히 공부했다. 훗날 그는 군사 대가가 되었고 유방의 유능한 조력자가 되었다. 장량은 사람에게 관용을 베풀고 신의를 지키며 성실했기 때문에 큰 업적을 이룰 수 있었다.

쓰기 미니모의고사

| Step 1 | 인물과 사건을 중심으로 한 번 읽기

등장인물：음식점 사장(餐厅老板)과 스몸비족(低头族)

美国洛杉矶商业街的餐饮业竞争很激烈，一年前，一家餐厅在这里开张，可不到半年的时间，生意异常火爆。奇怪的是，那家餐厅开业时间不长，规模也不大，而且店内的菜品也并不特别出众，但它的客流量却远远高于其他餐厅。→ 기

一年前，刚刚开店的时候，老板就支撑不住了，因为那条商业街属于繁华地段，不仅店租昂贵，竞争激烈，每天来的都是生面孔，根本没有几个熟客和回头客。

他觉得自己肯定有哪里做得不到位的地方，导致留不住回头客。可经过几天的细心观察，他发现周边餐厅的遭遇也和他的餐厅一样，每天接待的几乎都是新顾客。经过仔细分析，他终于找出了餐厅生意清淡的原因。

原来，他的餐厅没有问题，其他餐厅也没有问题，出现"问题"的是顾客。近一两年来，全世界流行起一个新名词——"低头族"。这些"低头族"，从地铁、公交车到餐厅，处处都是"低头看屏幕"状。他们有的看手机，有的掏出平板电脑或笔记本电脑上网、

기 1년 전 한 식당(一家餐厅)이 미국 상업 지구(美国一条商业街)에서 개업함(开张). 반년이 안 된 시간에(不到半年的时间) 장사가 번창함(生意火爆). 특별한 것이 없었지만(并不特别出众) 손님 수가 다른 식당보다 월등히 많음(客流量高于其他餐厅).

승 1년 전 개업했을 때 단골 손님(熟客)이나 다시 찾는 손님(回头客)이 아예 없었음(根本没有). 장사가 안 되는 원인(生意不好的原因)을 찾아보니 식당에 문제가 없었고(餐厅没有问题) 문제는 고객이었음(问题是顾客). 대부분 고객이 스몸비족(低头族)이었음. 사람들은 어떤 음식에도 인상을 받지 못함(对任何饭菜都没有什么印象).

玩游戏、看视频，零碎时间都被屏幕填满。他们到餐厅就餐时习惯低头把玩手机，根本不知碗里的饭菜是何味道。他们在哪吃饭都一样，只要能饱就行，不挑剔就是他们的共同点。可对餐厅来说，顾客不挑食也留不住回头客。他们对任何一家餐厅的饭菜都没有什么印象。→ 승

该怎么留住这些"问题顾客"食而有味，而且再来"回味"呢？他想了一个办法，他在餐厅做出下规定：客人只要在用餐前主动将手机交给餐厅保管，专心吃饭，那么餐厅将给予九折的优惠。交出手机，享受优惠？不少来这家餐厅吃饭的顾客觉得这个规定挺有诱惑力，不过他们也担心自己手机里的信息被泄露。老板很快就消除了他们的顾虑。他在店内专门设立了一个各自的保险柜，将顾客的手机锁在里面。如此一来，顾客就能放心、专心地去吃饭了。→ 전

这个规定没推出多久，就收到了明显的成效。很多顾客开始留恋那家餐厅，频频光顾。有些顾客进店不愿意交出手机，不过当他们发现周边的人都在认真吃饭时，也便自觉地收起手机。仅仅一个月的时间，那家餐厅的客流量就翻了一番，营业额大幅度提高。

更让老板想不到的是，自己推出的奇怪规定改变了整条商业街。因为其他餐厅纷纷模仿那家餐厅，在顾客就餐时把他们的手机都"没收"起来。在这条商业街，越来越多的人加入了"认真吃饭"这个行列，大大加强了人际交流。

很多时候，食客吃的不仅仅是食物，而是一种心境。那家餐厅的一个规定，让顾客做到了专注吃饭，所以他们推出的菜肴才会成为顾客眼中的"最好"。
→ 결

전 사장은 식당에 규정을 만듦(做出规定). 고객이 핸드폰을 맡기고(客人把手机交给餐厅保管) 식사에 집중하면(专心吃饭) 10% 할인 혜택을 주기로 함(给予九折的优惠).

결 규정을 시작한지 얼마 되지 않아(规定没推出多久) 이 식당은 고객 수가 2배로 증가했고(客流量翻了一番) 매출액도 증가함(营业额大幅度提高). 이 식당의 규정이 고객들을 식사에 집중하게 했고(让顾客专注吃饭) 음식이 고객의 눈에 가장 좋은 것으로 보이게 만듦(菜肴成为顾客眼中的"最好").

| Step 2 | 파악한 내용을 중국어로 익히기

기 사건의 배경

<u>美国洛杉矶</u>商业街的餐饮业竞争很激烈，<u>一年前，一家餐厅在这里开张，可不到半年的时间，</u>
　미국 상업 지구에　　　　　　　　　1년 전 한 식당이 개업함　　　　반년도 안 되는 시간에

<u>生意异常火暴。</u>奇怪的是，<u>那家餐厅开业时间不长，规模也不大，而且店内的菜品也并不特别出众，</u>
　　사업이 번창함　　　　　　　개업한지 얼마 안 됐고　　　규모도 크지 않았고 가게의 음식도 특별히 뛰어나지 않았지만

<u>但它的客流量却远远高于其他餐厅。</u>
　　고객 유동량이 다른 식당보다 더 높음

미국 LA 상업 거리의 요식업 경쟁이 치열하다. 1년 전에 한 식당이 이곳에서 개업했는데 반년도 되지 않아 사업이 대단히 번창했다. 이상한 것은 그 음식점이 개업한지 얼마 안 됐고 규모도 크지 않을 뿐 아니라 가게의 음식도 특별히 뛰어난 것은 아니었지만 고객 유동량이 다른 음식점보다 훨씬 높았다.

어휘 餐饮 cānyǐn 몡 음식과 음료, 요식업　开张 kāizhāng 통 개업하다　异常 yìcháng 뮈 몹시　火暴 huǒbào 톙 왕성하다　规模 guīmó 몡 규모　出众 chūzhòng 톙 남보다 뛰어나다　客流量 kèliúliàng 몡 고객 유동량　高于 gāoyú 통 ～보다 높다

승 사건의 전개

一年前，刚刚开店的时候，老板就支撑不住了，因为商业街属于繁华地段，不仅店租昂贵，竞
　　　 1년 전 개업했을 때 사장은 감당할 수 없었음

争激烈，每天来的都是生面孔，<u>根本没有几个熟客和回头客。</u>他觉得自己肯定有哪里做得不到位的地
　　　　　　　　 단골 손님이나 다시 찾는 손님이 없었기 때문

方，导致留不住回头客。可经过几天的细心观察，他发现周边餐厅的遭遇也和他的餐厅一样，每天接
待的几乎都是新顾客。<u>经过仔细分析</u>，<u>他终于找出了餐厅生意清淡的原因。</u>
　　　　　　　　　 분석해 보고　　　　　　　 장사가 안 되는 원인을 찾음

<u>原来，他的餐厅没有问题</u>，其他餐厅也没有问题，<u>出现"问题"的是顾客</u>。近一两年来，全世界
　원래　 그 식당에 문제가 없었고　　　　　　　　　　 문제는 고객이었음

流行起一个新名词——<u>"低头族"</u>。这些<u>"低头族"</u>，从地铁、公交车到餐厅，处处都是"低头看屏
　　　　　　　　　　　　 스몹비족은

幕"状。他们有的看手机，有的掏出平板电脑或笔记本电脑上网、玩游戏、看视频，零碎时间都被屏
幕填满。<u>他们到餐厅就餐时习惯低头把玩手机</u>，根本不知碗里的饭菜是何味道。他们在哪吃饭都一样，
　　　　　 밥 먹을 때 핸드폰을 보는 게 습관임

只要能饱就行，不挑剔就是他们的共同点。可对餐厅来说，顾客不挑食也留不住回头客。<u>他们对任何</u>
　　　　　　　　　　　　　　　　　　　　　　　　　　　　　　　　　　 그들은

<u>一家餐厅的饭菜都没有什么印象。</u>
어떤 식당의 음식에도 인상을 받지 못함

1년 전에 막 개업했을 때 사장은 감당할 수가 없었다. 상업 거리는 번화가이기 때문에 임대료가 비쌀 뿐만 아니라 경쟁이 치열했다. 매일 오는 사람들은 낯선 얼굴들이고 단골 손님이나 다시 찾아오는 사람은 아예 없었다. 그는 자신이 어딘가 잘 못하고 있는 부분이 다시 찾는 손님을 만들지 못한다고 생각했다. 그러나 며칠 간 세심한 관찰을 통해 그는 주변 식당들의 처지도 그의 식당과 마찬가지로 매일 오는 손님이 거의 새로운 손님이었다. 자세한 분석을 통해 그는 음식점 사업이 잘 되지 않는 원인을 찾아냈다.

원래 그의 식당은 문제가 없고 다른 음식점도 문제가 없었으며 문제가 있는 것은 고객이었다. 최근 1, 2년간 전세계적으로 새로운 단어가 유행했는데 바로 '스몹비족'이다. 이러한 '스몹비족'은 전철, 버스에서 음식점까지 '고개를 숙인채 화면만 본다.' 어떤 사람들은 핸드폰을 보고 어떤 사람들은 태블릿PC 또는 노트북으로 인터넷, 게임, 동영상을 보며, 남는 시간에 모두 화면만 본다. 그들은 식당에 가서 식사를 할 때 고개를 숙이고 핸드폰을 하는 게 습관이 되어 그릇 안의 음식이 어떤 맛인지 아예 모른다. 그들은 어디에서 음식을 먹든 마찬가지이다. 배만 채우면 되고 까다롭지 않은 것이 그들의 공통점이다. 그러나 음식점 입장에서는 고객이 음식을 가리지 않는 것도 다시 찾는 고객을 붙들지 못하는 것이다. 그들은 어떤 식당의 음식에도 별다른 인상을 받지 못한다.

어휘 支撑 zhīchēng 통 지탱하다　属于 shǔyú 통 ～에 속하다　繁华 fánhuá 톙 번화하다　地段 dìduàn 몡 구역　昂贵 ángguì 톙 비싸다　生面孔 shēngmiànkǒng 몡 낯선 얼굴　熟客 shúkè 몡 단골 손님　回头客 huítóukè 몡 다시 찾는 손님　到位 dàowèi 톙 적절하다, 훌륭하다　细心 xìxīn 톙 세심하다　观察 guānchá 통 관찰하다　遭遇 zāoyù 통 당하다　分析 fēnxī 통 분석하다　清淡 qīngdàn 톙 담백하다, 불경기다　流行 liúxíng 통 유행하다　屏幕 píngmù 몡 스크린　掏出 tāochū 통 꺼내다　平板电脑 píngbǎndiànnǎo 몡 태블릿 PC　笔记本 bǐjìběn 몡 노트북　视频 shìpín 몡 동영상　零碎 língsuì 톙 자잘하다　填满 tiánmǎn 통 가득차다　把玩 bǎwán 통 손에 들고 감상하다　挑剔 tiāotī 톙 까다롭다　挑食 tiāoshí 통 편식하다

전 사건의 절정

该怎么留住这些 "问题顾客" 食而有味，而且再来 "回味" 呢？。<u>他想了一个办法，他在餐厅做</u>
　　　　　　　　　　　　　　　　　　　　　　　　　　　　　그는 방법을 생각했고　식당에 규정을

<u>出如下规定 : 客人只要在用餐前主动将手机交给餐厅保管，专心吃饭，那么餐厅将给予九折的优惠。</u>
　만듦　　　　　손님이　　　　　　　　핸드폰을 식당에 보관하고　식사에 집중하면　　10%의 할인을 해 줌

交出手机，享受优惠？不少来这家餐厅吃饭的顾客觉得这个规定挺有诱惑力，不过他们也担心自

己手机里的信息被泄露。老板很快就消除了他们的顾虑。<u>他在店内专门设立了一个各自的保险柜，将顾客的手</u>
　　　　　　　　　　　　　　　　　　　　　　　　　그는 가게에 개인 보관함을 만들어서 고객의 핸드폰을 보관하게 함

<u>机锁在里面。</u>如此一来，顾客就能放心、专心地去吃饭了。

어떻게 하면 이러한 '문제 고객'을 붙들어 맛있게 식사하게 하고 다시 와서 '음미하게' 할 수 있을까?" 그는 방법을 생각해냈고 식당에 다음과 같은 규정을 만들었다. 손님이 식사 전에 핸드폰을 음식점에게 맡기고 식사에 몰두하면 식당이 10% 할인 혜택을 제공하는 것이다. 핸드폰을 맡기면 할인을 받는다고? 이 음식점에서 식사하는 많은 고객들은 이 규정에 굉장한 매력을 느꼈지만 자신의 핸드폰 정보가 유출되지 않을까 걱정했다. 사장은 빠르게 그들의 우려를 불식시켰다. 그는 음식점에 개인 보관함을 설치하고 고객의 핸드폰을 그 안에 넣고 잠궜다. 이렇게 하여 고객은 안심하고 집중해서 식사를 하게 됐다.

어휘 留住 liúzhù 图 잡아두다　规定 guīdìng 圆 규정　用餐 yòngcān 图 식사하다　保管 bǎoguǎn 图 보관하다　专心 zhuānxīn 閺 몰두하다　给予 jǐyǔ 图 주다　优惠 yōuhuì 閺 우대의　诱惑力 yòuhuòlì 매력　泄露 xièlòu 图 누설하다　消除 xiāochú 图 없애다　顾虑 gùlǜ 图 고려하다. 염려하다　专门 zhuānmén 閈 전문적으로　设立 shèlì 图 설립하다　保险柜 bǎoxiānguì 圆 금고, 캐비닛　锁 suǒ 图 잠그다. 채우다

결 문제 해결

<u>这个规定没推出多久，</u>就收到了明显的成效。很多顾客开始留恋那家餐厅，频频光顾。有些顾客
이 규정을 내놓은지 얼만 안 돼서

进店不愿意交出手机，不过当他们发现周边的人都在认真吃饭时，也便自地觉收起手机。仅仅一个月
的时间，<u>那家餐厅的客流量就翻了一番，营业额大幅度提高。</u>
　　　　　그 식당의 고객 유동량이 2배로 증가했고 매출액이 크게 상승함

更让老板想不到的是，自己推出的奇怪规定<u>改变了整条商业街。因为其他餐厅纷纷模仿那家餐厅，</u>
　　　　　　　　　　　　　　　　　　전체 상업 지구를 변화시킴 다른 식당도 그 식당을 모방하기 시작함

在顾客就餐时把他们的手机都 "没收" 起来。在这条商业街，越来越多的人加入了 "认真吃饭" 这个
行列，大大加强了人际交流。
很多时候，食客吃的不仅仅是食物，而是一种心境。<u>那家餐厅的一个规定，让顾客做到了专注吃</u>
　　　　　　　　　　　　　　　　　　　　　　　　그 식당의 규정은 고객을 식사에 집중하게 했고

<u>饭，所以他们推出的菜肴才会成为顾客眼中的 "最好"。</u>
　그래서 그들이 내놓은 음식이 고객의 눈에 '가장 좋은 것'이 됨

이 규정을 내놓은지 얼마 안 돼서 뚜렷한 효과를 얻었다. 많은 고객들이 이 음식점에 빠지기 시작했고 빈번하게 찾아왔다. 어떤 고객은 음식점에 들어와서 핸드폰을 맡기기 원하지 않았지만 주변 사람들이 진지하게 식사를 하는 것을 보고 스스로 핸드폰을 접어뒀다. 단 1개월 만에 그 음식점의 고객 유동량은 2배로 증가했고 매출액은 크게 상승했다.
사장이 생각지 못했던 것은 자신이 스스로 내놓은 이상한 규정이 전체 상업 거리를 변화시켰다는 것이다. 왜냐하면 다른 식당들도 연달아 그 식당을 모방했고 고객이 식사할 때 그들의 핸드폰을 '몰수'했다. 이 상업 거리에서 점점 많은 사람이 '진지하게 식사'하는 대열에 합류했고 인적 교류도 크게 증가했다.

많은 경우 고객이 먹는 것은 음식만이 아니라 기분이다. 그 식당의 규정은 고객을 식사에 집중하게 만들었기 때문에 그들이 내놓은 음식이 고객의 눈에 '가장 좋은 것'이 된 것이다.

| Step 3 | 답안 요약해 보기 (참고 답안)

"低头族"专注吃饭

一年前，一家餐厅在美国一条商业街开张，可不到半年的时间，生意异常火爆。虽然那家餐厅开业时间不长，规模也不大，而且店内的菜品也并不特别出众，但它的客流量却远远高于其他餐厅。

一年前，刚刚开店的时候，老板就支撑不住了，因为根本没有几个熟客和回头客。经过仔细分析，他终于找出了餐厅生意不好的原因。原来，他的餐厅没有问题，出现"问题"的是顾客。大部分顾客是"低头族"。他们到餐厅就餐时习惯低头把玩手机，对任何一家餐厅的饭菜都没有什么印象。

他想了一个办法，他在餐厅做出如下规定：客人只要将手机交给餐厅保管，专心吃饭，那么餐厅将给予九折的优惠。此外，他在店内专门设立了一个各自的保险柜，将顾客的手机锁在里面。

这个规定没推出多久，那家餐厅的客流量就翻了一番，营业额大幅度提高。那家餐厅改变了整条商业街。因为其他餐厅纷纷模仿那家餐厅。那家餐厅的一个规定，让顾客做到了专注吃饭，所以他们推出的菜肴才会成为顾客眼中的"最好"。

'스몸비족'의 식사에 몰두하기

1년 전에 한 식당이 미국의 한 상업 거리에서 개업했는데 반년도 되지 않아 사업이 매우 번창했다. 그 식당은 개업한지 얼마 안 됐고 규모도 크지 않을 뿐 아니라 가게의 음식 역시 특별히 뛰어난 것이 아니었지만 고객 유동량이 다른 식당보다 훨씬 높았다.

1년 전에 막 개업했을 때 사장은 감당할 수가 없었다. 단골 손님이나 다시 찾는 사람은 아예 없었기 때문이다. 자세한 분석을 통해 그는 음식점 사업이 잘 되지 않는 원인을 찾아냈다. 원래 그의 식당은 문제가 없고 문제가 있는 것은 고객이었다. 대부분의 고객은 '스몸비족'이었는데, 그들은 음식점에 가서 식사할 때 고개를 숙이고 핸드폰을 하는데 습관이 되어 어떤 식당의 음식에도 별다른 인상을 받지 못했다.

그는 방법을 생각해냈고 다음과 같은 규정을 만들었다. 손님이 핸드폰을 음식점에 맡겨 보관해두고 식사에 몰두하면 음식점에서 10% 할인 혜택을 제공한다는 것이다. 이 밖에 그는 가게에 개인 보관함을 설치하고 고객의 핸드폰을 그 안에 넣고 잠궜다.

이 규정을 내놓은지 오래되지 않아 그 식당의 고객 유동량은 2배로 증가했고 매출액이 크게 상승했다. 그 음식점은 전체 상업 거리를 변화시켰다. 왜냐하면 다른 음식점들도 연달아 그 식당을 모방했기 때문이다. 그 식당의 규정은 고객이 식사에 집중하게 만들었기 때문에 그들이 내놓은 음식이 고객의 눈에는 '가장 좋은 것'이 되었다.

쓰기

듣기

| 제1부분 | 1. A | 2. C | 3. D | 4. B | 5. D | 6. B | 7. C | 8. B | 9. B | 10. A | 11. C | 12. B | 13. C | 14. D | 15. C |

| 제2부분 | 16. D | 17. D | 18. C | 19. A | 20. D | 21. A | 22. C | 23. A | 24. D | 25. C | 26. B | 27. A | 28. D |
| 29. D | 30. B |

| 제3부분 | 31. B | 32. C | 33. C | 34. A | 35. D | 36. C | 37. B | 38. D | 39. A | 40. B | 41. D | 42. C | 43. C |
| 44. A | 45. D | 46. B | 47. D | 48. D | 49. B | 50. C |

독해

| 제1부분 | 51. B | 52. C | 53. D | 54. C | 55. A | 56. B | 57. B | 58. A | 59. B | 60. C |

| 제2부분 | 61. B | 62. C | 63. C | 64. A | 65. B | 66. A | 67. B | 68. C | 69. B | 70. A |

| 제3부분 | 71. D | 72. C | 73. B | 74. E | 75. A | 76. E | 77. D | 78. B | 79. A | 80. C |

| 제4부분 | 81. B | 82. D | 83. A | 84. D | 85. D | 86. D | 87. C | 88. B | 89. C | 90. C | 91. A | 92. A | 93. B |
| 94. B | 95. C | 96. C | 97. A | 98. B | 99. C | 100. C |

쓰기

最快的路

　　刚刚大学毕业的那一年，我开始找工作了。像我这样从一流大学毕业的学生，目标自然是第一个岗位。不过我却在残酷的竞争中被淘汰了！

　　一年后，我去一家公司应聘。这家公司正在招聘两个岗位，一个是经理助理，另一个则是普通业务员。我应聘的当然是经理助理。走出公司，已快到下班高峰期，应聘失败的我准备用打车来慰藉下自己。司机问我："你想走最短的路还是走最快的路？"，"最短的路难道不是最快的路？"，"现在是车流高峰，最短的路也是最拥挤的路，所以我建议绕道走远路！"

　　在回家路上，我觉得经理助理这个岗位就是一条"直路"，那么普通业务员就是一条"弯路"，但是从低层做起，积累更多的经验，可能对自己将来反而更有好处！

　　我马上叫司机掉头重新回到那家公司。我成了这家公司的一个普通业务员，一年后，我成为组长；第二年，我成为主任。

　　五年后的今天，我成为了销售部的经理！感谢那位司机，他使我领略到弯路的距离才是真正最近的距离！

해설 P163

듣기 제1부분

1

茱萸，又名"艾子"，是一种常绿带香的植物，它的果实有杀虫消毒、逐寒祛风的功能，每到重阳节时，人们为防止瘟疫，便采摘茱萸的果实，插在头上，或者装在"茱萸囊"中，用以辟邪。

수유나무는 '艾子'라고도 부르며 늘 푸르며 향을 가진 식물이다. 그것의 열매에는 살충 소독과 추위를 쫓고 풍을 없애는 기능이 있다. 중양절에 사람들은 전염병을 방지하기 위해 수유나무 열매를 따다 머리에 꽂거나 '수유나무 주머니'를 만들어 귀신을 물리치는 데 사용했다.

A 茱萸能杀菌消毒
B 茱萸可能引发瘟疫
C 重阳节用茱萸做菜
D 茱萸生长在寒冷地区

A 수유나무는 살균 소독을 할 수 있다
B 수유나무는 전염병을 유발한다
C 중양절에는 수유나무로 음식을 만든다
D 수유나무는 한랭한 지역에서 자란다

해설 보기에 茱萸(수유나무)가 공통적으로 있으므로 수유나무에 관한 설명문임을 예상한다. 보기의 키워드 杀菌消毒(살균 소독), 瘟疫(역병), 重阳节(중양절), 寒冷地区(한랭 지역)에 주의하여 듣는다. 지문에 它的果实有杀虫消毒、逐寒祛风的功能(그것의 열매는 살충소독과 추위를 쫓고 풍한을 없애는 기능이 있다)이라고 했으므로 정답은 A이다.

어휘 茱萸 zhūyú 몡 수유나무 常绿 chánglǜ 혱 늘 푸르다 杀虫 shāchóng 통 살충하다 消毒 xiāodú 통 소독하다 逐寒祛风 zhúhán qūfēng 추위를 쫓고 풍을 없애다 重阳节 chóngyángjié 중양절, 음력 9월 9일 防止 fángzhǐ 방지하다 瘟疫 wēnyì 몡 역병 采摘 cǎizhāi 통 (열매 등을) 따다, 채취하다 插 chā 통 꽂다, 끼우다 囊 náng 몡 주머니 辟邪 bìxié 통 귀신을 물리치다 杀菌 shājūn 통 살균하다

2

有研究显示，酒精与肝癌关系密切，酒混着喝患肝癌的几率是喝单一种酒或不饮酒的5倍。如果啤酒与白酒混着喝，会加速酒精在全身的渗透作用，致使短时间内血液中的酒精浓度急剧升高，对肝脏等脏器的损害更大。

연구에 따르면 알코올은 간암과 밀접한 관계가 있어서 술을 섞어 마시면 간암 발병률이 한 종류의 술만 마시거나 술을 마시지 않을 때의 5배나 된다. 만일 맥주와 백주를 섞어서 마시면 알코올의 삼투 작용이 가속화되어 단시간에 혈중 알코올 농도를 급격하게 상승시켜 간장 등의 장기 손상이 더 크게 된다.

A 少量酒精也引发肝癌
B 喝单一种酒对身体好
C 不同酒混着喝更伤身体
D 啤酒使血液中酒精升高

A 소량의 알코올도 간암을 유발한다
B 한 종류의 술을 마시는 것이 몸에 좋다
C 다른 종류의 술을 섞어 마시면 몸을 더 상하게 한다
D 맥주는 혈액 중 알코올을 높인다

해설 보기에 酒精(알코올), 啤酒(맥주), 身体(몸)가 있으므로 술과 건강에 관한 글임을 알 수 있다. 지문에서 酒混着喝患肝癌的几率是喝单一种酒或不饮酒的5倍(술을 섞어서 마시면 간암 발병률이 한 종류의 술만 마시거나 술을 마시지 않을 때의 5배이다)라고 했으므로 술을 섞어 마시는 것이 몸에 좋지 않음을 알 수 있다. 따라서 정답은 C이다.

어휘 酒精 jiǔjīng 몡 알코올 肝癌 gān'ái 몡 간암 密切 mìqiè 혱 밀접하다 患 huàn 통 병이 나다 几率 jīlǜ 몡 확률 饮酒 yǐnjiǔ 통 술을 마시다 白酒 báijiǔ 몡 백주, 고량주 渗透 shèntòu 통 스며들다 致使 zhìshǐ 통 ~를 초래하다 血液 xuèyè 몡 혈액, 피 急剧 jíjù 뮈 급격하게 升高 shēnggāo 통 오르다 肝脏 gānzàng 몡 간장 脏器 zàngqì 몡 장기 损害 sǔnhài 통 손상시키다

3

民宿不同于传统的酒店、旅馆，这是一种为游客提供体验当地风土人情、自然文化生活的住宿方式。人们远离城市，来到青山绿水之间，住进各具风情和地方特色的民宿中，还可以尽情地感受当地人的日常生活。

민박은 전통적인 호텔이나 여관과는 다르다. 이것은 관광객에게 현지의 풍토와 인정, 자연문화 생활을 체험할 수 있도록 제공해 주는 일종의 숙박 형태이다. 사람들이 도시를 멀리 떠나 푸른 산과 맑은 물 속에 와서 현지의 풍토와 인정, 그리고 지역 특징을 지닌 민박에 머물면 마음껏 현지인의 일상생활을 느낄 수 있다.

A 民宿价格低廉
B 住民宿不安全
C 民宿提供优质服务
D 住民宿可以体验当地风情

A 민박은 가격이 저렴하다
B 민박하는 것은 안전하지 않다
C 민박은 양질의 서비스를 제공한다
D 민박하면 현지 풍토와 인정을 체험할 수 있다

해설 보기에 民宿(민박)가 공통적으로 있으므로 이에 관한 설명문임을 예상한다. 보기의 키워드 价格(가격), 安全(안전하다), 优质服务(양질의 서비스), 当地风情(현지 풍토)에 주의하여 듣는다. 지문에서 **这是一种为游客提供体验当地风土人情、自然文化生活的住宿方式**(이것은 관광객에게 현지의 풍토와 인정, 자연문화 생활 제공하는 일종의 숙박 형식이다)라고 했으므로 정답은 D이다.

어휘 **民宿** mínsù 명 민박 **体验** tǐyàn 통 체험하다 **风土人情** fēngtǔrénqíng 명 지방의 특색과 풍습 **住宿** zhùsù 통 숙박하다 **远离** yuǎnlí 멀리 떠나다 **青山绿水** qīngshānlǜshuǐ 푸른 산 맑은 물 **风情** fēngqíng 명 풍토와 인정 **尽情** jìnqíng 부 마음껏 **低廉** dīlián 형 저렴하다 **优质** yōuzhì 형 양질의 **服务** fúwù 명 서비스

4

人可以冬眠吗？研究人员认为冬眠是一种延长寿命的途径。如果使一些身患重病的人或者绝症的病人进入冬眠状态，那么心跳次数将减少，这样就有更多的时间来等待器官移植。

사람이 겨울잠을 잘 수 있을까? 연구원들은 겨울잠이 수명을 연장하는 방법이라고 생각한다. 만일 중병이나 불치병에 걸린 사람이 겨울잠 상태에 들어가면 심박수가 줄어들어 더 많은 시간이 생겨 기관을 이식하는 것을 기다릴 수 있게 된다.

A 冬眠使人患重病
B 冬眠能延长寿命
C 冬眠对心跳没有影响
D 冬眠对人体危害大

A 겨울잠은 사람을 중병 걸리게 만든다
B 겨울잠은 수명을 연장시킬 수 있다
C 겨울잠은 심장 박동에 영향을 주지 않는다
D 겨울잠은 인체에 주는 해가 크다

해설 보기의 주어가 冬眠(겨울잠)이므로 겨울잠에 관한 설명문임을 예상한다. 지문에서 **研究人员认为冬眠是一种延长寿命的途径**(연구원들은 겨울잠이 수명을 연장하는 방법이라고 생각한다)이라고 했으므로 정답은 B이다.

어휘 **冬眠** dōngmián 통 겨울잠을 자다 **延长** yáncháng 통 연장하다 **寿命** shòumìng 명 수명 **途径** tújìng 명 경로, 방법 **绝症** juézhèng 명 불치병 **心跳** xīntiào 통 심장이 뛰다 **移植** yízhí 통 이식하다

5

所谓尬聊，顾名思义就是尴尬的聊天，气氛陷入冰点。一般都是其中一个人不太会聊天或者没有心思回复，造成交流障碍。这样的情况被网友们称为"尬聊"。

소위 어색한 대화란 말 그대로 난감한 대화, 분위기가 냉랭해지는 것을 의미한다. 보통 한 사람이 대화를 잘 못하거나 또는 대답할 마음이 없으면 소통의 장애가 발생한다. 이러한 상황을 인터넷 사용자들은 '어색한 대화'라 불린다.

A 尬聊仅限于网上
B 尬聊让气氛更活跃
C 尬聊是一种沟通方式
D 尬聊是指聊天儿气氛尴尬

A '어색한 대화'는 인터넷에서만 이루어진다
B '어색한 대화'는 분위기를 좋게 만든다
C '어색한 대화'는 소통하는 방식이다
D '어색한 대화'는 대화 분위기가 난감해지는 것이다

보기의 주어가 모두 **尴聊**(어색한 대화)이므로 이에 관한 설명문임을 예상한다. 지문에서 어색한 대화에 대해 **气氛陷入冰点**(분위기를 얼게 한다)이라고 했으므로 정답은 D이다.

所谓 suǒwèi 형 소위. 이른바 **尴聊** gàliáo 할 말이 없을 때 계속해서 의미 없는 말을 이어감(신조어) **顾名思义** gùmíngsīyì 성 이름을 보고 그 뜻을 생각한다 **尴尬** gāngà 형 난처하다 **气氛** qìfēn 명 분위기 **陷入** xiànrù 동 빠지다 **心思** xīnsi 명 생각 **回复** huífù 동 답장하다 **障碍** zhàng'ài 명 장애 **网友** wǎngyǒu 명 인터넷 사용자 **仅** jǐn 부 단지 **限于** xiànyú 동 ~에 국한되다 **活跃** huóyuè 형 활기 차다

6

蜻蜓的飞行技巧非常高明，这是其他会飞的昆虫无可比拟的。它能忽上忽下、忽快忽慢地飞行。蜻蜓之所以飞得自由自在，是因为靠神经系统控制着翅膀的倾斜角度，微妙地与飞行速度和大气气压相适应。	잠자리의 비행 기술은 아주 뛰어나서 다른 날 수 있는 곤충과는 비교할 수가 없다. 잠자리는 갑자기 오르락 내리락하고 또 갑자기 빠르고 느리게 비행할 수 있다. 잠자리가 자유자재로 날 수 있는 것은 신경 계통에 의해 날개의 경사 각도가 제어되어 미묘하게 비행 속도와 대기 기압을 서로 맞추기 때문이다.
A 蜻蜓种类繁多	A 잠자리의 종류가 많다
B 蜻蜓飞行能力强	**B 잠자리는 비행 능력이 강하다**
C 蜻蜓善于高速飞行	C 잠자리는 고속 비행을 잘한다
D 蜻蜓飞行时翅膀受损	D 잠자리는 비행할 때 날개가 손상을 입는다

보기의 주어가 모두 **蜻蜓**(잠자리)이므로 이에 관한 설명문임을 예상한다. 지문의 시작 부분에서 **蜻蜓的飞行技巧非常高明**(잠자리의 비행 기술은 아주 뛰어나다)이라고 했으므로 정답은 B이다.

蜻蜓 qīngtíng 명 잠자리 **技巧** jìqiǎo 명 기교, 테크닉 **高明** gāomíng 형 빼어나다. 뛰어나다 **昆虫** kūnchóng 명 곤충 **无可比拟** wúkěbǐnǐ 성 비할 바가 없다 **忽上忽下** hūshànghūxià 성 오르락내리락하다 **自由自在** zìyóuzìzài 형 자유자재이다 **靠** kào 동 기대다 **神经系统** shénjīngxìtǒng 명 신경 계통 **控制** kòngzhì 동 제어하다 **翅膀** chìbǎng 명 날개 **倾斜** qīngxié 동 경사지다 **角度** jiǎodù 명 각도 **微妙** wēimiào 형 미묘하다 **适应** shìyìng 동 적응하다 **繁多** fánduō 형 많다 **善于** shànyú 동 ~를 잘하다

7

随着互联网金融投资的兴起，越来越多的人进军理财行业，想通过各种理财产品进行财富增值。但普遍的人理财意识不高，忽略了风险的存在。其实，投资理财者在进行投资理财前要评估自己的风险承受能力，选择相应的理财产品。	인터넷 금융 투자가 발전함에 따라 점점 많은 사람들이 재테크 업종에 뛰어들어 각종 재테크 상품을 통해 재산의 가치를 올리고 싶어한다. 하지만 일반인들은 재테크 의식이 높지 않고 위험의 존재를 등한시한다. 사실 재테크 투자자들은 재테크 투자를 하기 전에 자신의 위험 감당능력을 평가하여 상응하는 상품을 선택해야 한다.
A 做投资理财要果断	A 투자와 재테크를 할 때 결단력이 있어야 한다
B 理财观念发生变化	B 재테크 생각에 변화가 생겼다
C 投资前要做好风险评估	**C 투자 전에 위험 평가를 해야 한다**
D 互联网金融投资不安全	D 인터넷 금융 투자는 안전하지 않다

보기에 **投资**(투자), **理财**(재테크) 등이 있고 당위를 나타내는 **要**(해야 한다)가 있으므로 논설문임을 예상한다. 지문에서 **投资理财者在进行投资理财前要评估自己的风险承受能力**(재테크 투자자들은 재테크 투자를 하기 전에 자신의 위험 감당 능력을 평가해야 한다)라고 했으므로 정답은 C이다.

随着 suízhe 개 ~함에 따라 **互联网** hùliánwǎng 명 인터넷 **金融** jīnróng 명 금융 **兴起** xīngqǐ 동 흥기하다. 발전하기 시작하다 **进军** jìnjūn 동 진군하다, 나아가다 **理财** lǐcái 재테크 동 재산을 관리하다 **行业** hángyè 명 업종 **财富** cáifù 명 부, 재산 **增值** zēngzhí 동 가치가 오르다 **忽略** hūlüè 동 소홀히 하다 **风险** fēngxiǎn 명 위험 **评估** pínggū 동 평가하다 **承受** chéngshòu 동 견뎌내다, 감당하다

8

一个女人戴着一顶很大的帽子看表演，坐在她后面的观众说："请把帽子摘掉，我花了100块钱进来，在你后边什么也看不到。"那个女人说："可我花了500块钱买这顶帽子，我必须让大家都看到。"

한 여자가 큰 모자를 쓰고 공연을 보는데 뒤에 앉은 관중이 말했다. "모자 좀 벗어주세요. 100위안을 내고 들어왔는데 당신 뒤에서는 아무 것도 보이지 않아요." 그 여자가 말했다. "근데 저는 500위안을 주고 이 모자를 샀기 때문에 모든 사람에게 보여 줘야 해요."

A 那顶帽子很华丽	A 그 모자는 아주 화려하다
B 门票100块一张	**B 티켓은 한 장에 100위안이다**
C 女人把帽子摘掉了	C 여자는 모자를 벗었다
D 女人不想被认出来	D 여자는 자신을 알아보는 것을 원치 않는다

해설 보기에 **女人**(여자), **帽子**(모자), 금액이 있으므로 에피소드임을 예상한다. 지문에서 **我花了100块钱进来**(나는 100위안을 내고 들어왔다)라고 했으므로 공연 티켓 가격이 100위안임을 알 수 있다. 따라서 정답은 B이다.

어휘 **表演** biǎoyǎn 통 공연하다   **摘** zhāi 통 벗다, 따다   **华丽** huálì 형 화려하다   **认出来** rènchūlái 통 알아보다

9

很多人认为：正确的睡觉姿势应该是向右侧卧，微曲双腿。这样，心脏处于高位，不受压迫，有利新陈代谢。但是任何一种睡姿都有优点和缺点。最近研究显示：在夜里，绝大多数的人都会不断变换睡姿，这样更有利于解除疲劳。

많은 사람들이 올바른 수면 자세는 오른쪽으로 누워서 양 다리를 약간 구부리고 자는 거라고 생각한다. 이렇게 하면 심장의 위치가 높아서 압박을 받지 않고 신진대사에 유리하게 된다. 하지만 모든 자세에는 다 장점과 단점이 있다. 최근 연구에 따르면 밤에 대다수의 사람들이 끊임없이 수면 자세를 바꾸는데 이것이 피로를 없애는 데 유리하다고 한다.

A 最好趴着睡觉	A 엎드려서 자는 것이 가장 좋다
B 变换睡姿对身体好	**B 수면 자세를 바꾸는 것은 몸에 좋다**
C 睡姿对身体没有影响	C 수면 자세는 신체에 영향을 주지 않는다
D 左侧卧有利于新陈代谢	D 왼쪽으로 누워 자는 것은 신진대사에 유익하다

해설 보기에 **睡姿**(잠자는 자세), **身体**(몸) 등이 있으므로 잠자는 자세와 몸에 관한 글임을 알 수 있다. 지문에서 **绝大多数的人都会不断变换睡姿，这样更有利于解除疲劳**(대다수의 사람들이 끊임없이 수면 자세를 바꾸는데 이것이 피로를 없애는 데 유리하다)라고 했으므로 정답은 B이다. A의 엎드려서 자는 자세는 언급되지 않았고 D의 신진대사에 도움이 되는 것은 오른쪽으로 누워자는 것임으로 정답이 아니다.

어휘 **姿势** zīshì 명 자세   **卧** wò 통 눕다   **曲** qū 형 구부러지다   **心脏** xīnzàng 명 심장   **压迫** yāpò 통 압박하다   **新陈代谢** xīnchéndàixiè 성 신진대사   **变换** biànhuàn 통 바꾸다   **睡姿** shuìzī 명 잠자는 자세   **解除** jiěchú 통 없애다   **疲劳** píláo 형 피로하다

10

当你在商场购买化妆品时，很容易看到一些贴着"试用装"标签的瓶瓶罐罐，但你可能并不注意这些试用装其实有很大的危害。试用装由于被频繁使用，存在着极大的卫生隐患，一不留神就会造成使用者之间的交叉感染。

당신이 매장에서 화장품을 구매할 때 '테스트용'이라는 라벨이 붙은 용기를 쉽게 볼 수 있다. 하지만 당신은 이 테스트용 화장품에 사실 커다란 위험이 있다는 것을 주의하지 못했을 것이다. 테스트용 화장품은 자주 사용되기 때문에 상당히 큰 위생적 위험이 존재하며, 조심하지 않으면 사용자 간에 접촉성 감염이 일어날 수 있다.

A 试用装可能不卫生	**A 테스트용 화장품은 위생적이지 않다**
B 用试用装不太环保	B 테스트용 화장품을 사용하는 것은 별로 친환경적이지 않다
C 最好不要用试用装	C 테스트용 화장품을 사용하지 않는 것이 가장 좋다
D 化妆品最好先使用	D 화장품은 먼저 사용해 보는 것이 좋다

해설 보기에 **试用装**(테스트용)과 **化妆品**(화장품)이 나오므로 테스트용 화장품에 관한 글임을 예상한다. **存在着极大的卫生隐患**(위생적인 위험이 존재한다)이라며 위생상 문제가 있다고 했으므로 정답은 A이다.

어휘 **试用装** shìyòngzhuāng 몡 테스트용 화장품　**标签** biāoqiān 몡 라벨　**瓶罐** píngguàn 몡 병과 용기　**危害** wēihài 몡 위해, 위험　**频繁** pínfán 톙 잦다, 빈번하다　**卫生** wèishēng 톙 위생적이다　**隐患** yǐnhuàn 몡 드러나지 않은 재앙　**留神** liúshén 통 주의하다, 조심하다　**交叉感染** jiāochāgǎnrǎn 몡 교차 감염

11

很多人都知道番茄汁具有很高的营养价值，但并不知道番茄汁还有解酒的作用。番茄中含有加快酒精分解和吸收的特殊果糖成分。一次性喝300毫升以上的番茄汁，可以快速摆脱头晕状态，从醉酒中清醒过来。

많은 사람들은 토마토 주스에 높은 영양가가 있다는 것을 알지만, 그러나 토마토 주스에 알코올 분해 작용이 있다는 것은 모른다. 토마토에는 알코올을 빠르게 분해하고 흡수하는 특수 과당 성분이 함유되어 있다. 한 번에 300ml 이상의 토마토 주스를 마시면 어지러운 상태에서 빠르게 벗어나고 술을 깰 수 있다.

A 番茄不宜生吃
B 喝酒时不能吃番茄
C 番茄汁有解酒功效
D 番茄汁不宜和肉类同食

A 토마토는 날것으로 먹으면 좋지 않다
B 술을 마실 때 토마토를 먹으면 안 된다
C 토마토 주스는 알코올 분해 효과가 있다
D 토마토 주스는 육류와 같이 먹으면 좋지 않다

해설 보기에 **番茄汁**(토마토 주스)가 반복적으로 나오므로 이에 관한 설명문임을 알 수 있다. 지문에서 전환을 나타내는 접속사 뒤에 **并不知道番茄汁还有解酒的作用**(토마토 주스에 알코올 분해 기능이 있다는 것을 모른다)이라고 했으므로 정답은 C이다.

어휘 **番茄** fānqié 몡 토마토　**营养** yíngyǎng 몡 영양　**番茄汁** fānqiézhī 몡 토마토 주스　**解酒** jiějiǔ 통 술을 깨다　**含有** hányǒu 통 함유하다　**加快** jiākuài 통 빠르게 하다　**酒精** jiǔjīng 몡 알코올　**果糖** guǒtáng 몡 과당　**毫升** háoshēng 양 밀리리터　**摆脱** bǎituō 통 벗어나다　**头晕** tóuyūn 통 머리가 어지럽다　**清醒** qīngxǐng 톙 정신이 맑다　**不宜** bùyí 통 ~하는 것은 좋지 않다　**功效** gōngxiào 몡 효능

12

无人机快递通过无人驾驶的低空飞行器运载包裹，自动送达目的地。无人机快递能够解决偏远地区的配送问题，同时减少人力成本。但是无人机尤其小型无人机对天气影响更敏感，在恶劣天气下无人机会容易发生故障。

드론 택배는 무인 저공 비행 기기를 통해 소포를 운반하여 목적지에 자동으로 배송한다. 드론 택배는 외진 지역의 배송 문제를 해결할 수 있고 인건비를 줄일 수 있다. 그러나 드론, 특히 소형 드론은 날씨에 민감하여 열악한 기상 조건에서는 쉽게 고장이 난다.

A 无人机弊大于利
B 无人机受天气影响大
C 无人机成本较高
D 无人机技术还不完善

A 드론은 장점보다 단점이 많다
B 드론은 날씨의 영향을 많이 받는다
C 드론은 원가가 높은 편이다
D 드론의 기술은 아직 완비되지 않았다

해설 보기의 주어가 모두 **无人机**(드론)이므로 이에 관한 설명문임을 알 수 있다. 지문에서 **无人机尤其小型无人机对天气影响更敏感，在恶劣天气下无人机会容易发生故障**(드론, 특히 소형 드론은 날씨에 민감하여 열악한 기상 조건에는 쉽게 고장이 발생한다)이라고 했으므로 드론이 날씨의 영향을 많이 받는다는 것을 알 수 있다. 따라서 정답은 B이다.

어휘 **无人机** wúrénjī 몡 드론　**快递** kuàidì 몡 택배　**驾驶** jiàshǐ 통 운전하다　**运载** yùnzài 통 운반하다　**包裹** bāoguǒ 몡 소포　**送达** sòngdá 통 배달하다　**偏远** piānyuǎn 톙 외지다　**配送** pèisòng 통 배송하다　**成本** chéngběn 몡 원가, 자본금　**敏感** mǐngǎn 톙 민감하다　**恶劣** èliè 톙 열악하다　**故障** gùzhàng 몡 고장　**弊大于利** bìdàyúlì 단점이 장점보다 많다　**完善** wánshàn 톙 완벽하다

13

对于父母的啰嗦，很多孩子已经听得麻木了。其实，父母的啰嗦一方面体现了对孩子的关心，另一方面也表达了他们想与人沟通的愿望。因此，孩子应该耐心倾听父母的话，与父母交流，让父母享受天伦之乐。

부모의 잔소리에 대해서 많은 자녀들이 이미 마비가 됐다. 사실 부모의 잔소리는 한편으로는 자녀에 대한 관심을 드러내는 것이고, 또 한편으로는 그들이 사람과 소통하고 싶은 바람을 나타내는 것이다. 때문에 자녀들은 인내심을 가지고 부모의 말을 경청해야 하고, 부모와 소통하고 부모에게 가족간의 즐거움을 누릴 수 있게 해야 한다.

A 啰嗦让父母发怒
B 孩子身体容易麻木
C **倾听能给父母安慰**
D 父母不喜欢与孩子沟通

A 잔소리는 부모를 화나게 한다
B 아이의 신체는 쉽게 마비된다
C **경청하는 것은 부모에게 위안을 준다**
D 부모는 아이와 소통하는 것을 싫어한다

해설 보기의 주어가 모두 다르므로 주어와 술어로 나누고, **啰嗦**(잔소리), **父母**(부모), **沟通**(소통)이 있으므로 이에 관한 글임을 예상한다. 지문에서 부모의 잔소리의 의미에 대해 설명한 후 인과 관계를 나타내는 접속사 **因此**를 사용하여 **孩子应该耐心倾听父母的话, 让父母享受天伦之乐**(아이는 부모의 말을 경청해서 부모로 하여금 가족 간의 즐거움을 누리게 해야 한다)라고 했으므로 정답은 C이다.

어휘 啰嗦 luōsuo 웹 말이 많다. 성가시다 麻木 mámù 웹 마비되다 倾听 qīngtīng 图 경청하다 天伦之乐 tiānlúnzhīlè 셍 가족의 단란함 发怒 fānù 图 화내다 安慰 ānwèi 图 위로하다

14

真皮沙发如何保养呢？真皮沙发不要摆放在阳光直接照射的地方，也不要放在空调直接吹到的地方，这样会使皮面变硬，失去光彩，使沙发看起来很陈旧。最好是能放在干燥且空气流通好的地方，这样可以避免内部的弹簧生锈，弹性削弱。

가죽 소파는 어떻게 관리해야 할까? 가죽 소파는 직사광선이 비치는 곳에 놓으면 안 되고, 에어컨이 직접 쐬는 곳에 놓아도 안 된다. 이렇게 하면 가죽이 딱딱해지고 광택을 잃으며 소파가 낡아 보이게 된다. 가장 좋은 것은 건조하고 공기가 잘 통하는 곳에 두는 것이다. 이렇게 하면 내부의 스프링에 녹이 슬고 탄성이 약해지는 것을 막을 수 있다.

A 真皮沙发并不耐脏
B 吹空调让沙发干燥
C 选择沙发要看弹力
D **真皮沙发要少晒太阳**

A 가죽 소파는 쉽게 더러워진다
B 에어컨은 소파를 건조하게 한다
C 소파를 고를 때는 탄성을 봐야 한다
D **가죽 소파는 햇빛을 적게 받아야 한다**

해설 보기에 **真皮沙发**(가죽 소파)가 공통적으로 나오므로 이에 관한 글임을 예상한다. 지문의 시작 부분의 의문문 뒤에 **真皮沙发不要摆放在阳光直接照射的地方**(가죽 소파는 직사광선이 비치는 곳에 놓으면 안 된다)이라고 언급했으므로 가죽 소파는 햇빛을 적게 받아야 함을 알 수 있다. 따라서 정답은 D이다.

어휘 真皮沙发 zhēnpíshāfā 명 가죽 소파 保养 bǎoyǎng 图 보양하다. 정비하다 摆放 bǎifàng 图 놓다. 진열하다 照射 zhàoshè 图 비추다. 쪼이다 光彩 guāngcǎi 명 빛. 광채 陈旧 chénjiù 웹 오래 되다, 낡다 弹簧 tánhuáng 명 스프링 生锈 shēngxiù 图 녹이 슬다 弹性 tánxìng 명 탄성 削弱 xuēruò 图 약화되다 耐脏 nàizāng 웹 더러움을 잘 타지 않다 弹力 tánlì 명 탄력

15

一个年轻的企业家问父亲怎么做管理，父亲拿了一根绳子放在桌上，先让儿子把绳子往前推。儿子从后往前推这根绳子，结果绳子弯了。这时，父亲又让他从前面拉绳子，绳子便随之而动。父亲说："管理其实很简单，只需要用目标把大家拉动起来就行了。"

한 젊은 기업가가 아버지에게 어떻게 관리해야 하는지 물었다. 아버지는 줄 하나를 책상 위에 놓고, 아들에게 줄을 앞으로 밀라고 했다. 아들은 뒤에서 앞으로 이 줄을 밀었고 결국 줄을 구부러졌다. 이때 나이 든 기업가가 그에게 앞에서부터 줄을 당기라고 했더니 줄이 그에 따라 움직였다. 나이 든 기업가가 말했다. "관리는 사실 아주 간단하다. 목표를 사용해서 모두를 이끌면 되는 것이다."

A 要善于总结经验 B 不要被失败吓退 **C 目标具有带动作用** D 做事不要半途而废	A 경험을 종합할 줄 알아야 한다 B 실패 때문에 물러서면 안 된다 **C 목표는 이끄는 역할을 한다** D 중도에 포기해서는 안 된다

해설 보기에 **要**(해야 한다), **不要**(하지 말라)가 있으므로 논설문임을 예상한다. 논설문의 핵심 주장은 후반부에 나오는 경우가 많다. 지문의 후반부 나이 든 기업가의 말에 **用目标把大家拉动起来就行了**(목표를 사용해서 모두를 이끌면 되는 것이다)라고 했으므로 정답은 C이다.

어휘 **管理** guǎnlǐ 통 관리하다 **绳子** shéngzi 명 밧줄, 끈 **弯** wān 형 구불구불하다 통 굽히다 **总结** zǒngjié 통 총정리하다, 총결산하다 **带动** dàidòng 통 이끌어나가다, 움직이게 하다 **半途而废** bàntú'érfèi 성 중도 포기하다

듣기 제2부분

16-20

女：您曾经在一个学校担任美术老师，2000年才开始做室内设计的。首先能介绍一下你是怎么进入到这个行业吗？

男：周围很多朋友需要装修房子，经常请我帮忙设计一下，久而久之我就对这一行熟悉起来，也发现自己更适合做这一行，于是就转行做了设计师。

女：您跟我们介绍一下设计师平时的工作内容大概都是什么样的？

男：其实工作内容很琐碎，也很辛苦，我们可能更多的时候是跟客户的交流，16制作图纸，现场和工人沟通，后期的采买，一切琐碎的东西全部到位，你的这个作品才能完成。

女：你怎么看待设计师这个行业？你觉得什么样的设计师是一个好的设计师？

男：很多时候人们对设计师是有一种误解的，我听到的是"你可以自由地去创作，你的生活可以弹性地规划人生，你的时间也是非常宽松的，还能够有一个比较优厚的收入"。17但是实际上，设计师，尤其是室内设计师，有的时候跟艺术家完全是两码事。艺术家就是创作，只是做我喜欢的，这个东西只是因我而存在；但是设计师是完全反过来，我的设计是因人而异，更多的时候你有各种各样的限定，要做到在各种各样条条框框限制的条件下为他做一个满意的东西，你这个作品是为他做的，他满意了对你才是一个最满意的结果。

여: 선생님께서는 이전에는 학교에서 미술 교사를 하시고 2000년에 실내 디자인을 시작하셨는데요, 우선 어떻게 이 업종에 들어오게 되셨는지 소개해 줄 수 있으신가요?

남: 주변에 많은 친구들이 집 인테리어를 해야 해서 자주 저에게 디자인하는 걸 도와 달라고 했어요. 그러한 시간이 길어지면서 이 업종에 대해 잘 알게 되었고 또 제가 이 일에 더 잘 맞는다고 생각해서 업종을 바꿔 디자인을 하게 되었습니다.

여: 디자이너가 평소에 하는 업무의 내용은 대체로 어떤 것인지 소개해 주시겠습니까?

남: 사실 업무 내용은 잡다하고 힘들어요. 더 많은 시간을 고객과 교류하고 16설계도를 만들고 현장에서 노동자들과 소통하고 마지막으로 구매하는데, 이 모든 복잡한 일들이 제대로 이루어지면 작품이 완성되는 것이죠.

여: 선생님은 디자이너 이 업종을 어떻게 보시나요? 어떤 디자이너가 좋은 디자이너라고 생각하십니까?

남: 많은 경우 사람들이 디자이너에 대해 오해를 합니다. 제가 들은 바로는 "당신은 자유롭게 창작하고, 삶을 유연하게 계획할 수 있고, 시간도 매우 여유롭고 또 수입도 괜찮아요."라고 하는데요. 17하지만 사실상, 디자이너는 특히 실내 디자이너는 예술가와는 완전 별개의 일이에요. 예술가는 창작을 하고 자신이 좋아하는 것을 하고 이 물건은 오로지 나로 인해 존재하는 것이죠. 하지만 디자이너는 완전히 반대예요. 제 디자인은 사람에 따라 달라집니다. 더 많은 경우가 다양한 제한들이 있어, 다양한 틀이라는 제한 아래에서 누군가를 만족시켜 주는 것을 만들어야 합니다. 당신의 이 작품은 그를 위한 것이고 그가 만족해야 당신에게 만족스러운 결과가 되는 거죠.

실전모의고사 1

女：您在设计过程中最困难的地方是什么？

男：18最困难的地方，我觉得更多的时候是人和人之间交流的障碍，比如一种是这个房子的主人自己想要的表述不清楚。有的时候我们碰到的客户是今天要这样，明天要那样，他自己的人生观、价值观、审美观都在日新月异地变。如果交流不充分，就会导致双方合作不愉快。

女：你觉得在设计过程中，最关键的是什么？

男：19最关键的就是功能，一个新的房子也好，一个旧的房子也好，一个房子最核心的问题就是功能，要把所有的功能都结合起来。这个家再漂亮，如果它不实用，我没有办法去用它，很快它就会变得不漂亮了。

女：如果我们镜头前的朋友，有想成为设计师的，你觉得他需要具备什么素质？

男：20最重要的一点是要热爱生活，要对任何东西都感兴趣，对任何东西没有偏见。因为你做的这个工作，尤其是室内，你要为了客户着想。他要什么，你就应该给他什么。你要了解不同的人，你有一颗包容心，你能够知道不同的人需要的是什么。这一点是最重要的。

여: 디자인하는 과정 중 가장 어려운 점은 무엇인가요?

남: 18가장 어려운 건 대부분이 사람들과 소통할 때의 어려움이에요. 예를 들어 이 집의 주인이 자신이 원하는 것을 분명하게 설명하지 못하는 거예요. 또 어떤 때는 저희가 만난 고객이 오늘은 이렇게 해달라 하고 내일은 저렇게 해달라 하며 자신의 인생관, 가치관, 심미감이 하루가 다르게 변하는 거에요. 만일 소통이 충분하지 않으면 서로 기분 나쁘게 일하게 되는 거죠.

여: 디자인하는 과정에서 가장 중요한 것은 무엇인가요?

남: 19가장 중요한 것은 기능이에요. 새 집도 좋고 오래된 집도 좋아요. 한 집의 가장 중요한 문제는 바로 기능인데 모든 기능을 결합시켜야 합니다. 이 집이 아무리 예쁘더라도 만약 실용적이지 않으면 사용할 방법이 없고, 금세 예쁘지 않게 되는 거죠.

여: 만일 저희 화면 앞에 계신 분들 중 디자이너가 되고 싶은 분이 계시다면 이 분은 어떤 소질을 갖춰야 될까요?

남: 20가장 중요한 것은 삶을 사랑하고 어떤 것에든 관심을 가지고 편견이 없어야 합니다. 당신이 하는 이 일은 특히 실내 디자인은, 고객을 위해 생각해야 해요. 그가 원하는 것을 해 줘야 합니다. 다양한 사람을 이해하고 포용력을 가지고 다양한 사람들이 무엇을 원하는지를 알아야죠. 이점이 가장 중요합니다.

어휘 室内设计 shìnèishèjì 명 실내 디자인 | 行业 hángyè 명 업종, 직종 | 装修 zhuāngxiū 동 인테리어하다 | 久而久之 jiǔ'érjiǔzhī 성 긴 시간이 지나다 | 转行 zhuǎnháng 동 직업을 바꾸다 | 琐碎 suǒsuì 형 사소하고 잡다하다 | 图纸 túzhǐ 명 도면, 설계도 | 工人 gōngrén 명 노동자 | 采买 cǎimǎi 동 구매하다 | 到位 dàowèi 동 요구하는 수준에 도달하다 형 딱 들어맞다 | 误解 wùjiě 명 오해 | 弹性 tánxìng 명 탄성, 유연성 | 规划 guīhuà 동 기획하다 | 宽松 kuānsōng 형 여유가 있다 | 优厚 yōuhòu 형 (보수나 대우가) 후하다, 좋다 | 两码事 liǎngmǎshì 명 서로 별개의 일 | 限定 xiàndìng 동 한정하다, 제한하다 | 条框 tiáokuàng 명 틀 | 限制 xiànzhì 명 제한 | 障碍 zhàng'ài 명 장애물 동 방해하다 | 表述 biǎoshù 서술하다, 설명하다 | 审美观 shěnměiguān 명 심미관 | 镜头 jìngtóu 명 렌즈 | 偏见 piānjiàn 명 편견 | 包容心 bāoróngxīn 명 포용력

---

16 下列哪项不是设计师平时工作的内容？

다음 중 디자이너가 평상시에 하는 일이 아닌 것?

A 制作图纸	A 설계도를 만든다
B 采购建材	B 건축 자재를 구매한다
C 和工人沟通	C 노동자들과 소통한다
D 做宣传广告	**D 홍보 광고를 한다**

해설 보기는 모두 술어형이고 키워드 图纸(설계도), 建材(건축 자재)를 확인한다. 지문에서 키워드가 언급된 부분에서 **制作图纸, 现场和工人沟通, 后期的采买**(설계도를 제작하고 현장에서 노동자들과 소통하고 마지막으로 구매한다)라고 하였다. 질문이 디자이너가 평소에 하는 일이 아닌 것이므로 정답은 D이다.

어휘 建材 jiàncái 명 건축 재료

17 男的如何看待设计师这个职业？ | 남자는 디자이너라는 이 직업을 어떻게 여기는가?

A 没有任何约束 | A 어떤 제약도 없다
B 时间非常宽松 | B 시간이 매우 여유롭다
C 收入比较优厚 | C 수입이 꽤 높다
D 与艺术家大不相同 | **D 예술가와 매우 다르다**

해설 보기는 모두 어떠한 특징에 관한 내용이다. 지문에서 디자이너에 대한 오해에 대해 언급하며 **尤其是室内设计师，有的时候跟艺术家完全是两码事**(특히 실내 디자이너는 예술가와는 완전 별개의 일이다)이라고 했으므로 보기 D에 메모한다. 남자의 디자이너에 관한 관점은 예술가와 매우 다르다는 것이므로 정답은 D이다.

어휘 约束 yuēshù 통 속박하다   宽松 kuānsōng 형 여유가 있다   大不相同 dàbùxiāngtóng 성 크게 다르다

18 男的认为设计过程中最困难的是什么？ | 남자는 디자인하는 과정 중 가장 어려운 것이 무엇이라고 생각하는가?

A 缺乏技术 | A 기술이 부족하다
B 资金不足 | B 자금이 부족하다
C 和客户的沟通 | **C 고객과의 소통**
D 买不到适合的材料 | D 적합한 재료를 살 수 없다

해설 보기가 부정적인 내용이므로 어려움에 관한 내용이 나오면 주의해서 듣는다. 지문에서 **最困难的地方，我觉得更多的时候是人和人之间交流的障碍**(가장 어려운 건 사람들과 소통할 때의 어려움이에요)라고 했으므로 소통이 언급된 C에 메모한다. 질문에서 남자가 가장 어려운 것을 무엇이라고 생각하는가이므로 정답은 C이다.

19 男的认为装修房子时，什么是最关键的？ | 남자는 인테리어를 할 때 무엇이 가장 중요하다고 생각하는가?

A 实用 | **A 실용성**
B 审美 | B 아름다움
C 建材 | C 건축 자재
D 色彩 | D 색깔

해설 보기가 모두 명사형이므로 지문에서 그대로 들리는 것에 주의한다. 지문에서 **最关键的就是功能**(가장 중요한 것은 기능이다)이라고 하며 이어서 **如果它不实用，我没有办法去用它**(만일 실용적이지 않으면 그것을 사용할 수 없다)라는 말에 **实用**이 언급되었으므로 A에 메모한다. 질문이 남자가 인테리어에 중요하게 생각하는 것이 무엇인가이므로 정답은 A이다.

20 关于男的，下列哪项正确？ | 남자에 관한 내용으로 옳은 것은?

A 有自己的风格 | A 자신만의 스타일이 있다
B 坚持自己的想法 | B 자신의 생각을 고수한다
C 大学毕业后就做设计 | C 대학 졸업 후 바로 디자인을 했다
D 认为热爱生活很重要 | **D 삶을 사랑하는 것을 중요하게 여긴다**

해설 보기의 내용이 전문가 개인에 관한 것임을 알 수 있다. 마지막 인터뷰 대화에서 전문가 자신의 견해를 밝히는 부분에서 **最重要的一点是要热爱生活**(가장 중요한 것은 삶을 사랑하는 거예요)라고 했으므로 보기 D에 메모한다. 질문이 남자에 관해 옳은 내용을 고르는 것이므로 D가 정답니다.

어휘 风格 fēnggé 명 스타일

女：据最近一项调查显示，在1000名被调查中，21 53%的人喜欢看国外卡通动漫，21%的人喜欢看国内的。值得注意的是，在10到30岁的年轻人群中，有65%的人明确表示喜欢看国外动漫。方总，您怎么看待这个调查结果？

男：这说明我们卡通界的拳头产品还是太少了。很多人认为，22中国的动漫作品内容单调、老旧、少有创新，而且发展速度也太慢了。

女：为什么中国的动漫产业发展缓慢呢？

男：23除了经费的原因，关键是缺乏人才。虽然现在学动漫专业的人很多，但人才很少。这些人还有很多后来转行了，投入到了其他行业，像游戏、广告等等。

女：他们为什么做出了这样的选择？

男：我觉得就是生存的需要。

女：问题在哪里？

男：很多学校都开卡通动漫专业，但是教育需要慢慢积累资源。坦率地讲有些学校动漫专业的老师，虽然是教动漫的，可是他自己都没有亲手做过动漫。另外一方面，就是动漫产业的现状，现在说是有5600家公司，但是90%都是小商品经营方式。每个公司一开始都在倡导原创，做着做着受到经济的牵制，24大量优秀的毕业生就变成生产线上的加工人员了，人才就这样被埋没了。

女：那我们怎样才能陪养出更多有创造力的人才呢？

男：我觉得这些学生前期在学院里学习，后期就应该在企业里进行实践。此外，对于这些人才，应该要支持和鼓励他们的创作。只有这样才能让他们真正进入到创作过程中，全身心地投入进去。

女：您自己就是这么做的吧？

男：是的。公司很多同事刚来的时候，我都会告诉他，如果你要做动画，你必须对动画有一份热爱，如果没有，那请你赶快转行。25你一旦决定做下去，公司将会尽最大努力给你发挥的空间。

여: 최근 조사에 따르면 1000명의 사람들이 조사에서 21 53%가 해외 애니메이션을 좋아한다고 대답했고, 21%의 사람들이 국내 애니메이션을 좋아한다고 했는데요. 주목할 점은 10~30세의 젊은 사람 중 65%의 사람들이 해외 애니메이션을 좋아한다고 분명하게 대답했습니다. 방 사장님. 이 조사 결과를 어떻게 생각하시나요?

남: 이것은 우리 애니메이션 업계의 주력 상품이 여전히 매우 적다는 것을 설명해줍니다. 많은 사람들이 22중국의 애니메이션 작품은 단조롭고 시대에 뒤떨어지며 창의성이 부족하고, 발전 속도가 느리다고 생각합니다.

여: 왜 중국의 애니메이션 산업 발전이 느린 걸까요?

남: 23경제적인 원인 외에 가장 중요한 것은 인재가 부족한 것입니다. 애니메이션을 공부하는 사람들은 많으나 인재는 부족해요. 이런 사람들은 많은 경우 나중에 업종을 바꿔서 게임이나 광고 등과 같은 다른 업계로 전향합니다.

여: 그들은 왜 이러한 결정을 내리는 걸까요?

남: 제 생각에는 생존을 위한 결정인 것 같습니다.

여: 문제는 어디에 있을까요?

남: 많은 학교가 애니메이션 학과를 개설하지만 교육은 자원이 천천히 쌓여야 하거든요. 솔직히 말해서 일부 애니메이션 학과의 선생들은 애니메이션을 가르치지만 직접 애니메이션을 만들어 보지 않는 경우도 있어요. 또 다른 방면에서 보면, 애니메이션 산업의 현황은, 현재 5600개의 회사가 있지만 90%는 소규모 상품의 경영 방식을 취하고 있어요. 모든 회사들이 처음에는 캐릭터를 창작하는데 하면 할수록 경제적 압박을 받게 되죠. 24많은 우수한 졸업생들이 생산 라인의 가공 직원이 되고 인재은 이렇게 매몰되는 겁니다.

여: 그럼 우리는 어떻게 더 많은 창의력이 있는 인재를 길러낼 수 있을까요?

남: 이런 학생들은 먼저 학교에서 공부를 하고 나중에는 기업에서 실제로 일해야 합니다. 이 밖에도 이러한 인재들에게 그들의 창작을 지지하고 격려해야 합니다. 이렇게 해야만 그들이 진정으로 창작 과정에 들어갈 수 있고, 몸과 마음을 다해 전력할 수 있는 겁니다.

여: 대표님은 이렇게 하시지요?

남: 네. 많은 직원들이 회사에 막 들어왔을 때 저는 말합니다. 만일 애니메이션을 하고 싶으면 만화에 열정을 가져야 하고, 만일 열정이 없으면 다른 업으로 전향하라고 말입니다. 25일단 계속하기로 결정했다면 회사는 최대한 능력을 발휘할 수 있는 공간을 제공할 것이라고 말합니다.

어휘 **卡通** kǎtōng 뗑 만화 **动漫** dòngmàn 뗑 애니메이션 **拳头产品** quántóuchǎnpǐn 뗑 히트상품, 주력상품 **单调** dāndiào 톙 단조롭다 **老旧** lǎojiù 톙 낡다, 시대에 뒤떨어지다 **创新** chuàngxīn 뗑 창의성 통 옛 것을 버리고 새 것을 창조하다 **缓慢** huǎnmàn 톙 느리다 **经费** jīngfèi 뗑 경비 **转行** zhuǎnháng 통 업종을 바꾸다 **投入** tóurù 통 뛰어들다 **积累** jīlěi 통 축적하다 **坦率** tǎnshuài 톙 솔직하다 **倡导** chàngdǎo 통 선도하다 **原创** yuánchuàng 통 창시하다 **牵制** qiānzhì 뗑 통 견제(하다) **生产线** shēngchǎnxiàn 뗑 생산 라인 **埋没** máimò 통 매몰하다 **实践** shíjiàn 뗑 실천

21 调查显示，有多少人喜欢看国产卡通片？

조사에서, 국내 애니메이션을 좋아하는 사람은 얼마나 되나?

A 21%	**A** 21%
B 53%	B 53%
C 65%	C 65%
D 90%	D 90%

해설 보기가 백분율이므로 숫자에 주의하여 들으며 관련 정보를 메모한다. 지문에서 53%**的人喜欢看国外卡通动漫**，21%**的人喜欢看国内的**(53%의 사람들이 해외 애니메이션을 좋아하고, 21%의 사람들이 국내 애니메이션을 좋아한다)라고 하였다. 또한 **在10到30岁的年轻人群中，有65%的人喜欢看国外动漫**(10~30대 사람들 중 65%가 해외 애니메이션을 좋아한다)이라고 했으므로 A에 국내, B에 해외, C에 10~30대는 해외라고 메모한다. 질문이 국내 애니메이션을 좋아하는 사람을 물었으므로 정답은 A이다.

22 很多人觉得中国动漫作品有什么问题？

많은 사람들은 중국 애니메이션 작품에 무슨 문제가 있다고 생각하는가?

A 情节复杂	A 스토리가 복잡하다
B 尚不规范	B 규범화되지 않았다
C 缺乏创新	**C 창의성이 부족하다**
D 市场不成熟	D 시장이 성숙하지 않았다

해설 보기가 모두 부정적인 내용이므로 인터뷰에서 어려움이나 문제를 언급하는 부분에 주의해서 듣는다. 보기에 **情节**(스토리), **创新**(창의성)의 어휘를 보고 창작에 관한 인터뷰임을 예상한다. 지문에서 **中国的动漫作品内容单调、老旧、少有创新**(중국 애니메이션 작품은 내용이 단조롭고 시대에 뒤떨어지며 창의성이 적다)이라고 하였으므로 보기 C에 메모한다. 질문이 중국 애니메이션 작품에 어떤 문제가 있는가이므로 정답은 C이다.

어휘 **情节** qíngjié 명 스토리 **规范** guīfàn 동 규범화하다

23 男的认为中国卡通产业发展缓慢的主要原因是什么？

남자는 중국 애니메이션 산업 발전이 느린 주요 원인이 무엇이라 생각하는가?

A 缺乏人才	**A 인재가 부족하다**
B 资金不够	B 자금이 부족하다
C 技术落后	C 기술이 낙후됐다
D 宣传不到位	D 홍보가 제대로 되지 않다

해설 보기가 모두 부정적인 내용이므로 어려움과 문제를 언급하는 부분에 주의해서 듣는다. 보기의 키워드 **人才**(인재), **资金**(자금), **技术**(기술), **宣传**(홍보)에 주의해서 듣는다. 지문에서 **除了经费的原因，关键是缺乏人才**(경제적인 원인 외에 가장 중요한 것은 인재가 부족한 것이다)라고 했으므로 보기 A에 메모한다. 질문이 중국 애니메이션 산업이 느린 주요 원인을 묻고 있으므로 정답은 A이다.

어휘 **缺乏** quēfá 동 결핍되다 **落后** luòhòu 형 낙후되다 **到位** dàowèi 동 요구하는 수준에 도달하다

24 那些搞动漫的人工作后渐渐会变得怎么样？

애니메이션 업계에 종사하는 사람들은 일을 한 후 어떻게 변하는가?

A 视野宽阔	A 시야가 넓어진다
B 积累经验	B 경험이 쌓인다
C 相当积极	C 상당히 적극적으로 된다
D 失去创造力	**D 창의력을 잃는다**

보기의 키워드 중 A, B, C는 긍정적 내용이고 D만 부정적인 내용이다. 보기의 키워드 **视野**(시야), **经验**(경험), **积极**(적극적이다), **创造力**(창조력)에 주의해서 듣는다. 지문에서 많은 회사에서 처음에는 창작을 하지만 경제적 압박을 받게 되면서 **大量优秀的毕业生就变成生产线上的加工人员了，人才就这样被埋没了**(많은 우수한 졸업생들이 생산라인의 가공인원이 되어 인재가 이렇게 매몰된다)라고 했으므로 D에 메모한다. 질문이 애니메이션 업계의 사람들이 일을 한 후 어떻게 변하는가이므로 정답은 D이다.

宽阔 kuānkuò 형 넓다

25

男的公司会尽量给动画艺术家什么？	남자의 회사는 애니메이션 예술가들에게 최대한 무엇을 주는가?
A 良好环境	A 좋은 환경
B 大笔经费	B 많은 경비
C 创作自由	**C 창작의 자유**
D 业余时间	D 여가 시간

보기가 모두 명사형이며 복지 및 혜택에 관한 내용이다. 지문에서 **你一旦决定做下去，公司将会尽最大努力给你发挥的空间**(일단 계속하기로 결정하면 회사는 최대한 능력을 발휘할 수 있는 공간을 제공할 것이라고 말합니다)이라고 말한 부분에서 회사가 직원들에게 창작의 자유를 제공해 준다는 것을 알 수 있다. 질문이 남자의 회사가 예술가들에게 제공해주는 것이 무엇인가이므로 정답은 C이다. 지문에서의 **空间**은 물리적인 공간이 아니라 추상적인 개념이다.

26-30

男：说起心理治疗很多人会说那是一种骗术，一种迷信，不相信其科学性。有人说去找心理医生还不如去找朋友，反正都是找人聊天儿。崔医生，你怎么看待这个说法？

女：心理治疗不像人们想象的那样需要滔滔不绝地劝说，心理医生大部分时间是在倾听，在分析，需要敏锐地找到患者的问题，并采用相应的技术方法来解决问题。当然也需要患者来主动配合，26患者是在心理医生的帮助下自己完成自身转变的。

男：和你面对面的时候，我有些紧张，我会想：你是不是一直在研究我的内心？

女：我们都应该放轻松些。一开始接触心理学的人容易这样，他特别愿意用自己学到的方法和理论去分析周围的人。人们会本能地迷恋心理分析，有一次我看到心理学杂志上说，人在撒谎的时候会本能地向某个方向转动眼球，所以有很多天我都会不由自主地去观察人的眼球。27但是不能上瘾，不能不分场合，那样结果却会适得其反。所以我不会一直把自己当成心理医生。

男：这句话该怎么理解呢？

남: 심리 치료를 말하면 많은 사람들은 편법이나 미신이라고 생각하고 그것의 과학성을 믿지 않습니다. 어떤 사람들은 정신과 의사를 찾아가는 것보다 친구를 만나는 것, 어쨌든 사람을 만나 이야기하는 것이 더 낫다고 하는데요. 최 선생님, 이에 대해 어떻게 생각하시나요?

여: 심리 치료는 사람들이 상상하는 것처럼 끊임없이 충고를 하는 것이 아니고, 정신과 의사는 대부분의 시간을 경청하고 분석해서 환자들의 문제를 예리하게 찾아내고 또한 상응하는 기술적인 방법으로 그 문제를 해결해야 합니다. 물론 환자들이 능동적으로 협력해야 하죠. 26환자는 정신과 의사의 도움으로 스스로 변화를 이루는 것입니다.

남: 선생님을 대할 때 좀 긴장되는데요. '선생님께서 제 마음을 계속 연구하고 계시나?'라고 생각되기 때문이에요.

여: 우리 모두 마음 편하게 생각하자구요. 심리학을 처음 접하는 사람들은 이렇게 하기 쉽지요. 자신이 배운 방법과 이론으로 주변 사람들을 분석하려고 해요. 사람들은 본능적으로 심리 분석에 빠져들어요. 한번은 제가 심리학 잡지에서 사람이 거짓말을 할 때 본능적으로 어떤 방향으로 눈알을 돌린다는 걸 봤어요. 그래서 며칠 동안 저도 모르게 사람의 눈을 관찰했어요. 27그런데 절대로 중독이 되거나 장소나 대상을 구분하지 않으면 안 돼요. 결과적으로 되려 안 좋게 될 겁니다. 그래서 저는 계속 제 자신이 정신과 의사라고 생각하지 않아요.

남: 이 말을 어떻게 이해해야 하나요?

女：28如果心理医生始终是心理医生，不注重体验自己的生活，没有喜怒哀乐，那么即使能调节到所谓特别"完美"的程度，他也不一定能很好地工作。每个人其实都一样。在单位，我是一名医生；回到家里，我就是妈妈、妻子。有了这个角色转换，你才是一个生动的人。

男：心理医生也有心里问题吗？

女：每个人都有可能在压力下产生一些心理问题。心理医生也会受到各种负面的影响。其实人的情绪是对外界刺激的正常反应，心理医生也是人。30当然，心理医生因为自己掌握更多的心理学知识，可能会更自觉地调节自己。一个合格的心理医生需要经常关注和调整自己，29当某个时段情绪状态不适合工作的时候，就要选择暂时放弃。因为这个职业需要的不仅仅是专业的技术，还需要全部的真诚和耐心。

여: 28만일 정신과 의사가 시종일관 정신과 의사이고, 자신의 생활을 중시하지 않고, 희로애락이 없다면 설령 소위 말하는 '완벽'한 정도까지 조절하더라도 꼭 일을 잘하는 것은 아니에요. 사람들은 사실 다 똑같아요. 직장에서는 저는 의사지만, 집에 돌아가서는 엄마이고 아내예요. 이 역할 변화가 있어서 저는 비로소 살아 있는 사람이 됩니다.

남: 정신과 의사도 정신적 문제가 있나요?

여: 모든 사람은 다 스트레스를 받을 때 어느 정도의 심리적인 문제가 생깁니다. 정신과 의사도 다양한 부정적인 영향을 받지요. 사실 사람의 감정은 외부 자극에 대한 정상적인 반응인데, 정신과 의사도 사람이기 때문입니다. 30물론 정신과 의사는 더 많은 심리학 지식을 알고 있으니 자각적으로 자신을 조절할 겁니다. 이상적인 정신과 의사는 항상 자신에게 관심을 갖고 자신을 조정합니다. 29 어느 시점의 정서 상태가 일하기에 적절하지 않을 때는 잠시 일을 내려 놓아야 합니다. 왜냐하면 이 직업에서 필요한 것은 전문적인 기술뿐 아니라 전적인 진실함과 인내심이 필요하기 때문입니다.

어휘 | 骗术 piànshù 명 속임수 迷信 míxìn 명 미신 滔滔不绝 tāotāobùjué 성 끊임없이 말하다 倾听 qīngtīng 동 경청하다 敏锐 mǐnruì 형 예민하다 采用 cǎiyòng 동 채택하다 配合 pèihé 동 호흡을 맞추다, 협력하다 接触 jiēchù 동 접촉하다 迷恋 míliàn 동 미련을 두다, 연애해 하다 撒谎 sāhuǎng 동 거짓말을 하다 转动 zhuàndòng 동 방향을 바꾸다 眼球 yǎnqiú 명 눈, 안구 上瘾 shàngyǐn 동 중독되다 场合 chǎnghé 장소 适得其反 shìdéqífǎn 성 반대의 결과를 가져오다 注重 zhùzhòng 동 중시하다 体验 tǐyàn 동 체험하다 喜怒哀乐 xǐnùāilè 성 희로애락 完美 wánměi 형 완벽하다 刺激 cìjī 동 자극하다 调节 tiáojié 동 조절하다 调整 tiáozhěng 동 조정하다 暂时 zànshí 잠시, 잠깐 真诚 zhēnchéng 형 진실하다, 성실하다

26 女的如何看待心理治疗？

여자는 심리 치료를 어떻게 보는가？

A 是一种骗术

B 是在辅助病人

C 给病人发泄的机会

D 得到社会的广泛认可

A 속임수이다

B 환자를 도와주는 것이다

C 환자에게 불만을 털어 놓을 기회를 준다

D 사회에서 많은 인정을 받는다

해설 | 보기가 모두 술어형이며 病人(환자)을 보고 치료에 관한 인터뷰 글임을 예상한다. 지문에서 사회자가 심리치료의 견해를 묻는 질문에 전문가가 **患者是在心理医生的帮助下自己完成自身转变的**(환자들은 정신과 의사의 도움을 받아 스스로 변하게 된다)라고 언급한 부분을 듣고 B에 메모한다. 질문이 여자의 심리치료에 관한 견해이므로 정답은 B이다.

어휘 | 辅助 fǔzhù 동 보조하다 发泄 fāxiè 동 (불만 등을) 털어놓다, 발산하다

27 女的认为心理分析必须注意什么？

여자는 심리 분석을 할 때 무엇에 주의해야 한다고 생각하는가？

A 要分场合

B 用专业技术

C 不能依赖药物

D 观察人的眼球

A 장소를 가려야 한다

B 전문 기술을 사용한다

C 약물에 의존하면 안 된다

D 사람의 눈을 관찰한다

28

女的觉得心理医生应该怎样？	여자는 정신과 의사는 어떻게 해야 한다고 생각하는가?
A 表达能力强	A 표현 능력이 강하다
B 心情特别稳定	B 감정이 매우 안정적이다
C 没有喜怒哀乐	C 희로애락이 없다
D 注重感受生活	**D 삶을 느끼는 것을 중시한다**

29

心理医生如果有心理问题该怎么做？	정신과 의사에게 심리 문제가 생기면 어떻게 해야 하나?
A 适当运动	A 적당히 운동한다
B 坚持工作	B 계속 일을 하다
C 找朋友诉说	C 친구를 찾아 하소연한다
D 暂时放下工作	**D 잠시 일을 내려 놓는다**

30

关于女的, 可以知道什么？	여자에 관해서 알 수 있는 것은?
A 非常谦虚	A 매우 겸손하다
B 经常调节自己	**B 늘 자신을 조절한다**
C 为人特别严肃	C 사람이 매우 진지하다
D 过度追求完美	D 지나치게 완벽을 추구한다

31-33

手势是指一套用手掌和手指的位置、形状来表达意义的特定语言系统。它是人类最早使用的、至今仍被广泛运用的一种交际工具。其中包括通用的手势以及特殊的手势，比如聋哑人使用的手语和海军陆战队的手势等。

有一个手势在我们日常生活中十分常见，那就是竖起大拇指。31这个手势有时表示对某句话或某件事的欣赏；有时表示对他人的感激；有时表示准备妥当，比如篮球比赛时，裁判会一手拿球一手竖起大拇指，32表示"一切就绪，比赛可以进行了"。

科技发展至今，又有一种新兴的手势类型出现了，叫做鼠标手势。简单来说，就是按住鼠标右键做出一组动作，从而控制软件完成某些操作，就好比人们见面时打的手势一样。但一方面由于鼠标移动轨迹的设计必须十分精密，33另一方面由于计算机对鼠标轨迹识别的灵敏度还有待提高，因此现在的鼠标手势还比较简单。

수신호는 손바닥과 손가락의 위치나 모양으로 의사 표현을 하는 특별한 언어 시스템이다. 그것은 인류가 최초로 사용하고 오늘날까지 여전히 널리 사용되고 있는 의사소통 도구이다. 그 중에는 통용되고 있는 수신호나 특수한 수신호를 포함하여 예를 들어 농아들이 사용하는 수화나 해병대 수신호 등이 있다.

우리 일상생활에서 자주 볼 수 있는 수신호가 있는데, 바로 엄지 손가락을 세우는 것이다. 31이 수신호는 때로 어떤 말이나 어떤 일이 마음에 든다는 것을 표현하기도 하고, 어떤 때는 타인에 대한 감사를 표현하며, 또 어떤 때는 준비가 잘 되어 있음을 나타내기도 한다. 예를 들어 농구 경기를 할 때 심판이 한 손으로 공을 들고 한 손으로 엄지 손가락을 드는 것은 32'모든 것이 준비되었으니 경기를 진행해도 된다'를 의미한다.

오늘날까지 과학 기술이 발전하면서 또 하나의 새로운 수신호가 생겼는데, 바로 마우스 수신호이다. 간단히 말해서 오른쪽 버튼을 클릭하면 하나의 동작이 만들어지고, 이로써 소프트웨어를 제어하여 조작하게 되는 것이다. 그러나 한편으로는 마우스의 이동 궤적 설계가 매우 정밀해야 하고, 33또 컴퓨터가 마우스 궤적을 식별하는 민감도가 높아져야 하기 때문에 현재의 마우스 수신호는 비교적 간단하다.

어휘 **手势** shǒushì 몡 손동작, 수신호 **手掌** shǒuzhǎng 몡 손바닥 **位置** wèizhi 몡 위치 **形状** xíngzhuàng 몡 형상, 형태 **表达** biǎodá 통 표현하다 **系统** xìtǒng 몡 체계, 시스템 **广泛** guǎngfàn 혱 폭넓다, 광범위하다 **运用** yùnyòng 통 운용하다, 활용하다 **聋哑** lóngyǎ 몡 농아 **海军陆战队** hǎijūn lùzhànduì 몡 해병대 **常见** chángjiàn 혱 흔하다 **竖起** shùqǐ 통 세우다 **拇指** mǔzhǐ 몡 엄지손가락 **欣赏** xīnshǎng 통 마음에 들다 **感激** gǎnjī 통 감격하다 **妥当** tuǒdang 혱 타당하다 **鼠标** shǔbiāo 몡 마우스 **右键** yòujiàn 몡 오른쪽 버튼 **控制** kòngzhì 통 통제하다 **软件** ruǎnjiàn 몡 소프트웨어 **操作** cāozuò 통 조작하다 **移动** yídòng 통 이동하다 **轨迹** guǐjì 몡 궤적 **精密** jīngmì 혱 정밀하다 **识别** shíbié 통 식별하다 **灵敏度** língmǐndù 몡 민감도, 정밀도 **有待** yǒudài 통 ~이 기대되다

31 下列哪项不是竖起大拇指表示的意思？

A 一切都顺利
B 自己不赞成
C 对别人的感激
D 对某句话的欣赏

다음 중 엄지 손가락을 드는 것이 나타내는 의미가 아닌 것은?

A 모든 것이 순조롭다
B 자신은 찬성하지 않는다
C 다른 사람에 대한 감사
D 어떤 말이 마음에 들다

해설 보기의 키워드 顺利(순조롭다), 赞成(찬성하다), 感激(감사), 欣赏(감상)을 확인 후 녹음을 듣는다. 엄지 손가락 세우는 걸 설명하는 부분에서 **这个手势有时表示对某句话或某件事的欣赏；有时表示对他人的感激；有时表示准备妥当**(이 수신호는 때때로 어떤 말이나 어떤 일이 마음에 든다는 것을 표현하기도 하고, 어떤 때는 타인에 대한 감사를 표현하기도 하며, 또 어떤 때는 준비가 잘 되어있음을 표시하기도 한다)이라고 했으므로 일치하는 보기인 A, C, D에 메모한다. 문제가 엄지 손가락을 드는 것의 의미가 아닌 것이므로 정답은 B이다.

32

篮球比赛中裁判拿球并竖起大拇指表示什么？

농구 경기 중 심판이 공을 들고 엄지 손가락을 드는 것은 무엇을 나타내는가?

A 轻视运动员	A 선수를 무시하다
B 夸奖运动员	B 선수를 칭찬하다
C 可开始比赛	**C 게임을 시작해도 된다**
D 让观众安静	D 관중을 조용하게 하다

해설 보기에 运动员(선수), 比赛(시합), 观众(관중)이 있으므로 스포츠에 관한 지문임을 예상한다. 지문에서 농구 경기를 예로 드는 부분에서 表示 "一切就绪", 比赛可以进行了('모든 것이 준비되었으니 경기를 진행해도 된다'를 의미한다)라고 했으므로 정답은 C이다.

33

关于鼠标手势，下列哪项正确？

마우스 수신호에 관해서 다음 중 옳은 것은?

A 有点儿复杂	A 조금 복잡하다
B 已被广泛运用	B 이미 널리 사용되고 있다
C 技术还不到位	**C 기술이 아직 부족하다**
D 专为工程师设计	D 특별히 엔지니어를 위해 설계한 것이다

해설 보기의 키워드 复杂(복잡하다), 广泛运用(널리 사용되다), 技术(기술), 工程师(엔지니어)를 확인하고 듣는다. 마우스 수신호에 관한 지문에서 另一方面由于计算机对鼠标轨迹识别的灵敏度还有待提高(컴퓨터가 마우스 궤적을 식별하는 민감도가 높아져야 한다)라고 했으므로 마우스 궤적을 식별하는 민감도가 부족함을 알 수 있다. 따라서 정답은 C이다.

34-37

明朝时有个御史名叫张瀚，在京城都察院任职。张瀚才貌双全，深得都台长官王延相的信任。34由于当时明朝官场腐败混乱，不正之风盛行，张瀚在都察院一年之后也沾上了一些不良嗜好。王延相不愿看到张瀚深陷泥淖，于是将张瀚请到自己家中，王延相没有给他讲什么大道理，只是讲了个乘轿见闻。他说："昨天乘轿进城时遇到下雨，有个轿夫穿了双新鞋，小心翼翼择地而行，生怕弄脏了新鞋。35进城后，后来泥泞渐多，一不小心踩进泥水里，把鞋弄脏了。之后，那轿夫便走路再也不像以前那样小心谨慎了，而是无所顾忌，走哪儿是哪儿。后来，那双鞋子变得肮脏不堪，像从泥塘里捞出来似的。不仅如此，他的身上也弄得到处泥迹斑斑。"张瀚听了这个"新鞋踩泥"的故事后，36立即下跪向王延相认错，并痛改前非。此后多年，他严谨从政，廉洁为官。

现在面对物欲横流的社会，在工作生活中，37每一个人都不要小看鞋子上的小污点，它可能影响和改变一个人的心态，最后弄脏他的全身。

명나라 때 장한이라는 어사가 있었는데 수도 도찰원에서 직무를 맡았다. 장한은 재능과 용모를 겸비하여 도찰원 장관인 왕엔상의 깊은 신임을 얻었다. 34당시 명나라의 관리사회는 부패하고 혼란스러웠으며 부정한 풍조가 성행했다. 장한은 도찰원에서 1년간 일을 한 후 좋지 못한 풍조에 물들었다. 왕엔상은 장한이 진창에 깊이 빠지는 것을 원치 않아 집으로 불렀고 훈계하지 않고 단지 가마를 탄 경험을 말했다. 그가 말했다. "어제 가마를 타고 성으로 들어갈 때 비가 내렸지. 마부가 새 신발을 신었는데 새 신발이 더러워질까봐 아주 조심스럽게 길을 가더군. 35성에 들어갔는데 진흙이 점점 많아지더니 조심치 못해 진흙탕을 밟고 신발이 더러워졌다네. 그 후에 그 마부는 길을 걸을 때 더 이상 그 전처럼 조심하지 않고 걱정 없이 여기저기 다녔지. 나중에 그 신발은 아주 심하게 더러워졌고 마치 진흙탕에서 건져낸 것 같았다. 이 뿐만 아니라 그의 몸도 진흙으로 얼룩지게 되었다네." 장한은 새 신발이 진흙에 빠진 이야기를 듣고 36즉시 무릎을 꿇고 왕엔상에게 자신의 잘못을 시인하고 철저히 고쳤다. 이후 수년간 그는 정치판에 뛰어드는 것을 경계하고 청렴한 관리가 되었다.

현재 물욕이 넘치는 사회를 직면해서는 직장 생활에서 37모든 사람은 신발 위의 작은 때를 무시해서는 안 된다. 그것은 한 사람의 마음 상태에 영향을 주어 바뀌게 하며 결국 온 몸을 더럽히게 된다.

어휘 御史 yùshǐ 🅟 어사　京城 jīngchéng 🅟 수도　都察院 dūcháyuàn 🅟 도찰원(명청 시대 행정 기관을 감찰하는 관청)　任职 rènzhí 🅥 직무를 맡다　才貌双全 cáimàoshuāngquán 🅢 재능과 용모를 겸비하다　官场 guānchǎng 🅟 관리 사회　腐败 fǔbài 🅐 부패하다　混乱 hùnluàn 🅐 혼란하다　不正之风 búzhèngzhīfēng 🅟 문란하고 부정한 풍조　盛行 shèngxíng 🅥 성행하다　嗜好 shìhào 🅟 기호, 취미　深陷 shēnxiàn 🅥 깊이 빠지다　泥淖 nínào 🅟 진창, 수렁　乘轿 chéngjiào 🅥 가마를 타다　见闻 jiànwén 🅟 견문　轿夫 jiàofū 🅟 가마꾼　小心翼翼 xiǎoxīnyìyì 🅢 매우 조심스럽다　弄脏 nòngzāng 🅥 더럽히다　泥泞 nínìng 🅟 진흙탕　踩进 cǎijìn 🅥 발을 들여놓다　谨慎 jǐnshèn 🅐 신중하다　无所顾忌 wúsuǒgùjì 🅐 우려할 것이 없다, 뻔뻔스럽다　肮脏 āngzāng 🅐 더럽다　不堪 bùkān 🅥 감당할 수 없다　泥塘 nítáng 🅟 수렁, 진흙탕　捞 lāo 🅥 건지다　斑斑 bānbān 🅐 얼룩덜룩하다　下跪 xiàguì 🅥 무릎을 꿇다　认错 rèncuò 🅥 잘못을 인정하다　痛改前非 tònggǎiqiánfēi 🅢 지난날의 잘못을 철저히 고치다　严禁 yánjìn 🅥 엄금하다　从政 cóngzhèng 🅥 정치에 참여하다　廉洁 liánjié 🅐 청렴하다　物欲 wùyù 🅟 물욕　横流 héngliú 🅥 흘러넘치다　污点 wūdiǎn 🅟 오점, 흠

34

当时官场怎么样?	당시의 관리 사회는 어떠했는가?
A 贪污腐败 B 廉洁清正 C 御史的命令不能执行 D 每个人衣服都太脏了	**A 부정부패하다** B 청렴결백하다 C 어사의 명령이 집행될 수 없다 D 모든 사람의 옷이 매우 더럽다

해설 보기의 贪污腐败(부정부패), 廉洁清正(청렴결백), 御史(어사)를 보고 이에 관한 옛날 이야기 지문임을 예상한다. 지문에서 **由于当时明朝官场腐败混乱**(당시 명왕조의 관리사회는 부패하고 혼란스러웠다)이라고 했으므로 보기 A에 메모한다. 질문이 당시의 관리 사회가 어떠한지를 묻고 있으므로 정답은 A이다

어휘 贪污腐败 tānwūfǔbài 부정부패하다　清正廉洁 qīngzhèngliánjié 청렴결백하다

35

那个轿夫为什么由小心翼翼变得无所顾忌?	그 가마꾼은 왜 매우 조심스럽다가 아무런 염려없이 행동하게 되었는가?
A 王延相蔑视他 B 路面泥泞渐多 C 他又买了新鞋子 **D 他的鞋子已经脏了**	A 왕옌상이 그를 멸시해서 B 길에 진흙이 점점 많아져서 C 그가 또 새 신발을 샀기 때문에 **D 그의 신발이 이미 더러워져서**

해설 보기의 주어가 王延相(왕옌상), 他(그)이므로 인물에 관한 내용에 주의해서 듣는다. 왕옌상이 들려주는 이야기에 **进城后, 后来泥泞渐多, 一不小心踩进泥水里, 把鞋弄脏了。之后, 那轿夫便走路再也不像以前那样小心谨慎了, 而是无所顾忌, 走哪儿是哪儿**(성에 들어갔는데 진흙이 점점 많아지더니 조심치 못해서 진흙탕을 밟아서 신발이 더러워졌다네. 그 후에 그 마부는 길을 걸을 때 더 이상 그 전처럼 조심하고 신중하지 않고 걱정 없이 여기저기 다녔지)를 듣고 보기 D에 메모한다. 그 가마꾼은 이미 더러워진 신발이기 때문에 더 이상 조심하지 않았다는 내용이므로 정답은 D이다.

36

听完"新鞋踩泥"的故事后, 张瀚有什么反应?	'새 신발이 진흙을 밟은 이야기'를 듣고 장한은 어떤 반응을 보였는가?
A 听而不闻 B 不以为然 **C 承认自己的错误** D 觉得只是个小毛病	A 못 들은 척하다 B 그렇게 여기지 않는다 **C 자신의 잘못을 인정한다** D 단지 작은 문제라고 생각한다

해설 보기는 모두 술어형이고 태도에 관한 내용이다. 지문에서 장한이 왕옌상의 이야기를 듣고 보인 반응으로 **立即下跪向王延相认错, 并痛改前非**(즉시 무릎을 꿇고 왕옌상에게 자신의 잘못을 시인하고 철저히 고쳤다)라고 하였으므로 C가 정답이다.

어휘 听而不闻 tīng'érbùwén 🅢 못 들은 척하다　不以为然 bùyǐwéirán 🅢 그렇게 여기지 않다

37 这个故事告诉我们什么道理？ | 이 이야기는 우리에게 어떤 이치를 알려주는가?

A 要扬长避短 | A 장점은 드러내고 단점은 피한다
B 要痛改前非 | **B 이전의 잘못을 철저하게 고쳐야 한다**
C 不要急于求成 | C 급하게 일을 이루려고 하지 말아라
D 不要盲目自信 | D 맹목적으로 자신하지 말아라

해설 보기에 要(해야 한다), 不要(하지 말라)가 있으므로 교훈적인 내용에 주의해서 듣는다. 지문의 마지막 부분에서 **每一人都不要小看鞋子上的小污点**(모든 사람은 신발 위의 작은 때를 무시해서는 안 된다)이라고 했으므로 가장 알맞은 정답은 B이다.

어휘 扬长避短 yángchángbìduǎn 휑 장점을 발전시키고 단점을 피하다　急于求成 jíyúqiúchéng 휑 목적을 달성하기에 급급하다

38-40

羞耻是人类的一个普遍情绪。它是一种直接针对自我的情感，让我们贬低自己的价值。其成分非常复杂，包含自卑感、愤怒、被压抑感以及恐惧感。强烈的羞耻体验往往包含两种感觉：其一是异常感，如感觉到所有人都在盯着自己，感觉到所有的隐私都被别人发现；38其二是自卑、自我缺陷感，这种情绪反应会使我们丧失对自己的认可，并最容易阻碍我们去寻求他人帮助。

尤其值得注意的是，39当我们的努力失败时，第一时间常常会为此感到羞耻。如果我们以此来否定自己，并进行自我攻击的话，情况会变得更加糟糕。理论上，如果我们不进行自我攻击，轻度的羞耻感是可以克服的。因此，当你为自己的失败感到泄气时，你应查看自己是否在进行自我攻击，并努力遏制这种情绪，40同时调动你的理性思维，使其发挥作用，激励自己重新站起来。

수치심은 인류의 보편적인 정서이다. 그것은 직접적으로 자아를 겨눈 감정이며 스스로의 가치를 저평가하게 만든다. 그 요소는 매우 복잡한데 열등감, 분노, 압박감과 공포감 등이 포함되어 있다. 강렬한 수치스런 경험은 두 종류의 감정을 포함한다. 38하나는 비정상적인 느낌이다. 예를 들어 모든 사람들이 자신을 주시하고 있다고 느끼면 모든 사생활이 다른 사람에게 발견된 것처럼 느껴진다. 38두 번째는 열등감과 자기 비하이다. 이런 정서 반응은 우리로 하여금 자신에 대한 긍정을 잃게 만들고, 또한 타인의 도움을 구하는 것을 방해하게 한다.

특히 주목할 것은 39우리의 노력이 실패했을 때 가장 먼저 이로 인해 수치심을 느끼게 된다. 만일 이것으로 자신을 부정하고 자아를 공격하게 되면 상황은 더 안 좋아진다. 이론적으로 만일 우리가 자아를 공격하지 않는다면 가벼운 수치심은 극복할 수 있다. 따라서 당신이 실패로 인해 의기소침할 때 자아를 공격하는지를 확인하고 이러한 감정을 억제하기 위해 노력해야 한다. 40동시에 당신의 이성적 사고를 동원하여 발휘하게 해서 스스로 다시 일어설 수 있도록 격려해야 한다.

어휘 羞耻 xiūchǐ 휑 수치스럽다　贬低 biǎndī 동 가치를 깎아 내리다　自卑 zìbēi 휑 자기를 비하하다　愤怒 fènnù 휑 분노하다　压抑 yāyì 동 억누르다　恐惧 kǒngjù 동 겁먹다, 두려워하다　异常 yìcháng 휑 이상하다　盯 dīng 동 주시하다　隐私 yǐnsī 명 사생활　丧失 sàngshī 동 상실하다　缺陷 quēxiàn 명 결함　认可 rènkě 동 인정하다　阻碍 zǔ'ài 명·동 방해(하다)　攻击 gōngjī 동 공격하다　泄气 xièqì 동 분풀이하다, 기가 죽다　遏制 èzhì 동 억제하다　调动 diàodòng 동 옮기다, 동원하다　激励 jīlì 동 격려하다

38 自卑、自我缺陷感是怎样的感觉？ | 열등감, 자기 비하는 어떤 감정인가？

A 别人讥笑我们 | A 다른 사람이 우리를 비웃는다
B 是一种孤独感 | B 일종의 고독감이다
C 隐私全被暴露了 | C 사생활이 모두 폭로되었다
D 阻碍去寻求他人帮助 | **D 타인의 도움을 구하는 것을 막는다**

해설 보기의 讥笑(비웃다), 孤独感(고독감)을 보고 정서와 관련된 글임을 예상한다. 수치심의 두 종류의 감정 중 열등감, 자기 비하에 대해 설명하면서 **这种情绪反应会使我们丧失对自己的认可，并最容易阻碍我们去寻求他人帮助**(이런 종류의 감정

적 반응으로 우리는 자신에 대한 긍정을 잃어버리고 또 타인의 도움을 찾는 것을 방해하게 된다)라고 했으므로 정답은 D이다. C는 **异常感**(비정상적인 감정)에 관한 내용이다.

어휘 **讥笑** jīxiào 통 비웃다 **暴露** bàolù 통 폭로하다

39

失败时人们的第一反应是什么？	실패할 때 사람들의 첫 번째 반응은 무엇인가?
A 责备自己	A 자신을 탓한다
B 感到愤怒	B 분노를 느낀다
C 垂头丧气	C 의기소침해진다
D 感到羞耻	D 수치심을 느낀다

해설 보기는 모두 반응과 태도에 관한 어휘이다. 보기의 키워드 **责备**(탓하다), **愤怒**(분노), **垂头丧气**(의기소침하다), **羞耻**(수치심)를 확인한다. 지문에서 실패했을 때의 반응에 대해 **当我们的努力失败时，第一时间常常会为此感到羞耻**(우리의 노력이 실패했을 때 가장 처음에는 이로 인해 수치심을 느끼게 된다)라고 했으므로 정답은 A이다.

어휘 **责备** zébèi 통 책망하다 **垂头丧气** chuítóusàngqì 성 의기소침하다

40

自我否定时应当做什么？	자기를 부정할 때는 어떻게 해야 하는가?
A 放松心情	A 마음을 풀어 준다
B 加强理性	B 이성을 강화한다
C 锻炼身体	C 신체를 단련한다
D 与他人接触	D 다른 사람과 접촉한다

해설 보기의 어휘는 모두 긍정적인 해결 방법에 관한 내용이다. 지문에서 실패해서 의기소침할 때 **同时调动你的理性思维，使其发挥作用，激励自己重新站起来**(동시에 당신의 이성과 사고를 동원하여 작용하게 하며 다시 일어설 수 있도록 격려해야 한다)라고 했으므로 정답은 B이다.

41-43

　　王懿荣是清代著名金石学家，他于清光绪二十五年发现甲骨文，被称为"甲骨文之父"。年过半百的王懿荣身患疾病，一位老中医为他开了一剂药方，其中一味药是龙骨，41他发现抓回来的龙骨上刻有像文字的图安，感到非常惊奇，于是就到药店去出高价把有字的"龙骨"都买了下来。他把这些奇怪的图案画下来，经过长时间的研究后，他初步断定这是一种殷商时期的古文字，而且比较完善。

　　后来，人们找到了龙骨出土的地方——河南安阳小屯村，在那里又发现了大批龙骨。因为这些龙骨主要是龟类、兽类的甲骨，所以人们将刻在上面的文字命名为甲骨文。在十余万片有字甲骨上，刻有四千多个不同的文字图形，其中已经识别的文字有两千五百多个。42甲骨文被认为是现代汉字的早期形式，也是中国现存最古老的一种成熟文字。

왕의영은 청나라의 저명한 금석 학자이며 그는 청광서 25년에 갑골문을 발견하여 '갑골문의 아버지'로 불렸다. 50세의 왕의영은 몸에 질병을 앓고 있었는데, 한 노의사가 그에게 약 처방을 내렸고, 그 중에 용골이 있었다. 41그는 가져온 용골 위에 문자 같은 그림이 새겨 있는 것을 발견했고 매우 신기하다고 여겨서 높은 가격을 주고 '용골'을 모두 샀다. 그는 이 기괴한 그림을 그려서 장기간의 연구를 거친 후에 이것이 은상 시기의 고대 문자이며 비교적 완전한 것이라고 결론을 내렸다.

후에 사람들은 용골이 출토된 지역인 하남 안양의 작은 마을을 찾아갔는데, 거기에서 또 다량의 용골을 발견했다. 이 용골은 주로 거북이나 짐승의 갑골이었기 때문에 사람들은 그 위에 새겨진 문자를 갑골문자라고 명명했다. 10여 만 자의 글자가 있는 갑골에는 4000여 개의 다른 문자가 새겨있고, 그중 이미 식별된 문자는 25000여자이다. 42갑골문은 현대 문자의 초기 형식이며 중국에서 현존하는 가장 오래된 성숙한 문자이다.

어휘 患 huàn 통 병이 나다 药方 yàofāng 명 약처방 龙骨 lónggǔ 명 용골 惊奇 jīngqí 형 놀라며 의아해하다 兽类 shòulèi 명 짐승 图形 túxíng 명 도형 甲骨文 jiǎgǔwén 명 갑골문 识别 shíbié 통 식별하다, 변별하다

41

王懿荣发现了什么?	왕의영은 무엇을 발견했나?
A 古代药方	A 고대 약 처방
B 线条花纹	B 줄무늬
C 兽类的骨头	C 짐승의 뼈
D 像文字的图案	**D 문자 같은 그림**

해설 보기가 모두 명사형이고 키워드에 주의해서 듣는다. 지문에서 **他发现抓回来的龙骨上刻有像文字的图安**(그는 가져온 용골 위에 문자 같은 도안이 새겨있는 것을 발견했고)이라고 했으므로 왕의영이 발견한 것은 D이다.

어휘 花纹 huāwén 명 무늬

42

关于甲骨文,下列哪项正确?	갑골문에 관해 다음 중 옳은 것은?
A 通俗易懂	A 통속적이어서 이해하기 쉽다
B 刻在玉器上	B 옥 그릇에 새겨 있다
C 是成熟的文字	**C 성숙한 문자이다**
D 都被识别出来	D 모두 식별되었다

해설 보기의 키워드에 주의해서 녹음을 듣는다. 지문의 마지막 부분에서 갑골문에 대해 **甲骨文被认为是现代汉字的早期形式, 也是中国现存最古老的一种成熟文字**(갑골문은 현대 문자의 초기 형식이며 중국에서 현존하는 가장 오래된 성숙한 문자이다)라고 했으므로 갑골문에 관한 옳은 내용은 C이다.

어휘 通俗易懂 tōngsúyìdǒng 통속적이며 알기 쉽다 刻 kè 통 새기다 玉器 yùqì 명 옥기

43

这段话主要谈的是什么?	이 글이 주로 이야기하는 것은 무엇인가?
A 甲骨文的含义	A 갑골문의 의미
B 中医学的演变	B 중의학의 변천
C 甲骨文的发现	**C 갑골문의 발견**
D 中医学的基本特点	D 중의학의 기본적인 특징

해설 보기는 모두 명사형이며 포괄적인 내용이므로 주제 또는 제목이며 **甲骨文**(갑골문), **中医学**(중의학)를 보고 이에 관한 내용임을 예상한다. 지문이 전체적으로 갑골문이 발견된 사실을 소개하였으므로 정답은 C이다.

어휘 含义 hányì 명 내포된 뜻 演变 yǎnbiàn 명 통 변화 발전(하다), 변천(하다)

44-47

47有关研究结果显示,孩子的性情与智商息息相关。那些"性情坏"的孩子,长到4-5岁时,智商会明显高于其他孩子。44专家将孩子按"性情坏的"、"性情好的"和"性情不好不坏的"分成3组,分别测试其4-5岁时的智商,然后追踪其4-8个月时的生长记录。结果,46"性情坏的"一组智商得分居首。

47관련 연구 결과에 따르면 아이의 성격과 지능 지수는 밀접한 관련이 있다. '성격이 좋지 않은 아이'는 4~5세가 되었을 때 지능 지수가 다른 아이들보다 뚜렷하게 높았다. 44전문가들은 아이를 '성격이 나쁜 아이', '성격이 좋은 아이', '성격이 좋지도 나쁘지도 않은 아이' 3 그룹으로 나누고 각각 4~5세 때의 지능 지수를 측정한 뒤, 4~8개월 동안의 성장 기록을 추적했다. 그 결과 46'성격이 나쁜 아이' 그룹의 지능 지수가 제일 높았다.

45 "脾气坏的"孩子在家庭中往往会得到更多的关心和照顾，父母不得不与这样的孩子多接触，从而潜移默化地开启了孩子的智力。而那些"脾气好的"孩子往往因为乖反而容易被父母忽视，经常一人独处，和成人间对话或交流的机会相应减少，从而因"无人理睬"而智力落后。那些孩子父母应对此予以高度重视，注意尽可能增加与孩子之间的对话和交流。

当然，对"脾气坏"的孩子，也不能任其发展，而应有意识地加以引导。虽然说脾气坏一些的孩子因为平时家长会和他们沟通的时间比较多一些，智力有可能会比听话的孩子高一些，可是在生活当中，我们不应该放任孩子的坏脾气，应该给孩子一个道德标准，让孩子适时地慢慢地改掉自己的坏脾气。

45 '성격이 나쁜' 아이는 가정에서 더 많은 관심과 돌봄을 받고 부모는 어쩔 수 없이 이런 아이와 많이 접촉하여 모르는 사이에 아이의 지능이 계발된다. 그러나 '성격이 좋은' 아이는 늘 얌전하기 때문에 부모가 소홀히 여기게 되어 자주 혼자 있게 되고, 어른과의 대화나 교류가 상대적으로 줄어들어 '아무도 신경 쓰지 않아' 지능이 떨어지게 된다. 그런 아이의 부모는 반드시 이에 대해 신경 쓰고 최대한 아이들과의 대화와 교류를 늘려야 한다.

물론 '성격이 나쁜 아이'도 그대로 방치해서는 안 되고 의식적으로 이끌어 줘야 한다. 비록 성격이 나쁜 아이들이 평소 부모들이 그들과 교류 시간이 많아 지능이 착한 아이들보다 높더라도 생활 속에서 우리는 아이의 나쁜 성격을 그대로 내버려 두지 말고 도덕적인 기준을 제시하여 아이들이 적절한 시기에 천천히 자신의 나쁜 성격을 고칠 수 있도록 해야 한다.

어휘 性情 xìngqíng 몡 성격, 기질 智商 zhìshāng 몡 지능지수, IQ 息息相关 xīxīxiāngguān 솅 밀접한 관계가 있다 分别 fēnbié 閉 각각 测试 cèshì 동 테스트하다 追踪 zhuīzōng 동 추적하다 居首 jūshǒu 동 일등을 차지하다 照顾 zhàogù 동 돌보다 接触 jiēchù 동 접촉하다 潜移默化 qiányímòhuà 솅 무의식 중에 감화되다, 영향을 받다 开启 kāiqǐ 동 열다, 시작하다 乖 guāi 혱 얌전하다, 말을 잘 듣다 忽视 hūshì 동 소홀히 하다 独处 dúchǔ 동 혼자 살다 无人理睬 wúrénlǐcǎi 아무도 거들떠보지 않다 落后 luòhòu 동 뒤떨어지다 予以 yǔyǐ 동 주다 任其 rènqí 동 그대로 내버려두다 引导 yǐndǎo 동 인도하다 放任 fàngrèn 동 방임하다, 내버려두다 道德 dàodé 몡 도덕 标准 biāozhǔn 몡 기준

44 关于相关研究，下列哪项正确？

관련 연구에 관해서 다음 중 옳은 것은？

A 一共分成3个组
B 针对4-8岁儿童
C 进行了6个月
D 结果引起了争议

A 총 3개의 그룹으로 나눴다
B 4~8세의 아이를 대상으로 한다
C 6개월 동안 진행되었다
D 결과적으로 논쟁을 불러일으켰다

해설 보기에 구체적인 숫자가 있으므로 숫자와 관련된 정보에 주의해서 듣는다. 지문에서 **专家将孩子按"性情坏的"、"性情好的"和"性情不好不坏的"分成3组**(전문가들은 아이를 '성격이 나쁜 아이', '성격이 좋은 아이', '성격이 좋지도 나쁘지도 않은 아이'로 3그룹으로 나눴다)라고 했으므로 관련 연구에 관한 옳은 내용은 A이다.

어휘 争议 zhēngyì 동 논쟁하다

45 根据上文，下列哪项决定孩子智商高不高？

윗글에 따르면 다음 중 아이의 지능이 높은지 낮은지를 결정하는 것은 무엇인가？

A 遗传因素
B 父母的经济水平
C 接受教育的时期
D 与父母交流机会的多少

A 유전적 요소
B 부모의 경제적 수준
C 교육을 받는 시기
D 부모와 교류하는 기회가 많고 적음

해설 보기에 **因素**(요소), **水平**(수준), **时期**(시기), **机会的多少**(기회의 정도)가 있으므로 조건에 관한 질문이다. 지문에 **"脾气坏的"孩子在家庭中往往会得到更多的关心和照顾，父母不得不与这样的孩子多接触，从而潜移默化地开启了孩子的智力**('성격이 나쁜'아이는 가정에서 더 많은 관심과 돌봄을 받고 부모는 어쩔 수 없이 이러한 아이와 접촉이 더 많게 되어 자연스럽게 아이의 지능을 발달시킨다)라고 했으므로 아이의 지능에 부모의 접촉이 영향을 준다는 것을 알 수 있다. 따라서 아이의 지능을 결정하는 것으로 알맞은 정답은 D이다.

어휘 遗传 yíchuán 명 유전

46

研究结果发现哪种孩子智商最高？	연구 결과에서 어느 아이의 지능이 가장 높은가？
A 性情好的孩子	A 성격이 좋은 아이
B 性情坏的孩子	**B 성격이 나쁜 아이**
C 性情不好不坏的孩子	C 성격이 좋지도 나쁘지도 않은 아이
D 没有明显的差异	D 명확한 차이가 없다

해설 보기에 性情(성격), 孩子(아이)가 공통적으로 있으므로 아이의 성격에 관한 정보에 주의해서 듣는다. 지문에 "性情坏的"一组智商得分居首('성격이 나쁜 아이' 그룹의 지능 지수가 제일 높았다)라고 했으므로 성격이 좋지 않은 아이의 지능이 가장 높다는 것을 알 수 있다. 따라서 정답은 B이다.

47

这段话主要告诉我们什么？	이 글은 우리에게 무엇을 알려주나？
A 如何与孩子沟通	A 어떻게 아이와 소통하는가
B 如何纠正孩子的缺点	B 어떻게 아이의 단점을 고치는가
C 怎么开发孩子的智力	C 어떻게 아이의 지능을 개발하는가
D 孩子的脾气和智商的关系	**D 아이의 성격과 지능 지수의 관계**

해설 보기에 如何(어떻게), 沟通(소통하다), 开发(개발하다), 智力(지능) 등의 어휘가 있으므로 아이의 지능 개발에 관한 글임을 예상한다. 지문의 초반에 有关研究结果显示, 孩子的性情与智商息息相关(관련 연구 결과에 따르면 아이의 성격과 지능지수가 밀접한 관계가 있다)이라고 했으며 이에 대한 내용이 이어지므로 정답은 D이다.

48-50

真丝是由蛋白质纤维组成的，含有人体所必须18种氨基酸，与人体皮肤所含的氨基酸相差无几，又有"人体第二肌肤"的美誉。48丝绸衣服能较好地吸收皮肤排泄出来的汗液和废物，保持皮肤的清洁和凉爽，甚至还能防止伤口发炎，防治并辅助治疗皮肤病。

不过正因为真丝是由蛋白质纤维组成的，因此十分娇气，丝绸衣服需要比较细致的保养。丝绸衣服脏了以后，必须放在30度以下的水中用手轻轻揉搓。为保护衣服的光彩，清洗后可再放一盆清水，水中滴入两三滴醋，浸泡五分钟后取出，49反面晒在阴凉处。切勿用手拼命地拧开，那样会让衣服起皱。晒到八成干时把衣服收下来熨烫，50并要熨衣服反面，将温度控制在100到180度之间，这样熨出来的衣服不易变色。熨好的丝绸衣服保管时最好用以衣架吊挂起来，但不要用金属挂钩，防止金属生锈污染到衣服。

견사는 단백질 섬유로 이루어져 있으며, 인체에 필요한 18종류의 아미노산을 함유하고 있어 인체 피부가 갖고 있는 아미노산과 별 차이가 없기 때문에 '인체의 제2의 피부'라는 이름이 있다. 48실크 의류는 피부에서 배출하는 땀과 노폐물을 비교적 잘 흡수하여 피부의 청결함과 시원함을 유지시켜준다. 심지어 상처에 염증이 생기는 것을 막아 주고 피부병을 예방하고 치료에 도움을 준다.

그러나 견사는 단백질 섬유로 구성되어 있어 매우 약하기 때문에 실크 의류는 아주 섬세하게 보호해야 한다. 실크 의류가 더러워지면 30도 이하의 물에서 손으로 가볍게 주물러야 한다. 의류 광택을 보호하기 위해 깨끗하게 세탁한 뒤 깨끗한 물에 넣고, 물에 식초 3방울을 떨어뜨리고 5분간 담근 뒤 꺼내서 49뒤집어서 그늘에 말린다. 절대 손으로 강하게 비틀면 안 된다. 이렇게 하면 옷에 구김이 생길 수 있다. 80%를 말렸을 때 옷을 걷어 와 다리는데 50옷의 뒷면을 다림질해야 한다. 온도는 100에서 180도로 해야 다린 옷이 변색되지 않는다. 다림질을 한 실크 의류는 보관할 때 옷걸이를 사용해 걸어 놓는 것이 가장 좋다. 그러나 금속이 녹슬어 옷을 오염시키는 것을 막기 위해 금속 옷걸이는 사용하지 말아야 한다.

어휘 真丝 zhēnsī 명 실크, 순견, 견사 蛋白质 dànbáizhì 명 단백질 纤维 xiānwéi 명 섬유 氨基酸 ānjīsuān 명 아미노산 相差无
几 xiāngchàwújǐ 차이가 별로 없다 美誉 měiyù 명 명성, 명예 吸收 xīshōu 통 흡수하다 皮肤 pífū 명 피부 排泄 páixiè 통
배출하다 汗液 hànyè 명 땀 废物 fèiwù 명 폐품 清洁 qīngjié 형 청결하다 凉爽 liángshuǎng 형 시원하고 상쾌하다 发炎
fāyán 통 염증이 생기다 防治 fángzhì 명통 예방치료(하다) 辅助 fǔzhù 통 보조하다 娇气 jiāoqì 형 연약하다, 무르다 细致
xìzhì 형 세밀하다, 정교하다 揉搓 róucuo 통 문지르다, 비벼 구기다 滴 dī 통 한 방울씩 떨어뜨리다 浸泡 jìnpào 통 (물에) 담
그다 切勿 qièwù 통 절대 ～하지 마라 拧开 nǐngkāi 통 비틀어 열다 起皱 qǐzhòu 통 구김이 생기다, 주름이 지다 吊挂
diàoguà 통 걸다 金属 jīnshǔ 명 금속 挂钩 guàgōu 명 걸이 生锈 shēngxiù 통 녹슬다

48

丝绸衣服有哪些作用？	실크 의류는 어떤 기능이 있는가?
A 容易排泄汗液	A 쉽게 땀을 배출한다
B 保持皮肤干净	**B 피부를 깨끗하게 유지한다**
C 缓解皮肤疼痛	C 피부의 통증을 완화시킨다
D 能给身体降温	D 신체의 온도를 낮출 수 있다

해설 보기에서 汗液(땀), 皮肤(피부), 皮肤疼痛(피부 통증)의 키워드를 확인하고 피부와 신체에 주는 효과에 관한 내용임을 확인한다. 지문에서 丝绸衣服能较好地吸收皮肤排泄出来的汗液和废物, 保持皮肤的清洁和凉爽(실크 의류는 피부에서 배출하는 땀과 노폐물을 비교적 잘 흡수해서 피부의 청결과 시원함을 유지시켜준다)이라고 했으므로 정답은 B이다.

49

洗丝绸衣服时要注意什么？	실크 의류를 세탁할 때는 무엇에 주의해야 하는가?
A 最好放点儿盐	A 소금을 조금 넣는 것이 좋다
B 避免阳光直晒	**B 직사광선을 피한다**
C 用手彻底拧干	C 손으로 꽉 짠다
D 放在热水中洗	D 뜨거운 물에서 세탁한다

해설 보기의 醋(식초), 阳光直晒(직사광선), 拧干(꽉 짜다), 热水(뜨거운 물) 등의 키워드에 주의해서 듣고 의류에 관한 지문임을 예상한다. 지문에서 反面晒在阴凉处(뒤집어서 그늘에 말린다)라고 했으므로 정답은 B이다.

50

丝绸衣服怎么熨烫不变色？	실크 의류는 어떻게 다림질을 해야 변색되지 않는가?
A 用金属挂钩	A 금속을 사용해 건다
B 加入少量食糖	B 소량의 설탕을 넣는다
C 把衣服反过来烫	**C 옷을 뒤집어서 다림질한다**
D 衣服干透了再烫	D 옷을 완전히 말리고 다림질한다

해설 보기의 金属(금속), 食糖(설탕), 反过来(뒤집다), 干透(완전히 말리다) 등의 키워드에 주의해서 듣는다. 다림질에 관해 설명하면서 要熨衣服反面(옷의 뒷면을 다림질해야 한다)이라고 했으므로 정답은 C이다. A, B, D는 모두 지문과 다른 내용이다.

51

A 既然　双方　都　没有　意见，我们　就　签约　吧。
　 접속사　주어　부사어　술어　목적어　주어　부사어　술어　어기조사

양측 모두 의견이 없으니 계약을 체결합시다.

B 他的　个子　大概　一米八左右，长　得　很　身强力壮　的。
　 관형어　주어　부사어　술어　술어　得　부사　술어　어기조사
　　　　　　　　　　　　　　　　　　　　　보어

→ (O) 他的个子大概一米八左右，长得**身强力壮**的。

그의 키는 대략 180cm정도이고 건강하고 힘이 넘치게 생겼다.

C 产品销售业绩的　好坏　是　衡量其成功与否的　重要标志。
　 관형어　주어　술어　관형어　목적어

상품의 판매 업적의 좋고 나쁨은 그것의 성공 여부를 판가름하는 중요한 표지이다.

D 在没有充分调查研究的情况下做出的　决策　通常　是　错误的。
　 관형어　주어　부사어　술어　목적어

충분한 조사와 연구가 없는 상황에서 하는 정책 결정은 통상적으로 잘못된 것이다.

해설 보기 B의 **身强力壮**(신체가 건강하고 힘이 넘치다)은 성어로 이미 강조의 의미를 가지고 있기 때문에 정도부사와 함께 쓰이지 않는다. 很(아주)이 있어 의미가 중복되므로 틀린 문장이다. 다른 보기 A, C, D는 모두 올바른 문장이다.

어휘 既然 jìrán 접 이왕 이렇게 된 바에야　签约 qiānyuē 동 (계약서에) 서명하다　身强力壮 shēnqiánglìzhuàng 성 신체가 건강하고 힘이 넘치다　销售 xiāoshòu 명 판매　衡量 héngliáng 동 평가하다, 측정하다　与否 yǔfǒu 명 여부　标志 biāozhì 명 표지, 상징　决策 juécè 동 정책을 결정하다　通常 tōngcháng 명 평상시, 보통　错误 cuòwù 형 잘못된, 틀린 명 실수, 잘못

52

A 这个　网站　只　允许　付费用户阅读全部文章。
　 관형어　주어　부사어　술어　목적어

이 웹사이트는 유료 사용자만 모든 글을 읽도록 허가한다.

B 从公司成立那天起，王先生　就一直　担任　会计工作。
　 부사어　주어　부사어　술어　목적어

회사가 성립된 그 날부터 왕 선생은 줄곧 회계 업무를 맡았다.

C 那个　学派　力求　**自然事物**　只　用　自然力　做出　积极的　解释。
　 관형어　주어　술어　?　부사어　술어1　목적어1　술어2　관형어　목적어2
　　　　　　　　　　　　　　　　　　목적어

→ (O) 那个学派力求**对自然事物**只用自然力做出积极的解释。

그 학파는 자연 사물에 대해 단지 자연의 힘만을 이용해서 적극적인 설명을 했다.

D 这位画家的一幅　画　在拍卖会上　拍出了　八十万元的　高价。
　 관형어　주어　부사어　술어　관형어　목적어

이 화가의 한 그림은 경매 행사에서 80만 위안의 높은 가격으로 낙찰되었다.

해설 보기 C에서 주어는 **那个学派**(그 학파)이고 술어는 **力求**(힘쓰다)이며 그 이하는 전체 문장의 목적어이다. **自然事物**(자연 사물)가 동사 用(쓰다)과 做出(해내다)의 작은 주어가 되지 못하므로 개사구가 되어야 한다. 의미상 설명하는(**做出解释**) 대상이 되어야 하므로 개사 对(~에 대해)를 붙인다. 다른 보기 A, B, D는 모두 올바른 문장이다.

어휘 网站 wǎngzhàn 몡 웹사이트　允许 yǔnxǔ 동 허가하다　付费 fùfèi 동 비용을 지불하다　用户 yònghù 몡 사용자　阅读 yuèdú 동 읽다　担任 dānrèn 동 담당하다　会计 kuàijì 몡 회계　学派 xuépài 몡 학파　力求 lìqiú 동 몹시 애쓰다　解释 jiěshì 동 해석하다, 설명하다　拍卖会 pāimàihuì 몡 경매 행사

53

A　我　　打工　　攒了　　一些　钱，准备　　明年　去　欧洲　旅游。
　　주어　술어1　술어2　관형어　목적어2　술어　부사어　술어1　목적어2　술어2
　　　　　　　　　　　　　　　　　　　　　　　　　　목적어

나는 아르바이트를 해서 돈을 좀 모아서 내년에 유럽 여행을 하려고 한다.

B　笑　　不仅能　使　人心情　舒畅，还会　增强　人体的　免疫力。
　　주어　부사어　술어1　목1/주1　술어2　부사어　술어　관형어　목적어

웃음은 사람의 마음을 상쾌하고 편안하게 해줄 뿐만 아니라 인체의 면역력을 강화시킨다.

C　除非　你　能　拿出　充分的　证据，否则　没有　人　会　相信　你说的　话。
　　접속사　주어　부사어　술어　관형어　목적어　접속사　술어　목적어　부사어　술어　관형어　목적어

당신은 충분한 증거를 제시해야만 하며 그렇지 않으면 당신의 말을 믿는 사람은 없을 것이다.

D　门卫老头儿　把我们　叫醒　后，他　睡眠惺忪地　让　我们　出示　住宿证。
　　주어　부사어　술어　后　주어　부사어　술어1　목1/주1　술어2　목적어

→ (O) 门卫老头儿被我们叫醒后，他睡眠惺忪地让我们出示住宿证。

경비 아저씨가 우리 때문에 잠이 깬 후, 잠이 덜 깬 상태로 숙박권을 제시하라고 했다.

해설 보기 D에서 주어는 门卫(경비 아저씨)이고, 뒷절에서 아저씨가 잠이 덜깬 상태로 숙박권을 제시하라고 하는 내용이 온다. 따라서 앞절의 술어 叫醒(잠을 깨다)의 주체는 我们(우리)이 아니라 경비 아저씨이므로 把(~을)를 被(~에 의해)로 바꿔야 한다. 다른 보기 A, B, C는 모두 올바른 문장이다.

어휘 打工 dǎgōng 동 아르바이트를 하다　攒钱 zǎnqián 동 돈을 모으다　舒畅 shūchàng (기분이) 상쾌하다, 시원하다　增强 zēngqiáng 동 강화하다　免疫力 miǎnyìlì 몡 면역력　除非 chúfēi 접 오직 ~하여야　证据 zhèngjù 몡 증거　否则 fǒuzé 접 그렇지 않으면　门卫 ménwèi 몡 경비원　叫醒 jiàoxǐng 동 깨우다　睡眠 shuìmián 몡동 수면(하다)　惺忪 xīngsōng 형 잠에서 막 깨어나 게슴츠레하다　出示 chūshì 동 제시하다　住宿证 zhùsùzhèng 몡 숙박권

54

A　我　连自己都　顾　不上，哪　有　精力　照顾　他　呀？
　　주어　부사어　술어　보어　주어　술어　목적어　술어　목적어　어기조사

나는 내 자신도 못 돌보는데 무슨 힘으로 그를 돌보겠는가?

B　穿着民族服装的　列车员　用　蒙古族的　礼节　向大家　表示　欢迎。
　　관형어　주어　술어1　관형어　목적어1　부사어　술어2　목적어2

민족 의상을 입은 열차 승무원은 몽고족의 예절로 모두에게 환영을 표시했다.

C　亲眼　目睹了　母亲的　痛苦经历　后，我　发誓　要为她而　变成　靠得住。
　　부사어　술어　관형어　목적어　后　주어　술어　부사어　술어　관형어
　　　　　　　　　　　　　　　　　　　　　　　　　　목적어

→ (O) 亲眼目睹了母亲的痛苦经历后，我发誓要为她而变成靠得住的人。

어머니의 고통스러운 경험을 직접 본 후, 나는 어머니를 위해 의지할 만한 사람이 되기로 맹세했다.

D　调查　发现，年轻一代与他们父母之间最大的　不同之处　就　是　消费观念。
　　주어　술어　관형어　주어　부사어　술어　목적어

조사에 따르면 젊은 세대와 그들의 부모간에 가장 큰 차이점은 소비 의식이다.

해설 보기 C의 뒷절에서 술어 变成(~으로 변하다)의 목적어가 결여되어 있다. **靠得住**(믿을 만하다)는 명사를 꾸며주는 관형어로 쓸 수 있으므로 的人(~한 사람)를 붙여야 한다. 다른 보기 A, B, D는 모두 올바른 문장이다.

어휘 顾不上 gùbúshàng 돌볼 틈이 없다 精力 jīnglì 명 정력, 정신과 체력 照顾 zhàogù 동 돌보다 服装 fúzhuāng 명 의상 列车员 lièchēyuán 명 열차 승무원 礼节 lǐjié 명 예절 表示 biǎoshì 동 나타내다 亲眼 qīnyǎn 부 직접 눈으로 目睹 mùdǔ 동 직접 보다 经历 jīnglì 명 경험 동 겪다 发誓 fāshì 동 맹세하다 为……而…… wèi……ér…… ~을 위해서 ~을 하다 靠得住 kàodezhù 믿을 만하다 消费观念 xiāofèiguānniàn 명 소비 의식

55

A 他这种行为　纯粹　是　损人而又不利己，　必须马上　**克制**。
　　주어　　　부사어　술어　목적어　　　　　부사어　　술어

→ (O) 他这种行为纯粹是损人而又不利己，必须马上**停止**。
　　그의 이러한 행위는 순전히 사람에게 해를 끼치고 또 자신에게도 이익이 없기 때문에 반드시 즉시 멈춰야 한다.

B 年轻的　流行歌手　激情似火，　为观众　演唱了　一首又一首精彩的　歌曲。
　관형어　　주어　　　술어　　　부사어　술어　　　관형어　　　　　목적어
젊은 대중가수는 아주 열정적이어서 관중을 위해 멋진 노래를 한 곡 또 한 곡 불렀다.

C 截至　昨天，　报名人数　一直在大幅度地　增长，　这种　趋势　还将　持续　一段　时间。
　술어　목적어　주어　　　부사어　　　　술어　　관형어　주어　부사어　술어　관형어　목적어
어제까지 등록 인원이 계속적으로 큰 폭으로 증가하고 있고, 이러한 추세는 앞으로도 한동안 지속될 것이다.

D 非洲一些鸟类躲避高温的　方法　是　不时将清凉的水喷洒在自己身上，把泥浆涂在自己脚上。
　관형어　　　　　　　　　주어　술어　목적어
아프리카의 일부 조류가 더위를 피하는 방법은 수시로 시원한 물을 자신의 몸에 뿌리고 진흙을 자신의 발에 바르는 것이다.

해설 보기 A의 주어는 **他这种行为**(그의 이런 행위)이고 이 행동에 대해 서술하고 있다. 문장 끝에 쓰인 **克制**(억제하다)는 감정을 억제한다는 뜻이므로 의미가 어울리지 않다. 따라서 **行为**와 같이 쓸 수 있는 **停止**(멈추다)로 바꿔야 한다. 다른 보기 B, C, D는 모두 올바른 문장이다.

어휘 行为 xíngwéi 명 행위 纯粹 chúncuì 부 순전히 损人 sǔnrén 동 손해를 끼치다 利己 lìjǐ 동 자신을 이롭게 하다 必须 bìxū 부 반드시 克制 kèzhì 명 동 억제(하다) 停止 tíngzhǐ 동 정지하다 激情 jīqíng 명 격정, 열정 似 sì 동 ~와 같다 演唱 yǎnchàng 동 (노래 등을) 공연하다 精彩 jīngcǎi 형 뛰어나다 歌曲 gēqǔ 명 노래 截至 jiézhì 동 ~에 이르다 趋势 qūshì 명 추세 持续 chíxù 동 지속하다 非洲 Fēizhōu 지명 아프리카 躲避 duǒbì 동 숨다, 피하다 不时 bùshí 부 수시로 清凉 qīngliáng 형 시원하다 喷洒 pēnsǎ 동 뿌리다, 분사하다 泥浆 níjiāng 명 진흙 涂 tú 동 바르다, 도포하다

56

A 照顾他　和照顾孩子　一样，　光有爱心　不　够，　还要　有　耐心。
　주어　　부사어　　　술어　　주어　부사어　술어　부사어　술어　목적어
그를 돌보는 것은 아이를 돌보는 것과 같아서 단지 사랑하는 마음만으로는 충분하지 않고 인내심이 있어야 한다.

B 我　深深地　**了解**了　时间就是财富、财富就是时间的　道理。
　주어　부사어　술어　　관형어　　　　　　　　　　목적어

→ (O) 我深深地**理解**了时间就是财富、财富就是时间的道理。
　　나는 시간이 재산이고 재산이 시간이라는 이치를 아주 깊이 이해했다.

C 夏季皮炎　是　高温闷热环境引起的　热性皮炎，　多　发于　高温工作者。
　주어　　술어　관형어　　　　　　　목적어　　　부사어　술어　목적어
여름철 피부염은 고온 다습한 환경에서 발생하는 열성 피부염으로 고온에서 일하는 사람에게서 많이 발생한다.

D 这几年　回　山东老家，　每每　经过　从镇上到村里的那段　路，　总是　让　人
　주어　술어　목적어　부사어　술어　관형어　목적어　부사어　술어1　주어

苦不堪言。
술어2

요 몇 년 동안 산동 고향 집에 갔는데 매번 도시에서 마을로 들어가는 그 길을 지나는 것이 항상 이루 말할 수 없을 정도로 고생스러웠다.

해설 보기 B의 동사 了解(알다)는 지식이나 상황을 이해하고 알다라는 뜻으로 쓰인다. 道理(이치)는 지식이 아니므로 了解가 아닌 **理解**(이해하다)를 사용해야 한다. **理解**는 뜻, 이치, 다른 사람의 입장을 이해한다는 뜻으로 쓰인다. 다른 보기 A, C, D는 모두 올바른 문장이다.

어휘 照顾 zhàogù 통 돌보다　光 guāng 부 다만, 오직　爱心 àixīn 명 사랑하는 마음　耐心 nàixīn 명 인내심　财富 cáifù 명 재산, 부　道理 dàolǐ 명 일리, 이치　皮炎 píyán 명 피부염　闷热 mēnrè 형 무덥다　引起 yǐnqǐ 통 야기하다　老家 lǎojiā 명 고향집 镇 zhèn 명 진(중국의 지방 행정 구획의 하나)　村里 cūnlǐ 명 마을　苦不堪言 kǔbukānyán 성 고생을 이루 말할 수 없다

57

A 据统计，　全国约有45%的　青少年　近视，　而　大学生的　近视率　则　超过　70%。
　부사어　관형어　주어　술어　접속사　관형어　주어　부사어　술어　목적어

통계에 따르면 전국 약 45%의 청소년이 근시이며, 대학생의 근시율은 70%를 넘는다.

B 中学时　他的　成绩　就不　好，　大学时　就比别人　**十分**　差　了，　甚至　没能按时
　부사어　관형어　주어　부사어　술어　부사어　부사어　부사어　술어　了　접속사　부사어

毕业。
술어

→ (○) 中学时他的成绩就不好，大学时就比别人**更**差了，甚至没能按时毕业。
중학교 시절에 그의 성적은 좋지 않았고, 대학 때는 다른 사람들보다 훨씬 뒤떨어졌으며 심지어 제때에 졸업할 수 없었다.

C 我　并不　怪　你，　如果　我　处在　你的　位置，　我　也会这样　做，　甚至
　주어　부사어　술어　목적어　접속사　주어　술어　관형어　목적어　주어　부사어　술어　접속사

会比你做的　更　过分。
부사어　부사어　술어

나는 당신을 결코 탓하지 않는다. 만일 내가 당신의 위치에 있다면 나도 그렇게 했을 것이고 심지어 당신이 한 것보다 더 심했을 것이다.

D 与户外运动　相比，　健身房的　优点　在　于不受天气变化影响，　运动设备齐全，　还可以
　부사어　술어　관형어　주어　술어　보어　부사어

得到　专业的　指导。
술어　관형어　목적어

야외 운동과 비교했을 때 헬스 클럽의 장점은 날씨 변화의 영향을 받지 않고, 운동 시설이 완비되어 있고 전문적인 지도를 받을 수 있다.

해설 보기 B의 중간 절에 비교문이 쓰였다. 비교문에서는 술어를 강조하기 위해 정도부사를 쓰지 않으므로 **十分**(매우)이 아니라 **更**(더욱)을 사용해야 한다.

어휘 据 jù 개 ~에 따르면　统计 tǒngjì 명 통계　青少年 qīngshàonián 명 청소년　近视 jìnshì 명 근시　超过 chāoguò 통 넘다, 초과하다　中学 zhōngxué 명 중고등학교, 중등학교　怪 guài 통 탓하다　位置 wèizhi 명 위치　过分 guòfèn 형 지나치다　户外 hùwài 명 야외　健身房 jiànshēnfáng 명 헬스 클럽　优点 yōudiǎn 명 장점　在于 zàiyú 통 ~에 있다　设备 shèbèi 명 설비 齐全 qíquán 형 완비되다　专业 zhuānyè 형 전문적인　指导 zhǐdǎo 통 지도하다

58

A 社会　稳定，　人民生活水平　显著　**升高**，　这一切　都给人们　留下了　深刻的　印象。
　주어　술어　주어　부사어　술어　주어　부사어　술어　관형어　목적어

→ (○) 社会稳定，人民生活水平显著**提高**，这一切都给人们留下了深刻的印象。
사회가 안정되고 국민 생활 수준이 현저하게 높아지는 이 모든 것이 사람들에게 깊은 인상을 남겼다.

B 以生漆为底层的彩绘陶制文物的　　保护　是　一个　　世界难题，没有　任何的　　经验　可以
　　_{관형어}　　　　　　　　　　　　　_{주어}　_{술어}　_{관형어}　　_{목적어}　_{술어}　_{관형어}　　_{목적어}　_{부사어}

借鉴。
_{술어}

생칠을 바탕색으로 하는 채색 도자기 문물의 보호는 세계의 난제이며 거울로 삼을 만한 경험이 전혀 없다.

C 在网上　　购物　足不出户，用　鼠标　轻轻一　点，　想要的　　东西　就会　送上门来，
　_{부사어}　_{주어}　_{술어}　　_{술어1}　_{목적어1}　_{부사어}　_{술어2}　_{관형어}　_{주어}　_{부사어}　　_{술어}

省去了　购物的　劳累，　也能　节约　不少　开支。
_{술어}　　_{관형어}　_{목적어}　　_{부사어}　_{술어}　_{관형어}　_{목적어}

인터넷 구매는 집 밖을 나가지 않고 마우스로 가볍게 클릭하면 원하는 물건이 집으로 배송되어 쇼핑의 수고로움을 줄이고 또한 많은 지출을 절약할 수 있다.

D 销售人员　介绍说，　即便　是　这个　价位，也无法　保持　下去，因为　此款冰箱的
　_{주어}　　　_{술어}　　_{접속사}　_{술어}　_{관형어}　_{목적어}　_{부사어}　_{술어}　_{보어}　_{접속사}　　_{관형어}

供价　已经　上调　到　4000元，　目前的　售价　已　低　于供价。
_{주어}　_{부사어}　_{술어}　_{보어}　_{목적어}　　　_{관형어}　_{주어}　_{부사어}　_{술어}　_{보어}

판매원은 설령 이 가격대라도 유지될 수는 없으며 이 냉장고의 공급가는 이미 4000위안까지 조정이 되었고 현재 판매가는 공급가를 밑돈다고 했다.

해설 보기 A에서 술어 升高(위로 오르다)는 기온(气温), 직위(职位) 등과 함께 쓰이고, 水平(수준)은 提高(향상되다)와 어울린다.

어휘 稳定 wěndìng 형 안정적이다　显著 xiǎnzhù 형 현저하다　升高 shēnggāo 동 (수치 등이) 오르다　生漆 shēngqī 명 생칠 정제하지 않은 옻칠　底层 dǐcéng 명 바닥　彩绘 cǎihuì 명 채색　陶制文物 táozhìwénwù 명 도자기 문물　难题 nántí 명 난제　任何 rènhé 대 어떤, 무슨　借鉴 jièjiàn 동 참고로 하다, 본보기로 하다　足不出户 zúbùchūhù 성 집에서 나가지 않다　鼠标 shǔbiāo 명 마우스　点 diǎn 동 클릭하다　省去 shěngqù 동 아끼다, 절약하다　劳累 láolèi 형 피로하다　节约 jiéyuē 동 절약하다　开支 kāizhī 명 지출, 비용　即便 jíbiàn 접 설사 ~하더라도　价位 jiàwèi 명 가격　冰箱 bīngxiāng 명 냉장고　供价 gōngjià 명 공급 가격　售价 shòujià 명 판매 가격　低于 dīyú 동 밑돌다, ~보다 낮다

59

A 空调降温　有　一个　　原则　要　把握：室内外温差　以小于6℃　为　宜。
　_{주어}　　_{술어}　_{관형어}　_{목적어}　_{부사어}　_{술어}　　_{주어}　　　_{부사어}　_{술어}　_{목적어}

에어컨의 온도를 낮추는데는 알아야 할 원칙이 있다. 실내외 온도차를 6℃이하로 하는 게 좋다.

B 艺术　固然　需要　一定的　数量，但　艺术　绝不　是　以数量取胜，就　是
　_{주어}　_{부사어}　_{술어}　_{관형어}　_{목적어}　_{접속사}　_{주어}　_{부사어}　_{술어}　_{목적어}　　_{부사어}　_{술어}

以质量取胜　的。
_{목적어}　　_的

→ (O) 艺术固然需要一定的数量，但艺术绝**不是**以数量取胜，**而是**以质量取胜的。

예술은 물론 어느 정도의 수량이 필요하지만 예술은 수량으로 이길 수 있는 게 결코 아니며, 품질로 이겨야 한다.

C 今天晚上，　我见到那位女患者时，　她　正因腹痛　蜷缩　成　一团，　消瘦的　身躯
　_{부사어}　　　_{부사어}　　　　　_{주어}　_{부사어}　_{술어}　_{보어}　_{목적어}　_{관형어}　_{주어}

大约只　占了　床面积的　四分之一。
_{부사어}　_{술어}　_{관형어}　_{목적어}

오늘 저녁 내가 그 여자 환자를 만났을 때 그녀는 복통으로 온몸으로 웅크리고 있었고, 야윈 몸집은 침대 면적의 4분의 1만을 차지하고 있었다.

D 以前　专家们　一直　认为　下雨时钢铁容易生锈，但后来　发现，如果　钢铁　沾满
　_{부사어}　_{주어}　_{부사어}　_{술어}　_{목적어}　　　　_{부사어}　_{술어}　_{접속사}　_{주어}　_{술어}

了　海盐，那么　越　是　下雨就越难生锈。
_了　_{목적어}　_{접속사}　_{부사어}　_{술어}　_{목적어}

예전에 전문가들은 줄곧 비가 올 때 강철이 쉽게 녹이 슨다고 생각했다. 하지만 이후에 만일 강철에 바다 소금을 잔뜩 묻히면 비가 내릴수록 녹이 슬기 어렵다는 것을 발견했다.

실전모의고사 1 | 143

해설 보기 B의 중간 이후의 절은 **不是**A, **就是**B(A가 아니면 B이다)의 구조로 **数量**(수량)과 **质量**(품질)을 비교하고 있다. 앞절에서 수량의 필요성을 인정하면서 접속사 **但**(그러나)을 사용하여 전환을 나타내므로 **不是**A, **而是**B(A가 아니라 B이다)를 사용하여 품질의 중요성을 강조하는 것이 자연스럽다. 다른 보기 A, C, D는 모두 올바른 문장이다.

어휘 **空调** kōngtiáo 몡 에어컨 **降温** jiàngwēn 동 온도를 내리다 **原则** yuánzé 몡 원칙 **把握** bǎwò 동 파악하다 **以……为……** yǐ……wéi…… ~을 ~로 삼다 **宜** yí 혱 알맞다, 적당하다 **固然** gùrán 젭 물론 ~이지만 **以** yǐ 개 ~으로, ~을 가지고 **取胜** qǔshèng 동 승리하다 **腹痛** fùtòng 몡 복통 **蜷缩成一团** quánsuōchéng yìtuán 몸을 웅크리다 **消瘦** xiāoshòu 혱 야위다, 수척해지다 **身躯** shēnqū 몡 몸, 몸집 **面积** miànjī 몡 면적 **钢铁** gāngtiě 몡 강철 **生锈** shēngxiù 동 녹이 슬다 **沾** zhān 동 젖다, 묻다 **海盐** hǎiyán 몡 바다 소금, 해염

60

A 他们走情人坡时, 她的 头 始终往上 仰, 盯着 那间暮色四合中色调昏沉的 红漆房子。
부사어 관형어 주어 부사어 술어 술어 관형어 목적어

그들이 연인들의 언덕을 지날 때 그녀의 머리는 계속 위를 향했고 어둠이 주위를 뒤덮은 가운데 어두운 색깔의 붉은 칠이 되어 있는 방을 응시하고 있었다.

B 风筝 融 工艺、绘画、书法 于 一体, 其造型与各地的 风俗习惯、文化素养和审美意识
주어 술어1 목적어1 보어 목적어2 관형어 주어
密切 相关。
부사어 술어

연은 공예, 회화, 서예가 하나로 융합되어 그 조형은 각지의 풍습과 문화적 소양과 미적인 감각과 밀접한 관계가 있다.

C 这些所谓的娱乐节目中, 各地方台的 主持人 在越来越 低龄 的同时, 中性化倾向 也
부사어 관형어 주어 부사어 명사 的+명사 주어 부사어
变 得越发无孔不入。
술어 보어

→ (O) 这些所谓的娱乐节目中, 各地方台的主持人在越来越**低龄化**的同时, 中性化倾向也变得越发无孔不入。

이러한 이른바 예능 프로그램에서 각 지방 방송국의 진행자는 점점 낮은 연령이 되는 동시에 중성적인 경향도 더욱 틈을 파고들었다.

D 作为 班里唯一一个没读过那本书的 学生, 他 感到 非常尴尬, 一句 话 也不好意思
술어 관형어 목적어 주어 술어 목적어 관형어 주어 부사어
说, 只是默默地 听 大家讨论书里的 内容。
술어 부사어 술어 관형어 목적어

반에서 그 책을 유일하게 읽지 않은 학생으로서 그는 매우 난처해서 한 마디도 할 수가 없었다. 단지 조용히 사람들이 책의 내용을 토론하는 것을 들었다.

해설 보기 C의 중간 절에서 **低龄**(저연령)은 명사이기 때문에 **在越来越**(점점 ~하고 있는)의 수식을 받는 술어가 될 수 없다. 특정 명사 뒤에 **化**(~화)를 붙이면 동사가 되므로 **低龄**을 **低龄化**(저연령화되다)로 바꿔야 한다. 다른 보기 A, B, D는 모두 올바른 문장이다.

어휘 **情人坡** qíngrénpō 몡 연인들의 언덕(중국 몇 대학에 있는 연인들이 자주 가는 언덕을 말함) **始终** shǐzhōng 부 시종일관 **仰** yǎng 동 고개를 들다 **盯** dīng 동 응시하다 **暮色四合** mùsèsìhé 어둠이 주위를 덮다 **色调** sèdiào 몡 색조 **昏沉** hūnchén 혱 어둡다, 흐리멍덩하다 **红漆** hóngqī 붉은 칠을 한 **风筝** fēngzheng 몡 연 **工艺** gōngyì 몡 공예 **绘画** huìhuà 몡 회화 **书法** shūfǎ 몡 서예 **融于一体** róngyúyìtǐ 하나로 융합되다 **造型** zàoxíng 몡 조형 **风俗习惯** fēngsúxíguàn 풍습 **素养** sùyǎng 몡 소양 **审美** shěnměi 혱 심미적, 미적인 **所谓** suǒwèi 혱 소위, 이른바 **娱乐** yúlè 몡 오락 **地方台** dìfangtái 몡 지방 방송국 **主持人** zhǔchírén 몡 진행자 **低龄** dīlíng 저연령 **倾向** qīngxiàng 몡 경향 **越发** yuèfā 부 한층, 더욱 **无孔不入** wúkǒngbúrù 젱 틈만 있으면 파고들다, 모든 기회를 이용하다 **尴尬** gāngà 혱 난처하다 **不好意思说** bùhǎoyìsī shuō 말하기가 난처하다 **默默** mòmò 부 묵묵히

61

拥有积极的思维**并**不能保证事事成功，积极思维肯定会**改善**一个人的日常生活，但不能保证他凡事心想事成；但是，相反的态度则必败无疑，拥有**消极**思维的人绝不能成功。

긍정적인 사고를 가진 것이 **결코** 모든 일의 성공을 보장할 수 없지만 긍정적인 사고는 틀림없이 사람의 일상생활을 **개선할** 수 있다. 그러나 결코 모든 일이 간절히 원한다고 이루어지는 것은 아니다. 하지만 상반된 태도는 의심의 여지없이 반드시 패한다. **부정적인** 사고 방식을 가진 사람은 절대 성공할 수 없다.

A 亦	改变	保守
B 并	**改善**	**消极**
C 肯	改正	懒惰
D 则	纠正	进取

A 역시	바꾸다	보수적이다
B 결코	**개선하다**	**부정적이다**
C 기꺼이	바로잡다	게으르다
D 즉	교정하다	진취적이다

해설 빈칸1 빈칸 앞에 주어 思维(사고)가 있고 뒤에는 부정부사 不(안)가 있다. 보기의 어휘는 모두 단음절 부사이며 빈칸 뒤의 不能(~할 수 없다)과 함께 쓰이는 것은 并(결코)이다.

빈칸2 빈칸의 앞은 조동사 会(~할 수 있다)가 있고 뒤에 목적어가 있으므로 술어 자리이다. 보기는 모두 바꾸다라는 뜻으로 목적어 日常生活(일상생활)와 호응하는 것은 改善(개선하다)이다. 改变(바꾸다)은 단순하게 바꾸는 것을 의미하므로 주어인 긍정적인 사고방식과 호응하는 것은 改善이다. 纠正은 글을 교정한다는 뜻이고 改正은 잘못을 고친다는 뜻이다.

빈칸3 빈칸 앞에 동사 拥有(소유하다)가 있고 뒤에 思维(사고)가 있으며 보기가 모두 형용사이다. 思维를 수식하는 어휘이면서 긍정적인 사고와 반대되는 뜻이어야 하므로 消极(부정적이다)가 들어가야 한다.

TIP '积极'와 '消极': 이 두 단어의 기본적인 의미는 한국어상의 의미와 마찬가지로 '적극적이다'와 '소극적이다'이다. 하지만 중국어에서는 '긍정적이다'와 '부정적이다'라는 의미로도 쓰이니 기억해두자!

어휘 积极 jījí 휑 적극적이다, 긍정적이다　思维 sīwéi 휑 사고　保证 bǎozhèng 동 보증하다　凡事 fánshì 휑 모든 일　心想事成 xīnxiǎngshìchéng 셍 간절히 원하면 이루어지다　败 bài 동 지다, 패하다　无疑 wúyí 휑 의심할 바 없다　拥有 yōngyǒu 동 가지다　消极 xiāojí 휑 소극적이다, 부정적이다　亦 yì 휑 역시　肯 kěn 동 기꺼이 ~하다　则 zé 휑 즉　改正 gǎizhèng 동 바로잡다　纠正 jiūzhèng 동 교정하다　保守 bǎoshǒu 휑 보수적이다　懒惰 lǎnduò 휑 게으르다　进取 jìnqǔ 동 진취적이다

62

坚持性是指一个人在行动中始终坚持初衷，并以**旺盛**的精力和坚韧的**毅力**，百折不饶地**克服**一切困难，**实现**预定的目的的一种意志品质。

견지함이란 사람이 행동하는 동안 시종일관 초심을 견지하고, **왕성한** 에너지와 강인한 **끈기**로 굳건히 모든 고난을 **극복하고** 예정된 목적을 **실현하는** 의지력을 뜻한다.

A 丰盛	意识	积累	实行
B 饱满	智商	征求	实践
C 旺盛	**毅力**	**克服**	**实现**
D 充满	智慧	欣赏	实施

A 풍성하다	의식	쌓이다	실행하다
B 가득차다	지능	구하다	실천하다
C 왕성하다	**의지**	**극복하다**	**실현하다**
D 충만하다	지혜	감상하다	실시하다

해설 빈칸1 빈칸 뒤에 的精力(~한 에너지)가 있으므로 관형어 자리이다. 보기 중 精力와 호응하는 것은 旺盛(왕성하다)이다. 旺盛은 힘이나 정신과 함께 쓰인다.

빈칸2 빈칸 앞에 坚韧的(강인한)가 있으므로 명사 자리이고 앞에서 접속사 和(~와)로 동등한 구조를 이루고 있어 精力(에너지)와 비슷한 개념의 어휘가 들어가야 한다. 따라서 의미가 어울리는 毅力(의지력)가 들어가야 한다.

빈칸3 빈칸 앞에 부사어 百折不饶地(굳건히)가 있고 뒤에 목적어 困难(어려움)이 있으므로 술어 자리이다. 목적어 困难과 어울리는 단어는 克服(극복하다)이다.

빈칸4 빈칸 뒤에 预定的目的(예정된 목적)가 있고 보기가 모두 동사이므로 목적어와 어울리는 어휘를 넣어야 한다. 目的와 호응하는 동사는 实现(실현하다)이다.

어휘 坚持 jiānchí 통 견지하다 初衷 chūzhōng 명 최초의 소망 旺盛 wàngshèng 형 왕성하다 精力 jīnglì 명 정신과 체력 坚韧 jiānrèn 형 강인하다 毅力 yìlì 명 굳센 의지, 끈기 百折不饶 bǎizhébùnáo 성 수많은 좌절에도 꺾이지 않다 克服 kèfú 통 극복하다 预定 yùdìng 통 예정하다 意志 yìzhì 명 의지 品质 pǐnzhì 명 품질, 품성 丰盛 fēngshèng 형 풍성하다 饱满 bǎomǎn 형 가득차다 旺盛 wàngshèng 형 왕성하다 意识 yìshí 명 의식 智商 zhìshāng 명 지능 지수, IQ 智慧 zhìhuì 명 지혜 积累 jīlěi 통 쌓이다 征求 zhēngqiú 통 (의견 등을) 구하다 欣赏 xīnshǎng 통 감상하다, 좋아하다 实践 shíjiàn 통 실천하다 实施 shíshī 통 실시하다

63

大自然的任何生物都有它存在的价值，哪怕是一只蚂蚁。大自然总是会用一只**无形**的手，**巧妙**地调解和平衡好各种生物之间的关系。人类必须**善待**大自然，应该尊重自然的**法则**和规律。

대자연의 어떤 생물도 모두 존재하는 가치가 있다. 설령 개미 한 마리라고 해도 그렇다. 대자연은 항상 **무형의** 손으로 각 생물 간의 관계를 **절묘하게** 조절하고 균형있게 한다. 인류는 반드시 대자연을 **선대해야** 하며 자연의 **법칙**과 규칙을 존중해야 한다.

A	灵活	惊奇	看待	规章	A 민첩하다	놀라며 의아해하다	대하다	규정
B	神秘	美妙	目睹	准则	B 신비하다	아름답다	직접 보다	준칙
C	**无形**	**巧妙**	**善待**	**法则**	**C 무형의**	**절묘하다**	**잘 대하다**	**법칙**
D	空虚	奇妙	保护	规范	D 공허하다	기묘하다	보호하다	규범

해설 **빈칸1** 빈칸 앞에 수량사가 있고 뒤에 的手(~한 손)가 있으므로 관형어 자리이다. 문장의 주어가 **大自然**(대자연)이므로 의미가 어울리는 것은 **无形**(무형의)과 **神秘**(신비한)이다.

빈칸2 빈칸 뒤에 구조조사 地(~하게)가 있으므로 부사어를 만들 수 있는 형용사가 들어가야 한다. 뒷부분이 '~한 관계를 조절하고 균형있게 한다'는 뜻이므로 의미상 **巧妙**(절묘하다)가 적합하다.

빈칸3 빈칸 앞에 부사 **必须**(반드시)가 있고 뒤에 명사 **大自然**(대자연)이 있으므로 술어 자리이다. 목적어 **大自然**과 의미가 어울리는 것은 **善待**(잘 대하다)와 **保护**(보호하다)이다. **看待**(대하다)는 태도를 나타내는 어휘를 앞에 사용해야 한다.

빈칸4 빈칸 앞에 관형어 **自然的**(자연의)가 있으므로 명사 자리이다. 뒤에 접속사 **和**(~와)로 연결된 **规律**(규율)가 있으므로 이와 유사한 개념의 어휘를 넣어야 한다. **自然, 规律**와 어울리는 것은 **法则**(법칙)이다.

TIP **美妙**와 **巧妙**: 두 단어 모두 한국어의 의미와 헷갈릴 수 있기 때문에 기억해 두자. '**美妙**'는 '미묘하다'라는 뜻이 아니라 '아름답다'라는 뜻이다. '**巧妙**'는 '교묘하다'라는 부정적인 의미와 동시에 '절묘하다'라는 긍정적인 의미도 가지고 있음을 기억하자!

어휘 哪怕 nǎpà 접 설령 ~일지라도 蚂蚁 mǎyǐ 명 개미 无形 wúxíng 형 무형의 巧妙 qiǎomiào 형 절묘하다 调解 tiáojiě 명 통 조정(하다) 平衡 pínghéng 통 균형을 맞추다 善待 shàndài 통 잘 대하다 尊重 zūnzhòng 통 존중하다 法则 fǎzé 명 법칙 规律 guīlǜ 명 규칙 灵活 línghuó 형 민첩하다, 융통성이 있다 神秘 shénmì 형 신비하다 空虚 kōngxū 형 공허하다 惊奇 jīngqí 형 놀라며 의아해 하다 美妙 měimiào 형 아름답다 奇妙 qímiào 형 기묘하다 看待 kàndài 통 대하다 目睹 mùdǔ 통 직접 보다 保护 bǎohù 통 보호하다 规章 guīzhāng 명 규칙, 규정 准则 zhǔnzé 명 준칙 规范 guīfàn 명 규범

64

电视剧《人民的名义》正火爆热播。这部电视剧90%的场景都是在南京**拍摄**。所以南京的旅游景点也成为新**热点**。近年来，一些影视作品成功地向人们展示了区域内的**风土人情**，还**吸引**了越来越多的游客。

드라마 「인민의 이름」이 한창 절찬리에 방영되고 있다. 이 드라마는 90%의 장면을 난징에서 **촬영했다**. 그래서 난징의 관광지 역시 신 **명소**가 되었다. 최근 몇 년간 일부 드라마나 영화 작품이 지역 내의 **풍습을** 성공적으로 보여주어 점점 더 많은 관광객들을 **사로잡고 있다**.

A	**拍摄**	**热点**	**风土人情**	**吸引**	A **촬영하다 명소 풍습 끌어당기다**
B	摄影	热门	波涛汹涌	迷人	B 촬영하다 인기 있는 파도가 사납다 사람을 미혹시키다
C	演习	要点	拔苗助长	引导	C 훈련하다 요점 급하게 일을 이루려다 그르치다 인도하다
D	表演	焦点	饱经沧桑	吸取	D 공연하다 포커스 세상 변화를 실컷 겪다 흡수하다

해설 **빈칸1** 빈칸 앞에 부사어 **在南京**(난징에서)이 있고 보기가 모두 동사이다. 주어가 **电视剧的场景**(드라마의 장면)이므로 적합한 어휘는 **拍摄**(촬영하다)이다. **摄影**(촬영하다)은 주로 명사 형식으로 사용된다.

빈칸2 빈칸 앞에 형용사 **新**(새로운)이 있고 술어가 **成为**(~이 되다)이다. 주어가 **旅游景点**(관광지)이므로 장소를 나타낼 수 있는 어휘는 **热点**(명소)이다.

빈칸3 빈칸 앞에 관형어 **区域内的**(지역 내의)가 있고 그 앞에 술어 **展示**(보여주다)가 있으므로 목적어 자리이다. 보기가 모두 성어인데. 목적어로 사용할 수 있으면서 의미가 어울리는 것은 **风土人情**(풍토와 인정)이다.

빈칸4 빈칸 뒤에 동태조사 **了**(~했다)가 있고 보기가 모두 동사이다. 목적어가 **游客**(관광객)이므로 이와 어울리는 것은 **吸引**(끌어당기다)이다. **迷人**(사람을 미혹하다)은 이합사이므로 목적어를 두지 않고, **引导**(인도하다)는 관광객과 호응하지 않는다.

어휘 **火爆热播** huǒbàorèbō 절찬리에 방영하다 **拍摄** pāishè 통 촬영하다 **热点** rèdiǎn 명 인기 있는 장소, 핫플레이스 **影视** yǐngshì 명 영화와 텔레비전 **展示** zhǎnshì 통 전시하다. 분명하게 나타내다 **区域** qūyù 명 구역 **风土人情** fēngtǔrénqíng 명 풍토와 인심 **吸引** xīyǐn 통 끌어당기다 **游客** yóukè 명 관광객 **摄影** shèyǐng 통 촬영하다 **演习** yǎnxí 통 훈련(하다) **表演** biǎoyǎn 통 공연하다 **热门** rèmén 형 인기 있는 **要点** yàodiǎn 명 요점 **焦点** jiāodiǎn 명 포커스 **波涛汹涌** bōtāoxiōngyǒng 성 파도가 거세다 **拔苗助长** bámiáozhùzhǎng 성 급하게 일을 이루려다 오히려 그르치다 **饱经沧桑** bǎojīngcāngsāng 성 세상만사의 변화를 실컷 경험하다 **迷人** mírén 통 사람을 미혹시키다 **引导** yǐndǎo 통 인도하다 **吸取** xīqǔ 통 흡수하다. 받아들이다

65

法律是外在的、强制的，是一种刚性**制度**，而道德是内在的、**自觉**的，是一种**柔性**的约束。但另一方面，法律却是低调的、消极的，它仅仅是不允许做什么，而道德却是高调的、**积极**的，它要求的是应当做什么。

법률은 외재적이고 강제적인 강한 성질의 **제도**이고, 도덕은 내재적이고 **자각하는 것**이며 **부드러운 성질**의 제약이다. 그러나 다른 면에서 법률은 오히려 낮은 어조이며 소극적이라서 무엇을 하는 것을 허락하지 않기만 한다. 그러나 도덕은 높은 어조이고 **적극적인 것**이기 대문에 그것이 요구하는 것은 무엇을 해야 한다는 것이다.

A	策略	自立	温柔	拘束	A	전략	자립하다	온유하다	속박하다
B	**制度**	**自觉**	**柔性**	**积极**	**B**	**제도**	**자각하다**	**부드러운 성질**	**적극적이다**
C	秩序	自尊	柔弱	坚实	C	질서	자존하다	유약하다	견고하다
D	机制	独立	脆弱	坚强	D	체계	독립하다	연약하다	굳세다

해설 **빈칸1** 빈칸 앞에는 관형어 **刚性**(강한 성질)이 있으며 문장의 주어는 동사 **是**(이다)로 연결된 **法律**(법률)이다. 보기의 어휘 중 **刚性**의 수식을 받으면서 법률과 어울리는 것은 **制度**(제도)이다.

빈칸2 빈칸 뒤에는 구조조사 **的**(~한)가 있으므로 관형어 자리이다. 문장의 주어는 **道德**(도덕)이고 앞문장과 비교하는 동등한 구조임을 알 수 있다. 앞문장에서 법은 **强制**(강제적이다)하게 실천하는 것이라고 했으므로 도덕은 그 반대의 뜻인 **自觉**(자각하다)가 알맞다.

빈칸3 빈칸 뒤에 구조조사 **的**(~한)가 있으므로 관형어 자리이다. 역시 앞문장과 대조를 이루므로 **刚性**(강한 성질)과 반대되는 어휘가 들어가야 한다. **柔性**(부드러운 성질)이 적합하다.

빈칸4 빈칸의 문장은 앞문장과 대조를 이루고 있다. **消极**(소극적이다)와 반대 의미인 어휘가 들어가야 하므로 **积极**(적극적이다)가 적합하다.

어휘 **法律** fǎlǜ 명 법률 **强制** qiángzhì 통 강요하다 **刚性** gāngxìng 명 강한 성질 **制度** zhìdù 명 제도 **道德** dàodé 명 도덕 **自觉** zìjué 통 자각하다 **柔性** róuxìng 명 유연성, 부드러운 성질 **约束** yuēshù 통 속박하다 **低调** dīdiào 형 부드럽고 낮은 어조 **消极** xiāojí 형 소극적이다 **允许** yǔnxǔ 통 허락하다 **高调** gāodiào 형 높고 강압적인 어조 **积极** jījí 형 적극적이다 **应当** yīngdāng 통 반드시 ~해야 한다 **策略** cèlüè 명 책략 **秩序** zhìxù 명 질서 **机制** jīzhì 명 메커니즘, 체계 **自立** zìlì 통 자립하다 **自尊** zìzūn 통 자존하다 **温柔** wēnróu 형 온유하다 **柔弱** róuruò 형 유약하다 **脆弱** cuìruò 형 연약하다 **拘束** jūshù 통 구속하다 **坚实** jiānshí 형 견고하다 **坚强** jiānqiáng 형 굳세다

66

自然是中国古代园林的艺术**源泉**，园林集中体现了中国人"天人合一"的**审美**观念。在建造园林时，每个山水形象的细节都要尽量符合自然规律，如**堆积**假山时要参照天然山石的纹路，尽量减少人工的痕迹。院内湖泊、道路、花木的**布局**也往往是自然曲折，高低起伏，颇有野趣。

자연은 중국 고대 정원의 예술적 **원천**이고, 정원은 중국인의 '천인합일'이라는 **심미관**을 집중적으로 구현했다. 정원을 만들 때 모든 산수 형상의 구체적인 모습들이 자연의 규칙에 최대한 부합해야 했다. 예를 들어 인공 산을 **쌓을** 때 천연의 산과 돌의 무늬를 참조했으며 인공 흔적을 최대한 줄였다. 정원 안에 있는 호수, 도로, 꽃과 나무의 **구도**도 종종 자연의 곡선과 높낮이 기복이 있어 야생의 느낌이 살게 했다.

A 源泉	审美	堆积	布局
B 起源	品德	积累	方位
C 边界	微观	凝聚	格式
D 境界	宏观	凝固	格局

A 원천	심미	퇴적하다	구도
B 근원	품성	쌓다	방위
C 경지	미시적이다	응집하다	격식
D 경지	거시적이다	응고하다	구조

해설 **빈칸1** 빈칸은 관형어 **艺术**(예술적)의 수식을 받고, 술어가 **是**(이다)인 문장의 목적어 자리이다. 문장의 뜻이 '자연은 중국 고대 정원의 예술적 ~이다'를 나타내므로 **源泉**(원천)이 가장 적합하다.

빈칸2 빈칸은 앞에서 **天人合一的**(천인합일의)의 수식을 받고, 뒤의 명사 **观念**(관념)을 수식해주는 관형어 자리이다. **品德**(품성)는 사람에게 사용하고, **微观**(미시적)과 **宏观**(거시적)은 관점의 범위를 나타내기 때문에 앞의 **天人合一**와 의미가 어울리는 것은 **审美**(심미)이다.

빈칸3 빈칸 뒤에 명사 **假山**(인공 산)이 있고 보기가 모두 동사이므로 **假山**과 어울리는 어휘인 **堆积**(퇴적하다)가 들어가야 한다. **堆积**는 물리적으로 쌓는 것을 의미하고, **积累**(쌓다)는 경험이나 지식을 쌓는 것을 의미한다. **凝聚**(응집하다)는 경험이나 지혜를 한데 모은다는 뜻이며 **凝固**(응고하다)는 고체화시키는 것을 말한다.

빈칸4 빈칸 앞에 관형어 **院内湖泊、道路、花木的**(호수, 도로, 꽃과 나무의)가 있으므로 명사가 들어가야 한다. 문장이 호수, 도로, 꽃과 나무가 정원을 구성한다는 내용이므로 **布局**(구도)가 가장 적합하다. **格式**(격식)과 **格局**(구조)는 주로 글이나 문장에 사용한다.

어휘 园林 yuánlín 명 원림, 정원　细节 xìjié 명 디테일　规律 guīlǜ 명 규칙　参照 cānzhào 동 참조하다　纹路 wénlù 명 결, 주름　痕迹 hénjì 명 흔적　湖泊 húpō 명 호수　曲折 qūzhé 형 구불구불하다　起伏 qǐfú 동 기복을 이루다　颇有 pōyǒu 동 적지 않다　野趣 yěqù 명 야외의 정취　边界 biānjiè 명 경계　境界 jìngjiè 명 경지　审美 shěnměi 명 형 심미(적)　微观 wēiguān 형 미시적이다　宏观 hóngguān 형 거시적이다　堆积 duījī 동 퇴적하다　凝聚 níngjù 동 응집하다　凝固 nínggù 동 응고하다　布局 bùjú 명 구도　格式 géshi 명 양식　格局 géjú 명 짜임새

67

为了防止水的**渗透**，一次性纸杯内壁都会**涂**上一层薄薄的蜡。倘若水温超过40℃，蜡就会**溶解**到水中，因此纸杯最好用来装冷饮。使用时，第一杯水倒好后至少等四五分钟，让杯中有害物质充分**散发**。

물이 **스며드는** 것을 방지하기 위해서 1회용 종이컵 내벽에는 얇게 한 층으로 양초를 **바른다**. 만약 수온이 40도를 넘으면 양초는 물에 **녹는다**. 때문에 종이컵은 찬 음료를 담는데 쓰는 것이 가장 좋다. 사용할 때 처음 잔은 물을 따르고 최소 4, 5분을 기다려서 컵 안의 유해 물질이 충분히 **발산되도록** 한다.

A 污染	绣	传染	散落
B 渗透	**涂**	**溶解**	**散发**
C 传染	砍	融化	毁灭
D 感染	淋	融入	清除

A 오염시키다	수를 놓다	전염되다	흩어지다
B 스며들다	**바르다**	**물에 녹다**	**발산하다**
C 전염되다	찍다	녹다	파괴하다
D 감염되다	젖다	융합되다	깨끗이 없애다

해설 **빈칸1** 빈칸 앞에 관형어 **水的**(물의)가 있고 해당 절의 뜻이 '물의 ~을 방지하기 위해서'이다. 보기의 어휘 중 **水**(물)와 가장 어울리는 것은 **渗透**(스며들다)이다.

빈칸2 빈칸 앞에 조동사 **会**(~할 것이다)가 있고 보기가 모두 동사이므로 술어 자리이다. 목적어가 **蜡**(양초)이므로 이와 어울리는 동사는 **涂**(바르다)이다.

빈칸3 빈칸 앞에 조동사 会(~할 것이다)가 있고 뒤에 보어 到水中(물에)이 있다. 해당 절이 '양초는 물에 ~할 것이다'이므로 의미상 溶解(물에 녹다)가 적합하다.

빈칸4 빈칸의 절에서 주어는 杯中有害物质(컵 안의 유해 물질)이고, 빈칸 앞에 부사어 充分(충분하게)이 있으므로 술어가 될 수 있는 어휘가 들어가야 한다. 해당 절이 '유해 물질이 물에서 충분히 ~하게 하다'라는 뜻인데, 유해 물질이 저절로 제거될 수 없으므로 毁灭(파괴하다)와 清除(없애다)는 상식적으로 알맞지 않다. 散落(흩어지다)는 모여 있던 것이 흩어진다는 뜻이므로 散发(발산하다)가 가장 적합하다.

TIP 融化'와 '溶解': '融化'는 고체상태가 열이나 햇빛 등으로 인해 액체 성질로 바뀌는 것을 말하고, '溶解'는 물에 녹는 것을 의미한다.

어휘 防止 fángzhǐ 통 방지하다 纸杯 zhǐbēi 명 종이컵 薄薄 báobáo 형 매우 얇다 蜡 là 명 양초 倘若 tǎngruò 접 만약에 污染 wūrǎn 통 오염시키다 渗透 shèntòu 통 스며들다 传染 chuánrǎn 통 전염되다, 감염되다 绣 xiù 통 수를 놓다 涂 tú 통 바르다, 칠하다 砍 kǎn 통 (도끼 등으로) 찍다 淋 lín 통 젖다 溶解 róngjiě 통 용해하다 融化 rónghuà 통 녹다 融入 róngrù 통 융합되어 들어가다 散落 sànluò 통 흩어지다 散发 sànfā 통 발산하다, 퍼지다 毁灭 huǐmiè 통 파괴하다 清除 qīngchú 통 깨끗이 없애다

68

不良的**饮食**习惯和生活方式会导致体重超标，睡眠不足也会导致肥胖。科学家指出，睡眠是最**实惠**的减肥方法，有**规律**的睡眠不仅能有效解决超重问题，还能节省许多不必要的**支出**。

좋지 못한 **식**습관과 생활 방식은 과체중을 유발할 수 있고 수면 부족 역시 비만을 일으킬 수 있다. 과학자들은 수면이 가장 **실속 있는** 다이어트 방법이고, **규칙적인** 수면은 효과적으로 과체중 문제를 해결할 수 있을 뿐만 아니라 많은 불필요한 **지출**을 아낄 수 있다고 한다.

A	作息	实际	规则	供应
	일하고 휴식하다	실제적이다	규칙	공급
B	睡眠	优惠	规定	本钱
	수면	우대의	규정	밑천
C	**饮食**	**实惠**	**规律**	**支出**
	식사	**실속 있다**	**규칙**	**지출**
D	锻炼	实用	规范	成本
	단련하다	실용적이다	규범	원가

해설 **빈칸1** 빈칸 뒤에 명사 习惯(습관)이 있으므로 관형어 자리이다. 문장의 술어 부분이 '과체중을 유발한다'는 뜻이므로 보기 중 가장 알맞은 것은 饮食(식사)이다.

빈칸2 빈칸 앞에 정도부사 最(가장)가 있고 뒤에 구조조사 的(~한)가 있으므로 형용사 자리이다. 문장의 후반부에 节省(절약하다)이 있으므로 보기의 어휘 중 实惠(실속 있다)가 가장 적합하다.

빈칸3 빈칸 앞에 동사 有(있다)가 있고 빈칸과 함께 睡眠(수면)을 수식하는 구조이다. 规律(규칙)는 어떤 일이 반복되어 생기는 규칙을 말하므로 생활 습관인 수면과 호응한다.

빈칸4 빈칸은 관형어 不必要的(불필요한)의 수식을 받는 목적어 자리이다. 술어가 节省(절약하다)이고 일상생활에 관한 내용이므로 다른 보기는 적절하지 않다. 支出(지출)을 넣어야 한다.

TIP • 规定: 회사 등에서 공동으로 정해놓은 규정을 말한다.
• 规则: 교통 규칙이나 게임의 규칙과 같이 지켜야할 세부 규칙 등을 뜻한다.
• 规律: 반복되어 특정한 패턴이 생기는 규칙을 말한다.

어휘 不良 bùliáng 형 좋지 않다 超标 chāobiāo 통 기준을 초과하다 睡眠 shuìmián 명 수면 肥胖 féipàng 형 비만하다 实惠 shíhuì 형 실속있다 规律 guīlǜ 형 규칙적이다 节省 jiéshěng 통 절약하다 作息 zuòxī 통 일하고 휴식하다 实际 shíjì 형 실제적이다 优惠 yōuhuì 형 우대의 实惠 shíhuì 형 실속 있다 规则 guīzé 명 규칙 规定 guīdìng 명 규정 规范 guīfàn 명 규범 供应 gōngyìng 통 공급하다 本钱 běnqián 명 밑천, 자본금 支出 zhīchū 명 지출 成本 chéngběn 명 원가, 자본금

69

《女生贾梅》这本书是秦文君的儿童文学作品，本书的**情节**十分有趣，同《男生贾里》被**列**为小学五下必念书目之一。本书作者以其女性特有的**细腻**笔调，描绘出了一幅当代中学生五彩缤纷的生活画卷，**感染**了很多读者。

「여학생 자메이」는 친원쥔의 아동 문학 작품이다. 이 책의 **스토리**는 매우 흥미로우며 「남학생 자리」와 함께 초등학생 5대 필독서 중 하나에 **들기**도 했다. 이 책의 작가는 여성 특유의 **섬세한** 문체로 한 **폭**의 현대 중고생들의 다채로운 삶의 장면을 그려내어 많은 독자들을 **감화시켰다.**

A	背景	划	细致	副	感概	A 배경	긋다	정교하다	벌	감격하다
B	**情节**	**列**	**细腻**	**幅**	**感染**	**B 스토리**	**들다**	**섬세하다**	**혹**	**감화하다**
C	情景	凭	精确	串	激励	C 장면	의거하다	정확하다	꿰미	격려하다
D	前景	搁	精致	丛	勉励	D 전망	놓다	치밀하다	떨기	장려하다

해설

빈칸1 빈칸 앞에 관형어 **本书的**(이 책의)가 있고 뒤에 술어 **有趣**(재미있다)가 있으므로 주어 자리이다. 책과 관련된 내용이므로 **情节**(스토리)가 가장 적합하다.

빈칸2 빈칸 앞에 被(~에 의해)가 있고 뒤에 为(~으로)가 있으므로 술어 자리이다. 해당 절이 '필독서 중 하나에 ~했다'는 뜻이므로 **列**(들다)가 가장 적합하다. 被列为(~에 들었다)는 특정 리스트나 항목에 들어갔다는 뜻이다.

빈칸3 빈칸 앞에 관형어 **女性特有的**(여성 특유의)가 있고 뒤에 명사 **笔调**(문체)가 있으며 보기가 모두 형용사이다. 의미상 여성의 문체에 어울리는 어휘는 **细腻**(섬세하다)가 가장 적합하다. **细腻**는 작가의 필치를 묘사할 때 자주 사용된다.

빈칸4 빈칸 앞에 수사 一(한)가 있고 뒤에 구조조사로 연결된 명사 **生活画卷**(삶의 그림)이 있으므로 적합한 양사는 **幅**(폭)이다.

빈칸5 빈칸 뒤에 동태조사 了(했다)가 있으므로 술어 자리이다. 목적어 **读者**(독자)와 어울리는 것은 **感染**(감동시키다)이다. 感染은 병이 감염된다라는 뜻도 있지만 감정이나 생각에 영향을 준다는 뜻도 있다.

TIP '精确'와 '精致': '精确'는 수치 등이 오차 없이 정확할 때 사용한다. 예를 '精确的计算(정확한 계산)'등으로 쓰인다. '精致'는 솜씨나 공정 등이 치밀하고 정교한 것을 뜻하며 '做工精致(솜씨가 정교하고 치밀하다)'등으로 자주 사용된다.

어휘 儿童 értóng 몡 어린이 情节 qíngjié 몡 줄거리 有趣 yǒuqù 혱 재미있다 列为 lièwéi 통 (어떤 대열에) 들어가다 细腻 xìnì 혱 섬세하다 笔调 bǐdiào 몡 필치, 문체 描绘 miáohuì 통 묘사하다 五彩缤纷 wǔcǎibīnfēn 졍 오색찬란하다 画卷 huàjuàn 몡 그림, 감동적인 장면 感染 gǎnrǎn 통 감염시키다, 감동시키다 背景 bèijǐng 몡 배경 情景 qíngjǐng 몡 정경, 장면 前景 qiánjǐng 몡 장래, 앞날 划 huà 통 긋다, 계획하다 凭 píng 통 의거하다 搁 gē 통 놓다 细致 xìzhì 혱 섬세하다, 정교하다 精确 jīngquè 혱 정밀하고 확실하다 精致 jīngzhì 혱 정교하고 치밀하다 副 fù 양 벌, 세트 串 chuàn 양 꿰미, 송이[꿰어 있는 것의 양사] 丛 cóng 양 떨기 感慨 gǎnkǎi 통 감격하다 激励 jīlì 통 격려하다 勉励 miǎnlì 통 고무하다, 격려하다

70 不少人知道苹果有抗击癌症的**功效**，其抗癌的**秘密**藏在果皮中。很多专家建议，**为了**最大限度地**发挥**苹果的抗癌作用，**最好**洗净苹果后连皮一起吃，或者连皮打成苹果汁喝。

많은 사람들은 사과가 항암 **효과**가 있다는 것을 안다. 그 항암의 **비밀**은 과일 껍질에 숨어 있다. 많은 전문가들은 사과의 항암 작용을 최대한 **발휘시키기 위해서는** 깨끗이 세척한 후 껍질과 함께 먹거나 껍질과 함께 사과 주스로 마시는 **것이 가장 좋다**고 권한다.

A	功效	秘密	为了	发挥	最好	A 효과	비밀	하기 위해서	발휘하다	~이 가장 좋다
B	技能	机密	以便	发现	尽快	B 기능	기밀	하기 편리하도록	발견하다	되도록 빨리
C	功能	奥秘	而且	发动	幸亏	C 기능	신비	게다가	발발하다	다행히
D	效益	隐私	此外	发扬	尽力	D 효익	사생활	이 밖에	드높이다	온 힘을 다해

해설

빈칸1 빈칸 앞에 관형어 **抗击癌症的**(항암의)가 있고 술어가 有(있다)이다. 병에 관련된 내용이므로 **功效**(효과)가 적합하다. **技能**(기능)은 기술적인 기능을 의미하고, **功能**(기능)은 기계의 성능을 의미한다. **效益**(효익)는 효과와 이익이란 뜻이다.

빈칸2 빈칸 앞에 관형어 **抗癌的**(항암의)가 있고 뒤에 술어 **藏在**(~에 숨다)가 있으므로 주어가 와야 한다. 보기가 모두 비밀이란 뜻인데, 이중 적합한 것은 **秘密**(비밀)와 **奥秘**(신비)이다. **机密**(기밀)는 특정 기관의 비밀을 말하며 **隐私**(사생활)는 사적인 것을 뜻한다.

빈칸3 빈칸은 문장 앞에 위치하고 있으며 보기의 어휘는 접속사로 이루어져 있다. 빈칸의 절이 '항암 효과를 최대한 ~하다'는 뜻이고, 뒷절이 '사과를 깨끗이 씻은 후 껍질째 먹다'라는 방법을 제시해 주므로 빈칸은 **为了**(~하기 위해서)가 들어가는 것이 가장 적합하다. **以便**(하기 편리하도록)과 **而且**(게다가)는 보통 뒷절에 사용하고, **此外**(이 밖에)는 부가적인 내용을 제시할 때 사용하므로 적합하지 않다.

빈칸4 빈칸 앞은 부사어 **最大限度地**(최대한)가 있고 보기가 모두 동사이다. 목적어 **抗癌作用**(항암 작용)과 어울리는 것은 **发挥**(발휘하다)이다.

빈칸5 빈칸은 절의 맨 앞에 위치하고 있고 보기가 모두 부사이다. 앞절이 목적을 나타내고 빈칸의 절의 내용이 방법을 제시하고 있으므로 **最好**(~이 가장 좋다)가 들어가야 한다.

TIP '**为了**'와 '**以便**' : '**为了**'와 '**以便**'은 의미는 같으나 위치상에서 차이점이 존재하기 때문에 정확하게 숙지해야 한다. '**为了**'는 절 앞에 위치하고 '**以便**'은 절과 절 사이에 위치한다.

· **为了**A, B : A를 위해서 B를 하다
· A, **以便**B : A를 하는 것은 B를 위함이다

어휘 **抗击** kàngjī 통 저항하다 **癌症** áizhèng 명 암 **功效** gōngxiào 명 효능, 효과 **抗癌** kàng'ái 통 암세포의 증식을 억제하다 **秘密** mìmì 명 비밀 **藏** cáng 통 숨기다 **发挥** fāhuī 통 발휘하다 **皮** pí 명 껍질 **苹果汁** píngguǒzhī 명 사과 주스 **技能** jìnéng 명 기능, 솜씨 **功能** gōngnéng 명 기능, 작용 **效益** xiàoyì 명 효익 **机密** jīmì 명 기밀 **奥秘** àomì 명 신비, 비밀 **隐私** yǐnsī 명 사적인 일, 프라이버시 **以便** yǐbiàn 접 ~하기 위하여 **发动** fādòng 통 일으키다, 발발하다 **发扬** fāyáng 통 드높이다 **尽快** jǐnkuài 부 되도록 빨리 **幸亏** xìngkuī 부 다행히 **尽力** jìnlì 부 온 힘을 다해

독해 **제3부분**

71-75

太空垃圾，是围绕地球轨道的无用人造物体；太空垃圾小到由人造卫星碎片、漆片、粉尘，大到整个飞船残骸构成。它们不仅对地面的人类造成危害，(71)还威胁到在太空中飞行的航天器的安全。有没有办法清除掉太空垃圾呢？

美国航空航天局正在试验一种"激光扫帚"，它主要针对直径1-10厘米的太空垃圾。"激光扫帚"锁定某个太空垃圾目标后，将发出一束激光，(72)照射在太空垃圾背离地球的一端，使之部分升华为气体，就像喷气式飞机的原理一样，利用气体的反作用力推动太空垃圾朝地球的方向运动，最终使其进入大气层，与大气层产生强烈摩擦而燃烧自毁。

英国科学家发明了一种专门清理大型太空垃圾的人造"自杀卫星"。(73)这种自杀式卫星体积只有足球那么大，重6公斤，制造和发射的全部费用不到100万美元。它配备4台小型摄像机，能十分容易地发现太空垃圾。它一旦侦察到太空垃圾，(74)便依附在垃圾上，使其速度降低，最后进入大气层，(75)与太空垃圾同归于尽。

目前，人们把上述这类工具形象地统称为"太空清洁工"。虽然这类工具多数还处于试验阶段，但相信随着技术的进步和环保意识的提高，在不久的将来，太空垃圾问题将逐步得到缓解。

우주 쓰레기는 지구 궤도의 주위를 도는 쓸모없는 인공 물체이다. 우주 쓰레기는 작게는 파편, 셸락, 분진에서부터 크게는 전체 우주선 잔해로 구성된다. 그것은 땅에 있는 사람에게도 위해를 끼칠 뿐 아니라 (71) 우주에서 비행하는 우주 설비의 안전도 위협한다. 이러한 우주 쓰레기를 없앨 방법이 있을까?

미국 항공 우주국(NASA)은 '레이저 빗자루'를 실험하고 있으며, 그것은 주로 직경 1~10cm의 우주 쓰레기에 사용된다. '레이저 빗자루'는 특정 쓰레기 목표를 정한 뒤 레이저를 쏘아 (72) 지구에서 먼 우주 쓰레기의 끝부분을 쪼여 일부가 기체로 승화되어 분사식 비행기의 원리처럼 기체의 반작용을 이용해 우주 쓰레기를 지구의 방향으로 운동하게 한다. 최종적으로 이것을 대기층으로 들어가게 하여 대기층과 함께 강한 마찰을 발생시켜 연소되게 하는 것이다. 영국 과학자는 전문적으로 우주 쓰레기를 없애는 인공 '자살 위성'을 발명했다. (73) 이런 종류의 자살식 위성의 부피는 단지 축구공만 하며 무게는 6kg이다. 제조하고 발사하는 모든 비용은 100만 달러가 안 된다. 그것에는 비디오 카메라 4대가 장착되어 있어 우주 쓰레기를 아주 쉽게 발견할 수 있다. 그것은 일단 우주 쓰레기를 정찰하면 (74) 바로 쓰레기에 달라붙어 속도를 낮추고 최종적으로 대기층으로 들어가 (75) 우주 쓰레기와 함께 자멸한다.

현재, 사람들은 위의 이 도구들을 생생하게 '우주 환경미화원'이라고 부른다. 비록 이러한 도구들 다수가 실험 단계이지만 기술의 진보와 환경보호에 대한 인식이 높아짐에 따라 머지않은 미래에 우주 쓰레기 문제는 점점 해결될 것이다.

A 与太空垃圾同归于尽

B 这种自杀式卫星体积只有足球那么大

C 照射在太空垃圾背离地球的一端

D 还威胁到在太空中飞行的航天器的安全

E 便依附在垃圾上

A 우주 쓰레기와 함께 자멸한다

B 이런 종류의 자살식 위성의 부피는 단지 축구공만 하다

C 지구에서 먼 우주 쓰레기의 끝부분을 쪼인다

D 또한 우주에서 비행하는 우주선의 안전도 위협한다

E 바로 쓰레기에 달라붙는다

A 与太空垃圾同归于尽 → 주어가 없는 절이다.

B 这种自杀式卫星体积只有足球那么大 → 대사 **这种**으로 시작하고 주어가 있는 절이다.

C 照射在太空垃圾背离地球的一端 → 주어가 없는 절이다.

D 还威胁到在太空中飞行的航天器的安全 → 부사 **还**로 시작한다.

E 便依附在垃圾上 → 부사 **便**으로 시작한다.

해설 **71번** 빈칸 앞절에 접속사 **不仅**(~뿐만 아니라)이 있으므로 이와 호응하는 부사 **还**(또한)가 있는 D가 들어가야 한다. **不仅**……, **还**……(~뿐만 아니라 또한 ~하다)는 호응구조를 이루므로 기억해두자. 문맥상 앞절의 **造成危害**(위해를 끼친다)와 D의 **威胁**……**航天器的安全**(우주선의 안전을 위협한다)이 동일한 부정적인 영향이므로 의미가 연결된다.

72번 빈칸의 앞절의 주어는 **激光扫帚**(레이저 빗자루)이고, 빈칸은 가운데 절에 위치한다. 앞절에서 레이저 빗자루의 기능을 설명하고 있으므로 빈칸은 **照射**(쪼이다) 보기 C가 오는 것이 적합하다.

73번 빈칸은 문장의 앞에 위치하고 있고, 뒷절에 **重6公斤**(무게가 6kg이다)이 있다. 빈칸 앞문장에 **自杀卫星**(자살식 위성)이 있으므로 이 단어가 있는 보기 B가 들어가야 한다. 보기 B는 부피를 설명하고 있어 뒷절의 내용과도 의미가 연결된다.

74번 빈칸은 가운데 절에 위치하고 앞절에 가정을 나타내는 부사 **一旦**(일단 ~하면)이 있다. **一旦**과 호응하는 뒷절의 부사는 **就, 便**이므로 보기 E가 들어가야 한다.

75번 빈칸은 문장 마지막 절에 위치하고, 앞절에 **最后**(마지막)라는 결과를 제시하고 있다. 내용을 살펴보면 자살 위성이 우주 쓰레기를 정찰하고 마지막에 대기층으로 들어간다는 설명이므로 **太空垃圾**(우주 쓰레기)가 언급된 보기 A가 들어가야 한다.

어휘 **太空垃圾** tàikōnglājī 몡 우주 쓰레기 **围绕** wéirào 툉 주위를 돌다 **轨道** guǐdào 몡 궤도 **人造** rénzào 인공의, 인조의 **碎片** suìpiàn 몡 파편 **漆片** qīpiàn 몡 셸락 **粉尘** fěnchén 몡 분진, 먼지 **飞船** fēichuán 몡 우주선 **残骸** cánhái 몡 잔해 **构成** gòuchéng 몡 툉 구성(하다) **危害** wēihài 툉 해를 끼치다 **威胁** wēixié 툉 위협하다 **航天器** hángtiānqì 몡 우주 설비 **清除** qīngchú 툉 깨끗이 없애다 **美国航空航天局** Měiguó Hángkōnghángtiānjú 몡 나사(NASA) **激光扫帚** jīguāngsàozhou 몡 레이저 빗자루(laser broom) **针对** zhēnduì 겨냥하다 **直径** zhíjìng 몡 직경 **厘米** límǐ 몡 센티미터 **锁定** suǒdìng 툉 확실히 정하다, 고정시키다 **激光** jīguāng 몡 레이저 **照射** zhàoshè 툉 비치다 **背离** bèilí 툉 등지다, 떠나다 **一端** yìduān 몡 한쪽, 한끝 **升华** shēnghuá 몡 툉 승화(하다) **喷气** pēnqì 툉 기체를 분사하다 **推动** tuīdòng 툉 추진하다 **强烈** qiángliè 휑 강렬하다 **摩擦** mócā 툉 마찰하다 **燃烧** ránshāo 툉 연소하다 **自毁** zìhuǐ 툉 자멸하다 **卫星** wèixīng 몡 위성 **体积** tǐjī 몡 체적 **制造** zhìzào 툉 제조하다 **发射** fāshè 툉 발사하다 **配备** pèibèi 툉 배치하다 **摄像机** shèxiàngjī 몡 비디오 카메라 **侦察** zhēnchá 툉 정찰하다 **依附** yīfù 툉 달라붙다 **降低** jiàngdī 툉 낮추다 **同归于尽** tóngguīyújìn 셍 함께 망하다 **清洁工** qīngjiégōng 몡 환경미화원 **逐步** zhúbù 凰 점차 **缓解** huǎnjiě 툉 (급박하거나 긴박한 정도가) 완화되다

76-80

扁鹊是战国时著名的医术学家。由于他的医术高超，被认为是神医，**(76)所以人们借用了神医"扁鹊"的名号来称呼他。**

有一天，扁鹊去见蔡桓公说道："我发现您的皮肤有病，应及时治疗，否则病情会加重。"桓公不以为然："我一点儿病也没有，用不着治疗。"10天后，扁鹊第二次去见桓公。他察看了桓公的脸色之后说："**(77)您的病已经到肌肉里面去了。再不医治，会更严重的。**"桓公还是不信他说的话。又过了10天，扁鹊第三次去见桓公，说道："您的病已经发展到肠胃了。如果不赶紧医治，**(78)病情将会进一步恶化。**"

桓公仍不信他，且对他更加反感。又隔了10天，扁鹊第4次去见桓公。一看到桓公，**(79)扁鹊扭头就走。**这倒把桓公弄糊涂了，心想：怎么这次扁鹊不说

편작은 전국 시기의 유명한 의술가이다. 그의 의술이 뛰어나 신의로 여겨졌고 (76) 그래서 사람들은 신의 '편작'이란 칭호로 그를 불렀다.

어느 날 편작은 제나라 환공에게 말했다. "저는 당신의 피부에 병이 있음을 발견했습니다. 제때에 치료하지 않으면 병세가 가중될 겁니다." 환공은 그렇게 여기지 않았다. "나는 조금의 병도 없으니 치료할 필요가 없소." 10일 후에 편작은 환공을 두 번째 만났다. 그는 환공의 안색을 보고 말했다. "(77) 당신의 병이 이미 근육 속까지 갔습니다. 치료하지 않으면 심해질 겁니다." 환공은 그의 말을 믿지 않았다. 또 10일이 지나고 편작은 세 번째 환공을 만나 말했다. "당신의 병이 이미 위장까지 퍼졌습니다. 빨리 치료하지 않으면 (78) 병세가 더 악화될 겁니다." 환공은 여전히 그를 믿지 않았고 그에게 반감이 심해졌다. 또 10일이 지나 편작이 네 번째 환공을 만났다. 환공을 보자마자 (79) 편작은 고개를 돌려 가버렸다. 이때는 오히려 환공이 영문을 몰라 생각했다. 어째서 편작이 이번에는 나에게 병이 있다고 하지 않는가? 환공은

我有病呢？桓公派人去问扁鹊原因。扁鹊说："小病在皮肤之间，汤熨可治；病在肌肉里，针灸可治；病在肠胃里，汤剂可治；病在骨骼里，能否保住性命只能听天由命了。"

5天后，桓公浑身疼痛难忍。他意识到自己情况不妙，(80)立刻派人去找扁鹊，可扁鹊已逃到秦国去了。桓公追悔莫及，在痛苦中挣扎着死去。

A 扁鹊扭头就走
B 病情将会进一步恶化
C 立刻派人去找扁鹊
D 您的病已经到肌肉里面去了
E 所以人们借用了神医"扁鹊"的名号来称呼他

사람을 보내 편작에게 이유를 물었다. 편작이 말했다. "작은 병이 피부에 있을 때는 찜질로 고칠 수 있었고, 병이 근육에 있을 때는 침술로 고칠 수 있었으며 병이 위장에 있을 때는 탕약으로 치료할 수 있었습니다. 병이 뼈까지 갔으니 목숨을 지키는 것은 하늘에 달렸습니다."

5일 후에 환공은 온 몸이 견디기 힘들도록 아팠다. 그는 자신의 상태가 심상치 않음을 느끼고 (80) 즉시 사람을 보내 편작을 찾았으나 편작은 이미 진나라고 떠나 버렸다. 환공은 후회막급하여 고통 중 발버둥치다 죽었다.

A 편작은 고개를 돌려 가버렸다
B 병세는 더 악화될 것이다
C 즉시 사람을 보내 편작을 찾았다
D 당신의 병은 이미 근육 속까지 갔다
E 그래서 사람들은 신의 '편작'이란 칭호로 그를 불렀다

보기 분석 A **扁鹊扭头就走** → 주-술-목 구조이고 부사 **就**가 있다.

B **病情将会进一步恶化** → 주-술-목 구조이다.

C **立刻派人去找扁鹊** → 주어가 없는 절이다.

D **您的病已经到肌肉里面去了** → 주-술-목으로 구성되어 있고 대사 **您的病**(당신의 병)이 있다.

E **所以人们借用了神医"扁鹊"的名号来称呼他** → 접속사 **所以**으로 시작한다.

해설 **76번** 빈칸은 문장 끝에 위치하고, 앞절은 접속사 **由于**(~때문에)가 사용된 원인을 나타내는 절이다. 따라서 결과를 나타내는 접속사 **所以**(그래서)가 있는 보기 E가 들어가야 한다.

77번 빈칸은 대화가 시작되는 부분으로 주어가 있는 완전한 문장이 들어가야 한다. 대화체이므로 2인칭 대사 **您**(당신)이 있는 보기 D가 들어가야 한다.

78번 빈칸은 문장의 끝에 위치하고 있고 앞절에 가정을 나타내는 접속사 **如果**(만일 ~한다면)가 있다. 따라서 **不赶紧医治**(빨리 치료하지 않다)의 결과를 나타내는 내용이 와야 하므로 병세가 악화된다는 내용인 보기 B가 적합하다.

79번 빈칸은 문장의 끝에 위치하고 있고 앞절이 **一**(~하자마자)로 시작한다. **一……就……**(~하자마자 ~하다)는 고정격식이므로 부사 **就**가 있는 보기 A가 들어가야 한다.

80번 빈칸은 가운데 절에 위치하고 있고 앞절의 주어가 **他**(그)이고, 뒷절의 주어는 **扁鹊**(편작)이다. 문장이 환공과 편작의 행동을 묘사하고 있으므로 보기 C가 들어가야 한다.

어휘 **扁鹊** Biǎnquè 몡 편작(중국 명의) **医术** yīshù 몡 의술 **高超** gāochāo 혱 우수하다, 출중하다 **神医** shényī 몡 신의, 명의 **借用** jièyòng 통 빌리다 **名号** mínghào 몡 명칭 **称呼** chēnghu 통 부르다 **病情** bìngqíng 몡 병세 **加重** jiāzhòng 통 가중하다 **不以为然** bùyǐwéirán 셍 그렇다고 생각하지 않다 **肠胃** chángwèi 몡 위장 **赶紧** gǎnjǐn 뮈 서둘러 **医治** yīzhì 통 치료하다 **糊涂** hútu 혱 모호하다 **汤熨** tāngyùn 통 탕약을 달이다 **针灸** zhēnjiǔ 몡 침구 **骨骼** gǔgé 몡 골격 **保住性命** bǎozhùxìngmìng 통 목숨을 지키다 **浑身** húnshēn 몡 전신 **疼痛** téngtòng 혱 아프다 **难忍** nánrěn 통 참기 어렵다 **不妙** búmiào 혱 좋지 않다, 심상치 않다 **追悔莫及** zhuīhuǐmòjí 셍 후회막급이다 **挣扎** zhēngzhá 통 발버둥치다

81-84

俗话说："84谣言止于智者。"面对不确定的信息，智者能以渊博的知识，明辨是非，不为谣言所困，愚昧无知的人却相信妖言。虽然人们知道，81谣言是个别人为了达到某种不可告人的目的而捏造的谎言，但仍有不少善良的人在无意之中成为了谣言的传播者。许多人被谣言迷惑，而智者却往往能化谣言于无形，也就是说，谣言止于智者。

有这样一个故事：一个人风风火火地跑到哲人那儿，说想要告诉他一个消息。哲人平静地打断他的话说："等一等，你要告诉我的消息，用三个筛子筛过了吗？"哲人所说的"筛"，就是看消息是否真实，是否经过审查，是否具有善意。来人表示只是听来的。最后哲人说："82那就别说了吧，免得人们被这虚假的谣传所困扰。"哲人面对看似令人激动的消息，淡定从容，以自己的标准过滤虚假信息，让谣言停止了传播。面对不确定的信息，智者能以淡定的心态，理智应对，不为谣言所惑。

当智者遇到谣言的无根之风时，能运用知识的高山茂林，使谣言得以消解。83自2007年至今，对于拟建PX（对二甲苯、低毒化合物）项目，多地民众均选择坚决抵制，被谣言所惑是重要原因之一。其间，某搜索网站上的"PX"词条多次被人篡改，将PX解释为"剧毒"。为了阻止妖言惑众，专家用大量的科学依据进行论证说明，从而攻破谣言。

在"人人都有麦克风"的时代，网络让谣言插上了腾飞的翅膀，传播速度快，影响范围广。因此，对于不确定的信息，我们有责任和义务，在谣言面前我们人人都应该做一个"智者"。

속담에 '84유언비어는 지혜자에게서 멈춘다'고 했다. 정확하지 않은 정보에 대해서 지혜로운 사람은 해박한 지식으로 시비를 분별하고 유언비어에 미혹되지 않는다. 우매하고 무지한 사람은 오히려 요사스러운 말을 믿는다. 사람들은 81유언비어가 다른 사람이 말할 수 없는 어떤 목적을 달성하기 위해 날조한 거짓말이라는 것을 알고 있지만 여전히 많은 착한 사람들이 무의식 중에 소문의 전파자가 되어버린다. 많은 사람들이 유언비어에 의해 미혹되지만 지혜로운 사람은 오히려 유언비어를 형체가 없는 것으로 만들어 버린다. 다시 말해 유언비어는 지혜자에게서 멈춘다.

이런 이야기가 있다. 한 사람이 쏜살같이 현자에게 달려가서 한 가지 소식을 알려 주려고 했다. 현자는 차분하게 그의 말을 끊고 말했다. "기다리시오. 당신이 나에게 알려 주려는 소식을 3개의 체로 거르셨소?" 현자가 말하는 '체'는 바로 소식이 진실인지 아닌지, 조사를 거쳤는지, 선의가 있는 것인지 아닌지를 확인하는 것이었다. 온 사람은 단지 들은 거라고 했다. 마지막으로 현자는 말했다. "82그럼 말하지 마시오. 사람들이 이 거짓된 소문에 곤란하게 되지 않도록 말이요." 현자는 사람을 격동시키는 것과 같은 소식에 대해 냉정하고 침착했고, 자신의 기준으로 가짜 소식을 걸러내어 유언비어가 전파되는 것을 멈췄다. 정확하지 않은 소식을 대할 때 지혜로운 사람은 냉정한 마음으로 이성적으로 대처하며 유언비어에 의해 현혹되지 않는다.

지혜로운 사람은 유언비어라는 출처 없는 바람을 만났을 때 지식의 무성함을 사용해서 소문을 없애 버린다. 832007년부터 오늘날까지 PX(파라자일렌, 저독성 화합물) 프로젝트의 건설에 관해서 많은 지역의 사람들이 결연하게 저항했는데 유언비어에 의해 현혹된 것이 주요 원인 중 하나였다. 그 기간 동안 검색 사이트에서 'PX'라는 단어가 사람들에 의해 왜곡되면서 PX는 '맹독'으로 설명되었다. 유언비어로 대중을 미혹하는 것을 막기 위해 전문가들은 대량의 과학적 근거를 들어 논증했고, 유언비어를 없앴다.

'모든 사람이 마이크를 가지고 있는' 시대에 인터넷은 유언비어에 날 수 있는 날개를 달아 주어 전파 속도가 빠르고 영향을 미치는 범위가 넓다. 따라서 정확하지 않은 정보에 대해 우리는 책임과 의무를 가져야 하며 유언비어 앞에서 모두 '지혜자'가 되어야 한다.

어휘 谣言 yáoyán 몡 유언비어 智者 zhìzhě 몡 지혜자 渊博 yuānbó 혱 박식하다 明辨是非 míngbiànshìfēi 솅 시비를 분명히 가리다 愚昧无知 yúmèiwúzhī 솅 무지몽매하다 妖言 yāoyán 몡 요사스러운 말 不可告人 bùkěgàorén 솅 다른 사람에게 말할 수 없다 捏造 niēzào 통 날조하다 谎言 huǎngyán 몡 거짓말 迷惑 míhuò 통 미혹되다 哲人 zhérén 몡 현자, 지혜로운 사람 平静 píngjìng 혱 평온하다 打断 dǎduàn 통 끊다 筛子 shāizi 몡 체(가루를 곱게 치는 도구) 审查 shěnchá 통 조사하다, 심사하다 免得 miǎnde 쩝 ~하지 않도록 虚假 xūjiǎ 혱 거짓의 谣传 yáochuán 헛소문을 전하다 困扰 kùnrǎo 통 괴롭히다 激动 jīdòng 통 흥분하다, 감격하다 淡定 dàndìng 혱 냉정하다, 침착하다 从容 cóngróng 혱 태연하다 标准 biāozhǔn 몡 표준, 기준 혱 표준적이다 过滤 guòlǜ 통 거르다, 여과하다 停止 tíngzhǐ 통 정지하다 传播 chuánbō 통 퍼뜨리다 理智 lǐzhì 혱 이지적이다 应对 yìngduì 통 대응하다 消解 xiāojiě 통 없애다 对二甲苯 duìèrjiǎběn 몡 파라자일렌 项目 xiàngmù 몡 프로젝트 均 jūn 뷔 모두 坚决 jiānjué 혱 결연하다 抵制 dǐzhì 통 보이콧하다, 거절하다 搜索 sōusuǒ 통 검색하다 篡改 cuàngǎi 통 왜곡하다 剧毒 jùdú 몡 맹독 麦克风 màikèfēng 몡 마이크 腾飞 téngfēi 통 날아오르다 翅膀 chìbǎng 몡 날개 责任 zérèn 몡 책임 义务 yìwù 몡 의무

画线词语 "捏造" 最可能是什么意思?	밑줄 친 단어 '捏造'는 무슨 의미인가?
A 因小失大	A 작은 것을 탐하다 큰 것을 잃는다
B 无中生有	**B 없던 일을 꾸며내다**
C 急于求成	C 서둘러 목적을 달성하려 하다
D 锲而不舍	D 인내심을 갖고 일을 계속 하다

해설 질문은 밑줄친 어휘의 의미가 무엇인가이다. 해당 키워드가 언급된 문장을 살펴보면 **谣言是个别人为了达到某种不可告人的目的而……的谎言** (유언비어는 다른 사람이 말할 수 없는 어떤 목적을 달성하기 위해 ~하는 거짓말)이므로 거짓말을 묘사하는 가장 적절한 표현은 보기 B **无中生有**(없던 일을 꾸며내다)이다.

어휘 **因小失大** yīnxiǎoshīdà 성 작은 이익을 탐하다가 큰 것을 잃다 **无中生有** wúzhōngshēngyǒu 성 없던 일을 꾸며대다 **急于求成** jíyúqiúchéng 성 서둘러 목적을 달성하려 하다 **锲而不舍** qiè'érbùshě 성 끈기있게 끝까지 하다

根据第二段，下列哪项正确?	두 번째 단락에 근거하여 다음 중 옳은 것은?
A 哲人让人带来筛子	A 현자는 그에게 체를 가져오게 했다
B 哲人对消息进行审查	B 현자는 소식에 대해 조사했다
C 消息不是具有善意的	C 소식은 선의가 없는 것이었다.
D 哲人没有让人说出消息	**D 현자는 사람에게 소식을 말하지 못하게 했다**

해설 질문은 두 번째 단락에서 옳은 내용을 묻는 문제이다. 보기의 주어가 공통적으로 **哲人**(현자)이고 관련 키워드 **带来筛子**(체를 가져오다), **审查**(조사하다), **善意**(선의), **没有让人说出消息**(사람에게 소식을 말하지 못하게 하다)를 중심으로 지문을 살펴본다. 두 번째 단락 가운데 부분에 마지막 현자의 말에 **那就别说了吧，免得人们被这虚假的谣传所困扰**(그럼 말하지 마시오, 사람들이 이 거짓된 소문에 곤란하게 되지 않도록 말이요)라고 했으므로 현자가 소식을 말하지 못하게 했음을 알 수 있다. 따라서 보기 D가 정답이다.

什么原因让民众抵制PX项目?	어떠한 원인으로 사람들은 PX프로젝트를 배척하는가?
A 被搜索网站上的谣言所迷惑	**A 검색 사이트의 유언비어에 미혹돼서**
B 科学家证明PX是剧毒	B 과학자가 PX가 맹독임을 증명해서
C PX项目导致环境污染	C PX가 환경 오염을 일으키기 때문에
D 民众专业知识不丰富	D 사람들의 전문 지식이 풍부하지 않아서

해설 질문이 사람들이 PX프로젝트를 왜 배척했는가이다. 질문의 키워드 (PX프로젝트)를 지문에서 찾는다. 세 번째 단락에서 2007년부터 사람들이 PX프로젝트를 배척했다고 하며 그 원인으로 **其间，某搜索网站上的"PX"词条多次被人篡改，将PX解释为"剧毒"**(그 기간 동안 검색 사이트에서 'PX'라는 단어가 사람들에 의해 왜곡되면서 PX는 '맹독'으로 설명되었다)라고 했으므로 A가 정답이다.

最适合做上文标题的是:	이 글의 제목으로 가장 적절한 것은?
A 谣言的危害	A 유언비어의 해로움
B 受害的民众	B 해를 당한 민중
C 贤明的哲人	C 현명한 현자
D 谣言止于智者	**D 유언비어는 지혜로운 사람에게서 멈춘다**

제목을 묻는 문제이다. 서론 또는 각 단락의 첫 문장을 확인한다. 첫 번째 단락의 첫 문장에 谣言止于智者(유언비어는 지혜자에게서 멈춘다)라고 하였고, 전체 지문에서 지혜로운 사람과 우매한 사람이 유언비어에 대처하는 방법을 비교하고 있다. 따라서 속담이 주제를 나타내고 있으므로 D가 정답이다.

85-88

夜晚的天空为何是黑暗的？“太阳落山了呗。夜晚，太阳公公睡觉去了，天就黑了。”3岁的儿童会这么回答。是的，天上没有太阳，好像天就必然会是黑的。但是，无限的宇宙充满了无数个恒星构成的星系，虽说夜晚没有太阳照耀，可是那满天的星星，都是会发光发热的。一颗恒星的光芒的确很微弱，但是，无数颗恒星的光芒合起来应该是无限的亮，本应该像白天那么亮。可为什么事实上是黑的呢？

天文学家的观察发现，几乎所有的河外星系都在远离我们而去，即宇宙像正在充气的气球似的膨胀着，越来越大；86距离我们越远的星系，远离我们而去的速度(即退行速度)越快，星系退行使星系辐射到我们这里来的光减弱。因此，虽然宇宙是无限的，但光可以照到我们这里的天体的数量是有限的。只要那些有限的天体射到地球上的光比太阳光少，地球上的日夜就取决于太阳。85要是宇宙没有膨胀，也就没有夜黑问题。

大爆炸宇宙学认为：“我们的宇宙”起源于一个温度极高、体积极小的原始火球，在距今大约200亿年前，不知什么缘故，这个火球发生了大爆炸，在大爆炸中诞生了“我们的宇宙”。88随着空间膨胀，温度降低，物质的密度也逐渐减小，原先的质子、中子等结合成氟、氦、锂等元素，后来又逐渐形成星系、星系团等天体。

宇宙好像一个在不断充气的带花点的气球，上面的各点彼此分离。经过200亿年的“分离”才变成今天这个模样。根据天文学家的推测，我们的宇宙将来有一天会停止膨胀，然后转为收缩，直至收缩到大爆炸前的原始火球状态，接下来会出现新的大爆炸。87宇宙的膨胀和收缩，这种循环可能不断地重复进行，宇宙处于这种来回振荡式的变化之中。

밤하늘은 왜 캄캄할까? "해가 졌으니까요. 밤에는 햇님 할아버지가 주무시러 가서 하늘이 캄캄한 거예요." 3살짜리 어린이는 이렇게 대답할 것이다. 그렇다. 하늘에 태양에 없으면 필연적으로 하늘은 어두워진다. 하지만 끝이 없는 우주은 무수한 항성들로 이루어진 항성계로 가득차 있어서 밤에 태양이 비치지 않아도 하늘에 가득찬 별들이 모두 빛과 열을 발한다. 어떤 항성의 빛은 확실히 약하기는 하지만 무수한 항성들의 빛이 합쳐지면 분명 무한한 빛을 발생할 것이고 원래는 낮처럼 밝아야 한다. 그런데 왜 실제로는 어두운 것일까?

천문학자의 관찰에 따르면 거의 모든 은하계 외 항성계는 아주 멀리 떨어져 있다. 즉, 우주는 공기를 채우고 있는 풍선처럼 팽창하여 점점 커지고 있다. 86우리로부터 멀리 떨어져 있는 항성계일수록 우리에게서 멀어지는 속도(즉 퇴행 속도)가 빨라지기 때문에 항성계의 퇴행이 항성계가 우리 이곳까지 복사되는 빛을 약하게 만든다. 이 때문에 우주가 끝이 없어도 이곳까지 비추는 천체의 수에는 한계가 있는 것이다. 그런 유한한 천체가 지구에 복사하는 빛이 태양보다 적으면, 지구의 낮과 밤은 태양에 의해 결정되는 것이다. 85만일 우주가 팽창하지 않았다면 밤이 어두운 문제도 없었을 것이다.

빅뱅 우주학에서는 '우리의 우주'는 온도가 극도로 높고, 부피가 지극히 작은 원시 불덩어리였는데, 지금으로부터 200억 년 전에 원인을 알 수 없는 대 폭발이 일어나 그 과정에서 '우리의 우주'가 탄생했다고 생각한다. 88공간이 팽창하고 온도가 낮아짐에 따라 물질의 밀도도 점점 줄어들어 원래의 양자와 중성자 등이 불소, 헬륨, 리튬 등의 원소로 결합되어 그 후에 점차 항성계와 은하단 등의 천체를 형성했다.

우주는 마치 끊임없이 공기를 주입하고 있는 꽃무늬가 있는 풍선과 같아서 표면의 각 점들이 서로 멀어진다. 200억 년의 '분리'를 거쳐서 오늘날의 모양이 됐다. 천문학자들의 추측에 따르면 우리의 우주는 미래의 어느 날 팽창을 멈추고 수축하게 되어 대폭발이 일어나기 전의 원시 불덩어리의 상태로 돌아가 다시 대폭발이 발생할 것이고 추측한다. 87우주의 팽창과 수축이라는 이러한 순환은 끊임없이 반복적으로 진행되고 있고, 우주는 이러한 반복적인 진동식 변화에 처해 있는 것이다.

为何 wèihé 🔢 왜 **必然** bìrán 🔢 필연적으로 **宇宙** yǔzhòu 몡 우주 **恒星** héngxīng 몡 항성 **星系** xīngxì 몡 항성계 **照耀** zhàoyào 통 밝게 비추다 **发光** fāguāng 통 빛나다 **发热** fārè 통 발열하다 **光芒** guāngmáng 몡 빛 **微弱** wēiruò 혱 미약하다 **无限** wúxiàn 혱 무한하다 **河外星系** héwàixīngxì 몡 은하계 외 항성계 **远离** yuǎnlí 통 멀리 떠나다 **充气** chōngqì 통 바람을 넣다 **膨胀** péngzhàng 통 팽창하다 **辐射** fúshè 통 복사하다, 방사되다 **减弱** jiǎnruò 통 약해지다 **取决于** qǔjuéyú 통 ~에 달려있다 **大爆炸** dàbàozhà 몡 대폭발, 빅뱅 **起源** qǐyuán 통 기원하다 **体积** tǐjī 몡 체적, 부피 **火球** huǒqiú 몡 화구 **缘故** yuángù 몡 원인, 이유 **诞生** dànshēng 통 탄생하다 **原先** yuánxiān 몡 종전, 최초 **质子** zhìzǐ 몡 물리 양자 **中子** zhōngzǐ 몡 물리 중성자 **氟** fú 몡 불소 **氦** hài 몡 헬륨 **锂** lǐ 몡 리튬 **星系团** xīngxìtuán 몡 은하단 **天体** tiāntǐ 몡 천체 **彼此** bǐcǐ 때 피차, 서로 **分离** fēnlí 통 분리하다 **推测** tuīcè 통 추측하다 **停止** tíngzhǐ 통 정지하다 **收缩** shōusuō 통 수축하다 **循环** xúnhuán 통 순환하다 **重复** chóngfù 통 중복되다 **振荡** zhèndàng 통 진동하다

85

下列哪项是夜晚的天空黑暗的原因：	다음 중 밤하늘이 어두운 원인은?
A 太阳落在地平线下	A 태양이 지평선 아래에 있어서
B 没有太阳的照耀	B 태양이 비추지 않아서
C 恒星的光芒很微弱	C 항성의 빛이 아주 약해서
D 宇宙正在不断膨胀	**D 우주가 끊임없이 팽창하고 있어서**

해설 밤하늘이 어두운 원인에 대해 묻고 있으므로 질문의 키워드 **夜晚的天空**(밤하늘)과 **黑暗**(어둡다)을 지문에서 찾는다. 첫 번째 단락에서 **夜晚的天空为何是黑暗的？**(밤하늘은 왜 캄캄할까?)라고 질문을 던졌지만 해당 단락에서 이에 관한 대답이 나오지 않는다. 두 번째 단락에서 우주가 팽창하고 있다고 언급한 뒤 단락의 마지막 부분에서 **要是宇宙没有膨胀，也就没有夜黑问题**(만일 우주가 팽창하지 않았다면 밤이 어두운 문제도 없었을 것이다)라고 했으므로 정답은 D이다.

어휘 地平线 dìpíngxiàn 명 지평선

86

关于河外星系，可以知道：	은하계 외 항성계에 관해 알 수 있는 것은?
A 越来越靠近我们	A 점점 우리에게 다가온다
B 如气球般的膨胀	B 풍선처럼 팽창한다
C 前行的速度变快	C 전진하는 속도가 빠르게 변한다
D 辐射的光线减弱	**D 복사하는 광선이 약해진다**

해설 질문에서 은하계 성운에 관한 옳은 내용을 묻고 있다. 질문의 키워드 **河外星系**(은하계 외 항성계)를 지문에서 찾는다. 두 번째 단락에서 **距离我们越远的星系，远离我们而去的速度越快，星系退行使星系辐射到我们这里来的光减**(우리로부터 멀리 떨어져 있는 항성계일수록 우리에게서 멀어지는 속도가 빨라지기 때문에 항성계의 퇴행이 항성계가 우리 이곳까지 복사되는 빛을 약하게 만든다)라고 했으므로 D가 정답이다.

87

宇宙处于：	우주는 어떤 상태에 있는가?
A 收缩的状态	A 수축하는 상태
B 原始火球状态	B 원시의 불덩어리 상태
C 循环往复的变化中	**C 순환을 반복하는 변화**
D 永恒不变的环境中	D 영원히 불변하는 환경

해설 질문이 우주가 어떤 상태에 처해 있는지 묻고 있다. 마지막 단락에서 **宇宙处于这种来回振荡式的变化之中**(우주는 이러한 반복적인 진동식 변화에 처해 있는 것이다)이라고 했으므로 C가 정답이다.

88

根据上文，下列哪项正确？	위 글에 따라 다음 중 옳은 것은?
A 宇宙已经停止膨胀	A 우주는 이미 팽창을 멈췄다
B 物质的密度在减小	**B 물질의 밀도가 줄어들고 있다**
C 大爆炸不可能再次出现	C 대폭발은 다시 일어나지 않을 것이다
D 星系团不是大爆炸的结果	D 은하단은 대폭발의 결과가 아니다

해설 옳은 내용을 고르는 문제이므로 보기의 키워드 **停止膨胀**(팽창이 멈추다), **物质的密度**(물질의 밀도), **大爆炸**(대폭발), **星系团**(은하단)을 중심으로 지문과 대조한다. 세 번째 단락에서 **随着空间膨胀，温度降低，物质的密度也逐渐减小**(공간이 팽창하고 온도가 낮아짐에 따라 물질의 밀도도 점점 줄어든다)라고 하며 물질의 밀도가 줄어든다고 했으므로 B가 정답이다.

笑是人们日常生活中用得最多的表情之一。中国人常说"笑一笑，十年少"，西方谚语认为："开怀大笑是剂良药"。笑对健康的益处，得到了中西方医学专家的普遍认可。此外，笑蕴含着许多从来没有听说过的学问，还有神奇的功效。

人的面部表情肌肉共有42块儿，通过与血管、骨骼的配合，一共能做出5000多个表情，其中，笑有19种。这19种笑可以归为两类：一类是社交类的礼貌性笑容，调动的肌肉较少；89另一类是发自肺腑的笑，用到的肌肉比较多。相对于皱眉来说，露出笑容所调动的肌肉数量更少，用力也要小一些。既然绽放笑容这么简单，何不少一些愁眉苦脸，多一些开心的笑呢？

多项研究证明，笑是天然的、毫无副作用的止痛剂。人的笑来源于主管情绪的右脑额叶。每笑一次，就能刺激大脑分泌一种能让人欣快的激素——内啡肽。90内啡肽是最有效的止痛化学物质，能缓解体内各种疼痛。因此，一些罹患风湿、关节炎的人如果经常笑，可以缓解病情。另外，笑也有助于新陈代谢，加速血液循环，让人更有活力。

91大笑是保持身材苗条的最佳方法。研究人员发现，大笑10至15分钟可以加快心跳，从而燃烧一定量的卡路里。并且，一个人大笑的时候，还可以驱走负面情绪，释放压力。

笑也可以"美容"，因为笑的时候，脸部肌肉收缩，会使脸部更有弹性。91笑可以使人减慢衰老。当你笑的时候，大脑神经会放松一会儿，从而使大脑有更多的休息时间。微笑会让一个人看起来更有魅力、更有自信，甚至能帮助人们渡过难关。当一个人在笑时，91会使整个房间的气氛变得轻松，从而改变其他人的心情。多笑笑，那么更多的人将被你吸引。

웃음은 사람의 일상생활에서 가장 많이 사용되는 표정 중 하나이다. 중국인들은 항상 '웃으면, 10년이 어려진다.'라고 말한다. 서양 속담에는 '통쾌하게 웃는 것은 좋은 약이다'라는 말이 있다. 웃음이 건강에 미치는 장점은 중국과 서양 의학 전문가들의 공통된 인정을 받았다. 이 밖에 웃음은 많은 사람들이 한 번도 들어보지 못한 지식을 내포하고 있으며 신기한 기능을 가지고 있다.

사람의 안면 표정 근육은 모두 42개로 혈관과 골격의 조합을 통해 모두 5000여 개의 표정을 만들어 낼 수 있다. 그 중 웃음은 19종류이다. 이 19종류의 웃음은 두 가지로 나눌 수 있는데, 하나는 사교용인 예의상의 웃음으로 움직이는 근육이 비교적 적다. 89다른 하나는 마음에서 우러나오는 웃음으로 사용하는 근육이 비교적 많다. 미간을 찌푸리는 것에 비해서 웃는 얼굴이 움직이는 근육의 수는 더 적고 사용하는 힘도 적다. 활짝 웃는 것이 이렇게 쉬운데 왜 우거지상을 적게 하고 밝은 웃음을 더 짓지 않는 것일까?

많은 연구에서 웃음은 천연의 부작용이 전혀 없는 진통제로 증명됐다. 사람의 웃음은 감정을 주관하는 우뇌 전두엽에서 오는 것이다. 매번 웃을 때마다 대뇌를 자극하여 사람을 기분 좋게 만들어 주는 호르몬인 엔도르핀을 분비한다. 90엔도르핀은 가장 효과적인 진통 화학물이며 체내의 각종 통증을 완화시킨다. 때문에 류머티즘과 관절염을 앓고 있는 사람들이 자주 웃으면 병세를 완화시킬 수 있다. 그 밖에도 웃음은 신진대사에 도움을 주고 혈액 순환 속도를 높여 사람을 더욱 활력 있게 만든다.

91크게 웃는 것은 몸매를 날씬하게 유지하는 가장 좋은 방법이다. 연구원들은 10~15분간 크게 웃으면 심장 박동을 빠르게 하여 일정량의 칼로리를 연소시킬 수 있다는 사실을 발견했다. 게다가 사람이 크게 웃을 때 부정적인 정서가 사라지고 스트레스가 완화될 수 있다.

웃음은 '외모를 아름답게' 해 준다. 웃을 때 안면의 근육이 수축하여 탄성을 갖게 한다. 91웃음은 노화를 지연시킬 수도 있다. 당신이 웃을 때 대뇌 신경은 이완되어 대뇌는 더 많은 휴식 시간을 갖게 된다. 웃음은 사람을 더 매력적이고 자신감 있게 만들어주며 심지어 어려움을 이겨내는 데에도 도움을 줄 수 있다. 사람이 웃을 때는 91전체 방안의 분위기가 가벼워져서 다른 사람의 기분도 바꿀 수 있다. 많이 웃어라. 그러면 더 많은 사람이 당신에게 매혹될 것이다.

어휘 西方 xīfāng 명 서양 谚语 yànyǔ 명 속담 开怀 kāihuái 동 마음을 열다 형 매우 기분이 좋다 大笑 dàxiào 동 크게 웃다 剂 jì 양 제 [탕약을 셀 때 쓰는 단위] 良药 liángyào 명 좋은 약 蕴含 yùnhán 동 내포하다 神奇 shénqí 형 신기하다 功效 gōngxiào 명 효과, 효능 骨骼 gǔgé 명 골격 配合 pèihé 동 호응하다, 협력하다 社交 shèjiāo 명 사교 调动 diàodòng 동 조정하다, 옮기다 发自肺腑 fāzìfèifǔ 가슴으로 우러나오다 皱眉 zhòuméi 동 눈살을 찌푸리다 露出 lùchū 동 드러내다, 노출하다 绽放 zhànfàng 동 (꽃이) 피다 愁眉苦脸 chóuméikǔliǎn 성 우거지상 副作用 fùzuòyòng 명 부작용 止痛剂 zhǐtòngjì 명 진통제 额叶 éyè 명 전두엽 分泌 fēnmì 동 분비하다 激素 jīsù 명 호르몬 内啡肽 nèifēitài 엔도르핀 罹患 líhuàn 동 병이 들다, 우환이 들다 风湿 fēngshī 명 류머티즘 新陈代谢 xīnchéndàixiè 명 신진대사 苗条 miáotiao 형 날씬하다 燃烧 ránshāo 동 연소하다 卡路里 kǎlùlǐ 명 칼로리 驱走 qūzǒu 동 쫓아내다 负面 fùmiàn 명 부정적인 면 渡过难关 dùguònánguān 난관을 극복하다 气氛 qìfēn 명 분위기

89

根据第2段，可以知道：

두 번째 단락에서 알 수 있는 것은?

A 皱眉毫不费力

B 人能做出上万种表情

C 发自肺腑的笑调动的肌肉较多

D 笑对身体有益没有科学依据

A 눈살을 찌푸리는 것은 조금도 힘들지 않다

B 사람들은 만 가지 표정을 지을 수 있다

C 마음에서 우러나오는 웃음은 움직이는 근육이 많다

D 웃음이 건강에 유익하다는 것은 과학적 근거가 없다.

해설 질문이 두 번째 단락에서 옳은 내용을 고르는 문제이다. 보기의 키워드 **皱眉**(눈살을 찌푸리다), **万种表情**(만 가지 표정), **发自肺腑的笑**(마음에서 우러나오는 웃음), **对身体有益**(건강에 유익하다)를 위주로 지문을 살펴본다. 지문에서 **另一类是发自肺腑的笑，用到的肌肉比较多**(다른 하나는 마음에서 우러나오는 웃음으로 사용하는 근육이 비교적 많다)라고 했으므로 정답은 C이다.

어휘 毫不费力 háobùfèilì 조금도 힘들지 않다 依据 yījù 圀 근거 图 의거하다

90

关于内啡肽，下列哪项正确？

엔도르핀에 관해서 다음 중 옳은 것은?

A 由左脑额叶分泌

B 有一定治病的作用

C 可以减轻各种疼痛

D 关节炎患者体内缺乏

A 좌뇌 전두엽이 분비한다

B 질병을 치료하는 기능이 있다

C 각종 통증을 줄여준다

D 관절염 환자의 체내에 부족하다

해설 질문이 엔도르핀에 관해 옳은 내용을 고르는 문제이다. 질문의 키워드 **内啡肽**(엔도르핀)를 지문에서 찾아 보기와 대조한다. 세 번째 단락에서 엔도르핀이 언급되었고, **内啡肽是最有效的止痛化学物质，能缓解体内各种疼痛**(엔도르핀은 가장 효과적인 진통 화학물질이며 체내의 각종 통증을 완화시킨다)이라고 하며 진통 효과가 있다고 했으므로 정답은 C이다.

91

下列哪项不是笑的作用？

다음 중 웃음의 작용이 아닌 것은?

A 促进生长发育

B 有助于减肥

C 延缓衰老

D 营造良好的气氛

A 성장 발육을 촉진시킨다

B 다이어트에 도움이 된다

C 노화를 늦춘다

D 좋은 분위기를 만든다

해설 질문이 웃음의 작용이 아닌 것을 묻고 있다. 틀린 내용을 고르는 문제로 질문의 키워드 **笑的作用**(웃음의 작용)이 지문에 그대로 언급되지 않을 수 있으므로 내용을 살펴야 한다. 세 번째, 네 번째 단락에서 각각 **大笑是保持身材苗条的最佳方法**(크게 웃는 것은 몸매를 날씬하게 유지하는 가장 좋은 방법이다), **笑可以使人减慢衰老**(웃음은 노화를 지연시킬 수도 있다), **会使整个房间的气氛变得轻松，从而改变其他人的心情**(전체 방안의 분위기가 가벼워져서 다른 사람의 기분도 바꿀 수 있다)이라고 했으므로 A, B, D는 옳은 내용이다. 성장 발육에 관한 내용은 언급되지 않았으므로 정답은 A이다.

어휘 延缓 yánhuǎn 图 늦추다, 연기하다 衰老 shuāilǎo 톙 노쇠하다, 늙다 促进 cùjìn 图 촉진하다

92

最适合做上文标题的是：

이 글의 제목으로 가장 적절한 것은?

A 笑中蕴藏的学问

B 笑也能帮人美容

C 快乐来自于什么

D 你所不知道的人体奥秘

A 웃음에 담긴 지식

B 웃음은 미용에 도움을 준다

C 즐거움은 어디에서 오는가

D 당신이 모르는 인체의 비밀

제목을 묻는 문제이므로 첫 번째 단락 또는 각 단락의 첫 문장을 확인한다. 첫 번째 단락 마지막 문장에서 웃음은 **笑蕴含着许多从来没有听说过的学问**(웃음은 많은 사람들이 한 번도 들어보지 못한 지식을 내포하고 있다)이라고 했고 나머지 단락에서 웃음의 종류와 기능을 말하고 있으므로 정답은 A이다.

어휘 **奥秘** àomì **명** 신비, 비밀

93-96

春秋战国的鲁国，有一户施姓人家，他有两个儿子，长子精通儒学仁义，次子擅于军事指挥。学成后，施家的大儿子，用儒家仁义的道理去劝说齐王。齐王采纳了他的意见，93叫他做了太子们的老师。施家的小儿子则去向楚王陈述用兵的道理，博得楚王赏识，93做了楚王的军事长。因为两个儿子当了官，令施家备感荣耀。

邻居孟家，他家也有两个儿子，与施家儿子一同长大，却一直过着贫贱的生活，孟家对施家羡慕不已，谦恭地讨教起经验，施家如实地讲述了两个儿子"发迹"的经过。

不久后，孟家的大儿子便用儒家仁义的道理去劝说秦王，秦王说："现在各国诸侯都在凭实力进行斗争，最重要的是练兵筹饷，你要用仁义来治理我的国家，这只能走向灭亡。"就这样，秦王不但没有任用他，95还对他用了残酷的宫刑。

此时，孟家小儿子也到了卫国。他有条不紊地向卫王讲述用兵的道理，卫王却说："94我们卫国是一个小国，只有和各国和睦相处，才能确保安全，如果追求武力，无疑自取灭亡。你要我们出兵打仗，不等于"拿鸡蛋砸石头"吗？现在我要好好地放你走，你一定又到别国宣传你的主张，这将给我国带来严重的灾难。"95卫王便下命令砍掉了他的双脚。

施家听说了孟家的不幸遭遇，忍不住感叹："96再好的方法，如果脱离了环境，也将招致灾祸。"做什么事都要具体问题具体分析，尤其是吸取别人经验时，要注意适用的条件，不分条件的生搬硬套，往往要把事情办糟。

춘추 전국의 노나라에 시 씨 성을 가진 사람이 있었는데 아들이 둘이 있었다. 맏아들은 유학의 인의에 정통했고, 둘째 아들은 군사 지휘에 능통했다. 학업을 마치고 시 씨의 맏아들은 유학의 인의의 도리를 제나라 왕에게 권했다. 제나라 왕이 그의 의견을 받아들여 93그를 태자들의 스승으로 삼았다. 시 씨 집안의 작은 아들은 초나라 왕에게 가서 군사를 지휘하는 이치를 전하여 초나라 왕의 총애를 얻었고 93초나라의 군사장이 되었다. 두 아들이 관직에 올랐기 때문에 시 씨 집안은 영광을 누렸다.

이웃의 맹 씨도 두 아들이 있었는데 시 씨의 아들과 같이 자랐으나 줄곧 가난한 삶을 살아서 맹 씨는 시 씨를 몹시 부러워했다. 그래서 공손히 경험을 배우길 청했고, 시 씨는 사실대로 두 아들의 '입신양명'의 경험을 말해줬다.

머지않아 맹 씨의 맏아들은 유가의 인의의 도리를 진나라왕에게 권했고 진나라 왕이 말했다. "지금 각국 제후들이 힘으로 싸우고 있다. 가장 중요한 것은 병사를 훈련시키고 자금을 모으는 것이다. 네가 인의로 내 나라를 다스리고자 하는 것은 단지 멸망으로 갈 뿐이다." 이렇게 하여 진나라 왕은 그를 임용하지 않았을 뿐 아니라 95잔혹한 궁형에 처했다.

이때 맹 씨의 작은 아들도 위나라에 갔다. 그는 조리있게 위왕에게 용병의 이치를 설명했지만 위나라 왕은 오히려 말했다. "94우리 위나라는 작은 나라이다. 각국과 평화롭게 지내야만 안전을 보장할 수 있는데, 만일 무력을 추구하면 의심할 바 없이 멸망을 자초하는 것이다. 네가 우리에게 출병하여 전쟁을 하라고 하는 것은 '계란으로 바위를 부수는 것'과 다르지 아니한가? 지금 내가 너를 놓아주면 너는 분명 다른 나라에 가서 너의 주장을 펼칠 것이고 그렇게 되면 우리나라에 엄청난 화가 될 것이다." 95위나라 왕은 그의 두 다리를 잘랐다.

시 씨는 맹 씨의 불행을 듣고 한탄하였다. "96아무리 좋은 방법이라도 환경에 맞지 않으면 화를 불러오는 것이다." 무슨 일을 하든 문제에 맞게 구체적으로 분석하여야 한다. 더욱이 다른 사람의 경험을 받아들일 때는 적용하는 조건에 신경 써야 한다. 조건을 생각하지 않고 기계적으로 모방하면 종종 일을 그르치게 된다.

어휘 **鲁国** Lǔguó **명** 노나라　**长子** zhǎngzǐ **명** 맏아들　**精通** jīngtōng **동** 정통하다　**儒家** Rújiā **명** 유가　**仁义** rényì **명** 인의, 어짊과 의로움　**次子** cìzǐ **명** 둘째 아들　**擅于** shànyú ~를 잘하다　**指挥** zhǐhuī 지휘하다　**采纳** cǎinà 채택하다　**陈述** chénshù **동** 진술하다　**博得** bódé (호감, 동정 등을) 얻다　**常识** chángshí **명** 상식　**荣耀** róngyào **형** 영광스럽다, 부귀 영화를 누리다　**贫贱** pínjiàn **형** 가난하고 천하다　**谦恭** qiāngōng **형** 공손하다　**讨教** tǎojiào **동** 가르침을 청하다　**发迹** fājì **동** 출세하다　**秦王** Qínwáng **명** 진나라 왕　**诸侯** zhūhóu **명** 제후　**斗争** dòuzhēng **동** 싸우다　**练兵** liànbīng **동** 군인을 훈련시키다　**筹饷** chóuxiǎng **동** (군대 등의) 급료를 조달하다　**灭亡** mièwáng **동** 멸망하다　**任用** rènyòng **동** 임용하다　**残酷** cánkù **형** 잔혹하다　**宫刑** gōngxíng **명** 궁형　**有条不紊** yǒutiáobùwěn **성** (말·행동이) 조리 있고 질서 정연하다　**和睦相处** hémùxiāngchǔ **성** 화목하게 잘 지내다　**无疑** wúyí **형** 의심의 여지가 없다　**自取** zìqǔ **동** 스스로 취하다, 자초하다　**灭亡** mièwáng **동** 멸망하다　**砸** zá **동** 박다, 찧다　**宣传** xuānchuán **동** 홍보하다　**灾难** zāinàn **명** 재난　**砍掉** kǎndiào **동** 잘라내다　**感叹** gǎntàn **동** 탄식하다　**脱离** tuōlí **동** 벗어나다　**招致** zhāozhì **동** (어떤 결과를) 초래하다　**灾祸** zāihuò **명** 재해, 재난　**生搬硬套** shēngbānyìngtào **성** 남의 것을 기계적으로 모방하다

93 关于施家的两个儿子，可以知道： | 시씨의 두 아들에 관해 알 수 있는 것은?

A 大儿子爱好兵法 | A 큰 아들은 병법을 좋아한다
B 他们都受到重用 | **B 그들은 모두 중용되었다**
C 小儿子精通儒家 | C 작은 아들은 유학에 정통하다
D 他们都在鲁国任职 | D 그들은 모두 노나라에서 직무를 맡았다

해설 시 씨의 두 아들에 관한 옳은 내용을 묻는 문제이다. 질문의 키워드 **施家的儿子**(시 씨의 아들)를 위주로 지문을 살펴본다. 첫 번째 단락에 시 씨의 두 아들에 관한 내용이 언급되었다. 지문에서 맏아들은 제나라 왕이 **叫他做了太子们的老师**(그를 태자들의 스승으로 삼았다)이라고 했고, 둘째 아들은 초나라에 가서 **做了楚王的军事长**(초나라의 군사장이 되었다)이라고 했으므로 둘 다 나라의 중요한 직책을 맡았음을 알 수 있다. 따라서 정답은 B이다.

어휘 **重用** zhòngyòng 통 중용하다, 중요한 임무를 맡기다 **任职** rènzhí 통 직무를 맡다

94 上文中画线的"拿鸡蛋砸石头"指的是： | 윗글에서 밑줄 친 '拿鸡蛋砸石头'가 가리키는 것은?

A 虽弱小但不怕强大 | A 비록 약하지만 강한 것을 두려워하지 않는다
B 不自量力，自取灭亡 | **B 자신의 주제를 모르면 자멸하게 된다**
C 抓住机会才能成功 | C 기회를 잡아야 성공한다
D 说起来容易做起来难 | D 말하기는 쉬워도 실천하기는 어렵다

해설 밑줄 친 부분의 의미를 묻는 문제이다. 지문에서 **拿鸡蛋砸石头**(계란으로 바위를 부수다)가 언급된 부분을 찾는다. 네 번째 단락에서 **我们卫国是一个小国**(우리 위나라는 작은 나라이다)라고 하였고 이어 **如果追求武力，无疑自取灭亡**(만일 무력을 추구하면 의심할 바 없이 멸망을 자초하는 것이다)이라고 하였으므로 자신의 주제를 모르면 자멸하게 된다는 뜻인 B가 정답이다.

어휘 **不自量力** búzìliànglì 성 자신의 분수를 모르다, 주제넘다

95 根据上文下列哪项正确？ | 윗글에 근거하여 다음 중 옳은 것은?

A 施家欺骗孟家 | A 시 씨는 맹 씨를 속였다
B 孟家的长子去卫国 | B 맹 씨의 맏아들은 위나라에 갔다
C 孟家两个儿子都受刑 | **C 맹 씨의 두 아들은 모두 형을 받았다**
D 孟家与施家关系不好 | D 맹 씨와 시 씨의 관계는 좋지 않다

해설 질문이 본문에서 옳은 내용을 고르는 것이다. 보기의 주어 **施家**(시 씨), **孟家的长子**(맹 씨의 맏아들) 등을 위주로 지문을 파악한다. 세 번째 단락에서 맹 씨의 맏아들에 관한 내용으로 **还对他用了残酷的宫刑**(잔혹한 궁형에 처했다)이라고 했고, 네 번째 단락에서 맹 씨의 둘째 아들에 관한 내용으로 **卫王便下命令砍掉了他的双脚**(위나라 왕은 그의 두 다리를 잘랐다)라고 했으므로 맹 씨의 두 아들 모두 벌을 받았음을 알 수 있다. 따라서 정답은 C이다.

어휘 **欺骗** qīpiàn 통 속이다

96 上文主要想告诉我们什么？ | 윗글이 우리에게 주로 알려 주고자 하는 것은 무엇인가?

A 要敢于尝试 | A 용감하게 시도해야 한다
B 人要懂得满足 | B 사람은 만족을 알아야 한다
C 做事要合乎时宜 | **C 일을 할 때는 시의적절해야 한다**
D 不要过于追求完美 | D 지나치게 완벽을 추구하면 안 된다

해설 질문에서 이 글의 교훈을 묻고 있다. 이야기 글은 주로 후반부에 주제가 언급되므로 마지막 단락을 살펴본다. 마지막 단락에서 시씨는 **再好的方法，如果脱离了环境，也将招致灾祸**(아무리 좋은 방법이라도 환경에 맞지 않으면 화를 불러오는 것이다)라고 하며 부연 설명으로 다른 사람의 경험을 받아들일 때는 조건을 신경써야 한다는 내용이 이어지므로 C가 정답이다.

어휘 **合乎** héhū 통 ~에 맞다　**时宜** shíyí 명 시의, 시기적절

97-100

　　凡钓过鱼的人都知道：要钓鱼，既要在选择的钓点上撒些饵料，又要在钓钩上挂上鱼喜欢吃的东西，这样，才能引诱鱼来上钩。把这一方法运用到营销中，我们就称其为"诱饵效应"。

　　近年来，97诱饵效应在销售中的运用屡见不鲜，也和钓鱼一样很灵验。这里说一件真事：某商场有一款标价为3980元的双人床和一款标价为780元的床垫，开始单卖时，商家分别给了顾客20%的折扣，但两件商品销量均不佳。后来，商家改变营销策略，将这两件商品捆绑销售。两款商品单价不变，只是在这两款商品中间赫然写着："床+床垫，只卖4000元。"这几乎等于买一送一，虽然与两件商品打折后的单价之间没什么差别，但效果却大不一样。自从采取捆绑式销售后，这两件商品就变得热销起来，一个月售出20多件，比上年度一年销得还多。

　　人们在选择床和床垫时，有了前面非常直观的单价对比后，后面的"买一送一"就显得更有吸引力了。当然，我们身边还有许多这样的案例，比如手机套餐、网费套餐、电器促销等等。这些商家的做法很好地诠释了一个叫做"诱饵效应"的心理学名词。我们选择每样商品，都会不自觉地加以比较，而对比后反差越大，就越凸显该商品的价值。

　　经济学认为，人们在作选择时很少作不加对比的选择。98为了让消费者作出有利于商家利益的选择，营销人员便会安排一些诱人的"诱饵"，从而引导消费者作出"正中商家下怀"的决策。"诱饵效应"是最先在消费品的选择中被发现的，现在已经被证明是相当普遍的现象。

　　就算认清了商家所要的把戏，我们又应该怎样避免"诱饵效应"的影响，少花冤枉钱呢？很简单，不论见到多么便宜的商品，无论见到多少被"诱饵"衬托得极为诱人的"目标商品"，99都不要轻易地掏钱，只要坚守一条准则——只买我需要的那件商品。

낚시를 하는 사람들은 모두 안다. 낚시를 하려면 선택한 낚시 장소에 미끼를 뿌리고 낚시 바늘에 물고기가 좋아하는 것을 꿰면 물고기를 유인하여 미끼를 물게 할 수 있다. 이러한 방법은 마케팅에도 사용하는데 우리는 이것을 '미끼 효과'라고 부른다.

최근 몇 년 동안 97미끼 효과가 판매에 사용되는 것은 흔한 일이었고 낚시처럼 효과가 좋았다. 여기에서 실제 사례를 말해 보자. 어느 상점에 정가가 3980위안인 2인용 침대와 정가가 780위안인 매트리스가 있는데 단품으로 팔 때 상점은 각각 20%를 할인했지만, 두 상품의 판매량은 모두 좋지 않았다. 그 후 상점은 마케팅 전략을 바꿔서 이 두 상품을 묶어서 판매했다. 두 상품의 단가는 변하지 않았고, 두 상품 중간에 '침대+매트리스, 겨우 4000위안'라고 눈에 띄게 적어 놓았다. 이것은 마치 1+1과 같았다. 비록 두 상품의 할인 후 단품 가격과 차이가 없었지만 효과는 크게 달랐다. 묶어서 판매한 후 두 상품은 불티나게 팔렸고 한 달에 20세트 넘게 팔렸으며 전년도보다 더 많이 판매됐다.

사람들이 침대와 매트리스를 선택할 때, 먼저 매우 직관적인 단품 가격 대비가 있어서, 나중의 '1+1'이 더 매력 있게 보였던 것이다. 당연히 우리 주위에는 이러한 사례가 많이 있다. 예를 들어 핸드폰 패키지, 인터넷 요금 패키지, 전자 제품 판촉 등이 그렇다. 이러한 판매자들의 방법은 '미끼 효과'라는 심리학 용어를 잘 설명해 준다. 우리가 매 상품을 선택할 때 무의식적으로 비교를 하고 대비를 한 후 차이가 클수록 상품의 가치가 더 두드러진다.

경제학에서는 사람들이 선택할 때 비교를 하지 않고 선택하는 경우는 드물다고 여긴다. 98소비자들이 판매자의 이익에 유리한 선택을 하게 하기 위해 마케팅 담당자들은 매력적인 '미끼'를 준비해서 소비자들이 '판매자의 마음에 꼭 드는' 결정을 하게 만든다. '미끼 효과'는 가장 처음에는 소비품의 선택에서 발견되었고, 지금은 이미 상당히 보편적인 현상으로 증명되었다.

설령 판매자의 속임수를 분명히 인지했더라도 우리는 어떻게 '미끼 효과'의 영향을 피하고 쓸데없는 돈을 쓰는 것을 줄일 수 있을까? 간단하다. 얼마나 저렴한 상품을 보던지 '미끼'로 사람을 유인하는 '타겟 상품'들을 얼마나 많이 보게 되든 관계없이 99쉽게 돈을 꺼내지 말고, 하나의 준칙, 즉 필요한 물건만 산다는 것만 꿋꿋하게 지키면 된다.

어휘　**凡** fán 부 무릇, 일반적으로　**撒** sā 통 흩뿌리다　**饵料** ěrliào 명 미끼　**钓钩** diàogōu 명 낚시 바늘　**引诱** yǐnyòu 통 유인하다　**上钩** shànggōu 통 낚시 바늘에 걸리다　**营销** yíngxiāo 명 마케팅　**诱饵** yòu'ěr 명 미끼　**效应** xiàoyìng 명 효과　**屡见不鲜** lǚjiànbùxiān 성 자주 봐서 신기하지 않다, 흔히 볼 수 있다　**灵验** língyàn 형 신통한 효과가 있다　**标价** biāojià 명 표시 가격, 정가　**双人床** shuāngrénchuáng 명 2인용 침대　**床垫** chuángdiàn 명 침대 매트리스　**折扣** zhékòu 명·통 할인(하다)　**均** jūn 부

모두 **不佳** bùjiā 휑 좋지 않다 **策略** cèlüè 뗑 책략, 전술 **捆绑** kǔnbǎng 동 줄로 묶다 **赫然** hèrán 휑 놀라운 것이 갑자기 눈에 띄는 모양 **热销** rèxiāo 휑 잘 팔리다 **诠释** quánshì 뗑 동 설명(하다) **诱人** yòurén 휑 매력적이다 동 사람을 꾀다 **正中下怀** zhèngzhòngxiàhuái 셩 자기가 생각하는 바와 꼭 들어 맞다 **决策** juécè 뗑 결정된 책략 **耍** shuǎ 동 놀리다, 희롱하다 **把戏** bǎxì 뗑 농간, 수작, 속임수 **避免** bìmiǎn 동 피하다 **花冤枉钱** huāyuānwangqián 쓸데없이 돈을 쓰다 **衬托** chèntuō 동 부각시키다 **掏钱** tāoqián 동 돈을 꺼내다 **坚守** jiānshǒu 동 굳게 지키다 **准则** zhǔnzé 뗑 준칙

97

在第2段中，关于商家的新营销策略，可以知道：	두 번째 단락에서 판매자의 새로운 마케팅에 관해 알 수 있는 것은?
A 成效显著	A 효과가 뚜렷했다
B 以失败告终	B 실패로 끝났다
C 用半价优惠政策	C 반값 우대 정책을 사용했다
D 和竞争对手打价格战	D 경쟁 상대와 가격 전쟁을 했다

해설 질문은 두 번째 단락에서 판매자의 새로운 마케팅 전략에 관해 알 수 있는 것은 무엇인가이다. 이 마케팅 전략은 첫 번째 단락에서부터 언급한 **诱饵效应**(미끼 효과)이다. 두 번째 단락의 시작 부분에서 미끼 효과가 **很灵验**(효과가 좋았다)라고 했고 이어 더 많이 판매하게 된 구체적인 예화를 들었으므로 정답은 A이다.

어휘 **成效** chéngxiào 뗑 효과 **显著** xiǎnzhù 휑 현저하다, 두드러지다 **以** yǐ 꺤 ~로써, ~을 가지고 **告终** gàozhōng 동 끝을 알리다, 끝나다

98

画线句子"正中商家下怀"是什么意思？	밑줄 친 '正中商家下怀'는 무슨 뜻인가?
A 抓住消费者之心	A 소비자의 마음을 잡는다
B 符合商家的意愿	B 판매자의 바램에 부합하다
C 对两件商品进行比较	C 두 상품을 비교한다
D 给消费者一个便利选择	D 소비자에게 편리한 선택을 준다

해설 밑줄 친 부분의 의미를 묻는 문제이므로 앞뒤 지문을 살펴서 의미를 파악한다. 네 번째 단락에서 **为了让消费者作出有利于商家利益的选择**(소비자들이 판매자의 이익에 유리한 선택을 하게 하려고)라고 하며 마케팅 담당자의 전략을 언급하였고, 이어 밑줄 어휘가 있는 절에서 소비자들이 결정을 유도한다고 하였으므로 B가 정답이다. 밑줄 부분의 **中**은 '들어맞다'는 뜻이고 **下怀**는 '제 마음'이란 뜻이므로 밑줄 친 부분의 어휘만으로도 의미를 파악할 수도 있다.

99

根据上文，下列哪项正确？	윗글에 따라 다음 중 옳은 것은?
A 商家采纳半价促销手段	A 판매자는 반값 판촉 수단을 사용했다
B 诱饵效应是弊大于利的	B 미끼 효과는 단점이 장점보다 크다
C 消费者应该理智地购物	C 소비자는 이성적으로 구매해야 한다
D 很少人在比较后选择商品	D 비교를 한 후 상품을 선택하는 사람이 적다

해설 질문이 옳은 내용을 고르는 문제이다. 보기의 키워드 **半价**(반값), **弊大于利**(단점이 장점보다 크다), **理智地购物**(이성적으로 구매하다), **比较后选择**(비교 후 선택)를 위주로 지문을 살펴본다. 마지막 단락에서 都不要轻易地掏钱, 只要坚守一条准则——只买我需要的那件商品(돈을 꺼내지 말고, 하나의 준칙, 즉 필요한 물건만 산다는 것만 꿋꿋하게 지키면 된다)이라고 했으므로 이성적인 소비를 강조함을 알 수 있다. 따라서 정답은 C이다.

어휘 **采纳** cǎinà 동 채택하다 **促销** cùxiāo 동 판매를 촉진하다 **弊大于利** bìdàyúlì 단점이 장점보다 크다 **理智** lǐzhì 휑 냉정하다, 이지적이다

100 上文主要谈的是 :

A 半价销售的优缺点

B "诱饵效应"的弊端

C 营销中的"诱饵效应"

D 合理有效的销售策略

윗글이 주로 이야기하는 것은?

A 반값 판매의 장단점

B '미끼 효과'의 폐단

C 마케팅에서의 '미끼 효과'

D 합리적이고 효과적인 마케팅 전략

해설 윗글의 주제를 묻는 문제이다. 첫 번째 단락 또는 각 단락의 첫 문장을 확인한다. 첫 번째 단락에서 미끼 효과(**诱饵效应**)를 소개 하였고 나머지 단락에서 구체적인 예시를 들어 판매 효과를 설명했으므로 정답은 C이다.

어휘 **弊端** bìduān 뗑 폐단 **策略** cèlüè 뗑 책략, 전략

쓰기

| Step 1 | 인물과 사건을 중심으로 한 번 읽기

등장인물 :(我)와 택시기사(出租车司机)

刚刚大学毕业的那一年，我信心满满地开始工作了。像我这样从一流大学毕业的学生，目标自然是第一个岗位这是最起码的，否则哪能对得起我这张文凭？结果又是排队又是面试，过五关斩六将，不料到了最后环节，不过我却在残酷的竞争中被淘汰了！→기

一年后，我去一家公司应聘。这家公司正在招聘两个岗位，一个是经理助理，另一个则是普通业务员。我应聘的当然是经理助理。走出公司的时候，我经过普通业务员的应聘室，里面空空如也！也不奇怪，自持有点文凭的年轻人，谁愿意去做个普通业务员呢？

走出大门，已快到下班高峰期，路上的车流开始拥挤，挤公交车或坐地铁我都需要转车，应聘失败的我准备用打车回家来慰藉下自己，碰巧这时有辆出租车从一个小巷里驶出来，忙伸手拦下，上车后，司机没有马上开车，扭头问我："你想走最短的路还是走最快的路？"

"最短的路难道不是最快的路？"我奇怪地问。

"当然不是！现在是车流高峰，最短的路也是最拥挤的路，如果遇上堵车，可能会耗上一两小时，所以我建议绕道走远路，从体育场路过去，虽然远，但却能快点到！"

"那就绕一下路！"我不假思索地回答。→승

기 일류대학(一流大学)을 막 졸업한 나는 좋은 직장(第一个岗位)을 찾았지만 치열한 경쟁 중(在残酷的竞争中)에 낙오됨(被淘汰了).

승 1년 뒤(一年后) 한 회사에 지원했고(去一家公司应聘) 그 회사는 사장 비서(经理助理)와 일반 사무원(普通业务员)을 모집함. 많은 사람들이 지원한 사장 비서에 나도 지원함. 회사에서 나와서 취업에 실패(应聘失败)한 나를 위로하려고(慰藉自己) 택시를 탐(打车). 택시 기사가 가장 짧은 길로 갈지 가장 빠른 길로 갈지 물음(你想走最短的路还是走最快的路?). 가장 짧은 길은 막히기 때문에 돌아가길(最短的路是最拥挤的路, 所以我建议绕道走远路) 권함.

司机一踩油门往前驶去。街道两边的树木和店铺飞速往我的脑后奔去，但我的心思却因司机的话联想开了。很显然，经理助理这个岗位就是一条"直路"，是应聘者们的直接目标，也正因此，才有很多人挤到这条路上来，形成了激烈而残酷的竞争，我也是一心盯着这条直路的人，结果却失败了！如果是这样子，那么普通业务员对我来说无疑就是一条"弯路"，但是一步一步脚踏实地从低层做起，积累更多的经验，可能对自己将来的工作反而更有好处！既然如此，我为什么不能绕个道，选择这条弯路呢？→전

想到这里，我马上叫司机调头重新回到那家公司，走进了那个无人问津的普通业务员应聘室。10分钟后，我被告知从明天开始就可以正式上班了！就这样，我成了这家公司的一个普通业务员，经过一年的磨炼后，我被提拔为组长；第二年，我又被破格提拔为主任。五年后的今天，我凭借着优秀的工作表现，成为了销售部的经理！当初那个在应聘经理助理一职时脱颖而出的优胜者，现在依旧是经理助理，也就是我的助理。

虽然一个经理之职也算不得是什么了不起的成就，但对我个人而言，却也是一种阶段性或者一定程度上的成功，假设当初没有选择应聘普通业务员这条弯路，当然或许我会在别处另有发展，但我相信我一定不会在这家公司里面出现，更不会成为这家公司有史以来最年轻的销售部经理。

感谢那位不知名的出租车司机，是他使我领略到弯路的距离，有时候反而是真正最近的距离！→결

전 돌아오는 길에 사장 비서는 '직선 도로(直路)'이지만 일반 사무원은 '돌아가는 길(弯路)'이라는 생각을 하게 됨. 밑에서부터 경험을 쌓기로 함(从底层做起, 积累更多的经验).

결 결국 회사로 돌아갔고(马上掉头回到那家公司) 일반 사무원이 됨. 1년 후에 팀장이 됐고(成为组长) 2년째 되는 해에 주임이 되었고(成为主任). 5년 후인 오늘은 판매부 책임자(销售部经理)가 됨. 돌아가는 것이 가장 빠른 길임을 알게 해 준 기사님께 감사함(感谢那位司机, 他使我领略到弯路的距离才是真正最近的距离).

| Step 2 | 파악한 내용을 중국어로 익히기

기 사건의 배경

刚刚大学毕业的那一年，我信心满满地开始工作了。像我这样从一流大学毕业的学生，目标自然
대학을 졸업하던 그 해에　　일을 찾음　　일류 대학을 졸업한 학생은 목표가 좋은 직장임

是第一个岗位。这是最起码的，否则哪能对得起我这张文凭？结果又是排队又是面试，过五关斩六将，
不料到了最后环节，我却在残酷的竞争中被淘汰了！
하지만 잔혹한 경쟁에서 낙오됨

막 대학을 졸업한 그 해에 나는 자신만만하게 일자리를 찾기 시작했다. 나처럼 일류 대학을 졸업한 학생은 자연스럽게도 목표가 좋은 직장이다. 이것은 가장 최소한의 것인데 그렇지 않으면 어떻게 내 학벌에 면목이 서겠는가? 결과적으로 줄을 서고 면접을 보며 많은 난관을 극복했지만, 최후의 관문에서 예상치 못한 잔혹한 경쟁에 낙오되었다!

어휘 岗位 gǎngwèi 명 직책　起码 qǐmǎ 형 최소한의　否则 fǒuzé 접 그렇지 않으면　对得起 duìdeqǐ 동 떳떳하다　文凭 wénpíng 명 졸업증서, 학벌　排队 páiduì 동 줄을 서다　面试 miànshì 명 면접 보다　过五关斩六将 guòwǔguānzhǎnliùjiāng 온갖 난관을 극복하다　不料 búliào 부 뜻밖에　环节 huánjié 명 일환　残酷 cánkù 형 잔혹하다　淘汰 táotài 동 도태하다

승 사건의 전개

<u>一年后，我去一家公司应聘。</u>这家公司正在招聘两个岗位，一个是经理助理，另一个则是普通业
　1년 뒤　　한 회사에 지원함　　　　　　　　　　　　　사장 비서와 일반 사무원을 모집하고 있었음

务员。我应聘的当然是经理助理。走出公司的时候，我经过普通业务员的应聘室，里面空空如也！
　　　나는 당연히 사장 비서에 지원함

也不奇怪，自持有点文凭的年轻人，谁愿意去做个普通业务员呢？

<u>走出大门，已快到下班高峰期</u>，路上的车流开始拥挤，挤公交车或坐地铁我都需要转车，<u>应聘失</u>
　회사에서 나오니 이미 퇴근 시간임

<u>败的我准备用打车回家来慰藉下自己</u>，碰巧这时有辆出租从一个小巷里驶出来，忙伸手拦下，
취업에 실패한 나를 위로하기 위해 택시를 타기로 함

上车后，<u>司机没有马上开车，扭头问我</u>："你想走最短的路还是走最快的路？"
　　　　　기사님이 내게 가장 짧은 길로 갈지 가장 빠른 길로 갈지 물어보심

<u>"最短的路难道不是最快的路？"我奇怪地问。</u>
　가장 짧은 길이 가장 빠른 길이 아니냐고 내가 물음

"当然不是！<u>现在是车流高峰，最短的路也是最拥挤的路</u>，如果遇上堵车，可能会耗上一两小时，
　　　　　기사님은 차량이 많으니 가장 짧은 길이 가장 막히는 길이라서

<u>所以我建议绕道走远路</u>，从体育场路过去，虽然远，但却能快点到！"
　돌아가는 길을 권하심

"那就绕一下路！"我不假思索地回答。

1년 뒤에 나는 한 회사에 응시했다. 이 회사는 두 직책을 모집하고 있었는데 하나는 사장 비서였고 하나는 일반 사무원이었다. 내가 응시한 것은 당연히 사장 비서였다. 회사에서 나올 때 나는 일반 사무원 지원처를 지나가는데 안이 텅텅 비어 있었다. 이상하지 않던 것이 어느 정도 학벌이 있는 젊은 사람이라면 누가 일반 사무원을 하려고 하겠는가?

회사 정문을 나서는데 이미 퇴근 러시아워였고 길 위의 차들이 붐비기 시작했다. 버스를 타건 지하철을 타건 모두 갈아타야 하는데 취업에 실패한 나는 택시를 타는 것으로 스스로를 위로하기로 했고 때마침 이때 택시 한 대가 골목에서 나왔다. 나는 재빠르게 손을 내밀어 차를 세우고 차에 올라탔다. 택시 기사는 바로 출발하지 않고 고개를 돌려 물었다. "가장 짧은 길로 갈까요? 가장 빠른 길로 갈까요?"

"가장 짧은 길이 가장 빠른 길이잖아요?" 나는 이상해서 물었다.

"당연히 아니죠! 지금은 차가 막히니까 가장 짧은 길은 가장 막히는 길이에요. 차가 막히면 1, 2시간은 걸릴 텐데 먼 길로 돌아가는 게 좋을 거에요. 체육관으로 가면 멀어도 빨리 도착할 수 있어요!"

"그럼 돌아가죠!" 나는 별로 생각하지도 않고 대답했다.

어휘 应聘 yìngpìn 통 응시하다　招聘 zhāopìn 통 모집하다　经理 jīnglǐ 명 기업의 책임자, 사장　助理 zhùlǐ 통 보조하다 명 비서　业务员 yèwùyuán 명 업무 담당자　空空如也 kōngkōngrúyě 성 텅 비어 아무도 없다　持有 chíyǒu 통 소지하다, 가지고 있다　高峰期 gāofēngqī 명 피크(peak), 러시 아워　拥挤 yōngjǐ 형 붐비다, 혼잡하다　打车 dǎchē 통 택시를 타다　慰藉 wèijiè 통 위로하다　碰巧 pèngqiǎo 통 우연히　小巷 xiǎoxiàng 명 골목　驶 shǐ 통 운전하다　伸手 shēnshǒu 통 손을 내밀다　拦 lán 통 막다　扭头 niǔtóu 통 머리를 돌리다　堵车 dǔchē 통 차가 막히다　耗 hào 통 소모하다　绕道 ràodào 통 길을 돌아가다, 우회하다　不假思索 bùjiǎsīsuǒ 성 생각하지 않다

전 사건의 절정

司机一踩油门往前驶去。街道两边的树木和店铺飞速往我的脑后奔去，<u>但我的心思却因司机的话</u>
　　　　　　　　　　　　　　　　　　　　　　　　　　　　기사님의 말에 생각이 떠오름

<u>联想开了</u>。很显然，<u>经理助理这个岗位就是一条"直路"</u>，是应聘者们的直接目标，也正因此，才有
　　　　　　　　　　사장 비서는 '직선 도로'이고

很多人挤到这条路上来，形成了激烈而残酷的竞争，我也是一心盯着这条直路的人，结果却失败了！
如果是这样子，那么普通业务员对我来说无疑就是一条"弯路"，但是一步一步脚踏实地从低层做起，
일반 사무원은　　'돌아가는 길'이라는 것을　하지만　　　　　　바닥부터

积累更多的经验，可能对自己将来的工作反而更有好处！既然如此，我为什么不能绕个道，选择这条
많은 경험을 쌓으면　　　자신에게 더 좋은 점이 있을 것임

弯路呢？

택시 기사는 액셀을 밟고 앞으로 갔다. 길 양 옆에 나무와 상점들이 내 머리 뒤로 빠르게 지나갔지만. 마음 속에는 오히려 택시 기사의 말이 떠올랐다. 분명히 사장 비서라는 이 직책은 '직선 도로'이며 지원자들의 1차 목표이지만 이 때문에 많은 사람들이 몰려 치열하고 잔혹한 경쟁이 만들어진다. 나도 마음으로 직선 도로만 보는 사람이었지만 결국 실패했다! 만약 그렇다면 일반 사무원이 나에게는 분명 돌아가는 길이다. 그러나 한 걸음씩 착실하게 바닥부터 시작해서 더 많은 경험을 쌓는다면 앞으로의 업무에 오히려 더 좋지 않을까! 이런데 나는 왜 길을 돌아서 이 우회로를 선택하지 않았을까?

어휘　踩 cǎi 图 밟다　油门 yóumén 图 가속 페달　店铺 diànpù 图 상점, 점포　奔 bēn 图 곧장 나아가다　联想 liánxiǎng 图 연상하다　显然 xiǎnrán 图 분명하다　盯 dīng 图 주시하다　无疑 wúyí 图 의심할 여지가 없다　弯路 wānlù 图 굽은 길, 우회로　踏实 tāshi 图 (태도가) 착실하다, 성실하다　积累 jīlěi 图 쌓다　既然 jìrán 젭 이미 이렇게 된 바에야

결 문제 해결

想到这里，我马上叫司机掉头重新回到那家公司，走进了那个无人问津的普通业务员应聘室。
바로 차를 돌려 회사로 돌아감

10分钟后，我被告知从明天开始就可以正式上班了！就这样，我成了这家公司的一个普通业务员，经过
나는 이 회사의 일반 사무원이 됨

一年的磨炼后，我被提拔为组长；第二年，我又被破格提拔为主任。五年后的今天，我凭借着优秀的
1년 뒤에는　　　팀장이 됐고　2년째 되는 해에　　주임이 됐고　　5년 뒤인 오늘

工作表现，成为了销售部的经理！话说当初那个在应聘经理助理一职时脱颖而出的优胜者，现在依旧
판매부 책임자가 됨

是经理助理，也就是我的助理。

虽然一个经理之职也算不得是什么了不起的成就，但对我个人而言，却也是一种阶段性或者一定程度上的成功，假设当初没有选择应聘普通业务员这条弯路，当然或许我会在别处另有发展，但我相信我一定不会在这家公司里面出现，更不会成为这家公司有史以来最年轻的销售部经理。
感谢那位不知名的出租车司机，是他使我领略到，弯路的距离，有时候反而是真正最近的距离！
택시 기사님께 감사함　　　　나에게 돌아가는 길의 거리가 오히려 가장 가까운 거리라는 것을 알게 해 주셔서

여기까지 생각하고는 나는 바로 기사님께 방향을 돌려 다시 그 회사로 가 달라고 했고 사람들이 관심 갖지 않는 일반 사무 지원처에 갔다. 10분 후에 나는 내일부터 정식 출근하라는 연락을 받았다! 이렇게 나는 이 회사의 일반 사무원이 되었고 1년의 훈련을 거쳐 팀장으로 발탁되었다. 2년 째 되던 해에 나는 파격적인 인사로 주임이 되었다. 5년 뒤인 지금 나는 우수한 업무 능력으로 판매부 책임자가 되었다! 처음에 사장 비서에 지원해서 두각을 나타냈던 승리자는 지금도 사장 비서이고 나의 비서이기도 하다.
비록 책임자라는 직책이 무슨 엄청난 성공은 아니지만 나에게는 단계적으로, 혹은 어느 정도에서는 성공이다. 만약 애초에 일반 사무원이라는 돌아가는 길을 택하지 않았다면 당연히 다른 곳에서 성장했을 수도 있지만 나는 분명 이 회사에 있지 않았을 것이고 이 회사 설립 이래로 가장 젊은 판매부 책임자가 되지 못 했을 것이다.
나에게 돌아가는 길이 때로는 오히려 진정으로 가장 가까운 거리임을 알게 해 준 그 이름 모를 택시 기사님께 감사 드린다.

어휘 掉头 diàotóu 동 (사람·차 등이) 방향을 바꾸다 问津 wènjīn 동 묻다 告知 gàozhī 동 알리다 磨练 móliàn 동 단련하다 提拔 tíbá 동 발탁하다 组长 zǔzhǎng 명 팀장 破格 pògé 형 파격적이다 凭借 píngjiè 개 ~에 근거하여 表现 biǎoxiàn 명 동 표현(하다) 销售部 xiāoshòubù 명 판매부 脱颖而出 tuōyǐng'érchū 성 두각을 나타내다 优胜者 yōushèngzhě 명 우승자 依旧 yījiù 부 여전히 算不得 suànbude 동 ~축에 넣을 수 없다 假设 jiǎshè 동 가정하다 或许 huòxǔ 부 아마도 领略 lǐnglüè 동 깨닫다

| Step 3 | 요약문 쓰기 (참고 답안)

最快的路

　　刚刚大学毕业的那一年，我开始找工作了。像我这样从一流大学毕业的学生，目标自然是第一个岗位。不过我却在残酷的竞争中被淘汰了！

　　一年后，我去一家公司应聘。这家公司正在招聘两个岗位，一个是经理助理，另一个则是普通业务员。我应聘的当然是经理助理。走出公司，已快到下班高峰期，应聘失败的我准备用打车来慰藉下自己。司机问我："你想走最短的路还是走最快的路？"，"最短的路难道不是最快的路？"，"现在是车流高峰，最短的路也是最拥挤的路，所以我建议绕道走远路！"

　　在回家路上，我觉得经理助理这个岗位就是一条"直路"，那么普通业务员就是一条"弯路"，但是从低层做起，积累更多的经验，可能对自己将来反而更有好处！

　　我马上叫司机掉头重新回到那家公司。我成了这家公司的一个普通业务员，一年后，我成为组长；第二年，我成为主任。五年后的今天，我成为了销售部的经理！感谢那位司机，他使我领略到弯路的距离才是真正最近的距离！

가장 빠른 길

막 대학을 졸업한 그 해에 자신만만한 나는 일자리를 찾기 시작했다. 나처럼 일류대학을 졸업한 학생은 자연스럽게도 목표가 좋은 직장이다. 그러나 나는 잔혹한 경쟁에서 낙오되었다.

1년 뒤에 나는 한 회사에 응시했다. 이 회사는 두 직책을 모집하고 있었는데 하나는 사장 비서였고 하나는 일반 사무원이었다. 내가 응시한 것은 당연히 사장 비서였다. 회사를 나서는데 이미 퇴근 러시아워였고 취업에 실패한 나는 택시를 타는 것으로 스스로를 위로하기로 했다. 택시 기사님은 물었다. "가장 짧은 길로 갈까요? 가장 빠른 길로 갈까요?". "가장 짧은 길이 가장 빠른 길이잖아요?", "지금은 차가 막히니까 가장 짧은 길은 가장 막히는 길이에요. 그러니 우회해서 먼 길로 가는 게 좋을 거예요!"

돌아가는 길에 나는 사장 비서라는 직책은 '직선 도로'이고, 일반 사무원은 돌아가는 길이었지만 바닥부터 시작해서 더 많은 경험을 쌓는다면 자신의 미래에 오히려 더 좋은 점이 있을 거는 생각이 들었다.

나는 바로 기사님에게 방향을 바꿔 다시 그 회사로 가 달라고 했고 나는 이 회사의 일반 사무원이 되었다. 1년 후에는 팀장이 되었고 2년째 되던 해에 나는 주임이 되었다. 5년 뒤인 지금, 나는 판매부 책임자가 되었다! 나에게 돌아가는 길의 거리가 진정으로 가장 가까운 거리임을 알게 해 준 그 택시 기사님께 감사드린다!

듣기

| 제1부분 | 1. D | 2. A | 3. D | 4. A | 5. D | 6. B | 7. D | 8. C | 9. B | 10. C | 11. D | 12. C | 13. C | 14. A | 15. B |

| 제2부분 | 16. D | 17. B | 18. C | 19. D | 20. C | 21. B | 22. D | 23. B | 24. D | 25. C | 26. C | 27. B | 28. A |
| | 29. C | 30. A |

| 제3부분 | 31. A | 32. C | 33. C | 34. A | 35. C | 36. B | 37. A | 38. D | 39. C | 40. B | 41. C | 42. A | 43. D |
| | 44. B | 45. C | 46. A | 47. D | 48. B | 49. C | 50. D |

독해

| 제1부분 | 51. B | 52. D | 53. B | 54. D | 55. B | 56. B | 57. C | 58. A | 59. C | 60. A |

| 제2부분 | 61. C | 62. D | 63. A | 64. A | 65. D | 66. B | 67. B | 68. C | 69. B | 70. D |

| 제3부분 | 71. D | 72. A | 73. D | 74. C | 75. E | 76. B | 77. E | 78. C | 79. A | 80. D |

| 제4부분 | 81. D | 82. A | 83. C | 84. C | 85. A | 86. A | 87. B | 88. C | 89. D | 90. C | 91. B | 92. A | 93. C |
| | 94. D | 95. B | 96. A | 97. D | 98. A | 99. D | 100. D |

쓰기

坚持尝试

20年前，一个音乐剧专业还在招生。那年我26岁，身高1.80米，体重90公斤。

报名的老师看到我，一脸惊讶说："你考不上的。至少要减掉10公斤！"离考试的日子还有30天，那么短的日子要减掉10公斤，可能性为零，可是，我不想放弃一丝希望。当天我就找到一个这个学校的老乡，在他的宿舍住下了，开始了减肥历程。每天跑步三次，每次五十分钟，练芭蕾，练台词。有一群超重的学生和我一起跑，可是几天下来，只有我一个人坚持了下来。

考试的日子终于来到了，我减掉了20公斤。但是考试那天，我太紧张了，事先准备好的台词都忘记了，没想到竟失败在这几分钟的表演。那时，有位老师在后面喊了一声："那位考生，等一下，我让你再考一次。"原来，我坚持锻炼，给老师留下了深刻的印象。

700人的考生只录取了一人，那就是我。影响一个人成功的因素很多，但最重要的是要有一种精神。世界上大多数的伟业都是由那些在看起来根本无望的时候仍然坚持尝试的人完成的。

해설 P216

듣기 제1부분

1

绘本是一种图文配合、尤其强调用图画来讲故事的书。图画是精致的，文字又是异常精简的，将"图"和"文"融为一体。根据儿童的年龄特征与认知心理，作为一种图文结合的阅读材料，是最适合低龄儿童阅读的。

그림책은 그림과 글이 조화를 이루고 특히 그림을 이용해서 이야기하는 것을 강조하는 책이다. 그림은 정교하고 글자는 또 아주 간결해서 '그림'과 '글'이 한 몸을 이룬다. 아동의 연령 특징과 인지 심리에 따라 그림과 글이 결합된 읽기 자료로서 저 연령층의 아동이 읽기에 가장 적합하다.

A 绘本文字多画少
B 绘本以长篇小说为主
C 绘本让成年人保持童心
D 绘本主要通过画来讲述故事

A 그림책은 글자가 많고 그림이 적다
B 그림책은 장편 소설이 주를 이룬다
C 그림책은 성인에게 동심을 갖게 한다
D 그림책은 주로 그림을 통해 이야기를 한다

해설 보기의 주어가 모두 (그림책)이므로 이에 관한 설명문 지문임을 예상할 수 있다. 지문의 도입부에 **尤其强调用图画来讲故事的书**(특히 그림을 이용해서 이야기하는 것을 강조하는 책이다)라고 했으므로 그림책이 그림을 통해 이야기를 한다는 보기 D가 정답이다.

어휘 绘本 huìběn 몡 그림책　图文 túwén 몡 그림과 글　配合 pèihé 동 조화되다　精致 jīngzhì 혱 정교하다　异常 yìcháng 뿌 매우, 몹시 혱 이상하다　精简 jīngjiǎn 혱 간결하다　年龄 niánlíng 몡 연령　特征 tèzhēng 몡 특징　认知心理 rènzhīxīnlǐ 인지 심리　作为 zuòwéi 동 ～가 되다　低龄 dīlíng 몡 저연령층　童心 tóngxīn 몡 동심

2

"润笔"原指使用毛笔时先用水把笔毛泡开、泡软，这样毛笔较容易吸收墨汁，写字时会感觉比较圆润。后来"润笔"被泛指为请人家写文章、写字、作画的报酬。

'윤필'은 원래 붓을 사용할 때 먼저 물로 붓을 부드럽게 풀어 놓는 것을 말한다. 이렇게 하면 붓이 쉽게 먹물을 흡수하고 글자를 쓸 때에도 느낌이 매끄럽다. 훗날 '윤필'은 사람을 청해 글을 쓰고 글자를 쓰고 그림을 그리게 할 때 주는 보수를 가리키게 되었다.

A 润笔有助于吸墨
B 书法家重视润笔
C 润笔是指优秀的画家
D 润笔属于文房四宝

A 윤필은 먹을 흡수하는데 도움이 된다
B 서예가는 윤필을 중시한다
C 윤필은 우수한 화가를 가리킨다
D 윤필은 문방사우에 속한다

해설 보기에 润笔(윤필)와 书法(서예)가 있으므로 서예에 관한 글임을 예상한다. 지문은 먼저 윤필이 무엇인지 소개하였고, 이어 **这样毛笔较容易吸收墨汁**(이렇게 하면 붓이 쉽게 먹물을 흡수한다)이라고 했으므로 A가 일치하는 보기이다.

어휘 毛笔 máobǐ 몡 붓　泡 pào 동 물에 담가 두다　软 ruǎn 혱 부드럽다　吸收 xīshōu 동 흡수하다　墨汁 mòzhī 몡 먹물　圆润 yuánrùn 혱 매끄럽다　泛指 fànzhǐ 동 일반적으로 ～을 가리키다　报酬 bàochou 몡 보수　书法家 shūfǎjiā 몡 서예가　文房四宝 wénfángsìbǎo 몡 문방사우(붓, 먹, 종이, 벼루)

실전모의고사 2

3

画眉鸟是鸟类中最受欢迎的饲养品种之一。画眉鸟的外观给人感觉很朴素，虽然没有五彩缤纷的羽色，但有着十分洪亮的嗓音，歌声悠扬婉转，非常动听，又能仿效其他鸟类鸣叫，历来被民间饲养为笼养观赏鸟。

개똥지빠귀는 조류 중 가장 인기 있는 사육 동물 중 하나이다. 개똥지빠귀의 외모는 소박한 느낌을 준다. 비록 오색찬란한 깃털은 없지만 낭랑한 목소리를 가져 노래 소리가 조화롭게 구성되며 듣기 좋을 뿐 아니라 또 다른 새의 울음 소리를 모방할 수 있어 줄곧 민간에서 새장에 두고 기르는 관상용 새로 길러졌다.

A 画眉鸟不易饲养
B 画眉鸟羽色鲜艳
C 画眉鸟栖息于沿海地区
D 画眉鸟模仿其他鸟类的叫声

A 개똥지빠귀는 기르기 어렵다
B 개똥지빠귀의 깃털 색은 화려하다
C 개똥지빠귀는 연해 지역에 서식한다
D 개똥지빠귀는 다른 새의 울음 소리를 모방한다

해설 보기의 주어가 모두 **画眉鸟**(개똥지빠귀)이므로 이에 관한 설명문임을 예상할 수 있다. 지문에서 **又能仿效其他鸟类鸣叫**(또 다른 새의 울음 소리를 모방할 수 있다)라고 했으므로 보기 D의 내용과 일치한다.

어휘 **画眉鸟** huàméiniǎo 몡 개똥지빠귀　**饲养** sìyǎng 동 기르다, 사육하다　**外观** wàiguān 몡 외관　**朴素** pǔsù 형 소박하다　**五彩缤纷** wǔcǎibīnfēn 정 오색찬란하다　**羽色** yǔsè 몡 날개 색깔　**洪亮** hóngliàng 형 (목소리가) 낭랑하다　**嗓音** sǎngyīn 몡 목소리　**悠扬** yōuyáng 형 (가락이) 높아졌다 낮아졌다 하며 조화롭다　**婉转** wǎnzhuǎn 형 (소리가) 감미롭다　**动听** dòngtīng 형 듣기 좋다　**仿效** fǎngxiào 동 모방하다　**历来** lìlái 뷔 줄곧, 예로부터　**笼养** lóngyǎng 동 새장에 가두어 기르다　**鲜艳** xiānyàn 형 (색이) 산뜻하고 아름답다　**栖息** qīxī 동 서식하다　**模仿** mófǎng 동 모방하다

4

白酒在中国有上千年的历史，"酒香不怕巷子深"，说的就是白酒。在密封条件下，微生物无法轻易侵入，且难以繁殖，所以永远不会变质。但这并不意味着白酒存放的时间越长越好，普通香型的白酒五年以后，口味会变淡，特色也会削弱。

백주는 중국에서 천여 년의 역사를 가지고 있다. '술맛만 좋다면 주점이 깊은 골목에 있어도 괜찮다'가 말하는 것이 바로 백주이다. 밀봉이 되어 있으면 미생물이 쉽게 침투할 수 없고 번식하기도 어렵기 때문에 영원히 변질되지 않는다. 그러나 이것이 고량주의 보관 기간이 길수록 좋다는 것을 의미하는 건 아니다. 일반적인 고량주는 5년 이상이 되면 맛이 옅어지고 특색이 약해진다.

A 白酒不易变质
B 白酒会越陈越香
C 白酒五年后更醇
D 白酒要在巷子里存放

A 백주는 쉽게 변질되지 않는다
B 백주는 오래될수록 맛이 좋다
C 백주는 5년 뒤에 더 맛이 좋다
D 백주는 골목에 보관해야 한다

해설 보기의 주어가 모두 **白酒**(백주)이므로 이에 관한 설명문임을 예상한다. 지문에서 백주가 밀봉되어 있을 때 어떠한 특징이 있는지 설명하며 **永远不会变质**(영원히 변질되지 않는다)이라고 했으므로 일치하는 정답은 A이다.

어휘 **密封** mìfēng 동 밀봉하다　**微生物** wēishēngwù 몡 미생물, 세균　**侵入** qīnrù 동 침입하다　**繁殖** fánzhí 동 번식하다　**变质** biànzhì 동 변질되다　**口味** kǒuwèi 몡 맛　**淡** dàn 형 (맛이) 약하다, 싱겁다　**削弱** xuēruò 동 약화되다　**陈** chén 형 오래되다　**醇** chún 형 (술맛이) 순하고 좋다

5

随着信息技术的飞速发展，人们能够更便捷地购买和使用非处方药及保健品。然而盲目地使用只会延误病情甚至产生不良反应。因此，使用前仔细阅读说明书很有必要。

정보 기술이 빠르게 발전함에 따라 사람들은 더 편리하게 일반 의약품과 건강 보조 식품을 구매하고 사용할 수 있게 되었다. 그러나 맹목적으로 사용하면 병이 길어지고 심지어 부작용까지 일으키게 된다. 때문에 사용하기 전에 설명서를 꼼꼼하게 읽는 것이 필요하다.

A 要多吃保健品
B 网上购药不安全
C 服药前先问医生
D 服药前应阅读说明书

A 건강 보조 식품을 많이 먹어야 한다
B 인터넷에서 약을 구매하는 것은 안전하지 않다
C 약을 복용하기 전에 먼저 의사에게 물어봐야 한다
D 약을 복용하기 전에 설명서를 읽어야 한다

해설 보기에 당위를 나타내는 어휘 要(해야 한다), 应(마땅히 해야 한다)이 있으므로 논설문임을 예상한다. 지문의 마지막 부분에 결론을 나타내는 접속사 因此(따라서)가 들리고 이어 **因此, 使用前仔细阅读说明书很有必要**(때문에 사용하기 전에 설명서를 꼼꼼하게 읽는 것이 필요하다)라고 했으므로 설명서를 읽는 것을 당부함을 알 수 있다. 따라서 정답은 D이다. 지문에 역접을 나타내는 접속사 但是(그러나)과 인과관계를 나타내는 접속사 因此(따라서) 등이 등장하면 이어지는 내용이 핵심 내용일 가능성이 크다.

어휘 便捷 biànjié 혱 간편하다 非处方药 fēichǔfāngyào 몡 일반의약품, 처방전이 필요 없는 약품 保健品 bǎojiànpǐn 몡 건강 보조 식품 延误 yánwù 통 지체하다, 시기를 놓치다 病情 bìngqíng 몡 병세 不良反应 bùliángfǎnyìng 몡 부작용 仔细 zǐxì 혱 꼼꼼하다, 자세하다 阅读 yuèdú 통 읽다

6

雾凇俗称树挂, 是北方冬季可以见到的一种类似霜降的自然现象, 是一种冰雪美景。雾凇是在严寒季节里, 由于雾中无数零摄氏度以下而尚未凝华的水蒸气, 随风在树枝等物体上不断积聚冻粘的结果。

무송은 속칭 성애라고 부르며 북쪽 지역의 겨울철에 볼 수 있는 서리가 내리는 것과 같은 자연 현상이며, 얼음과 눈으로 이루어진 절경이다. 무송은 매섭게 추운 계절에 영하에서 아직 승화되지 않은 안개 속 무수한 수증기가 바람으로 인해 나뭇가지 등의 물체 위에 끊임없이 축적되어 얼어붙은 결과물이다.

A 雾凇在南方夏季常见
B 雾凇出现在严寒天气里
C 雾凇是一种自然灾害
D 在有雾天的气里不会出现雾凇

A 무송은 남쪽 지역의 여름에 흔히 보인다
B 무송은 추운 날씨에 나타난다
C 무송은 자연 재해이다
D 안개가 있는 날씨에는 무송이 나타나지 않는다

해설 보기에 雾凇(무송)이 공통적으로 언급되므로 이에 관한 설명문임을 예상할 수 있다. 지문에서 **是北方冬季可以见到的一种类似霜降的自然现象**(북쪽 지역의 겨울철에 볼 수 있는 서리가 내리는 것과 같은 자연 현상이다)이라고 했으므로 무송은 겨울에 볼 수 있는 자연 현상임을 알 수 있다. 따라서 B가 일치하는 보기이다. 무송은 북쪽 지역에서 볼 수 있다고 했으므로 A는 정답이 아니다. 또한 자연 현상이지 재해가 아니므로 C도 정답이 아니다. 무송은 안개가 있는 날씨에 나타난다고 했으므로 D도 정답이 아니다.

어휘 雾凇 wùsōng 몡 무송(추운 날 안개가 나뭇가지에 응결된 결정체) 俗称 súchēng 통 속칭하다 树挂 shùguà 몡 성애, 상고대 霜降 shuāngjiàng 통 서리가 내리다 冰雪 bīngxuě 몡 얼음과 눈 美景 měijǐng 몡 아름다운 경치 严寒 yánhán 혱 매우 춥다 季节 jìjié 몡 계절 摄氏度 shèshìdù 몡 섭씨 尚未 shàngwèi 뷔 아직 ~하지 않다 凝华 nínghuá 통 승화하다 水蒸气 shuǐzhēngqì 몡 수증기 积聚 jījù 통 축적되다 冻粘 dòngzhān 통 얼어붙다 灾害 zāihài 몡 재해

7

"轻断食"是一种轻松、科学的减肥方式。轻断食是每周5天正常饮食, 2天稍加控制的理念, 轻断食是以低能量的食物代替正常的三餐, 来实现促进肠胃排空、缓解便秘、减轻体重等效果。

간헐적 단식은 가볍고 과학적인 다이어트 방법이다. 간헐적 단식은 일주일에 5일은 정상적으로 식사를 하고 2일은 조금 자제한다는 개념이다. 간헐적 단식은 저열량의 음식으로 정상적인 세 끼를 대체하여 위장을 깨끗이 비우고 변비를 해소하며 체중을 감량하는 효과를 나타낸다.

A 轻断食就等于绝食
B 轻断食强调锻炼身体
C 轻断食导致暴饮暴食
D 轻断食是较合理的瘦身方式

A 간헐적 단식은 밥을 먹지 않는 것과 같다
B 간헐적 단식은 운동을 강조한다
C 간헐적 단식은 폭음과 폭식을 일으킨다
D 간헐적 단식은 합리적인 다이어트 방법이다

해설 보기의 주어가 모두 **轻断食**(간헐적 단식)이므로 이에 관한 설명문임을 예상한다. 지문의 시작 부분에 **"轻断食"是一种轻松、科学的减肥方式**('간헐적 단식'은 가볍고 과학적인 다이어트 방법이다)라고 했으므로 **合理的瘦身方式**(합리적인 다이어트 방법)가 있는 D가 정답이다.

어휘 饮食 yǐnshí 몡 음식 통 음식을 먹고 마시다 稍加 shāojiā 뷔 조금 더 控制 kòngzhì 통 억제하다, 통제하다 能量 néngliàng 몡 에너지 代替 dàitì 통 대체하다 促进 cùjìn 통 촉진하다 肠胃 chángwèi 몡 위장 排空 páikōng 통 깨끗하게 제거하다 缓解 huǎnjiě 통 완화되다 便秘 biànmì 몡 변비 减轻 jiǎnqīng 통 경감하다 体重 tǐzhòng 몡 체중 等于 děngyú 통 ~와 같다 绝食 juéshí 통 단식하다 暴饮暴食 bàoyǐnbàoshí 폭음 폭식을 하다 瘦身 shòushēn 통 살을 빼다

8

金属玻璃是一种"敲不碎、砸不烂"的材料。它有金属和玻璃的优点，有一定的刚性和韧性。金属玻璃的强度高于玻璃，硬度超过金属，被人们称赞为"玻璃之王"。

금속 유리는 '두드려도 깨지지 않고 깨뜨려도 부스러지지 않는' 재료이다. 이것은 금속과 유리의 장점을 가지고 있고 어느 정도의 강성과 인성이 있다. 금속 유리의 강도는 유리보다 높고 경도가 금속보다 높아서 '유리의 왕'이라고 불린다.

A 金属玻璃不透明
B 金属强度低于玻璃
C 金属玻璃硬度高于金属
D 玻璃是敲不碎的材料

A 금속 유리는 투명하지 않다
B 금속의 강도는 유리보다 낮다
C 금속 유리의 경도는 금속보다 높다
D 유리는 깨지지 않는 재료이다

해설 보기에 金属玻璃(금속 유리)가 공통적으로 등장하므로 이에 관한 글임을 예상한다. 지문에서 **金属玻璃的强度高于玻璃，硬度超过金属**(금속 유리의 강도는 유리보다 높고 경도가 금속보다 높다)라고 했으므로 키워드가 그대로 언급된 C가 정답이다.

어휘 **金属玻璃** jīnshǔbōli 금속 유리 **敲** qiāo 통 치다, 두드리다 **碎** suì 통 부서지다, 깨지다 **砸** zá 통 부수다, 깨뜨리다 **烂** làn 형 닳다 **刚性** gāngxìng 명 (물체의) 강성 **韧性** rènxìng 명 (물체의) 인성 **硬度** yìngdù 명 경도 **透明** tòumíng 형 투명하다

9

俗话说"春困秋乏夏打盹，睡不醒的冬三月"。天气越来越热，有些人一整天都昏昏欲睡。由于夏季温度过高，致使人体大量排汗，大量的钾元素会随汗液排出。如果钾元素得不到及时补充，就会导致人们疲劳，精神不振，夏打盹。

속담에 '봄에 졸리고 가을에는 피곤하고 여름에는 졸고, 잠에 취해 있는 겨울'이란 말이 있다. 날씨가 점점 더워지면서 어떤 사람들은 하루 종일 몽롱하고 졸리다. 여름철에 기온이 너무 높아서 인체는 다량의 땀을 배출하게 되고 많은 양의 칼륨이 땀과 함께 배출된다. 만일 칼륨을 제때 보충하지 못 하면 피곤해지고 정신이 들지 않으며 여름에는 졸게 된다.

A 夏打盹让人体大量排汗
B 钾元素缺乏导致夏打盹
C 夏打盹有利于恢复精神
D 冬季容易摄入钾元素

A 여름에 조는 것은 인체에 많은 땀을 흘리게 한다
B 칼륨 부족은 여름에 졸게 만든다
C 여름에 조는 것은 정신을 차리는 데 도움이 된다
D 겨울철에는 쉽게 칼륨을 섭취할 수 있다

해설 보기의 어휘 夏打盹(여름에 졸다), 钾元素(칼륨), 冬季(겨울) 등의 어휘에 주의해서 녹음을 듣는다. 지문의 마지막 부분에서 **如果钾元素得不到及时补充，就会导致人们疲劳，精神不振，夏打盹**(만일 칼륨을 제때 보충하지 못하면 피곤해지고 정신이 들지 않으며 여름에는 졸게 된다)라고 했으므로 칼륨 부족이 여름에 조는 현상을 일으킬 수 있음을 알 수 있다. 따라서 정답은 B이다.

어휘 **打盹** dǎdǔn 통 졸다 **昏昏欲睡** hūnhūnyùshuì 성 몽롱하고 졸리다 **排汗** páihàn 통 땀을 흘리다 **钾** jiǎ 칼륨 **疲劳** píláo 형 피로하다 **不振** búzhèn 형 활기가 없다 **摄入** shèrù 통 섭취하다

10

数学家张广厚有一次看到了一篇关于亏值的论文，觉得对自己的研究工作有用处，就一遍又一遍地反复阅读。这篇论文共20多页，他反反复复地念了半年多。因为经常的反复翻摸，洁白的书页上，留下一条明显的黑印。他的妻子对他开玩笑说："这哪叫念书啊，简直是吃书。"

수학자 장광호우가 한번은 제외치에 관한 논문을 봤는데 자신의 연구에 쓸모가 있다고 느껴 한 번 또 한 번 반복해서 읽었다. 이 논문은 20페이지 정도였는데 그는 반복해서 반 년 동안 읽었다. 자주 된 반복적인 넘김으로 새하얗던 종이에 선명한 검은 자국이 남았다. 그의 아내는 그에게 농담으로 말했다. "이게 무슨 책을 읽은 건가요, 책을 먹은 거지."

A 那篇论文太长了
B 张广厚吃了那篇论文
C 张广厚追求精益求精
D 张广厚看了数千篇论文

A 그 논문은 너무 길었다
B 장광호우는 그 논문을 먹었다
C 장광호우는 완벽에 완벽을 추구한다
D 장광호우는 수천 편의 논문을 봤다

해설 보기의 주어가 공통적으로 张广厚(장광후우)이므로 이야기 글임을 예상할 수 있다. 지문에서 장광후우는 한 논문을 봤는데 这篇论文共20多页, 他反反复复地念了半年多(이 논문은 20페이지 정도였는데 그는 반복해서 반 년 동안 읽었다)라고 했고 이어 留下一条明显的黑印(선명한 검은 자국이 남았다)이라고 했으므로 그가 열심히 논문을 읽었음을 알 수 있다. 따라서 일치하는 정답은 C이다.

어휘 数学家 shùxuéjiā 명 수학자 亏值 kuīzhí 명 (수학) 제외치 论文 lùnwén 명 논문 用处 yòngchu 명 쓸모 洁白 jiébái 형 새하얗다 书页 shūyè 명 책장, 페이지 简直 jiǎnzhí 부 그야말로 精益求精 jīngyìqiújīng 성 완벽한데 더 완벽을 추구하다

11

相关统计数字表明，高血压、酒精肝等疾病呈年轻化的趋势。不少坐办公室30来岁的白领患上了脂肪肝等疾病。现代人应酬多、竞争激烈、工作压力大、处于紧张状态是导致这一现象的主因。此外，吸烟、酗酒等不良的生活方式也容易导致发病。

관련 통계 데이터에 따르면 고혈압, 지방간 등의 질병이 젊은이들에게 나타나는 추세라고 한다. 사무실에 앉아 있는 많은 30대 직장인이 지방간 등의 질병을 앓게 되었다. 현대인들은 접대가 많고, 경쟁이 치열하고, 업무 스트레스가 많고, 긴장 상태에 놓인 것이 이 현상을 일으킨 주요 원인이다. 그 밖에도, 흡연, 폭음 등의 안 좋은 생활 방식 역시 질병을 일으키기 쉽다.

A 越年轻越紧张
B 年轻人才患脂肪肝
C 酗酒让人受到压力
D 竞争激烈影响健康

A 젊을수록 더 긴장한다
B 젊은이만 지방간에 걸린다
C 폭음은 사람에게 스트레스를 받게 한다
D 경쟁이 치열한 것은 건강에 영향을 준다

해설 보기에 紧张(긴장하다), 脂肪肝(지방간), 压力(스트레스) 등이 있는 것을 봤을 때 이것이 건강에 관한 글임을 예상할 수 있다. 지문에서 다양한 질병이 젊은 사람들에게 나타난다고 하며 现代人应酬多、竞争激烈、工作压力大、处于紧张状态是导致这一现象的主因(현대인들은 접대가 많고, 경쟁이 치열하고, 업무 스트레스가 많고, 긴장 상태에 놓인 것이 이 현상을 일으킨 주요 원인이다)라고 했으므로 정답은 D이다.

어휘 高血压 gāoxuèyā 명 고혈압 酒精肝 jiǔjīnggān 명 알코올성 지방간 呈 chéng 동 나타내다 趋势 qūshì 명 추세 白领 báilǐng 명 화이트 칼라, 직장인 患 huàn 동 병에 걸리다 脂肪肝 zhīfánggān 명 지방간 应酬 yìngchou 동 접대하다 명 연회, 접대 竞争 jìngzhēng 명 경쟁 激烈 jīliè 형 치열하다 处于 chǔyú 동 ~에 처하다 状态 zhuàngtài 명 상태 导致 dǎozhì 동 야기하다, 초래하다 酗酒 xùjiǔ 동 무절제하게 술을 마시다, 주정하다

12

小王迟迟未回家，妻子便打电话问他："你在哪儿？""亲爱的，你还记得那家珠宝店吗？你在那儿看中一枚钻戒，我还发誓以后一定会买给你。"妻子兴奋地叫道："记得，我就在它隔壁的酒吧。"

샤오왕이 늑장 부리며 집에 가지 않고 있었는데, 아내가 전화해서 물었다. "어디예요?" "자기야, 그 보석 상점 기억 나? 당신이 거기에서 다이아 반지 하나를 마음에 들어 했잖아. 내가 나중에 꼭 사 줄게." 아내가 흥분해서 외쳤다. "기억하지. 나 바로 그 옆에 있는 술집이야."

A 小王买了那枚钻戒
B 妻子觉得小王喝醉了
C 妻子以为小王要买钻戒
D 小王觉得妻子不用买钻戒

A 샤오왕은 그 다이아 반지를 샀다
B 아내는 샤오왕이 취했다고 생각했다
C 아내는 샤오왕이 다이아 반지를 사 주는 줄 알고 있다
D 샤오왕은 아내가 다이아 반지를 살 필요가 없다고 생각한다

해설 보기의 주어가 小王(샤오왕)과 妻子(아내)이므로 이야기 글임을 알 수 있다. 지문에서 남자는 我还发誓以后一定会买给你(내가 나중에 꼭 사 줄게)라고 했고 이어 아내를 묘사하는 부분에서 兴奋地叫道(흥분해서 외쳤다)라고 했으므로 아내는 남편 샤오왕이 자신에게 반지를 사줄 것을 기대해서 기뻐하고 있음을 알 수 있다. 따라서 일치하는 정답은 C이다. 이야기 글에서는 누가 어떤 행동을 했는지 주의해서 들어야 한다.

어휘 迟迟 chíchí 부 느릿느릿 珠宝店 zhūbǎodiàn 명 보석 가게 钻戒 zuānjiè 명 다이아 반지 发誓 fāshì 동 맹세하다 隔壁 gébì 명 옆집 酒吧 jiǔbā 명 술집 喝醉 hēzuì 동 (술에) 취하다

13

什么样的选择决定什么样的生活，什么样的投资理念决定什么样的投资收获，今天的生活是由三年前我们的选择决定的，而今天我们的抉择将决定我们三年后的生活。投资市场上，我们要摄入最新的信息，花更多的时间去学习，只有学习才是出路。

A 期望越高失望越大
B 千万不要犹豫不决
C 选择决定我们的未来
D 我们一定要分析市场

어떤 선택을 하는지가 우리의 생활을 결정한다. 어떤 투자관을 가지는지가 투자의 수익을 결정한다. 오늘의 삶은 3년 전 우리의 선택으로 결정된 것이며, 오늘 우리의 결정이 3년 뒤 우리의 삶을 결정한다. 투자 시장에서 우리는 최신 정보를 빠르게 습득하고 더 많은 시간을 들여 공부해야 한다. 공부를 해야만이 출구가 있다.

A 기대가 높을수록 실망도 크다
B 절대 망설이지 말아라
C 선택은 우리의 미래를 결정한다
D 우리는 반드시 시장을 분석해야 한다

해설 보기에 **不要**(하지 말아라), **要**(해야 한다) 등의 당위를 나타내는 어휘가 있으므로 논설문임을 알 수 있다. 지문에서 선택이 우리의 생활을 결정한다고 말하며 **今天我们的抉择将决定我们三年后的生活**(오늘 우리의 결정이 3년 뒤 우리의 삶을 결정한다)라고 했으므로 일치하는 보기는 C이다.

어휘 投资 tóuzī 통 투자하다　理念 lǐniàn 명 이념　收获 shōuhuò 명 수확, 소득　抉择 juézé 명 통 선택(하다)　摄入 shèrù 섭취하다　出路 chūlù 명 출구, 출로　期望 qīwàng 명 기대　犹豫不决 yóuyùbùjué 성 결단을 내리지 못하고 망설이다　分析 fēnxī 통 분석하다

14

海带是一种营养价值很高的蔬菜。海带中的钙能防止血液酸化，而血液酸化正是导致癌症的因素之一。此外，海带中含有丰富的纤维素，能够及时地清除肠道内废物和毒素，可以有效地防止直肠癌的发生。因此海带被称为"肠胃清道夫"。

A 海带可以预防癌症
B 不可过量食用海带
C 海带中的钙能降低血压
D 海带中钙元素含量最高

미역은 영양가가 아주 높은 채소이다. 미역의 칼슘은 혈액의 산화를 방지하는데 혈액의 산화가 바로 암을 일으키는 요인 중 하나이다. 이 밖에도 미역에는 섬유소가 풍부해서 즉시 장의 노폐물과 독소를 깨끗이 없애 줘서 직장암의 발생을 효과적으로 방지한다. 때문에 미역을 '위장 청소부'라고 부른다.

A 미역은 암을 예방한다
B 미역을 너무 많이 먹으면 안 된다
C 미역의 칼슘은 혈압을 낮출 수 있다
D 미역에는 칼슘 함량이 가장 높다

해설 보기에 **海带**(미역), **预防癌症**(암을 예방하다), **血压**(혈압) 등의 어휘를 보아 미역의 효능에 관한 글임을 알 수 있다. 지문에서 **海带中的钙能防止血液酸化**(미역의 칼슘은 혈액의 산화를 방지한다)라고 했고, 이어 **血液酸化正是导致癌症的因素之一**(혈액의 산화가 바로 암을 일으키는 요인 중 하나이다)라고 했으므로 미역의 칼슘이 암을 예방하는 성분임을 알 수 있다. 따라서 정답은 A이다.

어휘 海带 hǎidài 명 다시마, 미역　蔬菜 shūcài 명 채소　钙 gài 명 칼슘　防止 fángzhǐ 통 방지하다　血液酸化 xuèyèsuānhuà 명 혈액 산화　癌症 áizhèng 명 암　因素 yīnsù 명 요소　含有 hányǒu 통 함유하다　纤维素 xiānwéisù 명 섬유소　及时 jíshí 즉시　清除 qīngchú 통 깨끗이 없애다　肠道 chángdào 명 장, 창자　废物 fèiwù 명 노폐물　毒素 dúsù 명 독소　清道夫 qīngdàofū 명 청소부, 해결사

15

岳飞是中国历史上一位杰出的英雄。岳飞不计个人身家性命的得失，捍卫国家主权。后来一些无耻的大臣勾结外敌，诬陷他造反，将他杀死。老百姓在杭州西湖边建了岳飞的像供人瞻仰，迫害他的那几个人的像跪在他跟前，让人痛骂。

위에페이는 중국 역사에서 뛰어난 영웅이다. 위에페이는 본인과 집안의 목숨의 이해 관계를 따지지 않고 국가의 주권을 수호했다. 나중에 염치 없는 대신들이 외적과 결탁하여 그가 반역을 꾀했다고 모함하여 죽였다. 백성들은 항저우 시후에 위에페이의 동상을 만들어 그에게 참배했고, 그를 해하였던 몇 사람의 동상을 그의 앞에 무릎 꿇게 하고 사람들이 욕하게 만들었다.

A 皇帝拥护岳飞	A 황제는 위에페이를 옹호했다
B **人民崇敬岳飞**	B **사람들은 위에페이를 존경한다**
C 岳飞是杭州人	C 위에페이는 항저우 사람이다
D 岳飞领兵造反	D 위에페이는 병사를 이끌고 반역을 일으켰다

해설 보기에 인물 이름 **岳飞**(위에페이)가 있으므로 이야기 글임을 예상할 수 있다. 지문에서 **老百姓在杭州西湖边建了岳飞的像供人瞻仰**(백성들은 항저우 시후에 위에페이의 동상을 만들어 그에게 참배했다)라고 했으므로 백성들이 위에페이를 존경했음을 알 수 있다. 따라서 정답은 B이다.

어휘 **杰出** jiéchū 휑 출중하다, 뛰어나다 **英雄** yīngxióng 몡 영웅 **不计** bújì 됭 따지지 않다 **性命** xìngmìng 몡 생명 **得失** déshī 몡 득실 **捍卫** hànwèi 됭 지키다, 수호하다 **无耻** wúchǐ 휑 염치없다, 뻔뻔하다 **勾结** gōujié 됭 결탁하다, 공모하다 **诬陷** wūxiàn 됭 사실을 날조하여 모함하다 **造反** zàofǎn 됭 반란을 일으키다 **瞻仰** zhānyǎng 됭 참배하다 **迫害** pòhài 됭 박해하다, 학대하다 **跪** guì 됭 무릎을 꿇다 **痛骂** tòngmà 됭 호되게 꾸짖다 **拥护** yōnghù 몡 옹호하다, 지지하다 **崇敬** chóngjìng 됭 숭배하고 존경하다 **领兵** lǐngbīng 군대를 통솔하다

듣기 제2부분

16-20

男：孔雀舞是我国傣族民间舞中最负盛名的传统表演性舞蹈，在傣族人民心目中，"圣鸟"孔雀是幸福吉祥的象征。对您来说孔雀有什么特别的意味吗？

女：在民间跳孔雀舞的都是男的，本来孔雀也是雄性最好看，会开屏。但在舞台上，女的跳才好看。孔雀开屏是为了示爱、求偶，后来就化成爱的象征。孔雀对我来讲，不但是爱情，更是一种美学。它特别适合用手来表现，16是舞蹈的最佳题材。

男：20您最喜欢哪一种少数民族舞蹈？

女：20傣族。我大部分的独舞都是傣族的。但是《云南映象》不同，17有很多不同民族的歌舞，演员也来自云南不同村寨。

男：您的《云南映象》成长7年了，在这个过程里作品本身有没有发生什么变化？您在节目里有独舞表演，身体感觉和7年前比有变化吗？

女：作品的变化一定是有的。观众看不出来，自己也是看录像才看到一些小的变化，但总的来说在进步。我的身体状态一直都差不多，都在保持。

男：您这么多年来一直在推广和保存少数民族舞蹈，您觉得这件事的价值在哪里？

남: 공작춤은 우리나라 태족의 민간 무도 중 최고의 명성을 가진 전통 공연 춤입니다. 태족 사람들의 마음 속 '신성한 새'인 공작은 길함의 상징이죠. 선생님께 공작은 어떤 특별한 의미가 있나요?

여: 민간에서 공작을 추는 것은 모두 남자입니다. 원래 공작은 수컷이 가장 예쁘죠. 꼬리를 활짝 피니까요. 하지만 무대에서는 여성이 추는 것이 아름답습니다. 공작이 꼬리를 펴는 것은 애정의 표시이며, 짝을 구하기 위함인데 훗날에는 사랑의 상징이 되었어요. 공작은 저에게는 사랑일 뿐 아니라, 미학이에요. 공작은 특히 손으로 표현하기에 적합하고 16무도의 가장 좋은 소재입니다.

남: 20어느 소수 민족 춤을 가장 좋아하시나요?

여: 20태족이요. 저의 대부분의 독무는 모두 태족 춤이에요. 그러나 「윈난잉상」은 달라요. 17많은 다양한 민족의 춤이 있으며 배우들도 윈난의 다양한 마을에서 왔어요.

남: 선생님의 「윈난잉상」은 7년간 성장했는데요. 이 과정에서 작품 자체에 어떤 변화가 있었는지요? 프로그램에 독무 공연이 있는데 몸의 느낌이 7년 전보다 변화가 있었나요?

여: 작품의 변화는 분명 있습니다. 관중들은 알아채지 못하고, 저도 녹화 영상을 봐야 작은 변화가 보이지만 전체적으로 발전하고 있습니다. 제 몸 상태는 거의 비슷하게 유지되고 있어요.

남: 이렇게 오랜 시간 동안 소수 민족의 춤을 알리고 보존해 오셨는데요. 그 가치는 어디에 있을까요?

女 : 这些歌舞都是文化、历史，我叫它原生态歌舞集，
就是18歌舞都来自原本的，来自人对大自然的观
察和信仰，来自对生命的认知，所有舞蹈都跟生
命和情感有关，都不是简单的形式。

男 : 19您觉得能为少数民族歌舞保留多少呢？

女 : 19其实保留不了多少，因为太多了，都是多少年
代智慧累积下来的， 我只能尽量保护少数民族
文化，在台上保留几个精华、几滴水，但是没有
办法保留大海，我的能力只能做到这样。

여: 이 가무는 문화이자 역사예요. 저는 그것을 원시 형태의 노래와 춤의
집합체라고 부릅니다. 18가무는 원시적인 상태에서 왔고 인간의 대
자연에 대한 관찰과 신앙에서 왔으며 생명에 대한 인지에서 왔어요.
모든 춤이 생명과 감정과 관련이 있으며 간단한 형식은 아니에요.

남: 19소수 민족의 춤을 얼마나 보존할 수 있을까요?

여: 19사실 얼마 보존할 수 없어요. 왜냐하면 너무 많고 오랜 시간 동
안 대대손손 지혜가 쌓인 거라서 저는 그저 소수 민족의 문화를
최대한 보존할 뿐이죠. 무대에서 몇 개의 정수, 몇 방울의 물은 보
존할 수 있어도 바다를 보존할 수는 없으니까요. 제 능력은 여기
까지예요.

어휘 孔雀 kǒngquè 명 공작 傣族 Dǎizú 명 태족 (중국의 소수민족) 最负盛名 zuìfùshèngmíng 최고의 명성을 가지다 幸福
xìngfú 명 행복 吉祥 jíxiáng 형 행운이다 象征 xiàngzhēng 명 상징 雄性 xióngxìng 명 수컷 开屏 kāipíng 동 (수컷 공작이
짝을 구할 때) 꼬리를 펴서 흔든다 示爱 shì'ài 동 사랑을 표현하다 求偶 qiú'ǒu 동 배우자를 구하다 化成 huàchéng 동 ~로
변하다 舞蹈 wǔdǎo 명 춤, 무도 题材 tícái 명 제재, 예술 작품의 소재 村寨 cūnzhài 명 마을, 촌락 独舞 dúwǔ 명 독무, 솔
로 댄스 录像 lùxiàng 동 녹화하다 歌舞 gēwǔ 명 가무, 노래와 춤 原生态 yuánshēngtài 최초의 상태 观察 guānchá 동 관
찰하다 信仰 xìnyǎng 명 신앙 동 신앙하다, 믿고 받들다 认知 rènzhī 동 인지하다 保留 bǎoliú 동 보존하다, 남겨 두다 智慧
zhìhuì 명 지혜 累积 lěijī 동 누적하다, 쌓다 精华 jīnghuá 명 정화, 정수 滴水 dīshuǐ 명 물 한 방울 동 한 방울씩 물이 떨어지
다

16 对于孔雀，女的有什么看法？ | 공작에 대해 여자는 어떤 견해를 가지고 있는가?

A 雌孔雀代表忠诚
B 雄性孔雀较朴素
C 用面部表情来表现
D 是舞蹈的最佳题材

A 암컷 공작은 충성을 의미한다
B 수컷 공작은 소박하다
C 얼굴 표정으로 표현한다
D 무도의 가장 좋은 소재이다

해설 보기의 키워드 雌孔雀(암컷 공작)와 雄性孔雀(수컷 공작), 舞蹈(무도)를 확인하고 지문에서 언급되는지 주의한다. 여자의 말에
공작(孔雀)은 是舞蹈的最佳题材(무도의 가장 좋은 소재이다)라고 언급되었으므로 D에 메모해둔다. 질문이 공작에 관한 여자의
견해이므로 정답은 D이다.

어휘 忠诚 zhōngchéng 형 충성하다 朴素 pǔsù 형 소박하다, 검소하다

17 关于《云南映象》，可以知道什么？ | 「윈난잉샹」에 관해 알 수 있는 것은?

A 有巨大的变化
B 融合多民族舞蹈
C 追求完美无缺
D 演员来自西方国家

A 큰 변화가 있다
B 다 민족의 춤을 융합한다
C 완전무결을 추구한다
D 배우들은 서양 국가에서 왔다

해설 보기가 모두 술어형이며, 키워드 巨大的变化(큰 변화), 融合(융합하다), 完美无缺(완전무결), 演员(배우) 등을 확인한다. 지문에
서 윈난잉샹을 언급한 이후의 내용에서 有很多不同民族的歌舞，演员也来自云南不同村寨(많은 다양한 민족의 춤이 있
으며 배우들도 윈난의 다양한 마을에서 왔어요)라고 하였으므로 보기 B에 메모하고 A에 X표시를 한다. 질문이 윈난잉샹에 관한 옳
은 정보이므로 정답은 B이다.

어휘 融合 rónghé 동 융합하다

18

女的怎么看待少数民族舞蹈？

여자는 소수 민족의 춤을 어떻게 보는가?

A 形式更为简单
B 未必涉及生命和情感
C 体现对大自然的信仰
D 展示勇敢进取的精神

A 형식이 더 간단하다
B 생명과 감정에 꼭 관련된 것은 아니다
C 대자연에 대한 신앙을 나타낸다
D 용감하게 나아가는 정신을 보여준다

해설 보기가 대부분 술어형이고 어떤 특징에 관한 내용이다. 키워드 **形式**(형식), **生命和情感**(생명과 감정), **对大自然的信仰**(대자연에 대한 신앙), **进取的精神**(진취적 정신)을 확인하고 듣는다. 지문에서 여자가 **歌舞都来自原本的, 来自人对大自然的观察和信仰, 来自对生命的认知, 所有舞蹈都跟生命和情感有关, 都不是简单的形式**(가무는 원시적인 상태에서 왔고 인간의 대자연에 대한 관찰과 신앙에서 왔으며 생명에 대한 인지에서 왔어요. 모든 춤이 생명과 감정과 관련이 있으며 간단한 형식은 아니에요)라고 하였으므로 일치하는 내용인 C에 메모하고 A, B에 X표시를 한다. 질문이 여자의 소수 민족 춤에 대한 관점이므로 정답은 C이다.

어휘 **未必** wèibì 〖부〗 꼭 ~한 것은 아니다　**涉及** shèjí 〖동〗 연관되다, 미치다　**勇敢** yǒnggǎn 〖형〗 용감하다　**进取** jìnqǔ 〖형〗 진취적이다

19

女的说没有办法保留多少是什么意思？

여자가 얼마 보존할 수 없다고 말한 것은 무슨 의미인가?

A 需要新的突破
B 有顽强的生命力
C 值得保存的精华太少
D 无法保存全部少数民族舞蹈

A 새로운 돌파구가 필요하다
B 강한 생명력이 있다
C 보존할 만한 정수가 너무 적다
D 모든 소수 민족 춤을 보존할 수는 없다.

해설 보기가 모두 서술형이고 키워드 **新的突破**(새로운 돌파구), **生命力**(생명력), **精华太少**(정수가 적다), **无法保存**(보존할 수 없다)을 확인한다. 마지막 남자의 질문이 **您觉得能为少数民族歌舞保留多少呢?**(소수 민족의 춤을 얼마나 보존할 수 있을까요?)이었고 여자는 **其实保留不了多少, 因为太多了**(사실 얼마 보존할 수 없어요. 왜냐하면 너무 많아요)라고 대답하였으므로 보기 D에 메모한다. 질문이 여자의 말의 의미를 묻고 있으므로 정답은 D이다.

어휘 **突破** tūpò 〖동〗 돌파하다　**顽强** wánqiáng 〖형〗 완강하다　**精华** jīnghuá 〖명〗 정화, 정수

20

关于女的，可以知道什么？

여자에 관해 알 수 있는 것은?

A 热爱旅游
B 擅长音乐创作
C 最喜欢傣族舞
D 热衷于慈善事业

A 여행을 아주 좋아한다
B 음악 창작을 잘한다
C 태족 춤을 가장 좋아한다
D 자선 사업에 몰두한다

해설 보기는 서술형이며 모두 개인에 관한 내용이다. 키워드 **旅游**(여행), **音乐创作**(음악 창작), **傣族舞**(태족 춤), **慈善事业**(자선 사업)에 유의해서 듣는다. 남자의 질문 **您最喜欢哪一种少数民族舞蹈?**(어느 소수 민족 춤을 가장 좋아하시나요?)에 여자는 **傣族, 我大部分的独舞都是傣族的**(태족이요. 저의 대부분의 독무는 모두 태족 춤이에요)라고 대답하였으므로 보기 C에 메모한다. 질문이 여자에 관한 옳은 정보이므로 정답은 C이다.

어휘 **擅长** shàncháng 〖동〗 정통하다, 뛰어나다　**热衷** rèzhōng 〖동〗 열중하다　**慈善事业** císhànshìyè 〖명〗 자선 사업

男：在您的眼中，对奋斗和进取的理解是怎样的？

女：我记得我在中学的时候，最喜欢一本书里就有这么一段话："每一个人都在寻求快乐，但是到底什么是快乐呢？快乐就是创造，只有创造能够带来真正的快乐"，我一直记得这样的一句话。21我觉得进取就是你不断去创造新的东西。新的东西不仅仅是你喜欢的，也是能够让其他人受益的。我觉得这个就是进取精神了。

男：您在这些年里做出的成绩，真的令我们非常佩服。22在您创业的过程中，您认为作为一个女性创业者，应该怎样去面对挑战和挫折？

女：我觉得通常人们都认为女性会比较稳妥，她们对于风险的承受能力不是特别大。但是只要你创业，肯定有失败。22我的一个心得就是你不能因为怕失败就不去做你想做的事情。我鼓励自己说："宁可在创新中失败，也不在保守中成功。"

男：就是我们要足够勇敢地去面对和承担。

女：对！23特别是我觉得人在年轻的时候要有勇气去尝试，哪怕是犯错误，哪怕是跌跟头。

男：24您对成功人生的定义是怎样的呢？

女：24我觉得只要按照自己想过的方式去生活就是成功，而不是千人一面地寻求某一种成功的方式。因为我们现在对成功的定义太狭窄了，我认为只要一个人忠实于自己的内心，能够按照自己想要的方式去生活就是成功。我希望大家如果有条件的话，还是要做自己感兴趣的事情。说实话，如果你不是打内心里喜欢做一件事情，你很难做得好！

男：25在您的心目中理想的女性应该是怎样的呢？

女：25我觉得没有理想的女性。每个人都是不同的，都可以做最精彩的自己。千万不要做别人，不要拷贝别人，模仿别人，都没有太大的意义，你就做自己，做更精彩的自己，把你的潜能都调动起来。

남：선생님께서는 노력과 진취에 대해 어떻게 이해하시나요？

여：제 기억에 중고등학교를 다닐 때였는데, 가장 좋아하는 책에 이런 글귀가 있었어요. '모든 사람들이 즐거움을 찾지만 도대체 무엇이 즐거움인가？ 즐거움은 창조이며 창조해야만 진정한 즐거움을 얻을 수 있다.' 저는 이 말을 계속 기억하고 있어요. 21저는 진취는 끊임없이 새로운 것을 창조하는 거라고 생각해요. 새로운 것은 당신이 좋아하는 것일뿐 아니라 다른 사람에게도 이익을 줄 수 있어야 합니다. 제 생각에는 이것이 바로 진취 정신인 것 같아요.

남：선생님께서 최근 몇 년간 이루신 결과물은 정말 감탄할 만한데요. 22창업 과정에서 여성 창업자로서 도전과 좌절에 어떻게 대응하셨나요？

여：보통 사람들은 여성이 좀 안정적이어서, 리스크를 감당할 수 있는 능력이 크지 않다고 생각합니다. 하지만 창업을 하면 틀림없이 실패하게 마련입니다. 22저의 한 가지 깨달음은 바로 실패가 두려워서 하고 싶은 일을 못 해서는 안 된다는 것입니다. 저는 저를 격려하며 말합니다. "새로운 것을 창조하면서 실패할지언정 보수적인 태도로 성공해서는 안돼."

남：그러니까 용감하게 맞서며 감당해야 하는거죠.

여：맞아요! 23특히 저는 젊었을 때 용감하게 시도해야 한다고 생각해요. 설령 잘못하더라도 설령 크게 넘어져도 말이에요.

남：24그럼 성공한 인생의 정의는 어떻게 내리면 좋을까요？

여：24저는 자신이 생각했던 방식대로 생활하면 그것이 성공이라고 생각해요. 천편일률적으로 어떤 성공의 방식을 찾는 게 아니라요. 왜냐하면 우리가 성공에 대해 내리는 정의는 아주 좁아요. 제 생각에는 자신의 내면에 충실하고 자신이 원하는 방식대로 사는 것이 성공인 것 같아요. 저는 모두가 여건만 된다면 자신이 관심 있는 일을 하면 좋겠어요. 사실 만약 마음에서 우러나와서 일하기를 좋아하지 않는다면 잘 해내기 어려우니까요!

남：25선생님이 생각하시기에 이상적인 여성은 어떤 여성인가요？

여：25제 생각에는 이상적인 여성은 없는 것 같아요. 모든 사람들이 다 다르니까 모두 가장 훌륭한 자신이 될 수 있어요. 절대 다른 사람이 되려고 하지 말고 다른 사람을 모방하지 마세요. 별 의미가 없어요. 자기 자신이 되고 더 나은 자신이 되세요. 당신의 잠재력을 일으킬 수 있을 겁니다.

어휘 奋斗 fèndòu 통 분투하다　进取 jìnqǔ 통 진취하다, 향상하려고 노력하다　创造 chuàngzào 통 창조하다　佩服 pèifú 통 감탄하다　挑战 tiǎozhàn 통 도전하다　稳妥 wěntuǒ 혱 온당하다, 타당하다　承受 chéngshòu 통 감당하다　宁可 nìngkě 부 차라리 ～할 바에　保守 bǎoshǒu 혱 보수적이다　承担 chéngdān 통 맡다, 담당하다　跌跟头 diēgēntou 넘어지다, 좌절을 맛보다　狭窄 xiázhǎi 혱 비좁다, (도량·견식 등이) 좁다　忠实 zhōngshí 혱 충실하다　精彩 jīngcǎi 혱 뛰어나다　拷贝 kǎobèi 명 통 복사(하다)　模仿 mófǎng 통 모방하다　潜能 qiánnéng 명 잠재력　调动 diàodòng 통 불러일으키다

21 女的认为进取的精神是什么？

여자는 진취 정신이 무엇이라고 생각하는가?

A 追求上进	A 앞으로 발전하는 것을 추구한다
B 不断创新	**B 끊임없이 창조한다**
C 自我满足	C 스스로 만족한다
D 充满信心	D 자신감이 넘친다

해설 보기가 사람의 성향에 관한 내용이다. 키워드 **上进**(진보하다), **创新**(창조하다), **满足**(만족하다), **信心**(자신감)에 유의해서 듣는다. 여자의 말에 **我觉得进取就是你不断去创造新的东西**(저는 진취는 끊임없이 새로운 것을 창조하는 거라고 생각해요)라고 언급되었으므로 보기 B에 메모한다. 질문이 여자의 진취 정신에 대한 관점이므로 정답은 B이다.

22 女的创业的心得是什么？

여자는 창업을 하면서 무엇을 깨달았는가?

A 满足于现状	A 현재 상황에 만족한다
B 做事要稳妥	B 일을 온당하게 해야 한다
C 学会自我鼓励	C 스스로를 격려해야 한다
D 不要被失败吓退	**D 실패로 인해 뒤로 물러서면 안된다**

해설 보기가 모두 술어형이고 키워드 **满足**(만족하다), **做事**(일을 하다), **自我鼓励**(자신을 격려하다), **吓退**(뒤로 물러서다)를 확인한다. 전문가는 **在您创业的过程中，您认为作为一个女性创业者，应该怎样面对挑战和挫折？**(창업 과정에서 여성 창업자로서 도전과 좌절에 어떻게 대응하셨나요?)라고 질문하였고 이어 여자의 말에 **我的一个心得就是你不能因为怕失败就不去做你想做的事情**(저의 한 가지 깨달음은 바로 실패가 두려워서 하고 싶은 일을 못 해서는 안 된다는 것입니다)이라고 언급되었으므로 보기 D에 메모한다. 질문이 여자가 창업하면서 깨달은 점이므로 정답은 D이다.

23 女的认为年轻时应该怎么样？

여자는 젊을 때 어떻게 해야 한다고 생각하는가?

A 知难而退	A 어려움을 알고 물러선다
B 勇于尝试	**B 용감하게 시도한다**
C 要有主见	C 주관이 있다
D 处事谨慎	D 일 처리에 신중하게 한다

해설 보기가 모두 술어형이고 행동과 가치관에 관한 내용이다. 여자의 말에 **特别是我觉得人在年轻的时候要有勇气去尝试**(특히 저는 젊었을 때 용감하게 시도해야 한다고 생각해요)이라고 했으므로 보기 B에 메모한다. 질문이 젊을 때 어떻게 행동해야 하는지에 대한 여자의 견해를 묻고 있으므로 정답은 B이다. 인터뷰 후반부에 성공한 인생에 관한 견해에 주관이 있어야 한다는 내용이 있지만 질문이 젊을 때의 행동이므로 가장 적합한 정답은 B이다.

어휘 **主见** zhǔjiàn 명 주견 **处事** chǔshì 동 일을 처리하다

24 女的觉得什么样的人生才是成功的人生？

여자는 어떤 인생이 성공한 인생이라고 생각하는가?

A 享受生活	A 삶을 즐긴다
B 对生活充满激情	B 삶에 열정이 가득하다
C 有自己独特的风格	C 자신만의 독특한 스타일이 있다
D 按自己喜欢的方式生活	**D 자기가 좋아하는 방식으로 생활한다**

해설 보기가 술어형이고 키워드 **享受**(즐기다), **激情**(열정), **自己的风格**(자신의 스타일), **自己喜欢的方式**(자신이 좋아하는 방식)를

확인한다. 남자의 질문 **您对成功人生的定义是怎样的呢？**(그럼 성공한 인생의 정의는 어떻게 내리면 좋을까요?)에 대해 여자는 **我觉得只要按照自己想过的方式去生活就是成功**(저는 자신이 생각했던 방식대로 생활하면 그것이 성공이라고 생각해요)이라고 대답하였으므로 보기 D에 메모한다. 질문이 여자의 성공한 인생에 대한 견해이므로 남자의 질문과 일치한다. 따라서 정답은 D이다.

25

女的认为理想的女性是怎样的？	여자는 어떤 여성이 이상적인 여성이라고 생각하는가?
A 具有魅力	A 매력이 있다
B 独立性强	B 독립성이 강하다
C 并不存在	**C 결코 존재하지 않는다**
D 统筹兼顾	D 종합적으로 모두 고려한다

해설 보기는 사람의 성향에 관한 내용이다. 키워드 **魅力**(매력), **独立性**(독립성), **不存在**(존재하지 않다), **兼顾**(모두 고려하다)를 확인한다. 남자는 **在您的心目中理想的女性应该是怎样的呢？**(선생님이 생각하시기에 이상적인 여성은 어떤 여성인가요?)라고 질문했고 여자는 **我觉得没有理想的女性**(제 생각에는 이상적인 여성은 없는 것 같아요)이라고 대답했으므로 일치하는 보기 C에 메모한다. 질문이 여자의 이상적인 여성에 대한 관점인데 여자는 그런 사람은 없다고 대답했으므로 정답은 C이다.

어휘 统筹兼顾 tǒng chóu jiān gù 성 여러 방면의 일을 통일적으로 계획하고 돌보다

26-30

女：30您不是专业出身的收藏者，却成为《百家讲坛》的一位明星主讲人。那么，您怎么走上收藏之路呢？一开始的时候，你怎么对文物收藏感兴趣了？

男：我从小就对旧东西感兴趣，对新东西不感兴趣。我记得小的时候，学校带着我们去看博物馆，当时我觉得弄清历史的成因是特别重要的。上世纪80年代初，我那时候刚到工厂，从地摊上买过几块钱的东西，当时就花几块钱，也挺高兴的。

女：您在《百家讲坛》讲文物收藏被大众认可。26这个电视节目造就了很多文化名人，您当初是怎么跟它合作的？

男：主要还是朋友推荐的。

女：27上《百家讲坛》的很多人都是大学教授，您觉得自己跟他们最大的不同是什么？

男：我没有受过系统的教育，没有框框，27表述起来没有谁约束我。

女：您曾说如果于丹算鸡汤的话，您就是方便面。这有什么不一样？

男：于丹讲《论语》正好是社会上很多人心灵需要慰藉的时候，就像心灵鸡汤一样，喝一口心里很温暖。我说我是方便面，是说特别实际。28对于收藏者而言，我是一袋干粮，比较实用。我自认为我说

여：30선생님은 전공하신 수집가도 아니신데 「백가강단」의 스타 강연자가 되셨는데요. 그럼 선생님께서는 어떻게 수집의 길을 걷게 되셨나요? 처음에 어떻게 문물 수집에 관심을 갖게 되셨나요?

남：저는 어렸을 때 오래 된 물건에 관심이 있었고 새로운 물건에는 관심이 없었어요. 제 기억으로 어릴 때 학교에서 박물관을 데려갔는데, 당시에 역사가 생긴 원인을 아는 게 아주 중요하다고 생각했어요. 이전 세기 80년대 초에 저는 공장에 막 도착해서 노점에서 몇 위안 짜리 물건을 샀는데, 그때 몇 위안을 쓰는 것도 아주 기분이 좋더라구요.

여：선생님께서 「백가강단」에서 문물 수집에 대해 강연하신 것이 많은 사람들의 인정을 받았는데요. 26이 TV프로그램은 많은 문화 명사를 배출했습니다. 선생님은 처음에 어떻게 출연하시게 된 건가요?

남：주로 친구의 추천이었죠.

여：「백가강단」의 출연자들은 대부분 대학 교수였는데, 선생님께서는 그들과 가장 크게 다른 점이 무엇이라고 생각하시나요?

남：저는 체계적인 교육을 받지 못해서 정해진 틀이 없어요. 27그래서 표현하는 것에 저를 제약하는 사람이 아무도 없어요.

여：선생님께서는 위단이 닭고기 수프라면, 선생님은 라면이라고 하셨는데 무엇이 다른가요?

남：위단 선생님께서 「논어」를 강의하실 때가 마침 사회의 많은 사람들에게 위안이 필요한 때였습니다. 마치 영혼의 닭고기 스프처럼 한 모금 마시면 마음이 따뜻해졌어요. 저는 저를 라면이라고 했는데 굉장히 사실이에요. 28수집가들에게 저는 비상 식량이에요, 실용적인 거죠. 저는 제가 말한 이것을 모든 수집가들이 들어야 한

的这些对于每个收藏者来说，都是必听的。这些东西都是我摸索出来的，明白人能听出方法来。一般人就听一个故事，听一听就行了，能听多少听多少。但是不可不听，也不可能白听，听了一定有用。只要你听了之后喜欢，别说喜欢收藏，我觉得光是喜欢文化就够了。

女：29您觉得学术性的东西通过电视大众化是好事吗？

男：从民族文化贯穿的角度来看，我认为是好事。29知道的人越多，这个东西延续的可能性越大；知道的人越少就越难延续，最后可能就消亡了。我们很多文化都消亡了，就是因为知道的人太少，不知道它也就不能去感受它。

다고 생각해요. 이것들은 제가 모색해 낸 것이고, 이해하는 사람들은 방법을 찾아 낼 수 있어요. 일반 사람들은 이야기를 들을 때 그냥 듣고, 들리는 만큼만 들어요. 하지만 듣지 않으면 안 되고 그냥 흘려 들어서도 안 돼요. 들으면 분명 쓸모 있어요. 만일 듣고 나서 좋아졌다고 해도 수집을 좋아한다고 말하지 마세요. 단지 문화를 좋아하게 되면 된 거라고 생각해요.

여: 29선생님 생각에는 학술적인 것들이 텔레비전을 통해서 대중화가 되는 것이 좋은 일이라고 생각하시나요？

남: 민족 문화를 관철하는 관점에서 볼 때 저는 좋은 일이라고 생각합니다. 29아는 사람들이 많을수록 이것이 이어져 나갈 가능성이 더 커지니까요. 아는 사람이 적을수록 계속 이어지기 힘들고, 결국에는 사라지게 될 거예요. 우리의 많은 문화들이 사라졌는데, 아는 사람이 너무 적어서예요. 모르면 느낄 수 없으니까요.

어휘 收藏 shōucáng 통 소장하다　明星 míngxīng 명 스타　主讲人 zhǔjiǎngrén 명 강연자　地摊 dìtān 명 노점　认可 rènkě 통 인정하다　造就 zàojiù 통 양성해 내다, 만들어 내다　框框 kuàngkuang 명 틀, 테　约束 yuēshù 통 속박하다　慰藉 wèijiè 통 위로하다　心灵鸡汤 xīnlíngjītāng 명 온정이나 지혜가 담긴 말　干粮 gānliáng 명 건조 식품　摸索 mōsuǒ 통 모색하다　大众化 dàzhònghuà 통 대중화하다　贯穿 guànchuān 통 관통하다　延续 yánxù 통 지속하다　消亡 xiāowáng 통 소멸하다

26 关于《百家讲坛》这个节目，可以知道什么？

프로그램「백가강단」에 관해 알 수 있는 것은?

A 是一个访谈节目
B 需要朋友推荐
C 推出了不少名人
D 以传统文化为主题

A 토크쇼이다
B 친구의 추천이 필요하다
C 많은 명사들을 배출했다
D 전통 문화를 주제로 한다

해설 보기는 술어형이고 키워드 访谈节目(토크쇼), 朋友推荐(친구 추천), 名人(명사), 传统文化(전통 문화)를 확인한다. 지문에서 여자의 말에 这个电视节目造就了很多文化名人(이 TV프로그램은 많은 문화 명사를 배출했습니다)이라고 했으므로 보기 C에 메모한다. 질문이 프로그램 백가강단에 관해 알 수 있는 내용이므로 정답은 C이다.

어휘 访谈节目 fǎngtánjiémù 명 토크쇼　推出 tuīchū 통 내놓다

27 男的觉得自己与大学教授相比有什么优势？

남자는 자신이 대학 교수들과 비교해서 어떤 장점이 있다고 생각하는가?

A 收入更高
B 约束更少
C 经验更丰富
D 有更高的名誉

A 수입이 더 높다
B 속박이 더 적다
C 경험이 더 풍부하다
D 명성이 더 높다

해설 보기는 주어와 술어로 이루어져 있으며 어떤 특징에 관한 내용이다. 그리고 보기를 들을 때 키워드 收入(수입), 约束(속박), 经验(경험), 名誉(명성)를 확인하고 녹음을 듣는다. 여자의 질문 上《百家讲坛》的很多人都是大学教授，您觉得自己跟他们最大的不同是什么？(「백가강단」의 출연자들은 대부분 대학 교수였는데, 선생님께서는 그들과 가장 크게 다른 점이 무엇이라고 생각하시나요?)에 대해 남자는 表述起来没有谁约束我(표현하는 것에 저를 제약하는 사람이 아무도 없어요)라고 대답했으므로 보기 B에 메모한다. 질문이 대학 교수들과 다른 자신의 장점에 관한 남자의 생각이 무엇인가이므로 정답은 B이다.

어휘 名誉 míngyù 명 명예

28	男的怎么评价自己讲的内容？	남자는 자신의 강연 내용을 어떻게 평가하는가?

A 实用	A 실용적이다
B 新颖	B 참신하다
C 丰富多彩	C 다채롭다
D 比较系统	D 꽤 체계적이다

해설 보기가 성질과 특징을 나타내는 형용사 어휘이다. 남자의 말에 **对于收藏者而言，我是一袋干粮，比较实用**(수집가들에게 저는 비상 식량이에요. 실용적인 거죠)이라고 언급되었으므로 보기 A에 메모한다. 질문이 자신의 강연에 관한 스스로의 평가이므로 키워드가 그래도 언급된 A가 정답이다.

어휘 新颖 xīnyǐng 형 새롭다　系统 xìtǒng 형 체계적이다

29	对 "通过电视将学术性的东西大众化" 男的怎么看？	'TV를 통해 학술적인 것이 대중화 되는 것'에 대해 남자는 어떻게 생각하는가?

A 融合东西文化	A 동서 문화가 융합된다
B 阻碍文化交流	B 문화의 교류를 막는다
C 有助于文化传承	**C 문화 전승에 도움이 된다**
D 破坏文化整体性	D 문화의 정체성을 파괴한다

해설 보기가 술어형이고 **文化**(문화), **交流**(교류), **传承**(전승) 등의 어휘가 있으므로 문화에 관한 내용이 나오면 유의해서 듣는다. 여자의 질문 **您觉得学术性的东西通过电视大众化是好事吗？**(선생님 생각에는 학술적인 것들이 텔레비전을 통해서 대중화가 되는 것이 좋은 일이라고 생각하시나요?)에 남자는 **知道的人越多，这个东西延续的可能性越大**(아는 사람들이 많을수록 이것이 이어져 나갈 가능성이 더 커지니까요)라고 대답한다. 보기 C에 메모한다. 질문이 문화의 대중화에 대한 남자의 견해인데 남자는 아는 사람이 많으면 문화가 연속될 가능성이 커진다고 했으므로 정답은 C이다.

어휘 融合 rónghé 동 융합하다　阻碍 zǔ'ài 동 막다　传承 chuánchéng 동 전승하다

30	关于男的，下列哪项正确？	남자에 관해서 다음 중 옳은 것은?

A 是收藏家	**A 수집가이다**
B 是大学教授	B 대학 교수이다
C 追求实事求是	C 실사구시를 추구한다
D 对新的东西感兴趣	D 새로운 것에 흥미를 느낀다

해설 보기가 개인에 관한 정보로 이루어져 있다. 시작 부분에서 여자가 전문가를 소개하는 대목에서 **您不是专业出身的收藏者，却成为《百家讲坛》的一位明星主讲人**(선생님은 전공하신 수집가도 아니신데 「백가강단」의 스타 강연자가 되셨는데요)이라고 하였으므로 보기 A에 메모한다. 질문이 남자에 관한 옳은 내용을 고르는 것이므로 정답은 A이다.

31-33

"我们家有三台电视机，一个是爸爸的，一个是哥哥的，还有一个是我的，我每天晚上都可以看卡通，一吃完饭就开始看，可以一直看到上床"。31一听到四五岁的孩子这样说，有些妈妈马上就会斥责孩子是在撒谎。

其实孩子根本不明白撒谎这个概念。那么"有三个电视机"这句话究竟是什么意思呢？话不能单从表面意思去理解，更重要的是正确理解它的真正含意。讲这句话的孩子当时的心情就是希望"如果我家能有三台电视机该有多好呀，我就能天天看卡通片了"。33他把这个愿望和空想联系在了一起。

33孩子的大部分慌言来自想象、愿望、游戏和无知，偶尔有出于辩解或引人注意的目的，但无论哪一种都不属于真正的谎言。32孩子的心理结构往往是主观与客观融合不分的，这种现象称为"主客观未分化心理"，是孩子心理的一个特征。我们应该认清隐藏在谎话背后的孩子心理，采取与其心理状态相符的办法来解决。

"우리 집에는 텔레비전이 3대가 있어. 하나는 아빠꺼, 하나는 형꺼, 하나는 내꺼야. 매일 저녁 나는 만화를 봐. 밥을 먹자마자 보기 시작해서 잠자기 전까지 볼 수 있어" 31 4, 5세의 아이가 이렇게 얘기하는 것을 들으면 어떤 엄마들은 금새 아이가 거짓말을 한다고 꾸짖을 것이다.

사실 아이는 거짓말이라는 이 개념을 전혀 알지 못 한다. 그럼 '텔레비전이 3대가 있다'는 이 말은 도대체 무슨 의미일까? 말은 표면적인 의미만으로 이해해서는 안 된다. 더 중요한 것은 그 속의 진정한 의미를 이해하는 것이다. 이 말을 하는 아이는 그때 "만약에 우리 집에 텔레비전이 3대가 있으면 얼마나 좋을까. 매일 만화를 볼 수 있을 거야."라는 희망을 가진 것이다. 33그는 이 바램을 공상과 연결시켰다.

33아이의 대부분의 거짓말은 상상, 바램, 게임과 무지에서 비롯되며, 가끔은 변명을 하거나 사람의 관심을 끌고자 하는 목적에서 비롯된다. 그러나 어떤 것이든 진정한 거짓말에 속하지 않는다. 32아이의 심리 구조는 종종 주관적인 것과 객관적인 것이 융합되어 분리되지 못한다. 이런 현상을 '주객관 미분화 심리'라고 부르며, 이것은 아동 심리의 한 가지 특징이다. 우리는 거짓말 뒤에 숨겨져 있는 아이의 심리를 알아내야 하고, 그 심리 상태에 맞는 방법을 택해서 해결해야 한다.

어휘 卡通 kǎtōng 몡 만화, 애니메이션　斥责 chìzé 동 질책하다　撒谎 sāhuǎng 동 거짓말하다　概念 gàiniàn 몡 개념　含意 hányì 몡 내포된 의미　愿望 yuànwàng 몡 바람, 소원　空想 kōngxiǎng 몡 공상　无知 wúzhī 혱 무지하다　偶尔 ǒu'ěr 뷔 가끔　辩解 biànjiě 동 변명하다　引人注意 yǐnrénzhùyì 사람의 주의를 끌다　谎言 huǎngyán 몡 거짓말　融合 rónghé 동 융합하다　认清 rènqīng 동 확실히 알다　隐藏 yǐncáng 동 숨기다　采取 cǎiqǔ 동 (방법 등을) 취하다

31 有的妈妈怎么看待那个孩子的话？

어떤 엄마들은 그 아이의 말을 어떻게 취급하는가?

A 在说谎话
B 充满想象力
C 是孩子的愿望
D 在模仿父母的言行

A 거짓말을 하고 있다
B 상상력이 넘친다
C 아이의 소망이다
D 부모의 언행을 모방하고 있다

해설 보기가 술어형이고 키워드 谎话(거짓말), 想象力(상상력), 孩子的愿望(아이의 소망), 模仿(모방하다)을 확인한다. 지문에서 **一听到四五岁的孩子这样说, 有些妈妈马上就会斥责孩子是在撒谎**(4, 5세의 아이가 이렇게 얘기하는 것을 들으면 어떤 엄마들은 금새 아이가 거짓말을 한다고 꾸짖을 것이다)이라고 했으므로 일치하는 어휘가 있는 보기 A에 메모한다. 질문이 어떤 엄마들이 어떻게 취급하는가이므로 정답은 A이다.

어휘 模仿 mófǎng 동 모방하다　言行 yánxíng 몡 언행, 말과 행동

32

孩子有什么样的心理特征？	아이는 어떤 심리적 특징을 가지나?
A 炫耀自己	A 자신을 뽐낸다
B 爱开玩笑	B 농담을 좋아한다
C 主客观不分	**C 주관적인 것과 객관적인 것을 구분하지 않는다**
D 想欺骗别人	D 다른 사람을 속이려고 한다

해설 보기가 사람의 성향에 관한 내용이다. 지문에서 아이의 거짓말에 관해 설명하면서 **孩子的心理结构往往是主观与客观融合不分的**(아이의 심리 구조는 종종 주관적인 것과 객관적인 것이 융합되어 분리되지 못한다)라고 했으므로 보기 C에 메모한다. 질문이 아이의 심리적인 특징을 묻고 있으므로 정답은 C이다.

어휘 炫耀 xuànyào 통 뽐내다. 자랑하다　欺骗 qīpiàn 통 속이다

33

孩子说谎的主要目的是什么？	아이들이 거짓말을 하는 주된 목적은 무엇인가?
A 为达到目的	A 목적을 이루다
B 给自己找借口	B 핑계를 찾다
C 描述自己的愿望	**C 자신의 바램을 묘사하다**
D 吸引别人的眼球	D 다른 사람의 눈길을 끌다

해설 보기가 모두 술어형이고 행동에 관한 내용이다. 지문에서 **他把这个愿望和空想联系在了一起**(그는 이 바람을 공상과 연결시켰다)라고 했고 이어 **孩子的大部分慌言来自想象、愿望,游戏和无知，偶尔有出于辩解或引人注意的目的**(아이의 대부분의 거짓말은 상상, 바람, 게임과 무지에서 비롯되며, 가끔은 변명을 하거나 사람의 관심을 끌고자 하는 목적에서 비롯된다)라고 했으므로 보기 C에 메모한다. 질문이 아이들이 거짓말을 하는 가장 큰 목적이므로 정답은 C이다. 보기 D가 언급되었지만 **偶尔**(가끔)이라고 했으므로 가장 적합한 정답을 고른다.

어휘 描述 miáoshù 통 묘사하다

34-36

　　《孙子兵法》又称《孙武兵法》，36是中国现存最早的兵书，是中国古典军事文化遗产中的璀璨瑰宝。其内容博大精深，逻辑缜密严谨。作者为春秋时期的吴国将军孙武。34当时各国为了争夺霸主之位，不断发动战争，社会动荡不安。接连不断的战争促使孙武去思考并总结战争的规律，经过长期努力他终于完成了兵书的写作。孙武将兵书献给了吴王，吴王任命他为大将，让他训练吴国军队。孙武练兵认真，纪律严明，使吴国逐渐成为了当时的军事强国。

　　《孙子兵法》现存13篇，全书仅5千多字。虽然篇幅不长，但其所包含的军事思想却异常丰富和深刻。孙武在书中全面论述了他对战争的看法，他强调在战争中要知己知彼、百战不殆，即要对敌我双方的情况调查清楚。此外，还要攻其不备、出其不意，并且集中优势兵力攻打敌人等。但同时孙武也特别强调：35不到危急时刻，不要发动战争，因为战争会大大加重

　　「손자병법」은 「손무병법」이라고 불리기도 하는데 36중국에서 현존하는 가장 오래된 병서로 중국 고대 군사 문화 유산의 빛나는 보석이다. 그 내용은 넓고 심오하며 논리가 치밀하여 빈틈이 없다. 작가는 춘추 시기의 오나라 장군 손무이다. 34당시 각국은 패왕의 자리를 얻기 위해 끊임없이 전쟁을 일으켰고 사회는 불안했다. 끊임없는 전쟁은 손무로 하여금 연구하게 했고 전쟁의 법칙을 총망라하게 했다. 오랜 기간의 노력으로 그는 결국 병서의 집필을 완성했다. 손무는 병서를 오나라 왕에게 바쳤고, 오나라 왕은 그를 대장군으로 임명하고 오나라 군대를 훈련시키게 했다. 손무는 병사 훈련을 열심히 했으며 규율을 엄격하고 공정하게 하여 오나라는 점차 당시의 군사 강국이 되었다.

　　「손자병법」은 현재 13편이 전해지며 전부 5000자로 이루어져 있다. 비록 지면이 길지 않지만 그 속에 내포되어 있는 군사 사상은 오히려 풍부하고 심오하다. 손무는 책에서 전쟁에 대한 그의 생각을 완벽하게 논술했고, 전쟁에서는 지피지기여야 백전백승임을 강조하였다. 즉 적군과 아군의 상황을 정확하게 조사해야 한다는 것이다. 그 외에도 상대방이 생각지도 못 한 틈을 타서 공격해야 하고, 또한 우수한 병력에 집중하여 적을 공격한다 등의 내용도 있다. 그러나 손무는 동시에 강조했다. 35위급한 때가 아니라면 전쟁은 일으키지 말아야 한다. 왜냐

人民的负担。《孙子兵法》已被译为英、法、日、德、俄等多种文字，虽然这本书讲的是战争规律，但对其他行业也有一定的启示意义。因此，在世界上享有很高的声誉。

하면 전쟁은 백성의 부담을 크게 가중시키기 때문이다. 손자병법은 이미 영어, 불어, 일어, 독어, 러시아어 등 여러 문자로 번역되었으며, 비록 이 책이 말하는 것이 전쟁의 규칙이기는 하지만 다른 분야에서도 교훈을 주는 부분이 있다. 때문에 세계에서 높은 명성을 가지고 있다.

어휘 兵书 bīngshū 명 병서　璀璨 cuǐcàn 형 반짝 빛나다　瑰宝 guībǎo 명 보배　博大精深 bódàjīngshēn 성 사상·학식이 넓고 심오하다　逻辑 luójí 명 논리　缜密 zhěnmì 형 치밀하다　严谨 yánjǐn 형 엄격하다　争夺 zhēngduó 쟁탈하다, 다투다　霸王 bàwáng 명 패왕, 패자와 왕자　动荡不安 dòngdàngbù'ān 성 동요하다, 불안하다　促使 cùshǐ 통 ~하도록 재촉하다　总结 zǒngjié 총결산하다, 총정리하다　规律 guīlǜ 명 규율, 법칙　献给 xiàngěi 통 바치다, 드리다　任命 rènmìng 통 임명하다　异常 yìcháng 형 이상하다 부 특히　知己知彼，百战不殆 zhījǐzhībǐ, bǎizhànbúdài 성 상대를 알고 나를 알면 백전백승이다　攻其不备 gōngqíbúbèi 성 허를 찔러 공격하다　出其不意 chūqíbùyì 성 상대가 방심한 틈을 타 행동하다　优势 yōushì 명 장점, 우세　攻打 gōngdǎ 통 공격하다　敌人 dírén 명 적　启示 qǐshì 통 시사하다, 교훈을 주다　声誉 shēngyù 명 명성

34　孙武写《孙子兵法》的时代背景是什么？

손무가 쓴 「손자병법」의 시대적 배경은 무엇인가?

A 社会动荡
B 天下太平
C 楚国崛起
D 道家真正盛行

A 사회가 혼란하다
B 천하가 태평하다
C 초나라가 궐기하다
D 도가가 진정으로 성행하다

해설 보기가 주어와 술어 구조이고 社会(사회), 天下(천하), 楚国(초나라), 道家(도가) 등이 있으므로 역사에 관한 글임을 알 수 있다. 지문에서 손자병법에 관해 설명하면서 当时各国为了争夺霸主之位，不断发动战争，社会动荡不安(당시 각국은 패왕의 자리를 얻기 위해 끊임없이 전쟁을 일으켰고 사회는 불안했다)이라고 했으므로 보기 A에 메모한다. 질문이 손자병법이 쓰여진 시대의 배경이므로 정답은 A이다.

어휘 崛起 juéqǐ 통 굴기하다, 우뚝 일어나다　盛行 shèngxíng 통 성행하다

35　关于孙武，下列哪项正确？

손무에 관해서 다음 중 옳은 것은?

A 主张以牙还牙
B 强调先发制人
C 认为不要发动战争
D 认为战争造福人类

A 이에는 이를 주장한다
B 기선을 제압하는 것을 강조한다
C 전쟁을 일으키지 말아야 한다고 생각한다
D 전쟁이 사람들에게 이롭다고 생각한다

해설 보기가 술어형이고 동사가 主张(주장하다), 强调(강조하다), 认为(생각하다)이므로 인물의 견해에 주의해서 듣는다. 지문에서 손무가 강조한 말을 언급하며 不到危急时刻，不要发动战争(위급한 때가 아니라면 전쟁은 일으키지 말아야 한다)이라고 했으므로 정답은 C이다.

어휘 先发制人 xiānfāzhìrén 성 기선을 제압하다

36　关于《孙子兵法》下列哪项正确？

「손자병법」에 관해서 다음 중 옳은 것은?

A 现已失传
B 是现存最早的兵书
C 突出战争的重要性
D 总结了很多军事家的经验

A 현재는 전해지지 않는다
B 현존하는 최초의 병서이다
C 전쟁의 중요성을 드러냈다
D 많은 군사가들의 경험을 총망라했다

보기가 술어형이고 키워드 失传(전해지지 않다), 最早的兵书(최초의 병서), 战争(전쟁), 军事家的经验(군사가의 경험)을 보고 특정 책에 관한 질문임을 예상한다. 지문의 초반에 是中国现存最早的兵书(중국에서 현존하는 가장 오래된 병서)라고 했으므로 보기 B에 메모한다. 질문이 손자병법에 관한 옳은 내용을 고르는 것이므로 정답은 B이다.

어휘 **失传** shīchuán 통 전해 내려오지 않다

37-39

我们的生活每天都会发生很多事情，完全凭借我们的大脑去记忆当时的故事、感受是不可能的，这时写日记就很重要，它对于记录我们的日常是很有帮助的。

写日记能增强人的自尊心，让人变得更自信，甚至可以减轻社交生活中的焦虑感。研究人员指出，日记或类似的写作是一种非常好的情绪表达及释放手段。38写日记时人们可以进入一种完全放松、自然的状态，更加真实地体验自己的内心情感，从而正确认识和评估自己，对自己进行肯定，增加自信心。

写日记能让人思考生活与人生，也许日后翻阅以前的日记，我们会觉得当初的做法不是最好的解决方法，事情可以换一个角度去思路，或许会有更好的效果，37让我们学会自我反省，而且不断地完善自己各方面的不足之处。通过这种方式可以对情绪和生活进行梳理，从而缓解紧张和焦虑感。无论是传统的书面日记还是博客等电子日记，都能起到同样的作用。

尽管如此，写日记也有负面影响。如果是私密日记，39有可能被别人看到，侵犯自己的隐私权，所以写日记要慎重。

우리의 삶에는 매일 많은 일들이 생기는데, 완전히 우리의 머리로 당시의 이야기와 느낌을 기억하는 것은 불가능하기 때문에, 이때 일기를 쓰는 것이 매우 중요하며 이것은 우리가 일상을 기억하는 데에 많은 도움을 준다.

일기를 쓰면 사람의 자존감이 높아지고 더 자신감 있게 되고, 심지어 사교 생활 중의 불안감을 줄여줄 수 있다. 연구자들은 일기나 유사한 작문이 비정상적인 감정을 표현하고 풀어낼 수 있는 아주 좋은 수단이라고 지적했다. 38일기를 쓸 때 사람들은 완전히 편안하고 자연스러운 상태에 들어가서 더 진실하게 자신의 마음의 감정을 느낄 수 있게 되기 때문에 자신을 정확하게 인지하고 평가해서, 자기 자신을 긍정하고, 자신감을 높일 수 있게 된다.

일기는 사람들로 하여금 삶과 인생에 대해 생각하게 한다. 훗날 예전의 일기를 읽게 되면, 당초의 방법이 가장 좋은 해결 방법이 아니었음을 알게 되고, 관점을 바꿔 생각하게 되어 더 좋은 효과를 거둘 수도 있다. 37또 자기 반성을 하게 되어 끊임없이 자신의 여러 방면의 부족한 점을 개선할 수 있다. 이러한 방식을 통해 감정과 생활을 정리할 수 있고, 긴장과 불안감을 완화시킬 수 있다. 전통적인 일기든 블로그 같은 전자 일기든 모두 동일한 역할을 한다.

그럼에도 불구하고, 일기를 쓰는 것에는 부정적인 측면도 있다. 만일 사적인 일기를 39다른 사람이 보게 되면 개인의 프라이버시를 침해 당할 수도 있기 때문에 일기를 쓸 때는 신중해야 한다.

어휘 **凭借** píngjiè 통 ~에 의지하다 깨 ~에 의거하여 **自尊心** zìzūnxīn 명 자존심 **焦虑** jiāolǜ 형 초조하다 **类似** lèisì 형 유사하다 **情绪** qíngxù 명 정서, 기분 **表达** biǎodá 통 표현하다 **释放** shìfàng 통 방출하다, 내보내다 **评估** pínggū 통 평가하다 **翻阅** fānyuè 통 쭉 훑어보다 **反省** fǎnxǐng 반성하다 **梳理** shūlǐ 통 정리하다 **博客** bókè 명 블로그 **负面影响** fùmiànyǐngxiǎng 부정적인 영향 **私密** sīmì 프라이버시 **侵犯** qīnfàn 통 침범하다 **隐私权** yǐnsīquán 명 사생활을 보호 받을 권리 **慎重** shènzhòng 형 신중하다

37 根据这段话，写日记有什么好处？　　　　이 글에 따르면 일기를 쓰는 것은 어떤 장점이 있나?

A 能自我反省　　　　　　　　　　A 자기 반성을 할 수 있다
B 提高记忆力　　　　　　　　　　B 기억력을 높인다
C 正确评估别人　　　　　　　　　C 다른 사람을 정확하게 평가한다
D 提高阅读水平　　　　　　　　　D 독해 능력을 높인다

해설 보기가 술어형이고 키워드 能(할 수 있다), 提高(향상시키다)가 있으므로 어떠한 효과가 언급되는 부분에 주의해서 듣는다. 지문에서 **让我们学会自我反省，而且不断地完善自己各方面的不足之处**(또 자기 반성을 하게 되어 끊임없이 자신의 여러 방면의 부족한 점을 개선할 수 있다)라고 했으므로 보기 A에 메모한다. 질문이 일기의 장점이 무엇인가이므로 정답은 A이다.

38 写日记时人们处于什么样的状态？

일기를 쓸 때 사람들은 어떤 상태에 놓이는가?

A 严肃谨慎

B 自然轻松

C 焦虑不安

D 兴奋不已

A 엄숙하고 신중하다

B 자연스럽고 편안하다

C 초조하고 불안하다

D 매우 흥분한다

해설 보기가 감정과 태도를 나타내는 어휘이다. 지문에서 일기의 효과에 대해 언급되는 부분에서 **写日记时人们可以进入一种完全放松、自然的状态**(일기를 쓸 때 사람들은 완전히 편안하고 자연스러운 상태에 들어간다)라고 했으므로 보기 B에 메모한다. 질문이 일기를 쓸 때 사람이 어떤 상태에 놓이는가이므로 정답은 B이다.

39 写日记有什么负面影响？

일기를 쓰는 것은 어떤 부정적인 영향이 있는가?

A 毫无弊端

B 浪费时间与精力

C 侵犯自己的隐私权

D 记住不愿记住的事

A 단점이 전혀 없다

B 시간과 에너지를 낭비한다

C 자신의 프라이버시가 침해된다

D 기억하고 싶지 않은 일을 기억한다

해설 보기가 술어형이고 부정적인 내용으로 구성되어 있다. 지문에서 부정적인 영향에 관한 부분에 주의해서 듣는다. **有可能被别人看到，侵犯自己的隐私权**(다른 사람이 보게 되어 개인의 프라이버시를 침해 당할 수 있다)이라고 했으므로 보기 C에 메모한다. 질문이 일기의 부정적인 영향이므로 정답은 C이다.

어휘 **毫无** háowú 图 조금도 ~이 없다 **弊端** bìduān 图 폐단

40-43

德国一位心理学家做了一个著名的"电梯实验"。他让一名学生扮演"患者"乘坐电梯。当电梯里只有患者和一名同乘者时，患者晕倒后，那个人通常会立即上前施救。40当电梯里有两名同乘者时，晕倒的患者仍能得到很好的救助。通常是一人负责安抚，另一人打电话向医疗机构求助。41当同乘者增加到四人时，情况发生了微妙的变化。41尽管患者仍处于危险之中，有人却借故离开。当电梯里的人更多时，选择离开的人就更多了。

实验结束后，心理学家追问那些人为什么离开。他们的回答大同小异："不是有人在施救吗？我没必要呆在那里。有那么多人在现场，即使我离开也会有人出手相助。"

这并不完全与旁观者的品德有关，有很多人在场时，42人们很容易产生依赖和从众心理。将责任留给别人，跟随其他人一起离开，自身的内疚感和自责感会在无形中减弱。43因此培养善良、正义的行为，仅仅靠道德、反省是不够的。还需构建一种积极、强大的心理力量。不让依赖、从众、害羞、侥幸等负面心理打败自己的良心。

독일의 한 심리학자는 유명한 '엘리베이터 실험'을 했다. 그는 학생을 '환자' 역할을 하게 하여 엘리베이터에 타도록 했다. 엘리베이터 안에 환자와 한 명의 동승자가 있을 때, 환자가 쓰러지면, 일반적으로 그 사람이 즉시 도움을 주었다. 40엘리베이터에 두 명의 동승자가 있을 때 쓰러진 환자는 여전히 좋은 도움을 받았다. 일반적으로 한 사람은 환자를 부축해 주고, 다른 사람은 응급센터에 구조 요청을 했다. 41동승자가 4명으로 늘었을 때 상황이 조금 변했다. 41환자는 여전히 위급한 상황이었지만 어떤 사람은 핑계를 대고 그 자리를 떠났다. 엘리베이터의 사람이 많을수록 그 자리를 떠나는 사람이 많아졌다.

실험이 끝난 뒤 심리학자는 그들에게 왜 떠났는지 물었다. 그들의 대답은 비슷했다. "누가 도와주고 있지 않았나요? 저는 거기에 있을 필요가 없었어요. 그렇게 많은 사람들이 있는데 설령 내가 그 자리를 떠나더라도 누군가는 도와줄 거니까요."

이것은 방관자의 인품과 완전히 관련이 있는 것은 아니다. 현장에 사람이 많이 있을 경우, 42사람들은 쉽게 의지하는 마음과 군중 심리가 생겨난다. 책임을 다른 사람에게 넘기고 다른 사람들과 함께 떠난다. 자신의 부끄러운 마음과 자책감은 형체없이 사라진다. 43때문에 선량하고 정의로운 행위를 기르는 것은 도덕이나 반성만으로는 부족하다. 적극적이고 강한 심리적인 힘이 필요하다. 의존하고, 군중을 따라가고, 부끄러워하고 요행을 바라는 등의 부정적인 심리 상태가 자신의 양심을 이기지 못하게 해야 한다.

어휘 **电梯** diàntī 몡 엘리베이터　**扮演** bànyǎn 통 역을 맡다　**患者** huànzhě 몡 환자　**乘坐** chéngzuò 통 탑승하다　**晕倒** yūndǎo 통 기절하다　**施救** shījiù 통 구조하다　**负责** fùzé 통 책임지다　**安抚** ānfǔ 통 위로하다　**微妙** wēimiào 톙 미묘하다　**借故** jiègù 통 핑계로 삼다　**大同小异** dàtóngxiǎoyì 쎙 큰 차이가 없다　**品德** pǐndé 몡 품성　**依赖** yīlài 통 의지하다　**从众** cóngzhòng 통 여론에 따르다　**内疚** nèijiù 톙 양심의 가책을 느끼다　**善良** shànliáng 톙 선량하다　**反省** fǎnxǐng 통 반성하다　**害羞** hàixiū 톙 부끄럽다　**侥幸** jiǎoxìng 톙 운이 좋다 몡 요행　**负面** fùmiàn 몡 부정적인 면　**打败** dǎbài 통 싸워 이기다, 지다, 패하다　**良心** liángxīn 몡 양심

40

有两名同乘者时，会出现什么情况？	두 명의 동승자가 있을 때 어떤 상황이 발생하는가?
A 一人离开	A 한 사람이 떠난다
B 两人分工救人	**B 두 사람이 분담하여 사람을 구한다**
C 两人感到害怕	C 두 사람은 무서움을 느낀다
D 没人照顾患者	D 환자를 돕는 사람이 없다

해설 보기의 주어가 **一人**(한 사람), **两人**(두 사람)이므로 사람의 수에 주의하여 키워드 **离开**(떠나다), **救人**(사람을 구하다), **照顾**(돌보다) 등을 확인한다. 지문에서 **当电梯里有两名同乘者时, 晕倒的患者仍能得到很好的救助**(엘리베이터에 두 명의 동승자가 있을 때 쓰러진 환자는 여전히 좋은 도움을 받았다)라고 했으므로 B가 녹음과 일치하는 내용이다. 질문이 두 명의 동승자가 있을 때의 상황을 물었으므로 정답은 B이다.

어휘 **分工** fēngōng 몡 분업, 분담

41

当同乘者增加到四人时，有什么变化？	동승자가 4명으로 늘어났을 때 어떤 변화가 있는가?
A 毫无变化	A 조금의 변화도 없다
B 没人离开	B 떠나는 사람이 없다
C 有人借故离开	**C 누군가는 핑계를 대고 떠난다**
D 所有人都离开	D 모든 사람이 다 떠난다

해설 보기에 공통적으로 **离开**(떠나다)가 있으므로 녹음에서 언급되는지 주의한다. 지문에서 **当同乘者增加到四人时**(동승자가 4명으로 늘었을 때)라는 상황에서 **尽管患者仍处于危险之中, 有人却借故离开**(환자는 여전히 위급한 상황이었지만 어떤 사람은 핑계를 대고 그 자리를 떠났다)라고 했으므로 보기 C에 메모한다. 질문이 동승자가 4명일 때의 변화이므로 정답은 C이다.

42

根据这个实验，那些人离开的原因是什么？	실험에 따르면 사람들이 떠나는 원인은 무엇인가?
A 从众和依赖心理	**A 군중 심리와 의존 심리**
B 没有同情心	B 동정심이 없다
C 缺乏耐心	C 인내심이 부족하다
D 对未知事物的恐惧	D 미지의 사물에 대한 공포

해설 보기에 **耐心**(인내심), **同情心**(동정심), **恐惧**(공포) 등이 있으므로 심리에 관한 질문임을 알 수 있다. 지문에서 엘리베이터 실험에 관해 설명하면서 **人们很容易产生依赖和从众心理**(사람들은 쉽게 의지하는 마음과 군중 심리가 생겨난다)라고 했으므로 보기 A에 메모한다. 질문이 아픈 사람이 있어도 다른 사람들이 있으면 사람들이 떠나는 원인을 물었으므로 정답은 A이다.

어휘 **恐惧** kǒngjù 통 두려워하다

43

这段话主要告诉我们什么？	이 글이 주로 이야기하는 것은?
A 要注重公平	A 공평함을 중시해야 한다
B 要三思而后行	B 세 번 생각한 후에 행동해야 한다
C 要学会换角度思考问题	C 관점을 바꾸어 생각해야 한다
D 正义之举不能仅靠道德	**D 정의로운 행동은 단지 도덕에 의존할 수 없다**

해설 보기에 **要**(해야 한다)와 **不能**(하면 안 된다)이 있으므로 교훈 또는 주제를 묻는 문제임을 알 수 있다. 녹음의 마지막 부분에서 **因此培养善良、正义的行为，仅仅靠道德、反省是不够的。还需构建一种积极、强大的心理力量**(때문에 선량하고 정의로운 행위를 기르는 것은 도덕이나 반성만으로는 부족하다. 적극적이고 강한 심리적인 힘이 필요하다)이라고 했으므로 일치하는 내용인 보기 D에 메모한다. 질문이 이 글의 중심 내용이므로 정답은 D이다.

어휘 **注重** zhùzhòng 통 중시하다   **三思而后行** sānsī'érhòuxíng 성 충분히 생각하고 나서 행동하다

44-47

在地球诞生之初，地球跟其他星球一样，是一个荒芜的星球，没有任何生命。随着地球一步步变化，地球上产生了水蒸气，水蒸气又降落在地球表面的坑洼之处，就形成了原始海洋，正是这些原始海洋成为了生命的摇篮。生命在海洋里诞生绝不是偶然的，47海洋的物理和化学性质，使它成为孕育生命的原始摇篮。

44我们知道水是生物的重要组成部分，许多动物机体组织的含水量在80%以上，而一些海洋生物的含水量高达95%。45水是新陈代谢的重要媒介，没有它，体内一系列的生理和生物化学反应就无法进行，生命也就会结束。因此，动物缺水要比缺食物更加危险。

水对今天的生命是如此重要，它对脆弱的原始生命更是举足轻重。生命在海洋里诞生就不会有缺水之忧。水是一种良好的溶剂，46海洋中含有许多生命所必需的无机盐，如氯化钠等。原始生命可以毫不费力地从中吸取它所需要的元素。

水具有很高的热容量，加之海洋浩大，任凭夏季烈日曝晒，冬季寒风扫荡，它的温度变化却不大。因此，巨大的海洋就像是天然的温箱，是孕育原始生命的温床。

지구 탄생 초기에 지구는 다른 행성과 마찬가지로 황폐한 별이었고 어떤 생명도 없었다. 지구가 점점 변함에 따라 지구에는 수증기가 만들어졌고 수증기가 지구 표면의 움푹 패인 곳에 떨어져서 원시 바다를 만들었다. 바로 이 원시 바다가 생명의 요람이 되었다. 생명이 바다에서 탄생한 것은 절대 우연이 아니다. 47해양의 물리와 화학 성질은 바다가 생명을 기르는 원시 요람이 되게 했다.

44우리는 물이 생물의 중요한 구성 성분임을 알고 있다. 많은 동물의 체내 조직의 수분 함량은 80% 이상인데, 해양 생물의 수분 함량은 95%에 육박한다. 45물은 신진대사의 주요 매개체이며, 물이 없으면 체내의 일련의 생리, 생물 화학 반응이 진행될 수 없고, 생명도 끝나게 된다. 때문에, 동물의 물 부족은 음식 부족보다 더 위험하다.

물이 오늘의 생명에게 이렇게 중요한데 연약한 원시 생명에게는 더욱 큰 영향을 끼쳤다. 생명이 바다에서 탄생한 것은 물이 부족할 염려가 없었기 때문이다. 물은 좋은 용매제이며, 46바다에는 많은 생명에게 필요한 염화 나트륨 같은 무기염이 있다. 원시 생명은 아무 힘도 들이지 않고 그 속에서 필요한 원소를 얻어낼 수 있었다.

물은 높은 열용량을 갖고 있는데 바다가 넓고 크기 때문에 여름에 태양이 작열하고, 겨울에 추위가 기승을 부려도 그것의 온도 변화는 크지 않다. 때문에 거대한 바다는 천연의 온실 같아서 원시 생명을 잉태하는 침대였다.

어휘 **诞生** dànshēng 통 탄생하다   **荒芜** huāngwú 형 잡초가 우거지다   **水蒸气** shuǐzhēngqì 명 수증기   **降落** jiàngluò 통 낙하하다, (가격 등이) 떨어지다   **坑洼** kēngwā 명 웅덩이   **摇篮** yáolán 명 요람   **绝不** juébù 부 결코 ~이 아니다   **偶然** ǒurán 부 우연히   **新陈代谢** xīnchéndàixiè 명 신진대사   **媒介** méijiè 명 매개, 매체   **举足轻重** jǔzúqīngzhòng 성 막대한 영향을 끼치다   **溶剂** róngjì 명 용매제   **无机盐** wújīyán 명 무기염   **氯化钠** lǜhuànà 명 염화나트륨   **毫不** háobù 부 조금도 ~않다   **费力** fèilì 통 힘을 쓰다   **吸取** xīqǔ 통 흡수하다, 빨아들이다   **元素** yuánsù 명 원소   **热容量** rèróngliàng 명 열용량   **浩大** hàodà 형 엄청나게 크다   **暴晒** bàoshài 통 강한 햇볕에 오래 쪼이다   **扫荡** sǎodàng 통 소탕하다

44 根据这段话，下列哪项正确？ | 이 글에 근거해서 다음 중 옳은 것은?

A 酸性土壤会扼杀原始生命	A 산성 토양은 원시 생명을 죽인다
B 水是生物的重要组成部分	**B 물은 생물의 중요한 구성 부분이다**
C 生命在海洋诞生是偶然的	C 생명이 바다에서 탄생한 것은 우연이다
D 海洋生物的含水量80%以上	D 해양 생물의 수분 함량은 80% 이상이다

해설 보기가 주—술—목 구조이고 **土壤**(토양), **水**(물), **生命**(생명), **海洋生物**(해양 생물) 등이 있으므로 생물과 관련된 글임을 알 수 있다. 보기의 키워드를 중심으로 세부 내용을 파악하며 듣는다. 지문에서 **我们知道水是生物的重要组成部分**(우리는 물이 생물의 중요한 구성 성분임을 알고 있다)이라고 언급했으므로 보기 B에 메모한다. 질문이 옳은 내용을 고르는 것이므로 B가 정답이다.

어휘 **扼杀** èshā 통 죽이다

45 为什么说动物缺水比缺少食物更加危险 ？ | 왜 동물에게 물이 부족한 것이 음식물이 부족한 것보다 더 위험한가?

A 缺水严重	A 물 부족이 심각하다
B 动物含水量少	B 동물은 수분 함량이 적다
C 新陈代谢需要水	**C 신진대사에 물이 필요하다**
D 水能为生物提供能量	D 물은 생물에게 에너지를 제공한다

해설 보기에 **水**(물)가 공통적으로 있으므로 이에 관한 내용에 집중해서 듣는다. 지문에서 **水是新陈代谢的重要媒介**(물은 신진대사의 주요 매개체이다)라고 했으므로 보기 C에 메모한다. 질문이 동물에게 왜 물 부족이 위험한가이므로 정답은 C이다.

46 关于海洋可以知道什么 ？ | 해양에 관해 알 수 있는 것은?

A 富含无机盐	**A 무기염을 풍부하게 함유한다**
B 昼夜温差较大	B 낮과 밤의 온도차가 크다
C 环境污染严重	C 환경 오염이 심각하다
D 不少生物濒临灭绝	D 많은 생물이 멸종에 처했다

해설 보기는 세부 정보이며 그 중 C와 D는 부정적인 내용이다. 키워드 **无机盐**(무기염), **温差**(온도차), **环境污染**(환경 오염), **灭绝**(멸종)에 주의해서 듣는다. 지문에서 **海洋中含有许多生命所必需的无机盐**(바다에는 많은 생명에게 필요한 염화 나트륨 같은 무기염이 있다)이라고 했으므로 보기 A에 메모한다. 질문이 해양에 관해 알 수 있는 내용이므로 정답은 A이다.

어휘 **富含** fùhán 통 풍부하게 함유하다 **污染** wūrǎn 통 오염시키다

47 这段话主要谈的是什么 ？ | 이 글이 주로 이야기하는 것은?

A 水资源的保护	A 수자원의 보호
B 海洋动物的诞生	B 해양 동물의 탄생
C 神秘的海洋生物	C 신비한 해양 생물
D 海洋是生命的摇篮	**D 바다는 생명의 요람이다**

해설 보기는 명사형이며 포괄적인 의미이므로 주제임을 예상할 수 있다. 지문에서 **海洋的物理和化学性质，使它成为孕育生命的原始摇篮**(해양의 물리와 화학 성질은 바다가 생명을 기르는 원시 요람이 되게 했다)이라고 했으므로 보기 D에 메모한다. 질문이 이 글의 중심 내용이 무엇인가이므로 정답은 D이다.

48-50

有一位将军被敌军抓了，然后和一位士兵逃跑了。在回去的路上，他们发现了一个生锈的小锅，将军就让士兵把它拾起来。不料士兵懒得弯腰，就假装没听见，48将军没说什么，自己悄悄弯腰拾起了小锅。

经过一座小镇时，将军偷偷地用小锅从铁匠那儿换了一些钱，又从卖水果的那儿买了一些苹果。两人继续前进，可再也看不到乡镇了，看到的全是茫茫的荒野。49士兵饿坏了，脸色越来越苍白，这时将军把藏在衣服里的苹果丢出一个，士兵一见，慌忙捡起来掰开吃。将军边走边丢，士兵也就狼狈地弯了十次腰。将军笑着对他说："你这样真是活该啊！要是你刚才弯一次腰，现在就不会不停地弯腰了。50小事不干，将来就会在更小的事情上操劳。"

한 장군이 적군에게 잡혔다가 병사 한 명과 함께 도망쳤다. 돌아가는 길에 그들은 녹슨 냄비를 하나 발견했고 장군은 병사에게 그 냄비를 주우라고 했다. 그런데 병사가 허리 굽히기가 귀찮아서 못 들은 척했고, 48장군은 별 말 없이 자신이 조용히 허리를 굽혀 그 냄비를 주웠다.

작은 마을을 지날 때, 장군은 몰래 그 냄비를 대장간에서 돈으로 바꿨고, 과일 파는 곳에서 사과를 샀다. 두 사람이 계속 길을 걷는데, 더 이상 마을을 보이지 않았고, 보이는 것은 전부 아득한 황야였다. 49병사는 배가 너무 고팠고, 안색은 점점 창백해졌다. 이때 장군이 옷 속에 숨겨 놓았던 사과 하나를 떨어뜨렸고, 병사는 보자마자 황급히 그것을 주워 쪼개서 먹었다. 장군은 걸어가면서 계속 떨어뜨리자 병사는 허둥대며 10번을 허리 굽혔다. 장군은 웃으면서 그에게 말했다. "너는 정말 그래도 싸다. 한 번만 허리를 굽혔으면 지금 그렇게 끊임없이 허리를 굽힐 필요가 없었을 거다. 50작은 일도 안 하면 나중에 더 작은 일 때문에 수고를 해야 할 것이다."

어휘 将军 jiāngjūn 몡 장군 敌军 díjūn 몡 적군 士兵 shìbīng 몡 병사 生锈 shēngxiù 동 녹이 슬다 小锅 xiǎoguō 몡 냄비 拾 shí 동 줍다 不料 búliào 뜻밖에 懒 lǎn 톙 게으르다 弯腰 wānyāo 허리를 굽히다 假装 jiǎzhuāng 동 가장하다, ~인 체하다 悄悄 qiāoqiāo 뮈 은밀히, 몰래 小镇 xiǎozhèn 작은 마을 铁匠 tiějiang 몡 대장장이 茫茫 mángmáng 톙 아득하다, 망망하다 荒野 huāngyě 몡 황량한 들판, 황야 苍白 cāngbái 톙 창백하다 慌忙 huāngmáng 톙 황망하다, 허둥지둥하다 掰开 bāikāi 동 쪼개다, 가르다 狼狈 lángbèi 톙 궁지에 빠져 있다, 허둥대다 操劳 cāoláo 동 수고하다, 애써 일하다

48

回去的路上将军做了什么？

돌아가는 길에 장군은 무엇을 했는가?

A 袭击了敌军
B 捡起了小锅
C 吃掉了苹果
D 和士兵打了架

A 적군을 습격했다
B 냄비를 주웠다
C 사과를 먹어 치웠다
D 병사와 싸웠다

해설 보기가 술-목 구조이고 구체적인 행동을 나타내고 있으므로 동사 袭击(습격하다), 捡(줍다), 吃(먹다), 打架(싸우다) 등에 주의해서 듣는다. 지문에서 장군과 병사의 이야기가 전개되며 将军没说什么, 自己悄悄弯腰捡起了小锅(장군이 조용히 허리를 굽혀 그 냄비를 주웠다)라고 했으므로 B에 메모한다. 질문이 돌아가는 길에 장군이 한 행동을 묻고 있으므로 정답은 B이다.

어휘 袭击 xíjī 몡 동 습격(하다)

49

在荒野中士兵怎么了？

황야에서 병사에게 무슨 일이 생겼나?

A 晕倒了
B 腰受伤了
C 饿得要命
D 包袱被抢了

A 기절했다
B 허리를 다쳤다
C 엄청 배고팠다
D 짐을 빼앗겼다

해설 보기가 모두 술어형이고 사람의 상태를 나타내는 내용이므로 인물에 집중해서 듣는다. 지문에서 장군과 병사가 황야에 들어간 뒤 병사의 상태를 설명하며 士兵饿坏了, 脸色越来越苍白(병사는 배가 너무 고팠고, 안색은 점점 창백해졌다)라고 했으므로 보기 C에 메모한다. 질문이 병사에게 무슨 일이 생겼는가이므로 정답은 C이다.

어휘 晕倒 yūndǎo 동 기절하다 包袱 bāofu 몡 짐, 보따리 抢 qiǎng 동 빼앗다

50	这段话想要告诉我们什么？	이 글이 주로 이야기하는 것은 무엇인가?

<table>
<tr><td>A 不要不懂装懂</td><td>A 모르면서 아는 척하지 말라</td></tr>
<tr><td>B 不要轻言放弃</td><td>B 쉽게 포기하지 말라</td></tr>
<tr><td>C 做事不能犹豫</td><td>C 일을 할 때 망설이지 말아야 한다</td></tr>
<tr><td>D 不要轻视小事</td><td>D 작은 일을 무시하지 말라</td></tr>
</table>

해설 보기에 **不要**(하지 말라)가 공통적으로 있으므로 교훈을 묻는 문제임을 예상한다. 이야기 글은 마지막 부분에 중심 내용을 전달하므로 이에 유의해서 듣는다. 지문에서 **小事不干，将来就会在更小的事情上操劳**(작은 일도 안 하면 나중에는 더 작은 일 때문에 수고를 해야 할 것이다)라고 했으므로 작은 일을 중시하라는 내용인 D에 메모한다. 질문이 이 글의 주제이므로 정답은 D이다.

어휘 不懂装懂 bùdǒngzhuāngdǒng 성 모르면서 아는 척하다　犹豫 yóuyù 통 망설이다　轻视 qīngshì 통 무시하다

독해 제1부분

51

A 油炸食品食用太多　会严重　影响　健康。
　　주어　　　　　부사어　술어　목적어
기름에 튀긴 식품을 너무 많이 먹으면 건강에 심각한 영향을 끼칠 수 있다.

B 看到　妈妈在网上给我的　留言　后，　让　我　深　受　鼓舞。
술어　　　관형어　　　목적어　后　술어1　목1/주1　부사어　술어　목적어

→ (O) 看到妈妈在网上给我的留言后，我深受鼓舞。

인터넷에 엄마가 나에게 남긴 댓글을 보고 나는 큰 격려를 받았다..

C 好消息　不　怕　迟到，　也不　怕　重复，　怕的　是　不分享。
주어　부사어　술어　목적어　부사어　술어　목적어　주어　술어　목적어
기쁜 소식은 늦어도 두렵지 않고 반복해도 두렵지 않다. 두려운 것은 나누지 못하는 것이다.

D 如果　人　不　到　新的　环境　面临　新的　挑战，　必定会　变　得
접속사　주어　부사어　술어1　관형어　목적어1　술어2　관형어　목적어2　부사어　술어　得

见识短浅、思路狭窄。
　　보어
만일 사람이 새로운 환경에서 새로운 도전에 직면하지 않는다면 분명히 견해가 짧고 얕아지며 사고가 좁아지게 될 것이다.

해설 보기 B에서 앞절과 뒷절에 모두 주어가 없으므로 주어가 필요하다. 뒷절의 겸어동사 **让**(~하게 하다)을 삭제하고 **我**(나)를 주어로 만들어야 한다.

어휘 油炸 yóuzhá 통 기름에 튀기다　食用 shíyòng 통 식용하다, 먹다　严重 yánzhòng 형 심각하다　留言 liúyán 명 메시지　深受 shēnshòu 통 깊이 받다　鼓舞 gǔwǔ 통 격려하다　迟到 chídào 통 지각하다　重复 chóngfù 통 중복하다　分享 fēnxiǎng 통 (기쁨, 행복 등을) 함께 누리다　面临 miànlín 통 직면하다　挑战 tiǎozhàn 명 도전　必定 bìdìng 부 반드시　见识 jiànshi 명 견문, 견해　短浅 duǎnqiǎn 형 짧고 얕다　思路 sīlù 명 사고의 맥락　狭窄 xiázhǎi 형 좁다, 협소하다

52

A 1929年1月19日，　梁启超　去世，　死　在他毕生致力的学术研究上。
　　부사어　　　　주어　　술어　　술어　　　　　보어
1929년 1월 19일 량치차오는 세상을 떠났다. 그가 평생 힘쓴 학술 연구에서 숨을 거뒀다.

B 除学术外，他　在古玩鉴赏方面也颇　具　造诣，于是　常　有人　请他　看　古器。
　부사어　주어　부사어　술어　목적어　접속사　부사어　주어　술어1 목1/주2 술어2 목적어2

학술 외에도 그는 골동품 감상 분야에 상당한 조예가 있어서 항상 그에게 옛 그릇을 봐 달라고 하는 사람이 있다.

C 在中国　超过　一定的　身高　就要　买　票，只有　一米三以下的　儿童　免费　乘
　부사어　술어　관형어　목적어　부사어　술어　목적어　부사어　관형어　주어　부사어　술어

车。
목적어

중국에서는 일정한 키를 넘으면 표를 사야 한다. 130cm 이하의 아동은 무료로 탑승할 수 있다.

D 英国皇家芭蕾舞团　博得　了　观众的热烈的　掌声，对这次精彩的　表演评价　很　高。
　주어　술어　了　관형어　목적어　관형어　주어　부사어　술어

→ (O) 英国皇家芭蕾舞团博得了观众的热烈的掌声，**观众**对这次精彩的表演评价很高。

영국 황실 발레단은 관중의 열렬한 박수를 받았으며 이 뛰어난 공연에 대한 관중의 평가는 아주 높다.

해설 보기 D의 앞절은 주─술─목으로 이루어진 완전한 문장이지만, 뒷절에서 '공연을 평가한' 주체가 결여되어 있다. 따라서 **评价**(평가)의 행위자 **观众**(관중)을 넣어야 한다. 다른 보기 A, B, C는 모두 올바른 문장이다.

어휘 **梁启超** Liáng Qǐchāo 인명 량치차오　**去世** qùshì 동 세상을 떠나다　**毕生** bìshēng 명 일생　**致力** zhìlì 동 힘쓰다　**学术** xuéshù 명 학술　**古玩** gǔwán 명 골동품　**鉴赏** jiànshǎng 동 (예술품 등을) 감상하다　**颇** pō 부 꽤　**造诣** zàoyì 명 (학술, 예술 등의) 조예　**古器** gǔqì 명 옛날 그릇　**超过** chāoguò 동 초과하다　**儿童** értóng 명 아동　**乘坐** chéngzuò 동 탑승하다　**皇家** huángjiā 명 황실　**芭蕾舞** bāléiwǔ 명 발레　**观众** guānzhòng 명 관중　**热烈** rèliè 형 열렬하다　**掌声** zhǎngshēng 명 박수 소리　**精彩** jīngcǎi 형 뛰어나다　**表演** biǎoyǎn 동 공연하다　**评价** píngjià 동 평가하다

53

A 笑声　如　阳光，能　驱　走　人们脸上的　冬天。
　주어　술어　목적어　부사어　술어　보어　관형어　목적어

웃음 소리는 햇빛과 같아서 사람들의 얼굴의 겨울을 쫓아낼 수 있다.

B 人际关系　被视　为　**测量**一个人社会地位的　标准。
　주어　술어　보어　관형어　목적어

→ (O) 人际关系被视为**衡量**一个人社会地位的标准。

인간관계는 한 사람의 사회적 지위를 가늠하는 기준이다.

C 中国人　将百合　视　为　婚礼必不可少的　吉祥花卉。
　주어　부사어　술어　보어　관형어　목적어

중국인은 백합을 결혼식에서 없어서는 안 되는 행운의 꽃으로 여긴다.

D 生活的　经验　告诉　我们：开朗乐观的　人　往往　健康长寿。
　관형어　주어　술어　목적어　관형어　주어　부사어　술어

삶의 경험은 우리에게 알려준다. 밝고 낙천적인 사람이 종종 건강하게 장수한다고.

해설 보기 B에서 목적어 **社会地位**(사회적 지위)의 술어 **测量**(측량하다)은 서로 호응하지 않는다. **测量**은 수치로 측정할 수 있는 것에 쓰이므로 **衡量**(가늠하다)을 사용해야 한다. 다른 보기 A, C, D는 모두 올바른 문장이다.

어휘 **笑声** xiàoshēng 명 웃음소리　**如** rú 동 ~와 같다　**阳光** yángguāng 명 햇빛　**脸** liǎn 명 얼굴　**人际关系** rénjìguānxì 명 인간관계　**测量** cèliáng 동 측량하다　**衡量** héngliáng 동 따져보다, 가늠하다　**标准** biāozhǔn 명 기준　**百合** bǎihé 명 백합　**婚礼** hūnlǐ 명 결혼식　**必不可少** bìbùkěshǎo 성 없어서는 안 된다, 반드시 필요하다　**吉祥** jíxiáng 형 행운이다, 길하다　**花卉** huāhuì 명 화훼, 화초　**开朗** kāilǎng 형 낙관적이다, 명랑하다　**乐观** lèguān 형 낙관적이다　**长寿** chángshòu 명동 장수(하다)

54

A 只要　减少　纸的　消耗　就能　环保。
　　접속사　술어　관형어　목적어　부사어　술어

종이의 소비를 줄이기만 해도 환경을 보호할 수 있다.

B 随着科技的发展，　人们　对地球的形状　已经　有了　一个明确的　认识。
　　부사어　　　　　주어　부사어　　　부사어　술어　관형어　　목적어

과학기술의 발전에 따라 사람들은 지구의 형태에 대해 이미 분명한 인식을 갖게 되었다.

C 他们俩　一起　找了　一套　房子，　房费　一人付一半，　既　省　钱　又可以　有　个
　주어　부사어　술어　관형어　목적어　주어　술어　　　접속사　술어　목적어　부사어　술어　관형어
伴，　挺　好　的。
목적어　부사어　술어　어기조사

그들 둘은 함께 집을 구했고 집세도 반씩 부담해서 돈도 절약하고 함께 할 친구도 생겨 아주 잘 되었다.

D 《雨巷》是　戴望舒的　成名作　和　前期的　代表作，　曾　因此　赢得了　"雨巷诗人"的
　　주어　술어　관형어　목적어　접속사　관형어　목적어　부사어　접속사　술어　관형어
称号。
목적어

→ (O)《雨巷》是戴望舒的成名作和前期的代表作，**戴望舒**曾因此赢得了"雨巷诗人"的称号。

「위상」은 다이왕수의 성공작이며 전기의 대표작이고 다이왕수는 이 때문에 '위상의 시인'이라는 칭호를 얻게 되었다.

해설　보기 D의 앞절에는 주어가 있지만 뒷절에는 주어가 없다. 뒷절의 술어 **赢得**(얻다)의 주어로 앞절의 주어《雨巷》(「위상」)이 어울리지 않아 술어와 주어가 호응하지 않는다. 칭호를 얻은 행위의 주체인 사람이 와야 하므로 작품의 작가 **戴望舒**(다이왕수)를 주어로 만들어야 한다. 다른 보기 A, B, C는 모두 올바른 문장이다.

어휘　减少 jiǎnshǎo 통 감소하다　消耗 xiāohào 통 소모하다　环保 huánbǎo 명 환경 보호　随着 suízhe 개 ~에 따라　科技 kējì 명 과학 기술　发展 fāzhǎn 통 발전하다　地球 dìqiú 명 지구　形状 xíngzhuàng 명 외관　明确 míngquè 형 명확하다　认识 rènshi 통 인식하다　省钱 shěngqián 통 돈을 아끼다　成名作 chéngmíngzuò 명 성공작　代表作 dàibiǎozuò 명 대표작　赢得 yíngdé 통 얻다　称号 chēnghào 명 칭호

55

A 人类对于糖的　好感，　源　自　本能。
　　관형어　　　주어　술어　보어　목적어

사람의 설탕에 대한 호감은 본능에서 오는 것이다.

B 18世纪以来，　世界人口的　增长速度　才　加快　明显　起来。
　　부사어　　　관형어　　　주어　부사어　술어　？　보어

→ (O) 18世纪以来，世界人口的增长速度才**明显**加快起来。

18세기 이후로 세계 인구의 증가 속도는 그제서야 분명하게 빨라졌다.

C 中国东北地区近年冬天的　平均气温　比历史常年同期　高出了　5℃。
　　관형어　　　　　　　주어　부사어　　　　　술어　목적어

중국 동북지역은 최근 겨울의 평균기온이 역사적으로 평년 같은 기간보다 5도가 높아졌다.

D 所谓的　噩梦，　只不过　是　在一些不舒服的梦中产生的　极端反应　和　恐惧。
　관형어　주어　부사어　술어　관형어　　　　　　　목적어　접속사　목적어

소위 악몽이라는 것은 단지 좋지 않은 꿈에서 생기는 극단적 반응과 공포일 뿐이다.

해설　보기 B에서 주어는 **速度**(속도)이므로 **明显起来**(명확해지다)가 아니라 **加快起来**(빨라지다)로 써야 한다. 따라서 B가 틀린 문장이다.

어휘　糖 táng 명 설탕, 사탕　源自 yuánzì ~에서 발원하다　本能 běnnéng 명 본능　明显 míngxiǎn 형 뚜렷하다, 분명하다　常年 chángnián 명 평년　平均 píngjūn 명 평균　同期 tóngqī 명 같은 시기　高出 gāochū 통 빼어나다, 한결 높다　噩梦 èmèng 명 악몽　只不过 zhǐbúguò 부 단지 ~일 뿐이다　极端 jíduān 명 극단　反应 fǎnyìng 명 반응　恐惧 kǒngjù 통 겁 먹다

56

A 在国际贸易中， 贸易双方 在具体问题上 有 分歧， 这 是 正常 现象。
부사어　　　　주어　　　부사어　　　　술어 목적어 주어 술어 관형어 목적어

국제 무역 중 무역 양측이 구체적인 문제에 의견 차이를 보이는 것은 정상적인 현상이다.

B 如果 要 成为 "成功人士"， 王老师介绍的 教育方式 是 无疑 最佳 选择。
접속사 부사어 술어 　목적어　　 　관형어　　 　주어　 술어 ? 관형어 목적어

→ (O) 如果要成为 "成功人士"，王老师介绍的教育方式无疑是最佳选择。

만약 '성공한 사람'이 되고 싶으면 왕 선생님이 소개한 교육 방법이 의심의 여지 없이 가장 탁월한 선택이다.

C 中国地区 广阔， 人口 众多， 即使 都 使用 汉语， 各地区说的 话 也不 一样。
　주어　　 술어　 주어　 술어　 접속사 부사어 술어 목적어 　관형어　　 주어 부사어 술어

중국은 지역이 광활하고 인구가 많아 설사 모두 중국어를 사용해도 각 지역에서 하는 말이 다르다.

D 骆驼 喝了 含盐的 海水 也能 解渴， 而 如果 其他动物 喝了 海水，
주어　 술어　 관형어 목적어 부사어 술어　 접속사 접속사 　주어　 술어　 목적어

则会 渴 得 更厉害。
부사어 술어 得 　보어

낙타는 염분이 있는 바닷물을 마셔도 갈증을 해소할 수 있지만 만약 다른 동물이 바닷물을 마시면 갈증이 더 심해진다.

해설 보기 B의 뒷절에서 无疑(의심할 여지없이)는 주로 부사어의 자리에서 쓰인다. 따라서 无疑를 동사 是(이다) 앞에 놓아야 한다. 无疑是는 자주 사용되는 표현이므로 기억해두자. 다른 보기 A, C, D는 모두 올바른 문장이다.

어휘 国际 guójì 圓 국제 贸易 màoyì 圓 무역 分歧 fēnqí 圓 (의견 등의) 불일치, 상이 教育 jiàoyù 圓 교육 无疑 wúyí 團 의심의 여지 없이 广阔 guǎngkuò 圈 광활하다 众多 zhòngduō 圈 아주 많다 骆驼 luòtuo 圓 낙타 解渴 jiěkě 園 갈증을 해소하다

57

A 用人 既 重 德， 也 重 才， 德与才 相辅相成。
주어 접속사 술어 목적어 부사어 술어 목적어 　주어　 　술어

인재를 등용할 때 덕을 중시해야 하고, 재능도 중시해야 한다. 덕과 재능은 서로 도와 일을 이룰 수 있다.

B 一旦 你 做出了 选择， 就不要 后悔； 拿 得起， 放 得下， 该断则断。
부사어 주어 　술어　 목적어 부사어 　술어　 술어 보어 술어 보어 　술어

일단 당신이 선택했다면 후회하지 말라. 너무 마음에 두지 말고 끊어야 하는 것은 바로 끊어라.

C 昨天 我 帮 他的 忙， 他 不但 没有 感谢 我， 而 对我 发 脾气， 真是
부사어 주어 술어 관형어 목적어 주어 접속사 부사어 술어 목적어 접속사 부사어 술어 목적어 부사어

不可理喻。
　술어

→ (O) 昨天我帮他的忙，他不但没有感谢我，反而对我发脾气，真是不可理喻。

어제 나는 그를 도왔다. 그는 나에게 감사하지 않았을 뿐 아니라 오히려 화를 냈다. 정말 이해할 수가 없다.

D 实际上， "懒" 从某种角度来说， 既 能 成为 一种发明的 动力， 也能 提高 生产的
부사어　 주어 　 부사어　　　 접속사 부사어 술어 　관형어　 목적어 부사어 술어 관형어

效率。
목적어

사실상 '게으름'은 어떤 각도에서 말하면 발명의 동력이 될 수도 있고 생산의 효율을 높일 수도 있다.

해설 일반적으로 접속사 不但(~뿐만 아니라) 뒤에 부정문이 오면 뒷절은 反而(오히려)을 사용하여 더 심화된 결과를 나타낸다. 따라서 보기 C에서 而(그리고)이 아니라 反而을 사용해야 한다. 다른 보기 A, B, D는 모두 올바른 문장이다.

어휘 用人 yòngrén 園 인재를 임용하다, 사람을 쓰다 既 jì 圈 ~할 뿐 아니라 重 zhòng 園 중시하다 德 dé 圓 덕 才 cái 圓 재능 相辅相成 xiāngfǔxiāngchéng 圈 서로 돕는다, 상부상조한다 拿得起, 放得下 nádeqǐ, fàngdexià 너무 마음에 두지 말라 发脾气 fāpíqì 화를 낸다. 성질을 내다 不可理喻 bùkělǐyù 圈 이해할 수 없다 反而 fǎn'ér 團 오히려 实际上 shíjìshang 團 사실상 懒 lǎn 圈 게으르다 角度 jiǎodù 圓 각도 发明 fāmíng 園 발명하다 动力 dònglì 圓 동력 效率 xiàolǜ 圓 효율

58

A　无论　他家　离公司　太　远了，　他　每天都早　来　十分钟。
接속사　주어　부사어　부사어　술어　주어　부사어　술어　목적어

→ (○) **虽然**他家离公司很远，**但是**他每天都早来十分钟。／无论他家离公司**多么远**，他每天都早来十分钟。

그의 집이 회사에서 아주 멀지만 그는 매일 10분 일찍 온다. ／ 그의 집이 회사에서 얼마나 먼든 그는 매일 10분 일찍 온다.

B　人类精神文明的　成果　是　以书籍的形式　保存　的，　而　读书　就　是
관형어　주어　是　부사어　술어　的　접속사　주어　부사어　술어
想用这些成果的　过程。
관형어　목적어

인류의 정신 문명의 성과는 서적의 형식으로 보존되고, 독서는 바로 이 성과를 사용하고 싶어하는 과정이다.

C　人们　对于越是容易得到的东西，　越不　知　珍惜；　而　对于那些难以企及的东西，　却
주어　부사어　부사어　술어　목적어　접속사　부사어　부사어
羡慕不已。
술어

사람은 쉽게 얻은 물건일수록 소중함을 모르지만, 얻기 힘든 물건에 대해서는 오히려 아주 부러워한다.

D　现有超过四分之一的　现代药物　是　由热带雨林植物　所提炼　的，　所以　热带雨林
관형어　주어　是　부사어　술어　的　접속사　주어
也被　称为　"世界上最大的药房"。
부사어　술어　목적어

현재 현대 약물의 4분의 1이상이 열대 우림의 식물에서 추출한 것이기 때문에 열대 우림은 '세계 최대의 약국'으로 불린다.

해설　보기 A는 접속사의 호응구조 无论……, 都……(〜을 막론하고 모두 〜하다)이므로 앞절은 의문문 형식이어야 한다. 따라서 **太远了**(너무 멀다)를 **多么远**(얼마나 멀다)으로 바꾸어 주거나, **虽然……, 但是……**(비록 〜하지만 〜하다)로 바꿔야 한다.

어휘　无论 wúlùn 접 〜를 막론하고　虽然 suīrán 접 비록 〜일지라도　精神文明 jīngshénwénmíng 명 정신 문명　形式 xíngshì 명 형식　保存 bǎocún 동 보존하다　珍惜 zhēnxī 동 진귀하게 여겨 아끼다　企及 qǐjí 동 뜻을 이루기를 바라다　药物 yàowù 명 약물　热带雨林 rèdàiyǔlín 명 열대 우림　植物 zhíwù 명 식물　提炼 tíliàn 동 추출하다, 정련하다

59

A　挫折　是　一种　转换，　也　是　另一个　机会。
주어　술어　관형어　목적어　부사어　술어　관형어　목적어

좌절은 일종의 전환이며 또 다른 기회이다.

B　互联网提供的　搜索功能　可以　让　用户　更便捷地　搜索到　很多　信息。
관형어　주어　부사어　술어1　목1/주　부사어　술어2　관형어　목적어

인터넷이 제공하는 검색기능은 사용자들에게 간편하게 많은 정보를 검색하게 해 준다.

C　许多　商家经营　不　规范，　**被**消费者　感到　不满，　经常　发生　一些　纠纷。
관형어　주어　부사어　술어　被명사　술어　목적어　부사어　술어　관형어　목적어

→ (○) 许多商家经营不规范，**使**消费者感到不满，经常发生一些纠纷。

많은 상점의 경영이 규범화되어 있지 않아 소비자들이 불만을 느끼게 하여 분쟁이 자주 발생한다.

D　一个　人　喜爱　阅读，　他　就会从中　得到　心灵的　安慰，　去　寻找到　生活的
관형어　주어　술어　목적어　주어　부사어　술어　관형어　목적어　술어1　술어2　관형어
榜样。
목적어

사람이 독서를 좋아하면, 그는 그 속에서 영혼의 위로를 얻을 수 있고 삶의 본보기를 찾을 수 있다.

해설 보기 C에서 被(~에 의해)는 행위를 당하는 것을 나타낸다. 문장이 '많은 상점의 경영이 규범화되어 있지 않아 소비자들로 하여금 불만을 느끼게 한다'는 뜻이므로 消费者(소비자) 앞에 使(~하게 하다)를 사용해야 한다. 다른 보기 A, D는 모두 올바른 문장이다.

어휘 挫折 cuòzhé 명 좌절 转换 zhuǎnhuàn 동 전환하다 互联网 hùliánwǎng 명 인터넷 提供 tígōng 동 제공하다 搜索 sōusuǒ 동 검색하다 功能 gōngnéng 명 기능 用户 yònghù 명 사용자 便捷 biànjié 형 빠르고 편리하다 商家 shāngjiā 명 상점 经营 jīngyíng 동 경영하다 规范 guīfàn 동 규범화하다 消费者 xiāofèizhě 명 소비자 纠纷 jiūfēn 명 갈등, 분쟁 阅读 yuèdú 동 읽다 心灵 xīnlíng 명 영혼 安慰 ānwèi 동 위안하다 榜样 bǎngyàng 명 모범, 본보기

60

A 据报道， 南方地区的 平均气温 比北方地区 高 得 很多。
　부사어　　　관형어　　　주어　　　부사어　　술어　得　보어

→ (O) 据报道，南方地区的平均气温比北方地区高得多。
　　　　보도에 따르면 남쪽 지역의 평균 기온이 북쪽 지역보다 훨씬 높다.

B 用白水煮青菜 是 一种对人类非常健康的 吃法。
　主语 술어　　　관형어　　　　목적어

맹물에 채소를 삶는 것은 사람에게 매우 건강한 식사법이다.

C 一般来说， 婚姻的 幸福与否， 在很大程度上 决定 人生的 幸与不幸。
　부사어　　관형어　　주어　　　부사어　　술어　관형어　　목적어

일반적으로 말해서 결혼의 행복여부는 많은 부분에서 인생의 행복과 불행을 결정한다.

D 只有 清楚地 衡量 自己现在所处的 位置 与 目标之间的 差距， 才有可能在奋斗时，
　접속사　부사어　술어　　관형어　　목적어　접속사　관형어　목적어　　　　　부사어
享受 "成功的喜悦"。
술어　　　목적어

자신이 현재 처한 위치와 목표 간의 차이를 정확하게 판단해야만 노력할 때 '성공의 기쁨'을 누릴 수 있다.

해설 보기 A는 비교문으로 비교문에는 정도부사를 사용하지 않는다. 따라서 부사 很(아주)을 삭제해야 한다. 다른 보기 B, C, D는 모두 올바른 문장이다.

어휘 白水 báishuǐ 명 맹물, 끓인 맹물 煮 zhǔ 동 끓이다 青菜 qīngcài 명 채소 婚姻 hūnyīn 명 결혼 与否 yǔfǒu 명 여부 衡量 héngliáng 동 재다, 판단하다 位置 wèizhi 명 위치 差距 chājù 명 차이 奋斗 fèndòu 동 분투하다 享受 xiǎngshòu 동 즐기다, 누리다 喜悦 xǐyuè 형 즐겁다

독해 **독해 제2부분**

61

人**不仅**要超越他人，还要不断超越自我。超越是永不停止的前进，没有最好，只有更好。拥有亮眼成绩的人要有**宽广**的心胸，要**坦然**面对并鼓励别人超越自己。

사람은 다른 사람을 초월해야 **할 뿐 아니라** 자아도 끊임없이 초월해야 한다. 초월하는 것은 멈추지 않는 전진이며 가장 좋은 것은 없고 단지 더 좋은 것만 있다. 눈에 띄는 성적을 가진 사람은 **넓은** 마음을 가져야 하고, 다른 사람이 자신을 초월하는 것을 **태연하게** 직면하고 격려해야 한다.

A 不光　狭隘　坦率
B 无论　狭窄　直率
C 不仅　宽广　坦然
D 不管　广阔　坦白

A ~일 뿐 아니라　좁다　솔직하다
B ~을 막론하고　좁다　솔직하다
C ~일 뿐 아니라　넓다　태연하다
D ~을 막론하고　광활하다　솔직하다

빈칸1 빈칸 앞에 주어 人(사람)이 있고 뒤에 조동사 要(~해야 한다)가 있으며 보기가 모두 접속사이다. 뒷절에 부사 还(또한)가 있으므로 不仅(~뿐만 아니라)이 들어가야 한다.

빈칸2 빈칸 뒤에 구조조사 的(~한)가 있으므로 관형어 자리이며 보기가 모두 형용사이다. 수식하는 명사 心胸(마음)과 어울리는 것은 宽广(넓다)이다. 문맥상 '좁은 마음을 가져야 한다'는 적합하지 않고 广阔(광활하다)는 면적이 넓은 것에 사용하므로 적절하지 않다.

빈칸3 빈칸 뒤에 술어 面对(직면하다)가 있으므로 부사어 자리이다. 직면하다는 뜻과 어울리는 것은 坦然(태연하다)이 적합하다.

어휘 超越 chāoyuè 통 초월하다　永不停止 yǒngbùtíngzhǐ 영원히 멈추지 않다　前进 qiánjìn 통 전진하다　亮眼 liàngyǎn 형 눈에 띄다　宽广 kuānguǎng 형 넓다　心胸 xīnxiōng 명 마음. 도량　坦然 tǎnrán 형 태연하다　不光 bùguāng 접 ~뿐 아니라　狭隘 xiá'ài 형 지세의 폭이 좁다　狭窄 xiázhǎi 형 비좁다　广阔 guǎngkuò 형 넓다. 광활하다　坦率 tǎnshuài 형 솔직하다　直率 zhíshuài 형 솔직하다　坦白 tǎnbái 형 솔직하다 통 솔직하게 말하다

62

辽西的历史文化遗产**具有**地域特色凸显、**内涵**丰富厚重等特征。同时，较之辽海文化的其他区域，这里有着更为鲜明的民族特色，且有着独特的艺术**价值**。

랴오시의 역사 문화 유산은 지역적 특색이 돋보이고, **내포된 의미**가 풍부하다는 특징이 **있다**. 또한 랴오하이 문화의 다른 지역과 비교할 때 이곳은 훨씬 뚜렷한 민족적 특색이 있고 게다가 독특한 예술적 **가치**가 있다.

A 位于	实力	代价		A ~에 위치하다	실력	대가
B 擅长	题材	意义		B 잘하다	소재	의의
C 建于	素质	品味		C ~에 세워지다	자질	맛
D 具有	**内涵**	**价值**		**D 가지다**	**내포된 의미**	**가치**

해설 **빈칸1** 빈칸 앞에 명사 遗产(유적)이 있고 뒤에 긴 관형어가 수식하는 명사 特征(특징)이 있으며 보기가 모두 동사이다. 特征과 어울리는 동사는 具有(가지다)이다.

빈칸2 빈칸은 앞의 地域特色凸显(지역 특색이 돋보이다)과 모점(.)으로 연결되어 있고, 뒤에는 형용사 丰富厚重(풍부하고 풍성하다)이 있다. 모점(.)은 동일한 성분을 나열할 때 사용하므로 빈칸은 地域特色와 같은 명사가 들어가야 한다. 보기의 어휘 중 丰富厚重과 어울리는 어휘는 内涵(내포된 의미)이다.

빈칸3 빈칸 앞에 관형어 独特的艺术(독특한 예술적)가 있고 술어 有着(있다)가 있으므로 빈칸은 목적어 자리이다. 앞의 艺术과 어울리는 어휘는 价值(가치)이다.

어휘 辽西 Liáoxī 지명 랴오시　遗产 yíchǎn 명 유산　地域 dìyù 명 지역　凸显 tūxiǎn 통 분명하게 드러나다　内涵 nèihán 명 내포된 의미　丰富 fēngfù 형 풍부하다　厚重 hòuzhòng 형 풍성하다　较之 jiàozhī ~와 비교하면　位于 wèiyú 통 ~에 위치하다　擅长 shàncháng 통 정통하다, 뛰어나다　具有 jùyǒu 통 가지다　实力 shílì 명 실력　题材 tícái 명 제재　素质 sùzhì 명 소양, 자질　代价 dàijià 명 대가　意义 yìyì 명 의의　品味 pǐnwèi 명 맛　价值 jiàzhí 명 가치

63

黄龙风景区**位于**四川省阿坝藏族羌族自治州松潘县境内，是中国境内唯一**保存**完好的高原湿地。黄龙风景区以彩池、雪山、峡谷、森林 "四绝" 而**举世闻名**。这一地区还生活着许多**濒临**灭绝的动物，**包括**大熊猫和金丝猴等。

황룡 관광지구는 사천성 아패장족강족 자치주 송반현 내**에 위치하고** 중국에서 유일하게 **보존**이 잘 되어 있는 고원 습지이다. 황룡 관광지구는 채색 호수, 설산, 협곡, 삼림이라는 '4대 절경'**으로 매우 유명하다**. 이 지역에는 팬더와 들창코 원숭이 등을 **포함하여** 멸종에 **직면한** 동물들이 많이 서식하고 있다.

A 位于	保存	举世闻名	濒临	包括
B 建于	保养	川流不息	遭到	包含
C 置于	保证	络绎不绝	遭受	含有
D 在于	保重	名副其实	倾向	包庇

A ~에 위치하다　보존하다　세계적으로 유명하다　직면하다　포함하다
B ~에 세우다　보양하다　냇물처럼 끊임없이 오가다　당하다　포함하다
C ~에 놓다　보증하다　왕래가 빈번하다　당하다　함유하다
D ~에 있다　몸조심하다　명실상부하다　경향　감싸 주다

해설 **빈칸1** 빈칸 앞에 주어 **黄龙风景区**(황룡 관광지구)가 있고 뒤에 장소 어휘 **四川省阿坝藏族羌族自治州松潘县境内**(사천성 아패장족강족 자치주 송반현 내)가 있으므로 빈칸은 술어 자리이다. 보기 중 장소가 어디에 위치해 있다를 나타내는 어휘는 **位于**(~에 위치하다)이다. **建于**(~에 세우다)는 건물 등이 세워지는 것을 말하고, **置于**(~에 놓다)는 물건이나 기계가 놓여 있는 것을 의미한다. **在于**(~에 있다)는 추상적인 내용에 사용한다.

빈칸2 빈칸 앞에 부사 **唯一**(유일하게)가 있고 뒤에 보어 **完好**(잘 되다)가 있으며 보기가 모두 동사 어휘이다. 고원 습지에 관한 내용으로 **唯一**와 어울리는 어휘는 **保存**(보존하다)이다. **保养**(보양하다)은 피부 등에 사용하고, **保重**(몸조심하다)은 건강에 관한 내용이다.

빈칸3 빈칸 앞에 **以⋯⋯而**(~로써 그래서)이 있으므로 빈칸은 술어 자리이다. 황룡 관광지구의 **四绝**(4대 절경)에 대해 말하고 있으므로 의미가 어울리는 것은 **举世闻名**(세계적으로 유명하다)이다. **以⋯⋯而有名**(~으로 유명하다)의 형식으로 자주 쓰이므로 기억해두자.

빈칸4 빈칸 뒤에 **灭绝**(멸종하다)가 있고 보기가 모두 동사이다. **灭绝**와 호응하는 어휘는 위기에 직면하다를 나타내는 **濒临**(직면하다)이다.

빈칸5 빈칸 뒤에 명사 **大熊猫和金丝猴等**(팬더와 들창코 원숭이 등)이 있고 보기가 모두 동사이다. 앞절에서 멸종 위기 동물을 언급했으므로 빈칸의 절에서 그 예를 들고 있으므로 보기 중 **包括**(포함하다)가 적합하다.

어휘 **黄龙** Huánglóng [지명] 황룡 **阿坝藏族羌族自治州** Ābàzàngzúqiāngzú zìzhìzhōu 아패장족강족 자치주 **境内** jìngnèi [명] 경내, 국내 **彩池** cǎichí 채색 호수 **雪山** xuěshān [명] 만년설 **峡谷** xiágǔ [명] 협곡 **森林** sēnlín [명] 숲 **灭绝** mièjué [동] 멸종하다 **大熊猫** dàxióngmāo [명] 판다 **金丝猴** jīnsīhóu [명] 들창코 원숭이 **保存** bǎocún [동] 보존하다 **保养** bǎoyǎng [동] (피부 등을) 보양하다 **保证** bǎozhèng [동] 보증하다 **保重** bǎozhòng [동] 몸조심하다 **举世闻名** jǔshìwénmíng [성] 유명하다 **川流不息** chuānliúbùxī [성] 냇물처럼 끊임없이 오가다 **络绎不绝** luòyìbùjué [성] 왕래가 빈번하다 **名副其实** míngfùqíshí [성] 명실상부하다 **濒临** bīnlín (멸종 등의 위기에) 가까이 가다, 직면하다 **倾向** qīngxiàng [명] 경향 **含有** hányǒu [동] 함유하다 **包庇** bāobì [동] 비호하다, 감싸주다

64

吉州窑位于江西中部的吉安市永和镇。其产品行销海内外，在中国陶瓷发展史上占有非常重要的**地位**。吉州窑工艺特色**鲜明**，以**别具一格**的风格最负盛名。吉州窑工艺**蕴含**着极其丰富的社会历史文化信息。

길주요는 장시 중부의 지안시 용허전에 위치한다. 그 상품은 해외까지 판매되어 중국 도자기 발전사에서 매우 중요한 **위치**를 차지한다. 길주요 공예는 특징이 **뚜렷하고 독특한** 스타일로 아주 유명하다. 길주요 공예는 사회 역사 문화적 정보를 풍부하게 **내포하고** 있다.

A	地位	鲜明	别具一格	蕴含
B	领土	高明	爱不释手	包括
C	位置	新鲜	别出心裁	包含
D	土地	英明	津津有味	含有

A	지위	뚜렷하다	남다른 풍격을 지니다	내포하다
B	영토	빼어나다	너무 좋아 손에서 떼지 못하다	포함하다
C	위치	신선하다	기발하다	포함하다
D	토지	총명하다	흥미진진하다	함유하다

해설 **빈칸1** 빈칸 앞에 관형어 **非常重要的**(매우 중요한)가 있으므로 빈칸은 명사 자리이다. 술어가 **占有**(차지하다)이므로 이와 호응하는 어휘는 **地位**(지위)이다.

빈칸2 빈칸 앞에 명사 **吉州窑工艺特色**(길주요 공예는 특징이)가 있고 보기가 모두 형용사 어휘이다. **特色**와 어울리는 어휘는 **鲜明**(뚜렷하다)이다.

빈칸3 빈칸 뒤에 구조조사 **的**(~한)와 명사 **风格**(스타일)가 있으므로 빈칸은 관형어 자리이다. 보기의 어휘 중 **风格**와 어울리는 것은 **别具一格**(남다른 풍격을 지니다)이다.

빈칸4 빈칸 뒤에 동태조사 **着**(~하고 있다)가 있으므로 동사가 들어가야 한다. 목적어가 **社会历史文化信息**(사회 역사 문화적 정보)로 추상적인 의미이므로 내포하다는 뜻인 **蕴含**이 적합하다.

어휘 **吉州窑** Jízhōuyáo [명] 길주요(한족 전통 도자기) **陶瓷** táocí [명] 도자기 **工艺** gōngyì [명] 공예 **最负盛名** zuìfùshèngmíng 아주 유명하다 **蕴含** yùnhán [동] 내포하다 **极其** jíqí [부] 아주 **地位** dìwèi [명] 지위 **领土** lǐngtǔ [명] 영토 **位置** wèizhi [명] 위치 **高明** gāomíng [형] 빼어나다 **新鲜** xīnxiān [형] 신선하다 **英明** yīngmíng [형] 총명하다 **别具一格** biéjùyìgé [성] 남다른 풍격을 지니다 **爱不释手** àibùshìshǒu [성] 너무 좋아서 손에서 떼어놓지 못하다 **别出心裁** biéchūxīncái [성] 기발하다, 남다르다 **津津有味** jīnjīnyǒuwèi [성] 흥미진진하다 **包括** bāokuò [동] 포함하다 **包含** bāohán [동] 포함하다

65

家里油锅着火了，怎么办？**千万**不要往锅里浇水。因为油比水轻，如果把水倒进去，水会立刻沉沉到油层下面，使油往上浮，这样既不能**隔绝**空气，又不能降温，不仅扑不灭火，反而更容易使油冒出油锅，增大与空气的**接触**面积，火就会越烧越**旺**。

집에서 기름 냄비에 불이 붙으면 어떻게 해야 하나? **절대로** 냄비에 물을 뿌리면 안 된다. 기름이 물보다 가볍기 때문에 만약 물을 부으면 물은 즉시 기름 밑으로 가라앉아 기름이 위로 뜨게 된다. 이렇게 되면 공기를 **막을** 수 없고 또 온도도 낮출 수 없어서 불을 끌 수 없을 뿐 아니라 오히려 더 쉽게 기름이 냄비 밖으로 튀게 된다. 공기와의 **접촉** 면적을 증가시키고, 불은 탈수록 더 **거세진다**.

A	无疑	隔离	接近	巧
B	无非	隔阂	接连	善
C	切莫	隔开	接洽	浓
D	**千万**	**隔绝**	**接触**	**旺**

A	의심할 바 없다	격리시키다	접근하다	공교롭다
B	~일 뿐이다	틈	연이어	좋다
C	절대 ~하지 말라	분리하다	상담하다	짙다
D	**제발**	**차단하다**	**접촉하다**	**맹렬하다**

해설 **빈칸1** 빈칸은 문장 앞에 위치하고 뒤에 不要(~하지 말라)가 있다. 부정 명령문을 강조하는 어휘로 千万(제발)을 사용한다. 切莫(절대 ~하지 말라)는 이미 부정의 의미가 있으므로 뒤에 부정 부사를 사용하지 않는다.

빈칸2 빈칸 앞에 조동사 不能(할 수 없다)이 있고, 뒤에 명사 空气(공기)가 있으므로 술어 자리이다. 문장이 공기를 막아 불의 연소를 막는다는 의미이므로 隔绝(차단하다)가 적합하다. 隔阂(틈)은 명사이고, 隔离(격리시키다)와 隔开(분리시키다)는 따로 떨어뜨리다는 의미이므로 적합하지 않다.

빈칸3 빈칸 뒤에 명사 面积(면적)이 있고 앞에 관형어 与空气的(공기와의)가 있으므로 面积를 수식하는 어휘이다. 절의 의미가 '공기와의 ~한 면적이 커지다'이므로 接触(접촉하다)가 적합하다.

빈칸4 빈칸 앞에 越……越……(~할수록 ~하다)가 있고 보기가 모두 형용사이다. '불은 탈수록 더 ~하게 된다'는 뜻이므로 보기 중 旺(맹렬하다)이 적합하다.

어휘 着火 zháohuǒ 동 불이 나다 沉 chén 동 가라앉다 浮 fú 동 뜨다 扑 pū 동 돌진하다 冒 mào 동 뿜어나오다 烧 shāo 동 태우다 无疑 wúyí 형 의심할 바 없다 无非 wúfēi 부 단지 ~일 뿐이다 切莫 qièmò 동 절대 ~하지 마라 隔阂 géhé 명 틈, 간격 隔开 gékāi 동 분리시키다, 차단하다 隔离 gélí 동 분리시키다, 격리시키다 隔绝 géjué 동 단절시키다, 차단하다 接连 jiēlián 부 연이어 接洽 jiēqià 동 상담하다, 교섭하다 巧 qiǎo 형 공교롭다 旺 wàng 형 맹렬하다, 왕성하다 善 shàn 형 좋다, 훌륭하다 浓 nóng 형 짙다

66

马三立是相声泰斗，他的记忆力堪称训练有素，这**得益**于他早年的苦读强记。在他的相声里常有大段的需要一口气说完的台词，他在表演时不仅能做到**一字不差**，而且吐字**清晰**，常令观众**拍手叫绝**。

마산리는 만담의 대가로 그의 기억력은 잘 훈련되었다고 할 수 있다. 이것은 그가 일찍이 열심히 읽고 암기한 연습 **덕분이다**. 그의 만담에는 한 호흡으로 말해야 하는 대사가 늘 있다. 그는 연기할 때 **한 글자도 빠뜨리지 않을** 뿐 아니라 글자를 뱉는 것도 **뚜렷하여**, 늘 관중들이 **박수치며 칭찬한다**.

A	懂得	一无所有	清楚	不屑一顾
B	**得益**	**一字不差**	**清晰**	**拍手叫绝**
C	学会	一丝不苟	清澈	聚精会神
D	效益	一目了然	清淡	兴高采烈

A	알다	가진 것이 없다	분명하다	거들떠볼 가치가 없다
B	**이익을 얻다**	**한 글자도 빠짐이 없다**	**뚜렷하다**	**박수 치며 칭찬하다**
C	배워서 할 수 있다	조금의 소홀함도 없다	깨끗하다	집중하다
D	효과	일목요연하다	담백하다	매우 기쁘다

해설 **빈칸1** 빈칸 앞에 这(이것)가 있고 뒤에 보어 于(~에)가 있으며 보기가 모두 동사이다. 于를 보어로 사용할 수 있는 동사는 得益(이익을 얻다)이다.

빈칸2 빈칸 앞에 동사 做(하다)가 있고 보기가 모두 성어이다. 앞문장에서 그가 긴 대사를 한 번에 말한다고 했으므로 一字不差(한 글자도 빠짐이 없다)가 적합하다.

빈칸3 빈칸 앞에 (글자를 뱉다)가 있고 보기가 모두 형용사이다. 발음과 어울리는 어휘여야 하므로 清晰(뚜렷하다) 또는 清楚(분명하다)를 사용해야 한다. 清澈(깨끗하다)는 물이 투명하고 맑다는 뜻이고, 清淡(담백하다)는 음식에 사용하는 표현이다.

빈칸4 빈칸 앞에 주어 观众(관중)이 있고 보기가 모두 성어이다. 观众이 하는 행동으로 어울리는 것은 拍手叫绝(박수 치며 칭찬하다)이다.

어휘 相声 xiàngsheng 몡 만담　泰斗 tàidǒu 몡 권위자, 대가　记忆力 jìyìlì 몡 기억력　堪称 kānchēng 됭 ～라 할 만하다　训练有素 xùnliànyǒusù 졩 훈련이 잘 되어 있다　苦读 kǔdú 됭 어려움을 견디며 공부하다　强记 qiángjì 됭 애써 기억하다　一口气 yìkǒuqì 훘 단숨에　台词 táicí 몡 대사　表演 biǎoyǎn 됭 공연하다　吐 tǔ 됭 내뱉다, 토하다　懂得 dǒngde 됭 알다, 이해하다　得益于 déyìyú ～덕분이다　效益 xiàoyì 몡 효익, 효과　一无所有 yìwúsuǒyǒu 졩 아무 것도 없다　一字不差 yízìbúchàde 졩 한 글자의 오차도 없다　一丝不苟 yìsībùgǒu 졩 조금도 소홀히 하지 않다　一目了然 yímùliǎorán 졩 일목요연하다　清晰 qīngxī 휑 또렷하다　清澈 qīngchè 휑 맑고 투명하다　清淡 qīngdàn 휑 담백하다　不屑一顾 búxièyígù 졩 거들떠볼 가치가 없다　拍手叫绝 pāishǒujiàojué 졩 박수치며 칭찬하다　聚精会神 jùjīnghuìshén 졩 정신을 집중하다　兴高采烈 xìnggāocǎiliè 졩 매우 기쁘다

67

候鸟对于气候的变化感觉很灵敏，**只要**气候易发生变化，它们就开始**迁徙**。它们飞行时，时而向左，时而向右，常呈现"V"字形。这是因为后面的鸟正好可以把双**翼**放在前面鸟群的气流上，**依托**它们的气流飞行，从而节省自己的能量。

철새는 기후의 변화에 감각이 예민해서 기후에 변화가 생기**기만 하면 이동**을 시작한다. 그들은 비행을 할 때 어떤 때는 왼쪽으로 어떤 때는 오른쪽을 향하여 V자를 그린다. 이것은 뒤에 있는 새가 두 **날개**를 앞에 있는 새의 기류 위에 놓고 그들의 기류에 **의지하여** 비행을 하기 때문에 에너지를 아낄 수 있다.

A	只有	撤退	手	拜托
B	**只要**	**迁徙**	**翼**	**依托**
C	倘若	遍布	脚	漂浮
D	假如	挣扎	臂	缠绕

A	오직 ～해야만	철수하다	손	부탁하다
B	**단지 ～하기만 하면**	**이주하다**	**날개**	**의지하다**
C	만약	널리 퍼지다	다리	뜨다
D	만약	발버둥치다	팔	얽매다

해설 **빈칸1** 빈칸은 문장 앞에 위치하고 보기가 모두 접속사이다. 뒷절의 부사 就(곧)와 호응하는 접속사는 只要(단지 ～하기만 하면), 倘若(만약), 假如(만약)이다. 앞절에서 철새는 기후 변화에 예민하다고 했고 빈칸 뒷절이 기후 변화에 대한 반응을 설명하고 있으므로 빈칸은 기후 변화 발생이라는 조건을 제시해야 한다. 倘若와 假如같은 가정의 의미보다는 충분 조건을 나타내는 접속사 只要를 사용하는 것이 적합하다.

빈칸2 빈칸 앞에 동사 开始(시작하다)가 있고 보기가 모두 동사이다. 철새에 관한 글이므로 기후가 변할 때 하는 행동으로 迁徙(이동하다)가 적합하다. 迁徙는 서식지를 옮긴다는 뜻으로 자주 사용된다.

빈칸3 빈칸 앞에 双(두, 쌍)이 있고 보기가 모두 부위를 나타내는 명사이다. 새의 비행에 관한 내용이므로 翼(날개)가 적합하다.

빈칸4 빈칸 뒤에는 명사 它们的气流(그들의 기류)가 있고 술어 飞行(비행하다)이 있다. 문맥상 '그들의 기류에 ～하여 비행한다'는 뜻이므로 依托(의지하다)가 가장 적합하다.

어휘 候鸟 hòuniǎo 몡 철새　灵敏 língmǐn 휑 민감하다, 예민하다　呈现 chéngxiàn 됭 나타나다　气流 qìliú 몡 기류　节省 jiéshěng 됭 아끼다　能量 néngliàng 몡 에너지　撤退 chètuì 됭 철수하다　迁徙 qiānxǐ 됭 이주하다, 옮겨가다　遍布 biànbù 됭 도처에 널리 분포하다　挣扎 zhēngzhá 됭 발버둥치다　翼 yì 몡 날개　臂 bì 몡 팔　拜托 bàituō 됭 부탁하다　依托 yītuō 됭 의지하다　漂浮 piāofú 됭 (액체 위에) 뜨다　缠绕 chánrào 됭 휘감다, 얽히다

68

徽剧是中国安徽省地方戏曲剧种之一。清初，徽剧**盛行**于安徽及江浙一带，在南方流传甚广。清乾隆年间，四大徽班先后进入北京演出，逐渐变得**家喻户晓**。清道光、咸丰年间，徽剧在北京同湖北汉剧等剧种**结合**，逐渐**演变**成京剧。

휘극은 중국 안휘성 지역의 전통극의 한 종류이다. 청나라 초 휘극은 안휘와 강소·절강 지역에서 **성행했으며** 남방에 널리 전해졌다. 청나라 건륭 시기 4대 극단이 베이징에 와서 공연을 하면서 점차 **모두가 알게 되었다.** 청 도광, 함풍 시기에 휘극은 베이징에서 후베이의 한극 등의 극과 **결합하여** 점차 경극으로 **발전되었다.**

A	诞生	脍炙人口	合伙	转变
B	进行	举世闻名	合作	进化
C	**盛行**	**家喻户晓**	**结合**	**演变**
D	流行	众所周知	联合	变化

A	탄생하다	널리 알려지다	동업하다	바꾸다
B	진행하다	세계적으로 유명하다	협력하다	진화하다
C	**성행하다**	**집집마다 다 알다**	**결합하다**	**변화 발전하다**
D	유행하다	모두 알다시피	연합하다	변화

빈칸1 빈칸 앞에 주어 **徽剧**(휘극)가 있고 뒤에 보어 **于**(~에)와 장소 어휘 **安徽及江浙一带**(안휘와 강소, 절강 지역)가 있다. **进行**(진행하다)을 제외한 나머지 보기가 모두 사용될 수 있다.

빈칸2 빈칸 앞에는 술어 **变得**(~하게 변하다)가 있고 보기가 모두 성어이다. **众所周知**(모두 알다시피)는 문장 앞에 쓰이므로 올 수 없고, **脍炙人口**(사람의 입에 오르내리다)는 좋은 시문이나 사물에 사용한다. 휘극이 베이징에서 공연을 시작하면서 점차 유명해졌다는 뜻이므로 **家喻户晓**(집집마다 다 알다)가 적합하다.

빈칸3 빈칸의 절은 '휘극은 **同湖北汉剧等剧种**(후베이의 한극 등의 극과) 어떻게 되다'를 나타낸다. 보기의 어휘 중 두 가지의 특징이 한데 모이다는 뜻으로 적합한 것은 **结合**(결합하다)이다.

빈칸4 빈칸 앞에 부사 **逐渐**(점차)이 있고 뒤에 보어 **成**(이루다)이 있다. '휘극이 경극(京剧)으로 점차 ~하게 되다'라는 뜻이므로 별화 발전하다는 뜻인 **演变**이 적합하다.

어휘 **徽剧** huījù 몡 휘극 **戏曲** xìqǔ 몡 중국 전통극 **盛行** shèngxíng 통 성행하다 **进入** jìnrù 통 들어가다 **逐渐** zhújiàn 囝 점점 **家喻户晓** jiāyùhùxiǎo 솅 집집마다 다 알다 **同** tóng 깨 ~와 **结合** jiéhé 통 결합하다 **演变** yǎnbiàn 통 변화 발전하다 **诞生** dànshēng 통 탄생하다 **脍炙人口** kuàizhìrénkǒu 솅 사람들 사이에 널리 알려지다 **举世闻名** jǔshìwénmíng 솅 전 세계에 이름이 알려지다 **众所周知** zhòngsuǒzhōuzhī 솅 모두 알다시피 **合伙** héhuǒ 통 동업하다 **合作** hézuò 통 협력하다 **联合** liánhé 통 연합하다 **转变** zhuǎnbiàn 통 바뀌다, 전환하다 **进化** jìnhuà 통 진화하다 **变化** biànhuà 몡 통 변화(하다)

69

目前市场上产品的种类**不计其数**，很多消费者往往是"走马观花"不知道如何选择。实质上选择一个好的品牌是对产品质量的**信誉**保障。因此，消费者一定要认准牌子，千万不要**贪图**一时的便宜，捡了芝麻丢了西瓜，这是**得不偿失**的。

현재 시장의 상품 종류는 **대단히 많아서** 많은 소비자들은 종종 '대충 훑어보고' 어떻게 선택해야 할지 모른다. 실제로 좋은 브랜드를 선택하는 것은 상품 품질에 대한 **신용** 보장이다. 따라서 소비자들은 반드시 상표를 정확하게 인지하고 절대로 순간적인 편리함을 **탐하면** 안 되는데 작은 것을 얻으려 큰 것을 잃게 된다. 이것은 **얻는 것보다 잃는 것이 더 많은** 것이다.

A 名副其实	声誉	试图	丢三落四
B 不计其数	信誉	贪图	得不偿失
C 物美价廉	名誉	企图	半途而废
D 一如既往	名声	贪污	难能可贵

A 명실상부	명예	시도하다	부주의하다
B 수가 대단히 많다	신용	탐내다	득보다 실이 크다
C 물건이 좋고 가격도 싸다	명예	도모하다	중도포기 하다
D 예전과 같다	명성	횡령하다	아주 귀하다

해설 **빈칸1** 빈칸 앞은 주어 **产品的种类**(상품의 종류)가 있고 보기가 모두 성어이다. 종류에 관한 설명이므로 **不计其数**(수가 대단히 많다)가 적합하다.

빈칸2 빈칸의 앞은 관형어 **对产品质量的**(상품 품질에 대한)가 있고 뒤에 **保障**(보장)이 있으며 보기가 모두 명사이다. **质量, 保障**과 어울리는 어휘는 **信誉**(신용)이다.

빈칸3 빈칸의 앞에 **千万不要**(절대 ~하지 말라)가 있고 뒤에 **一时的便宜**(한순간의 편의)가 있으므로 빈칸은 술어 자리이다. 한순간의 편리함과 어울리는 것은 **贪图**(탐내다)이다. **贪污**(횡령하다)는 주로 돈에 사용된다.

빈칸4 빈칸은 강조 구문 안에 있고 보기가 모두 성어이며 앞절을 가리키는 내용이다. 앞절에서 **捡了芝麻丢了西瓜**(작은 것을 얻으려 큰 것을 잃다)를 언급했으므로 이를 가리키는 **得不偿失**(득보다 실이 크다)가 적합하다.

어휘 **种类** zhǒnglèi 몡 종류 **不计其数** bújìqíshù 솅 수가 대단히 많다 **走马观花** zǒumǎguānhuā 솅 대충 보고 지나가다, 주마간산 **品牌** pǐnpái 몡 브랜드 **信誉** xìnyù 몡 신용과 명예 **保障** bǎozhàng 몡 보장(하다) **认准** rènzhǔn 통 정확하게 인식하다 **牌子** páizi 몡 상표 **贪图** tāntú 통 탐내다 **便宜** piányí 몡 편의 **捡了芝麻丢了西瓜** jiǎn le zhīma diū le xīguā 참깨는 줍고 수박은 잃다, 소탐대실하다 **得不偿失** débùchángshī 솅 얻는 것보다 잃는 것이 많다 **名副其实** míngfùqíshí 솅 명성과 실제가 부합되다 **物美价廉** wùměijiàlián 솅 상품의 질도 좋고 값도 저렴하다 **一如既往** yìrújìwǎng 솅 지난날과 다름없다 **声誉** shēngyù 몡 명성과 명예 **名誉** míngyù 몡 명예 **名声** míngshēng 몡 명성 **试图** shìtú 통 시도하다 **企图** qǐtú 통 의도 통 도모하다 **贪污** tānwū 통 횡령하다 **丢三落四** diūsānlàsì 솅 잘 빠뜨리다, 실수가 많다 **半途而废** bàntú'érfèi 솅 중도에 포기하다 **难能可贵** nánnéngkěguì 솅 매우 귀하다

70

光阴是一把神奇而无情的雕刻刀，在天地之间创造着种种**奇迹**。它能把坚冰融化成春水，把幼苗扶持成大树。当然，它也能把园林变成荒漠，把城市变成**废墟**。你珍惜它，它就在你的周围长出绿荫，结出**沉甸甸**的果实；你**漠视**它，它就化成轻烟，消失得**无影无踪**。

세월은 신기하고 무정한 조각 칼이라서 하늘과 땅 사이에 여러가지 **기적**을 만들어낸다. 그것은 단단한 얼음을 봄의 물로 녹이고, 어린 나무를 큰 나무로 성장시킨다. 물론 그것은 정원을 황무지로 변하게 하고, 도시를 **폐허**로 바꾼다. 당신이 그것을 소중히 하면 그것은 당신의 주위에 녹음이 자라게 하고 **묵직한** 열매를 맺게 한다. 당신이 그것을 **무시하면** 그것은 가벼운 연기로 변해 **흔적도 없이** 사라진다.

A 情形	峡谷	黑洞洞	忽略	无微不至
B 风光	码头	绿油油	忽视	无理取闹
C 事迹	港口	金灿灿	污辱	无动于衷
D 奇迹	**废墟**	**沉甸甸**	**漠视**	**无影无踪**

A 정황	골짜기	시커멓다	소홀히 하다	세심하다
B 풍경	부두	푸르다	경시하다	소란을 일으키다
C 사적	항구	금빛 찬란하다	모욕하다	마음의 동요가 없다
D 기적	**폐허**	**묵직하다**	**무시하다**	**흔적도 없다**

해설   **빈칸1** 빈칸 앞에 술어 创造(창조하다)가 있고 보기가 모두 명사이므로 목적어 자리이다. 创造와 어울리는 어휘는 奇迹(기적)이다.

빈칸2 빈칸 앞에 동사 变成(~으로 변하다)이 있고 보기가 모두 명사이다. 빈칸의 절이 앞절과 동일한 把자문의 형식으로 대조를 이루고 있다. 따라서 荒漠(황무지)와 어울리는 어휘를 넣어야 한다. 废墟(폐허)가 적합하다.

빈칸3 빈칸 뒤에 的果实(~한 열매)가 있다. 과 어울리는 형용사는 보기에서 沉甸甸(묵직하다)이다. 다른 어휘들은 모두 색, 빛깔을 묘사하는 뜻이다.

빈칸4 빈칸 앞에 주어 你(당신)가 있고 뒤에 목적어 它(그것)가 있으므로 술어 자리이다. 빈칸의 문장이 앞문장과 비슷한 형식으로 대조를 이루고 있으므로 珍惜(소중히 하다)와 상반된 어휘를 넣으면 된다. 보기의 어휘 중 污辱(모욕하다)는 사람에게 사용하므로 적합하지 않고, 다른 어휘는 모두 사용할 수 있다.

빈칸5 빈칸 앞에 消失得(~하게 사라지다)가 있고 보기가 모두 성어이다. 消失를 묘사하는 어휘이어야 하므로 无影无踪(흔적도 없다)이 적합하다.

어휘   光阴 guāngyīn 뗑 세월, 시간   雕刻 diāokè 됭 조각하다   创造 chuàngzào 됭 창조하다   融化 rónghuà 됭 녹다   幼苗 yòumiáo 뗑 새싹   扶持 fúchí 됭 부축하다   园林 yuánlín 뗑 원림, 정원   荒漠 huāngmò 혱 황량하다 뗑 황량한 사막   废墟 fèixū 뗑 폐허   珍惜 zhēnxī 됭 귀중히 여기다   绿荫 lǜyīn 뗑 녹음   漠视 mòshì 됭 무시하다   轻烟 qīngyān 뗑 옅은 연기   无影无踪 wúyǐngwúzōng 솅 그림자도 형태도 없다, 완전히 사라지다   消失 xiāoshī 됭 사라지다   情形 qíngxing 뗑 정황   风光 fēngguāng 뗑 풍경   事迹 shìjì 뗑 사적   奇迹 qíjì 뗑 기적   峡谷 xiágǔ 뗑 협곡   码头 mǎtou 뗑 부두   港口 gǎngkǒu 뗑 항구   忽略 hūlüè 됭 소홀히 하다   忽视 hūshì 됭 소홀히 하다, 경시하다   污辱 wūrǔ 됭 모욕하다   无微不至 wúwēibúzhì 솅 사소한 것까지 신경 쓰다   无理取闹 wúlǐqǔnào 솅 일부러 말썽을 부리다   无动于衷 wúdòngyúzhōng 솅 아무런 느낌이 없다, 무관심하다

독해 제3부분

71-75

一般来说，人类躺着睡觉，即使在某些特殊情况下能坐着入睡，(71)也总会睡得东倒西歪的。不过，鸟类大都是"坐"在数米高的树上睡觉的，而且从不会跌落下来。这是为什么呢？

일반적으로 사람은 누워서 잔다. 어떤 특수한 상황에서는 앉아서 잘 수 있지만 (71) 늘 이리저리 뒤척이며 잔다. 하지만 조류는 대다수가 '앉아서' 몇 미터 높이의 나무 위에서 잠을 자고 절대 떨어지지 않는다. 이것은 무엇 때문일까?

一位动物学家解释说，人类和鸟类的肌肉作用方式有很大的区别，尤其是在进行"抓"这一动作时，更是完全相反。两者相比较，人类是主动地去抓，(72)鸟类则是被动地去抓。当人类想要抓住某样东西的时候，需要用力使肌肉紧张起来。(73)而鸟类只有在要松开所抓的物体时，肌肉才会紧张起来。也就是说，当鸟类飞离树枝时，其爪子的肌肉呈紧张状态，而当它"坐"稳之后，肌肉便松弛下来，(74)爪子就自然地抓住树枝了。

　　这位动物学家还介绍说，同人类相比，(75)鸟类没有"深度睡眠"这一阶段，它们所谓的睡眠只是进入了一种"安静的状态"而已，因为它们必须警惕随时可能出现的天敌，以便及时地飞走逃生。

A 鸟类则是被动地去抓
B 也总会睡得东倒西歪的
C 爪子就自然地抓住树枝了
D 而鸟类只有在要松开所抓的物体时
E 鸟类没有"深度睡眠"这一阶段

동물학자가 설명하길, 사람과 조류의 근육의 작용 방식이 다르며, 특히 '쥐는' 행동을 할 때 완전히 다르다고 한다. 서로 비교해보면, 사람은 주동적으로 쥐는데, (72) 조류는 수동적으로 잡는다. 사람은 어떤 물건을 잡을 때 힘을 써서 근육을 긴장시킨다. (73) 그러나 조류는 잡은 물체를 놓을 때만 비로소 근육이 긴장된다. 다시 말해 조류가 나뭇가지에서 날아오를 때 발의 근육이 긴장 상태이지만, 안정적으로 '앉고'나서 근육이 이완되고 (74) 발은 자연스럽게 나뭇가지를 쥐게 된다.

동물학자는 또 소개하기를 사람과 비교해 보면 (75) 조류는 '숙면'이라는 단계가 없다. 조류에게 소위 말하는 수면이란 단지 '조용한 상태'에 들어가는 것일 뿐이다. 왜냐하면 그들은 수시로 출현할 수 있는 천적을 경계하여 적시에 도망가야 하기 때문이다.

A 조류는 수동적으로 잡는다
B 늘 이리저리 뒤척이며 잔다
C 발이 자연스럽게 나뭇가지를 쥐게 된다
D 그러나 조류는 잡은 물체를 놓을 때만
E 조류는 '숙면'이라는 단계가 없다

보기 분석 A 鸟类**则**是被动地去抓 → 주─술─목 구조이고 부사 则가 있다.

B 也总会睡得东倒西歪的 → 주어가 없으며 부사 也로 시작한다.

C 爪子**就**自然地抓住树枝了 → 주─술─목 구조이고 부사 就가 있다.

D **而**鸟类**只有**在要松开所抓的物体时 → 접속사 而로 시작하고, 주─술─목 구조이며 접속사 只有가 있다.

E 鸟类没有"深度睡眠"这一阶段 → 주─술─목 구조이다.

해설 **71번** 빈칸은 문장 끝에 위치하고 있고 앞절이 접속사 即使(설령 ～일지라도)로 시작하므로 이와 호응하는 부사 也(그래도)가 있는 절이 들어가야 한다. 보기 B는 부사 也로 시작하고, 내용이 잠을 잔다는 것으로 연결되므로 B가 적합하다.

72번 빈칸은 문장 끝에 위차하고 있고, 앞절에서 **两者相比较**(두 가지를 서로 비교하면)라고 하며 **人类是主动地去抓**(인류는 주동적으로 잡는다)라는 내용이 나온다. 앞절과 동일한 형식이면서 抓(잡다)가 언급된 보기 A가 들어가야 한다.

73번 빈칸은 문장 시작 부분에 위치하고 있고 뒷절에 부사 才(비로소)가 있다. 와 호응하는 앞절 접속사는 只有(～해야만)이므로 보기 D가 들어가야 한다. 문장의 구조를 보면 빈칸의 문장과 앞문장은 대조를 이루고 있으므로 조류가 움켜쥔 물체를 놓는다는 내용도 서로 연결됨을 알 수 있다.

74번 빈칸은 문장의 끝에 위치한다. 문장의 시작 부분이 **当鸟类飞离树枝时**(조류가 나뭇가지에서 날아오를 때)의 상황을 설명하고 이어 **而当它"坐"稳之后**(그러나 그것인 안정적으로 앉고 나면)라고 하며 나뭇가지에 앉는 상황을 제시하며 이 두 상황에서 발의 근육에 대해 설명하고 있으므로 보기 C의 내용이 연결된다.

75번 빈칸은 가운데 절에 위치하고 앞에 **同人类相比**(인류와 비교해보면)라고 했으므로 빈칸은 조류에 관한 내용이 와야 한다. 빈칸 뒷부분에 睡眠(수면)과 状态(상태)가 언급되므로 이와 관련된 내용이 있는 보기 E가 들어가야 한다.

어휘 即使 jíshǐ 젭 설령 ～일지라도　特殊 tèshū 혱 특수하다　入睡 rùshuì 동 잠들다　东倒西歪 dōngdǎoxīwāi 셍 이리저리 비틀거리다　跌落 diēluò 동 떨어지다　则 zé 뷔 즉, 곧　被动 bèidòng 혱 피동적이다　松开 sōngkāi 동 풀다, 놓다　树枝 shùzhī 몡 나뭇가지　爪子 zhuǎzi 몡 짐승의 발, 발톱　呈 chéng 동 (어떤 형태를) 갖추다, 나타내다　松弛 sōngchí 동 이완하다　深度睡眠 shēndùshuìmián 몡 숙면, 깊은 잠　警惕 jǐngtì 동 경계하다　天敌 tiāndí 몡 천적　以便 yǐbiàn 젭 ～하기 위하여　及时 jíshí 혱 때가 맞다　逃生 táoshēng 동 목숨을 건지다

北极是地球的"自动空调"，能够调节全球的湿度、天气以及温度，但因为全球变暖，(76)它也正在面临瘫痪。我们应该知道海冰是如何调节北冰洋温度的。

北极海冰覆盖在海洋表面，在大气与海水之间，(77)阻隔了大气与大洋之间的能量交换。

(78)海冰的反射率可达55%以上，即使是夏季极昼时，热能还是会被海冰反射回去，所以盛夏季节的北冰洋依然保持着"凉爽的体温"。冬季极夜来临时，还阻断了热能由海洋向大气的传输，减弱了海水热量的释放，(79)有效地保护着北冰洋的热量，使得北冰洋在寒冷的冬季仍能保持"温暖的体温"。

从北极海冰的变化过程来看，其季节性的成冰与消融过程恰恰是热量的释放与储存过程，海冰的这种季节变化特征也有效地调节着海水的温度。夏季，北极海冰，特别是其下表面的海冰正处于大规模消融期，融冰过程所吸收的大量热能缓解了海水温度的上升；相反，(80)冬季成冰过程释放的热能又会减缓海洋的降温。

北极海冰精心地呵护着北冰洋，维系着北极地区生态系统的平衡，灵敏地反映着全球气候与环境的变化。

북극은 지구의 '자동 에어컨디셔너'이며 지구의 습도, 날씨와 온도를 조절할 수 있다. 하지만 지구 온난화로 인해 (76) 북극은 마비의 위기에 처해 있다. 우리는 해빙이 어떻게 북극해의 온도를 조절하는지 알아야 한다.

북극 해빙은 해양 표면을 덮고 있고 대기와 해수 사이에서 (77) 대기와 바다의 에너지 교환을 막는다.

(78) 해빙의 반사율은 55%에 달해 설령 여름에 백야가 오더라도 열에너지는 해빙에 의해 반사된다. 그래서 한여름의 북극해는 여전히 '시원한 체온'을 유지하게 된다. 겨울에 극야가 올 때 또 열에너지가 바다에서 대기로 이동하는 것을 막아 해수의 열에너지가 방출되는 것을 줄여서 (79) 효과적으로 북극해의 열에너지를 보호하고 북극해가 추운 겨울에도 여전히 '따뜻한 체온'을 유지할 수 있게 한다.

북극 해빙의 변화 과정을 보면 계절에 따른 빙하 생성과 녹는 과정은 열에너지의 방출과 저장 과정이다. 해빙의 이러한 계절 변화의 특징은 효과적으로 해수의 온도를 조절해준다. 여름에 북극 해빙, 특히 표면의 해빙은 대규모 용해기에 들어가는데 얼음이 녹는 과정에서 흡수하는 대량의 열에너지가 해수의 온도 상승을 완화시킨다. 이와 반대로 (80) 겨울철 빙하가 생성되는 과정에서 방출되는 열에너지는 해양의 온도가 낮아지는 것을 완화시킨다.

북극 해빙은 정성스레 북극해를 보호하고 있고 북극 지역의 생태계 균형을 유지하고 지구 기후와 환경의 변화를 민감하게 반영하고 있다.

A 有效地保护着北冰洋的热量
B 它也正在面临瘫痪
C 海冰的反射率可达55%以上
D 冬季成冰过程释放的热能又会减缓海洋的降温
E 阻隔了大气与大洋之间的能量交换

A 효과적으로 북극해의 열에너지를 보호하고 있다
B 그것은 마비 위기에 처해 있다
C 해빙의 반사율은 55%에 달한다
D 겨울철 빙하가 생성되는 과정에서 방출하는 열에너지는 해양의 온도가 낮아지는 것을 완화시킨다
E 대기와 바다의 에너지 교환을 막는다

보기 분석 A 有效地保护着北冰洋的热量 → 주어가 없는 술—목 구조이다.

B 它也正在面临瘫痪 → 대사 它와 부사 也가 있다.

C 海冰的反射率可达55%以上 → 백분율이 제시되었다. 키워드를 확인한다.

D 冬季成冰过程释放的热能又会减缓海洋的降温 → 주—술—목 구조이고 부사 又가 있다.

E 阻隔了大气与大洋之间的能量交换 → 주어가 없는 술—목 구조이다.

해설 76번 빈칸은 문장 끝에 위치하고 있다. 빈칸의 앞부분에서 북극은 지구의 습도, 날씨 및 온도를 조절할 수 있다고 한 뒤 但因为全球变暖(그러나 지구 온난화로 인해)이라고 했으므로 지구 온난화로 인한 결과가 와야 한다. 따라서 부정적인 내용이 언급된 보기 B가 적합하다.

77번 빈칸은 문장 끝에 위치하고 있고 문장의 주어가 北极海冰(북극 해빙)이다. 앞부분의 내용이 北极海冰覆盖在海洋表面，在大气与海水之间(북극 해빙이 해양 표현에 덮여 있어 대기와 해수 사이에서)이므로 일치하는 어휘 大气与大洋之间(대기와 바다 간의)이 있는 보기 E가 들어가야 한다.

78번 빈칸은 문장의 시작 부분에 위치하고, 뒷문장에서 热能还是会被海冰反射回去(열에너지는 해빙에 의해 반사된다)가 언급되고 있다. 따라서 일치하는 어휘 反射率(반사율)가 있고 주어가 있는 보기 C가 들어가야 한다.

79번 빈칸은 가운데 절에 위치하고 있다. 뒷절이 **使得**(~하게 하다)로 시작하여 결과를 나타내고 내용이 **北冰洋在寒冷的冬季仍能保持"温暖的体温"**(북극해가 추운 겨울에도 여전히 '따뜻한 체온'을 유지하다)이므로 이에 대한 원인이 될 수 있는 A가 들어가야 한다.

80번 빈칸은 문장 끝에 위치하고 앞에 **相反**(반대로)이 있으므로 앞부분의 내용과 반대인 내용을 넣어야 한다. 앞절에 **夏季**(여름)를 언급하고 있으므로 이와 반대되는 겨울이 언급된 보기 D가 들어가야 한다. 내용면에서도 앞절은 여름철 북극 해빙이 해수의 온도 상승을 완화시킨다고 했고 보기 D는 겨울철 빙하가 해양의 온도가 낮아지는 것을 완화시킨다고 했으므로 자연스럽게 연결된다.

어휘 北极 běijí 몡 북극　调节 tiáojié 통 조절하다　湿度 shīdù 몡 습도　面临 miànlín 통 직면하다　瘫痪 tānhuàn 통 반신불수되다, 마비되다　海冰 hǎibīng 몡 해빙　北冰洋 běibīngyáng 몡 북극해　覆盖 fùgài 통 뒤덮다　阻隔 zǔgé 통 막혀서 통하지 못하다　能量 néngliàng 몡 에너지　极昼 jízhòu 몡 백야　热能 rènéng 몡 열량　反射 fǎnshè 통 반사하다　盛夏 shèngxià 몡 한여름　季节 jìjié 몡 계절　凉爽 liángshuǎng 혱 서늘하다　极夜 jíyè 몡 극야　来临 láilín 통 이르다. 도래하다　阻断 zǔduàn 통 저지하다. 막다　传输 chuánshū 통 전송하다　减弱 jiǎnruò 통 약해지다　释放 shìfàng 통 석방하다, 내보내다　消融 xiāoróng 통 녹다. 용해되다　恰恰 qiàqià 児 바로, 꼭　储存 chǔcún 통 저장해 두다. 저축해 두다　缓解 huǎnjiě 통 완화되다　减缓 jiǎnhuǎn 통 (정도나 속도를) 떨어뜨리다. 늦추다　呵护 hēhù 통 비호하다. 보호하다　维系 wéixì 통 유지하다　灵敏 língmǐn 혱 재빠르다　反映 fǎnyìng 통 반영하다

독해 제4부분

81-84

你有没有这样的经验：把手指斜插入盛水的玻璃杯子里时，从上面上看去，水中的部分比实际位置高，手指也变粗了。84这就是光的折射现象。光在密度大的物质中跑得慢，在密度小的物质中跑得快。水的密度比空气大，于是光在水和空气的界面上速度突然改变，造成光线曲折。

那么在空气中光线会不会曲折呢？也会。原来空气的密度也不是均匀的。81由于地心引力的关系，地球表面大气密度大，越往高处空气越稀薄，密度越小。这种密度差别并不大，通常觉察不到光线由此产生的曲折。但是，太阳落山时，阳光斜着通过大气，距离很远，产生的折射已经可以使人明显地感觉到。这种折射越贴近地面越强。82落日的上端和下端光线曲折得不一样，看起来就成扁的了。

在海面上或沙漠上，因为温度变化造成局部空气密度变化，也会使光线曲折。这样，人们有时就能看到平常看不到的远处景色，这就是所谓的海市蜃楼。夏日炎炎之时，海水温度低于空气温度，贴近海面的空气密度大。因此，处于地平线下的景物发出的光线成拱形传播，向下折过我们的眼中，看起来景物悬在空中，像是仙山琼阁。沙漠里的情况则相反，83沙石吸热，温度比空气高，甚至放进一枚鸡蛋也能煮熟。这样，沙石附近空气密度特别低，使远处树木发出的光线

당신은 이런 경험이 있는가? 손가락을 물이 채워진 유리잔에 비스듬하게 넣었을 때 위에서 보면 물에 넣은 부분이 실제 위치보다 위에 있는 것 같고 손가락도 굵어진다. 84이것이 바로 빛의 굴절 현상이다. 빛은 밀도가 큰 물질에서 느리게 움직이고 밀도가 작은 물질에서는 빠르게 움직인다. 물의 밀도가 공기보다 크기 때문에 빛은 물과 공기의 경계면에서 속도가 갑자기 변하여 빛의 굴절이 일어난다.

그러면 공기 중 빛도 굴절이 될까? 그렇다. 원래 공기의 밀도는 균일하지 않다. 81지구 인력 때문에 지구 표면의 대기 밀도는 크고 높은 곳으로 갈수록 공기가 희박하며 밀도도 작아진다. 이러한 밀도차는 크지 않으며 이로 인해 일으키는 빛의 굴절을 알아차릴 수는 없다. 그러나 태양이 산으로 질 때 태양빛이 기울면서 대기를 통과하고 거리도 멀기 때문에 발생하는 굴절은 사람들이 분명하게 느낀다. 이런 굴절은 지면에 근접할수록 강하다. 82석양의 상단과 하단이 다르게 굴절하기 때문에 보기에 납작한 것이다.

바다와 사막에서 온도 변화로 발생하는 일부 공기 밀도의 변화 때문에 빛도 굴절한다. 이렇게 사람들은 때때로 평소에는 볼 수 없었던 먼 곳의 풍경을 보게 되는데 이것이 소위 말하는 신기루이다. 무더운 여름날 해수의 온도는 공기의 온도보다 낮고 해면으로 갈수록 공기의 밀도가 크다. 이 때문에 지평선 아래에 있는 풍경이 내보내는 광선은 아치형을 이루어 전파되고 아래 방향으로 우리 눈에 굴절된다. 마치 신선의 누각처럼 풍경이 공중에 걸려있는 것처럼 보이는 것이다. 사막에서의 상황은 반대이다. 83모래와 자갈이 열을 흡수하여 온도가 공기보다 높아서 계란이 익을 정도이다. 이렇게 되면 모래와 자갈 근처의 공기 밀도가 유난히 낮아 먼 곳의 나무들이 내보내는 광선이 굴절되어 아래에서 위로 꺾여 우리 눈에 들어오고 게다가 반사된다.

弯曲，自下而上折入我们眼睛，并且形成倒影。这使在荒漠上备受干渴之苦的驼队觉得临近大湖，遇到绿洲了。然而是可望而不可及的幻影。千百年来的这些海市蜃楼，曾引起人们多少美妙的想象！

人类利用这种现象设计制造的显微镜、望远镜等光学仪器，使人们看到了秋毫之微末、天体之宏大，大大地扩展了我们的眼界，为发展人类文明做出了很大的贡献。

이렇게 해서 사막에서 갈증의 고통을 겪는 낙타가 근처에 큰 호수가 있고 오아시스를 만났다고 느끼게 되는 것이다. 그러나 결국 보이기만 하고 다가갈 수 없는 환영인 것이다. 오랜 시간 동안 이러한 신기루는 수많은 아름다운 상상을 불러일으켰다.

인류가 이러한 현상을 이용하여 만들어낸 현미경, 망원경 등 광학 기계는 아주 사소한 것이나 아주 거대한 것들을 다 볼 수 있게 만들어 우리의 시야를 크게 확장시켰으며 인류의 문명 발전에 엄청난 공헌을 했다.

어휘 手指 shǒuzhǐ 몡 손가락　斜 xié 동 기울이다　插 chā 동 꽂다　玻璃杯子 bōlibēizi 몡 유리컵　位置 wèizhi 몡 위치　粗 cū 혱 굵다　折射 zhéshè 동 굴절하다　密度 mìdù 몡 밀도　曲折 qūzhé 혱 구불구불하다　均匀 jūnyún 혱 균일하다　地心引力 dìxīnyǐnlì 몡 지구 인력　稀薄 xībó 혱 희박하다　觉察 juéchá 동 알아차리다, 감지하다　落山 luòshān 동 해가 지다　明显 míngxiǎn 혱 분명하다　贴近 tiējìn 동 접근하다　落日 luòrì 몡 석양　上端 shàngduān 몡 상단　扁 biǎn 혱 평평하다, 납작하다　沙漠 shāmò 몡 사막　景色 jǐngsè 몡 풍경　海市蜃楼 hǎishìshènlóu 몡 신기루　夏日炎炎 xiàrìyányán 한여름의 태양이 이글거리다　景物 jǐngwù 몡 경치　拱形 gǒngxíng 몡 아치형, 반달 모양　传播 chuánbō 동 전파하다　悬 xuán 동 매달다　仙山琼阁 xiānshānqiónggé 성 신선이 산다는 아름다운 누각, 몽환경　沙石 shāshí 몡 모래와 자갈　煮熟 zhǔshú 동 알맞게 삶다　倒影 dàoyǐng 몡 거꾸로 선 그림자, 수면에 비친 그림자　荒漠 huāngmò 몡 황무지, 사막　备受 bèishòu 동 실컷 받다　干渴 gānkě 혱 갈증이 나다　驼队 tuóduì 낙타 무리　可望而不可及 kěwàngérbùkějí 성 볼 수는 있으나 만질 수는 없다　幻影 huànyǐng 몡 환영　美妙 měimiào 혱 아름답다　显微镜 xiǎnwēijìng 몡 현미경　望远镜 wàngyuǎnjìng 몡 망원경　光学仪器 guāngxuéyíqì 몡 광학 기계　秋毫 qiūháo 몡 극히 적음　微末 wēimò 혱 미세하다, 중요하지 않다　天体 tiāntǐ 몡 천체　宏大 hóngdà 거대하다　扩展 kuòzhǎn 동 확장하다　眼界 yǎnjiè 몡 시야, 안목　贡献 gòngxiàn 몡 공헌

81 越往高处空气越稀薄的原因 :

A 大气压力变化大
B 光的折射现象
C 光在大气中的速度快
D 因重力而使地球表面密度大

높은 곳일수록 공기가 희박한 원인은?

A 대기의 압력 변화가 커서
B 빛의 굴절 현상 때문에
C 대기 중 빛의 속도가 빠르기 때문에
D 중력 때문에 지구 표면 밀도가 커져서

해설 높은 곳일수록 공기가 희박한 원인을 묻는 문제이다. 두 번째 단락에서 원인을 나타내는 접속사 由于(~하기 때문에)가 있는 문장을 보면 **由于地心引力的关系，地球表面大气密度大，越往高处空气越稀薄，密度越小**(지구 인력 때문에 지구 표면의 대기 밀도는 크고 높은 곳으로 갈수록 공기가 희박하며 밀도도 작아진다)라고 하였다. 즉 중력을 원인으로 들고 있으므로 정답은 D이다.

82 落日为什么是扁的呢 ?

A 上端和下端光线曲折不同
B 光在密度小的物质中跑得慢
C 光在水和空气上速度突然改变
D 温度变化造成空气密度的变化

석양은 왜 납작할까?

A 상단과 하단의 광선 굴절이 같지 않아서
B 빛은 밀도가 작은 물질에서 느리게 움직여서
C 빛은 물과 공기에서 속도가 갑자기 변하기 때문에
D 온도 변화가 공기 밀도의 변화를 일으켜서

해설 질문에서 석양이 납작한 이유를 묻고 있다. 落日(석양)를 지문에서 찾으면 두 번째 단락의 마지막 부분에서 **落日的上端和下端光线曲折得不一样，看起来就成扁的了**(석양의 상단과 하단이 다르게 굴절하기 때문에 보기에 납작한 것이다)라고 했으므로 상단과 하단이 다르게 굴절하는 것이 원인임을 알 수 있다. 따라서 정답은 A이다.

83

根据上文,下列哪项正确?

A 贴近海面的空气密度小
B 光线的折射现象对人类有害
C 沙漠里沙石的温度比空气高
D 地平线上景物发出的光线呈拱形

위 글에서 다음 중 옳은 것은?

A 해수면에 가까운 공기의 밀도가 작다
B 빛의 굴절 현상은 인류에게 유해하다
C 사막의 모래와 자갈의 온도는 공기보다 높다
D 지평선 위의 경치가 발산하는 광선은 아치형이다

해설 윗글에 근거하여 옳은 내용을 고르는 문제이다. 보기의 키워드 海面(해수면), 光线的折射现象(빛의 굴절 현상), 沙石的温度 (모래와 자갈의 온도), 地平线(지평선)을 위주로 지문을 살펴본다. 세 번째 단락에서 沙石吸热, 温度比空气高, 甚至放进 一枚鸡蛋也能煮熟(모래와 자갈이 열을 흡수하여 온도가 공기보다 높아서 계란이 익을 정도이다)라고 했으므로 정답은 C이다.

84

最适合做上文标题的是:

A 海市蜃楼
B 落日为什么是扁的
C 光的折射原理
D 折射现象对人类的贡献

이 글의 제목으로 가장 적절한 것은:

A 신기루
B 석양은 왜 납작한가
C 빛의 굴절 원리
D 굴절 현상이 인류에게 준 공헌

해설 이 글의 제목을 묻는 문제이다. 설명문의 주제는 서론 또는 각 단락의 첫 문장을 살펴본다. 첫 번째 단락에서 光的折射现象(빛의 굴절현상)을 소개하며 각 단락에서 다양한 빛의 굴절의 예와 원리를 설명하고 있다. 따라서 정답은 C이다.

85-88

扇子是人们消暑纳凉的工具。在炎热的夏季, 它 能给人带来阵阵清凉。但是自古以来, 中国的扇子就 带着艺术品的风韵, 具有独特的民族风格。扇子在中 国已有3000多年的历史。历史上扇子的主要材料有 竹、木、纸、草和飞禽的羽毛等。远古时代, 中国人 的祖先在炎炎夏日随手猎取植物的叶子或飞禽的羽毛, 进行简单加工, 用以遮挡太阳, 引来凉风, 这便是扇 子的起源。

扇子起初是实用的玩意儿, 不过85中国人一向有 在日常器物上添加装饰的传统, 86特别是隋唐的时候, 文人们别出心裁, 开始依据扇面形状描绘出千姿百态 的图画, 配上恰到好处的诗句, 并在扇把上雕刻, 慢 慢地使扇子演变成了集雕刻、书法、绘画、篆刻等于 一身的、有实用功能的艺术品, 成为今天收藏界的一 大门类。

中国古代扇子的种类非常多, 但真正被收藏家所 垂青的, 只有团扇和折扇两种。团扇由丝织物制成, 它的诞生早于折扇, 因形状团圆如月暗示了团圆和 谐, 又名 "合欢扇"。折扇产生时间虽较迟, 其重要 性却极大。它携带方便, 收则折起, 用则铺开, 是文 人的宠物。明代是折扇流行的开始, 87清代是折扇大 发展的时期。此时扇子在文人官员中间更加流行, 扇 子不仅是用以生风的工具, 也不仅是一种艺术品,

부채는 사람들이 더위를 피하고 바람을 쐴 수 있는 도구이다. 무더 운 여름 이것은 사람들에게 간간이 시원함을 가져다준다. 그러나 옛 날부터 중국의 부채는 예술품의 풍격을 지닌채 독특한 민족적 스타 일을 가져왔다. 부채는 중국에서 이미 3000년이 넘는 역사를 가진다. 역사적으로 부채의 주요 재료는 대나무, 나무, 종이, 풀, 날짐승의 깃 털 등이다. 고대에 중국인의 조상은 뜨거운 여름날 손에 잡히는 대로 식물의 잎이나, 날짐승의 깃털을 가져다가 간단한 가공을 하여 햇빛 을 가리거나, 시원한 바람을 만들어낸 것이 바로 부채의 기원이다.

부채는 원래 실용적인 장난감이었다. 그러나 85중국인들이 줄곧 생활 용품에 장식을 더하는 전통이 있었고 86특히 수당 시기의 문인 들은 남달랐다. 처음에는 부채에 다양한 그림을 그렸고, 적절한 시구 를 더했다. 또한 부채의 손잡이에 조각을 하여 점차 부채는 조각, 서 예, 회화, 전각이 한 몸과 같고 실용적인 기능까지 갖춘 예술품으로 점점 변하여 오늘날 수집업계의 한 부류가 되었다.

중국 고대 부채의 종류는 아주 많지만 진짜 수집가들의 사랑을 받 은 것은 둥근 부채와 접이식 부채 단 두 종류였다. 둥근 부채는 견직 물로 만들었으며 접이식 부채보다 훨씬 먼저 탄생했다. 모양이 달과 같이 둥근 것은 다 같이 조화를 이룬다는 의미로 '합환선' 이라고도 부른다. 접이식 부채가 만들어진 시기는 다소 늦지만 그 중요성은 매 우 크다. 이것은 휴대하기 편하고 접어 두었다가 사용할 때 펼칠 수 있어 문인들의 애장품이 되었다. 명나라 때 접이식 부채가 유행하기 시작했고, 87청나라 때는 접이식 부채가 크게 발전했다. 이 때 부채는

87它还成为一种身份地位及趣味的象征，成为他们社会角色的道具。

　　清代，扇子还从中国流传到世界其他地区，特别是欧洲。那时广州的商人还曾专门生产适应欧洲贵妇趣味爱好的折扇。折扇成了中国文化的象征，成了与世界文化交流的使者。

　　当代中国以地域划分共有四大名扇：其一是江苏的檀香制成，具有天然的香味。其二是广东的火画扇，制作时选薄玻璃扇两柄，合成一柄双面扇，然后用一种特制的火笔作画而成，**88**永不褪色。

문인 관원들에게 더욱 유행하였다. 부채는 바람을 만드는 도구일 뿐 아니라, 하나의 예술품이어서 **87**신분 지위 및 취향의 상징이자 그들의 사회적 역할의 도구였다.

청나라 때 부채는 중국에서부터 세계 다른 지역, 특히 유럽까지 전파되었다. 그 때 광저우의 상인들은 유럽 귀부인들의 취향에 맞는 접이식 부채를 전문적으로 생산하였다. 접이식 부채는 중국 문화의 상징이 되었고, 세계 문화 교류의 사신이 되었다.

당대 중국은 지역적으로 4대 부채로 나눌 수 있다. 하나는 강소 지역의 단향목으로 만든 것으로 천연의 향을 가진다. 또 하나는 광동의 화화선이다. 이것은 제작할 때 얇은 유리로 부채 손잡이를 만들어 양면의 부채를 만들고 그 후에 특수 제작된 불붓으로 그림을 그려서 **88**색이 영원히 바래지지 않는다.

어휘 **扇子** shànzi 명 부채　**消暑** xiāoshǔ 동 더위를 물리치다　**纳凉** nàliáng 동 시원한 바람을 쐬다　**阵阵** zhènzhèn 부 이따금　**风韵** fēngyùn 명 풍격, 아름다움　**民族** mínzú 명 민족　**风格** fēnggé 명 스타일　**材料** cáiliào 명 재료　**飞禽** fēiqín 명 날짐승, 조류　**羽毛** yǔmáo 명 깃털　**祖先** zǔxiān 명 조상　**遮挡** zhēdǎng 동 차단하다　**玩意儿** wányìr 명 완구, 장난감　**添加** tiānjiā 동 첨가하다　**装饰** zhuāngshì 명 장식　**别出心裁** biéchūxīncái 성 남다르다, 독창적이다　**描绘** miáohuì 동 묘사하다　**千姿百态** qiānzībǎitài 성 모양이 제각각이고 서로 다르다　**恰到好处** qiàdàohǎochù 성 꼭 들어맞다, 아주 적절하다　**诗句** shījù 명 시구　**雕刻** diāokè 명 동 조각(하다)　**演变** yǎnbiàn 동 변천하다, 변화 발전하다　**篆刻** zhuànkè 명 전각　**收藏** shōucáng 동 소장하다, 수집하다　**垂青** chuíqīng 동 특별히 좋아하다　**诞生** dànshēng 동 탄생하다　**暗示** ànshì 동 암시하다　**迟** chí 형 느리다, 더디다　**携带** xiédài 동 휴대하다, 지니다　**宠物** chǒngwù 명 애완동물　**趣味** qùwèi 명 재미, 흥미　**檀香** tánxiāng 명 단향목　**褪色** tuìsè 동 바래다, 퇴색하다

85 第二段中划线词语"别出心裁"的意思是：

A 构思独具一格
B 注意力不集中
C 情绪闷闷不乐
D 到处寻找新材料

2단락에서 밑줄 친 '别出心裁'의 의미는？

A 구상이 독특하다
B 주의력을 집중하지 않는다
C 기분이 우울하다
D 곳곳에서 새로운 재료를 찾는다

해설 두 번째 단락의 밑줄 친 어휘의 뜻을 묻는 문제이다. 어휘의 앞뒤 지문을 살펴보면 특히 수당 시기의 문인들이 **开始依据扇面形状描绘出千姿百态的图画，配上恰到好处的诗句**(처음에는 부채에 다양한 그림을 그렸고, 적절한 시구를 더했다)라고 하여 문인들의 독특한 표현력에 대해 언급하고 있다. 따라서 밑줄 친 어휘의 뜻으로 알맞은 것은 A이다.

어휘 **构思** gòusī 명 구상　**独具一格** dújùyìgé 독자적으로 하나의 품격을 갖추다　**闷闷不乐** mènmènbúlè 성 마음이 답답하고 울적하다

86 中国人一向热衷于：

A 装饰日用器具
B 由金属制成扇子
C 用新材料做东西
D 夸耀自己的地位

중국인은 줄곧 어디에 몰두했는가？

A 생활 용품을 장식한다
B 금속으로 부채를 만든다
C 새로운 재료로 물건을 만든다
D 자신의 지위를 과시한다

해설 질문이 중국인들은 어디에 몰두했는가로 중국인의 특징에 관해 묻고 있다. 두 번째 단락에서 **中国人一向有在日常器物上添加装饰的传统**(중국인들이 줄곧 생활 용품에 장식을 더하는 전통이 있었다)이라고 했으므로 생활 용품에 장식을 다는 특징이 있음을 알 수 있다. 따라서 정답은 A이다.

어휘 **金属** jīnshǔ 명 금속　**夸耀** kuāyào 동 과시하다, 뽐내다

87

关于清代的扇子，下列哪项正确：

A 忽略艺术性
B 是身份的象征
C 在民间广泛使用
D 只有皇家贵族才使用

청나라의 부채에 관해서 다음 중 옳은 것은?

A 예술성을 소홀히 했다
B 신분의 상징이었다
C 민간에서 널리 사용되었다
D 황실과 귀족들만 사용했다

해설 질문이 청나라의 부채에 관해 옳은 내용을 고르는 것이다. 질문의 키워드 **清代的扇子**(청나라 부채)를 지문에서 찾는다. 세 번째 단락에서 **清代是折扇大发展的时期**(청나라 때는 접이식 부채가 크게 발전했다)라고 하며 이 부채가 **它还成为一种身份地位及趣味的象征**(그것은 신분 지위 및 취향의 상징이다)이라고 했으므로 정답은 B이다.

어휘 **忽略** hūlüè 〈동〉소홀히 하다

88

关于火画扇，下列哪项正确？

A 色彩光亮
B 是江苏的檀香制成
C 色彩持久不变
D 具有天然的香味

'火画扇'에 관해서 다음 중 옳은 것은?

A 색채가 빛난다
B 강소 지역의 단향목으로 만들었다
C 색깔이 오래도록 변하지 않는다
D 천연의 향기를 지닌다

해설 **火画扇**(화화선)에 관해 옳은 내용을 묻는 문제이다. 마지막 단락에서 화화선에 대해 소개하며 특수 제작한 불붓으로 그림을 그려 **永不褪色**(색이 영원히 바래지지 않는다)라고 했으므로 정답은 C이다.

89-92

山西地处黄河中游，是世界上最大的农业起源中心之一，也是中国面食文化的发祥地。其历史之悠久，内涵之丰富，积淀之深厚当令世人瞩目。面食之所以在北方，89尤其是在山西出现，源于当地的气候和土壤条件。山西是典型的被黄土覆盖的山地高原，土地盐碱化比较厉害，因此，耐盐碱的小麦就成了当地主要的农作物，面食的产生也就由此出现。

山西面食随朝代兴替也时常在变化:东汉称为"煮饼"；魏晋名为"汤饼"；南北朝谓"水引"；而唐朝叫"冷淘"。俗话说"娇儿宠称多"，90面食的称谓如此之多，正说明山西人对它的重视和喜爱。

山西面食制法繁多，有蒸制面食、煮制面食、烹制面食等。一般家庭主妇能用小麦粉、高粱面、豆面做成数十种面食，如刀削面、拉面等。到了厨师手里，面食更是被舞弄得花样翻新。在山西，有据可查的面食就有280种之多，其中刀削面尤为著名，被誉为中国五大面食之一，名扬海外。

山西人对面食情深意切，他们对面食文化有着简单而又丰富的人生理解。91过生日吃拉面，取长寿之

산시는 황하 중류에 위치하며 세계 최대의 농업 발원지 중 하나이며 중국 면 문화의 발상지이다. 그 역사의 유구함과 깊은 의미, 그리고 축적된 깊이는 세계의 주목을 받는다. 면 요리가 북방, 89특히 산시에서 출현한 것은 현지의 기후와 토양 조건에서 비롯된 것이다. 산시는 전형적인 황토로 덮인 고원이며 토지의 알칼리성이 비교적 심해서 내알칼리성인 밀이 현지의 주요 농작물이 되었고 면 요리도 이 때문에 출현했다.

산시 면 요리는 왕조의 흥망성쇠에 따라 변하였다. 동한에서는 '주빙'이라고 불렸으며 위진 시대에는 '탕빙'이라고 불렸고 남북조 시대에는 '수이인'이라고 했고, 당나라 때는 '렁타오'라고 했다. 속담에 '아끼는 자식에게는 애칭이 많다'라고 했는데, 90면 요리의 이름이 이렇게 많은 것은 산시 사람들이 이것을 중시하고 소중히 여겼다는 것을 나타낸다.

산시의 면 요리의 제조법은 다양한데 찌고, 삶고, 볶는 것이 있다. 일반 가정 주부는 소맥분, 수수가루, 콩가루 등으로 도삭면이나 라면 등 10여 종의 면 요리를 한다. 요리사의 손에서 면 요리는 더 화려하게 변모한다. 산시에서 조사 가능한 면 요리는 280여 종이다. 그 중 도삭면이 유명하며 중국 5대 면 요리 중 하나로 해외에서 유명하다.

산시 사람은 면 요리에 깊은 의미를 둔다. 그들은 면 요리 문화에 간단하고 풍부한 인생의 이해를 가진다. 91생일날 '라면'을 먹는 것은

意；过年吃"接年面"，取岁月延绵之意，希望年年有余；孩子第一天去上学要吃"记心火烧"，这是父母希望孩子多一个长学问的心眼。这些面食已不仅仅是充饥的食物，92而已成为一种饱含情感和哲学意蕴的"精神食粮"。

一位外国友人考察完山西的面食后说："世界面食在中国，而中国面食在山西，山西不愧为面食之乡。"确实，山西作为面食的集大成者，对中外饮食文化产生了举足轻重的影响。

장수하라는 뜻이고, 새해에 '지에녠몐'을 먹는 것은 세월이 이어지고 해마다 여유가 있기를 바란다는 뜻이다. 아이들이 학교에 가는 첫 날에 '지신훠샤오'를 먹는 것은 부모가 아이가 공부를 잘하기를 희망하는 뜻이다. 이러한 면 요리는 배고픔을 달래주는 음식일 뿐 아니라 92깊은 감정과 철학적 의미를 가진 '정신적 양식'이 되었다.

외국인 친구가 산시의 면 요리를 알아보고 말했다. "세계의 면 요리는 중국에 있고, 중국의 면 요리는 산시에 있다. 산시는 면 요리의 고장이라고 해도 손색이 없다." 확실히 산시는 면 요리의 집대성자로 해외 음식 문화에도 막대한 영향을 끼쳤다.

어휘 地处 dìchǔ 통 ~에 위치하다 起源 qǐyuán 명 통 기원(하다) 中心 zhōngxīn 명 중심 面食 miànshí 명 밀가루 음식 发祥地 fāxiángdì 명 발상지 悠久 yōujiǔ 형 유구하다 内涵 nèihán 명 내포된 의미 积淀 jīdiàn 통 (사상이나 문화 등이) 축적되다 深厚 shēnhòu 형 깊다 世人 shìrén 명 세상 사람 瞩目 zhǔmù 통 주목하다 土壤 tǔrǎng 명 토양 典型 diǎnxíng 명 형 전형(적이다) 覆盖 fùgài 통 덮다 高原 gāoyuán 명 고원 盐碱化 yánjiǎnhuà 명 알카리화 小麦 xiǎomài 명 소맥, 밀 朝代 cháodài 명 왕조의 연대 兴替 xīngtì 명 성쇠 娇儿 jiāo'ér 명 애지중지하는 자녀 称谓 chēngwèi 명 호칭 喜爱 xǐài 통 좋아하다 繁多 fánduō 형 많다 蒸 zhēng 통 찌다 煮 zhǔ 통 삶다 烹 pēng 통 삶다, 볶다 花样翻新 huāyàngfānxīn 성 모양을 새롭게 하다 名扬海外 míngyánghǎiwài 해외에 명성을 떨치다 情深意切 qíngshēnyìqiè 정이 돈독하고 애틋하다 充饥 chōngjī 통 요기하다, 배를 채우다 饱含 bǎohán 통 가득 차다, 충만하다 情感 qínggǎn 명 감정, 느낌 意蕴 yìyùn 명 함의, 내포된 뜻 考察 kǎochá 통 고찰하다 不愧 búkuì 통 ~에 부끄럽지 않다, 손색없다 举足轻重 jǔzúqīngzhòng 성 일거수일투족이 전체에 중대한 영향을 끼치다

89 面食在山西出现的主要原因是：

밀가루 음식이 산시에서 출현한 주요 원인은?

A 山西历史悠久
B 山西土地酸化厉害
C 山西文化的内涵丰富
D **山西的主要农作物是小麦**

A 산시는 역사가 유구하다
B 산시의 토지는 산성화가 심하다
C 산시 문화의 내재적 의미가 풍부하다
D **산시 문화의 주요 농작물은 밀이다**

해설 밀가루 음식이 산시에 출현한 주요 원인을 묻는 문제이다. 질문의 키워드 在山西出现(산시에서 출현하다)을 지문에서 찾는다. 첫 번째 단락에서 **尤其是在山西出现，源于当地的气候和土壤条件**(특히 산시에서 출현한 것은 현지의 기후와 토양 조건에서 비롯된 것이다)이라고 했으므로 D가 정답이다.

어휘 酸化 suānhuà 명 산화

90 第2段中，划线的"娇儿宠称多"指的是：

2단락에서 밑줄 친 '娇儿宠称多'가 가리키는 것은?

A 山西面食盛于唐朝
B 山西面食名称随时变化
C **面食受到山西人的青睐**
D 山西面食有悠久的历史

A 산시 면 요리는 당나라 때 성행했다
B 산시 면 요리의 명칭은 수시로 변했다
C **산시 면 요리는 산시 사람들의 사랑을 받는다**
D 산시 면 요리는 유구한 역사를 가진다

해설 질문이 두 번째 단락에서 밑줄 친 어휘의 뜻이 무엇인가이다. 밑줄 친 어휘의 뒷부분에 **面食的称谓如此之多，正说明山西人对它的重视和喜爱**(면 요리의 이름이 이렇게 많은 것은 산시 사람들이 이것을 중시하고 소중히 여겼다는 것을 나타낸다)라고 했으므로 정답은 C이다.

어휘 青睐 qīnglài 명 총애, 주목

91

过生日吃"拉面"，有什么寓意？

생일에 라면을 먹는 것은 무슨 의미인가?

A 日子美满长久

B **希望长命百岁**

C 孩子学业有成

D 事事顺心如意

A 날이 아름답고 길다

B **백세 장수를 희망한다**

C 아이가 학업에서 성공을 거둔다

D 하는 일마다 뜻대로 된다

해설 생일에 라면을 먹는 것이 어떤 의미인지를 묻고 있다. 네 번째 단락에서 **过生日吃拉面，取长寿之意**(생일날 '라면'을 먹는 것은 장수하라는 뜻이다)라고 했으므로 정답은 B이다.

어휘 顺心 shùnxīn 통 마음대로 되다 如意 rúyì 통 뜻대로 되다

92

根据上文，下列哪项正确？

위 글에서 다음 중 옳은 것은?

A **面食可谓是"精神粮食"**

B 中国的面食就有280种

C 南北朝将面食称为"汤饼"

D 山西面食制作方法限于蒸制

A **면 요리는 '정신적 양식'이라고 할 수 있다**

B 중국의 면 요리는 280가지이다

C 남북조 시대에 면 요리는 '탕빙'라 불렀다

D 샨시의 면 요리법은 찌는 것에 제한되어 있다

해설 윗글의 내용에서 옳은 것을 고르는 문제이다. 보기의 키워드 **精神粮食**(정신적 양식), 280**种**(280가지), **汤饼**(탕빙), **限于蒸制**(찌는 것에 제한되다)를 지문에서 찾아 대조한다. 네 번째 단락에서 면요리가 **而已成为一种饱含情感和哲学意蕴的"精神食粮"**(깊은 감정과 철학적 의미를 가진 '정신적 양식'이 되었다)라고 했으므로 정답은 A이다.

93-96

96在夜间，人体的各器官都在工作还是休息？睡眠期间，人体各器官都有各自的工作时间段，让身体能更好地排毒，各器官能更好地休息。

你可能以为，睡觉的时候大脑也会跟着休息，其实并非如此，它还是一样努力工作，只不过跟白天处理的东西不太一样。睡觉的时候，大脑和身体也就会切换成夜间模式，放慢节奏，93但是却并非会完全停止工作。大脑在人体睡觉时会整理白天的信息，为第二天做好准备，脑脊髓也会开始工作，将信息产生的代谢废物清理掉。

心脏也在工作。即使在睡眠环境下，心脏恐怕一分钟也不能停止跳动。不过心脏并不是一刻不停地在工作，它也会抽空儿休息。94它收缩时是在工作，舒张时是在休息。每分钟心跳75次时，每一次心跳，心房和心室的收缩时间分别为0.1秒和0.3秒，而舒张时间分别为0.7秒和0.5秒，休息时间比工作时间还长。

消化系统也在夜间工作。根据实验，玉米在胃内消化要停留3个多小时，在小肠内吸收要停留5个小时，在结肠内要停留16个小时，经过20多个小时的消化吸收后，开始由"环卫部门"——直肠排出。

96밤에 인체의 각 기관은 일을 할까 아니면 쉴까? 수면하는 동안 인체의 각 기관은 각자의 업무 시간이 있으며 신체가 독소 더 잘 배출할 수 있게 하고 더 잘 쉴 수 있게 해 준다.

당신은 잠잘 때 대뇌도 함께 쉰다고 생각할 것이다. 사실 그렇지는 않다. 대뇌는 계속 열심히 일하는데 단지 낮에 처리하는 것과 다를 뿐이다. 잠을 잘 때 대뇌와 신체는 철저하게 야간 모드로 바꾸고 리듬을 늦춘다. 93그러나 완전히 일을 멈추는 것은 결코 아니다. 대뇌는 인체가 자고 있을 때 낮의 정보를 정리하고 이튿날을 위해 준비한다. 뇌척수도 일을 시작하여 정보를 생산하는 대사 노폐물을 깨끗이 없앤다.

심장 역시 일을 한다. 설령 수면 상태에 있더라도 심장은 1분도 박동을 멈출 수 없다. 그러나 심장이 한 순간도 멈추지 않고 일하는 것은 아니다. 심장도 시간을 내서 쉰다. 심장이 수축할 때는 일을 하고 있고, 94이완할 때는 쉬는 것이다. 1분에 75회를 박동할 때 매번 심장이 뛰고 심방과 심실의 수축 시간은 각각 0.1초와 0.3초이며, 이완 시간은 각각 0.7초와 0.5초로 쉬는 시간이 일하는 시간보다 더 길다.

소화 계통도 밤에 일한다. 실험에 따르면 옥수수가 위에서 소화될 때 3시간 이상 머무는데 소장에서 흡수될 때 5시간을 머물고, 결장에서는 16시간을 머물러야 한다. 20여 시간의 소화 흡수를 거치고 나서 '환경 위생부'인 직장에서 배출하기 시작한다.

此外，很多人大概还不清楚，调节人体功能的内分泌腺体也坚守在"夜班"岗位上。例如，腺垂体分泌的一种生长激素能促进蛋白质合成，加速软骨与骨头生长，使人长高，这种对发育极其重要的激素在人熟睡5小时后达到分泌的最高峰。至于神经系统这个人体活动的"总司令部"，在夜间当然是"灯火通明"。95感谢这些"夜班工人"，是它们使我们的生命得以平稳地延续。

그 밖에도 많은 사람들이 잘 모르는 인체 기능을 조절하는 내분비 기관도 '야근'을 한다. 예를 들어 뇌하수체 분비물의 생장 호르몬은 단백질의 합성을 촉진시키고 연골과 뼈의 성장을 가속화시켜 사람의 키를 자라게 한다. 이러한 발육에 아주 중요한 호르몬은 사람들이 5시간 동안 숙면하고 난 후에 분비의 절정에 도달한다. 신경계라는 인체 활동의 '총사령부'는 밤에도 당연히 <u>등불이 환하다</u>. 95이런 '야근 직원'들에게 감사해야 하는 것은 그들이 우리의 생명을 안정적으로 지속될 수 있게 하기 때문이다.

어휘 **器官** qìguān 몡 (생물의) 기관 **排毒** páidú 통 독소를 배출하다 **换成** huànchéng 통 ~으로 바꾸다 **模式** móshì 몡 양식, 패턴 **放慢** fàngmàn 통 늦추다 **节奏** jiézòu 몡 리듬 **脑脊髓** nǎojǐsuǐ 뇌척수 **代谢** dàixiè 몡 통 신진대사(를 하다) **废物** fèiwù 몡 폐물 **清理** qīnglǐ 통 깨끗이 정리하다 **心脏** xīnzàng 몡 심장 **抽空** chōukòng 통 시간을 내다 **收缩** shōusuō 통 수축하다, 축소하다 **消化** xiāohuà 통 소화하다 **舒张** shūzhāng 통 이완되다, 펴다 **停留** tíngliú 통 멈추다 **结肠** jiécháng 몡 결장 **环卫** huánwèi '环境卫生'(환경 위생)의 준말 **直肠** zhícháng 몡 직장 **调节** tiáojié 몡 통 조절(하다) **内分泌腺体** nèifēnmìxiàntǐ 내분비샘 **岗位** gǎngwèi 몡 직책 **腺垂体** xiànchuítǐ 뇌하수체 **分泌** fēnmì 몡 통 분비(하다) **激素** jīsù 호르몬 **蛋白质** dànbáizhì 몡 단백질 **软骨** ruǎngǔ 몡 연골 **骨头** gǔtou 몡 뼈 **高峰** gāofēng 몡 절정, 최고봉 **系统** xìtǒng 몡 시스템, 체계 **平稳** píngwěn 혱 안정되다

93 关于大脑，下列哪项不是正确的？

대뇌에 관해서 다음 중 옳지 않은 것은?

A 整理白天的信息
B 会转换工作模式
C 人在睡觉时也休息
D 脑脊髓也会开始工作

A 낮의 정보를 정리한다
B 업무 패턴을 바꿀 수 있다
C 사람이 잘 때 같이 쉰다
D 뇌척수도 일을 하기 시작한다

해설 대뇌에 관한 내용으로 틀린 것을 고르는 문제이다. 대뇌가 언급되는 두 번째 단락을 중심으로 살펴보면 **但是却并非会完全停止工作**(그러나 완전히 일을 멈추는 것은 결코 아니다)라고 하였으므로 정답은 C이다.

94 在第3段中，关于心脏可以知道：

3단락에서 심장에 관해 알 수 있는 것은?

A 休息时间更长
B 睡觉时不跳动
C 一刻不停地工作
D 舒张表示在休息

A 쉬는 시간이 더 길다
B 잘 때 뛰지 않는다
C 한 순간도 쉬지 않고 일한다
D 이완할 때는 쉬는 것을 의미한다

해설 세 번째 단락에서 심장에 관한 옳은 내용을 고르는 문제이다. 지문에서 심장 역시 일을 하지만 시간을 내서 쉰다고 하며 **它收缩时是在工作，舒张时是在休息**(심장이 수축할 때는 일을 하고 있고, 이완할 때는 쉬는 것이다)라고 했으므로 D가 정답이다.

95 划线的"灯火通明"是什么意思？

밑줄 친 '灯火通明'은 무슨 뜻인가?

A 熬夜学习
B 坚持做工作
C 火力很猛烈
D 灯光昏暗

A 밤을 새워 공부한다
B 계속 일한다
C 화력이 아주 맹렬하다
D 등불이 어둡다

어휘 **熬夜** áoyè 통 밤새다　**昏暗** hūn'àn 형 어둡다

96

上文主要谈的是：	윗글이 주로 이야기하는 것은?
A 夜间工作的人体器官	A 밤에 일하는 인체 기관
B 人体器官也要休息	B 인체 기관도 쉬어야 한다
C 大脑如何处理信息	C 대뇌는 어떻게 정보를 처리하는가
D 消化系统的奥秘	D 소화 계통의 비밀

해설 윗글의 주제를 묻는 문제이다. 설명문의 주제는 첫 번째 단락 또는 각 단락의 첫 문장을 살펴본다. 첫 번째 단락에서 **在夜间, 人体的各器官都在工作还是休息？**(밤에 인체의 각 기관은 일을 할까 아니면 쉴까?)라고 질문을 던졌고, 나머지 단락에서 각 기관들이 밤에도 다양한 역할로 일한다고 설명하고 있으므로 주제로 알맞은 것은 A이다.

어휘 **奥秘** àomì 명 비밀, 수수께끼

97-100

春节期间，人们大多探亲访友、交流沟通、娱乐休闲。不过，对于一些平时在高度紧张状态下工作的人而言，这倒未必是一件令人舒心的事，尤其是上班族，如果他们一旦停下来无事可做，反而容易出现抑郁、失落、焦躁不安。

这些问题表现为多种形态。例如，原来那种适应紧张节奏的心理模式便会突然失去对象物，加上97生理和心理的惯性作用，会使人们面对宽松的环境反而感到不适应，这会产生"节日心理失调症"；或是外出旅游时，遭遇失眠、胸闷、精神紧张等症状，产生"旅游精神综合症"；还有暴饮暴食，过于放纵导致乐极生悲的"心理过敏"等。

对此专家有以下建议：首先要趁假期充分休息，恢复体力。可以轻轻按摩头部、听听音乐、散步闲逛，让身心放松休息。98不妨约家人或朋友出去旅游或运动。当然也不能过度放纵自身，切忌暴饮暴食，要注意生活节律，否则不仅身体会出毛病，心理负担也会增加。

至于节日送礼带来的心理压力，专家认为社会发展使人们的思想逐渐进步，人情交往时，送礼、给压岁钱也不像以前一样隆重了。"礼轻情意重"，送礼时应根据自己的实际财力选择礼品，如果能自己做礼物就更好了。此外，春节时大家庭聚会，婆媳、夫妻、姑嫂之间也许会产生矛盾。大家在一起相处时，99应当充分尊重每一个人的个体需求和动机，这也是减少假期出现心理问题的好方法。

춘절 기간에 사람들은 친척과 친구들을 방문하고, 교류하며 오락을 즐긴다. 그러나 평소에 고도로 긴장된 상태에서 일을 하는 사람에게는 이것이 반드시 사람을 편안하게 만드는 일을 아닐 수도 있다. 특히 직장인들은 일단 멈춰서 할 일이 없게 되면 오히려 쉽게 우울해지고 허전하며 초조해질 수 있다.

이 문제는 여러 형태로 보여진다. 예를 들어 원래 긴장된 리듬에 적응된 심리 패턴이 갑자기 대상을 잃게 된다. 게다가 97생리적이고 심리적인 습관이 사람으로 하여금 편안한 환경에 오히려 적응하지 못함을 느끼게 하여 '휴일 심리 조절 장애'를 일으킨다. 또는 밖으로 나가 여행을 할 때 불면증이 오고 가슴이 답답하며 정신적으로 긴장하는 등의 증상이 나타나 '여행 심리 증후군'이 생긴다. 또한 폭음과 폭식이나 지나친 방종은 즐거움 끝에 괴로워지는 '심리 과민'등을 유발하게 된다.

이에 대해 전문가들은 다음과 같은 제안을 한다. 우선 휴가 기간에 충분히 휴식을 하여 체력을 회복한다. 머리 부분을 가볍게 안마하거나, 음악을 듣고, 한가롭게 산책을 하여 심신을 편하게 하고 휴식을 취한다. 98가족 혹은 친구들과 여행을 하고 운동을 해도 좋다. 당연히 지나치게 자신을 방종하지 말고, 폭식과 폭음은 절대 하지 말아야 한다. 생활 리듬에 주의하지 않으면 신체에 문제가 생길 뿐 아니라 심리적 부담도 증가된다.

명절에 선물을 주는 것으로 인한 심리적 스트레스에 대해서 전문가들은 사회 발전이 사람들의 사고를 진취적으로 바꿔 마음이 오고 갈 때 선물을 주거나 세뱃돈을 주는 것 역시 예전처럼 그렇게 성대하게 하지 않는다고 생각한다. '선물이 작더라도 성의는 깊다'라고 선물을 줄 때 자신의 실제 경제력에 근거해서 선물을 선택해야 한다. 만일 직접 만들어서 준다면 더 좋을 것이다. 이 외에도 춘절에 대가족이 함께 모이는데, 고부 간에, 부부 간에, 시누이 올케 간에 갈등이 생길 수 있다. 모두 같이 있을 때는 99각 사람의 요구와 동기를 충분히 존중해야 한다. 이것 역시 명절에 나타날 수 있는 심리 문제를 줄일 수 있는 좋은 방법이다.

假期结束前两天，要从生活内容到作息时间两方面都
积极做出相应的调整，静心思考上班后准备做的事，
使自己的心理调整到工作状态上。有人对节后总过会
有恐惧感，此时可以做些放松训练或瑜伽训练，症
状严重时可在精神科医生的指导下服用一些药物，以
改善情绪，消除恐惧。

휴일이 끝나기 이틀 전에 삶의 내용에서부터 휴식 시간까지 두 가지
면을 적극적으로 조정해야 한다. 출근한 후 해야 할 일을 차분하게 생
각해서 자신의 마음을 일하는 상태로 조절해야 한다. 어떤 사람은 명
절 후에 항상 공포감을 느끼는데, 이때 가벼운 체조나 요가 등을 해도
좋다. 증상이 심할 경우에는 정신과 의사의 지시 하에 약을 복용하여
정서를 개선시키고 공포감을 없앨 수 있다.

어휘 探亲 tànqīn 图 친척을 방문하다 访友 fǎngyǒu 图 친구를 방문하다 娱乐 yúlè 图 오락 休闲 xiūxián 图 한가롭게 보내다 未
必 wèibì 图 반드시 ~한 것은 아니다 舒心 shūxīn 图 마음이 편하다 无事可做 wúshìkězuò 할 일이 없다 抑郁 yìyù 图 우울
하다 失落 shīluò 图 낙담하다, 풀이 죽다 焦躁不安 jiāozàobù'ān 초조하고 불안하다 遭遇 zāoyù 图 만나다, 당하다 失眠
shīmián 图 잠을 이루지 못하다 胸闷 xiōngmèn 图 가슴이 답답하다 暴饮暴食 bàoyǐnbàoshí 폭음 폭식하다 放纵 fàngzòng
图 방종하다, 내버려 두다 过敏 guòmǐn 图 알레르기 图 예민하다 闲逛 xiánguàng 图 한가로이 돌아다니다 不妨 bùfáng 图
무방하다 压岁钱 yāsuìqián 图 세뱃돈 隆重 lóngzhòng 图 성대하다 礼轻情意重 lǐqīngqíngyìzhòng 图 선물은 보잘 것 없지
만 성의는 깊다 婆媳 póxí 图 시어머니와 며느리 姑嫂 gūsǎo 图 시누이와 올케 静心 jìngxīn 图 마음을 가라앉히다 恐惧
kǒngjù 图 겁먹다, 두려워하다 瑜伽 yújiā 图 요가 症状 zhèngzhuàng 图 증상

97 "节日心理失调症"的主要原因是什么？

'휴일 심리 조절 장애'의 주요 원인은 무엇인가?

A 进食无规律
B 旅游导致了疲倦
C 节日实在太忙碌
D 不习惯清闲的节奏

A 식사를 규칙적으로 하지 않는다
B 여행은 피로를 유발한다
C 휴일은 사실 너무 바쁘다
D 한가한 패턴에 습관되지 않았다

해설 질문이 휴일 심리 조절 장애의 주요 원인이 무엇인가이므로 질문의 키워드 节日心理失调症(명절 심리 조절 장애)을 지문에서
찾는다. 두 번째 단락에서 生理和心理的惯性作用，会使人们面对宽松的环境反而感到不适应(생리적이고 심리적인 습
관이 사람으로 하여금 편안한 환경에 오히려 적응하지 못함을 느끼게 한다)이라고 했으므로 정답은 D이다.

어휘 进食 jìnshí 图 식사하다

98 假期期间应该如何放松心情？

휴일에 어떻게 마음을 풀어 줘야 하는가?

A 和家人去运动
B 多参加些联欢会
C 用全部时间去旅游
D 尽情享受各种美食

A 가족과 운동을 한다
B 연회에 많이 참여한다
C 모든 시간을 들여 여행한다
D 맛있는 음식을 마음껏 먹는다

해설 질문이 휴일에 어떻게 마음을 풀어야 하는가이다. 세 번째 단락에서 전문가의 의견이 제시되는데 휴식, 안마, 음악, 산책 등을 제시하
였고 不妨约家人或朋友出去旅游或运动(가족 혹은 친구들과 여행을 하고 운동을 해도 좋다)이라고 했으므로 A가 정답이다.

어휘 联欢 liánhuān 图 함께 모여 즐기다 尽情 jìnqíng 图 마음껏

99 婆媳之间发生矛盾的时候，应该怎么做？

고부간에 갈등이 발생했을 때 어떻게 해야 하는가?

A 自己做礼物
B 服用药物改善情绪
C 约朋友出去旅游
D 尊重每个人的要求

A 직접 선물을 만든다
B 약을 복용하여 정서를 개선시킨다
C 친구와 여행가기로 한다
D 모든 사람의 요구를 존중한다

고부 간에 갈등이 발생했을 때의 대처 방법에 대해 묻고 있다. 지문에서 질문의 키워드 婆媳(고부)와 矛盾(갈등)을 찾는다. 네 번째 단락에 키워드가 언급되면서 **应当充分尊重每一个人的个体需求和动机**(각 사람의 요구와 동기를 충분히 존중해야 한다)라고 했으므로 정답은 D이다.

100

上文主要谈的是：	윗글이 주로 이야기하는 것은?
A 健身强体的方法	A 신체를 건강하게 하는 방법
B 做事要追求完美	B 일을 할 때는 완벽을 추구해야 한다
C 表达感情的技巧	C 감정을 전달하는 테크닉
D 怎么调整好心态	D 어떻게 마음 상태를 잘 조절하는가

주제를 묻는 문제이다. 설명문의 주제는 첫 번째 단락과 각 단락의 첫 문장에 제시된다. 첫 번째 단락에서 춘절 기간에 직장인들이 **反而容易出现抑郁、失落、焦躁不安**(오히려 쉽게 우울해지고 허전하며 초조해질 수 있다)라고 하며 문제를 제기하였고 나머지 단락에서 이에 대한 원인과 대처법을 설명하고 있으므로 주제로 가장 알맞은 것은 D이다.

쓰기

| Step 1 | 인물과 사건을 중심으로 한 번 읽기

등장인물 : 나(我)와 선생님(老师)

20年前，当表演系专业都已招考完毕，只剩了一个音乐剧专业还在招生。那年我26岁，身高1.80米，体重90公斤，一个典型的东北大汉。→기

报名的老师看到我，一脸惊讶："你也来报考表演？""对，我就是来报考表演系的。"我信心满满地说。老师并没有多看我两眼，摆摆手，说："孩子，回去吧。你考不上的。""为什么呀？"我很不甘心就此打包走人，一定要问个清楚。

老师终于抬起眼睛瞟了瞟我，说："你知道音乐剧专业需要做什么吗？要跳芭蕾！你看看你，你的脚尖能撑得住你这大块头吗？至少要减掉10公斤！"

离考试的日子还有30天，那么短的日子要减掉10公斤，可能性为零，估计老师也没指望我能减肥成功，随口应允只是打发我快走，可是，我不想放弃一丝希望。

当天我就找到一个这个学校的老乡，在他的宿舍住下了，开始了减肥历程。每天风雨无阻，从不间断，每天跑步三次，每次五十分钟，跑完以后，再到一个像蒸笼一样的温室花房，练芭蕾小跳1000下，其余的时间就是练台词。每天的饮食除了喝点肉汤，吃点水果，主食一点都不沾。刚开始，有一群超

기 20년 전(20年前) 뮤지컬 학과(音乐剧专业)에서 학생을 모집하는데(招生) 나는 26살에 180m, 90kg였음(我26岁，身高1.80米，体重90公斤).

승 등록 담당 선생님(报名的老师)이 나를 보고 합격할 수 없다고 함(你考不上的). 최소한 10kg는 빼야 한다고 함(至少要减掉10公斤). 시험까지 30일이 남은 상태에서(离考试的日子还有30天) 다이어트를 시작함(开始了减肥历程). 매일 3번씩 뛰며(每天跑步三次) 열심히 노력함.

重的学生和我一起跑，可是几天下来，那些人一个个打起了退堂鼓，只有我一个人坚持了下来。我不怕非议，在风雨中奔跑，在烈日下狂奔，平日沉默不语，到了深夜还在楼道里背台词。那时周围的人只要看到我就会交头接耳用不屑的口气说："看，那疯子又来了。"→承

考试的日子终于来到了，整整一个月，我减掉了20公斤。但是考试那天，我紧张得张开嘴却说不出话来，事先准备好的台词都忘记了。辛辛苦苦准备了半年，尤其是一个月来近乎残酷的减肥，没想到竟失败在这几分钟的表演。

当我无比失望、垂头丧气走出考场时，有位老师在后面喊了一声："那位考生，等一下，我让你再考一次。"

原来，从第一次报名起，形象和声音都不错，唯独胖了一点的我就给老师留下了印象。后来我在学校操场上挥汗如雨地锻炼，也给老师留下了深刻的印象。那么多和我一起锻炼的考生都放弃了，唯独我坚持了下来，就凭这种精神，老师觉得也应该再给我一次机会。→转

我演了足足12分钟，最后才在老师赞许的目光中结束。那一次，700人的考生只录取了一人，那就是我。如果不是之前坚持不懈的毅力给老师留下深刻的印象，也许，我就没有第二次考试的机会了。

影响一个人成功的因素很多，对手很重要，伯乐也很重要，但最重要的是要有一种精神。世界上大多数的伟业都是由那些在看起来根本无望的时候仍然坚持尝试的人完成的。→结

전 한 달 동안 20kg를 뺌(终于减掉了20公斤). 시험 당일날(考试那天) 너무 긴장해서(我太紧张了) 대사를 잊어버림(台词都忘记了). 그 때 어떤 선생님(有位老师)이 다시 한 번 시험을 보게 해 주심(我让你再考一次). 실은 내가 열심히 단련해서(原来, 我坚持锻炼) 선생님께 깊은 인상을 남긴 것임(给老师留下了深刻的印象).

결 700명 중 결국 합격함(700人中录取的就是我). 성공하는 요소(成功的因素) 중 가장 중요한 것은 정신임(精神). 위대한 업적은 끝까지 시도하는 사람들이 완성하는 것임(伟业是由那些坚持尝试的人完成的).

| Step 2 | 파악한 내용을 중국어로 익히기

기 사건의 배경

<u>20年前</u>，当表演系专业都已招考完毕，只剩了<u>一个音乐剧专业还在招生</u>。<u>那年我26岁，身高</u>
20년 전   뮤지컬 학과에서 학생을 모집했다.   그 때 나는 26살, 키 180m에

<u>1.80米</u>，<u>体重90公斤</u>，一个典型的东北大汉。
          몸무게 90kg이었음

20년 전 연기학과 전공은 모집이 끝나고 단지 뮤지컬 학과만 신입생을 모집했다. 그 해에 나는 26살이었고 키 180cm에 몸무게가 90kg인 전형적인 동북 남자였다.

어휘 **表演系** biǎoyǎnxì 몡 연기학과 **招考** zhāokǎo 동 시험을 쳐서 모집하다 **完毕** wánbì 동 종료하다 **剩** shèng 동 남다 **音乐剧** yīnyuèjù 몡 뮤지컬 **招生** zhāoshēng 동 신입생을 모집하다 **典型** diǎnxíng 몡 혱 전형(적이다) **大汉** dàhàn 몡 사내대장부

报名的老师看到我，一脸惊讶：“你也来报考表演？”“对，我就是来报考表演系的。”我信心
<small>등록 담당 선생님이 나를 보시고 의아해하시며</small>

满满地说。老师并没有多看我两眼，摆摆手，说：“孩子，回去吧。你考不上的。”“为什么呀？”
<small>합격 못한다고 하심</small>

我很不甘心就此打包走人，一定要问个清楚。

老师终于抬起眼睛瞟了瞟我，说：“你知道音乐剧专业需要做什么吗？要跳芭蕾！你看看你，你
的脚尖能撑得住你这大块头吗？至少要减掉10公斤！”
<small>최소 10kg은 빼야 한다고 하심</small>

离考试的日子还有30天，那么短的日子要减掉10公斤，可能性为零，估计老师也没指望我能减
<small>시험 날까지 30일 남아서그렇게 짧은 기간에 10kg을 빼야하는데 가능성이 제로였음</small>

肥成功，随口应允只是打发我快走，可是，我不想放弃一丝希望。
<small>하지만 나는 희망을 포기하고 싶지 않았음</small>

当天我就找到一个这个学校的老乡，在他的宿舍住下了，开始了减肥历程。每天风雨无阻，从不
<small>그날 나는 이 학교의 고향 사람을 찾아</small>　　　　<small>그의 기숙사에서 살며</small>　　　<small>다이어트를 시작함</small>

间断，每天跑步三次，每次五十分钟，跑完以后，再到一个像蒸笼一样的温室花房，练芭蕾小跳
<small>매일 3번, 50분씩 달렸고</small>　　　　　　　　　　　　　　　　　　　<small>발레 연습과</small>

1000下，其余的时间就是练台词。每天的饮食除了喝点肉汤，吃点水果，主食一点都不沾。刚开始，
<small>대사 연습을 함</small>

有一群超重的学生和我一起跑，可是几天下来，那些人一个个打起了退堂鼓，只有我一个人坚持了下
<small>과체중 학생들이 나와 같이 달렸지만 며칠 새에</small>　　　　　　　　　　　　<small>나 혼자만 남았음</small>

来。我不怕非议，在风雨中奔跑，在烈日下狂奔，平日沉默不语，到了深夜还在楼道里背台词。那时
周围的人只要看到我就会交头接耳用不屑的口气说：“看，那疯子又来了。”

등록 담당 선생님은 나를 보고 의아해했다. "너도 연기를 지원하러 왔니?""네, 저 지원하러 왔어요." 나는 자신만만하게 말했다. 선생님은 내 두 눈을 보지 않고 손사래를 치며 말했다. "얘야, 돌아가, 너는 합격 못해.""왜요?" 나는 이렇게 사람을 보내려는 게 마음에 들지 않았고 반드시 물어보고 싶었다.

선생님은 마침내 눈을 들어 나를 힐끗 보고 말했다. "뮤지컬을 전공하려면 뭘 해야 하는지 아니? 발레를 해야 해! 네 자신을 봐, 너의 발끝이 이 거구를 지탱할 수 있겠어? 최소한 10kg는 빼야 해!"

시험까지는 30일이 남았는데 그 짧은 시간에 10kg을 뺄 가능성은 제로였다. 선생님은 내가 성공할거라 기대하지 않았고 입에 나오는 대로 대충 말해서 나를 쫓아내려는 것 같았다. 그러나 나는 작은 희망도 포기하고 싶지 않았다.

그날 나는 이 학교에 다니는 고향 사람을 만나 그의 기숙사에서 지내며 다이어트를 시작했다. 매일 비바람이 불어도 멈추지 않았고 매일 3번, 50분씩 달렸고, 달리고 나서는 찜통 같은 온실에서 발레 연습을 1000번 했으며 남은 시간에는 대사를 연습했다. 매일 먹은 것은 고기 국 조금, 과일 조금이었고 주식은 입에 대지 않았다. 처음에는 과체중 학생들이 나와 함께 달렸지만 며칠이 지나자 그 사람들은 하나씩 그만뒀고 나 혼자만 남았다. 나는 비난을 무서워하지 않고 비바람 속에서도 달렸으며 작열하는 태양 아래에서도 미친 듯이 뛰었다. 매일 아무 말도 하지 않고 밤이 되면 건물 복도에서 대사를 외웠다. 그때 주변 사람들은 나를 보기만 하면 소근거리며 무시하는 말투로 말했다. "봐, 그 미치광이 또 왔어."

어휘 惊讶 jīngyà 혱 놀랍고 의아해하다　摆手 bǎishǒu 통 손을 내젓다　甘心 gānxīn 통 달가워하다, 만족해하다　打包走人 dǎbāozǒurén 그만두게 하다　瞟 piǎo 통 곁눈질하다　芭蕾 bālěi 발레　撑得住 chēngdezhù 통 버틸 수 있다　大块头 dàkuàitóu 명 거구, 뚱뚱보　估计 gūjì 통 추측하다　随口 suíkǒu 부 입에서 나오는 대로, 무심결에　应允 yīngyǔn 통 허락하다　打发 dǎfa 통 떠나게 하다, 내쫓다　老乡 lǎoxiāng 명 고향 사람　风雨无阻 fēngyǔwúzǔ 생 비바람도 막을 수 없다, 어떤 상황이 닥치든 계획대로 진행하다　间断 jiànduàn 통 중단되다　蒸笼 zhēnglóng 명 찜통　温室 wēnshì 명 온실　花房 huāfáng 명 온실, 화방　台词 táicí 명 대사　沾 zhān 통 닿다, 접촉하다　超重 chāozhòng 통 중량을 초과하다　退堂鼓 tuìtánggǔ 명 옛날

관리들의 퇴정을 알리는 북 **非议** fēiyì 통 비방하여 논하다, 비난하다 **奔跑** bēnpǎo 통 질주하다, 내달리다 **烈日** lièrì 명 작열하는 태양 **狂奔** kuángbēn 통 미친듯이 달리다 **沉默不语** chénmòbùyǔ 침묵을 지키다 **交头接耳** jiāotóujiē'ěr 성 귀에 입을 대고 소곤거리다 **不屑** búxiè 통 하찮게 여기다 **口气** kǒuqì 명 말투 **疯子** fēngzi 명 미치광이

전 사건의 절정

考试的日子终于来到了，整整一个月，我减掉了20公斤。但是考试那天，我紧张得张开嘴却说
시험 날이 왔고　　　　　　　　　　　20kg을 감량함　　　　　하지만 시험 당일　긴장해서

不出话来，事先准备好的台词都忘记了。辛辛苦苦准备了半年，尤其是一个月来近乎残酷的减肥，没
　　　　　사전에 준비한 대사를 모두 잊어버림

想到竟失败在这几分钟的表演。
뜻밖에도 이 몇 분의 연기에서 실패하게 됨

当我无比失望、垂头丧气走出考场时，有位老师在后面喊了一声："那位考生，等一下，我让你
　　　　　　　　　　　　　　　　　어떤 선생님이 외치셨는데 "학생, 기다려봐, 다시 한 번 시험을 보게

再考一次。"
　해 주겠네."

原来，从第一次报名起，形象和声音都不错，唯独胖了一点的我就给老师留下了印象。后来我在
실은

学校操场上挥汗如雨地锻炼，也给老师留下了深刻的印象。那么多和我一起锻炼的考生都放弃了，唯
　　　　　　　내가 운동한 것이 선생님에게 깊은 인상을 남긴 것

独我坚持了下来，就凭这种精神，老师觉得也应该再给我一次机会。

> 시험날이 드디어 왔고, 한 달 동안 나는 20kg를 뺐다. 그러나 시험 당일 입을 벌려도 말이 나오지 않을 정도로 긴장했고, 사전에 준비한 대사를 모두 잊어버렸다. 그렇게 힘들게 반년을 준비했고 특히 한 달 동안 혹독하게 다이어트를 했는데 뜻밖에도 이 몇 분의 연기에서 실패했다. 나는 너무도 실망하고 낙심하여 고사장을 나오는데 한 선생님이 뒤에서 외쳤다. "거기 수험생, 기다리게. 다시 한번 시험을 보게 해 주겠네." 알고보니 처음 등록할 때부터 이미지와 목소리는 좋았는데 단 하나 조금 뚱뚱했던 내가 선생님에게 깊은 인상을 남겼던 것이다. 나중에 내가 학교 운동장에서 땀을 비 오듯 흘리며 운동한 것도 선생님에게 깊은 인상을 남겼다고 한다. 나와 함께 운동하던 그 많은 수험생들은 모두 포기했지만 오직 나만 포기하지 않았다. 이 정신 때문에 선생님은 다시 한번 기회를 줘야 한다고 생각하셨다.

어휘 **辛辛苦苦** xīnxīnkǔkǔ 형 매우 수고로운 모양 **残酷** cánkù 형 잔혹하다 **竟** jìng 부 뜻밖에 **表演** biǎoyǎn 통 연기하다 **无比** wúbǐ 형 비할 바 없다 **垂头丧气** chuítóusàngqì 성 의기소침하다 **考场** kǎochǎng 명 고사장 **喊** hǎn 통 외치다 **形象** xíngxiàng 명 이미지 **唯独** wéidú 부 유독 **操场** cāochǎng 명 운동장 **挥汗如雨** huīhànrúyǔ 땀이 비 오듯 하다 **凭** píng 개 ~에 근거하여 **精神** jīngshén 명 정신

결 문제 해결

我演了足足12分钟，最后才在老师赞许的目光中结束。那一次，700人的考生只录取了一人，
　　　　　　　　　　　　　　　　　　　　　　　　　700명의 수험생 중 한 명 뽑았는데

那就是我。如果不是之前坚持不懈的毅力给老师留下了深刻的印象，也许，我就没有第二次考试的机会了。
그게 나였음

影响一个人成功的因素很多，对手很重要，伯乐也很重要，但最重要的是要有一种精神。世界
한 사람의 성공에 영향을 주는 요소는 많지만　　　　　　　　　　　　　　가장 중요한 것은 정신임

上大多数的伟业都是由那些在看起来根本无望的时候仍然坚持尝试的人完成的。
　　　　세상의 대부분의 위대한 업적은 가망이 전혀 없어 보일 때 끝까지 시도하는 사람들이 완성하는 것

나는 꼬박 12분을 연기했고 결국 선생님의 칭찬과 지지어린 눈빛 속에 마무리했다. 그 때 700명의 수험생 중 단 한 명을 뽑았는데 그게 바로 나였다. 만약 끈기 있는 굳센 의지가 선생님께 깊은 인상을 주지 않았다면 아마 두 번째 시험의 기회는 없었을 것이다.

한 사람의 성공에 영향을 주는 요소는 많다. 라이벌도 매우 중요하고 인재를 볼 줄 아는 사람도 중요하지만 가장 중요한 것은 정신이다. 세상에서 대부분 위대한 업적은 가망이 전혀 없어 보일 때 끝까지 시도하는 사람들이 완성한다.

어휘 足足 zúzú 閏 꼬박, 족히 赞许 zànxǔ 閏 통 칭찬(하다) 目光 mùguāng 閏 눈빛 录取 lùqǔ 통 채용하다, 뽑다 坚持不懈 jiānchíbúxiè 셍 조금도 느슨해지지 않고 끝까지 견지하다 毅力 yìlì 閏 굳센 의지 因素 yīnsù 閏 요인 伯乐 bólè 閏 백락[인재를 잘 발견하여 등용하는 사람을 비유함] 伟业 wěiyè 閏 위대한 업적 无望 wúwàng 통 희망이 없다 尝试 chángshì 통 시도해 보다

| Step 3 | 요약문 쓰기 (참고 답안)

坚持尝试

　　20年前, 一个音乐剧专业还在招生。那年我26岁, 身高1.80米, 体重90公斤。

　　报名的老师看到我, 一脸惊讶说:"你考不上的。至少要减掉10公斤!"离考试的日子还有30天, 那么短的日子要减掉10公斤, 可能性为零, 可是, 我不想放弃一丝希望。当天我就找到一个这个学校的老乡, 在他的宿舍住下了, 开始了减肥历程。每天跑步三次, 每次五十分钟, 练芭蕾, 练台词。有一群超重的学生和我一起跑, 可是几天下来, 只有我一个人坚持了下来。

　　考试的日子终于来到了, 我减掉了20公斤。但是考试那天, 我太紧张了, 事先准备好的台词都忘记了, 没想到竟失败在这几分钟的表演。那时, 有位老师在后面喊了一声:"那位考生, 等一下, 我让你再考一次。"原来, 我坚持锻炼, 给老师留下了深刻的印象。

　　700人的考生只录取了一人, 那就是我。影响一个人成功的因素很多, 但最重要的是要有一种精神。世界上大多数的伟业都是由那些在看起来根本无望的时候仍然坚持尝试的人完成的。

끝까지 시도하자

　　20년 전 뮤지컬 학과에서 신입생을 모집했다. 그 해 나는 26살이었고 키 180cm에 몸무게는 90kg이었다.

　　등록 담당 선생님은 나를 보고 의아해하며 말했다."너는 합격 못해. 최소한 10kg는 빼야 해!"시험까지는 30일이 남았는데 그 짧은 기간에 10kg을 뺄 가능성은 제로였다. 그러나 나는 희망을 포기하고 싶지 않았다. 그날 나는 이 학교에 다니는 고향 사람을 만나 그의 기숙사에서 지내며 다이어트를 시작했다. 매일 3번, 50분씩 달렸고, 발레 연습을 했고 대사 연습을 했다. 과체중 학생들이 나와 함께 달렸지만 며칠이 지나자 나 혼자만 남았다.

　　시험날은 드디어 왔고, 한 달 동안 나는 20kg를 뺐다. 그러나 시험 당일 너무 긴장해서 사전에 준비한 대사를 모두 잊어버려서 뜻밖에도 결국 이 몇 분간의 연기를 망쳤다. 그 때 선생님이 뒤에서 외쳤다."저기 수험생, 기다리게, 다시 한번 기회를 주겠네." 알고 보니 내가 끝까지 포기하지 않고 운동한 것이 선생님에게 깊은 인상을 남긴 것이다.

　　700명의 수험생 중 단 1명을 뽑았는데 그것이 바로 나였다. 한 사람의 성공에 영향을 미치는 요소는 많다. 하지만 가장 중요한 것은 정신이다. 세상에서 대부분의 위대한 업적은 가망이 전혀 없어 보일 때 끝까지 시도하는 사람들이 완성한다.

좋은 책을 만드는 길
독자님과 함께하겠습니다.

도서에 궁금한 점, 아쉬운 점, 만족스러운 점이
있으시다면 어떤 의견이라도 말씀해 주세요.
시대인은 독자님의 의견을 모아 더 좋은 책으로 보답하겠습니다.

www.edusd.co.kr

HSK 6급 고수들의 합격 전략 4주 단기완성

초판1쇄 발행	2019년 8월 5일
초 판 발 행	2019년 6월 24일
발 행 인	박영일
책 임 편 집	이해욱
저 자	김은정, 김보름, 이선민, 정소연
감 수	陈 英
편 집 진 행	이지현, 신기원
표지디자인	이미애
편집디자인	양혜련
발 행 처	시대인
공 급 처	(주)시대고시기획
출 판 등 록	제 10-1521호
주 소	서울시 마포구 큰우물로 75 [도화동 538 성지 B/D] 9F
전 화	1600-3600
팩 스	02-701-8823
홈 페 이 지	www.edusd.co.kr
I S B N	979-11-254-5988-0 (13720)
정 가	23,000원